U0015836

愛德華・吉朋像

羅馬帝國衰亡史

第六卷

THE HISTORY OF THE DECLINE AND FALL OF THE ROMAN EMPIRE
VOLUMEVI   IN SIX VOLUMES

吉朋（Edward Gibbon）◎著

席代岳◎譯

目次

第六卷插圖目次

說明：編號1.吉朋像為賀爾平(Patrick Halpin)的版畫作品，其餘皆為皮拉內西
(Gioyanni Battista Piranesi)作於十八世紀的版畫作品。

在歲月流失中屹立不移的神廟

很多大型建築物能夠倖存到帝國的末期，

這是顯而易見的事實；

主要是十三和十四世紀的破壞因素，

發揮與日俱增的力量和更為強大的作用，

考慮的重點應該在最後三個時期，

塞維魯斯的七角大樓受到佩特拉克和十六世紀古文物學家的讚美，

我們再也無法見到。

Veduta del Tempio, detto della Tosse
u la Via Tiburtina, un miglio vicino a Tivoli.
Presso l'Autore

第五十八章

第一次十字軍的起源及兵力　拉丁君王的出身背景　進
軍君士坦丁堡　希臘皇帝阿里克蘇斯的政策　法蘭克人
奪取尼斯、安提阿和耶路撒冷　解救聖地　布容公爵戈
弗雷在耶路撒冷即位為王　建立拉丁王國（1095-
1369A.D.）

一、十字軍的起源與教皇烏爾班的宗教會議(1095A.D.)

　　土耳其人據有耶路撒冷以後過了二十年，有位名叫彼得的隱士前來參
拜聖墓。他是法國人，出生在皮喀第（Picardy）[1]行省的亞眠（Amiens），看
到基督徒在朝聖期間受到欺侮和壓迫，使他極為氣惱，也頓生同情之感，
提到耶路撒冷教長的處境使他熱淚盈眶。他在熱誠探問之下，得知東部的
希臘皇帝根本沒有將耶路撒冷放在心上，要他們如何能有獲得拯救的希
望。教長對君士坦丁的繼承人極為不滿，將他那敗德的惡行和虛弱的國勢
全部揭露出來，隱士聽了以後高聲叫道：「我要喚醒歐洲的強國對你伸出
援手。」果真如此，歐洲聽從隱士的呼籲。甚為驚異的教長在他辭行時，
交給他表示信任和申訴的書函，於是彼得在巴利（Bari）上岸以後，馬上趕
去參見羅馬教皇。他的身材矮小而且容貌猥瑣，但是兩眼炯炯不可迫視，
談吐有力，坦誠直爽，能打動對方的內心，讓對方樂意聽從他的教誨。他

1　皮喀第這個名字出於Picardie這個異想天開的稱呼，不會早於1200年，是流行於學
　院的玩笑話和形容詞，一開始是巴黎大學的學生之間發生口角的幽默用語，這些
　學生來自法蘭西和法蘭德斯的邊區。

出生於上流社會的家庭(我們採用現代常見的用語),過去在鄰近的布倫(Boulogne)伯爵麾下服行兵役,後來伯爵成為第一次十字軍的英雄人物。彼得很快拋棄軍旅生涯和紅塵世界,如果這個傳聞沒有錯,原因在於出身貴族家世的妻子既老又醜,使他毫無緬戀之情,離開家庭進入修道院,最後自己找一個隱居之地。苦修和孤獨的環境使他的身體憔悴,內心出現各種幻想,凡是所願都令他信以為真,凡是所信都會在夢中見到,甚至產生靈魂出竅的感覺。朝聖客從耶路撒冷返鄉,都會成為宗教狂熱的信徒,但是他已經超過那個時代常見的瘋狂狀況。

教皇烏爾班二世(Urban II)*2把他當成先知,極力讚譽他的構想帶來光榮,答應召開大公會議給予最大的支持,鼓勵他到各處去宣揚「拯救聖地」的理想。獲得教皇的批准激起他百折不回的勇氣,負起傳教士虔誠的使命,很快穿越法蘭西和意大利的行省。他的飲食簡單又有節制,冗長的祈禱充滿熱烈的情緒,接受贈送的布施後,轉手分配給需要的人。他光著頭赤著腳,羸弱的軀體裹著一件粗布衣服,背負一個沉重的十字架,展現耶穌受到磔刑的模樣。他騎著驢子的模樣在眾人看來,聖潔的地位可以服侍至高無上的神人。他在教堂、街巷和大道對無數的群眾宣講福音的道理。這位隱士無論進入皇宮還是木屋,都抱著泰然自若的神情,召喚大家懺悔和從軍,所有的人民全都熱烈響應。他描述巴勒斯坦的土著和香客遭受的痛苦,每個人都感染到惻隱之心。當他請求英勇的武士前去保護他們的教友和救世主時,每個人的心胸燃起氣憤的怒火。他用姿態、眼淚和失聲的叫喊來彌補語言的溝通。他自認可以向基督和聖母訴求,能與天國的聖徒和天使談話,即使他欠缺理性又有什麼關係。就是雅典口若懸河的演說家,對他的成功也只有甘拜下風。粗魯不堪的宗教狂熱分子已經如願煽起高漲的情緒,基督教世界對教皇的會議和敕令失去等待的耐性。

---

*2 [譯註]烏爾班二世(1042-1099A.D.),法蘭西籍教皇(1088-1099A.D.),制定整頓教會的法規,召開克勒蒙大公會議,發動第一次十字軍,在攻占耶路撒冷消息還未傳到前逝世。

個性豪邁的格列哥里七世（Gregory VII）*3贊成歐洲用武裝來對付亞洲的權謀，他的信仰和抱負散發出熾熱的情感，這些仍舊在他的書信中表露無遺。從阿爾卑山兩側，五萬名正統教徒自願投效到聖彼得的旗幟之下，身為使徒的繼承人宣示自己的意圖，要親自率軍出陣攻打那群邪惡的穆罕默德信徒。執行這次神聖任務的榮譽或是羞辱，雖然不應歸於個人，但已經保留給烏爾班二世來承擔，他是格列哥里七世最受信任的門人。烏爾班二世著手進行東方的征戰，這時他的對手是拉芬納（Ravenna）的基伯特（Guibert），還據有羅馬大部分地區，正在加強各種守備工作，要與烏爾班爭奪教皇的頭銜和地位。烏爾班期望將西方的強權團結起來，在一個帝王與教會分道揚鑣、人民與國君離心離德的時代，他和前任教皇都用破門罪來威脅皇帝和法蘭西國王。法蘭西的菲利浦一世過著淫亂的生活和通姦的婚姻，帶來各方的責難，使他極為憤怒，為了獲得支持，只有盡量容忍。日耳曼皇帝亨利四世維護敘任式的權利，那就是主教的任職要經過他的核定，用贈送指環和牧杖當成信物。但是皇帝在意大利的黨派，被諾曼人和瑪蒂爾達（Mathilda）伯爵夫人的部隊所粉碎，他的兒子康拉德（Conrad）的叛變和妻子的醜聞4，使得長期的爭執更為惡化。在康斯坦斯和普拉森提亞（Placentia）的宗教會議，他的妻子承認有多次賣淫的行為，因為他不尊重她的榮譽，也不在乎自己的顏面，她被迫從事這一切無恥的勾當。烏爾班的壯舉如此深得民心，產生的影響如此關係重大，他在普拉森提亞召開大公會議（1095年3月），主要成員是來自意大利、法蘭西、勃艮地、斯瓦比亞和巴伐利亞的兩百位主教，還有四千名教士和三萬名世俗人物參加這次會議，最大的主座教堂都無法容納這麼多人，七天的會期就在城市鄰近的平原上舉行。希臘皇帝阿里克蘇斯·康南努斯（Alexius Comnenus）的使

---

*3 [譯註]格列哥里七世（1020-1085A.D.），意大利籍教皇（1073-1085A.D.），擴大教皇權力，與神聖羅馬帝國皇帝亨利四世發生衝突，處對方以破門罪。亨利四世攻陷羅馬，格列哥里七世死後封聖徒。

4 她有很多的名字，像是普拉克西斯（Praxes）、優普里西婭（Eupraecia）、優弗拉西婭（Eufrasia）和亞迪拉斯（Adelais）等等，是俄羅斯君王的女兒和布蘭登堡（Brandenburg）侯爵的婿婦。

臣，受到介紹特別在大會陳述統治者面臨的困境，以及君士坦丁堡迫在眉睫的危險。勝利的土耳其人是基督徒的共同敵人，只隔著狹窄的海峽在虎視眈眈。使臣用懇求的言詞針對拉丁君王的自負極力奉承，同時訴諸策略和宗教的需要，提出勸告要在亞洲的邊界將蠻族擊退，否則就會與他們在歐洲的腹地遭遇。聽到東部教友這些悲慘和危險的情況，與會人員都禁不住流下淚來，滿腔熱血的戰士大聲宣布他們已經完成出發的準備。希臘使臣在離開時，獲得保證要盡快派遣實力強大的援軍。解放耶路撒冷的計畫不僅龐大，而且路途遙遠，現在又將援救君士坦丁堡包括進去。審慎的烏爾班要留到下次宗教會議作出最後的決定，他提議同年秋天在法國某個城市舉行。短暫的延期可以擴散宗教狂熱的火焰，在一個由士兵組成的國家可以保持最大的成功希望[5]，他們不僅以家族的名聲而自傲，而且激起更大的抱負要與英雄人物查理曼一比高下。在眾所周知的特平(Turpin)[6]傳奇故事中，查理曼完成占領聖地的偉大任務。烏爾班基於親情或虛榮的不為人知動機，影響到他做出這種選擇。他是法國人，是出身克綠尼(Clugny)的僧侶，在他的同胞中第一個登上聖彼得的寶座。教皇已炫耀過他的家庭和行省，現在處於這種顯赫的地位，還有什麼比起重訪年輕時代謙卑和勞累的場所，能使他感到更大的喜悅和滿足。

羅馬教皇在法蘭西的腹地搭建法庭，要當眾對他們的國王判處破門罪，這真是難得一見的奇觀。但只要對十一世紀的法蘭西國王獲得更為正確的評估，我們的驚訝就會很快消失無蹤。菲利浦一世是修伊・卡佩(Hugh Capet)的曾孫，修伊・卡佩是目前這個家族的創始者，正當查理曼

5　基伯特是法國人，所以讚譽法蘭西民族的虔誠和英勇，他們是十字軍的發起人，可以說是最明顯的例證。不過，他承認法國人與外國人在一起時，充沛的活力淪為粗暴的脾氣和討厭的饒舌。

6　約翰・提皮努斯(John Tilpinus)在773年是理姆斯(Rheims)的總主教。等到1000年時，有位在法蘭西和西班牙邊界的僧侶，用他的名字寫出一本傳奇故事，描述他自己是愛好打鬥和飲酒的教士，這些特質居然成為教職人員最理想的優點。然而這本書杜撰的情節被教皇加里斯都二世(Calixtus II)視為可信的史實，蘇吉(Suger)院長在《聖丹尼斯年代記》中大量引用。

的子孫處於衰亡的時期,他在巴黎和奧爾良(Orleans)的世襲產業再加上王室的頭銜,也只能從這個狹窄的範圍獲得財富和主權。但是對法蘭西的其餘地區而言,修伊和他的第一代後裔是封建領主,大約有六十個公爵和伯爵,都具備獨立和世襲的權利[7],藐視法律和合法議會的控制。他們不尊重統治者就會獲得報應,領地的下屬和家臣也拒不聽命。克勒蒙(Clermont)位於奧文尼(Auvergne)伯爵[8]的采邑之內,教皇在這裡成功召開會議(1095年11月),主要是菲利浦已經消除怨恨之心,而且就參加的人數和與會人員的地位而言,並不遜於普拉森提亞的宗教會議。除了教廷和羅馬紅衣主教會議成員以外,有十三個總主教和兩百二十五個主教大力支持,戴著法冠的高階聖職人員總計有四百位之多。教堂的神父不僅得到那個時代的聖徒賜予的祝福,同時也獲得神學家的啟蒙和教化。成群結隊的領主和武士都是權勢顯赫的知名人物,全副武裝從鄰近的王國前來參加會議,對大會的決定懷抱著很高的期望。所有的狀況都讓人熱血沸騰,充滿好奇,整個城市在11月份到處是擁塞的人群,開闊的原野搭起千千萬萬的帳篷和木屋。

八天的會期創制一些實用的教會法條,對於陋規成習可以產生教化和革新的作用,宣布一項嚴厲的譴責,反對私鬥的浮濫,落實奉神之名的休戰協定[9],每周有四天的時間要停止敵對行為。教會保障婦女和教士的安全,為期三年的保護延伸到農夫和商人,這些人原來是軍事掠奪下毫無自衛能力的受害者。法律即使獲得尊敬、能夠產生制裁的作用,還是無法在雷厲風行之下忽然改變時代的習性。烏爾班之所以花費很大力氣調解內部的爭端,是要把戰爭的火焰從大西洋岸轉移到幼發拉底河,仁慈的成效很

---

7 對於羅亞爾河以南的那些行省,早期的卡佩王朝很難獲准據有封建制度的最高統治權力。事實上這個地區四周是諾曼第、不列塔尼、阿奎丹、勃艮地、洛林和法蘭德斯,法蘭西核心的名稱及領土已經縮小。

8 這些伯爵是阿奎丹公爵的旁支,在菲利浦‧奧古斯都的奪取下,終於喪失這片國土的絕大部分疆域。克勒蒙的主教逐漸成為統治這座城市的諸侯。

9 「奉神之名」的休戰協定最早在1032年使用於阿奎丹,有些主教把這種協定視為偽證大加指責,諾曼人認為妨害到他們的特權因而反對。

難讓我們感到欽佩。自從普拉森提亞宗教會議之後,他那偉大的構想像謠言一樣傳遍各國,返鄉的教士在每個教區宣講拯救聖地的功德和榮譽。

教皇登上克勒蒙市集所搭建的高台,用雄辯的語氣對著完成準備和毫無耐心的聽眾發表講話。他的主題立場鮮明,他的布道言辭激烈,他的成功已經是沛然莫之能禦。演說家被數千人的歡呼聲打斷,群眾異口同聲用鄉土的方言大聲喊叫:「這是神意!這是神意[10]!」教皇回答道:

> 實在說這是上帝的旨意,讓我們把這句值得紀念的話,聖靈所啓示的言辭,帶到戰場上去吶喊,鼓勵基督的武士發揮獻身的精神和奮鬥的勇氣。祂的十字架是你們獲得救贖的象徵,戴著這個像血一樣鮮紅的十字架,在你們的胸膛或肩膀當作永恆的標誌,當作無法撤回的承諾和最神聖的誓言。

大家興高采烈接受他的建議,人數眾多的教士和信徒都在衣服上縫著十字架的記號[11],懇求教皇率領他們進軍。格列哥里更爲謹愼的繼承人婉拒這種危險的榮譽,他的藉口是教會處於分裂的狀況,無法丟下聖職所帶來的責任。他建議信仰虔誠的人,要是在性別、職業、年齡和體能方面,不具備這方面的資格,要用祈禱和施捨,來爲他們之中的強壯弟兄提供個人的服務。他指派普伊(Puy)主教阿德瑪(Adhemar)爲他的代表,授與稱號和權力,第一位從他的手裡接受十字架。位於最前列的俗家首長是土魯斯(Toulouse)伯爵雷蒙(Raymond),他未能親自參加會議,就派遣使臣代

---

10 教士要是懂拉丁文,真正的呼聲是:「神在發怒!神在發怒!」這些大字不識的俗家人士講的是行省的腔調,所以才弄錯成爲「上帝的旨意!上帝的旨意!」杜坎吉(Ducange, Charles du Fresne, seigneur, 1610-1688A.D.,法國東方學者和語言學家)在他的作品序文中,舉例說明1100年時羅維格(Rovergue)方言非常難懂,事實上這與克勒蒙會議的時間和地點都很接近。

11 通常是用黃金、絲綢或布料做成十字架縫在外袍的肩部,第一次十字軍使用紅色,到第三次只有法蘭西人保持原來的顏色,法蘭德斯人用綠色而英國人用白色。然而英格蘭還是偏愛紅色,當成民族的顏色用在旗幟和制服上。

表他立誓接受賦予的榮譽。高舉著十字架的武士在被懺悔和赦免罪孽以後，受到不斷的開導，要他們返鄉邀請親戚和朋友共襄盛舉，出發前往聖地的時間訂為翌年8月15日的聖母升天節。

二、十字軍東征的正義原則、主要動機和後續影響

人類對暴力的運用是如此熟悉甚而視為自然之事，在我們的縱容之下，微不足道的怒意或引起爭議的權利，成為充分的理由，可以在國家之間產生敵對的行為。但是就聖戰的名義和性質而論，需要進行更為嚴謹的查證。我們不能貿然相信，耶穌基督的僕人可以拔出毀滅的寶劍，除非出於動機相當純潔、爭執完全合法、需要無法避免。作戰行動的策略要求取決於經驗獲得的教訓，然而這種教訓得來何其緩慢。在採取行動之先，宗教事業的公正與合理要能滿足我們的良心。十字軍東征的時代，無論在東方還是西方的基督徒，全都受到說服，認為是順應天理人情的事。他們的論點不斷濫用《聖經》和修辭的文句來掩飾，看起來像是堅持信仰的理念，要有自然防衛的權利，然而卻有「聖地」特定的稱呼，以及異教徒和伊斯蘭教徒都是邪惡敵人的說法[12]。

其一，正當防衛的權利可以將民事和宗教的盟友全部包括在內，這是很合理的事。權利的獲得基於危險的存在，敵人的惡意和實力所形成的雙重考量是評估的重點，歸咎穆斯林信奉有害人類的教條，他們認為有責任要用刀劍絕滅所有其他的宗教。這種無知和偏見的指控受到《古蘭經》的駁斥，從伊斯蘭征服者的歷史，以及他們對基督教信仰公開與合法的寬容，也知道這是不符事實的說法。但是不可否認，東方的教堂受到嚴苛的束縛和高壓的迫害。即使處於這種環境，他們無論在平時還是戰時，對於統治世界的絕對權力，堅持己見維護神意的權利要求。在正統教會的信條

12　如果觀眾看到《亨利四世》第一部的第一幕，可以從莎士比亞的原作裡，非常自然的感受到這種激情。約翰生(Johnson)博士的註釋描述一個執拗而又充滿活力的心靈，急著報仇雪恨，凡對他的信條持異議的人，就會受到無情的迫害。

之中,不信上帝的民族始終形成威脅,會讓我們喪失現在的宗教或未來的
自由。到了十一世紀,土耳其戰無不勝的軍隊的確令人感到憂慮,這種後
果不僅真實存在,而且已經迫在眼前,不到三十年的工夫征服亞洲所有的
王國,最遠到達耶路撒冷和海倫斯坡海峽,希臘帝國在毀滅的邊緣搖搖欲
墜。除了對基督教弟兄表示誠摯的同情,拉丁人基於公理正義和利害關係
要支持君士坦丁堡,這是西方世界最關緊要的天塹,為了有利於守勢戰略
的要求,不戰而屈人之兵與擊退立即的強襲,應該給予同等的重視。為了
達成企望的目標,必須提供適度的援助。我們同意非常現實的道理,那就
是不能派遣數量龐大的兵力到距離遙遠的東方去作戰,否則亞洲無力供應
強大的援軍就會遭到覆滅的命運,歐洲會因人口降低而減少應有的實力。

其二,奪取巴勒斯坦對拉丁人的戰力或安全毫無助益,征服這個距離
遠面積小的行省,唯一合理的藉口是宗教狂熱的信念。基督徒肯定「應許
之地」是不可剝奪的名稱,神聖的救世主流出寶血是最大的保證,他們有
權利和責任從不義的據有者手裡光復繼承的產業,這些邪惡的異教徒褻瀆
基督的墓地,在朝聖的路途上欺壓祂的信徒。崇高的耶路撒冷和神聖的巴
勒斯坦,類似的宣稱根本無濟於事,這些地方早已廢止摩西的律法。基督
徒的上帝不再是一個地區性的神明,伯利恆和髑髏地分別是祂的出生和埋
葬之處,就是光復也無法補償對福音書有關道德訓誡的侵犯。這些論點在
沉重的迷信盾牌前面一閃而過,只要抓住奧祕和奇蹟的神聖理由,宗教的
心靈就很不容易將它拋棄。

其三,宗教戰爭已經在地球各個區域開打,從埃及到黎弗尼亞
(Livonia),從秘魯到印度斯坦,獲得傳播更為廣泛和適應性更強的教義
大力支持。宗教信仰的不同是引起敵對行為的充分理由,人們不僅普遍認
同,有時還肯定最高的價值。手持十字架的戰士可以殺死或制服冥頑不靈
的不信者,這種上帝賜與的恩典是主權和慈悲的唯一來源。大約在第一次
十字軍東征前四百年,日耳曼人和阿拉伯人這些蠻族,花費同樣的時間,
運用類似的手段,分別獲得羅馬帝國在西部和東部的行省。信奉基督教的
法蘭克人因時間和條約的關係,他們的征服行動成為合法的據有。但是伊

斯蘭的君王在臣民和鄰國的眼裡仍然是暴君和藩王，可以用戰爭和起義的武力，將這些非法的所得合法拿走。

　　基督徒嚴謹的生活和習性已經開始鬆懈，逼得要加強紀律和懺悔，治療隨著罪孽的成長而增加。在原創教會，進行贖罪的工作之前，能夠自願採取公開告解的方式，不會引起緊張的對立。中世紀的主教和教士要訊問罪人，強迫他交代自己的思想、言語和行為，規定他與上帝修好的條件。任性和暴虐輪番濫用這種自由裁量的權力，懲戒法規的制定用來告知並規範宗教法官的出現。希臘人最早運用立法的模式，補償贖罪法條經過翻譯，為拉丁教會所仿效。查理曼大帝統治的時代，每個教區的教士都有一本法典，很審慎的保藏不讓一般平民知曉。評估罪行和懲處罪犯是件危險的工作，僧侶根據經驗或智慧，知道每種案件都可能發生，全都能夠說出差異之處。有些列舉的罪狀讓清白無辜的人難以設想，還有一些罪過超越理性認知的範圍。最常見的犯罪行為像是姦淫和私通、偽證和褻瀆、搶劫和謀殺，按照不同的情況或環境，用苦修或懺悔來贖罪，期間從四十天可以延長到七年。在悔改期限之內，有益的規律生活如齋戒和祈禱，病人得以復原，罪犯獲得赦免。他的衣著簡陋不合時樣，表現出憂傷和懊惱，謙卑的態度禁絕社交生活的樂趣和事業的發展。但是嚴格執行這些法規就會使皇宮、軍營和城市的人口大量減少。

　　西方的蠻族不僅相信這些懲罰而且大為恐懼，然而人性通常厭惡理論的原則，官吏強調教士屬靈的審判權，幾經努力也沒有達成預定的效果。按照字面要求完成悔改根本是不切實際的事，每天重複通姦使罪行加重，屠殺整個民族也包括在殺人的罪行之中。每種行為要是分開計算，數量就會增加。在這樣一個社會混亂和惡行如麻的時代，就算是生性謙卑的罪人，宗教方面的罪孽也容易欠下三百年的債務，無法負擔之下只有要求減刑或赦免。就富人而言，一年的苦修悔改要繳納二十六個蘇勒達斯（solidi）銀幣[13]，大約是四鎊就可獲得減免。窮人只要三個蘇勒達斯，約為

13　直到十二世紀，我們知道非常明確的換算方式，那就是十二個笛納denarii或便士

九個先令。這些布施立刻撥交教會運用，從信徒的罪孽獲得的贖金是財富和權力取用不竭的來源。三百年的債務相當一千兩百鎊，即使是富有資財的人士也會傾家蕩產，可以轉讓產業來支付金錢的不足。丕平與查理曼最慷慨的賞賜，是他們的靈魂需要治療最明確的證據。民法有一條基本的原則：任何人拿不出錢財，就得用身體來抵帳。鞭笞的肉刑也爲僧侶所採用，這是廉價而又痛苦的等值處分。根據一種極其怪誕的計算方式，一年的悔改還要多加三千鞭的體罰[14]。一位有名的隱士聖多米尼克(St. Dominic)綽號稱爲「鐵胸甲[15]」，對接受這種懲處具備技巧和耐性，在六天之內完成一個世紀的數量，也就是受到三十萬次的鞭打。有很多悔罪苦修者無分性別，都依循這個榜樣。代人受罪的自願犧牲者可以獲得允許，一個身強力壯經過訓練的人員，可以用他背脊代爲他的恩主贖罪[16]。

十一世紀這種金錢和人身的補償，形成更爲體面的方式，讓人感到滿意。那些在阿非利加和西班牙與撒拉森人作戰的士兵，服務軍旅所建立的功動，受到烏爾班二世前任的認同。教皇在克勒蒙的大公會議裡宣布，給予獻身十字架旗幟的從軍人員「絕對的恩典」，一切的原罪獲得赦免，爾後所有的罪孽當作依據教規而悔改，全部爲教會所接受。當前這個時代的人生觀非常冷漠，對於過去充滿原罪思想和宗教狂熱的世界，無法感受那種深刻的印象。本堂神父大聲呼籲，喚醒數以千計的強盜、縱火犯和兇手，要去救贖自己的靈魂，要用傷害基督徒同胞的行爲，對不信上帝的異

(續)————————————————
　　　等於一個蘇勒達斯solidus或先令；二十個蘇勒達斯等於一磅的銀或一英鎊。我們
　　　現在的幣值只能達到最早標準的三分之一，法蘭西僅有五十分之一。

14　每打一百鞭要誦讀〈詩篇〉的一首讚美詩來滌淨罪孽。〈詩篇〉總共有一百五十
　　　篇，全部完成要打一萬五千鞭，相當於五年的贖罪時間。

15　《聖多米尼克‧羅瑞卡都斯(St. Dominic Loricatus)的平生和成就》一書的作者是
　　　他的朋友和仰慕者彼得‧達米努斯(Peter Damianus)。弗祿里(Fleury, Claude, 1640-
　　　1723 A.D.，教士、教會歷史學家)特別提到，就是在上流女士當中，鞭笞的贖罪方
　　　式都在增加。

16　桑丘‧潘沙(Sancho Panza)(譯按：唐吉訶德的僕從)是個貧苦的莊稼人，有的地方
　　　說話還算老實，認爲一鞭值得四分之一或半個里亞爾。我記得在拉巴特(Labat,
　　　Jean Baptiste, 1663-1738A.D.，法國旅行家和學者)神父的作品中，對這類人物所具
　　　備的揍打技巧有栩栩如生的描述。

教徒痛下毒手。無論是哪個階層或教派的囚犯，他們都熱誠贊同贖罪的條件。沒有人完全純潔，不能豁免罪孽的定讞和懲罰。大多數對公正的上帝和教會負有應盡的義務，要靠著虔誠的勇氣才夠資格獲得塵世和永恆的賞賜。如果他們作戰陣亡，熱心的拉丁教士毫不遲疑，會用殉教者的冠冕裝飾他們的墳墓[17]。要是他們還能倖存，也不會沒耐心等待天國的報酬，雖然時間已經延遲，但是恩典還會加多。他們將要為神的兒子流血奮戰，耶穌不也是為了拯救世人犧牲自己的生命。他們舉起十字架，帶著信心走主的道路，上天的保佑在照顧他們的安全，或許祂那可見而神奇的力量，使得他們神聖的事業遭遇困難時可以化險為夷。耶和華的雲柱和火柱[*18]先於以色列人進入應許之地，基督徒難道沒有懷抱理由充分的希望：河流會在他們渡過的時候分開，堅固城市的防壁會在他們號角聲中倒塌，太陽會在飛馳的途中暫時停下，好讓他們有更多的時間去殲滅那些不信主的人？

　　對於那些進軍聖墓的首領和士兵，我敢很肯定的表示，全部受到宗教狂熱的精神感召，有建立功勳的信心，有獲得報酬的希望，有神明協助的保證。我同樣抱著一種信念，就是對他們中間很多人來說，宗教狂熱並不是他們採取軍事行動的唯一因素，甚至有些人還不認為是主要因素。宗教信仰的運用或濫用，對於國家風氣所形成的潮流產生很小的阻力，反而是造成的推力卻沛然莫之能禦。反對蠻族的私人械鬥、血腥的馬上比武、放蕩淫佚的愛情以及不法的格鬥審判，教皇和宗教會議只會發出毫無效用的雷霆之聲。實在說，激起希臘人形而上的爭論、把社會混亂或政治專制的受害者趕進修道院、將奴才或懦夫的容忍視為神聖之事、或是採用現代基督徒的仁慈和義舉來建立事功，看來倒是更為容易的任務。戰爭與操練是法蘭克人和拉丁人的普遍熱情，作為悔改和贖罪的過程，他們受到囑咐要滿足主宰他們的熱情，要前往遙遠的國土，要拔劍對抗東方的民族。他們

17十字軍人員都相信必然會如此，歷史學家認為是當時流行的風氣。但是為他們的
　靈魂祈禱獲得安眠，這與正統神學對殉教發揮功效的要求背道而馳。
*18 [譯註]可以參閱《舊約聖經》〈出埃及記〉第十三章：「日間，耶和華在雲柱中
　間領他們的路；夜間，在火柱中光照他們，使他們日夜都可以行走。」

的勝利甚至抱有這種企圖，都會使十字架的大無畏英雄名垂千古。即使是最純潔的虔誠行為，也不可能對軍事榮譽的光輝景象毫無感覺。在歐洲那些瑣碎不值一提的爭吵中，像是獲得一座城堡或是一個村莊，他們都可以讓朋友和同胞流血，當然更能夠快速進軍對抗路途遙遠充滿敵意的民族，那裡的人民都已獻身軍旅。

他們的幻想已抓住亞洲金色的權杖，諾曼人征服阿普里亞(Apulia)和西西里，最平民的冒險家都有希望被提升到更高貴的地位。基督教世界處於落後的粗野狀況，無論是天候和耕種都無法與伊斯蘭國家相比。朝聖者敘述的故事和缺乏通商條件所帶回的禮物，都在誇大東方國家天然和人為的財富。一般的庶民無論大人還是小孩，接受的教導是要相信不可思議的事物，像是流著奶和蜜的土地、礦產和寶藏、黃金和鑽石、大理石和碧玉建造的宮殿、以及乳香和沒藥的芬芳樹叢。在這個人間樂園裡，每名戰士憑著刀劍創造富裕和光榮的前途，天馬行空的意願能夠自由馳騁[19]。這些家臣或士兵相信上帝和主人會給他們帶來好運，從一位土耳其埃米爾那裡奪得的戰利品，可以使營地位階最低的隨員都能發財致富。風味濃郁的葡萄美酒、豔麗動人的希臘美女[20]，產生的誘惑力使十字軍的戰士難以抗拒，比起他們的職業更能滿足天性的要求。追隨的群眾處於封建體制或基督教會的暴虐統治之下，愛好自由成為更有力的誘因。西部的農夫和自治的公民成為采邑或教會土地的奴隸，接受神聖的號召可以逃避傲慢的領主，讓自己和家庭遷移到自由的樂土。僧侶可以藉機脫離修道院戒律的管轄，債務人能夠停付累積的高利貸和債主的追討，各種類型的惡徒和犯人能夠繼續抗拒法律的制裁，規避罪行所應得的懲處[21]。

19　這些希望在他們的信函裡都表示很清楚。雷提斯特(Reiteste)的修伊曾大事吹噓，說他分到的領地是一所修道院和十座城堡，每年的收益是一千五百馬克，等到征服阿勒坡以後，可以獲得一百座城堡。

20　阿里克蘇斯在寫給法蘭德斯伯爵的書信中，特別提到教會和聖徒遺物即將面臨的危險，當然這封信也可能是後人杜撰。有人提到希臘的女人比起法蘭西的女人更為美麗，據說基伯特聽到以後憤憤不平。

21　參閱《十字軍戰士(Crucesignati)的特權》一書，他們享有免於負債、高利貸、傷

　　這些動機不僅極其有力而且爲數眾多，我們要是單獨計算在每個人心目中所占的份量，那可是沒完沒了的事，就是出名的案例和流行的方式都不勝枚舉。早年改信基督教的人員，成爲十字軍熱心和有效的傳教士，在朋友和同胞中間宣揚神聖誓言的責任、功德和報酬。就是最爲勉強的聽眾，也會在不知不覺中被拖進說服和權威的漩渦。好鬥的年輕人要是受到怯懦的指責或懷疑，難免會引起滿腔怒火。無論是年老或虛弱的人，甚至婦女或兒童，如果能夠隨著軍隊去參拜基督的墓地，都認爲是千載難逢的機會，他們考量的只是宗教的熱誠，並非自己的體力。有些人在傍晚還嘲笑朋友何其荒唐，到了次日自己卻興緻勃勃踏著他們的足跡前進。無知可以增加冒險事業的希望，減輕遭遇危險的心理負擔。自從土耳其人展開征服行動以來，朝聖的路徑已經湮沒不見痕跡。就是身爲首領，對於路程的長度和敵人的狀況都毫無概念。至於那些愚蠢的民眾，看到在前面出現的城市或堡壘，只要超過他們的見識範圍，就會追問是否到達耶路撒冷，那個長途跋涉全力以赴的目標。然而十字軍裡較有見識的人員，都不敢確定上天會撒下鵪鶉或嗎哪來餵飽他們*22，因此準備貴重金屬在任何國家用來交換商品。爲了按照階級支付他們在路途的花費，君王轉讓他們的行省，貴族出售土地和城堡，農夫則是牛隻和耕種的工具。產業在群眾迫切抛售之下價值大跌，武器和馬匹由於缺貨和買主的急需，上漲到極其荒謬的價格23。那些留在家鄉的人員只要具備常識和現金，在這種時疫流傳的期間就會發一筆橫財。統治者用低廉的費用獲得家臣和諸侯的田地，教會的買主完成付款並且保證爲他們祈禱。布匹或絲綢製作的十字架通常縫在衣服上面。熱誠的信徒用燒紅的烙鐵或不褪色的墨水，在身體上面留下永恆的記號。一個手段高明的僧侶展現胸部顯示奇蹟的傷痕，得到的回報是在巴

（續）──
　　　害和世俗審判的自由。教皇是他們永恆的保護人。
　*22 [譯註] 參閱《舊約聖經》〈出埃及記〉第十六章，耶和華供應嗎哪和鵪鶉作爲以色列人在出亡中的食物；在〈民數記〉第十一章也提到：「把鵪鶉從海面颳來，分散在營邊和營的四圍。」
　23 基伯特對當時的興奮和激情有非常生動的敘述，他是少數真正認清狀況的當代人士，能夠感到眼前發生的詭異事件。

勒斯坦受到大眾的尊敬和富有的聖職[24]。

三、十字軍的先期行動及所遭遇的苦難(1096A.D.)

克勒蒙會議決定8月15日是朝聖者離開的日期,但是有一大群輕率和貧窮的平民先行開拔,在我提到主要的領袖進行重大和成功的冒險行動之前,先簡短報導他們所引發及遭遇的災難。早在春天的時候,大約有六萬包括男女在內的群眾,從法蘭西和洛林(Lorraine)的邊界來到十字軍最早這位傳教士的四周,喧囂的聲音在不斷的強求,逼使他立即率領大家趕赴聖墓。隱士自認他的角色就像一位將領,然而卻欠缺這方面的才能和權威,衝動的信徒迫得他只有從命,沿著萊茵河和多瑙河的兩岸前進(1096年3月)。食物的缺乏和龐大的人數促使他們分離,彼得的部將「窮漢」華特(Walter the Penniless)是名英勇的士兵,然而他的狀況是囊空如洗,負責指揮朝聖隊伍的前鋒,一共是八位騎士和一萬五千名步卒,從這個比例就決定他們未來要遭遇的狀況。另外一名宗教狂熱人士拿彼得做榜樣,追隨他的腳步在後面緊跟不捨,這位名叫戈迪斯卡(Godescal)的僧侶,靠著講道從日耳曼的村莊帶走一萬五千或兩萬名農夫。還有二十萬烏合之眾在他們的後面形成壓力(1096年5月),都是一些最遲鈍和蠻橫的人員,他們被民眾所遺棄,宗教的虔誠混雜著獸性的放縱,不斷發生搶劫、賣淫和酗酒。有一些伯爵和士紳率領三千人馬,伴隨著群眾的運動,要分享戰利品。這個隊伍真正的領導者,是在前面帶路的一隻鵝及一頭羊(我們會相信這種愚行?),那些有見識的基督徒認為是神靈附身的效果。

無論是這些或其他宗教狂熱分子的隊伍,對著猶太人發起最早和最易動手的戰事,他們把猶太人看成殺害上帝之子的兇手。在莫瑟爾河和萊茵河貿易興旺的城市,猶太人的殖民區不僅數量很多而且非常富裕,受到皇

---

24 在《十字軍的精神》這本書中提到很多聖傷的案例,有關的人員都是無名之輩,很可能是道聽途說的消息。

帝和主教的保護，能夠享有宗教信仰的自由[25]。在凡爾登(Verdun)、特列夫(Treves)、門次(Mentz)、斯拜爾斯(Spires)和窩姆斯(Worms)這些城市，不幸的民族有數以千計的人員慘遭搶劫和屠殺[26]。自從哈德良(Hadrian)的迫害行動以後，他們還未感受到更爲血腥的打擊。地區的主教用堅定的態度拯救倖存的餘眾，接受他們假裝的皈依和暫時的改信，但是那些更爲倔強的猶太人，抱著同歸於盡的作風來反對基督教的狂熱分子，將自己的房屋當作抵抗的路障，最後把自己、家人和財富全部投入河流或火焰之中，讓不共戴天的仇敵感到失望，因爲他們無法發洩惡意或滿足貪婪。

從奧地利的邊界到拜占庭君主國的政治中樞，十字軍人員被迫要橫越六百哩的空間，這是匈牙利和保加利亞野蠻和荒涼的國度，土壤肥沃而且河流縱橫，地面覆蓋著沼澤和森林，毫無止境向前延伸，人們在這裡看見蒼茫的大地，在地球上所據有的領土終有盡頭。這兩個民族剛開始受到基督教的陶冶，匈牙利人被本國的君王統治，希臘皇帝的部將管轄保加利亞人。這些人只要極爲輕微的怒意就會激起殘暴的天性，頭一批朝聖者的混亂狀況帶來遍及整個地區的憤恨。這樣的民族必然對於農耕並不熟悉而且極爲怠惰，他們的城市用蘆葦建造，夏季就會放棄城市，住進獵人或牧人的帳篷。糧食的供應不足，原因在於需求過於粗糙、憑著勢力爭奪、貪吃很快消耗。剛剛開始發生爭執的時候，十字軍人員盡情發洩怒氣和痛下毒手，但是他們對這個國家和戰爭沒有認識，烏合之眾毫無紀律可言，最後陷於羅網四面受敵。

保加利亞的希臘統領指揮一支常備部隊；匈牙利國王下達召集命令，好戰的臣民有八分之一或十分之一騎馬射箭，運用的策略是嚴密監視伺隙

25　土德拉(Tudela)的班傑明(Benjamin)敘述猶太人的弟兄從科隆到萊茵河一帶的狀況，都很富有、大方、博學而且友善，生活在彌賽亞來臨的希望之中。他們在七十年內已從那次的大屠殺中復原(他寫作的時間大約是在1170年)。

26　當代人士若無其事提到對猶太人的屠殺和蹂躪，幾乎每一次十字軍都會再度發生。聖伯納德曾經告誡東方的法蘭克人，不要迫害猶太人也不要殺死他們，但是一位與他爭名的僧侶卻提出相反的意見來教導他們。

而動，對於這批宗教的強盜，報復的手段是絕不留情而且血腥殘忍[27]。大約有三分之一的人倖存，連同彼得本人在內，赤身裸體躲在色雷斯山區。皇帝對拉丁人的朝聖和援助表示尊敬，引導他們走安全和容易的路線到達君士坦丁堡，勸他們等待後續教友的到達。他們一時之間還記得自己所犯的錯誤和遭遇的損失，但是等到受到友善的款待恢復體力以後，馬上故態復萌產生怨恨之心，不法的行為讓恩主坐立難安，無論是花園、皇宮還是教堂都遭到劫掠。阿里克蘇斯為自己的安全著想，引誘他們渡過博斯普魯斯海峽到達亞洲那邊，但是盲目的感情作用驅使他們放棄皇帝指定的位置，不顧一切向著土耳其人猛衝過去，敵人正防守前往耶路撒冷的道路。

　　隱士知道這樣做會使自己蒙羞，離開營地撤回君士坦丁堡。他的部將「窮漢」華特稱得上是位好指揮官，期望野蠻的群眾能夠遵守秩序和行事謹慎，但是這種要求沒有成功。他們分離是為了搜尋獵物，結果是蘇丹有高明的技巧，使他們更容易落到獵人的手中。謠傳說他們在前列的同伴為蘇丹首都的戰利品而爭吵，索利曼(Soliman)用這種方式引誘華特的主力進入尼斯平原。他們全部為土耳其人的箭雨所殲滅，數以萬計的白骨告知後來的同伴這是戰敗之地。在第一次十字軍的人員當中，在任何一座城市從不信者的手裡拯救出來之前，在更為莊嚴和高貴的同志完成冒險事業的準備工作之前，已經有三十萬人喪失性命。

四、主要領袖人物的出身、背景、性格和作為

　　歐洲的重要君王沒有登船參加第一次十字軍東征：皇帝亨利四世不願聽從教皇的召喚；法蘭西的菲利浦一世把時間都花在聲色犬馬上面；英格蘭的威廉‧魯佛斯(William Rufus)最近發起一次征戰；西班牙國王從事對

27　古老的匈牙利人，即使是土羅特修斯(Turotzius)也不例外，對於第一次十字軍所
　　知不多，只參與其中一次的行程。卡托納(Katona)就像我們一樣，只能引用法蘭
　　西作者的著作，但是他用地區的資料來比較古代和現代的地理狀況，把過去很多
　　地點指出現在的位置。

付摩爾人的國內戰爭；位於北部的王國像是丹麥[28]、蘇格蘭、瑞典和波蘭，對於南部地區的感情和利益仍然是外來的陌生人。列名第二等的諸侯在封建體系中占有重要的位置，通常會強烈感受到宗教的情懷，他們的地位可以依據名望和特性，很自然的區分為四種不同的領袖類型。我不願重複沒有內容的敘述，但是還要特別說明，這些基督徒冒險家共同的屬性是作戰的勇氣和軍旅的實務。

其一，布容(Bouillon)的戈弗雷(Godfrey)無論參與戰爭和會議，名列最高階級真是當之無愧。如果十字軍可以將自己託付給這個英雄人物，對他們也是最慶幸的事。戈弗雷的母系家世是查理曼大帝的後裔，就這方面而言是最具代表性的領袖。他的父親是布倫伯爵高貴的門第，位於洛林下方的布拉奔(Brabant)[29]行省是他母親世襲的領地。他自己得到皇帝恩賜授與公爵的頭銜，統治權後來轉移到阿登(Ardennes)山地的布容，這個地方照說不很適合他的身分。他在亨利四世麾下服務時，擔任護旗官打著帝國巨大的旗幟，有次在作戰中用長矛插進反叛國王羅多夫(Rodolph)的胸膛。戈弗雷是第一位登上羅馬城牆的戰鬥人員，由於運用武力對付教皇使他患病，因而立誓不會再犯，給他帶來終生的懺悔，下定決心要去訪問聖地，不是進香客而是拯救者。他的英勇出於審慎和節制顯得更為成熟，不會輕舉妄動陷於困境。虔敬的行為雖然會盲目遵從宗教的安排，但是仍舊保持誠摯的態度，在營地極為吵雜騷動的環境，他還是像在修道院一樣注重自己的德行，無論真假總要成為別人的表率。他對這些首長的結黨營私保持超然的立場，只會仇視和痛恨基督的敵人。雖然他後來獲得一個王國，但是那種純潔無私的熱誠仍為他的對手所承認。布容的戈弗雷有兩個弟弟陪伴在身邊，年長的優斯塔斯(Eustace)後來接位成為布倫伯爵，年

28　《十字軍的精神》的作者不僅懷疑而且甚至無法相信蘇諾(Sueno)這位諸侯參加十字軍，遭到極其悲慘的死亡。他與一千五百或一萬五千名丹麥人，在卡帕多西亞被索利曼蘇丹斬首。但是從塔索(Tasso, Torquato, 1544-1595A.D.，意大利文藝復興詩人)的獻詩看來，那個時候他仍然活在世間。

29　洛塔林吉亞(Lotharingia)或洛林王國分為兩個公國，分別位於莫瑟爾河和馬士河，前面這個公國保有原來的名稱，在馬士河的公國改為布拉奔。

幼的鮑德溫(Baldwin)是一個更難描述的人物。洛林公爵在萊茵河兩岸同
樣受到大眾的讚譽,從他出生的地點和接受教育的狀況,能夠精通法語和
條頓語。法蘭西、日耳曼和洛林的貴族將家臣集結起,組成的聯合部隊有
八萬步卒和一萬騎兵,打著他的旗幟向前進軍。

　　其二,克勒蒙會議兩個月以後,在巴黎召開的議會上,維蒙德瓦
(Vermandois)的修伊伯爵當著國王的面,在願意擔負十字架責任的諸侯當
中,成為最為顯赫的人物。至於加上「偉大」這個稱號,因為他是法蘭
西國王的兄弟,有皇室的出身,並不完全用來推崇他的功勳或屬國(雖
說這兩者也是重要的條件)[30]。諾曼第的羅伯特公爵是「征服者」威廉[*31]
的長子,他的父親亡故後,由於自己的懶散和他的弟弟魯佛斯行動積極,
他的英格蘭王國被奪走。羅伯特的個性過分輕浮,貪圖安適的生活,身價
頓時一落千丈:喜愛歡樂使他縱情於聲色犬馬之娛,奢侈浪費使得君王和
人民變成赤貧,婦人之仁使得國內罪犯日增,性格和善就常人而言是優
點,卻成為統治者最主要的缺陷。他對英國的篡奪者抱著不在意的態度,
竟然為一萬馬克微不足道的款項將諾曼第抵押出去[32]。但他在聖戰中履行
諾言,表現良好,等於當眾宣布羅伯特已經洗面革心,能夠使公眾對他恢
復相當的尊敬。另外一位羅伯特是法蘭德斯(Flanders)的伯爵,法蘭德斯
是一個直屬皇室的行省,在這個世紀產生三位皇后,分別登上法蘭西、英
格蘭和丹麥的寶座。羅伯特的稱號是「基督徒的劍和矛」,但是他像士兵
那樣建立功勳,有時就會忘懷身為將領的責任。司蒂芬(Stephen)是沙爾
特(Chartres)、布耳瓦(Blois)和特洛瓦(Troyes)的伯爵,是那個時代最富

---

30 安娜‧康妮娜認為修伊以他的高貴、富有和權勢而不可一世,可是後面這兩項並
　　不明確;但是一個有皇族血統的家世,七百年前在君士坦丁堡的皇宮非常出名,
　　也可以證實法蘭西的卡佩家族有極其古老的高貴地位。

*31 [譯註] 威廉一世(征服者)(1028-1087A.D.),原是諾曼第公爵,在1066年10月14日
　　的哈斯丁會戰擊敗哈羅德成為英格蘭國王,引進封建制度和諾曼人的習俗和語
　　言。

32 他抵押的金額只到公國每年歲入的一百分之一。一萬金馬克相當於五十萬個里弗
　　赫銀幣,諾曼第每年繳納給國王的稅收是五千七百萬個里弗赫。

有的諸侯之一，城堡的數目可以比喻為一年的三百六十五日。愛好文學使他的心靈有崇高的理想，在軍事首長舉行會議時，能言善道的司蒂芬受到推選擔任主席的職務。以上四位是法蘭西人、諾曼人和不列顛群島朝聖者的主要領導人物。那些領有三、四個城鎮的貴族，要是也列出名單，根據當代一位人士的說法，要超過特洛伊戰爭的名將目錄。

其三，在法蘭西的南部，指揮權分別授與普伊主教阿德瑪，他是教皇的代表，以及聖蓋爾(St. Giles)和土魯斯的雷蒙伯爵，他同時還擁有更為高傲的頭銜納邦(Narbonne)公爵和普羅旺斯侯爵。前者是受到尊敬的高階教士，無論在這個世界還是來生都同樣具備資格；後者是一位身經百戰的武士，在西班牙與撒拉森人浴血博鬥，現在奉獻殘年餘生，不僅為了解救聖墓，而是要鞠躬盡瘁死而後已。經驗和財富使雷蒙在基督徒的營地擁有極大的權勢，對大家遭到的困苦有能力給予解救，通常他很樂意為之。但是比起保有臣民和夥伴對他的敬愛，強索不信者的讚譽對他是更為容易的事。他那卓越的氣質被暴躁、傲慢、嫉妒和固執所掩蓋，雖然他為事奉上帝放棄一大片世襲的產業，但就一般人對他的看法，信仰的虔誠還是免不了貪婪和野心[33]。在雷蒙率領那群鄉巴佬中間，說來重商思想優於好武精神，「鄉巴佬」是個很普通的稱呼，包括奧文尼和朗格達克(Languedoc)的土著[34]，以及勃艮地或亞耳王國的家臣。他從鄰接西班牙的邊區，找來一幫孔武有力的亡命之徒。等他行軍通過倫巴底，一群意大利人聚集在他的旗幟之下，他的聯合部隊共有十萬人馬。如果雷蒙最早參加而最晚離開，時程的延遲要歸咎準備工作太過龐大，因為他要永久告別，不再返鄉。

其四，波赫蒙德(Bohemond)是羅伯特・基斯卡(Robert Guiscard)的兒子，兩次戰勝希臘皇帝，獲得赫赫威名。但他父親的遺囑將他貶到塔倫滕

33　說來讓人感到奇怪，聖蓋爾的雷蒙在十字軍的正史裡不過是二流角色，但是希臘和阿拉伯的作家把他看成光芒萬丈的頭等英雄人物。

34　他出生的小鎮或是原來是個采邑奉獻給聖伊吉狄斯(St. Aegidius)，這個聖徒的名字早在第一次十字軍時，法蘭西人以訛傳訛成為聖蓋勒斯(St. Gilles)或聖蓋爾，位置在下朗格達克(Lower Languedoc)處於尼姆(Nismes)河和隆河之間，仍舊以雷蒙建造的學院大教堂誇耀於世。

公國，後來他被法國朝聖者的謠傳和路過所驚醒，否則只能在夢中回憶東方的戰利品。我們在諾曼首長身上發現冷靜的策略和偉大的抱負，對於宗教不致於過分的盲從而有所節制。他的行為可以證明他有正確的信仰目標，對於教皇的構想他在暗中進行指導，不僅全力支持並且裝出驚訝和誠摯的模樣。在亞馬菲(Amalphi)的圍攻作戰中，他的身先士卒和仗義直言激起聯軍的戰鬥精神。他立即撕開外衣製作十字架，供應無數效命的義士，準備率領一萬騎兵和兩萬步卒前去君士坦丁堡和亞洲。還有幾位諾曼氏族的諸侯前來陪伴久歷戰陣的將領，他的表弟唐克理德(Tancred)[35]是作戰的伴侶和忠誠的隨員，真是一位多才多藝的人物。我們發現他所具備的德行不僅是完美的武士[36]，也能發揮真正的騎士精神，可以激起人們慷慨的情操和社會的職責，比起那個時代卑下的哲理和虛偽的宗教更要高明得多。

五、中世紀歐洲騎士制度的濫觴和主要的內涵

在查理曼大帝和十字軍東征這兩個時代之間，西班牙人、諾曼人和法蘭西人發生一場變革，逐漸蔓延到歐洲其他地區。地位低下的平民只能充任步卒，騎兵形成軍隊的主力，「米爾斯」(miles)或士兵這個備受尊敬的稱呼，只限用於騎在馬背的紳士[37]，只有他們才能被授與騎士的身分。

---

35 唐克理德的母親是伊瑪(Emma)，是偉人的羅伯特‧基斯卡的姊妹，他的父親是「老好人」奧多(Odo the Good)侯爵。令人感到奇怪的是家族很有名，但是侯爵本人沒沒無聞。穆拉托里(Muratori, Lodovico Antonio, 1672-1750 A. D. 意大利古物學家和歷史學家)合理臆測他是意大利人，很可能與皮蒙特(Piedmont)的蒙特費拉(Montferrat)侯爵是同宗。

36 塔索為了滿足伊斯特家族的虛榮心，特別在這首長詩中把勇敢多情的里納多(Rinaldo)寫進去，這是一位參加第一次十字軍的英雄人物，完全出於他的虛構。他可能借用里納多這個名字，因為這個里納多是羅馬教會的掌旗官，擊敗皇帝腓特烈一世。然而：(1)兩位里納多的青年時代有六十年的間隔，可以證明不是同一人。(2)波雅多(Boyardo)伯爵在十五世紀末偽造一個斯托里亞(Storia)帝國。(3)這位里納多和他建立的功勳，與塔索的英雄同樣荒謬不經。

37 對於gentilis、gentilhomme、gentleman這幾個字，可能來自兩種語源學：(1)蠻族從五世紀開始，無論是士兵甚至羅馬帝國的征服者，都對他們來自外國的貴族身

公爵和伯爵篡奪國君的權利，割裂行省分配給忠心耿耿的貴族，他們再將采邑連帶審判權指派給他們的家臣。這些貴族相互之間以及和領主都是戰友的關係，形成一種軍閥或騎士階層，把農夫和市鎮公民歸併爲另一類型，表示出輕視的態度。他們要保有家世所衍生的地位，在於血統的純正以及門當戶對的聯姻，只有嫡子具備沒有污點或恥辱的四代家系，才能合法誇耀自己具有騎士的榮譽。但即使是一個英勇的平民，靠著戰功有時也會發財致富和受封爲貴族，成爲一個新家族的創始人。任何一位單獨的騎士根據自己的判斷，可以將他接受的身分授與別人，歐洲的好戰君王從個人的榮譽，比起頭上鑲滿珠寶的皇冠，能夠獲得更大的光榮。這項儀式的起源很簡單，充滿異教的褻瀆氣氛，可以在塔西佗的著作和日耳曼的森林中找到原有的痕跡。騎士的候選人通過考驗後，就被授予劍和馬刺，在胸部或肩膀受到輕微的接觸，象徵能用泰然自若的神色忍受傷害，這樣才能合法獲得騎士的身分。

這些迷信混入所有公眾和私人的行動，軍人在聖戰中視爲神聖的行業，騎士制度的階級比照教士的聖秩職位得到特權和利益，像是新入教者重新受洗的沐浴和白袍，雖然是一種模仿，卻很不得當。他的劍供在祭壇受到高階神職人員的祝福，先要齋戒和守夜，再接受莊嚴的歡迎儀式，然後用上帝、聖喬治和天使長聖米迦勒的名義授與騎士的頭銜。他要宣誓完成信仰表白所規定的責任，誓約有不可侵犯的監護者，就是訓練、典範和公眾的輿論。他要成爲捍衛上帝和婦女(我將這兩個不融洽的名字放在一起，實在感到難爲情)名聲的鬥士，獻身的工作諸如：說話要誠實不虛；維護應有的權利；保護悲傷痛苦的人們；對人要彬彬有禮，這種德性在古代並不多見；追捕不信上帝的人；對於畏苦怕事抱著藐視之心；證實能用冒險犯難的行動榮耀他的騎士身分。騎士精神毫無節制的濫用，會使大字不識的武士對勤奮的工作與和平的技藝，抱著不屑一顧的態度；要是受到

(續)———
　　份感到自負；(2)一般市民把gentilis視爲ingenuus的同義語。塞爾登(Selden, 1584-
　　1654A.D.，英國法學家、文物學家和東方專家)傾向於前面那種說法，但是後面的
　　意義最精純也最可能。

任何傷害和委曲，把自己看成唯一的審判官和報復者；過分的自負忽略群體社會和軍事組織的法律。然而這個制度還是產生很多有利之處，可以使蠻族的個性更爲文雅，灌輸忠誠、公正和仁慈的原則，不僅能夠強烈感覺到所產生的影響，也看見很多貫徹履行的實例。

　　嚴苛的民族偏見逐漸緩和下來，宗教和軍隊的團體在整個基督教世界，推展外表和性質相同的競爭。每個國家的武士在家鄉從事武藝的演練，到海外去冒險和朝聖，這樣就會保持永遠的交往。比起古典時代的奧林匹克競賽[38]，只要基於公正的立場，就會更爲欣賞哥德人的馬上比武。赤身裸體的觀眾敗壞希臘人文雅的舉止，處女和貴婦人被迫離開運動場；旗幟飄揚和裝飾華麗的比武場，坐滿純潔嫻淑和出身高貴的美女，戰勝者從她們的手裡接受技巧和勇氣的獎品。角力和拳擊需要不斷的苦練和天賦的體魄，與士兵建立功勳沒有多大關係；但是在法蘭西發起的馬上比武，對於戰場的情況提供鮮明的景象，流傳到東方和西方都能風行一時。單人的挑戰和對決像是一般的前哨戰鬥，甚至是防守一個關隘或是城堡，都可以按照實際狀況進行預演。無論是眞實或模擬的戰爭，決定勝負完全在馬匹的控制和長矛的運用。長矛是騎士適用而特別的武器，他的馬匹是高大而強壯的品種。要等到他爲迫近的危險所驚醒，通常要在隨從的引導之下才發起衝鋒。在用普通步速前進的時候，他通常安靜騎一匹緩行的乘用馬。騎士的頭盔、長劍、護脛和盾牌毋須多費口舌，但是我特別要提醒大家，在十字軍時代，穿著的鎧甲不如後來那樣鈍重，上體沒有使用厚厚的胸冑和背冑，而是用鐵衣或鎖子甲來防護。武士將長矛安置在托架上，很狂暴用馬刺策馬衝向敵人，土耳其和阿拉伯的輕騎兵，很少能擋得住直接和巨大的衝擊力量。

　　每位騎士都有忠實的扈從陪伴進入戰場，這位年輕人與騎士有相同的

38　運動訓練特別是角力和鬥拳，受到萊克古斯(Lycurgus)、菲洛佩曼(Philpoemen)和格倫(Galen，公元前二世紀希臘醫生、生物學家和哲學家)的指責，他們一位是立法者、一位是將領，另一位是醫生。梭倫(Solon)反對他們的論點和理由，讀者可以權衡盧西安(Lucian, 120-180A.D.，生於敘利亞的希臘作家和無神論者)的辯護辭。

出身，抱持類似的希望，還有幾名全副武裝的士兵和弓箭手追隨在後，這些人員和裝備組成一個完整的騎士隊伍(lance)。在鄰近的王國或聖地進行遠程行動時，保有封地應盡的責任不再存在，騎士和追隨人員的自願服務，如果不是出於熱誠或忠心，那就是報酬和承諾的收買。每支部隊包含的騎士隊伍數量多寡不一，根據每位獨立首領的權勢、財富和聲望而定，他們可以用旗幟、有紋章的外衣和戰爭的吶喊聲音加以識別。歐洲每個古老的世家都想找出早期的戰功，用來證明貴族的地位和淵源。我雖然概略描述中世紀的騎士形象，但是這個令人難忘的制度既是十字軍的成因，也是十字軍的結果。

六、第一次十字軍向君士坦丁堡的進軍(1096-1097A.D.)

　　就是這樣的軍隊和領導人員舉起十字架去解救聖墓。平民的烏合之眾一旦沒有加入行動，立時感到如釋重負，舉行會議或是派出信差，相互鼓勵要實踐誓言盡速開拔。他們的妻子和姊妹亟欲分享朝聖之途的危險和功勳，輕便的金庫裝著銀條和金條易於運輸。這些諸侯和貴族都帶著獵犬和獵鷹，可以消遣解悶也能供應肉食。多少萬的人員和馬匹需要大量的糧草，採購的工作極為困難，為了達成任務只有分散兵力。根據他們的選擇或處境決定使用的路線，大家同意在君士坦丁堡鄰近地區會師(1096年8月15日-1097年5月)，從那裡再開始發起對土耳其人的作戰行動。

　　布容的戈弗雷離開馬士(Meuse)河與莫瑟爾河，順著日耳曼、匈牙利和保加利亞最直接的方向前進，只要在不受干擾的單獨指揮之下，他所採取的每個步驟都很明智和正確。當他抵達匈牙利的邊界，被一個信奉基督教的民族阻擋三個星期。他們妄用十字架的名義，被認為是極為可惡的行為。匈牙利人對於上一批朝聖者的傷害仍然記恨在心，說到他們也有不對的地方，就是濫用自衛和報復的權利，所以現在感到憂慮不已，生怕這個來自同一民族、從事同樣任務的英雄人物，會施展嚴厲的尋仇手段。但是明理的公爵在衡量動機和事件的始末以後，對於不值得尊重的同胞所犯的

罪行和遭到的苦難，只表示憐憫之意就感到滿足。他派出十二位代表當作
和平使者，用他的名義要求自由通過的權利和公平交易的市場。為解除匈
牙利人的猜疑，戈弗雷以及後來他的兄弟，都對他們的國王卡洛曼
(Carloman)表示信任，願意接受簡略而友善的款待。雙方訂立條約用共同
的福音書來起誓更為神聖，發布文告禁止拉丁士兵有敵對和放縱的行為，
犯者處以極刑。他們從奧地利到貝爾格勒橫越匈牙利平原，沒有遭到或造
成任何傷害，卡洛曼就在近處追隨，數量龐大的騎兵部隊守候在側翼，既
維護客人的安全也不鬆弛自己的戒備。他們抵達薩維(Save)河渡河以後，
匈牙利國王馬上放回人質，祝福他們一路順風，完成光復聖地的使命。戈
弗雷運用類似的領導方式和紀律要求，在保加利亞的森林和色雷斯的邊區
獲得同樣的成效。他自己感到十分慶幸，能達成朝聖之途開始階段的行
程，還不必拔出劍來對付任何一個同為基督徒的敵手。

雷蒙從杜林(Turin)穿過倫巴底(Lombardy)地區到達阿奎利亞
(Aquileia)，完成這段方便而又愉快的行程之後，率領他的「鄉巴佬」繼
續四十天的行軍，橫越達瑪提亞(Dalmatia)[39]和斯拉夫尼亞(Sclavonia)這
片蠻荒的國度。天候一直是大霧瀰漫，土地崎嶇不平而且殘破悽涼，土著
不是趕緊逃走就是充滿敵意。宗教和統治都欠缺約束的力量，他們拒絕供
應糧草或嚮導，迷途和落單的人員遭到謀殺，無論白天還是夜晚都要提高
警覺。伯爵懲罰一些俘獲的強盜，比起他與斯科德拉(Scodra)的君王[40]舉
行會議和訂立條約，能夠獲得更大的安全保障。十字軍從杜拉索
(Durazzo)到君士坦丁堡的行軍途中，希臘皇帝的農夫和士兵給他帶來不

---

39 杜坎吉對於達瑪提亞的記載不僅資料欠缺而且敘述不夠完整，本國的歷史學家年
　代較近也沒有根據，希臘人的關係疏遠又漫不經心。在1104年時，科洛曼
　(Coloman)把這個濱海的國度限制在很小的範圍，最遠不過是薩洛納(Salona)和特
　勞(Trau)而已。

40 斯科德拉原來是羅馬的殖民地，在這以前李維(Livy)說是伊里利孔的首都和城
　堡，他們的國王是金提烏斯(Gentius)。現在的名稱是伊斯科達(Iscodar)或斯庫塔
　里(Scutari)，在羅馬尼亞的貝格勒貝格(Beglerbeg)總督統治之下，派駐在斯庫塔
　里或宣德爾(Schendeire)的行政長官(現在稱為帕夏)位居第八，屯紮著六百名士
　兵，每年的稅收是78,787個里克斯銀幣。

斷的騷擾，還有同樣模糊和曖昧的敵對態度，準備用來對付其餘的首領，他們正從意大利海岸渡過亞得里亞海。

波赫蒙德有足夠的軍隊和船隻，還有先見之明和嚴肅的紀律，伊庇魯斯(Epirus)和帖撒利(Thessaly)的行省沒有忘記他的威名。憑著他的指揮才能和唐克理德的英勇，不論遭遇哪些障礙都能克服。如果這位諾曼人的諸侯不是裝出饒恕希臘人的模樣，他就會大事劫掠一個異端分子的城堡，先讓士兵滿足胃口。法蘭西的貴族憑著一股勇氣向前猛衝，根本不用頭腦也沒有打算，所以這個民族經常為此受到指責。

偉大的修伊、兩位羅伯特和沙爾特的司蒂芬，從阿爾卑斯山到阿奎利亞的行軍，要經過一個富裕的國度，受到正統基督徒的歡迎，這是充滿宗教情懷或得意洋洋的路程。他們親吻羅馬教皇的腳致以最高的敬意，聖彼得的金色旗幟授與法蘭西國君的兄弟。他們在這段虔誠和歡樂的訪問期間，竟然忽略乘船的季節安全和準備的運輸工具。冬季在不知不覺中浪費，部隊散布在意大利的城鎮，紀律和風氣開始敗壞。他們只有分別完成海上的行程，顧不得部隊安全或個人的地位。烏爾班指定的聖母升天節開拔後九個月之內，所有的拉丁諸侯都抵達君士坦丁堡。然而維蒙德瓦伯爵卻成為俘虜，他搭乘最前列的船隻被暴風雨吹散，為阿里克蘇斯的部將所囚禁，這是違犯國際公法的行為。修伊抵達君士坦丁堡時，二十四名穿著黃金鎧甲的騎士高聲宣布，這位拉丁基督徒的將領和萬王之王的弟兄，獲得希臘皇帝的尊敬。

七、阿里克蘇斯對十字軍的策略和處理方式(1097A.D.)

我在東方的故事中讀到一個牧羊人的寓言，他的意願達成，卻反而身受其害：他向上天祈禱獲得水源，恆河轉向流到他的土地，羊群和木屋都被洪水沖走。所以就希臘皇帝阿里克蘇斯·康南努斯而言，十字軍東征會

帶來好運，同樣會讓他感到憂慮。本書已提過他的大名，他的女兒安娜[41]
記載他的行為，與拉丁作者[42]的看法大相逕庭。他的使臣在普拉森提亞的
宗教會議中，請求給予適度的援軍，這可能是指一萬士兵，但現在有這麼
多勢力強大的首領和宗教狂熱的民族，他們的到達讓他感到大為驚畏。皇
帝處於希望和恐懼、勇氣和怯懦之間，心中忐忑不安，對於一個受到扭曲
的策略，他誤認為是充滿智慧的行為。我不可能相信也不可能洞悉，他在
背後策劃惡意的陰謀活動，是要奪去法蘭西英雄的生命或榮譽。隱士彼得
的烏合之眾都是一群野蠻的禽獸，缺乏人性和理智，阿里克蘇斯對他們遭
到殲滅的命運，不可能加以阻止或表示哀悼。希臘皇帝對戈弗雷的部隊和
他的戰友不會輕視，但是一定會產生懷疑和猜忌之心。他們的動機或許純
潔而又虔敬，但是由於他清楚波赫蒙德的野心，加上對山北高盧
(Transalpine)的首領認識不深，他同樣要提高警覺增強戒備。法蘭西人的
勇氣不僅盲從而且魯莽，可能會為希臘的奢華和財富所引誘，認為自己有
無可抗拒的實力而得意忘形，君士坦丁堡的景象使他們不再記得耶路撒
冷。經過長途行軍和痛苦禁欲以後，戈弗雷的部隊在色雷斯平原紮營，聽
到他們的弟兄維蒙德瓦伯爵為希臘人下獄，大家不禁怒火中燒。極為勉強
的公爵被迫同意他們的要求，可以自由採取報復和搶劫的行動。阿里克蘇
斯用順從和恭敬的態度安撫他們的不滿，答應供應營地的需要。他們拒絕
在冬季渡過博斯普魯斯海峽，就將這個狹窄內海岸邊的莊園和宮殿充做進
駐的營舍。

　　但是無可救藥的猜忌仍然使得兩個民族心存芥蒂，相互藐視對方是奴

41　安娜‧康妮娜生於1083年12月1日，那個時代十三歲已達及笄的年齡，可能已經嫁
　　給年輕的尼西弗魯斯‧布寧紐斯(Nicephorus Bryennius)，正當第一次十字軍。有
　　些現代人士出現怪異的想法，說她對波赫蒙德是因愛生恨。有關君士坦丁堡和尼
　　斯的對外事務，她那立場非常不公正的著作可能是對拉丁人懷有偏見所致。但是
　　十字軍後來建立的功勳，她的描述非常簡單，可見很多事情並不一定清楚。

42　對於阿里克蘇斯的個性和行事，大家有不同的看法：邁姆波格(Maimbourg)贊同堅
　　持正統信仰的法蘭西人，伏爾泰(Voltaire, François Marie Arouet de, 1694-1778
　　A.D.，法國哲學家、文學家和啓蒙思想家)偏袒主張分裂思想的希臘人。看來哲學
　　家的偏見比起耶穌會教士更不可原諒。

隸或蠻族。無知的人不能認清狀況就會產生疑懼，會在每天引起憤怒的情緒。偏見使人盲目，欲念使人耳聾，阿里克蘇斯受到指控，說他把拉丁人安置在一個危險的地點，那裡四面爲水所圍困，企圖將他們餓死或是發起攻擊將他們殺害[43]。戈弗雷吹起號角衝破包圍網，部隊滿布平原開始襲擾郊區，君士坦丁堡的城門戒備森嚴，防壁上排列弓箭手。經過一場難分勝負的衝突之後，雙方願意聽從和平與宗教的呼籲。對於西部的異鄉人，皇帝的禮物和承諾逐漸能夠緩和他們兇狠的脾氣。皇帝是基督徒的武士，再度燃起他們的宗教熱誠要執行神聖的事業，何況他提出保證要用部隊和金錢來大力支持。等到春天來臨，戈弗雷受到遊說要在亞洲占領位置良好和供應豐富的營地，等到他們渡過博斯普魯斯海峽，希臘船隻馬上被對岸召回。同樣的方式對後續的首領一再重複運用，這些首領受到前面同伴的影響不得不爾，離開的主力使留下的部隊變得勢孤力薄。阿里克蘇斯一直加強警戒，防止同一時刻有兩支大軍在君士坦丁堡的城下會合。等到開始慶祝五旬節的盛典時，沒有一個拉丁朝聖者留在歐洲海岸。

　　這支威脅歐洲的軍隊可以用來解救亞洲，在博斯普魯斯海峽和海倫斯坡海峽的鄰近海岸擊退土耳其人。從尼斯到安提阿的豐饒行省成爲羅馬皇帝新的產業，古老和永恆的主權要求仍舊包括敘利亞和埃及王國在內。阿里克蘇斯保持熱切的情緒，抱著雄心萬丈的氣慨想要親自率領新的盟友，推翻東方這些藩王的寶座。但理性與性情使他打消念頭，不要讓尊貴的君王涉險，不能輕易信任不知底細和無法無天的蠻族。只要想盡辦法得到法蘭西諸侯的效忠誓言，就讓他的謹慎或自尊感到滿足。他同時還要獲得莊嚴的承諾，他們就像羅馬帝國謙卑和忠誠的部將，要恢復或維持亞洲的征服行動。十字軍的首領有獨立自主的精神，提到這種來自外國和自甘墮落的奴性就會火冒三丈，希臘人運用禮物和奉承雙管齊下的技巧，使得這些

---

43 這個地方位於黑海、博斯普魯斯海峽和巴拜西斯(Barbyses)河之間，正值炎熱的夏天，要在一塊平坦的草原上趕十五英里的路。到歐洲和君士坦丁堡的道路，要經過一座名叫布拉契尼(Blachernae)的石橋，自從築成後，幾度遭受破壞，查士丁尼和巴西爾都曾重建。

諸侯只有陸續屈服。最早改信基督教的人員成爲口若懸河和成效卓越的傳教士，也使得他們的同伴備感羞辱。維蒙德瓦的修伊在被囚禁時受到禮遇，能夠安撫他的自尊心，對於法蘭西國王的兄弟來說，修伊的歸順得到認同而且極具份量。布容的戈弗雷內心抱持的理念，就是任何人性的考量，不得有損上帝的榮耀和十字軍東征的成功。他用堅決的態度抗拒波赫蒙德和雷蒙的誘惑，他們極力勸說要攻擊和占領君士坦丁堡。阿里克蘇斯尊敬他所具備的德行，理所當然稱他爲帝國的捍衛者，爲了使戈弗雷的效忠顯得更加高貴，將兒子的名字贈給他，並且舉行收養的儀式[44]。

皇帝接受可惡的波赫蒙德當成忠實和久遠的盟友。要是皇帝提醒他記起過去的敵對行爲，原因只是爲了稱讚他表現出所向無敵的驍勇氣概，以及在杜拉索和拉立沙(Larissa)兩次會戰的光榮事蹟。替基斯卡的兒子安排住處和款待，都使用皇家的排場。有一天他通過宮殿的走廊，有一扇門沒有關好，室內有成堆的黃金和白銀、絲綢和寶石以及精美昂貴的家具擺飾，雜亂無章放在那裡，從地面堆到屋頂。這名野心勃勃的守財奴叫道：「只要擁有這樣的財富，還有什麼達不到的征服！」一名希臘隨員像是看穿他的心思，回答道：「這些都是你的。」波赫蒙德猶豫一會，抱著紆尊降貴的神情接受這份貴重的禮物。諾曼人受到奉承保證要給他一個獨立的公國，但是他竟敢要求擔任皇家內衛統領或主將的職位，阿里克蘇斯用規避的方式加以拒絕。

兩位羅伯特分別是英格蘭征服者的兒子和三位皇后的親戚[45]，輪流覲見，在拜占庭寶座前躬身屈從。沙爾特的司蒂芬有一封私人信函，證實他對皇帝的欽佩之辭，稱讚皇帝是最優越和慷慨的大人物。皇帝讓他相信他已經是寵臣，答應讓他最年幼的兒子在這裡接受教育和照顧。聖蓋爾和土魯斯的雷蒙伯爵在他的南部行省，對法蘭西國王據有至高無上的統治權，

---

44 有兩種收養的方式：一種是授與家族的紋章，另一種只作形式上的介紹。杜坎吉認爲戈弗雷的收養屬於後面這種方式。

45 等到法蘭德斯的羅伯特返國以後，成爲英格蘭國王重用的大臣，獲得四百馬克的年金。

表示出隱約認同和默許的態度，這位外國君王的民族和語言都不是同源同種。雷蒙率領十萬人的部隊，公開宣稱他只是基督的士兵和僕人，希臘人應該對聯盟和友誼的平等條約感到滿足。固執的抗拒態度使得他的順從更有價值和份量，要是根據安娜公主的說法，他在蠻族之中所發出的光芒如同天國群星裡的太陽。皇帝厭惡法蘭西人的吵鬧和無禮，懷疑波赫蒙德別有用心，把這些話告知他所信任的雷蒙。這位年邁的政治家能夠辨別是非，了解即使皇帝的友情虛假不實，他對撒拉森人的敵意仍舊一如往昔。唐克理德的俠義精神最後才被降服，發揮英勇的騎士精神，沒有人認為是不當的行為。他藐視希臘國君的黃金和籠絡，當著皇帝的面攻擊無禮的大公，穿著普通士兵的衣服避開跑到亞洲，最後還是帶著無奈的神色，只有屈服於波赫蒙德的權威和著眼全局的利益。

基於最冠冕堂皇的理由，沒有阿克里蘇斯的許可和支援的船隻，就是不可能渡過海洋和完成誓言。但是他們暗中抱著希望，只要能夠踏上亞洲大陸，可以用刀劍擦去羞辱，解除諾言應盡的義務，何況在拜占庭這方面來說，也可能沒有如實履行承諾的責任。他們的效忠典禮像是在表達感激，希臘民族長久以來認為傲慢是權力的替代品。皇帝高坐在寶座上面，沉默不語而且視之巍然，拉丁諸侯崇拜他的莊嚴和偉大，聽從禮儀的安排親吻皇帝的腳或膝蓋。十字軍的作者提到這件有傷國格的舉動，都感到非常羞辱而且無法否認[46]。

私相授受或公開賜與的利益壓下公爵和伯爵不滿的怨言，但是一位法蘭西貴族(他可能就是巴黎的羅伯特男爵[47])竟敢登上寶座，坐在阿里克蘇

46　十字軍那些自負的歷史學家對於引起羞辱的過程，不是輕描淡寫就是支吾其辭。但是，只要是這些英雄人物跪下致敬，皇帝坐在寶座上穩若泰山，顯然他們就會吻他的腳部或膝頭。唯一令人感到奇怪的地方，是安娜對拉丁人保持沉默或曖昧態度，沒有大事張揚。能夠貶低這些諸侯的地位和打壓他們的氣焰，倒是可以在《拜占庭禮儀大全》增加極其光彩的一章。

47　安娜提到這個自我膨脹的蠻族，說他在多里利姆會戰時在第一線的激戰中陣亡或是受傷，看起來一副幸災樂禍的樣子。像這樣的情節使得杜坎吉能夠證明他的懷疑的確很有道理，說他就是巴黎的羅伯特，奇怪的是這個區域稱為法蘭西公國或法蘭西孤島。

斯的身旁。鮑德溫不願事態擴大,加以明智的斥責,激怒他用野蠻的腔調
大聲叫喊:「誰這麼毫無教養,自己坐在座位上,讓這麼多英勇的軍人站
在他的四周?」皇帝仍舊保持不動聲色,掩藏心中的憤怒,詢問通事這位
貴族說話的含意,雖然他從姿態和表情這種身體語言,可以猜想一二。阿
克里蘇斯在朝聖者離開之前,一直想要知道這位大無畏男爵的姓名和狀
況。羅伯特說道:

> 我是法蘭西人,在自己的國家是血統純正和歷史悠久的貴族。有一
> 座教堂在我的領地附近,據我所知在那裡的人都想用一對一的決鬥
> 來證明自己的勇敢。他們向上帝和聖徒祈禱好讓一個敵人出現。我
> 經常去那所教堂,沒有發現一個敵手敢接受我的挑戰。

　　阿里克蘇斯在讓這位挑戰者告退之前,對他從事土耳其人的戰事提出
一些謹慎的勸告。在他的時代和國家,這類活潑生動的例子還不斷在歷史
上出現,讓人感到趣味盎然。

八、十字軍的兵力數量和對尼斯的圍攻(1097A.D.)

　　亞歷山大率領三萬五千名馬其頓人和希臘人,發起亞洲的征服行動,
獲得空前的成就[48],他的成敗全部靠著步兵方陣的實力和紀律。十字軍的
主力在於騎兵部隊,當軍隊在俾西尼亞(Bithynia)平原集結時(1097年5
月),武士和好戰的隨從騎著戰馬,總數是十萬名戰鬥人員,全部裝備著
頭盔和鎖子甲。應該有一份公正和可信的記錄說明這些士兵的價值,這些
歐洲騎士制度的精華人物,可能全力供應壯觀的重裝馬匹部隊。部分步卒
也許徵召來擔任斥候、工兵和弓箭手,但是那些一盤散沙的群眾,在毫無

48　亞歷山大率領的兵力有很多不同的說法,但是沒有人比托勒密(Ptolemy)更為權
　　威,他提到的數量是騎兵五千人和步卒三萬人。

紀律和不聽指揮的狀況下損失殆盡。鮑德溫的隨軍神父[49]估計在拉丁人的
營地裡，除了教士和僧侶、婦女和兒童，還有六十萬攜帶武器的朝聖者。
我們認為他的記載不是出於目擊或常識，完全是自信和想像的數字。讀者
聽到也許會嚇一跳，在從吃驚的狀況恢復之前，我還要提到這位神父的證
詞，那就是如果舉起十字架的人都完成誓言，從歐洲遷移到亞洲的人員會
有六百萬之眾。在信仰的壓力下，我只有求助於更有見識和思考周密的作
者[50]，他檢查有關騎士制度的資料以後，指責沙爾特教士的可信度，甚至
就是山內高盧(Cisalpine)地區(就一個法蘭西人的地理知識)來說，是否能
產生和遷移數量這樣龐大的群眾，都令人感到難以置信。

最冷靜的懷疑論者會記得，這些基督教的自願軍絕大多數從未見過君
士坦丁堡和尼斯。宗教狂熱的影響力不僅異常而且短暫，很多人基於理性
或怯懦、貧窮或衰弱留在家鄉，還有很多人為路途的障礙所驅回，無知的
狂熱分子從未預料有這麼多難以克服的困苦。匈牙利和保加利亞野蠻的國
土到處是暴露的白骨，他們的先鋒為土耳其的蘇丹全部殲滅，剛開始的冒
險行動受到刀劍、天候和疲累的打擊，損失的狀況幾達三十萬人。然而還
有數以萬計的人員留得活命繼續趕路，堅持神聖的行程，他們自己感到驚
訝，也使希臘人認為不可思議。安娜公主用生動的語言也難以描述[51]：就
她所看見和聽到的狀況，已經到無法表達的程度，人數之多好比成群的蝗
蟲、樹木的葉片花朵、海邊的沙粒甚或天上的群星，使得阿里克蘇斯的女
兒大聲喊叫，他們從歐洲傾巢而出投向亞洲。就像古代的主人大流士
(Darius)和澤爾西斯(Xerxes)，率領數量含糊籠統的群眾，同樣引起懷

49　弗契流斯・卡諾廷西斯(Fulcherius Carnotensis)列出不同名稱和語言的民族有十九
　　個，但是我不了解像是法蘭西人和高盧人、意大利人和阿普里亞人會有什麼不
　　同。在其他地方他把逃兵打上可恥的標誌。

50　雖然基伯特溫和反對提出的數字，但還是暗示群眾的數量極其龐大。烏爾班二世
　　抱著狂熱的宗教理念，也不過把朝聖者的數量定在三十萬人。

51　安娜在《阿里克蘇斯皇帝傳》裡用一味苛求的語氣，抱怨他們那些陌生而又難唸
　　的名字，實在說幾乎沒有一個人不被她自負的無知心理所企圖破壞，這個文雅的
　　民族不僅喜歡而且熟悉這類的工作。我只舉一個例子，那就是聖蓋爾伯爵被稱為
　　桑吉勒斯(Sangeles)。

疑*52。但是我還是相信，在尼斯的圍攻，參加作戰的人數最多，因為這是拉丁人最早一場作戰，後來無論在任何一個會戰的陣列或是單獨的營地，都沒有這樣龐大的兵力。作戰的動機、人員的素質和軍械的狀況完全展示得清清楚楚。部隊絕大部分成員包括法蘭西土著；低地國家、萊茵河兩岸和阿普里亞派遣實力強大的增援部隊；從西班牙、倫巴底和英格蘭吸引一些亡命之徒的隊伍[53]；愛爾蘭及蘇格蘭遙遠的沼地和山區，一些赤裸和野蠻的狂熱分子前來投效，他們在家鄉兇狠無比，到了海外不能適應作戰的要求。如果剝奪最貧窮和最衰弱的基督徒獲得朝聖的成就，這種謹慎會被迷信譴責為褻瀆神聖的行為。若非如此，那些無用的群眾只會動口不會動手去作，就會配置在希臘帝國各地，直到他們的同伴打開和確保天主的道路。只有一小部分殘餘的朝聖者越過博斯普魯斯海峽，得到允許能去朝拜聖墓。

北國人民的體質被敘利亞熾熱陽光炙烤得枯焦，蒸發的瘴氣很容易傳染疾病。他們還是有不在意的浪費習性，很快消耗所儲存的飲水和糧食，他們的數量之多使得內陸地區無法負擔而枯竭，海岸非常遙遠，希臘人民很不友善，不管哪個教派的基督徒都逃避一空，免得遭受教友貪婪而又殘酷的洗劫。在饑饉可怕的本能需求之下，他們有時將幼小或成年的俘虜殺死，將肉烤來分吃。在土耳其人和撒拉森人的印象裡，歐洲的偶像崇拜者博得「食人者」的名聲，讓人極為厭惡。有些探子潛進波赫蒙德的廚房，看到人的屍體在烤肉架上轉動。這名富於心機的諾曼人鼓勵傳播這種報

---

*52 [譯註]大流士進犯希臘的兵力，希羅多德(Herodotus, 484-430B.C.，希臘史學家)的《歷史》記載是七十萬人和戰船六百艘。要是根據《劍橋古代史》，可能是兩、三艘船隻的艦隊和陸軍七萬人。澤爾西斯的希臘侵入戰，經過毛萊斯的考證約為十萬零五百人，比起希羅多德的記載兩百六十四萬一千六百一十人，相差不能以道里計。

53 曼茲柏立(Malmesbury)的威廉(他的寫作年代約在1130年)在他的歷史著作中，加入第一次十字軍的事蹟。我真希望他不要聽取那些越過海峽的喃喃怨言，重點應擺在同胞參加十字軍的人數、家世的狀況和冒險的經過。我發現在達格戴爾(Dugdale)有一位英國的諾曼人，就是阿伯瑪爾(Albemarle)和荷德尼西(Holdernesse)的司蒂芬伯爵，在安提阿會戰與羅伯特公爵一同率領後衛部隊。

導，雖然會使不信的異教徒憎恨這種行為，但同時可增加他們恐懼的心理[54]。

我很高興詳敘十字軍剛開始的發展步驟，並描繪當時歐洲的情勢和狀況。他們那種盲從的建樹靠著實力來達成，所有的記載出於無知，冗長而類似的介紹應該予以簡化。他們最初安置在尼柯米地亞（Nicomedia）附近地區，然後陸續分兵前進，通過希臘帝國已經縮小的國境，穿越山嶺打開一條通路，開始包圍對方的首都，用宗教戰爭來對付土耳其蘇丹。羅姆（Roum）王國的疆域從海倫斯坡海峽延伸到敘利亞邊界，成為到耶路撒冷朝聖之途的阻礙。蘇丹是塞爾柱人（Seljuk），名字叫克利吉-阿爾斯蘭（Kilidge-Arslan）或索利曼[55]，他是第一任征服者的兒子，防衛土耳其人認為屬於自己的國土，他的作為值得敵人的稱讚，奮勇抵抗長存後裔的記憶之中。他對來勢洶洶的洪流開始時只有忍讓，將家庭和金庫存放在尼斯，帶著五萬人馬退到山區。基督徒圍攻軍形成一個大約六哩並不完整的包圍圈，他曾經兩次從山上衝下來，突擊他們居住的營地或軍營。尼斯高聳和堅固的城牆前面有一道深邃的壕溝，側面有三百七十座塔樓加以掩護，位於基督教世界的邊緣地帶，穆斯林有精良的訓練和高昂的士氣。法蘭西諸侯在城市的前面占領各人的位置，發起的攻擊缺乏協調連繫或指揮關係，靠著競爭激發各自的勇氣。但是作戰的勇氣為殘忍所玷污，相互的競爭墮落成猜忌和烏合之眾的混亂。

尼斯的圍攻作戰之中，拉丁人運用古老的技術和器具，像是挖掘地道、使用攻城衝車、編組龜甲陣、構建衝擊塔或活動式木塔、人工縱火、弩砲或石弩、投石器、以及發射石彈或標槍的十字弓等等。圍攻軍在七周

54　饑饉的時候發生吃人的現象，有時確有其事，但多數都是詭計和謊言，這在安娜・康妮娜、基伯特和拉杜法斯・卡多明西斯的著作裡都可見到。《法蘭克人言行錄》的作者、僧人羅伯特・巴德里克（Robert Baldric）與阿及爾的雷蒙，都曾經提到這個策略，發生在安特阿的圍攻和出現饑荒時。

55　拉丁人對他使用索利曼這個伊斯蘭稱呼，原來的性格經過塔索的大事修飾。東方人用土耳其的名字稱他為克利吉・阿爾斯蘭，希臘人還發生一些謬誤之處。但是伊斯蘭的作者只提到他的名字，主要原因是他們對第一次十字軍的題材，抱著冷漠和慍怒的態度。

之內浪費無數的勞力和生命,已經獲得相當進展,特別是雷蒙伯爵最為賣力。城市的西邊阿斯卡紐斯(Ascanius)湖延伸幾哩路遠,只要土耳其人能控制這個湖[56],就可以拖長抗拒的時間,也能保障逃走的安全。阿里克蘇斯的謹慎和勤奮供應征服的工具,相當數量的船隻裝上地面的橇車,從海洋拖進內陸的湖中,船上運載技術最佳的弓箭手。蘇丹的女眷在逃走的途中被攔截,尼斯在陸地和海洋兩面都被包圍。一名希臘的密使說服居民,只要及時投降就可以獲得皇帝的保護,拯救他們免於歐洲野蠻人的暴行。在獲得勝利或希望的時刻,十字軍人員雖然渴望殺戮和搶劫,看到皇帝的旗幟在城堡上面飛揚,還是感到十分的敬畏。阿里克蘇斯保持猜疑和警覺,保護這次重要的征服不要產生意外。首領獲得榮譽或利益,使得抱怨的聲音慢慢停止,他們休息九天以後,在一位希臘將領的引導之下直接向著弗里基亞進軍。他們懷疑這位將領暗中安排的行動獲得蘇丹的默許。皇帝很禮遇的送還索利曼的妻室和主要的僕傭,沒有要求贖金,對異教徒[57]的俠義行為被解釋為背叛基督教的大業。

九、多里利姆會戰及鮑德溫建立埃笛莎公國(1097-1151A.D.)

首都的失守使得索利曼憤怒不已,但是他並沒有感到驚懼害怕,看到西部蠻族這種奇特的入侵方式,對於臣民和盟友發出警告。土耳其的埃米爾遵從忠誠或宗教的召喚,土庫曼群眾紮營在他的旗幟周圍,概約計算全部兵力是二十萬或三十六萬人馬。然而索利曼耐心等待不願提早動手,直到對手將海洋和希臘邊區留在後面,他將部隊保持在側翼盤旋伺機而動。

---

56 尼斯的圍攻和湖泊,以及四百多年後柯特茲(Cortez)在墨西哥的作戰,我還是要指出兩者有極為雷同之處。(譯按:1519年11月柯特茲率領西班牙部隊進入墨西哥谷,谷底是一大片淺湖,他攻下就是今日墨西哥城的特諾奇提特蘭-特拉泰洛哥(Tenochtitlan-Tlatelolco)大城,阿茲特克(Aztecs)帝國遭遇滅亡的命運。)

57 法蘭西的十字軍人員創造出「異教徒」(mécréant)這個字,最早的含意限於使用的語言,意思是我們的祖先具備更激烈的宗教狂熱,把不信主的人當成流氓惡棍。同樣的偏見仍舊潛伏在很多人的心田,他們認為只有自己才是基督徒。

十字軍編成兩個縱隊，採取疏忽卻充滿自信的行動，現在這兩支部隊分離超過視線之外。他們離弗里基亞的多里利姆（Dorylaeum）還有幾哩路時（1097年7月4日），左翼的兵力較為薄弱，受到土耳其騎兵部隊的奇襲，幾乎全軍覆沒[58]。炎熱的天候、濃密的箭雨和狂野的進攻，使得十字軍人員陷入困境。他們喪失秩序和信心，只有個人的英勇還能維持局部的戰鬥，就是波赫蒙德、唐克理德和諾曼第的羅伯特親自上陣都無法發揮作用。他們能恢復鬥志，在於看到戈弗雷公爵使人精神為之一振的旌旗，他帶著維蒙德瓦伯爵和六萬騎兵飛奔前來援救，隨後還有土魯斯的雷蒙和普伊主教，以及神聖大軍的其餘人員。沒有片刻的耽擱，他們重新整頓編成隊形，前進展開第二次的會戰。兩軍經過一番苦戰還是不分勝負，通常他們輕視希臘和亞洲不諳戰陣的民族，現在雙方承認只有土耳其人和法蘭克人夠資格獲得士兵的稱呼。他們的接戰基於武器和訓練的對比，顯得變化多端而且勢均力敵：像是直接的衝鋒和迂迴的運動；平放的長矛和揮舞的標槍；沉重的寬劍和彎曲的軍刀；累贅的鎧甲和飄動的長袍；以及韃靼的長弓和西方的強弩。強弩就是十字弓，是一種致命的武器，東方人在當時還不知道它的性能[59]。只要有精力充沛的戰馬和裝滿箭矢的箭囊，索利曼能在白天維持優勢，四千名基督徒為土耳其的利箭射穿身體。到了傍晚，敏捷的機動屈服於強大的實力。雙方還是保持概等的兵力，但是數量之多使得戰場的地面無法容納，將領也無法有效掌握。最後來到的生力軍是雷蒙和他的「鄉巴佬」，他們轉過山嶺攻向精疲力竭敵軍的側背，決定漫長搏鬥的勝負。除了一些沒有名聲和無法計算的群眾之外，三千名異教徒武士

58　巴隆紐斯（Baronius, Caesar, 1538-1607A.D.，意大利樞機主教和歷史學家）寫了一封很可疑的信給他的兄弟羅傑，提到敵人應該還要包括米提人、波斯人和迦勒底人。第一次的攻擊造成很大的損失，確實如此而且帶來痛苦，但是為什麼要布容的戈弗雷和修伊兄弟來承受？唐克理德被人稱為後輩，那麼他是誰的子弟？可以確定，羅傑和波赫蒙德不是他的長輩。

59　十字弓這個武器有很多名稱，像是Balista、Balestra、Arbalestre等，在安娜・康妮娜那個時代稱為tzangra，在東方沒有人知曉。教皇出於人道的關懷，一直努力要禁止在基督徒的戰爭中使用。

在會戰和追擊中被殺,索利曼的營地遭到洗劫,獲得種類繁多的昂貴戰利品,拉丁人對異國的武器和飾物感到好奇,單峰和雙峰駱駝都是前所未見的動物。蘇丹迅速撤退證明十字軍贏得重大的勝利,他的軍隊遭受重大損失以後還保有一萬名衛士。索利曼將羅姆王國的臣民疏散一空,盡快向東部的兄弟之邦懇求給予援助,激起同仇敵愾的信念。

十字軍橫越小亞細亞實施五百哩的行軍(1097年7月-9月),通過荒蕪的土地和遺棄的城鎮,沒有發現一個朋友或敵人。地理學家[60]可以描繪出多里利姆、皮西底亞(Pisidia)的安提阿、伊科尼姆(Iconium)、阿齊拉斯(Archelais)和日耳曼尼西亞(Germanicia)的位置,可以拿古代的稱呼來比較現代的名字,像是艾斯基瑟希(Eskishehr)意為古老的城市、阿克息爾(Akshehr)意為白色的城市、柯尼(Cogni)、艾萊利(Erekli)和馬拉什(Marash)。朝聖者穿越一處沙漠,要用銀幣才能換到一頓飲水,他們為難以忍受的口渴所折磨,到達第一條溪流的岸邊,狂奔和痛飲對不守秩序的群眾還是會帶來災害。他們攀登陶魯斯(Taurus)山脈陡峭而滑溜的斜坡,不僅極為勞累而且危險,很多士兵為了腳步的安全而拋棄武器。如果不是因為恐懼使他們的前方空無一人,只要有少數勇敢的敵軍把守,就會將漫長而又害怕的行軍行列逼下懸崖。兩位最受尊敬的首領洛林公爵和土魯斯伯爵,坐著人抬的舁床;雷蒙從毫無希望的重病中復原,據說是奇蹟出現;戈弗雷在皮西底亞山區進行粗野和危險的狩獵,在追逐時被一隻熊抓傷。

為了使當前陷入狼狽的狀況獲得改善,派遣波赫蒙德的表弟和戈弗雷的弟弟離開主力向前挺進,兩個人各自率領五百或七百武士的部隊,用火速的行動占領西里西亞的山嶺和海岸,掌握柯尼和進出敘利亞的門戶。諾曼人的旗幟首次插上塔蘇斯(Tarsus)和馬米斯特拉(Malmistra)的城牆。鮑德溫不僅自負而且發生不公正行為,終於使忍讓和寬厚的意大利人大為冒

---

60 有興趣的讀者可以拿賽拉流斯(Cellarius)的古典學術和丹維爾(D'Anville, Jean Baptiste Bourguignon, 1697-1782A.D.,法國地理學家和製圖家)的地理科學作一比較。泰爾的威廉是十字軍東征時代唯一精通古代知識的歷史學家。奧特(Otter)幾乎是踩著法蘭克人的腳步,從君士坦丁堡前往安提阿。

火，他們在一場自私而邪惡的爭執中，不惜拔出神聖的刀劍惡言相向。榮譽是唐克理德的動機而名聲是他的報酬，但是運道眷顧他的對手唯利是圖的行動[61]。鮑德溫奉命去協助一個希臘或亞美尼亞暴君，過去長期忍受土耳其人高壓所帶來的痛苦，合法統治埃笛莎(Edessa)的基督徒。鮑德溫接受的身分是成為暴君的兒子和擁護的戰士，但是等到他剛被引進這個城市，馬上煽動民眾殺害他的義父，占領遺留的寶座和金庫，迅速展開征服行動，據有亞美尼亞的山地和美索不達米亞的平原，建立第一個法蘭克人或拉丁人的公國，疆域越過幼發拉底河，維持的時間有五十四年(1097-1151A.D.)。

十、安提阿的攻防及十字軍所遭遇的艱困和災難(1097-1098A.D.)

法蘭克人能夠進入敘利亞之前，已經浪費整個的夏季和秋季。到底要圍攻安提阿或者在冬季分散兵力休養生息，在軍事會議引起激烈的爭吵，武力和聖墓的喜愛逼得他們採取行動，決定發起攻擊的一方舉出充分的理由，說是入侵的聲勢和兵力在逐日下降，隨著時日的拖延將會倍增守軍的成功機會。敘利亞的首都受到奧龍特斯(Orontes)河的保護，九個拱門的「鐵橋」從高塔的巨大閘門獲得這個名稱，兩座高塔建造在橋的兩端。諾曼第公爵用武力克服這個阻礙，他的勝利讓三十萬十字軍獲得進入的通道。有關兵力的數字因損失和逃亡而有斟酌的餘地，回顧尼斯的作戰很清楚的看出實在過分誇大。要是對於安提阿加以敘述，亞歷山大和奧古斯都的繼承人建設是何等的雄偉壯麗，土耳其人的統治下是如此的荒蕪敗壞，很不容易在古代和現代之間界定出中古時期的範圍。特崔波里斯(Tetrapolis)或稱之為「四城之都」，要是我們還能保有它的名字和位置，十二哩周長可以在裡面留下很大一塊空曠地區。四百座高塔的設置，跟只

61　弗契流斯・卡諾廷西斯完整敘述埃笛沙的征服。在唐克理德和鮑德溫的爭執中，雙方都有人在那裡幫腔助威。

有五個城門的狀況並不是很吻合,這在圍攻作戰的歷史中經常提到。

　　然而安提阿仍舊繁華有如昔日,是一個面積廣大和人口眾多的首都。負有地區指揮之責的巴吉西安(Baghisian)是資深的族長,在土耳其的埃米爾中位居首位,他的守備部隊有六或七千騎兵以及一萬五千到兩萬步卒。據說有十萬名穆斯林死於刀劍之下,他們的人數可能會少於希臘人、亞美尼亞人和敘利亞人,這些異教徒在塞爾柱家族的統治下,至多過了十四年的奴役生活。從一段堅實和雄偉的殘餘城牆看來,在山谷中巍然聳立的高度有六十呎,無論是運用的工藝水準和人工材料,或許還有不足之處,主要的原因是可以用河流、沼澤和高山來加強防禦的功能。雖然有這些工事和堡壘,但是城市不斷為波斯人、阿拉伯人、希臘人和土耳其人奪取,這樣大的防守區域和城牆周長,在攻擊之下會產生很多的弱點和漏洞。

　　安提阿的圍攻作戰(1097年10月21日-1098年6月3日)大約在10月中旬形成包圍圈,這種執行的氣魄只能說是暴虎馮河的舉動。十字軍的勇士能夠在戰場上盡量發揮勇氣和實力來達成任務,經常遭遇的狀況像是突然的出擊、糧草的搜集、運輸隊伍的攻擊和防禦,他們總是能獲得勝利。我們只能說是感到遺憾,他們的功績有時誇大到難以置信和不符事實的程度。戈弗雷用他的長劍將一個土耳其人從肩到尻砍成兩截,這個不信者的半段身軀掉落在地,另外一半還留在他的坐騎上面被帶進城門。當諾曼第的羅伯特騎在馬上與對手廝殺時,他用虔誠的語氣大聲叫道:「我要將你的頭奉獻給地獄的魔鬼」,話沒說完,他用劈砍的動作實施雷霆一擊,將敵人的頭從頸部很俐落的斬下來。這種卓越的武功無論是真有其事或僅是傳聞而已,都會讓穆斯林得到教訓,留在城牆裡。對付這些土夯或石砌的城牆,劍和矛都是無法發揮效用的武器。

　　十字軍怠惰無知,使得圍城的各項工作只能緩慢和陸續的進行,對於用人力製作的攻城器械和工具,缺乏創造的技術、購買的金錢和勤勉的習性。他們靠著希臘皇帝的財富和知識,獲得有力的協助才能完成尼斯的征服。目前阿里克蘇斯沒有來到現地,一些熱那亞人和比薩人的船隻給予的供應不足,他們受到宗教或貿易的吸引來到敘利亞的海岸。補給的數量很

少，返回又靠不住，運輸的過程困難而又危險。性格散漫或是實力衰弱使
法蘭克人無法構成完整的包圍圈，有兩個城門始終保持自由通行的狀況，
能夠補充城市缺乏的物質和徵召所需守備部隊。過了七個月，他們的騎兵
部隊都已毀滅以後，因饑饉、逃亡和勞累產生重大的損失，十字軍沒有任
何進展。要不是拉丁人的尤利西斯，那位智勇雙全和雄心壯志的波赫蒙
德，運用狡詐和欺騙的用兵技巧，距離成功的機會將更為遙遠。安提阿的
基督徒人數眾多而且心存不滿。菲洛茲(Phirouz)是敘利亞人，後來背叛
改信伊斯蘭教，獲得埃米爾的歡心，負責指揮三座高塔的防衛。他的悔恨
對十字軍產生的好處，先隱藏不讓拉丁人知道他有這種前科，好從事出賣
和背叛極為污穢的勾當。為了相互的利益，菲洛茲很快與塔倫托(Tarento)
的諸侯建立暗中的連繫：波赫蒙德在會議時向這些首領宣布，他有辦法將
這座城市奉獻到大家的手裡，但是為了論功行賞，要讓他統治安提阿。這
個提議在嫉妒的同僚反對之下遭到拒絕，最後大家陷入困境只有勉強同
意。法蘭西人和諾曼人的諸侯實施夜間突襲，波赫蒙德率領士兵攀登從城
牆上拋下的雲梯。菲洛茲在謀殺顧慮太多的弟兄以後，這位新入教者擁抱
和引導基督的僕人，十字軍衝進城門，等到穆斯林發覺已經大勢無法挽
回，只有引頸待斃。城中的要塞還是拒絕投降，這時勝利者反而很快為一
支大軍包圍得水泄不通。

　　克波加(Kerboga)是摩蘇爾的君主，率領二十八位土耳其埃米爾，前
來解救安提阿。基督徒有二十五天處於毀滅的邊緣，哈里發和蘇丹的部將
表現出傲慢的態度，留給他們唯一的選擇是奴役或死亡。面臨生死存亡的
關頭，十字軍集結殘留的實力從城市出擊，在這個值得紀念的日子裡
（1098年6月28日），消滅或擊潰土耳其人和阿拉伯人的烏合之眾，根據他
們很保守的報導有六十萬人。我應該先要想到那些從天而降的幫助，才能
完成不可思議的工作。法蘭克人有大無畏的精神和絕望中奮鬥的勇氣，才
是在安提阿獲得勝利的主要人為因素，還有就是經驗不足和過分狂妄的敵
手，受到襲擊以後發生混亂和恐懼的現象。敘述這場會戰就像作戰經過一
樣雜亂無章，但是我們可以看到克波加的帳幕非常寬大，如同一座可以移

動的宮殿，到處都是亞洲的華麗奢侈品，可以容納兩千位人員。我們特別要提到他有三千名衛士，人和馬都配備著全鋼的護身胄甲。

在安提阿的圍攻和守備這段事故頻仍的時期，十字軍享受勝利的狂歡，接著陷入失望的深淵，因豐盛的宴飲而撐飽以後，爲缺乏糧食而羸弱不堪。思考周密的理性之士會假設，宗教信仰對他們的行動產生強有力的影響，十字軍的戰士是聖墓的解救者，完成塵世的準備，過著節制和純潔的生活，每天都在期待成爲殉教的聖徒。經驗會將這些仁慈的錯覺打到九霄雲外，歷史上很少看到像在安提阿的城下那場瀆神的戰爭，到處展現著酗酒狂飲和淫亂雜交的情景。月桂女神的樹叢不再青蓋亭亭，然而敘利亞的習氣還是縱情聲色如同昔日。基督徒受到種種誘惑的勾引，不論是本性所激勵或非難的外在聲色。首領的權威被下屬藐視，在這些引起反感的騷亂狀況之下，講道和訓誡同樣毫無成效可言，福音的純潔只會引起厭惡之感，要想導正軍隊的紀律完全是隔靴搔癢。

在圍攻和占領安提阿最早的那些日子裡，法蘭克人對於糧食的消耗抱著惡意和自私的想法，對儉省使用就可供應數周或數月的存糧任性加以浪費。赤地千里的國度不再生產一點軍需品，圍攻的土耳其人用武力終於隔絕對外的連繫。物質匱乏後隨之而來就是疾病叢生，冬季的淫雨、夏日的酷熱、腐敗的食物和獄中擁擠的群眾，會使悲慘的狀況變本加厲。饑饉和瘟疫所呈現的景象看來極爲類似，同樣爲人所厭惡。我們的想像可能考慮到這些苦難的性質和解決的方法，剩餘的財富或戰利品濫用在購買最粗糙的食物，窮人所遭遇的災難必定極其可怕。三個馬克的銀幣才買到一頭山羊，瘠瘦的駱駝要十五個馬克[62]，法蘭德斯伯爵降低身分乞求一頓晚餐，戈弗雷公爵要借用馬匹。營地舉行校閱時有六萬匹馬，到圍城的末期減爲兩千匹，會戰的日子爲了適合任務要求，想要集結兩百匹馬都很困難。身

---

[62] 一頭牛的價錢在耶誕節時從五個蘇勒達斯(十五先令)漲到兩個馬克(四英鎊)，以後售價還要再高；一隻小山羊或羔羊以現在的幣值從一先令漲到十八先令。在第二次發生饑荒時，一塊麵包或一個牲口的頭顱要賣一個金幣。還有很多的例子，但是這些只是普通的價格，還沒提更特殊的狀況，僅這樣就值得哲學家加以注意。

體的衰弱和內心的恐懼絕滅朝聖者的宗教狂熱，求生的欲望完全壓制榮譽和信仰的動機。

在所有的首領之中，三位英雄人物毫無畏懼之感，他們的作為沒有受到譴責：布容的戈弗雷基於崇高的理想和宗教的虔誠；波赫蒙德有開創的野心和貪婪的動機；唐克理德獻身騎士的精神，公開宣布只要能率領四十位武士，就絕不放棄光復巴勒斯坦的偉大事業。然而土魯斯和普羅旺斯的伯爵好像故意裝病；教會的責難將諾曼第公爵從海岸地區召回；偉大的修伊雖然在戰場指揮前鋒部隊，還抱著微弱的機會想要返回法蘭西；沙爾特的司蒂芬伯爵行動非常可恥，他放棄所背負的旗幟和所主持的會議；米倫(Melun)的威廉子爵從運用斧頭的雷霆一擊，獲得「木匠」的綽號，他的逃走斲喪軍隊的士氣；隱士彼得的墮落會使聖徒蒙羞，他在鼓勵歐洲武裝起來對付亞洲以後，還想在一場必須的齋戒中逃避應有的苦修。還有一大群怯懦的武士，提到他們的名字會玷污傳記(一位歷史學家的說法)，他們得到「繩索舞者」很可恥的稱呼，因為這些逃亡人員在夜晚從安提阿的城牆垂吊下來。阿里克蘇斯皇帝[63]看來會進軍援助拉丁人，確定他們處於毫無希望的狀況時，感到很失望。十字軍感到他們的命運已經處於絕望的境地，誓言和懲處都喪失應有的效用，發現需要將士兵的住處放火燒掉，才能喚起他們到城牆上面去守衛。

十一、聖矛的傳奇事件以及對作戰激起旺盛的士氣(1098A.D.)

他們靠著宗教狂熱才能獲得勝利和達成拯救的任務，現在卻讓他們陷入滅亡的邊緣。從事這樣的事業和處於這種類型的軍隊，通靈、預言和神蹟是司空見慣之事，而且大家都很熟悉。安提阿處於危險的局面下，他們一再提到奇特的力量和成就：聖安布羅斯(St. Ambrose)曾經鄭重宣布，說

63　在《阿里克蘇斯皇帝傳》中，可以看到十字軍的發展，阿里克蘇斯的撤退、安提阿的勝利和耶路撒冷的征服。安娜的風格是喜歡誇大其辭，連帶使拉丁人的功績也跟著水漲船高。

是有一個虔誠的傳教士，在解救和恩寵的時期來到之前，先要經歷兩年的考驗和試探；基督本人的親臨和斥責使逃亡行為停止；死者獲得復生為他們的兄弟繼續戰鬥；聖母馬利亞赦免他們的罪孽；一個可見的徵兆恢復他們的信心，那就是帶著神的榮耀及時發現「聖矛」。他們的首領在這種情況之下運用的策略令人感到欽佩，而且理由非常充分，但是一個目標虔誠的欺敵作為，不會是很多人經過冷靜的策劃而成。要想成為自願的騙徒也要靠聰明人的支持，以及靠大眾很容易相信別人。

馬賽教區有一位教士，為人並不精明而且舉止相當隨便，他的名字叫做彼得·巴多羅買(Peter Bartholemy)。他來到會議室的門口，說是聖安德魯的幽靈三次在他的夢中出現，交代重要的事項並且提出警告，不得隱匿上天的旨意，他重複使徒所說的話：

> 在安提阿我的兄弟聖彼得的教堂裡，靠近高聳的祭壇，埋藏著長矛的鐵矛頭，這根長矛曾刺穿救世主的身體側面。這件永恆救贖的工具現在要用於塵世，在第三天要交給祂的信徒。你們去尋找就會發現，高舉著帶進戰場，神祕的武器會穿透邪惡異教徒的靈魂。

教皇的代表普伊主教裝著冷靜和不信的神色在傾聽，但雷蒙伯爵熱烈接受上天的啟示，身為忠誠的臣民，用使徒的名義被選擇來護衛這根聖矛。試驗發揮決定性作用，到了第三天，完成適當的祈禱和齋戒以後，這位馬賽教士帶著十二名值得信任的旁觀者，包括伯爵和他的隨軍神父，閂上教堂的大門以免衝動的群眾闖入。在指定的位置將地面清理乾淨，工作人員輪班換手，挖到十二呎的深度，沒有發現要尋找的目標。到了傍晚，雷蒙伯爵回到他的崗位，疲勞的助手開始抱怨，巴多羅買穿件襯衫赤著腳大膽跳進坑內，黑暗的時辰和地點可以讓他祕密存放一個撒拉森人的矛頭。碰撞到鐵器的聲音和閃光引起一陣虔誠的狂喜，聖矛從隱密的地點發掘出來，用絲質和黃金的幕布包裹，展示給十字軍人員觀看。大家都顯示出恭敬的態度，焦慮不安的群眾爆發出歡樂和希望的叫聲，士氣沮喪的部

隊再度燃起宗教狂熱的英勇。無論這些首領是在施展計謀還是訴諸感情，他們要用各種手段來改進當前不利的狀況，主要還是部隊的紀律和獻身的精神。士兵帶著神的指示回到住處，加強他們的心靈和身體去應付迫近的戰鬥，願意奉獻自己和馬匹最後一絲力量，期待次日清晨可以獲得勝利的出擊信號。

　　在紀念聖彼得和聖保羅的節期，安提阿的城門大開，一隊教士和僧侶的行列高唱著充滿戰鬥意味的讚美詩：「願神興起，使祂的仇敵四散敗逃*64」，戰鬥序列排成十二個師用來榮譽十二位使徒。雷蒙沒有出戰，就將聖矛託付到隨軍神父的手裡。基督的僕人甚或祂的仇敵，都能感受到這件遺物或紀念品的影響[65]，一個意外、一個計謀或一個謠傳，甚或一種奇蹟的形態，使得強大的力量更加提升。三位武士穿著白袍，帶燦爛奪目的兵器，像是從山上顯身出來。教皇的代表阿德瑪大聲宣告，他們是殉教的聖喬治、聖狄奧多爾(St. Theodore)和聖莫理斯(St. Maurice)。在會戰的動亂之中沒有時間去懷疑或查證，大受歡迎的幽靈使狂熱的軍隊神迷意亂目為之眩。在危險和勝利的時刻，大家一致認同馬賽的巴多羅買所宣揚的啟示。完成塵世的服務以後，土魯斯伯爵從護衛「聖矛」有功，獲得個人的名位和豐盛的恩典，激起對手的嫉妒也喚醒他們的理性。有一位諾曼僧侶敢用明智的理念，詳細探查傳奇的事實、發現的情節和預言的性質。虔誠的波赫蒙德將解救的工作，完全歸功於基督的說項求情。

　　就在這個時候，行省的地方部隊為了捍衛本族的保護人，不惜大聲喧囂和運用武力，提到幽靈重新出現，譴責褻瀆的懷疑分子，竟敢查問發現聖矛的真相和建立的功勳，應該處以死刑，打下地獄。顯靈的始作俑者受到普遍的質疑，迫得要拿生命和真相來面對上帝的裁判。在營地的中央用

---

*64 [譯註]參閱《舊約聖經》〈詩篇〉第六十八篇：「願神興起，使祂的仇敵四散；叫那恨祂的人，從祂面前逃跑。他們被驅逐，如煙被「風」吹散；惡人見神之面而消滅，如蠟被火熔化。」

65 伊斯蘭教徒阿波瑪哈森(Aboulmahasen)在他的作品中，對聖矛的記載比起基督徒安娜‧康妮娜和阿布法拉杰斯(Abulpharagius)更要正確。希臘公主將聖矛與十字架的鐵釘混淆在一起，雅各比派的總主教認為是聖彼得的手杖。

乾燥的柴束，堆成四呎高和十四呎長的柴堆，燃燒的烈焰騰空而起，有三十肘尺高，柴堆中間留下狹窄的通道，只有十二吋寬，用來進行危險的考驗。馬賽這位運道乖戾的教士，靠著技術和速度穿過火堆，不過熾熱的高溫灼焦他的大腿和腹部，延到次日傷重去世。那些相信的人根據常情推斷，對這件事非常關切，說他為了抗議情願一死，用來證明自己的清白和事實的真相。行省的地方部隊也盡了很大的努力，他們想用一個十字架、一個指環或是一個神龕來替代聖矛，這些建議受到藐視，很快從記憶中消失[66]。然而後來的歷史學家都用嚴肅的態度提及安提阿的顯靈事件，像這樣的狀況表現出無知和輕信有很大的進步，當時當地受到懷疑的神蹟，相隔一段時空距離以後被盲從的信仰所接受。

十二、法蘭克人進軍以及對耶路撒冷的圍攻與征服(1098-1099A.D.)

法蘭克人出於明智或機遇延緩他們的入侵行動，要等到土耳其帝國陷入衰弱的狀況才下手。初期三位蘇丹運用氣度宏大的治理之道，亞洲的王國在和平與公正之中恢復統一的局面，他們親自率領兵多將廣的軍隊，作戰的勇氣與西方蠻族不相上下，在紀律和訓練方面占有優勢。但是在十字軍的時代，馬立克沙王(Malek Shaw)的四個兒子爭奪繼承權，私人的野心沒有察覺到公眾的危險。他們的運道處於無常和變幻的境地，皇室的家臣不知道也不關心真正要效忠的目標。二十八個埃米爾打著克波加的旗幟進軍，這些人原本是他的對手或敵人。他們從美索不達米亞和敘利亞的市鎮和帳篷中急著徵召兵員，土耳其的百戰雄師越過底格里斯河運用或消耗在內戰之中。埃及的哈里發掌握衰弱和混亂的大好機會，恢復已失去的古老統治權利。他的蘇丹阿菲達爾(Aphdal)圍攻耶路撒冷和泰爾，驅逐奧托克(Ortok)的子女，讓法蒂瑪(Fatimites)世系在巴勒斯坦重新掌握民事和宗教

---

66 雷蒙和拉杜法斯·卡多明西斯這兩位對手，對於「奇蹟」和「欺騙」非常熟悉，
　　而且深信不疑。他們之中前者偏向土魯斯伯爵，後者站在諾曼諸侯這邊。

的權勢[67]。他們聽說基督教的大軍從歐洲向亞洲進發，感到大為驚異，很高興西方蠻族在會戰和圍攻中擊潰土耳其的勢力。無論如何，土耳其人是教派和國家的敵手。但是這些基督徒同樣也是先知的世仇，自從他們占領尼斯和安提阿以後，埃及人逐漸明瞭十字軍的動機，會繼續向著約旦河甚或尼羅河前進。

開羅的寶座和拉丁人的營地維持著信函和使者的交往，關係的密切或冷落視戰爭的發展而定。他們之間出現自以為是的對立態度，完全是愚昧無知和宗教狂熱所產生的結果。埃及的大臣用傲慢的口氣宣稱，或許會用溫和的語調暗示，他們的君主是真正的信徒領袖，要從土耳其人高壓統治下拯救耶路撒冷，朝聖者要是能人數分散而且放下武器，就會在耶穌的墓地受到安全而友善的接待。哈里發摩斯塔利(Mostali)相信十字軍處於即將敗北的情勢，藐視他們的武力，監禁派去的代表。安提阿的征服和勝利使他感到害怕，為了懇求所向無敵的勇士，贈送馬匹、絲袍、花瓶和成袋的金銀當成禮物。評估這些首領的功勳或勢力之後，要接納的首位指明是波赫蒙德，戈弗雷排在其次。十字軍的答覆非常肯定而且眾口一辭。他們拒絕去探究穆罕默德信徒私下的主權要求或認定，不論這些人使用那種名義或是那個民族，耶路撒冷的篡奪者就是他們的敵人。不要再想去規定朝聖的方式和時程，只有及時投降為上策，趕快將城市和行省全部交出來，這是他們神聖的權利，如果這樣做可以將他當成盟友，否則就會受到大禍臨頭的攻擊。

但是就在十字軍擊敗克波加，光榮的獎品就在眼前可以伸手攫取時候，對耶路撒冷的攻擊還是延遲十個月(1098年7月-1099年5月)。他們的熱誠和勇氣在勝利的時刻已經冰消瓦解，不願一鼓作氣趁勢進軍，而要完

---

67 法蘭西人寫出的《十字軍的精神》所表現的判斷和學識，只有伏爾泰的懷疑具有制衡的力量。那位作者根據阿拉伯人的資料提到，耶路撒冷的居民必定超過二十萬人。想當年提圖斯(Titus)圍攻，約瑟法斯(Josephus, Flavius, 37-100A.D.，猶太祭司、學者和歷史學家)說是集結一百三十萬猶太人，塔西佗(Tacitus, Gaius Cornelius，一世紀羅馬史學家)的說法是六十萬人。不過提圖斯的經費報銷是最好的證據，不管怎麼說，比起羅馬軍隊的人數是多得不可以道里計。

全鬆弛下來要享受敘利亞的奢華生活。發現停止作戰的主要的原因，在於缺乏足夠的兵力和下屬的單位。安提阿的攻防戰鬥服行各種痛苦吃力的勤務，騎兵部隊都已損耗殆盡，饑饉、疾病和逃亡使每個階層損失數以千計的人員。對於充沛的資源不知節儉運用，浪費的結果造成第三度的饑荒。暴飲暴食和極度匱乏的交替作用產生流行的瘟疫，有五萬名朝聖者被奪去性命。很少人能夠控制全局發號施令，根本沒有人願意聽命服從。對外的畏懼可以抑制內部的宿怨，等到危難的狀況解除，敵對的行為或情緒再度死灰復燃。鮑德溫和波赫蒙德的運道和財富激起戰友的嫉妒心；他們召募最勇敢的武士前去防衛新成立的公國；雷蒙伯爵對敘利亞的腹地進行無益的遠征，耗盡他的部隊和錢財。

　　整個多季在爭執四起和騷動混亂的狀況下度過，等到春天又恢復榮譽和宗教的情操，低階士兵受到野心和猜忌的影響較少，首領的怠惰激起憤怒的喧囂。強勢軍隊的殘部在5月由安提阿向拉奧狄西亞進軍，在四萬拉丁人當中，可以立即服勤的人員只有一千五百騎兵和兩萬步卒。從利班努斯山到海岸的行軍都很順利，沿海地區的熱那亞和比薩商人慷慨供應缺乏的補給品。的黎波里(Tripoli)、泰爾(Tyre)、賽登(Sidon)、亞克(Acre)和凱撒里亞(Caesarea)的埃米爾奉上大量的捐獻，允許十字軍自由通行，保證要遵循耶路撒冷的先例。十字軍從凱撒里亞出發向著內陸前進(1099年5月13日-6月6日)，他們的教士認出利達(Lydda)、拉姆勒(Ramla)、伊茂斯(Emaus)和伯利恆這些神聖的地點，他們一旦遠遠看到聖城，十字軍就忘懷所有的勞累，即將獲得應有的報酬。

　　耶路撒冷的圍攻作戰值得懷念，不僅次數很多而且極為重要，在這方面聖城享有大名。經過漫長和堅持的鬥爭之後，巴比倫和羅馬才能壓制這個民族的頑抗，崎嶇的地面或許可以取代工事的需要，對於很容易進入的平原，更要用城牆和高塔來加強防禦的能力。在十字軍的時代，這些阻礙的功能極為微弱。堡壘在過去全部受到摧毀，經過修復還是不夠理想，猶太人的民族和宗教已被永久驅離。但天然的形勢比起人事的滄桑還是更難改變，耶路撒冷座落的位置發生局部遷移，沒有過去那樣險峻，但仍舊非

常堅強，可以抗拒敵軍的攻擊。埃及的撒拉森人從最近的圍攻和三年的占領經驗，知道這個地方的弱點何在，經過相當程度的彌補和改進，無論是榮譽或宗教都不容他們棄守不顧。阿拉丁是哈里發的部將，受命負責防務，他的策略是努力約束當地的基督徒，讓他們感到畏懼，那就是聖墓會隨著他們一起毀滅；然後用保證獲得現世和永恆的報酬來鼓勵穆斯林。據說他的守備部隊有四萬土耳其人和阿拉伯人，如果他能集結兩萬居民，整個的兵力已經超過圍攻的軍隊。要是拉丁人的實力和人數都已減少，還能掌握整個城市約有四千碼(相當於兩哩半的長度[68])的周長，那麼他們為什麼要下到本‧赫儂(Ben Hinnom)的谷地和汲德隆(Kedron)的急流[69]，或者是趨近南邊和東邊的懸崖，難道這些地點還能給他們帶來希望或是畏懼？他們的圍攻更為合理的方面是指向城市的北邊和西邊。

　　布容的戈弗雷在髑髏地的第一個高地豎起他的旗幟，從左翼一直到聖司蒂芬門，唐克理德和兩位羅伯特繼續維持攻擊的戰線。雷蒙伯爵從當面的要塞到錫安(Sion)山山腳建立連續的營地，那時的錫安山已經沒有納入城區。十字軍的圍攻作戰(1099年6月7日-7月15日)在第五天帶著宗教狂熱的希望發起全面攻擊，沒有製造攻城器具來衝破防壁，也沒有準備雲梯攀登城牆，僅僅靠著一股蠻力突破第一層障礙。他們損失相當人馬，很不光彩被逐回營地。顯靈和預言這些宗教的伎倆，濫用以後就會減弱影響力，發現只有時間和辛勞是獲勝的工具。圍攻的期程在全力施為之下堅持四十天之久，但他們遭遇災難吃盡苦頭，一再受到饑荒這種最古老禍害的打

---

68 蒙德瑞爾(Maundrell)巡視城牆非常勤快，發現繞城一周是四六三○步或四一六七碼。丹維爾根據一個可靠的平面圖，量出很接近的數據是一九六○法制突阿斯(譯按：一個突阿斯相當於一‧九公尺或六‧四英尺)，這些都登載在他罕見而又極具價值的論文裡。有關耶路撒冷的地理學資料，可以參閱雷蘭(Reland, Adrian, 1676-1718A.D.，東方學家)的著作。

69 耶路撒冷只有汲德隆谷會出現急湍的洪流，到了夏季就乾涸，還就是西羅伊(Siloe)水量很少的流泉或小溪。無論是外來客還是本地人都抱怨用水的缺乏，在發生戰爭時情況更是惡化。在城市裡，塔西佗提到一個終年不斷的噴泉、一條供水渠道以及儲存雨水的水槽。供水渠道將提可伊(Tekoe)或伊松(Etham)溪的溪水送進來，波哈丁(Bohadin)也談到這件事。

擊，也要歸咎於法蘭克人貪吃成性而且胃口很大。耶路撒冷遍地岩石，缺乏可以飲用的水源，稀少的山泉和迅速的急流到了夏季全部乾涸，不像城市用人工方式準備儲水池和供水渠道，圍攻部隊的飲水問題無法獲得解決。周圍地區同樣缺少樹林用來遮蔭或提供建築的材料，但是十字軍在一個山洞裡發現一些木材。靠近西欽姆（Sichem）有一座森林，景色迷人的樹叢被塔索（Tasso）[70]歌頌，現已砍伐一空。唐克理德費盡力氣和技巧將需要的木頭運到營地，有一些熱那亞工匠正巧在雅法（Jaffa）的港口登岸，前來協助規劃和製造攻城的器具。洛林公爵和土魯斯伯爵出資，在他們的陣地構建兩座可以移動的木塔，避開最容易接近的路線，大家非常賣力推到工事最受忽略的地段。雷蒙的木塔被守城部隊縱火燒成灰燼，但是他的袍澤更為勇敢獲得成功，弓箭手從防壁上驅逐守軍，木塔上的門橋放了下來。這個星期五下午三時，正好與耶穌受難節同日同辰，布容的戈弗雷帶著勝利的神威，站在耶路撒冷的城牆上，全線戰士拿他做榜樣奮勇爭先。奧瑪的征服過了四百六十年後，他終於將聖城從伊斯蘭的魔掌下解救出來。

　　這群冒險家洗劫公眾和私有的財富，一致認同要尊敬最早登城者的統治權。最大一所清真寺的戰利品，七十個金或銀製作的燈座和巨大的花瓶，當成唐克理德勤奮和努力的報酬。犯下大錯的信眾要用屠城來作為奉獻給上帝的犧牲：堅決的抵抗激起滿腔的怒氣，不分年齡或性別都無法緩和深仇大恨的暴行。他們大開三天的殺戒，死者的屍首沒有處理，產生一次傳染的瘟疫，七萬名穆斯林死於刀劍之下，順從的猶太人喪生在焚毀的會堂裡。他們仍舊保留大批俘虜，完全是基於利益的謀取或厭倦才予以赦免。在十字軍這群野蠻的英雄人物當中，只有唐克理德表現出惻隱之心，然而我們也會讚許雷蒙出於自私的寬大為懷，他同意要塞的守軍所簽訂的投降條約，放他們安全離去[71]。聖墓現在已經自由開放，滿手血腥的勝利

70　很高興能看到塔索把圍攻最細微的情節都敘述得栩栩如生，非常講究修辭的高雅和氣氛的營造，讀起來真是興趣盎然。

71　古老的高塔西菲納（Psephina）在中世紀稱為尼布洛撒（Neblosa），是由教長戴姆伯特（Daimbert）所命名。現在還是一座城堡，居住土耳其的將軍，可以看到死海、

者已經完成誓言所交付的使命。他們光著頭赤著腳，懷著悔罪的心情，在教士讚美詩的歌韻聲中，登上髑髏地的山頂，親吻覆蓋在救世主聖墓上面的石板，爲這永生救贖的一刻流出喜悅和感恩的眼淚。兇殘的習氣和溫柔的情緒融合在一起，使得兩位哲學家產生不同的感想：一位[72]認爲是極其容易的當然之事，另外一位[73]覺得絕對荒謬而不敢置信。要求一個人在同時之間做出完全相反的行動，或許是過於嚴苛。重視德行的戈弗雷用本人做榜樣，提醒同伴要有虔誠的舉止，就他們在那個時候的看法，只要清淨自己的身體就會使心靈純潔。我不相信在參拜聖墓的最前列中，會有人熱中於殺戮和劫掠的行動。

十三、推選戈弗雷爲耶路撒冷國王及統治的狀況(1099-1187A.D.)

這個值得紀念的事件過了八天以後，拉丁人的首領要選出一位國王，保衛和統治已經征服的巴勒斯坦，這時教皇烏爾班已過世，無法與聞。「偉大」的修伊和沙爾特的司蒂芬帶著喪失的名望黯然離開，後來經過很長時期的奮鬥，發起第二次的十字軍，終於光榮戰死，建立不朽的聲譽。鮑德溫在埃笛莎、波赫蒙德在安提阿分別建立公國。諾曼第公爵[74]和法蘭德斯伯爵這兩位羅伯特，回到西方接受更爲可靠的繼承權，總比留下競爭不毛之地的權杖要好得多。雷蒙的嫉妒和野心受到追隨者的指責，全軍一致發出自主和公平的歡聲，讚許布容的戈弗雷是基督教世界聲望最高的第一號勇士。他有高尚慷慨的氣魄，願意接受充滿危險和光榮的職責，在救世主戴著荊棘冠的城市，虔誠的朝聖者不願意有任何人僭用皇室的名號和

(續)
朱迪亞(Judea)和阿拉伯。這個高聳的建築物也可以稱爲大衛之塔。
72 休謨(Hume, David, 1711-1776A.D.，英國哲學家、經濟學家、歷史學家、不可知論理論家)在他的《英格蘭史》對這方面做了很剴切的說明。
73 就是法國的啓蒙哲學家伏爾泰。
74 英國人認爲諾曼第的羅伯特享有拒絕王冠的榮譽，那些行省的鄉巴佬歸之於土魯斯的雷蒙。但是對於聖蓋爾伯爵的野心和報復，傳統的坦誠之聲已保留永恆的記憶。他死在的黎波里的圍攻作戰，他的後裔保有繼承的權利。

紋章，耶路撒冷王國的創建者滿足於聖墓衛護者和男爵這個平易近人的頭銜。

戈弗雷的統治只有一年(1099年7月23日-1100年7月18日)，時間太短，無法為公眾謀求幸福，即位不過兩個星期就受到戰場的召喚。埃及的首相或蘇丹率軍接近，他們的反應太慢不能防止耶路撒冷的失守，現在急著採取報復的行動。伊斯蘭教徒在阿斯卡隆(Ascalon)會戰中全軍覆滅，拉丁人在敘利亞打下堅實的基礎，法蘭西諸侯英勇善戰的聲名遍傳世界，他們在這次行動以後便長久告別聖戰。部分的光榮來自兵力相差的懸殊，雖然我無法算出法蒂瑪王朝數以萬計的騎兵和步卒，但是除了三千衣索匹亞人或黑人，他們受到嚴厲的懲罰能夠堅持不退以外，那些南方的蠻族在第一次的接戰就四散奔逃，可以就土耳其人的積極勇敢與埃及土著的懶散陰柔，提供有趣的對比。等到蘇丹的劍與旗幟懸掛在聖墓以後，新即位的國王(他夠資格獲得這個頭銜)很高興擁抱離開的戰友，讓英勇的唐克理德僅維持三百位騎士和兩千士卒，用來防護整個巴勒斯坦地區。

戈弗雷的統治很快受到一名新仇敵的攻擊，只有這個人將耶路撒冷的國王當成一個儒夫。普伊主教阿德瑪無論在會議和戰場都有極其卓越的表現，在安提阿上次的瘟疫中亡故，其餘的教會人員只保有原來職位的傲慢和貪婪，他們曾用煽動的喧囂說要選擇一位主教，而且時間要早於國王。合法教長的權柄和收益被拉丁教士所篡奪，希臘人和敘利亞人受到異端或分裂的譴責，被排除在外，被認為很有道理。東部的基督徒在解救者嚴苛的奴役之下，為阿拉伯哈里發寬容的統治感到無比悔恨。戴姆伯特(Daimbert)是比薩的總主教，對於羅馬很多不能見人的勾當和計謀，他有長期的訓練和經驗，帶著本國同胞的一支艦隊前來增援聖地，在沒有競爭對手的狀況，成為教會有關宗教和世俗事務的領袖。新任教長立即攫取統治的權力，這是勝利的朝聖者辛勞和流血才能獲得。戈弗雷和波赫蒙德願意舉行敘任儀式，從教長手裡接受封地的所有權。戴姆伯特還覺得不夠，要求對耶路撒冷和雅法有直接的所有權。這位英雄並沒有立即嚴辭拒絕，他願意與教士舉行談判，每個城市的四分之一讓給教會。故作謙遜的主教

對於其餘部分最後的歸屬感到滿意，戈弗雷過世沒有子女可以繼承，或許他以後會在開羅或大馬士革要求一個新的位置。

　　征服者要是沒有獲得教會的恩惠，這個新成立的王國雖然只有耶路撒冷和雅法，以及鄰近地區的二十多個村莊和市鎮，還是會被人奪走。在這個狹窄的範圍之內，伊斯蘭教徒仍居住在很難攻陷的城堡之內。農民、商人和朝聖者還是經常面對國內的敵意。戈弗雷和他的繼承人也就是兄弟和表弟這兩位鮑德溫，靠著軍隊讓拉丁人過著更為舒適和安定的生活。後來他們向外擴張領土，雖然沒有數以百萬計的臣民，但看來與猶大和以色列古老的君王不分軒輊[75]。他們從威尼斯、熱那亞和比薩甚至法蘭德斯和挪威的艦隊，獲得強大的援助，陸續占領拉奧狄西亞、的黎波里、泰爾和阿斯卡隆這些濱海的城市以後，整個海岸地區從斯坎迪羅到埃及邊境，全部為基督徒的朝聖者所占有。要是安提阿的君主放棄最高的地位，埃笛莎和的黎波里的伯爵都承認是耶路撒冷國王的諸侯。拉丁人統治的地區已經超過幼發拉底河，霍姆斯(Hems)、哈瑪(Hamah)、大馬士革和阿勒坡是穆斯林征服敘利亞以後僅餘的四個城市。

　　法蘭西民族和拉丁教會的法律和語言、習俗和稱呼，逐漸傳入海外的殖民地。按照封建制度的法律體系，主要的國家和下屬的領地可以由男性或女性的世系來繼承，但是第一代征服者的子女成為不成材的墮落品種，只能享受奢侈的生活，被時代所淘汰。盼望從歐洲到達新的十字軍人員，只是偶而出現的狀況。六百六十六位騎士服役執行封建制度的任期和權利[76]，預期可以獲得的黎波里伯爵麾下兩百騎士的援助，每位騎士有四名

75　舉行真正的集結和點閱，不包括利未(Levi)和便雅憫(Benjamin)兩個支派在內，大
　　衛的軍隊有一百三十萬或一百五十七萬四千戰鬥人員。要是加上婦女、兒童和奴
　　隸，總數可能達到一千三百萬人，全部在一個六十里格長和三十里格寬的國度之
　　內。誠實和理性的勒‧克拉克(Le Clerc, Jean, 1657-1736A.D.，亞美尼亞學者)對此
　　產生懷疑，認為是抄錄發生錯誤所致。多麼危險的懷疑！
76　這些相當可信的細節全部摘錄自《耶路撒冷條例》，根據薩努特(Sanut)的計算，
　　僅有五百一十八名騎士和五千七百七十五名位隨從人員。

騎馬的扈從[*77]或弓箭手[78]伴隨進入戰場。教會或城市供應五千零七十五名下級武士，可能都是步卒。王國全部合法的民兵組織不會超過一萬一千人，薄弱的守備兵力要對抗四周數以萬計的撒拉森人和土耳其人[79]。但是耶路撒冷的聖約翰醫院騎士[80]和所羅門聖殿騎士，興建防禦能力最爲堅強的要塞，這些組織是寺院生活和軍事訓練最奇特的結合，雖然可能由宗教的狂熱所建議，但必定是由策略的需要所認可。歐洲貴族的精英分子渴望參加這個備受尊敬的軍事階級，能夠佩帶十字架的標誌，立下神聖的誓言，精神和紀律可以永垂不朽。有兩萬八千個農莊或采邑[81]立即捐出來，能夠維持一支包括騎兵和步兵在內的正規軍隊，用來保護巴勒斯坦的安全。嚴峻的修道院生活很快在軍隊的演練中消失無蹤，這些基督徒士兵的傲慢、貪婪和敗壞使得人神共憤。他們要求罪行的赦免和司法的權力，擾亂教會與國家的和諧。他們出於猜忌的爭功心理，使得公眾的和平陷入危險的境地。但是在他們的行爲最爲荒唐放蕩的時期，醫院和聖殿騎士還是維持無所畏懼和宗教狂熱的特質，他們爲了服務耶穌基督將生死置之度外。騎士制度的精神是十字軍的本源和成果，後來這種組織從聖墓移植到馬爾他島[82]。

---

*77 〔譯按〕扈從在一定年資後可升爲騎士。

78 這是全部的數量，顯示在三個大男爵的封地，每位男爵有一百名騎士在手下服役。《條例》將數量擴充到五百名騎士，只能根據這個假定來推論。

79 薩努特提到，在緊急狀況之下，整個公國的貴族都會志願出兵來援助。

80 泰爾的威廉提到，醫院騎士最早參加的人員出身低微，行爲粗野無禮，他們很快放棄謙恭的贊助人「賙濟者」聖約翰，找更神聖的人物「施洗者」聖約翰成爲他們的主保聖徒。他們在1120年執行軍事任務。醫院騎士階級可以說是母體，聖殿騎士階級是分支的嫡子。條頓騎士階級成立於亞克圍攻作戰，時間是1190年。

81 馬修‧派瑞斯（Matthew Paris）分配給醫院騎士一萬九千個maneria，聖殿騎士是九千個，maneria這個字在英文比在法文的含意更爲廣泛，可以說是農莊或宿舍。manor是領地而manoir是居所。

82 《馬爾他騎士制度史》的作者是佛托特（Vertot）神父，讀者從前面三卷可以知道騎士階級的起源，流利的文字也是很好的消遣，這種軍事組織成立的目的是爲了保護巴勒斯坦。後續各卷追述他們向羅得島和馬爾他島的遷移過程。

十四、《耶路撒冷條例》的頒布和法律體制的創立(1099-1369A.D.)

封建制度瀰漫著自由的精神，志願的十字軍可以強烈感受到這種力量，要從最有價值的戰友當中選舉他們的領袖。奴性成習的亞洲人在引進政治自由權的模式以後，還是無法察覺到這方面的經驗和教訓。法蘭西王國的法律是來自平等和公正最純正的源頭，認同的首要與不可或缺的條件，就是獲得屬下的服從並且照顧應有的福利。布容的戈弗雷接受最高行政長官的職位以後，立即請求拉丁朝聖者提出有關公眾和私人事務的建言和忠告，其中有些人精通歐洲的成文法和習慣法。從教士和俗家人員提供的資料，戈弗雷經過商議獲得教長和所有貴族的核准，頒布《耶路撒冷條例》[83]，這在封建制度的法律體系而言是一個極其寶貴的里程碑。這部新的法典上蓋有國王、教長和耶路撒冷行政司法官的印璽，存放在聖墓，後續的年代經過增刪使內容更為豐富，巴勒斯坦法庭產生任何疑問都可以參考運用。等到王國和城市全部喪失[84]以後，珍貴的傳統[85]和修正的程序使得這部成文法的殘篇，仍舊能夠保留到十三世紀的中期。雅法伯爵約翰‧第貝林(John d'Ibelin)是地位重要的諸侯[86]，用筆將這部法典恢復原狀，到1369年完成最後的修訂，提供塞浦路斯的拉丁王國運用[87]。

兩種審判法庭由不同階層的人士組成，維持封建制度的司法公正和自

---

83 《耶路撒冷條例》列入古老的法蘭西法律制度內，經過整理編纂後出版，還加上評述和附錄。意大利譯本於1535年在威尼斯發行，主要是供塞浦路斯王國運用。

84 耶路撒冷向薩拉丁投降以後，王后和基督徒的重要人物和平離開，這部法典不僅寶貴且攜帶方便，不會引起征服者的貪婪。我有時會懷疑放在聖墓的原本是否存在，或許這只是用來確定或證實法蘭西在巴勒斯坦曾經頒布一部傳統的習慣法。

85 勞爾‧德‧塔巴里(Raoul de Tabarie)是出身貴族的律師，拒絕阿茂里(Amauri)國王的懇求，要他把全副精力用在法典的寫作上，這樣才能保存珍貴的傳統。

86 這部作品的編纂約翰‧第貝林是雅法和阿斯卡隆的伯爵、巴魯什(Baruth)(貝萊都斯)和藍姆斯(Rames)的領主，去世於1266年。第貝林家族來自法蘭西，他們的先祖是沙爾特伯爵的幼弟，長久以來在巴勒斯坦和塞浦路斯都非常興旺。

87 全島選出十六名代表，1369年11月3日完成立法的工作，整部法典蓋上四個印璽，存放在尼柯西亞(Nicosia)主座教堂。

由權利,這個辦法是布容的戈弗雷在征服耶路撒冷後制定。國王親自主持
高等法院或稱貴族法院,主要的組成人員是四位最顯赫的人物,加利利的
王子、賽登和凱撒里亞的領主、雅法和的黎波里的伯爵,還有就是傭兵司
令或元帥[88],運用一種特別規定,他們相互之間的關係同是法庭的成員和
法官。但是所有的貴族只要擁有領地隨之獲得權力,具備資格和負起責任
參加國王所主持的法院。每位貴族對所屬的部從和臣民,召集會議時運用
類似的法律體系和程序。領主和家臣的關係出於榮譽觀念和自由意志,身
爲恩主受到尊敬,保護部從是他的責任,但是他們會相互立下忠誠的誓
言,雙方的義務會因任一方受到忽略而停止,要是受到傷害可以解除。有
關婚姻和遺囑的事務與宗教密不可分,這部分權責爲教士所剝奪,但是貴
族的民事和刑事案件、采邑的繼承和時效,成爲高等法庭最主要的工作。
無論公眾或私人的權利,每位成員既是審判的法官又是保護的鬥士。每個
人都有責任和義務,要用語言和刀劍支持領主提出的合法要求。但要是一
位不義的長官竟敢侵犯臣屬的自由或財產,臣屬的同僚就會聯合起來,用
言語和行爲支持他據理力爭。他們勇敢挺身而出辯明誰是誰非,要求恢復
臣屬的自由或財產,得不到結果就會停止對他的服務,將受委曲的弟兄從
監獄裡救出來,可以運用任何一種武器來防衛自己的安全,但是不容對領
主的人身做直接的侵犯,領主在他們的眼裡還是有神聖的地位。在他們的
訴狀、駁復和答辯中,法院的律師不但精明且敘述非常冗長,只是運用的
理由和證據經常會被格鬥審判所取代。《耶路撒冷條例》在很多案件中同
意使用這種野蠻的慣例,後來逐漸爲歐洲的法律和風氣所廢止。

　　任何人只要涉及生命、肢體或榮譽的刑事案件,以及價值一個銀馬克
的民事糾紛,可以用決鬥來進行審判做出裁定。非常顯見,在刑事案件
中,格鬥是原告的特權,除了受到叛逆賣國的指控外,可以用來報復個人
所受到的傷害和屈辱,告訴人也可以依據代表的權利爲死者討回公道。但

88　小心謹慎的約翰‧第貝林提出主張,而不是確定的黎波里是第四個男爵封地,他
　　也懷疑傭兵司令和元帥的權利或要求。

是無論在任何地點都要獲得證據，從控訴的性質而言，需要原告就這個事實提出證人。民事案件不容許拿格鬥作為工具，來使原告的要求權利得以成立。但是原告有義務要提出證人，無論這個人是真正還是裝著知道這個事實。這時格鬥的特權在於被告，因為被告可能指控證人犯有未遂罪，準備用偽證來剝奪他的權利。從這裡可以知道，民事的被告處於刑事案件告訴人的同等立場。接受格鬥並不能算是提出證據的方式，也不能當成反面證據，用來證明事實並未發生(這是根據孟德斯鳩的臆測)。但是在任何案件中，挑戰的權利在便於使用武力對所受傷害求得補償，基於相同的原則和精神，格鬥審判如同私人決鬥要拚個你死我活。替代的鬥士只限於婦女、殘廢的男子或年滿六十歲的人員。無論是被告、替代的鬥士或證人、或是原告本人，戰敗一方的結局等於受到死刑宣告。但是在民事案件中，原告受到喪失榮譽的懲罰和訴訟程序的敗北，證人和替代的鬥士處以羞辱的死刑。在很多的案件裡，法官有權選擇是裁定還是拒絕格鬥，但是有兩種很特別的狀況，接受挑戰是不可避免的結果：要是一位忠實的家臣指摘他的同僚說謊，而這位同僚用不公正的手段，對他們的領主要求任何部分的領地；或者是一位訟案敗北的當事人譴責法庭的審判和正直。在這兩種狀況之中，就後者而言，他可以譴責法庭的成員，但是處置的法條非常嚴厲和險惡。他要在同一天之內陸續與法庭所有的成員格鬥，甚至包括審判未出庭的人員，只要一次敗北隨著就是死亡和剝奪榮譽的羞辱。在這種狀況之下沒有勝利的希望，更不可能有人願意冒險接受這種考驗。雅法伯爵在《耶路撒冷條例》裡採取合法而奧妙的方式，倡導榮譽而非迷信的原則，在程序上盡量造成很多不便之處，能夠規避格鬥審判的運用，這種做法真是值得大家的讚許[89]。

　　將平民從封建暴政的高壓統治下解救出來，在種種頒行的措施中，各個城市和市政當局的規章制度可以發揮很大的力量。如果巴勒斯坦遭遇的

89　我為了尋找湮沒過時的法律體系有關的資料，非常感激一位學識淵博的勳爵所賜給我的友誼。他獨具慧眼，能夠明辨飽含哲理和良知的法學歷史，精闢的學術研究給後代子孫帶來豐富的寶藏，身為演說家和法官的長處則只能讓當代人士感受到。

狀況與發生第一次十字軍在同個時代，所獲得的好處就像有幸加入最古老的拉丁世界。很多朝聖者參加十字軍的陣營是為了逃離領主，法蘭西諸侯的策略是要保證他們獲得自由的特權和利益，才能吸引他們願意留在此地。《耶路撒冷條例》很清楚表達這種精神，布容的戈弗雷為騎士和領主設置他主持的貴族法庭以後，接著又成立第二級的審判法庭，由城市的行政司法官代表他負責。下級法院的管轄權延伸到整個王國的自由民，選擇若干言行謹慎和家世良好的市民組成法庭，經過宣誓要依據法律對地位相等的人員，就他們的行為和財產實施審判和裁定的工作[90]。征服和拓殖新興城市以後，激起國王和所屬主要的諸侯沿用耶路撒冷的先例，在聖地喪失之前設置三十幾個類似的市政組織。敘利亞人[91]或東部基督徒是另外一種階層的臣民，被狂熱的教士在多方面進行壓迫，靠著國家的宗教寬容得到應有的保護。戈弗雷聽取他們合理的訴求，法庭的審判要依據本民族的法律，於是創立第三個法院供他們運用有限的國內管轄權。經過宣誓的成員就血統、語言和宗教來說都是敘利亞人，但是主席（阿拉伯文稱為rais）的職位通常由城市的司法行政官擔任。《耶路撒冷條例》很難得提到村民和奴隸，就是耕種田地的農人和戰爭的俘虜，幾乎被視為財產的「物」，遠在貴族、自由民和外鄉人之下，相差的距離不能以道里計。解救或是保護這些不幸的人，對立法者而言是無關緊要之事，但是要盡可能將逃走的人員找出來送回原主，雖然目的不是為了懲罰。他們就像漂流在外的獵犬或鷹隼，合法的主人在失去以後還保留要求歸還的權利。奴隸的價格與獵鷹概等，但是三個奴隸或十二頭牛才能抵得上一匹戰馬，在騎士制度風行的時代，血統純正的良駒售價可達三百金幣[92]。

---

90 「胖子」路易（Louis le Gros）可以說是法蘭西的這項體制之父，布容的戈弗雷過世九年以後他才開始統治。有關這項制度的源起和成效可以參閱羅伯森（Robertson）博士極有見地的評論。

91 每位讀者所熟知的十字軍歷史學家，無論是東方基督徒、東正教徒、雅各比派信徒或是聶斯托利派信徒，他們都已使用阿拉伯語。

92 塞浦路斯王國制定這些法律是在1350年。同個世紀，在愛德華一世的統治之下，我從一份出版物知道，英格蘭的戰馬價格同樣昂貴。

第五十九章

希臘帝國保存實力　第二次及第三次十字軍的兵員數
量、經過路線與進展情形　聖伯納德　薩拉丁在埃及和
敘利亞的統治　奪回耶路撒冷　海上十字軍　英格蘭的
理查一世　教皇英諾森三世以及第四次和第五次十字軍
皇帝腓特烈二世　法蘭西路易九世以及最後兩次十字軍
拉丁王國的法蘭克人被馬木祿克驅離(1091-1517A.D.)

一、希臘皇帝阿里克蘇斯的策略運用與影響(1097-1118A.D.)

　　歷史敘述的風格要是能夠不過分嚴肅，我就會把阿里克蘇斯皇帝比為
胡狼，跟隨在獅子的後面吞食剩餘的殘骸腐肉。第一次十字軍經過帝國，
給他帶來恐懼和辛勞，等到法蘭克人憑著戰功建立勳業，他從而獲得後續
的利益和豐碩的報酬。靠著機敏的手段和嚴密的警戒，他確保首次開戰就
能光復尼斯的成果，占領這個帶有戰略性的威脅位置，逼得土耳其人要從
君士坦丁堡的周邊地區撤離。這個時候的十字軍帶著目空一切的勇氣，向
著亞洲的內陸地區進軍。靠近海岸的埃米爾都被召喚到蘇丹的旗幟之下，
狡詐的希臘人趁著這個良好的機會，將土耳其人從羅得島和開俄斯
(Chios)島趕走，收復以弗所(Ephesus)、西麥那(Smyrna)、沙德斯
(Sardes)、菲拉德菲亞(Philadelphia)和拉奧狄西亞(Laodicea)這些主要的
城市。阿里克蘇斯將帝國的疆域從海倫斯坡海峽，擴展到米安得
(Maeander)河的岸邊和龐非利亞(Pamphylia)的岩岸。教堂整修一新重現
昔日的光輝，城鎮重新建設並加強守備的力量，土耳其人放棄的地區用大

量基督徒補充所需的人口，這些都是從更爲遙遠和危險的邊區遷移過來。要是他基於這種愛護民眾的情操，竟將拯救聖墓置於腦後，我們也應該體諒他的苦衷。但是他受到拉丁人嚴厲的指責，認爲他犯了通敵和賣友的罪行。十字軍的首領曾經對希臘皇帝立下效忠和服從的誓言，但阿里克蘇斯也答應親自領軍支援收復聖地的行動，至少要提供部隊和金錢。現在他很卑鄙的撤軍，也解除法蘭克人應盡的義務。刀劍是他們獲得勝利的工具，也是獨立自主的誓約和保證。皇帝倒也沒有另作打算，不會想要對耶路撒冷王國重申早已作廢的主權要求[1]，但是西里西亞和敘利亞的邊界地區現在爲他據有，大軍可以長驅直入。十字軍的隊伍數量龐大，不僅傷亡慘重而且兵力分散。波赫蒙德在一次奇襲中成爲俘虜，安提阿公國變得群龍無首。贖金使他欠下沉重的債務，那些追隨他的諾曼人力量不夠，無法擊退希臘人和土耳其人的敵對行動。

波赫蒙德在這種不幸的狀況下，還能做出最具遠見的決定，把安提阿的防務交給他的親戚忠誠的唐克理德，再去組織西方的武力對付拜占庭帝國，爲了完成這個計畫，要繼承他父親基斯卡(Guiscard)的遺志，並且要吸取前人的經驗教訓。他很祕密的登船離開，要是我們相信安娜公主記載的故事，他藏身在棺材[2]裡好渡過充滿敵意的海洋。他在法蘭西受到公眾的讚譽，所有的接待非常隆重而禮遇，並與國王的女兒結成連理，帶著榮耀的身分歸來。當代最英勇的人物都願接受他這位沙場老將的指揮，於是他率領五千騎兵和四萬步兵再次渡過亞得里亞海，這些部隊來自歐洲最遙遠的地域[3]。杜拉索的守備實力、阿里克蘇斯的步步爲營、饑饉的大肆暴虐，以及冬季的即將來臨，在在使他充滿野心的希望受到打擊，被金錢收

1　不過，耶路撒冷國王接受這種名義上的歸順，在他們的墓碑有題銘和生卒日期(伯利恆的教堂有一個還可以辨認出來)，非常恭敬將統治皇帝的名字放在最前面。

2　安娜·康妮娜還特別提到，爲了裝得更像，不會引起懷疑，就將一隻死公雞放在棺材裡。她感到很奇怪：爲什麼蠻族能忍受禁閉和腐臭的氣味。但是拉丁人並不知道這個荒謬的故事。

3　在拜占庭的地理學裡，所提到的地方是指英格蘭。然而我們掌握較可信的狀況，亨利一世不可能容忍他徵召英格蘭的軍隊。

買的聯盟部隊反叛他的陣營。一紙和平協定[4]使希臘人免於恐懼，這位敵
手的死亡終於使他們獲得解救。對他而言，平生不受誓言的約束、絲毫不
懼危險的恫嚇、更不會爲成功而感到滿足。他的子女繼承安提阿公國，疆
域受到嚴格的限制，效忠有明確的規定，塔蘇斯(Tarsus)和馬米斯特拉這
兩個城市歸還給拜占庭帝國。希臘人擁有整個安納托利亞海岸的周邊地
區，從特里比森德到敘利亞的門戶。羅姆王國的塞爾柱王朝從各方面都與
海洋隔絕，並且與他們的伊斯蘭教友分離。法蘭克人的勝利使蘇丹的權勢
發生動搖，即使一時的敗北仍然如是。等到喪失尼斯以後，塞爾柱人將宮
廷遷到柯尼(Cogni)或伊科尼姆(Iconium)，是個沒沒無聞的內陸小鎮，距
離君士坦丁堡有三百哩[5]。康南尼王朝的君主不再爲都城受到威脅而憂心
忡忡，他們現在對土耳其人發起攻勢作戰。第一次十字軍東征最大的作
用，是使得衰微的帝國免於滅亡。

二、第二次和第三次十字軍的陸上行動和兵力狀況(1147-1189A.D.)

　　在十二世紀有三次重大的遷徙行動[*6]，從西部經由陸地的進軍前去解
救巴勒斯坦。第一次十字軍東征的先例和成就，激勵倫巴底、法蘭西和日
耳曼的士兵和朝聖者。聖墓的解救過了四十八年之後，皇帝康拉德三世和
法蘭西國王路易七世發起第二次十字軍，支持面臨衰微命運的拉丁人。第
三次十字軍中，有力的一部受皇帝腓特烈・巴巴羅薩(Frederic
Barbarossa)[*7]的領導，法蘭西和英格蘭的兄弟在耶路撒冷共同遭到慘痛的

4　這份條約是最原始的資料，內容非常的奇特，可以爲安提阿公國的建立提供詳盡
　的藍圖。
5　色諾芬(Xenophon, 431-350 B.C.，希臘的將領和歷史學家)提過伊科尼姆，說是屯
　駐軍隊的地點，斯特拉波(Strabo)使用一種曖昧的稱呼。然而聖保羅發現那裡有很
　多的猶太人和非猶太人的基督徒。後來名字被訛傳爲庫尼雅(Kunijah)，這個大城
　市位於河流旁邊，有很多花園，離山地的距離是三個里格，以柏拉圖的墳墓位於
　此地而聞名於世。
*6　[譯註]第一次十字軍：1097年；第二次十字軍：1147年；第三次十字軍：1189年。
*7　[譯註]「紅鬍子」腓特烈一世(1123-1190A.D.)，神聖羅馬帝國皇帝(1155-

損失,使他產生同情之心。三次遠征行動就兵力的數量龐大、通過希臘帝
國的前進路線,以及土耳其戰爭的性質和過程這幾方面而言,看來都非常
類似,要是做一個簡短的比較,可以省略重複而冗長的敘述。十字軍所呈
現的外貌無論是多麼光耀奪目,發生的原因和獲得的結果始終維持不變,
幾乎成為一個常態的歷史事件,所望達成的目標是防衛或光復聖地,有很
多次收效甚微而且與原始構想天差地遠。

　　龐大的群眾亦步亦趨,踩著第一次朝聖者的足跡前進。他們的首領若
與布容的戈弗雷和他那些冒險犯難的戰友比較,大致出身於相同的階層,
只是名聲和功勳有很大的差異。在隊伍的前面招展著勃艮地、巴伐利亞和
阿奎丹幾位公爵的旗幟:前面那位是修伊·卡佩的後裔,其次是布藍茲維
克(Brunswick)世系的先祖。米蘭的總主教是位世俗的王侯,為了有利於
土耳其人的皈依,把教堂和宮殿的財富和飾物全部運走。還有十字軍的老
將「偉大」的修伊和沙爾特的司蒂芬,返回戰地履行尚未完成的誓言。他
們的追隨者形成人數眾多和組織雜亂的團體,大致編成兩個縱隊向前運
動。要是第一個縱隊的總數是二十六萬人,那麼第二個縱隊可能是六萬騎
兵和十萬步卒[8]。第二次十字軍東征提出的主張可以說是征服亞洲,法蘭
西和日耳曼的統治者御駕親征能夠激勵貴族的士氣,康拉德和路易無論就
位階和個人身分,都可以使發起的理由更為尊貴,他們的部隊更易於維持
紀律,然而要封建制度的首長負起領軍的責任,可能會使這些期望落空。
皇帝和國王有直屬的騎兵部隊,分別由七萬騎士和陪伴上戰場的隨員所
組成[9]。要是輕裝部隊、農夫編成的步兵、婦女和兒童、教士和僧侶全都
排除不算在內,總兵力不會少於四十萬人。整個西部從羅馬到大不列顛全
都要採取行動,波蘭和波希米亞的國王服從康拉德的號召。根據謠傳總人

(續)───────────────────────────────
　　1190A.D.),與教皇亞歷山大三世發生爭執,多次侵入意大利,在第三次十字軍途中溺
　　死。
8　安娜敘述後面這群烏合之眾有四萬騎兵和十萬步卒,把他們稱為諾曼人,在法蘭
　　德斯兩兄弟的領導之下。希臘人對這些諸侯的姓名、家世和身分根本是一無所知。
9　泰爾的威廉和馬太·派瑞斯(Matthew Paris,歿於1257年,英國歷史學家)推算出
　　每支軍隊有七萬名全身披掛的戰士。

數到達九十萬人，希臘人和拉丁人證實的確如此，在渡過海峽或是河流時，拜占庭派遣的探子到後來只有停止計算人數，無窮無盡的行列實在令人感到害怕[10]。

在第三次十字軍東征，法蘭西人和英格蘭人採取地中海的海上航行，腓特烈‧巴巴羅薩的部隊數量要較少一些。一萬五千名騎士以及同等數量的扈從都是日耳曼騎兵部隊的精英分子。六萬騎兵和十萬步卒在匈牙利平原集結，接受皇帝的校閱。經過這樣重複計算以後，我們不再為六十萬的朝聖者感到驚異，在最後的遷徙行動中輕易受到相信而記載下來[11]。這種非常誇大的數字只能證明，那個時代的人士對這件事感到極為驚愕。他們的驚愕就是強烈的證明，存在著數量巨大但並不明確的群眾。希臘人對於戰爭的技術和策略有高人一等的知識而廣受稱譽，他們承認法蘭西人的騎兵和日耳曼人的步兵[12]，不僅實力強大而且作戰勇敢，看到這些外鄉人有魁梧的身材，描述他們為剛強善戰的種族，目露兇光，殺人不眨眼，會使得整個東部血流成河。在康拉德的旗幟之下，有一隊女兵全副鎧甲，用男人的姿勢騎在馬上，這些亞馬遜女戰士的首領穿著鍍金馬刺和高統靴，獲得「金足女將」的稱號。

三、希臘帝國的暗中掣肘以及與土耳其人的戰事(1147-1189A.D.)

---

10 辛納繆斯(Cinnamus)也提到這種不完整的計算方式，但是根據杜坎吉的記載得到一個詳盡的數字是九十萬零五百五十六人，這就是為什麼到後來譯本和註釋，認為應該是九萬人才合理的原因？這個數字雖然不會過分誇張，但是實力已經稍嫌不足，難道維特波(Viterbo)的戈弗雷看到才會發出驚呼之聲？

11 這個過分龐大的數字是斯塔德(Stade)的亞伯特(Albert)所提出，我的計算是根據維特波的戈弗雷、呂貝克(Lubeck)的阿諾德(Arnold)和伯納德‧特紹爾(Bernard Thesaur)的資料。最早期的作者對於人數的多少沒有記載，伊斯蘭教徒認為朝聖者是二十萬或二十六萬人。

12 我必須說清楚，在第二次和第三次十字軍東征時，希臘人和東方人把康拉德和腓特烈的臣民稱為「阿拉曼尼人」。辛納繆斯將波蘭人和波希米亞人稱為「列契人」(Lechi)和「特捷契人」(Tzechi)，對於法蘭西人仍舊保持古代的稱呼「日耳曼人」。

　　外鄉人的數量和性質對柔弱的希臘而言是恐怖的目標，混雜著畏懼和痛恨的情緒，只有憂慮土耳其人的權勢，才會暫停或緩和這種厭惡的感覺。拉丁人的抨擊之辭，倒是沒有影響到我們的認知，那就是阿里克蘇斯皇帝掩飾對拉丁人無禮的不滿，消除他們所表現的敵意，雙方願意討論那些過分魯莽的行動，同時爲了十字軍的熱誠開放朝聖和征服的道路。但是等到土耳其人從尼斯和海岸地區驅離，拜占庭的君主不再畏懼遠在柯尼的蘇丹，這時他們對西部的蠻族能夠在國內自由通行，難免感到極大的憤慨，不僅侵犯到主權的尊嚴，也危及到帝國的安全。發起第二和第三次十字軍東征時，是在馬紐爾‧康南努斯(Manuel Comnenus)和艾薩克‧安吉拉斯(Isaac Angelus)統治的時期：對於前者而言，情緒非常猛烈，通常帶有惡意；後者的身上自然展現出怯懦和禍害兩種性格的結合，沒有具備任何優點也毫無功勞可言，只是因緣際會懲處一個暴君，就趁勢據有他的寶座。君主和人民都在暗中打定主意，或是心照不宣的認同一致的行動，就是用盡各種傷害和壓迫的手段來打擊朝聖者，至少也要讓他們寸步難行灰心喪志。十字軍的行事不夠謹慎，部隊的紀律不夠嚴明，持續提供可用的藉口或犯錯的機會。

　　西部的國君與拜占庭宮廷簽訂條約，要求基督教弟兄在國內提供安全的通路和公正的市場，雙方批准以後，用誓言和人質保證貫徹執行。腓特烈的軍隊連最貧窮的士兵也會獲得三個銀馬克，以支付路上所需的費用。但是希臘人奸詐和不義的行爲違犯所有的保證。一位當代的歷史學家證實拉丁人的抱怨，他愛眞理勝過自己的國家[13]。無論是帝國在歐洲還是亞洲的城市，根本沒有友善的接待，等十字軍來到就關閉城門，數量很少的食物都放在籃子裡從城牆上吊下來。經驗教訓或先見之明或許可以用來解釋這種怯懦的猜忌之心，但是人道的關懷和善盡的責任，應該禁止將白堊或其他有毒的成分攙混在麵包裡面。即使馬紐爾能洗清那些邪惡的圖謀，但

13　尼西塔斯在第二次十字軍東征時還是個小孩，等到第三次十字軍時，他在菲利浦波里斯(Philippopolis)這個重要的據點指揮守軍，抗拒法蘭克人。辛納繆斯也感染國人的偏見和傲慢。

是在與朝聖者進行交易時，他還是犯下供應成色不足錢幣的罪行。他們在行軍途中不斷遭遇各式的阻礙和錯誤的嚮導。行省的總督接到私下送達的命令，要加強關隘的守備力量以及破壞橋樑妨礙他們的行動。零星的迷途人員遭到搶劫和謀殺，士兵和馬匹在森林裡被不知來自何方射來的箭矢所貫穿，病患在床上被活活燒死，大道兩旁的絞架吊著死者的屍體。這些傷害和羞辱激怒十字軍的勇士，他們沒有福音書教誨的耐心和修養，拜占庭的君主煽起力量不相稱的戰爭，對這些難以匹敵的客人，籌劃載船或行軍的方式，盡速前進。巴巴羅薩在土耳其國界的邊緣地區，饒恕有罪的菲拉德菲亞[14]，獎賞友善的拉奧狄西亞，對於他的刀劍很難避免沾染基督徒的鮮血而深感悲痛。

在他們與日耳曼和法蘭西國君的交談中，希臘人的自負成為一切煩惱的根源。他們可以吹噓在第一次會面時，路易的座位是一個很矮的板凳，放在馬紐爾寶座的旁邊[15]。但等到法蘭西國王將軍隊通過博斯普魯斯海峽，他馬上拒絕參加第二次會議，除非他的兄弟願意用同等的條件見面，無論在船上還是陸地，他都沒有意見。要是與康拉德和腓特烈晤面，禮儀的安排更為講究，產生更多的困難，就像君士坦丁的繼承人一樣，他們自稱是羅馬皇帝，用堅定的態度維持頭銜和地位的純正。康拉德是查理曼大帝的繼承人，只願在開闊的原野上，與馬紐爾騎在馬背上交談。腓特烈渡過海倫斯坡海峽而不是博斯普魯斯海峽，婉拒在君士坦丁堡拜訪它的統治者。對於一位在羅馬加冕的皇帝，希臘人在信函中竟然用「國王」這個貶低身分的稱呼，或者逕稱為「阿里曼尼人的君主」。虛榮而又弱勢的安吉拉斯對那個時代最偉大的人物及君主，裝出一副忘記名字的神色。就在他們用痛恨和懷疑的眼光看待拉丁朝聖者時，希臘皇帝與土耳其人和撒拉森

14　尼西塔斯譴責菲拉德菲亞人的行為，一位不知名的日耳曼人則指控他的同胞，非常野蠻毫無惻隱之心。要是只有這些矛盾使我們困惑無所適從，歷史的記載就不會讓人煩惱。同樣從尼西塔斯的敘述得知，腓特烈的哀傷既仁慈又虔誠。

15　杜坎吉的著作很難讓他的國王和國家挽回已經喪失的顏面。根據來自同樣抄本的可笑內容，說是以後路易堅持會面要在坐同等高度的位置。

人維持堅實而又機密的同盟關係。艾薩克‧安吉拉斯一直在抱怨，說是他與偉大的薩拉丁有深厚的友誼，所以才惹起法蘭克人的敵意。在君士坦丁堡建立一座清眞寺，供伊斯蘭教徒禮拜之用。

跟隨第一次十字軍前進的大群烏合之眾，在安納托利亞被饑饉、瘟疫和土耳其人的箭雨所殲滅。君王帶著幾個騎兵隊才能逃過一劫，完成悲慘的朝聖之旅。從他們獲得的常識和仁慈的行爲，應該給予公正的評價：他們不知從那裡聽到，說是前往耶路撒冷之路，先要完成波斯和柯拉珊(Chorasan)的征服，事實上南轅北轍毫不相干；談到他們的仁慈，是對一座友善的基督徒城市，民眾拿著棕櫚葉和十字架出來迎接時，竟然不分青紅皀白大肆屠殺。康拉德和路易的軍隊沒有那樣的殘酷和莽撞，第二次十字軍的過程仍然對基督徒世界帶來毀滅的後果。希臘人馬紐爾受到自己臣民的指控，說他及時送給蘇丹有關的情報，同時將背叛的嚮導供應拉丁君王。原來要用雙鉗攻擊，在同一時間從兩個方向粉碎共同的敵人，結果是日耳曼人受到競爭而加速，法蘭西人產生猜忌而延誤，因而無法達成預想的成效。康拉德在米安得河兩岸極其光榮的作戰行動中，沒有獲得勝利，反而損失大部分的軍隊，當歸來的皇帝要求與路易會面，這時他根本沒有渡過博斯普魯斯海峽。康拉德見到土耳其人盛大和堂皇的陣營，對比之下只有趕緊撤退，拋棄那些有獨立地位的諸侯，就他繼承的世襲部隊看來，等於是有辱自己的身分。他借用一些希臘人的船隻，經由海路去完成巴勒斯坦的朝聖行程。

法蘭西國王沒有考量他人痛苦經驗的教訓，也不研究這個地區的作戰特性，向著同樣的國土前進，當然會遭到完全雷同的下場。前鋒部隊打著皇家的旗幟和聖丹尼斯(St. Denys)的標誌[16]，用急迫而不考慮後果的速度加重行軍的辛勞。後衛由國王親自指揮，在夜間的營地沒有找到他們的同伴，黑暗和騷亂之中爲不計其數的土耳其人包圍，受到攻擊而全軍覆滅。

16 法蘭西國王身爲維克辛(Vexin)伯爵，是聖丹尼斯修道院的家臣和擁護者。他們從院長手裡接受代表聖徒的信物，這是一面紅得像火焰一樣的方形旗幟，從十二到十五世紀，一直在法蘭西軍隊的前面飄展。

須知在十二世紀時，土耳其人的兵法和戰術都優於基督徒。路易在毫無希
望之下爬上一棵大樹，靠著自己過人的英勇和敵軍不明白當前的狀況，能
夠保住性命也沒有被俘，等到天亮他趕緊逃走，幾乎是單獨一人到達前鋒
的營地。他現在不再要求繼續陸上的遠征行動，帶著殘餘的軍隊，很高興
在友善的港口沙塔利亞（Satalia）找到避難所。從此地他乘船前往安提阿，
但是供應的希臘船隻數量極爲吝嗇，所有的空間只能裝載騎士和貴族，留
下平民組成的步兵部隊，葬身在龐非利亞山區的山麓地帶。皇帝和國王在
耶路撒冷相遇，不禁抱在一起痛哭，他們的輜重行列和一支大軍的殘部，
全部加入敘利亞的基督徒隊伍，大馬士革的圍城無功而退，成爲第二次十
字軍東征最後的結局。康拉德和路易帶著虔誠和英勇的名聲乘船返回歐
洲，但東方人竟敢抗拒法蘭克人實力強大的國君，過去對他們的作戰名聲
和軍事力量一直感到芒刺在背[17]，或許他們對腓特烈一世的久經戰陣更爲
忌憚，年輕時他在叔父康拉德的指揮下曾到亞洲服役。巴巴羅薩從日耳曼
和意大利的四十場戰役習得用兵之道，他的士兵甚至於帝國的諸侯在他的
統治之下，習慣於服從命令。等他看不到菲拉德菲亞和拉奧狄西亞這兩座
位於希臘邊界的城市，就陷入滿是鹽漬地和不毛的沙漠。這是一片恐怖和
苦難的土地（歷史學家這麼說），二十天的行軍使人昏厥有如患病，每一步
都在大群土庫曼人的包圍攻擊之下，他們的數量在每次敗北以後更爲增
加，憤怒的情緒到達狂暴的狀況。皇帝繼續奮戰不息忍受各種痛苦，當他
抵達伊科尼姆的城門，只有一千名武士還能騎在馬背執行勤務，從而可知
他們遭受多大的災難。他發起突然和果敢的攻擊，打敗衛隊攻入蘇丹的都
城，敵人只有乞求寬恕與和平。現在所有的道路已經開放，腓特烈在獲勝
的狀況下向前進軍，竟然在西里西亞渡過一條不起眼的急流時慘遭淹
斃[18]。剩餘的日耳曼人在疾病和逃亡中損耗殆盡，皇帝的兒子連同大部分

17　第二次十字軍有關法蘭西人最原始的史料，全部刊印在《杜宣（Duchesne）文集》
　　第四卷，同卷還包含很多國王和他的大臣蘇吉的信函原文，是可信度最高的歷史
　　文件。

18　很多作者爲了要比較歷史上兩位偉大的人物，所以認爲腓特烈是淹死在昔德努斯

斯瓦比亞的家臣，在亞克(Acre)的圍攻作戰中喪生。拉丁人的英雄豪傑當中，只有布容的戈弗雷和腓特烈‧巴巴羅薩能夠順利通過小亞細亞，甚至他們的成就也是一種警告。等到後來的十字軍獲得更多的經驗，每個國家寧可越過海洋，不再採用勞累而又危險經由內陸的遠征行動[19]。

四、十字軍的宗教狂熱和聖伯納德的宣導作為(1091-1153A.D.)

第一次十字軍東征的熾熱情緒是自然發生的簡單事件，帶來新穎的希望，未經考驗的危險，整個運動符合那個時代的精神。但是歐洲堅持到底的毅力的確值得我們的同情和欽佩：沒有從狀況不變和處於逆境的經驗獲得寶貴的教訓，每次失敗以後還是再接再厲產生同樣的信心，連續六個世代一頭向敞開在前面的懸崖衝下去，不管這些人處於何種情況，都要用絕望的冒險，擁有或恢復離家兩千哩外那塊墓石，來賭他們在公眾和私人方面的運道。克勒蒙宗教會議以後兩個世紀的期間，每年的春季和夏季都會產生一股新的遷徙活動，朝聖的武士要去保衛聖地。但是七次重大的軍備活動或十字軍東征，是由一些迫切來到或最近發生的災難所激發。這些國家所以採取行動，是出於教皇的權威和國王的榜樣。等到神聖的雄辯家登高一呼，燃起宗教的狂熱情緒，理性的解說寂靜無聲。在這些人當中，伯納德[20]這位僧侶或聖徒或許居有最崇高的地位。大約在第一次占領耶路撒冷前八年，他出生在勃艮地一個貴族家庭，二十二歲時埋身在希托

(續)————————————

 (Cydnus)河，因爲亞歷山大大帝在這條河裡洗浴，極爲不智。但是從皇帝行軍的狀況判斷，我認爲他的葬身之地應該是卡利卡德努斯(Calycadnus)河，這條溪流雖然沒有名氣，但是有更長的河道。

19 馬里努斯‧薩努都斯(Marinus Sanutus)在1321年訂出這個教訓。他得到上帝的支持才做出這樣的決定，認爲第一次十字軍的行動只能說是例外。

20 聖伯納德最可信的資料應該是來自他的著作，由馬比雍(Mabillon, Jean, 1632-1707A.D.，教會學者、古物學家和歷史學家)神父刊行校正無誤的版本，1750年在威尼斯再次發行六卷對開本。在第六卷有他的門徒所寫兩篇傳記，追憶的友誼和迷信的言行都已經列入。從本篤會的編輯所寫的序文，知道他的博學和後人的評論。

(Citeaux)的修道院，然後帶著原創教會的熾熱情緒接受聖職任命。過了
兩年，他帶領這個修道院的三分之一修士或子體，前往香檳（Champagne）
的克雷爾富（Clairvaux）山谷[21]，一直到去世都在自己創建的社區，安於方
丈這個謙卑的職位。

　　在一個理性和明智的時代，爲了禁止精神的英雄人物獲得的榮譽和地
位，以過度自由和善惡不分的方式加以否認和排斥。那些最卑賤的人物運
用心靈的力量來突現自己的不同凡響，至少比信徒和門徒更爲優越。在迷
信的族群之中，他們得到的獎賞有很多人在爭奪。然而無論是語言、文字
和行動，伯納德始終高高在上，俯視他的對手和競爭者。他的著作絕不缺
少機智和雄辯，雖然爲了符合聖徒的身分，但是似乎還保存著相當的理性
和仁慈。他在世俗生活只分得七分之一的私人繼承產業。克雷爾富的院長
基於守貧和苦修的誓言，棄除塵世的誘惑，拒絕教會的職位，成爲歐洲發
布神諭的代言人，以及一百六十座修道院的創立者。他可以隨心所欲發出
使徒的譴責，讓君主和教皇爲之膽戰心驚，法蘭西、英格蘭和米蘭對於教
會的分裂問題，都諮詢和遵從他的意見和判斷。英諾森三世用感恩之心報
答對他虧欠的情分，他的繼承人尤金紐斯三世是聖者伯納德的朋友和門
生。在第二次十字軍的文告中，他就像上帝的傳教士和先知那樣光芒四
射，呼籲全國人民要去保衛聖墓。他在維澤雷（Vezelay）的議會當著國王
的面發表演說，路易七世和貴族從他的手裡接受十字架。克雷爾富修院院
長專程前去說服康拉德皇帝，這樣一個冷漠的民族聽不懂他說的話，但還
是被狂暴熱情的聲調和姿態所感動。他的行程從康士坦斯（Constance）到
科隆，憑著口若懸河的辯才和虔誠熾熱的信心，引起極大的回響。伯納德
讚譽自己的成就在減少歐洲的人口，很肯定的表示有很多市鎮和城堡已經

21　克雷爾富稱爲阿布辛什（Absynth）谷，靠近香檳的巴奧比（Bar Aube），座落的位置
　　正是在森林裡。聖伯納德應該爲教堂和修道院的氣派和華麗感到羞愧。他可能提
　　出建圖書館的要求，我不知道一個八百muid（九一四又七分之一豪格海）的大酒
　　桶，是否比圖書館產生更大的教化作用，像這樣大的酒桶只有在海德堡才能找到對
　　手。

空無人煙,在留下的人員當中,一個男子要安慰七個寡婦寂寞的芳心。

　　盲從的宗教狂熱分子要推舉他爲主將,但是隱士彼得的下場他很清楚。雖然他保證十字軍人員會蒙受神的恩惠,爲著審慎起見還是婉拒軍事指揮的職位,無論勝敗同樣會玷污他的聲譽。然而等到重大的災難事件發生以後,克雷爾富的院長受到異口同聲的指責,說他是一個僞先知,爲公眾和個人帶來悲傷和哀悼。他的敵人欣喜若狂而朋友感到羞愧,他提出道歉過於遲緩,用語無法令人滿意。他認爲服從教皇的指示並沒有過錯,詳述天意的神祕道路難以測知,把不幸歸咎於朝聖者自己的罪孽,同時很謙遜的暗示他的傳道得到預兆和奇蹟的認可。要是事實的確如此,那麼他的論點就是決定性因素。虔誠的門徒在法蘭西和日耳曼的群眾大會中提出訴求,列舉在一天之內爲此事所發生的二十或三十件奇蹟。這些特異的奇聞就目前來說,只要走出克雷爾富地區就沒有人會相信,但是對盲者、跛子和病人來說,超自然的治療是神所賜予的恩惠,我們不可能分得很清楚,到底是出於意外、幻覺、欺騙還是杜撰。

五、伊斯蘭的反擊與土耳其人征服埃及的行動(1127-1169A.D.)

　　主宰萬物的神明總是逃不過立場不同的信徒大聲抱怨。同樣一件事的結局從歐洲來看是解救而大加讚揚,亞洲認爲是災難,不僅悲痛還要指責。耶路撒冷失陷以後,流亡的敘利亞人到處散布驚愕和憂懼;巴格達感覺受到羞辱而悲傷萬分;大馬士革的宗教法官塞尼丁(Zeineddin)爲了表示悲憤,當著哈里發的面撕扯自己的鬍鬚;整個國務會議聽到這件悽慘的事故,如喪考妣。但是信徒領袖只能痛哭流涕而已,他們都是土耳其人手裡的傀儡,阿拔斯王朝到末期曾經恢復若干臨時的權勢,但是他們沒有開疆闢土的野心,能夠統治巴格達和鄰近行省就已感到滿足。眞正的藩王是塞爾柱的蘇丹,他們無法避免亞洲王朝的自然法則,那就是英勇的崛起、事功的建立、內部的傾軋、墮落的後裔、和衰亡的結局這個永不止息的循環。他們現在的神精和權力,已經無法用來捍衛神聖的宗教。在波斯遙遠

的邊區，桑吉爾(Sangiar)是宗族最後一位英雄人物[22]，就他的名聲和軍隊而言，基督徒都感到陌生。當蘇丹深陷後宮的溫柔鄉中，把虔誠的宗教任務交付給奴隸來執行，這些奴隸的土耳其名稱叫做阿塔貝克(Atabecks)，有點像拜占庭的大公，也可以稱之為「尚父」。

阿斯坎薩(Ascansar)是位驍勇的土耳其人，曾經得到馬立克沙王的賞識，獲得殊榮可以站在寶座的右邊。他在隨著國君逝世引起的內戰中，喪失自己的頭顱和阿勒坡的統治權。原來在手下任職的埃米爾仍舊追隨他的兒子珍吉(Zenghi)，他們這支部隊第一次作戰是在安提阿擊敗法蘭克人。珍吉為哈里發和蘇丹效命，在三十次戰役中建立軍事方面的聲譽。他是唯一能為先知的宗教受到羞辱而進行報復的勇士，因而被授與摩蘇爾(Mosul)總督的職位。他沒有讓公眾失望，在圍攻二十五天以後終於攻占埃笛莎，越過幼發拉底河光復被法蘭克人所征服的地區[23]。摩蘇爾和阿勒坡的獨立統治者接著降服庫德斯坦(Curdistan)那些黷武好戰的部落，他的士兵受到教導要把營地視為僅有的國土，信任珍吉慷慨的個性會賞給他們豐富的報酬，何況他有很高的警覺心，會使留在後方的家人獲得保護。

珍吉的兒子努爾丁(Noureddin)率領這些身經百戰的老兵，逐漸將伊斯蘭信徒的勢力統合起來，將大馬士革王國納入阿勒坡，對敘利亞的基督徒發起長期的戰爭，終於獲得勝利。他擴張廣大的統治區域從底格里斯河到尼羅河，阿拔斯王朝用皇室的各種頭銜和特權酬庸忠誠的服務。就是拉丁人也被逼得承認，這位所向無敵的對手無論是智慧和勇氣、公正和虔誠，全都高人一等。神聖的武士無論一生言行或為政之道，都以恢復最早幾位哈里發的宗教狂熱和簡樸生活為己任。他的宮殿棄絕黃金和絲綢，統治的疆域之內禁止飲用酒類，稅收很審慎使用於公共事務，儉省的家用靠

---

22 英勇的桑吉爾被人稱為亞歷山大第二，他非常愛護臣民，使得他們用整年的時間為過世蘇丹祈禱。然而桑吉爾可能曾經當過法蘭克人和烏茲人(Uzes)的俘虜，他的統治時間將近五十年(1103-1152A.D.)，也是波斯詩人非常慷慨的贊助人。

23 泰爾的威廉敘述埃笛莎的陷落和珍吉的逝世，然而把他的名字Zenghi弄錯成為Sanguin，使拉丁人很容易聯想到「血腥」之意，倒是與他的個性與最後的下場很吻合。

戰利品合法的配額來維持，還能購買一處私人的產業。受到寵愛的妃子為婦女用品的花費太大而哭窮，國王回答道：「哎呀！敬畏的真主！我不過是穆斯林的司庫而已，不能把他們的財產轉讓給妳。不過我在霍姆斯擁有三間店舖，妳可以拿去，這些是我唯一可以送給妳的東西。」他的審判室讓權貴感到悚懼，貧民獲得庇護。蘇丹過世幾年以後，一位受到委曲的臣民在大馬士革的街道大叫道：「啊！努爾丁！努爾丁！你在哪裡？可憐可憐我們吧！請從墳墓裡出來保護我們！」擔心亡故國君的名字會引起騷動，一個在世的暴君感到羞慚或恐懼。

法蒂瑪王朝統治的敘利亞被土耳其人和法蘭克人運用武力奪走，就埃及的狀況而論，最重要的原因還是權勢和影響的式微。然而他們是先知的後裔和繼承人，仍舊受到尊敬，在開羅的皇宮維持著天顏難近的習性，輕易不會受到臣民或外人的窺探或褻瀆。拉丁使臣[24]敘述他們的引見，要經過一段很長的幽暗走道，接著是陽光閃爍的柱廊，啁啾的鳥鳴和潺潺的流泉，四周的景色是一片生機盎然，貴重的擺設和稀有的動物，更顯得宮廷的富麗雄偉，皇家的寶藏展現的只是少數，其餘的品項比想像還要多。很長一列的大門敞開，由黑人士兵和內廷宦官擔任警衛。觀見廳的內殿用簾幕遮掩，首相在前面引導使臣進入大廳，將彎刀解下，趴俯在地面跪拜三次，簾幕這時才拉開讓他們看到信徒領袖。他向寶座前面第一個軍奴表示高興之意，但是這個軍奴是他的主子。

首相或蘇丹已經篡奪埃及最高的行政權力，想掌握權勢的敵對競爭者要靠武力來解決，最為傑出或實力最強者列入「皇家武班*25」。達岡姆（Dargham）和紹威爾（Shawer）兩個黨派輪流將對方逐出首都和國土，弱勢一方會乞求大馬士革的蘇丹或耶路撒冷的國王，給予帶來危險後果的保

---

24 泰爾的威廉依據使臣的見聞描述開羅的皇宮，在哈里發收藏的寶物中發現一顆像鴿蛋那樣大的珍珠，一個紅寶石重十七個埃及打蘭（譯按：衡重為十六分之一盎司，約1.77克），一塊翡翠有一個半手掌的長度，以及許多水晶花瓶和中國瓷器。

*25 [譯註]這是馬木祿克軍事組織的指揮機構，成員都是買來的軍奴，在埃及接受訓練與教育，逐漸爬升到最高的軍事職位。他們主要是來自黑海北岸的突厥族的色卡西亞人，後來包括蒙古人和土耳其人。

護。無論是伊斯蘭的蘇丹還是基督徒的國王，就法蒂瑪王朝而言都是教派和國君不共戴天的仇敵。土耳其人憑著武力和宗教使埃及無法抗衡；法蘭克人可以從加薩直抵尼羅河，進軍極為便利。同時基督徒的疆域占有中間位置，迫使努爾丁的部隊要繞過阿拉伯的邊緣地區，路途不僅加長而且環境極為惡劣，忍受沙漠的焦渴和辛勞，暴露在焚風的吹襲之中。土耳其君王在暗中保持宗教狂熱和勃勃野心，渴望用阿拔斯王朝的名義統治埃及，然而幫助懇求出兵的紹威爾派復位，只是第一次遠征行動冠冕堂皇的藉口。整個任務交付給謝拉古(Shiracouh)埃米爾才獲得成功，他是一位英勇而又資深的將領。

達岡姆派被推翻並且遭到屠殺，走運的對手掌權以後，出於忘恩負義或猜忌嫉妒的心態，再不然就是憂慮未來的狀況，很快邀請耶路撒冷國王進軍，從傲慢的恩主手裡解救埃及。謝拉古的兵力面對聯軍居於劣勢，只有放棄尚未成熟的征服行動，撤離貝爾貝斯(Belbeis)或佩魯西姆(Pelusium)是讓他安全退卻的條件。土耳其人成單列在敵人面前通過，他們的將領走在最後，用警覺性很高的眼睛向四周觀看，手拿戰斧。一名法蘭克人竟敢問他，如果不是怕受到攻擊，為什麼走在最後面？大無畏的埃米爾回答道：「你們是有權發起攻擊，但是我可以保證，我的士兵要是不能將一個不信真主的人送進地獄，那他就不能進入天堂。」他的報告提到資源的富足、土著的柔弱、政治的混亂，使努爾丁重新燃起希望。巴格達的哈里發讚譽虔誠的企圖，謝拉古率領一萬兩千名土耳其人和一萬一千名阿拉伯人，第二次對埃及發起突擊行動，然而要對抗法蘭克人和撒拉森人的聯軍，他的兵力仍嫌不足。不過，從他一連串的作為：像是率部渡過尼羅河；向蒂貝伊斯(Thebais)的退卻；巴貝因(Babain)會戰主宰戰場的部隊調動；亞歷山卓的奇襲作戰；在埃及的平原和山谷，從北回歸線到海洋這片廣大的疆域，實施的行軍和反向行軍等等，就我的看法是他把用兵之道發揮到最高的境界。卓越的指揮加上部隊的英勇更是如虎添翼，在作戰行動的前夕一位馬木祿克(Mamaluke)大聲叫道：「要是我們不能從基督狗的手裡奪回埃及，為什麼不丟掉蘇丹給我們的職位和報酬，退休下去像農

夫那樣辛勤的耕作，或是與後宮的婦女一起紡紗？」雖然謝拉古在戰場竭
盡所能[26]，他的姪兒薩拉丁(Saladin)在亞歷山卓堅守到底[27]，第二次入侵
行動還是以簽訂有利條約和撤退告終。

　　努爾丁保存實力，等待更適當的時機發起第三次行動。耶路撒冷國王
阿瑪里克(Amalric)或阿茂里(Amaury)的野心和貪婪，很快提供努爾丁出
兵的機會，因為阿瑪里克或阿茂里始終服膺一種錯誤的原則，那就是「對
上帝之敵無誠信可言」。醫院騎士的盟主要履行宗教的軍事職責，鼓勵他
繼續進軍，君士坦丁堡的皇帝答應提供一支艦隊，配合敘利亞的軍隊採取
共同的行動。不講信義的基督徒對於劫掠和津貼不能滿足，抱著熱烈的期
望要征服埃及。在這個生死存亡的關頭，穆斯林對於大馬士革的蘇丹有如
大旱之望雲霓，首相身處四面受敵的險境，只有屈從舉國一致的意願。努
爾丁似乎受到優厚條件的引誘，可以享有王國每年三分之一的歲入。法蘭
克人出現在開羅的城門前面，但是郊區的古老城市在軍隊接近時起火燃
燒，一場狡詐的談判使他們受到欺騙，而且希臘人的船隻無法越過尼羅河
的障礙。法蘭克人在充滿敵意的國度保持審慎的態度，不願與土耳其人作
戰。阿茂里只有退回巴勒斯坦，他的行動喪失公正的立場，也沒有達成目
標，只會給他帶來羞愧和譴責。

　　謝拉古完成解救的工作以後，被授與地位崇高的袍服，很快他就將袍
服沾染紹威爾的鮮血。土耳其的埃米爾暫時不辭辛勞擔任首相的職務，但
外來的征服行動加速法蒂瑪王朝的絕滅。只要蘇丹的信差帶來一句話，立
即完成刀不出鞘的改朝換代。哈里發的罷黜完全是因為本身的懦弱和首相
的暴虐，當先知的後裔和繼承人接受拉丁使臣很粗魯的握手，就是他們的
臣民也感到臉紅；當他呈送後宮婦女的頭髮，也使得臣民流淚，這是悲傷

26　雅柯巴斯‧維特里科(Jacobus à Vitriaco)供給耶路撒冷國王不過三百七十四位騎
　　士。法蘭克人和穆斯林都說敵人據有兵力的優勢，所以發生這種狀況，要看把不
　　諳戰陣的埃及人包括在內還是略而不計。

27　在阿拉伯人管轄下的亞歷山卓，就城市的範圍和富裕的程度而言，介於希臘羅馬
　　統治時期和土耳其人統治時期的中間。

和憂懼的象徵，好引起大馬士革蘇丹對他的同情。努爾丁的命令和法學家
的宣判，阿布貝克爾(Abubeker)、奧瑪(Omar)和鄂斯曼(Othman)的聖名
要用莊嚴的儀式予以恢復，公共的祈禱要承認巴格達的摩斯薩迪
(Mosthadi)是真正的教徒領袖，阿里之子的綠色制服改成阿拔斯王朝的黑
色。法蒂瑪王朝最後一位哈里發阿德黑德(Adhed)只活了十天，不知命運
之前逝世也是一種福分。他留下的財富可以保證士兵的忠誠，平息信徒的
不滿。在後繼發生的各種變革，埃及再也沒有背離穆斯林的正統教義。

六、薩拉丁的人品德行、統治風格和建立帝國(1171-1193A.D.)

越過底格里斯河的多山國度為庫德人[28]的遊牧部落所占有，這個民族
堅毅、強壯、野蠻、不受任何約束、愛好搶劫掠奪、聽從部族統治。類似
的姓名、位置和習俗，好像與希臘人提到的卡都齊亞人(Carduchians)沒有
多大差別[29]。他們過去堅持古老的自由權利反對居魯士(Cyrus)的繼承
人，保持這種傳統直到現在仍舊抗拒土耳其政府。貧窮和野心激勵他們從
事傭兵這個行業，父親和叔父的服務為薩拉丁偉大的統治奠定基礎[30]。約
伯(Job)或阿烏布(Ayub)的兒子只是普通的庫德人，阿諛者推論他的家譜

---

28 阿優布(Ayoubites)王朝的世系來自最高貴的拉瓦底(Rawadiaei)部落。但等到他們
　　接受靈魂輪迴的異端邪說，正統教義的蘇丹很委婉的表示，他們的血胤僅出於母
　　系家族，祖先是和庫德人住在一起的陌生人。

29 可以參閱色諾芬的《遠征記》第四卷。生性自由的卡都齊亞人射出的箭雨，比起
　　「萬王之王」虛有其表的大軍，給一萬名希臘傭兵帶來更大的傷害。

30 我們要感激舒爾廷斯(Schultens, Albert, 1686-1756A.D.，荷蘭東方學家和語言學家)
　　教授提出最豐富和可信的史料：一本是《薩拉丁傳》，是薩拉丁的朋友和大臣波
　　哈丁(Bohadin)宗教法官所寫。另外是詳盡而冗長的摘錄，來自薩拉丁的親戚哈瑪
　　的阿布爾菲達(Abulfeda或Abual-Fida, 1273-1331A.D.，阿優布王朝在哈蘭姆的王
　　公、歷史學家和地理學家)親王的歷史著作。還有就是在《東方圖書書目》的薩拉
　　赫丁(Salaheddin)項下，所有從阿布法拉杰斯(Abulpharagius, Gregory, 1226-1286
　　A.D.，雅各比派的東方總主教、神學家和歷史學家)的《王朝》中所蒐集的斷簡殘
　　編。

來自阿拉伯的哈里發，薩拉丁聽到以後不禁微笑[31]。努爾丁強迫這位態度很勉強的年輕人，追隨他的叔父謝拉古前往埃及，殊不知這讓他的家族很快走向滅亡之路。薩拉丁在亞歷山卓的防衛作戰建立軍事的聲譽，要是我們相信拉丁人的說法，他懇求一位基督徒的將領讓他獲得騎士的身分，照講這是褻瀆神聖的行為。謝拉古過世以後，薩拉丁因為是年輕而且實力最弱的埃米爾，才被授與大首相的職位。他請他的父親前來開羅遊歷，並且聽從他父親的勸告，那就是憑著自己的才能超越同僚的權勢，與軍隊建立緊密的關係，他們只為他自己和他的利益賣命。當努爾丁在世的時候，這些野心勃勃的庫德人是最謙卑的奴隸。謹慎的阿烏布在國務會議平息極為不滿的怨言，他大聲發出誓言，只要蘇丹一聲令下，他會親自將他的兒子腳鐐手銬送到寶座的前面。他在私下特別提到：「你在仇敵參加的會議中，說話務必要審慎。但是我們現在的狀況已超過畏懼或聽命的程度，努爾丁的威脅連蔗糖的貢金都要不到手。」

努爾丁正好死亡，解除雙方可厭和後果難料的衝突。他留下一個十一歲的兒子，暫時託付給大馬士革的埃米爾。埃及新的領主用哈里發和各種頭銜[32]來錦上添花，使他的篡權從人民的眼裡看來是神聖的舉動。薩拉丁對據有埃及並沒有感到長期滿足，他掠奪耶路撒冷的基督徒，對於統治大馬士革、阿勒坡和狄爾貝克(Diarbekir)的阿塔貝克，搶走他們的職位和財產。麥加和麥地那承認他是塵世的保護者，他的兄弟征服遙遠的葉門地區，那裡是阿拉伯的樂土。等到他過世的時候，帝國從阿非利加的的黎波里擴展到底格里斯河，從印度洋延伸到亞美尼亞的山地。要判斷他的性格和人品，僅是聽到譴責他叛逆作亂和忘恩負義，就會在我們的內心產生很大的衝擊，因為法律和忠誠的原則與經驗已深深烙象在我們的心上。但他

---

31 阿布爾菲達自己也是阿優布王朝的成員，效法王朝創始人的謙虛，至少是默默效法，所以可能分享這分讚譽。

32 阿拉伯有很多用來作為稱譽之用的頭銜。像是religionis，通常大家都知道用來稱呼那些信仰虔誠的人；Noureddin是光明；Ezzodin是榮譽；Amadoddin是崇高；我們的英雄最適當的名字是約瑟，他們稱之為Salahoddin；Al Malichus, Al Nasirus是衛國勇士；Abu Modaffir是勝利之父。

的野心多多少少可以歸諸於：亞洲的變革[33]消除合法繼承的概念；諸如阿塔貝克最近發生的案例；他尊敬而且禮遇恩主的兒子；仁慈和慷慨行爲及於他的旁系親屬；他們的顢頇無能以及他所建立的功勳；哈里發的認可是所有合法權力的唯一來源等等。除此以外，最重要的是人民的意願和利益，他的施政首要目標就是給全民帶來幸福的生活。

　　同時具備英雄和聖徒的性質，是薩拉丁和他的保護人獲得的最大讚許，努爾丁和薩拉丁都在伊斯蘭的聖人之列。對聖戰的不斷沉思默想，使得他們的生命和行動呈現和散發眞誠而冷靜的特質。年輕的薩拉丁迷戀於醇酒美女，但是他有抱負遠大和積極進取的精神，爲著權力和聲譽更爲嚴肅的虛名，能夠很快棄絕歡樂的誘惑：薩拉丁的長袍是粗糙的毛織品，清水是唯一的飲料，雖然他和阿拉伯的先知一樣禁絕酒類，但是個人的守貞要更勝一籌。他在信仰的虔誠和戒律的實行兩方面，都是一個嚴格遵守教規的伊斯蘭教徒。他甚至爲了保衛信仰的事業無法前往麥加朝聖而感到懊惱，但是在規定的時刻，每天五次都與他的教友一起祈禱，無心之失而遺漏的齋戒一定非常審愼的補足。他會在迫近的兩軍之間騎在馬背上閱讀《古蘭經》，不管是否裝模作樣，可以被人引用作爲虔誠和英勇的證據[34]。他僅僅閱讀薩菲(Shafei)教派迷信的經典，並且親自垂詢加以鼓勵。他對詩人抱著藐視的態度，但是他們會很安全。所有藝瀆的學識都會引起他的反感，一位哲學家發洩異想天開的言論，被他下令逮捕，處以絞刑。地位最低賤的請願人都可以進入他的接待室，向他或他的大臣提出訴求。僅僅爲了一個王國，薩拉丁才會偏離公平的原則。塞爾柱和珍基的後裔爲了巴結討好，前來扶他的馬鐙和給他撫平衣服時，他對於這種低賤的服務只有表示友善和耐心。他的慷慨眞是毫無止境，圍攻亞克時他將一萬兩千匹馬分配給部隊。他逝世的時候金庫裡只有四十七個銀幣和一個金幣。然而在

33　阿布爾菲達的世系出自薩拉丁的兄弟，提到很多的例子，說這些王朝的創始人把罪過歸之自己，將報酬留給那些清白的旁系親屬。

34　薩拉丁在民事和宗教方面的德行，波哈丁在作品的第一章給予極高的讚譽，他自己不僅是目擊的證人，也是個誠實的頑固分子。

軍政府的統治之下，他減少貢金的徵收，富裕的市民可以享受勤勞的成果，不必感到畏懼也不會帶來危險。皇家興建的醫院、學院和清眞寺，給埃及、敘利亞和阿拉伯帶來最美麗的裝飾，開羅用一道城牆和要塞來加強防務。他所進行的工程都是爲著公眾之用[35]，蘇丹從未爲自己蓋花園或宮殿享受個人的奢侈生活。在一個宗教狂熱的時代，他自己就是個狂熱的信徒，薩拉丁眞正的德行博得基督徒的尊敬。日耳曼的皇帝以他的友誼爲榮，希臘的皇帝懇求他的結盟，征服耶路撒冷讓他的名聲在東部和西部傳播和誇大。

耶路撒冷王國獲得短暫的生存期間，全靠土耳其人和撒拉森人的爭執和雙方的芥蒂。法蒂瑪王朝的哈里發和大馬士革的蘇丹都極其卑劣，爲了考量當前和個人利益，犧牲宗教的原則都在所不計。但是一位英雄人物現在將埃及、敘利亞和阿拉伯的權勢團結起來，順應自然和命運的發展，用武力對抗基督徒。耶路撒冷現在面臨最大的威脅卻毫無準備，內部狀況不僅虛弱不堪而且一無是處。最早兩位鮑德溫分別是戈弗雷的弟弟和表弟，他們的權杖經由女性的世系傳給梅麗森達(Melisenda)，她是第二位鮑德溫的女兒，她的丈夫是安茹(Anjou)伯爵福克(Fulk)，經由前面一次婚姻，福克成爲英國金雀花王朝的始祖。他們的兩個兒子鮑德溫三世和阿茂里，爲了對付不信上帝的敵人，發起一場極爲艱辛而成功的戰爭。阿茂里的兒子鮑德溫四世患有麻瘋，這種病在十字軍當中很普遍，使得他無論是生理或心理都被剝奪正常的機能。他的姊姊西貝拉(Sybilla)自然成爲他的繼承人，後來再傳她的兒子接位，也就是鮑德溫五世。等到這個小孩很可疑的去世以後，她就立第二任丈夫盧西格南(Lusignan)的蓋伊(Guy)爲國王，是一位很英俊的世家子弟，但是他的名聲很差，連自己的兄弟傑福瑞(Jeffrey)聽說都大聲叫道：「他們能立他爲王，就能讓我成爲神！」這個抉擇普遍受到指責，實力最強的諸侯的黎波里伯爵雷蒙，被剝奪繼承權和

---

35 他興建很多的工程，特別是開羅的堡壘裡有約瑟使用過的井，全部經過修復，但本地人與外來旅客的無知破壞了蘇丹和教長的計畫。

攝政的地位，對於國王心中存著難以平息的恨意，同時對於蘇丹所承諾的
誘惑，還是抱著引以爲榮和問心無愧的態度。這些人就是聖城的護衛者：
一個麻瘋患者、一個黃口小兒、一個柔弱婦女、一個執　儒夫、一個變節
分子。然而他們還有機運拖延十二年，在於獲得歐洲的支援和協助、軍事
組織和騎士團的英勇，以及主要敵人在遙遠的邊界或宮廷的內部發生事
故。終於，在一條充滿敵意的戰線壓迫和包圍之下，每個方面都處於立即
崩潰的狀況，法蘭克人竟然違犯休戰協定，他們的生存就靠著它的保護。
沙提永（Châtillon）的雷吉納德（Reginald）是一名戰士，吉星高照之下奪得
沙漠邊緣的一座堡壘，他從這個位置搶劫商隊，口出狂言侮辱穆罕默德，
威脅到麥加和麥地那兩座城市的安全。

　　薩拉丁親自出馬討回公道，很高興能有伸張正義的機會，率領八萬騎
兵和步兵侵入聖地。他依據的黎波里伯爵的建議，選擇提比里阿斯
（Tiberias）作爲第一個圍攻的城堡。耶路撒冷國王被說服派出全部守備部
隊，將民眾武裝起來，趕去解救重要的據點。基督徒接受奸詐的雷蒙提出
的勸告，暴露在缺乏飲水的營地。他在第一次的攻擊中逃走，引起兩個民
族的咒罵[36]，盧西格南損失三萬人，遭到覆滅的命運（1187年7月3日）[*37]，
眞十字架神木的喪失是最可怕的災難[*38]！十字架留在不信神的仇敵手中。
成爲俘虜的國王被引導到薩拉丁的帳幕，當他因口渴和恐懼而昏亂不清
時，氣量宏大的勝利者派人送上冰鎮的果凍，不讓沙提永的雷吉納德分享
表示友善和原諒的飲料。蘇丹說道：「一位國王的身分和地位都很神聖，
但是這個瀆聖的強盜必須立即承認先知，過去他曾經口出惡言，照說應該

────────────

　　36 拉丁人斷言雷蒙的背叛，阿拉伯人只是顧左右而言他。如果他眞正接受伊斯蘭的
　　　　信仰，那麼在阿拉伯人的眼裡必然是一位聖徒和英雄。

　*37 [譯註]哈丁（Hattin）會戰因附近的小村而得名，這個地點位於吐拉恩山脈的丘陵地
　　　　區，離開提比里阿斯要塞還有二十哩。十字軍在途中被優勢敵人包圍，主要是缺
　　　　乏飲水以致潰不成軍，戰場有兩個小圓丘，獲得哈丁雙角的美名。

　*38 [譯註]哈丁會戰是一次慘敗，從此十字軍再也無法恢復原有的地位。這是在「眞
　　　　十字架」的祝福下進行的戰鬥，成爲基督教世界的最高象徵，勝利可以算是上帝
　　　　的力量。結果是伊斯蘭教徒獲勝，使得很多基督徒喪失精神的支柱。所以薩拉丁
　　　　打擊到整個十字軍的基礎，連帶使教皇的權力都發生動搖。

立即處死。」基督徒的戰士本著良心或自傲而加以拒絕,薩拉丁用彎刀
砍他的頭,衛兵一擁而上將雷吉納德殺死[39]。渾身戰慄的盧西格南送到
大馬士革,受到禮遇的監禁,很快付出贖金。然而醫院騎士有兩百三十人
被處決,他們都是無畏的勇士和獻身信仰的殉教者,使勝利的榮譽受到玷
污。王國現在無人領導,騎士團的兩位盟主一位被殺,一位成為俘虜。在
海岸和內陸地區的城市,守備部隊全部調到致命的戰場,只有泰爾和的黎
波里逃過薩拉丁迅速的襲擊。提比里阿斯會戰過了三個月後,薩拉丁全副
武裝出現在耶路撒冷的城門前面[40]。

　　薩拉丁可能預先估算圍攻這樣一座受到天上和地下敬重的城市,一座
歐洲和亞洲都感興趣的城市,就會重燃起宗教狂熱最後一絲火花。六萬名
基督徒每個人都能成為士兵,每個士兵都想尋求殉教的光榮。然而,西貝
拉王后為自己和被俘的丈夫感到擔憂害怕,從土耳其人的刀劍和鎖鍊下逃
脫的貴族和騎士,對於國家即將大難臨頭,仍舊抱著黨派的心理和自私的
打算。絕大部分居民是希臘人和東方基督徒,他們根據過去的經驗,寧可
接受伊斯蘭的統治也不願被拉丁人欺壓。聖墓吸引大量低賤和貧苦的群
眾,沒有武裝的能力和作戰的勇氣,靠著朝聖者的施捨維持生活。耶路撒
冷的防禦工作進行極為倉卒,成效非常有限。但是在十四天的時間內,一
支得勝的軍隊粉碎被圍守軍的出擊,裝置各種攻城的器具,在城牆上面打
開十五個腕尺寬的裂口,運用雲梯攀登防壁,在攻擊的地點豎起十二面先
知和蘇丹的旗幟。王后、婦女和僧侶組成一個赤足的遊行隊伍,懇求上帝
之子從邪惡的侵犯中拯救他的墓地和遺產,這些都是徒然無益之事。他們
要想活命的唯一希望是征服者大發慈悲,第一個派出的代表團懇求給予憐
憫,受到嚴辭拒絕:

---

39 雷納或稱雷吉納德或沙提永的阿諾德,拉丁人對他的生和死都極為欽佩,波哈丁
和阿布爾菲達對他喪命的情節都有詳盡的敘述。壯維爾(Joinville)提到薩拉丁不應
處死一個俘虜,何況還在同一個屋頂下吃過他的麵包和鹽。阿諾德有些同伴被
殺,幾乎都犧牲在參加一個山谷裡。

40 佛托特(Vertot)的著作敘述王國和城市的喪失,還把聖殿騎士的兩封書信收錄其
中。

他立下誓言要報復穆斯林多年忍受的痛苦，寬恕的期限早已過去，
現在只有用血來償還所犯的罪行。想當年戈弗雷和第一批十字軍在
這裡大開殺戒，多少無辜民眾喪失性命。

法蘭克人的負嵎頑抗等於是個警告，讓蘇丹明瞭他不能保證可以獲得
勝利。他用尊敬的態度聽取莊嚴的誓詞，是用祖先和上帝之名立下的詛
咒，惻隱之心的情操油然而生，緩和宗教狂熱和征服行動的嚴酷報復和肆
意殺戮。他答應接受這座城市，饒恕所有的居民，允許希臘人和東方基督
徒生活在他的主權統治之下，規定法蘭克人和拉丁人在四十天內撤離耶路
撒冷，安全引導他們到達敘利亞和埃及的港口，支付的贖金是每個成人十
塊金幣、婦女五塊以及兒童一塊。任何人要是沒有能力買回自由權利，就
受到拘留，服行永久的奴役。將薩拉丁的仁慈與第一批十字軍的屠殺進行
比較，這是一些作者喜愛的題材，經常會引起怨恨之心。想法的不同僅僅
因人而異，但是我們不要忘記：基督徒獲得的待遇完全依據投降條約協議
的款項；耶路撒冷的伊斯蘭教徒堅持絕不妥協的立場，攻擊和城破的最後
時刻仍然奮戰到底。公正的前提是守信和真誠，土耳其征服者本著這種態
度履行條約的各項規定。他能夠表現出憐憫的神色，確實值得讚譽，雖然
是他給被征服者帶來不幸和痛苦。他沒有用嚴苛的手段來勒索各項債務，
只收到三萬拜占庭金幣作為七千窮人的贖金。他的慷慨和仁慈另外放走二
到三千人，使得出售為奴的數目減少到一萬一千或一萬四千人。他與王后
晤面時所說的話和流出的眼淚，可以看成最為親切的安慰之辭。他用出手
大方的賙濟和獎賞，將戰爭獲得的財富分配給孤兒寡婦。就在醫院騎士全
副武裝與他對陣時，他允許騎士團虔誠的教友繼續照顧和服侍病患，期限
以一年為準。

薩拉丁的美德表現出仁慈的行為，讓我們感到欽佩和敬愛，事實上他
根本沒有假冒為善的必要，何況他有堅定的宗教狂熱，應該促使他把同情
心埋藏起來，對於《古蘭經》的敵人不能有示惠的舉動。等到耶路撒冷從
外鄉人的手中獲得解救以後，蘇丹以興高采烈的行列入城（1187年10月2

日)[*41]，他的旗幟在空中迎風招展，配合著軍樂和諧的旋律。奧瑪大清眞
寺已經改成一座教堂，再度奉獻給唯一的眞主和祂的使徒穆罕默德。牆壁
和通道用帶著玫瑰芳香的清水洗淨，一個講壇用來表示努爾丁的勤勉，建
造在聖所裡面。但是當圓頂上面閃閃發光的黃金十字架被拆除，拖過街道
的時候，不論是哪個教派的基督徒，都發出悲哀的呻吟，穆斯林則回應以
充滿歡樂的叫聲。教長將在聖地蒐集到的十字架、聖像、金瓶、遺物，裝
滿四個象牙裝飾的大箱，被征服者全部奪走，原來想要當成基督徒偶像崇
拜的戰利品呈送給哈里發。但他被說服將這些東西託付給安提阿的教長和
君王保管，這批虔誠的抵押品被英格蘭的理查贖回，代價是五萬二千個拜
占庭金幣。

七、第三次十字軍的海上增援和對亞克的圍攻(1188-1191A.D.)

終於能夠將拉丁人從敘利亞趕走，對當地的民族而言一則是喜一則是
懼，然而在薩拉丁逝世以後，這項工作還是拖延一個世紀之久。光輝的勝
利進展最後因泰爾的堅強抵抗而受到阻止。土耳其人根據條約的規定，將
耶路撒冷的部隊和守軍未加考慮就領往同一個港口，他們的兵力足以防守
這個地點。等到蒙特費拉(Montferrat)的康拉德抵達以後，使得這群烏合
之眾加強信心和增進團結。康拉德的父親是一位備受尊敬的朝聖者，在提
比里阿斯會戰成為俘虜。兒子受到抱負和孝心的驅使，要來探視皇家的姪
兒的產業，就是為襁褓中的鮑德溫所繼承的王國，這時意大利和希臘還不
知道已經發生慘劇。看到土耳其人的旗幟使他提高警覺，趕緊離開雅法充
滿敵意的海岸。康拉德受到一致的歡呼，成為泰爾的君主和勇士，耶路撒
冷征服者正在圍攻這城市。他有堅定的宗教熱誠，或許是對寬大的敵人有
所了解，所以才敢抗拒蘇丹的威脅，公開宣稱要是年邁的雙親出現在城牆

---

*41 [譯註]從薩拉丁的入城看出這個人有偉大的靈魂，想當年(1099A.D.)第一批十字
　　軍攻入耶路撒冷，曾經大事屠殺和洗劫，以致伊斯蘭教徒死者多達七萬人。然而
　　薩拉丁以德報怨，不僅沒有大開殺戒，反而開放市場供應民生所需。

外面，他自己就會彎弓射出第一支箭，能夠成為殉教者的子女是他最大的
光榮[42]。埃及艦隊獲得准許進入泰爾的港口，但是鏈條突然拉起來，五艘
戰船不是被擊沉就是捕獲，一次出擊殺死一千多名土耳其人。薩拉丁燒毀
攻城器具，很羞辱的撤回大馬士革，結束光榮的戰役。他很快受到一次猛
烈暴風雨的襲擊。

　　悲慘的故事或圖畫非常鮮明的表現出耶路撒冷受到奴役和褻瀆的情
景，將歐洲從麻木毫無感覺的狀況中驚醒過來。腓特烈‧巴巴羅薩皇帝以
及法蘭西和英格蘭的國王，又將十字架高高的舉起。他們的軍備工作繁重
因而進度緩慢，地中海和大西洋的濱海國家占得先著。生性機靈而且早有
準備的意大利人首先登上熱那亞、比薩和威尼斯的船隻。法蘭西、諾曼第
和西方群島那些熱心的朝聖者，很快跟著前進。法蘭德斯、夫里斯（Frise）
和丹麥實力強大的援軍，裝滿將近一百艘船。北國的戰士出現在戰場非常
受到注目，他們有魁梧的體格，使用沉重的戰斧。大量增加的人員無法限
制在泰爾的城牆之內，也不可能聽從康拉德的命令。他們同情盧西格南不
幸的遭遇，也尊重他的地位，這時他剛從被俘的監牢裡釋放出來，或許是
用來分散法蘭克人的軍隊。他建議收復托勒美斯（Ptolemais）或稱亞克，位
於泰爾的南邊約三十哩。這個城市首次被兩千騎兵和三萬步兵包圍，名義
上聽從他的指揮。

　　我毋須詳述這次值得紀念的圍攻作戰，延續將近兩年的時間（1189年7
月-1191年7月），歐洲和亞洲的部隊折損在這個狹小的地區之內。宗教狂
熱的火焰激烈燃燒，帶來毀滅的憤怒。每位有真正信仰的人都要奉獻自己
的生命成為殉道者，對敵人的熱情和勇氣也不得不稱讚。聽到神聖號角召
喚的聲音，埃及、敘利亞、阿拉伯以及東方行省的穆斯林，在先知僕人的
指揮之下集結起來[43]。他把營地紮在離亞克只有幾哩路的位置，不分日夜

---

42 我對於事實一直用持平無私的方式來表敘。佛托特可以毫無忌憚採用一個浪漫的
　傳奇故事，年老的侯爵的確受制於被圍攻者的標槍。

43 耶路撒冷的歷史學家增加從底格里斯河到印度河的東方民族，還有摩爾人和杰突
　利亞人（Getulians）這些黝黑的部落，造成亞洲和非洲與歐洲對抗的印象。

竭盡全力要解救被圍的弟兄,增加法蘭克人的煩惱和困難。在附近地區打
了九次會戰,就命運的變化和興衰來說,都值得加爾默羅(Carmel)山之
戰[*44]的榮名。蘇丹發起一次攻擊,打開進入城內的通路;在另一次出擊
中,基督徒突入蘇丹的中軍御帳。他們使用潛水夫和通信鴿,能夠與被圍
守軍保持正常的連繫。海運經常維持暢通,精疲力竭的守備部隊可以撤
走,生力軍源源不絕運進來。拉丁人的營地因饑饉、戰鬥和天候的關係,
人員愈來愈爲稀少,但是死者留下的帳篷會有新的朝聖者自動補充,並且
誇大援軍的力量與速度。傳聞使平民感到驚愕,聽說教皇親率不可勝數的
十字軍,開拔以後已經到達君士坦丁堡。皇帝的進軍使東部響起更爲急迫
的警報,他在亞洲遭遇障礙,或許就是在希臘境內,這完全是薩拉丁政策
所發生的力量。薩拉丁對於巴巴羅薩非常忌憚,聽到他死亡的消息感到極
爲欣慰。斯瓦比亞公爵疲憊不堪的殘部只剩下五千日耳曼人,基督徒看在
眼裡,高昂的士氣爲之沮喪。

　　到了第二年的春天,法蘭西和英格蘭的皇家艦隊終於在亞克灣下錨,
兩位國王菲利浦・奧古斯都(Philip Augustus)[*45]和金雀花王朝的理查,都
是年輕人,激起好勝的競爭心,充滿精力執行圍攻作戰。用盡諸般手段完
全喪失希望以後,亞克的守軍只有向命運低頭。投降條約獲得批准,他們
的生命和自由定出苛刻的條件:二十萬個金幣的贖金,釋放一百名貴族和
一千五百名階層較低的俘虜,歸還神聖的眞十字架。雙方的協議還有需要
澄清的地方,執行的時候也會拖延,使得法蘭克人怒火衝天,在嗜殺的理
查[46]指揮之下,三千穆斯林就在蘇丹的眼前被斬首。拉丁人在攻奪亞克以

---

*44 [譯註]加爾默羅之戰爲以色列的耶和華要戰勝迦南的邪神。
*45 [譯註]菲利浦二世(1165-1223A.D.)又稱菲利浦・奧古斯都,法蘭西卡佩王朝國王
　　(1180-1123A.D.),擴大王室的領地,加強國王的權威,和英格蘭國王理查一世發
　　起第三次十字軍東征。
46 波哈丁在作品裡提到。基督徒歷史學家對這次屠殺沒有否認也沒有譴責。溫尼沙
　　夫(Vinesauf)的嘉弗里達斯(Galfridus)。確定受害者是兩千七百人,羅傑・荷弗登
　　(Roger Hoveden)把數目加多到五千人。菲利浦・奧古斯都基於仁慈或貪財曾經加
　　以反對,後來被說服同意敵人贖回在他手上的俘虜。

後，獲得一個堅固的市鎮和便利的港口，但是要付出重大的犧牲才換取這樣的優勢。薩拉丁的大臣和歷史學家根據敵人的傳聞，曾經計算在不同時期兵力的總數大約是五十或六十萬人，被殺的基督徒超過十萬人，更大的部分在疾病或海難中損失，數量極為龐大的部隊中只有少數能夠安全返回故土[47]。

八、英格蘭的「獅心王」理查在巴勒斯坦的作戰(1191-1193A.D.)

菲利浦·奧古斯都和理查一世是唯一在同一面旗幟之下作戰的法蘭西和英格蘭國王。他們自願參加神聖的服務工作，但民族之間產生的猜忌心帶來不斷的干擾，形成保護巴勒斯坦的兩個黨派，彼此厭惡的程度更勝於對他們共同的敵人。從東方人眼裡看來，法蘭西國君在地位和權勢方面要更勝一籌，皇帝沒有御駕親征，拉丁人將他尊為塵世的最高領袖。他的功勳不足以符合盛名，菲利浦非常勇敢，但是他的性格具有政治人物的特色，將健康和利益犧牲在這不毛的荒涼海岸，很快讓他感到厭煩和勞累。亞克的投降等於為他發出撤離信號，就是留下勃艮地公爵帶著五百騎士和一萬步兵負責聖地的勤務，還是難以辯說引起反感的告辭是正當的行動。

英格蘭國王的位階雖然要次一等，在個人財富和軍事聲譽方面要優於他的對手。如果英雄主義局限於殘忍和暴虐的驍勇，金雀花王朝的理查是那個時代首屈一指的英雄人物。獅心王(Coeur de Lion)[*48]的不朽功勳長存在英格蘭臣民的心頭，不僅深受愛戴，而且讓他們備感光榮。過了六十年以後，那些曾經與他交手過的土耳其人和撒拉森人，留給孫輩的格言和諺

---

47 埋葬在聖約翰·德可(St. John d'Acre)墓地的基督徒當中，我發現英國人的名字，像是德比(Derby)的德費里斯(de Ferrers)伯爵、莫布雷(Mowbray)、德曼得維(de Mandevil)、德非斯(de Fiennes)、聖約翰、斯克羅普(Scrope)、皮哥特(Pigot)、塔波特(Talbot)等等。

*48 [譯註]「獅心王」理查一世(1157-1199A.D.)是英格蘭國王(1189-1199A.D.)，率領第三次十字軍東征，成為傳奇文學的騎士楷模，在返國途中被奧地利俘虜，花重金贖回後奪權加冕，對法戰爭中負重傷而亡。

語對他大加讚揚：可怖的名字被敘利亞母親用來止住兒童的啼哭，如果一匹馬在路上突然驚跳起來，騎馬的人習慣上會大聲叫道：「怕什麼！難道理查王躲在那裡？」他對伊斯蘭教徒的殘忍完全出於個人的脾氣和宗教的狂熱，但是我不相信他身爲軍人，自由揮灑長矛時毫無所懼，竟然自貶身份去磨利佩劍，好對付英勇的兄弟蒙特費拉的康拉德，事實上康拉德在泰爾被幾名暗中下手的刺客所殺死[49]。

等到亞克投降和菲利浦離開以後，英格蘭國王領導十字軍人員收復海岸地區，凱撒里亞和雅法這幾個城市加入破碎的盧西格南王國。從亞克到阿斯卡隆的行軍是一百哩，這是一場長達十一天的重大會戰。薩拉丁的部隊陣容零亂喪失秩序，他仍舊帶著十七名衛士留在戰場，還是沒有降下他的隊標，也沒有停止黃銅定音鼓的震耳響聲。他再度整頓隊伍重新發起衝鋒，宣講師或先鋒官大聲向「唯一眞主」祈求，大家要像男子漢大丈夫一樣站起來，打倒信奉基督教的偶像崇拜者。但是這些偶像崇拜者的進展已經沒有力量可以阻止。蘇丹只有將阿斯卡隆的城牆和建築物全部夷爲平地，以防範十字軍占領以後，在埃及的邊界變成堅固的堡壘。在這個嚴寒的冬季，雙方收兵休養生息。法蘭克人等到春天來臨，用整日的行軍向著耶路撒冷進軍，英格蘭國王的旗幟在前面領導，用主動的精神攔截一個有七千匹駱駝的運輸隊伍或商隊。薩拉丁將他的指揮位置設在聖城，但是這座城市受到驚慌和爭執的打擊。他實施齋戒和祈禱，並且向大家講道以安定人心，公開宣布絕不離開要與大家分擔圍城的危險。但他的馬木祿克衛隊記得同伴在亞克的下場，拿出忠誠或反叛的喧囂向蘇丹施壓，要他珍惜自己的生命和他們的勇氣，好讓宗教和帝國在未來獲得保護[50]。基督徒突然撤退[51]，使穆斯林安然無恙，他們將這個喜信歸於天降奇蹟，理查的桂

---

49 穆斯林得到兇手的自白說是奉英格蘭國王的派遣，因而證實理查的罪行。他唯一的辯護是兇手的領主寫給他的信，這是荒謬而又明顯的僞造品。這個領主謝克（Sheich）或稱「山中老人」對理查辯稱，他犯下謀殺這件罪行或功勞。

50 除非是蘇丹或阿優布王朝的親王仍舊留在耶路撒冷，否則這種說法就有違常情；他現在已經將政治簾幕的一角拉到旁邊，露出可以發展的空間。

51 波哈丁甚至就是溫尼沙夫的傑福瑞都把撤退歸於理查自己的決定，雅柯巴斯‧維

冠因戰友的審慎或嫉妒頓告枯萎。這位英雄蒙著面紗衝上高崗，發出憤恨
不平的喊聲：「那些不願前去拯救基督之墓的人，他們沒有資格看聖地一
眼。」等到他返回亞克以後，收到雅法被蘇丹奇襲的消息，他立刻登上幾
艘商船前往，而且躍馬跳上沙灘。他的來到使得堡壘立刻解圍，六萬土耳
其人和撒拉森人在他的部隊前面逃走。等到他們察覺理查的兵力劣勢，第
二天早晨又來圍攻，發現他帶著毫不在乎的樣子在城門前面紮營，只有十
七名騎士和三百名弓箭手，他根本不計算敵人的數量，向前抵擋他們的進
攻。我們從敵人的證詞獲知，英格蘭的國王執著長矛，騎著狂烈的怒馬沿
著戰線從右翼飛馳到左翼，沒有一個敵手敢出來應戰。難道我在寫奧蘭多
(Orlando)和阿馬迪斯(Amadis)的傳奇小說嗎？

　　就在雙方進行敵對行動的期間，法蘭克人和穆斯林展開遲滯而冗長的
談判[52]，發起以後時而繼續時而破裂，再度開始又宣告中斷。有一些行動
能表現皇家的禮儀，雙方互贈冰塊和水果做為禮物，或是用挪威的獵鷹交
換阿拉伯的駿馬，能夠緩和宗教戰爭的嚴酷和固執。從互有輸贏和禍福無
常的結局，君王的心中產生疑惑，上天在他們的爭吵當中一直保持中立。
雙方經過考驗以後，知道沒有希望獲得決定性的勝利。理查和薩拉丁兩人
的健康都已每下愈況，分別遭到萬里以外國內戰亂所帶來的災禍。金雀花
王朝的君主急著要去懲處那些不義的敵手，趁他遠離本土竟敢侵略諾曼
第；就充滿好戰熱情的蘇丹來說，人民成為犧牲而士兵成為工具，他們的
呼籲軟化他不屈不撓的心志。英格蘭國王提出的要求是歸還耶路撒冷、巴
勒斯坦和真十字架，非常堅定的宣稱，他自己和朝聖的弟兄情願為虔誠的
工作葬身異域，也不願帶著羞辱和悔恨返回歐洲。但薩拉丁憑著良心，在
沒有獲得巨額的補償之下，拒絕基督徒的偶像在此地重新出現，更不能促

(續)————————————

　　特里科提到他急著離開。然而一位法蘭西騎士壯維爾出面指控，說是勃艮地的修
　　伊公爵出於嫉妒之心，馬太·派瑞斯則假定他接受薩拉丁的賄賂。

52　可以參閱波哈丁的作品有關談判的過程和敵意的表現，他自己在簽訂和平條約中
　　擔任一個角色。理查宣稱他回去的意圖是要編組新的軍隊來征服聖地，薩拉丁用
　　很有禮貌的恭維之辭答覆他的威脅。

進偶像崇拜的活動死灰復燃。他用同樣強硬的態度表示,他基於宗教和民事的權利能夠合法統治巴勒斯坦,同時詳述耶路撒冷的重要性和神聖不可侵犯的理由,拒絕接受有關拉丁人重建或瓜分耶路撒冷王國的任何條款。理查建議他的妹妹和蘇丹的弟弟聯姻,因為信仰不同而無法成功:公主對於嫁給土耳其人感到厭惡,阿迪爾(Adel)或稱薩法丁(Saphadin)很難放棄一夫多妻制。薩拉丁藉口雙方語言不通,婉拒親自出席當面討論。他們派出的通譯和使節運用各種技巧和拖延手法來操縱談判,最後的協議還是受到兩邊熱心人士的責難,就是羅馬的教皇和巴格達的哈里發。協議規定:要開放耶路撒冷和聖墓,前往朝聖的拉丁基督徒毋須繳交貢金也不能被煩擾;阿斯卡隆完全摧毀以後,拉丁基督徒可以整個擁有從雅法到泰爾的海岸地區;停戰協定應該將的黎波里伯爵和安提阿王子包括在內;在三年另三個月之內中止所有的敵對行為。

　　兩軍主要的首領全都發誓遵守條約的規定,但是國君只要口頭答應和舉右手表示同意即可,皇家的尊嚴可以免於宣誓,因為這種動作通常暗示對謊言和失信的疑慮。理查乘船返回歐洲(1192年9月)的下場是遭長期囚禁和英年早逝,過不了幾個月薩拉丁也結束光榮的一生。東方人描述他在大馬士革的過世,對後人產生極大的啟迪作用,但是他們並不知道他對三個宗教給予同樣的恩惠,最後他用壽衣而非旗幟向東方提出警告,偉大的事功不僅變遷無常而且很難持久。團結的帝國在薩拉丁死後(1193年3月4日)成為一片散沙,他的兒子受到他們的叔父薩法丁強大武力的壓迫;埃及、大馬士革和阿勒坡的蘇丹因為利害關係恢復原有的敵意;法蘭克人或拉丁人在沿著敘利亞海岸地區的城堡裡站穩腳跟,呼吸自由的空氣,對於未來懷抱希望。

九、英諾森三世發起第四和第五次十字軍東征(1198-1216A.D.)

　　征服者建立名聲最高貴的紀念碑,使人聽到為之悚懼不已,就是薩拉丁的十一稅。這種全面稅法是為著聖戰的需要,強加在俗家甚或拉丁教士

的身上,運用起來獲利極豐,時機消逝也難以廢止。類似的貢金當作教會
聖俸十一稅的基礎,羅馬教皇將徵稅權力授予天主教國家的君王,或保留
給使徒教區直接掌握運用[53]。金錢的酬勞必然可以增加教皇對光復巴勒斯
坦的興趣。等到薩拉丁去世以後,教皇用信函、使節或傳道士在各地宣導
十字軍,要完成這項神聖的工作必須依靠英諾森三世的熱誠和才能。這位
教士年紀輕輕而又雄心萬丈,使聖彼得的繼承人臻於偉大的頂峰,他在十
八年的統治期間,用專制的手法控制著皇帝和國王,可以任意加以擢升和
罷黜。要是他們冒犯這位高高在上的聖主,就會受到禁令的處分,剝奪他
們在數月或數年之內參加基督徒禮拜儀式的權利。在拉特朗宮舉行的國務
會議,他的作為不僅是東部和西部的教會負責人,更是塵世的統治者。英
格蘭的約翰跪在他派遣的使節腳前,交出頭上的冠冕。英諾森可以誇耀兩
項最偉大的勝利,能夠摧毀人類的理性和良知,那就是「聖餐變體論」的
學說和「宗教裁判所」的設立。在他的呼籲之下,發起第四(1203A.D.)和
第五(1218A.D.)兩次十字軍東征,不過除了匈牙利有一位國王參與,其餘
都是位階列於第二等的諸侯,他們親自率領朝聖的隊伍,兵力目標並不適
合計畫的要求,產生的結果不能滿足教皇和人民的希望和意願。

　　第四次十字軍從敘利亞轉向君士坦丁堡,希臘人或羅馬帝國為拉丁人
征服,形成下一章極其適切和重要的主題。在第五次十字軍東征,二十萬
法蘭克人在尼羅河最東邊的河口登陸,他們合理地希望,占領埃及就可以
打敗巴勒斯坦,因為埃及是蘇丹的政治中樞和糧食倉庫。經過十六個月的
圍攻,穆斯林為達米埃塔(Damietta)的失陷而悲痛不已。但是擔任使節的
貝拉基斯(Pelagius)運用教皇的名義,擅自侵犯將領的職權,他的傲慢和
無禮斷送基督徒的大軍。患病的法蘭克人被尼羅河的洪水和東方人的軍隊
所圍困,只有用撤離達米埃塔作為條件,用來交換安全的退卻機會、朝聖
者的租借用地和真十字架的可疑遺物。部分的失敗原因可以歸咎十字軍人

---

53 托馬森(Thomassin)用冗長的論述來說明十一稅的起源、濫用和限制。這方面的理
　論早已建立只是沒有繼續執行而已,可以合法歸予教皇所有,就像利未人的十一
　稅歸於最高祭司,並沒有不同的地方。

員的膽大妄爲和數量增多。歐洲的皇室家族在同個時候,要用宣導十字軍的作爲來處理棘手的問題:像是黎弗尼亞的異教徒、西班牙的摩爾人、法蘭西的阿爾比異端、以及西西里的國王。在這種論功行賞的服務方式之下,國內的自願人士從宗教方面獲得同樣的恩典和賞賜,還有更多的塵世報酬。甚至就是教皇也要用滿腔熱血來對付內部的敵人,有時就會將敍利亞弟兄所遭受的苦難忘得乾乾淨淨。

從十字軍最後的時代開始,教皇獲得機會能夠控制軍隊和稅務,還有一些深入考量問題具備理性思維的人士,懷疑從第一次普拉森提亞宗教會議開始,羅馬教廷的政策就在規劃和執行整個十字軍運動。這些疑慮並非依據東征的性質或事實。聖彼得的繼承人顯然是在追隨而非引導習俗和偏見所產生的衝動,他們採收迷信的時代天然生長已經成熟的果實,事先不知道季節的狀況,也沒有耕耘土地。他們採收這些果實絲毫不感勞累,更毋須冒險犯難。英諾森三世在拉特朗的國務會議做成含糊的決議,要以自身當榜樣來激勵十字軍人員採取行動,但是神聖船隻的領航員不能放棄手裡的舵,巴勒斯坦也不可能得到羅馬教皇親臨的祝福。

十、日耳曼皇帝腓特烈二世實踐誓言獲致的成就(1228-1243A.D.)

朝聖者的個人、家庭和產業在教皇直接保護之下,身爲精神生活的贊助人立即宣稱他們擁有各種特權,指導朝聖者的行爲,同時用操控和譴責的手法逼迫他們完成誓言。腓特烈二世(Frederic II)*54是巴巴羅薩的孫兒,陸續成爲教會的受監護人、仇敵和被犧牲的受害人。二十一歲時他聽從監護人英諾森三世的指導舉起十字架,在皇家和帝國的加冕典禮中,一再重複宣布同樣的承諾。他與耶路撒冷女繼承人結婚,對於他們的兒子康拉德的世襲王國,要負起防衛的責任。但是等到腓特烈年齡漸長而權勢日

---

*54 [譯註]腓特烈二世(1194-1250A.D.)是西西里國王(1198-1250A.D.)、日耳曼國王和神聖羅馬帝國皇帝(1212-1250A.D.),極力主張將意大利納入版圖,與教皇發生衝突,被處以破門罪,發起第六次十字軍,占領耶路撒冷。

增，年輕時代魯莽的保證使他悔悟，自由的思想和知識產生心靈的啓發作用，教導他要藐視迷信的幻影和亞洲的冠冕，因而對英諾森的繼承人不再存有同樣的尊敬態度。他的雄心壯志全集中在光復從西西里到阿普里亞的意大利王國，計畫的成功會使教皇退回到原創教會的簡樸生活。

　　經過十二年的拖延和推辭以後，教皇用乞求和威脅促使皇帝定出前往巴勒斯坦的時間和地點。在西西里和阿普里亞的港口，他所準備的艦隊有一百艘戰船和一百艘其他船隻，建造完成以後可以運送和登陸兩千五百名騎士，連帶他們的馬匹和扈從。他在那不勒斯和日耳曼的諸侯組成一支實力強大的軍隊，根據權威的報導，英格蘭十字軍人員的兵力擴展到六萬人。但是繁重的準備工作無可避免或是故意產生遲緩的現象，那些比較貧窮的朝聖者耗盡他們的精力和給養，疾病和逃亡使人數日益稀少，卡拉布里亞(Calabria)酷熱的夏季等於提出預告，敍利亞戰役會帶來重大的災難。皇帝終於在布朗杜西(Brundusium)揚帆發航，率領的艦隊和軍隊共有四萬人馬。但是他留在海上不過三天的時間，全軍就匆忙撤回。根據他的朋友提出的說法，是他突然患病，雖然不嚴重卻痛苦難忍；他的敵人指控他蓄意抗命拒不服從。格列哥里九世對腓特烈中止神聖的誓言，施以逐出教會的處分，為了他擅自延到次年完成他的誓言，同一位教皇再度處以破門罪。當他還在十字架的旗幟之下服役時，為了對付他教皇在意大利發起國內的十字軍，等到他從巴勒斯坦回國以後，被迫要對自己所受的傷害懇求教會的諒解。巴勒斯坦的教士和軍事的騎士團先已獲得通知，拒絕他參與宗教活動並且反抗他的指揮。就是在自己的王國裡，他被迫同意營地的命令要使用上帝和基督教共和國的名號。腓特烈凱旋進入耶路撒冷，聖墓的祭壇上放著王冠，他用自己的手拿下來為自己加冕(沒有一位教士願意執行這項職務)。但教長在教堂公布一項禁令，說他的出席是褻瀆神聖的行為；醫院和聖殿騎士通知蘇丹，說他前往約旦河遊歷沒有護衛隨身，很容易發起突擊將他殺死。

　　在這種宗教狂熱和黨派傾軋之下，勝利毫無希望，防衛非常困難，最後還是獲得有利的和平，這可能要歸功於伊斯蘭信徒之間的爭執，以及他

們對腓特烈品格的尊敬。教會的敵人被指控:對異教徒保持善意和友情的交往,這種方式不適合一個基督徒的身分;藐視這塊不毛之地;縱情於邪惡的思想,曾經信口開河說,如果耶和華見過那不勒斯王國,就不會讓祂的選民繼承巴勒斯坦當作應許之地。然而腓特烈從蘇丹手裡光復耶路撒冷、伯利恆、拿撒勒(Nazareth)、泰爾和賽登等地,拉丁人受到允許可以在城市居住和加強防務。他批准一部民事和宗教自由平等的法典,可以同樣適用於耶穌以及穆罕默德的信徒,前者可以在聖墓舉行禮拜儀式,後者可以在神聖清眞寺祈禱和講道[55],先知從此處開始前往天堂的夜行。教士痛恨這種引起反感的宗教寬容,勢力已經衰弱的穆斯林逐漸遭到強制驅離。但是十字軍東征所有合理的目標在沒有流血犧牲的狀況下都已達成,教堂都已獲得歸還或重建,修道院得到人員的補充,在十五年的期間之內,耶路撒冷的拉丁人數量已經超過六千。對於這些和平與繁榮,他們不會感激這位恩主。要等到卡里斯姆人(Carizmians)的入侵(1243A.D.),和平才宣告結束。這個外來的野蠻遊牧民族爲了逃避蒙古人的殺戮,帶著他們的家人和牲口從裏海衝進敘利亞,法蘭克人和阿勒坡、荷姆斯以及大馬士革的蘇丹聯合起來,實力還是不足以遏阻這股狂暴的激流。任何人敢站起來抗拒,就被卡里斯姆人無情的殺死或是拖走成爲俘虜,聖地的騎士團在一次會戰中幾乎全部殲滅,城市受到劫掠,聖墓受到褻瀆,拉丁人承認並且懷念土耳其人和撒拉森人的謙和與戒律。

十一、法蘭西國王聖路易的第六和第七次十字軍(1248-1270A.D.)

七次十字軍東征的最後兩次,是由法蘭西國王路易九世(Louis IX)[*56]

---

55 教士故意混淆聖墓上面的廟宇是清眞寺還是教堂,這種存心出現的錯誤行爲騙過佛托特和穆拉托里。

*56 [譯註]路易九世(1214-1270A.D.)是法蘭西國王(1226-1270A.D.),年幼即位,成年後進行改革,加強王權的統一,率領第六批十字軍入侵埃及,不幸被俘,花重金自贖,經過多年的準備再度遠征北非,在突尼斯登陸,不幸患病逝世,後被封爲聖徒。

指揮。他在埃及被囚失去自由，然後在阿非利加海岸送掉性命，過世二十
六年以後在羅馬被封爲聖徒，人們不難發現他的六十五椿奇蹟，嚴正聲明
皇家的聖徒眞是名實相副[57]。歷史的回響提出更爲光輝的證詞：說他集國
王、英雄和男子漢大丈夫的美德於一身；無論對公眾還是私人的正義行動
都保持熱愛，能夠規範勇往無前的尚武精神；路易是人民的父親、鄰居的
朋友和邪惡異教徒的剋星。只有迷信發揮最大的影響力，腐蝕他的理性和
良知。他對於法蘭西斯(Francis)和多米尼克(Dominic)之流的遊方僧侶，
不僅抱持虔誠的信仰屈身從命，還要仿效他們的言行；他用盲從和殘酷的
宗教狂熱追擊基督的敵人；這位高居帝王之首的國君兩度離開寶座，要經
歷遊俠騎士的冒險犯難。一位身爲僧侶的歷史學家會樂於就他性格中最荒
唐的部分大加推崇，但出身高貴而又勇敢的壯維爾(Joinville)[58]，與路易
同時被囚，交情深厚，用眞實的手法很自在的描繪出他的德行和過錯。我
們從他的密友才知道事情的來龍去脈，過去一直讓人覺得懷疑，那些使重
要的諸侯感到沮喪的政治觀點，實際上全是這些十字軍的始作俑者提出的
主張。路易九世超過中世紀所有的君王，能成功恢復皇家的特權，但這些
都是在國內而非東部，是爲了自己和後代子孫的利益。他的誓言是狂熱和
病態必然出現的產物。對於這種神聖的瘋狂之舉，如果說他是倡導者，同
樣也是受害人。法蘭西爲了侵略埃及，將軍隊和財力消耗殆盡，塞浦路斯
的海面布滿一千八百艘帆船，最保守的估計兵力達到五萬人。要是我們相
信他自己的說法，那種帶有東方誇耀習氣的報導，這些船搭載九千五百名
騎士和十三萬名步卒，在他的權勢庇護之下展開朝聖的行程。

　　全身胄甲的路易緊隨著飄揚的龍旗，率先縱身跳上海灘。達米埃塔這
座防衛嚴密的城市，他的前輩圍攻十六個月才能奪取(1249A.D.)，這次戰

57　如果你能夠的話，可以讀一下《聖路易的平生和奇蹟》，這本書的作者是瑪格麗
　　特王后的告解神父。

58　壯維爾的著作我有兩個版本，一個(1668年巴黎出版)最有價值，上面有杜坎吉的
　　評論，另一個(1761年巴黎羅浮出版)非常名貴，根據最近發現的一個抄本，使原
　　文更爲精純可信。後面這位編者證明聖路易的傳記到1309年才完成，沒有解釋甚
　　至連欽佩之辭都告闕如，因爲當時作者的年齡必定超過九十歲。

慄的穆斯林在第一次的攻擊中棄守逃走,但是達米埃塔是他征服的首座城
市也是最後一座。第五次和第六次(1248-1254A.D.)十字軍東征,基於同
樣的因素也幾乎在同樣的地點,產生非常類似的災難。整個營地感染到流
行的瘟疫,經過一段遭受致命打擊的延遲之後,法蘭克人從海岸地區向著
埃及首都進軍,尼羅河發生不正常的暴漲現象,他們要努力克服這條阻擋
去路的障礙。法蘭西貴族和騎士在大無畏國君的眼前,表現出藐視危險和
軍紀的英雄氣概。他的弟弟阿特瓦(Artois)伯爵帶著暴虎馮河的蠻勇強攻
馬索拉(Massoura)城,一群信鴿將狀況通知開羅的居民。但是有一名士兵
重新整頓逃散的隊伍,就是他在後來篡奪王國的權杖。基督徒的主力遠留
在前衛的後面,阿特瓦在寡不敵眾之下被殺。拋射的希臘火如暴雨一樣落
在侵略者的頭上,埃及人的戰船控制尼羅河的航道,阿拉伯人據有開闊的
鄉土。運送的給養都在途中遭到攔截,疾病和饑饉的狀況一天比一天更為
嚴重,等到他們發現必須撤退,已經為時太晚。東方的作者認為路易可以
逃掉,只要他願意拋棄他的臣民,結果他和大部分的貴族成為俘虜。那些
不願用投降服役或奉獻贖金來換取性命的人士,全部遭到殘酷的屠殺,開
羅的城牆四周掛滿基督徒的頭顱當作裝飾。法蘭西國王被鐵鍊鎖住,但生
性慷慨的勝利者是薩拉丁兄弟的曾孫,送給皇室的俘虜一件表示地位的長
袍。等到他歸還達米埃塔[59]和支付四十萬個金幣以後,他和被俘的士兵一
起被釋放(1250年4月5日-5月6日)。

　　努爾丁和薩拉丁戰友的墮落子孫,生長在溫和的氣候和富裕的環境當
中,根本沒有能力抗拒歐洲騎士的精英人物。他們的獲勝靠著軍奴或馬木
祿克所組成的軍隊,這些身強力壯的韃靼土著在幼年從敘利亞商人的手裡
買來,在蘇丹的軍營和皇宮接受訓練。但是埃及很快提供新的例證,證明
羅馬禁衛軍形成幫派後有多危險,這些兇狠的猛獸原來是為了對付外人,
受到激怒以後就會殘害他們的恩主。圖朗‧蕭(Touran Shaw)是原來這個

59　聖路易的贖金是一百萬拜占庭銀幣,提出要求以後獲得同意,但是蘇丹很大方減
　　為八十萬拜占庭銀幣。壯維爾換算成他自己時代的四十萬法蘭西里弗赫銀幣,根
　　據馬太‧派瑞斯的意見是值十萬銀馬克。

民族最後一任國王，自豪於征服的成果而爲馬木祿克謀殺。膽大包天的兇手拔出彎刀進入內室，這時國王已成階下囚，他們的手裡沾滿蘇丹流出的鮮血。堅定不屈的路易博得他們的尊敬[60]，貪財好利的念頭勝過凶殘狂暴的習性，雙方終於簽訂條約，同意法蘭西國王帶領殘餘的部隊乘船前往巴勒斯坦。他們不能造訪耶路撒冷，也不願在喪失榮譽的狀況下回歸祖國，就在亞克城內浪費四年的時光。

　　路易經過十六年的忍辱負重和休養生息之後，回憶當年失敗的情況激勵他進行第七次，也是最後一次的十字軍東征(1270A.D.)。經濟已經復甦而且國土有所擴張，新生一代的戰士成長興起，他充滿信心率領六千騎兵和三萬步卒登船發航。安提阿的失陷促使他加速行動，要讓突尼斯國王受洗的狂妄構想，誘使他向著阿非利加海岸航行。傳說可以獲得大量財富，部隊也不在乎延遲向聖地的行程。他們沒有見到新入教的人，反而受到重重包圍。法蘭西人在熾熱的沙漠受盡饑渴死去，聖路易亡故(1270年8月25日)在他的帳幕之中。他才剛剛閉上眼睛，他的兒子和繼承人就發出撤退的命令。一位敘述生動的作家說道：「一位身爲基督徒的國王，發起戰爭對付穆罕默德的信徒，在迦太基的廢墟附近捐軀，想當年戴多(Dido)把敘利亞的神明引進到這塊地方。」

十二、馬木祿克的掌權及驅逐拉丁王國的法蘭克人(1250-1517A.D.)

　　怎麼會制定一部偏袒和荒謬的法規，裁決一個國家的當地人士，永遠要在外族和軍奴的專橫統治下過著奴役的生活，然而埃及就有五百多年處於這種情況。巴哈里特(Baharite)和波吉特(Borgite)王朝最爲顯赫的蘇丹，都是從韃靼人和色卡西亞人(Circassian)的行伍中脫穎而出，還有二

60　有人認爲埃米爾要路易擔任他們的蘇丹，壯維爾證明確有其事。伏爾泰感到很荒
　　謬，我卻覺得不見得。馬木祿克是異鄉人、強盜和敵手，他們對路易的英勇行爲
　　很欽佩，希望他能夠改變信仰。在他們喧囂的會議中，可能有個暗中身爲基督徒
　　的人提出這個建議，但是沒有得到認同。

十四個總督或軍隊首長，都不是由自己的兒子而是由軍奴來接任。他們制定關係到個人自由權利的鐵卷丹書，就是謝利姆一世(Selim I)與共和國簽訂的條約。鄂斯曼皇帝仍然從埃及獲得進貢和臣服的承諾，但是拘束力極其微不足道。

這兩個王朝除短暫的和平與安定以外，整個時期的主要特色是充滿掠奪和血腥。但不論他們的王座是否搖搖欲墜，始終能屹立在紀律嚴明和驍勇善戰兩根支柱之上，統治的地區延伸到埃及、努比亞、阿拉伯和敘利亞。馬木祿克從八百名騎兵增長到兩萬五千之眾，整個數量要加上行省民兵十萬零七千名步卒，必要時還可獲得六萬六千名阿拉伯人的援助[61]。如此強勢而又積極的君王，不可能在他的海岸地區，長期容忍一個充滿敵意的獨立國家存在。如果說法蘭克人建立的政權能夠延長大約四十年，完全靠著對手的統治還不夠穩定、蒙古人的入侵以及一些好戰的朝聖者偶然的幫助。英國讀者從這些人當中見到第一位愛德華的名字，他的父親亨利還健在時他已經舉起十字架。這位威爾斯和蘇格蘭的未來征服者，率領一千名士兵解了亞克城之圍，帶著一支九千人的軍隊向拿撒勒前進。愛德華獲得的名聲與他的叔父理查不相上下，憑著英勇的行為訂立十年的休戰協定。一名宗教狂熱的刺客用佩劍向他下手，雖然他逃脫性命，但還是身負重傷。安提阿的位置已較少暴露在聖戰的災難之下，最後仍舊被埃及和敘利亞的蘇丹朋多克達(Bondocdar)或比巴爾斯(Bibars)所占領和摧毀，拉丁公國遭到絕滅的命運。在這個最早獲得基督教這個名字的政治中樞，居民有一萬七千人被殺和十萬人被俘為奴，幾乎成為人煙寥落的鬼域(1268年6月)。濱海的城鎮拉奧狄西亞、蓋巴拉、的黎波里、貝萊都斯、賽登、泰爾和雅法，以及醫院騎士和聖殿騎士堅固的城堡，全都相繼陷落。法蘭克人整個生存空間，只限於聖約翰的亞克這個城市和殖民地，這個地方有時用托勒美斯這個更為古典的稱呼。

---

61 他們現在已經減到八千五百人。但是每個馬木祿克的費用需要一百個金路易，埃及在這些外鄉人的貪婪和高壓之下呻吟。

等到耶路撒冷喪失以後，距離有七十哩的亞克成爲基督徒的都會區，興建強固和雄偉的建築物、供水渠道、一個人工港口和雙層的城牆。城市的人口因朝聖者和避難者不斷湧入而日益增多，在敵對行動歇止時，交通的便利引來大批東方和西方的商人，市場能夠提供各個地區的產品和各種語言的通譯。但是在許多民族混雜的情況下，每種惡行都在滋長和泛濫，耶穌和穆罕默德的信徒當中，認爲亞克的男女居民自甘下流和墮落，法律的約束也不能糾正褻瀆宗教的不當行爲。城市有很多統治者，卻缺乏管理的機構。耶路撒冷和塞浦路斯的國王、盧西格南王朝的國王、安提阿的王子、的黎波里和賽登的伯爵、醫院、聖殿和條頓騎士團的成員、威尼斯、熱那亞和比薩共和國、教皇的代表、法蘭西和英格蘭的國王，都自認有獨立管轄的權力。十七個法庭掌握生死大權，每個罪犯在相鄰的居住區得到保護。各個民族之間永遠存在著猜忌之心，經常爆發變成流血衝突。有些亡命之徒侮辱十字架的形象，沒有能力付帳就去搶劫伊斯蘭教徒的村莊。十九位信譽良好的敘利亞商人被基督徒綁走吊死，拒不受理使得卡利爾(Khalil)蘇丹師出有名。他率領六萬騎兵和十四萬步卒向著亞克進軍，他的砲兵(要是這個字當時可用的話)行列不僅數量很多而且非常鈍重，一門投射機具的木製結構拆開要用一百輛大車運送。曾經在哈瑪(Hamah)的部隊裡服役的皇室歷史學家阿布爾菲達(Abulfeda)，就是這場聖戰的目擊者。法蘭克人即使罪大惡極，狂熱和絕望也激起他們的勇氣。但是十七個首領爭權奪利，使得自己的力量成爲一片散沙，蘇丹的戰力能從各方面施以壓倒性的打擊。

在圍攻三十三天以後，雙重城牆終於被穆斯林突破(1291年5月18日)，主要塔樓被他們的投射機具摧毀，馬木祿克發起全面攻擊，城市遭到殺戮和洗劫，六萬基督徒不是死亡便是成爲奴隸。聖殿騎士的修道院也可以說是城堡多守了三天，但是他們的盟主中箭陣亡，五百名騎士只有十人倖存，最後還是得不到赦免，被送上絞架吊死，比起力戰被殺的犧牲者更爲不幸。耶路撒冷國王、教長和醫院騎士團的盟主費盡力氣撤退到岸邊，但是海面狂風暴雨而且船隻不足，大部分逃亡人員在到達塞浦路斯之

前慘遭淹斃，否則盧西格南王朝即使喪失巴勒斯坦，能夠返回家鄉也可獲
得一點安慰。蘇丹下達命令，將拉丁城市所有的教堂和工事全部夷爲平
地，出於貪婪或恐懼的動機，聖墓仍舊爲虔誠和失去自衛能力的朝聖者開
放。長期以來回響著世界爭辯之聲的海岸，被一陣哀憐和孤獨的寂靜氣氛
所籠罩。

哈德良莊園的阿波羅神廟

哈德良孜孜不倦的工作態度，
在安東尼・庇烏斯無為而治的儒雅風範襯托下，
更令人印象深刻。
哈德良的一生是永不停息的視導行程，
將軍人、政要和學者的才能匯集於一身，
從帝王職責的踐行中滿足自己的求知慾，
根本不在意季節和天候的狀況，
光著頭徒步在冰天雪地的卡里多尼亞行軍，
或是跋涉在上埃及的鹽漬平原。
他的足跡踏遍整個帝國，
所有行省都親臨巡幸。

Cavalier Piranesi inc.

Avanzi del Tempio detto
di Appollo nella Villa Adriana
vicino a Tivoli

第六十章

希臘人和拉丁人的宗教分裂　君士坦丁堡的情況　保加利亞人作亂　艾薩克・安吉拉斯被弟弟阿里克蘇斯推翻第四次十字軍的起源　艾薩克之子與法蘭西和威尼斯聯盟　兩國的海軍遠征君士坦丁堡　兩次圍攻最後被拉丁人奪取城市(697-1204A.D.)

查理曼大帝重新建立的西部帝國，接著很快被希臘和拉丁的教會所瓜分。信仰和民族的仇恨，仍舊使基督教世界兩個最大的宗教組織，保持老死不相往來的局面。希臘的分裂主義離間最有用的盟友，觸怒最危險的仇敵，使東羅馬帝國墜入衰亡的深淵。

一、希臘人和拉丁人的民族仇恨和宗教分裂(857-1200A.D.)

在當前歷史發展的過程中，希臘人對拉丁人的憎惡常常是極爲明顯和司空見慣之事，最早的起源是痛恨受到羅馬人的奴役，到了君士坦丁時代以後，出於平等或支配的關係而感到驕傲，擺出不可一世的姿態。後來反叛的臣民寧願與法蘭克人結盟，雙方形成水火不能相容的局面。希臘人在每一個時代，都會因塵世和宗教知識的優越性而自豪。他們首先接受基督教的光輝遠景，宣布七次大公會議的信條，唯獨他們擁有經義和哲學的語言，對於深奧而祕密的神學問題進行辯論，沉淪在西部黑暗之中的蠻族[1]，根本沒有資格表示意見。那些蠻族反過來又藐視東部的人士，說他們是異

1　東方的教長繼續運用雷電、地震、冰電、野豬和假基督的先驅等等圖像。

端邪說的始作俑者,只有挖空心思的爭辯和永不休止的浮躁,慶幸自己能保持使徒教會的傳統,滿足於簡樸純潔的教義。

七世紀的西班牙宗教會議和以後的法蘭西宗教會議,有關「三位一體」的第三神格[2],加以改進或是毀棄尼西亞信條。在東部進行的長期爭論中,基督的屬性和世系都非常審慎加以界定,眾所周知的聖父和聖子關係,似乎在人的心靈產生一個模糊的印象。生育的概念很難與聖靈相提並論,而且就正統基督徒的認定,聖靈並不是神所賜與的禮物或象徵,而是一個質量、一個人、一個神。聖靈不是自父而生,而是按照正統的方式「已經發生」,這種存在難道僅來自聖父,或許是「為了」聖子?還是同時來自聖父和聖子?希臘人堅持第一種觀念,拉丁人認定後面這種看法。尼西亞信條在聖父和聖子之間加上「暨」這個連接詞,引起東方教會和高盧教會激烈的爭執。在這場爭論剛發生時,羅馬教皇裝出保持中立的溫和態度[3],對於山外高盧的教友這種創見,雖然加以譴責卻默認他們的情緒,很想給節外生枝和毫無必要的探索,蒙上一層寂靜和寬恕的面紗,讓人無法一窺真面目。從查理曼大帝和李奧三世的通信中可以看出,教皇儼然以心胸開闊的政治家自居,偉大的君王反而自貶身價,像是個性浮躁和滿懷偏見的教士。羅馬的正統教會迎合現實政策所引起的衝動,李奧想要擦掉的「暨」已被列入信條,在梵蒂岡的禮拜儀式中吟唱。尼西亞和阿泰納休斯的信條被奉為正統信仰,如果沒有這些教義,無人可以獲得救贖。現在天主教徒和新教徒都要忍受和回敬希臘人的詬罵,是他們否認聖靈同時來自聖父和聖子。諸如此類有關信仰的項目很難列入協商的議程,但是那些遙遠和獨立的教會對於紀律的要求有不同的規定,甚至就是神職人員從理性方面考量,也認為這種細微的差異無可避免,不會造成傷害。

2　有關聖靈的順序這個神祕的題材,耶穌會教士佩塔維烏斯(Petavius)就歷史、神學以及理性或無理性的爭論等方面進行深入的討論。

3　教皇在聖彼得的祭壇前放兩面純銀製作的盾牌,每面重達九十四又二分之一磅,把兩種信條全部刻在上面,表達的方式非常明確,顯示羅馬在830年時既沒有接受「暨」這個字,也不接受阿泰納休斯的信條。

　　羅馬的計謀或迷信規定教士和輔祭嚴格遵守獨身的職責，對希臘人而言守貞只限於主教，這樣的犧牲可以從崇高的地位獲得補償，或是年事已高易於克制。教區的教士可以成為父親，能夠與進入聖秩以前所娶的妻子共享家室之樂。十一世紀「無酵餅」的問題引起激烈的爭辯，無論在東部還是西部，領聖體儀式本質上的差異，在於使用「發酵」或「無酵」的麵包。在這本嚴肅的歷史著作中，我對於拉丁人長時期一直處於守勢，是否應該列出對於他們的嚴厲指責？他們忘記使徒要遵守的教義，不得食用動物的血和絞死而未放血的動物，每個星期六還要禁食，這都是猶太人規定的律法。在大齋期的第一周，他們允許食用奶類和乳酪[4]，那些意志不堅或體格虛弱的僧侶還可以盡興吃肉，要是植物油缺乏就用動物脂肪來代替。在洗禮中塗聖油只限於主教團，主教就像來到教堂的新郎，手裡戴著戒指。他們的教士全都修面刮光鬍鬚，把人浸在水裡就算完成洗禮。君士坦丁堡的教長被這些罪行激起憤怒的狂熱情緒，拉丁教會的神學家以同樣的狂熱肯定這些神聖的行為。

　　固執己見和民族恩怨對於任何爭論的問題產生推波助瀾的作用，但是希臘人走向分裂的直接原因，可以追溯居領導地位的高級教士強烈的好勝心理：要維持古老都會教區至高無上的地位，應優於所有的教區之上；要使統治的首都在基督教世界掌握獨一無二的權勢，不得屈居任何城市之下。大約在九世紀中葉，一位野心勃勃的俗家人士福提烏斯(Photius)[5]，原來是衛隊隊長和御前大臣，靠著功勞和寵愛擢升到君士坦丁堡教長這個極其難得的職位。他的學問淵博，甚至教會方面的知識也勝於一般的教士，高超的品德從未受到任何譴責，但是他的任職過於倉促，晉升也不合常規。那位受到排擠的前任伊格納久斯(Ignatius)，仍舊受到公眾熱情的

4　法蘭西在制定一些嚴酷的法律以後，教會的戒律開始放寬。大齋期的飲食要求不像過去那樣嚴格，牛奶、乳酪和奶油可以長期使用，蛋類成為終年供應的食材。

5　《會議》的維也納版第十卷，包括宗教會議全部的法案和決議，以及福提烏斯(Photius, 820-891A.D.，君士坦丁堡教會長老和歷史學家)撰寫的歷史，杜平(Dupin, Louis Ellies, 1657-1719A.D.，法國神學家)和弗祿里加以刪節，對於以偏概見的觀點或明智保身的態度，予以淡化處理或模糊鮮明的色彩。

擁護和追隨者頑固的支持。他們因而向尼可拉斯一世(Nicholas I)的法庭提出上訴，這位生性傲慢而又充滿野心的羅馬教皇，正巧抓住千載難逢的機會，對東部的對手進行審判和定罪。後來對保加利亞國王和民族的教會管轄權發生衝突，使得他們之間的爭執更加激烈(857-886A.D.)。保加利亞人皈依基督教，對這兩位最高職位的教士看來不會產生任何作用，除非他們能夠計算出來，在自己管轄的教區之內有多少臣民改變信仰。

希臘教長得到本國法庭的協助贏得勝利，但是瘋狂的競爭讓他接著罷黜聖彼得的繼承人，並且大事譴責拉丁教會傳播異端和製造分裂。福提烏斯為滿足一己之私，為了獲得短暫而不穩的統治，情願犧牲世界的和平。他隨著保護人巴爾達斯(Bardas)一起垮台。伊格納久斯的年齡和地位一直未受到應有的尊敬，馬其頓人巴西爾(Basil)恢復他的身分，扮演主持正義的角色。福提烏斯從他的修道院或囚禁之處，用充滿悲情的訴求和極為技巧的奉承，使得皇帝能夠回心轉意，等他再度登上君士坦丁堡教長的寶座，他的對手一直在暗中窺伺。等到巴西爾過世以後，他體驗到宮廷的興衰浮沉和皇家門生的忘恩負義。這位教長再度被黜，他在最後過著孤獨的時光，可能會緬懷世俗和學習生活的自由。在教會每一次的變革中，統治者的一個眼色或示意，就會被順從的教士當成聖旨接受。一個有三百位主教參加的宗教會議，隨時準備為神聖的福提烏斯高聲歡呼，或是為他的失寵而大事抨擊[6]。統治者用給予救援或獎賞之類矇騙的承諾，誘使教皇贊成不同的禮拜程序，他的信函或派遣的使節批准君士坦丁堡宗教會議。但是宮廷和人民、伊格納久斯和福提烏斯，他們都反對羅馬教皇提出的要求，派遣的聖職人員遭到羞辱或監禁，護送聖靈的行列和儀式全部被人遺忘；保加利亞永遠成為拜占庭王權的附庸；這位不按規定被多次授與職儀式的教長，受到羅馬教皇嚴厲的譴責，使得分裂的局面繼續拖延下去。

十世紀的黑暗和腐敗使得兩個民族暫停雙方的來往，在心靈方面更難

---

6 君士坦丁堡在869年舉行的宗教會議就是第八次大公會議，也是東部受到羅馬教會承認的最後一次集會。羅馬教會反對867年和879年的君士坦丁堡宗教會議，這兩次會議同樣是參加的人數眾多，發生激烈的爭執，但是受到福提烏斯的偏愛和重視。

復交和好。但等到諾曼人用武力迫使阿普里亞教會回歸羅馬的管轄之下，希臘教長發出過於急躁的牧函，警告那些紛紛離去的教友，避免犯下拉丁人的過錯，唾棄褻瀆神聖的行為。羅馬的威望如日東升，不能容忍一個叛徒的侮辱，教皇的使節竟然在君士坦丁堡的市中心，公開將米迦勒‧塞魯拉流斯(Michael Cerularius)逐出教會(1054年7月16日)。他們拂袖而去，把可怖的破門律呈獻聖索非亞大教堂的祭壇，上面列舉希臘人七條重大的異端邪說，把有罪的導師和不幸的信徒，打成魔鬼和墮落天使的一夥，陷入萬劫不復的地獄。教會和國家要是發生緊急狀況，有時就會恢復友好的連繫，用仁慈和融洽的言詞來裝點門面，但是希臘人從未放棄謬誤的觀念，歷任教皇也未撤消他們的判決。我們可以從這個震耳的霹靂之聲，定出分裂宣告完成的時間。羅馬教皇每次只要採取雄心壯志的行動，就會擴大分裂的效果；希臘皇帝對他的兄弟日耳曼國王可恥的命運，總是感到無比的羞愧和驚悚；人民對於拉丁教士的世俗權力和軍事生活，始終懷著氣憤和感慨的心情[7]。

　　希臘人和拉丁人背道而馳(1100-1200A.D.)，在前面三次聖地遠征中形成，後來到達公開絕裂的地步。阿里克蘇斯‧康南努斯(Alexius Comnenus)使盡諸般手段，不讓勢力強大的朝聖隊伍出現。他的繼承人馬紐爾(Manuel)和艾薩克‧安吉拉斯(Isaac Angelus)變本加厲，要與伊斯蘭信徒同謀，消滅法蘭克人幾位最主要的君主。這種極其陰險和邪惡的謀略，得到各階層臣民自願的從命和積極的支持。毫無疑問這種敵對的情緒，大部分要歸之於世界上各民族的隔離和疏遠，以及語言、服裝和習俗的相異。一個國家要是受到外國軍隊的闖入，聲稱自己有權穿越領土和通過首都的城牆，就會使統治者的自尊受到很深的傷害，明智的權宜之計也會讓人感到懷疑。他的臣民被殘酷的西部陌生人所侮辱和搶奪，怯懦的希臘人在暗中嫉妒法蘭克人的英勇，能夠完成光復聖地的虔誠工作，更加強

---

7 安娜‧康妮娜憎恨教皇格列哥里七世的教會和教廷以及拉丁人的領聖體儀式，辛納繆斯和尼西塔斯的態度更加激烈，看來歷史的呼聲要比教義的論戰更為溫和。

心中難解的仇恨。

民族之間相互敵視的世俗根源，被宗教狂熱的毒液所加強和刺激。他們得不到東部弟兄的親密擁抱和熱情歡迎，每個人學會用分裂主義和異端分子的名義，不斷大聲指責。這些話在正統教徒聽起來，比異教徒和不信者更爲刺耳。他們和導師沒有因信仰和儀式的基本一致而受到喜愛，在紀律的規定和神學的問題上，反而因與東部教會有所不同而備遭厭惡。路易七世十字軍東征時，希臘教士要洗刷和淨化他們的祭壇，說是被一個法蘭西神父的獻祭所褻瀆。腓特烈·巴巴羅薩的同伴極爲悲痛，感覺到主教和僧侶的積怨已深，使他們在言語和行動兩方面都受到傷害。這些聖職人員的祈禱和布道，總要激起人民反對西部的蠻族。教長被指控曾經宣稱，信徒只要消滅教會的分裂主義者，所有的罪孽都可以獲得救贖。一個名叫多羅修斯(Dorotheus)的狂熱分子，提出保證確實的預言，日耳曼異端會攻打布拉契尼斯(Blachernes)的城門，使得皇帝大爲驚慌。然後他又說上帝的報復會給世人帶來鮮明的榜樣，讓皇帝恢復信心。這些戰力強大的部隊通過國土，是極其少見和充滿危險的事件。但是十字軍東征使得兩個民族進行頻繁而常見的交往，擴大雙方的知識範圍，卻沒有消除他們的偏見。

君士坦丁堡的財富和奢侈需要世界各地的產物，進口的品項靠著眾多居民的技術和勤勞獲得平衡，地理位置吸引全世界的商人。城市存在的每個時期，海外貿易全部操縱在異族手裡。等到亞馬菲沒落以後，威尼斯人、比薩人和熱那亞人都在帝國的都城建立工廠定居下來，良好的服務所獲得的報酬是崇高的地位和稅務的豁免。他們擁有土地和房屋的所有權，與當地人士的通婚增加家庭的人口。在容忍建立伊斯蘭的清眞寺以後，更不可能禁止奉行羅馬禮拜儀式的教堂。馬紐爾·康南努斯的兩位妻子都是法蘭克人，頭一位是康拉德皇帝的小姨，第二位是安提阿王子的女兒。馬紐爾又爲他的兒子娶了法蘭西國王菲利浦·奧古斯都的女兒，把女兒嫁給蒙特費拉侯爵，這位侯爵在君士坦丁堡皇宮接受教育，獲得職務很高的官位。希臘人與西部的軍隊開戰，渴望能夠奪取西部帝國。馬紐爾欣賞法蘭克人的英勇也相信他們的忠誠，授與法官和財務官等待遇優厚的職位，這

些不適當的做法反而使他們的軍事才能不能發揮。

　　馬紐爾的政策是求得教皇的結盟，公眾大聲疾呼指控他偏袒拉丁民族和他們的宗教[8]，在他和他的繼承人阿克里蘇斯統治期間，君士坦丁堡對他們的指責是外國人、異端和徇私者。等到宣告安德洛尼庫斯（Andronicus）還朝和即位以後，這三重罪惡得到嚴厲的清算（1183A.D.）。人民揭竿而起，暴君從亞洲海岸派遣部隊和船隻，幫助他們進行這場民族的復仇運動。外鄉人的抵抗毫無希望，只能證實大眾的憤怒，已經到殺人嫌刀劍不夠鋒利的程度。這些死在民族仇恨、貪婪和宗教狂熱之下的犧牲品，無論是年齡、性別、朋友或親戚關係，都不能讓他們獲得逃生的機會。拉丁人被殺死在家中或街頭，他們的居住區化爲一片灰燼，教士燒死在教堂裡面，病人死在醫院。他們比較仁慈的舉動，是將四千名基督徒賣給土耳其人當作永久的奴隸，從而可以大致估計有多少人遭到屠殺。爲了摧毀教會的分裂主義者，教士和僧侶採取最積極的行動，發出最響亮的吶喊聲。當教皇使節紅衣主教的頭被割下來，綁在一隻狗的尾巴上面，帶著野蠻的諷嘲意味拖過街道時，他們竟然向上帝高唱感恩的讚美詩。那些消息靈通的外鄉人聽到最初的警報，很快撤到他們的船上，穿過海倫斯坡海峽逃離血流漂杵的現場。在他們趕回國的路途上，沿著海岸燒殺擄掠長達兩百哩的地區，要在帝國無辜的臣民身上實施殘忍的報復，特別將教士和僧侶當成罪不可赦的仇敵，從搶劫的累積來補償所損失的財物和朋友。等到他們返回故國，向意大利和歐洲揭露希臘人的富裕和虛弱、背信和惡毒，他們的罪惡被描述成貨眞價實的異端分子和分裂主義。第一次十字軍過於審愼，忽略占領君士坦丁堡的大好機會，這樣才可以確保前往聖地的通道。後來東部發生一次內部的革命，誘使威尼斯人和法蘭西人乘虛而入，很快完成對東羅馬帝國的征服。

8　要是希臘人看到馬紐爾致教皇亞歷山大三世充滿政治意味的信函，更能證實他們的疑惑是確有其事。要知道教皇是他的敵人腓特烈一世的敵人，所以才成爲馬紐爾要爭取的朋友。拜占庭的皇帝公開表示他的意願，是要將希臘人和拉丁人聯合起來，就像在一個牧人管理下的羊群。

二、艾薩克統治的惡行和被其弟篡奪的本末(1185-1203A.D.)

在一系列拜占庭皇帝當中，我已展現出安德洛尼庫斯的僞善和野心、暴政和敗滅，他是統治君士坦丁堡的康南尼家族最後一位男性。那場使暴君一頭從寶座上面栽下來的革命，救出艾薩克‧安吉拉斯的性命，還能讓他登基稱帝[9](1185年-1195年9月12日)，他出身自同一王朝女性世系的後代。安吉拉斯的作爲酷似尼祿，成爲他的繼承人可能感覺得到，要想無愧於臣民的愛戴和尊敬極其容易。即使大眾有時也對安德洛尼庫斯的施政不無遺憾。這個暴君有清醒和靈活的頭腦，能夠明白個人和公眾之間的利益關係。當那些能使他有所顧忌的人都對他感到畏懼時，毫無戒心的人民和遙遠的行省可能會感到慶幸和祝福，能有這樣一位堅持正義原則的主子。但是那位推翻他的繼承人渴望和嫉妒他的最高權力，他卻根本沒有勇氣和能力去貫徹執行。艾薩克的惡行對人類極其有害，提到美德(如果他能有任何美德的話)可以說一無是處，希臘人把這些災難歸咎於他的大意和疏忽，拒絕承認他有任何短暫或偶然的功勞，能夠有利於那個時代。

艾薩克整日無所事事高據寶座，只有聲色之娛使他振奮起來，靠著喜劇演員和小丑陪他取樂打發時間，甚至這些小丑對皇帝都鄙視和不齒。他的喜慶宴會和宮殿建築都遠超過皇室奢華的標準，宦官和僕從的總數高達兩萬人，每天的開支是四千磅白銀，使得每年家用和飲食的經費高達四百萬英鎊。他全靠壓榨的手段解決巨大的赤字，對賦稅的任意徵收和應用更加激起公眾的不滿。希臘人計算他們受到奴役的天數時，有名善於奉承的預言家向他提出保證，所以才獲得教長的職位。預言家說他有三十二年戰果輝煌的長期統治，無上的權勢擴展到利班努斯(Libanus)山，征服的地區將越過幼發拉底河。不過他實現預言唯一向前邁出的步伐，是向薩拉丁

9　元老院議員尼西塔斯將艾薩克‧安吉拉斯統治的歷史寫成三卷書，他擔任過行政長官或御前大臣的職務，也是內廷或皇宮的法官，要是成爲歷史學家，可以保持不受收買的公正態度。實在說，他的恩主下台和逝世以後他才開始寫作。

派遣陣容龐大和成員複雜的使節團[10]，要求他歸還聖墓，還要與基督徒有深仇大恨的敵人簽訂攻守同盟。希臘帝國剩餘的國土在艾薩克和他兄弟的手裡，像化為灰塵一樣無聲無息的斷送。塞浦路斯這個光憑名字就會給人帶來高雅和歡樂感覺的島嶼，被一位與他同名的康南尼君王所篡奪。在一連串相互關連的奇特事件之後，英格蘭的理查用他的劍將這個王國贈給盧西格南家族，做為他喪失耶路撒冷非常豐盛的補償。

保加利亞人和瓦拉幾亞人（Wallachians）叛亂（1186A.D.），使王國的榮譽和首都的安全受到很深的傷害。自從巴西爾二世獲得勝利以來，在一百七十多年這段期間，他們始終支持拜占庭君主鬆散的統治，但君士坦丁堡對於這些野蠻的部落，沒有採用任何有效措施來加強法律和習俗的約束力量。在艾薩克的命令之下，他們仰以為生的牛群和牲口全被趕走，奉獻給盛大排場的皇家婚禮。他們那些兇狠的武士在軍中服役，得不到平等的階級和應有的薪餉，心中感到憤憤不平。兩位有古代國王血統的勢力強大首領彼得和阿珊（Asan），要求他們應有的權利和民族的自由。有些裝神弄鬼的騙子向群眾宣稱，聖德米特流斯（St. Demetrius）這位光榮的主保聖徒已經永遠拋棄希臘人的事務，於是一場戰火從多瑙河一直燒到馬其頓和色雷斯山區。艾薩克·安吉拉斯和他的兄弟經過差強人意的努力，只有默認他們的獨立。皇家軍隊很快在希繆斯（Haemus）山的隘口一帶，發現沿路散布戰友的白骨，士氣感到沮喪。第二個保加利亞王國憑著約翰或姜尼斯（Joannices）的武力和政策，能夠穩固的建立起來。精打細算的蠻族向英諾森三世（Innocent III）[*11]派遣使臣，認同自己在血統和宗教方面都是羅馬的嫡子[12]，用恭敬的態度接受教皇授與鑄幣權、皇家的頭銜以及拉丁總主教

---

10 艾薩克的使臣同樣精通希臘、法蘭西和阿拉伯的語文，在那個時代是很少見的例子。他的使臣團受到隆重的接待，沒有發生作用就被遣返，帶著羞辱回到西方提出報告。

*11 [譯註]英諾森三世（1161-1216A.D.），意大利籍教皇（1198-1216A.D.），召開第四次拉特朗大公會議，教廷的權力達到頂峰，發起教會改革運動和兩次十字軍東征。

12 教皇承認這個蠻族的世系。有關他們的傳統以及拉丁人和瓦拉幾亞人的語言極其相似，丹維爾曾經有詳盡的說明。圖拉真當年在達西亞（Dacia）建立的意大利殖民

或教長的聖職。保加利亞一直是分裂運動的首要目標,梵蒂岡爲精神的征服而欣喜萬分。要是希臘人能保住教會的管轄權,就是放棄對那個王國的統治權,也會感到滿意。

保加利亞人懷著惡毒的念頭,希望艾薩克‧安吉拉斯能夠長命百歲,這是他們自由和繁榮的最可靠保證。然而他們的首領卻不分青紅皂白,對於皇帝的家族和整個民族,都表現出極爲藐視的態度。阿珊對他們的軍隊說道:「對於所有的希臘人而言,同樣的氣候、性格和教育,就會產生同樣的果實。」這位武士繼續:「請看這根長矛的紅纓和旗幟上面飄動的長幡,質料是同樣的絲綢,是由同一個工匠製造而成,僅僅顏色不同而已。染成紫色的幡帶並不見得價值更高,或是有什麼特別之處[13]。」在艾薩克統治帝國的期間,好幾位爭奪紫袍的競爭者旋起旋滅。有一位擊退西西里艦隊的將領,被忘恩負義的君主逼得造反,最後走上毀滅之途。暗中的陰謀活動和民眾的揭竿而起,擾亂他那豪奢的休閒生活。皇帝能保住性命完全是出於偶然,也靠著幾個奴僕的賣力,最後還是被狼子野心的弟弟推翻,爲了一頂並不穩靠的皇冠,將親情、忠誠和友愛的職責,全部置之腦後[14]。艾薩克在色雷斯山谷,盡情於懶散和單調的狩獵之樂,他的弟弟阿里克蘇斯‧安吉拉斯在軍營受到一致的推舉,穿上紫袍登基稱帝(1195年-1203年4月8日),首都和教士同意他們的選擇。虛榮心重的新君拋棄父輩傳承的名字,採用康南尼家族高貴的皇室稱號。我已經用盡藐視的言詞,來描述艾薩克可鄙的天性,這裡只能補充幾句:在八年的統治期間,更爲下流無恥的阿里克蘇斯獲得妻子的支持,身爲皇后的優芙蘿西妮(Euphrosyne)犯下各種男性的罪惡。

(續)——————————————————

地,被從多瑙河到窩瓦河的遷徙浪潮所沖毀,另外一股波濤又從窩瓦河向著多瑙河回流。這是可能的事,但是狀況很奇怪!

13 這個比喻帶著非常粗野的風格,但是邁西亞人(Mysians)這個古典名字、磁鐵或天然磁石的試驗以及古老的喜劇詩詞,我希望不要引進瓦拉幾亞。

14 拉丁人到處宣揚阿里克蘇斯忘恩負義的行爲,特別說他被土耳其人囚禁,是艾薩克將他救出來。這個悲慘的故事一直在威尼斯和札拉流傳,但是我沒有發現希臘的歷史學家提到這回事。

　　艾薩克所以得知被推翻的消息，是看到衛士不再聽從命令，產生敵視的態度和追捕的行動。他逃了五十多哩，到達馬其頓的斯塔吉拉(Stagyra)，但是失去臣民和追隨者的逃犯還是被抓回君士坦丁堡，剜去兩個眼珠，關在無人的高塔，靠著一點麵包和飲水聊以維生。發生這場政變時，當作帝國的希望而受到教養的兒子阿里克蘇斯僅有十二歲，受到篡位者的饒恕將他留在身邊，好在平時和戰時都展現出不可一世的氣派。當他的軍隊在海邊紮營時，一艘意大利的船隻使得年輕的王子很容易脫走，裝扮成普通水手逃過敵人的搜查，穿越海倫斯坡海峽，在西西里找到安全的避難所在，前往羅馬朝拜使徒的門牆，懇求教皇英諾森三世給予保護。阿里克蘇斯接受他的姊姊伊里妮(Irene)慈愛的邀請，她是羅馬國王斯瓦比亞(Swabia)的菲利浦的妻子。他在穿越意大利趕路那段期間，聽說西部騎士的精英人物到威尼斯集結，準備出兵解救聖地。他的胸中立即產生一線希望，也許可以利用十字軍所向無敵的刀劍，為他父親奪回寶座。

三、發起第四次十字軍獲得法蘭西貴族的支持(1198A.D.)

　　耶路撒冷失陷以後過了十或十二年，法蘭西的貴族聽從第三位先知的呼籲，再度受到召喚要參加聖戰。這位先知或許不如隱士彼得的積極進取，比起聖伯納德的演說家和政治家的才能，相差更是不能以道里計。紐利(Neuilly)的福克(Fulk)是巴黎附近一位識字不多的教士，放棄在教區的聖職，要在群眾中擔任巡迴傳道士，負起更為自豪的使命。等到聖潔和奇蹟的名聲傳遍各地，他用嚴厲和激烈的言辭抨擊那個時代的罪惡，巴黎街頭的布道演講使得強盜、高利貸者、娼妓、甚至大學的教授和學生紛紛悔改，願意受洗加入教門。英諾森三世剛剛登上聖彼得的寶座，馬上在意大利、日耳曼和法蘭西宣布成立新的十字軍。口若懸河的教皇生動描述耶路撒冷的苦難、異教徒的勝利和基督教世界的羞辱。他非常慷慨提出贖罪的辦法，所有在巴勒斯坦親自服役一年或找到代理服役兩年的人，可以完全赦免一切的罪孽。他派出的使者和演說家都在吹起神聖的號角，其中以紐

利的福克聲音最響收效最宏。歐洲幾個主要的王國就目前的處境而言，對
於宗教的號召產生反感。皇帝腓特烈二世還是個小孩，布藍茲維克
（Brunswick）和斯瓦比亞兩個敵對的家族，使他的日耳曼王國不斷發生爭
執，讓人想起圭爾夫（Guelphs）和吉比林（Ghibelines）兩個黨派的傾軋。法
蘭西的菲利浦‧奧古斯都已經發出後果危險的誓言，難以說服他違背良心
再度出征，但是他對於美譽的野心不亞於對權力，非常樂意為保衛聖地成
立一個永久的基金。英格蘭的理查滿足於第一次冒險行動的榮譽和災禍，
竟然對福克的規勸加以嘲笑，要知道這位教士在國王面前毫無自慚之色。
金雀花王朝的國君說道：「你勸我拋棄驕傲、貪婪和縱慾這三個心愛的女
兒，那我就將她們送給最有資格得到的人：我的驕傲交給聖殿騎士，我的
貪婪交給西斯托（Cisteaux）的僧人，我的縱慾交給高級教士。」

但是，實際上願意聽從布道者是位高權重的諸侯，也就是那些居於第
二級的君主，其中以香檳（Champagne）伯爵狄奧巴德（Theobald）或蒂包特
（Thibaut），在神聖的競賽中位列前茅。勇敢的二十二歲青年受到家庭留
下好榜樣的鼓勵，他的父親參加第二次十字軍東征，長兄帶著耶路撒冷國
王的頭銜葬身在巴勒斯坦，他的貴族地位獲得兩千兩百名騎士的服役和效
忠[15]。香檳地區的各級貴族在戰爭方面能夠出人頭地，狄奧巴德與那瓦爾
（Navarre）的女繼承人締結婚姻關係，可以在庇里牛斯山的兩側，徵召強
悍的加斯康人（Gascons）組成一支隊伍。布耳瓦（Blois）和沙爾特（Chartres）
伯爵路易同是獻身軍旅的戰友，像他一樣具有皇室的血統，這兩位諸侯都
同時是法蘭西和英格蘭國王的姪子。還有一大群高級教士和貴族仿效他們
的狂熱情緒。我特別要提到蒙特摩倫西（Montmorency）的馬太
（Matthew），他有出眾的身世和功勳；還有蒙福特（Montfort）的西門
（Simon），他以「阿爾比異端（Albigeois）之鞭」著稱於世；以及一位勇敢
的貴族，維爾哈杜因（Villehardouin）的傑福瑞（Jeffrey）[16]是香檳的元帥[17]，

---

15 這些領地的數量（一千八百位領主應該向國君效忠）在特洛瓦的聖司蒂芬教堂都有
   登記，香檳的元帥和僕役長在1213年證實確有此事。

16 維爾哈杜因這個名字來自一個村莊及城堡，在特洛瓦教區，靠近奧布（Aube）河，

身為主要人物，參與各種會議和活動，不惜用當地粗俗的土語[18]寫下或口授[19]最重要的原始資料。就在同一個時候，娶狄奧巴德的姊妹為妻的法蘭德斯伯爵鮑德溫，連帶他的兄弟亨利，以及那個富饒和勤奮行省主要的騎士和市民，一同在布魯日(Bruges)舉起十字架[20]。首領舉辦馬上比武，用來支持他們在教堂立下的誓言。作戰的行動方案經過多次集會的充分討論和說明，找出解救巴勒斯坦的關鍵因素是在埃及，這個國家在薩拉丁過世以後，幾乎已經被饑饉和內戰所摧毀。但是從這樣多的皇家軍隊來看，非常清楚表示出陸上遠征的艱辛和危險。如果法蘭德斯人居住在沿海地區，法蘭西的貴族仍舊缺乏船隻，而且對航海一無所知，那麼其他人就更不要提了。他們採取明智的決定，就是選出六位委員或代表，其中包括維爾哈杜因的傑福瑞在內，在發誓要盡忠職守以後，讓他們全權負責指揮整個聯盟的行動。只有意大利濱海的城邦國家擁有運輸工具，可以裝載神聖的武士以及他們攜帶的武器和馬匹，六位代表前往威尼斯，請勢力強大的共和國基於宗教或利益的動機給予協助。

四、威尼斯的政治制度和對外貿易的狀況(697-1200A.D.)

(續)

在巴爾(Bar)和阿西斯(Arcies)之間。這個家族古老而高貴，我們的歷史學家是長房，這一支存在到1400年以後，另外一個旁支獲得亞該亞(Achaia)公國，後來併入薩伏衣(Savoy)皇室。

17 維爾哈杜因的父親和他的後裔都能保有元帥的職位，但是杜坎吉沒有用常見的精明態度繼續追查下去。我發現在1356年這個職位落在康夫蘭(Conflans)家族手裡，但自從與法國的元帥無緣以後，這些省民有很長的時間沒有出現顯赫的人物。

18 維吉尼爾(Vigenere)和杜坎吉的譯本和字彙對這種語文有所解釋，我會提出一些實例來說明。布洛斯(Brosses, Charles de, 1709-1777A.D.，法國歷史學家和薩祿斯特作品的編輯)校長當成一種語文在法蘭西消失的範例，只有文法學家才會去學習和運用。

19 他的年齡和表達的方式，證明大家的懷疑的確有道理，那就是他不能讀也不會寫。然而香檳可以吹噓他們有兩位最早的歷史學家，也是法蘭西散文最高貴的作者，即維爾哈杜因和壯維爾。

20 鮑德溫和兄弟亨利先後成為法蘭德斯伯爵，他們的十字軍東征和統治，是耶穌會教士杜特里門斯(Doutremens)極其獨特的歷史主題，我僅能用杜坎吉的觀點去閱讀他的作品。

　　阿提拉入侵意大利時，我曾經提到威尼斯人從大陸上陷落的城市逃跑，在亞得里亞海灣盡頭一連串小島找到隱蔽的避難所。他們停留的這片水域，生活在自由、貧窮、勤勞和隔絕的環境之中，逐漸聯合成爲一個共和國。威尼斯最早的根基建立在麗都(Rialto)島，每年選出十二個護民官的制度，被一個終生任職的公爵或元首取代。威尼斯人處在兩個帝國的邊緣地帶，堅持狂熱的情緒，對原創和永恆的獨立極具信心[21]，靠著武力從拉丁人手裡確保古老的自由，也許要用文字和條約來加以肯定。查理曼大帝對亞得里亞海灣放棄所有要求的主權，他的兒子丕平(Pepin)對運河縱橫地區的攻擊總是吃敗仗，騎兵認爲那裡的水太深，船隻的航行則太淺。在日耳曼凱撒統治的每個時代，共和國的領土與意大利王國是涇渭分明。但是威尼斯的居民反而被他們自己、外地人以及他們的統治者，看成是希臘帝國不可分割的一部分[22]。

　　在第九和第十這兩個世紀，有許多確鑿的證據可以證明這種從屬的地位，威尼斯的公爵渴望獲得拜占庭宮廷空洞的頭銜和奴性的榮譽，就自由人民的官員看來完全是自甘墮落的行爲。這種附庸關係的結合並非絕對也不可能牢固，由於威尼斯的野心和君士坦丁堡的軟弱，雙方的連繫無形中變得更爲鬆散。要求服從退化成爲尊敬，授與特權發展成爲專賣，本國政府的自主權隨著國外領土的獨立而獲得加強。伊斯特里亞(Istria)和達瑪提亞(Dalmatia)的濱海城市，都接受亞得里亞海灣主人的統治。當他們爲了阿里克蘇斯的帝業，武裝起來反對諾曼人時，皇帝靠的不是他們身爲臣民的責任，而是忠實盟友的感激和慷慨。對威尼斯人而言，海洋是祖傳的

21　帕吉(Pagi, Antoine, 1624-1695A.D.，希臘編年史家)和貝瑞提(Beretti)都曾深入研討威尼斯的建國和獨立以及丕平的入侵。兩位學者難免有點偏見，法蘭西人反對這個共和國，意大利人表示贊同。

22　查理曼大帝的兒子重申他的統治權利，忠誠的威尼斯人的答覆不讓他感到滿意，才發起入侵的行動。早在第九世紀傳出信息，到第十世紀才成爲事實，克里摩納(Cremona)的勒特普朗德(Liutprand)派出的使臣可以證明。皇帝同意他們將貢金支付給意大利國王，用來緩和他們視爲奴役的待遇，結果使他們有兩位主子。

產業[23]：地中海的西部從托斯卡尼到直布羅陀，都已落入他們的對頭比薩和熱那亞的手裡；但是威尼斯早已從希臘和埃及的商業活動中，賺到非常豐碩的收益。他們的財富隨著歐洲的需求而增長，無論是絲綢或玻璃的製造，還有銀行的建立，都是極爲古老的行業，他們能在高貴的公眾和私人生活中享受勤勞的果實。

　　共和國爲了維護國家的尊嚴、報復外敵的傷害和保證航運的暢通，可以派出一支實力強大的艦隊，由一百艘人員齊備的戰船組成。希臘人、撒拉森人和諾曼人曾經在海上遭遇威尼斯的水師。敘利亞的法蘭克人接受威尼斯人的幫助，占領很長的海岸地區。但他們的熱情並非盲目或無私，泰爾的攻取可以分享這座城市的統治權，能夠掌握位居世界第一的商業中心。威尼斯的政策表現出貿易優勢的貪婪和海上強權的傲慢，然而這種野心還是有限度，他們從未忘記自己能夠偉大的成因，如果武裝的戰船是效果和保障，貿易的商船就是根基和靠山。他們在宗教方面避免希臘的分裂主義，也不會對羅馬教皇表現奴性的服從，盡量與世界各地非基督徒自由來往，可以及時遏止迷信行爲的狂熱。威尼斯的原創政府是民主政體和君主政體相當鬆散的混合體，元首由共和國全民大會選舉產生，只要有民眾的愛戴和成功的施政，就可以用君王的排場和權威進行統治。但是在國家經常發生變革的狀況之下，他會被主持正義或毫無正義的群眾運動所罷黜、放逐或殺害。在十二世紀首度出現明智而又猜忌的貴族政治，元首成爲華麗的擺設，更不容人民置喙[24]。

23　我從安德森(Anderson)的《世界貿易史》了解到威尼斯人在1323年以前，沒有與英格蘭建立貿易的關係。他們的財富和商業最興旺的狀況是在十五世紀初葉，都博斯(Dubos, Jean Baptiste, 1670-1742A.D.，法國歷史學家和評論家)神父的著述適切描述出這種盛況。

24　威尼斯人很晚才撰寫和出版他們的歷史著作，最古老的典籍：(1)約翰‧薩哥尼努斯(John Sagorninus)所著比較簡略的《年代記》，敘述威尼斯在1008年的國家狀況和民情風俗；(2)《威尼斯元首安德魯‧丹多羅全傳》共十二大冊，穆拉托里在1728年首次出版。勞吉爾(Laugier)神父的《威尼斯史》是一本極具參考價值的作品，我主要運用在憲法和制度方面。

五、法蘭西和威尼斯爲十字軍東征而結盟(1201-1202A.D.)

　　當法蘭西朝聖大軍的六位使節到達威尼斯時(1201年)，他們在聖馬可宮受到當政的公爵熱烈歡迎，這位元首的名字叫做亨利‧丹多羅(Henry Dandolo)[25]，衰老之年卻發出燦爛的光輝，成爲當代最顯赫的人物之一。體能因高齡而衰弱，雙眼已喪失視力[26]，丹多羅仍舊保持周密的思維和男子漢的勇氣：一位英雄人物的進取精神，渴望建立令人難忘的勳業來裝點自己的統治；一位愛國者的無上智慧，迫切需求國家的榮譽和繁榮來宏揚自己的名聲。他讚揚法蘭西的貴族和代表，具備勇敢的熱情和開明的信念。如果他是個普通人，會心甘情願加入他們的陣營，爲著偉大的事業奉獻自己的生命。但是他是共和國的公僕，必須延緩片刻，就這項艱鉅的任務詢問同僚的意見。法蘭西人的建議事項先經過六位輔政官的討論[*27]，他們最近才受到指派監督元首的行政措施。然後把結論告知國務會議的四十名成員，最後才向立法會議提出報告，這是由城市六個區每年選出的四百五十名代表所組成。無論平時還是戰時，元首是共和國最高負責人，法律賦予的權力更得到丹多羅個人威望的支持。他提出有關公眾利益的觀點，能夠內外兼顧，贏得一致的讚揚。

　　丹多羅獲得授權通知使節下述簽約的條件：建議東征的十字軍在威尼

---

25 亨利‧丹多羅八十四歲(1192A.D.)時當選爲元首，九十七歲(1205A.D.)逝世。但是那些早期的作者都未提及這種極其罕見的長壽，也不可能再出現另一個例子，說是有位英雄人物的年齡將近一百歲。狄奧弗拉斯都斯(Theophrastus)提到有位作者是九十九歲，可能是把原文裡「九十」這個字弄錯。根據最後那位編輯費雪(Fischer)和最初有這種想法的卡索朋(Casaubon)，我同意他們的意見，原文應該是「七十」。要說心靈和身體的能力，能夠支持他們一生經歷這麼長的時期，確實是很不可能的事。

26 現在的威尼斯把這件事歸咎於馬紐爾皇帝下的毒手，但是維爾哈杜因和較早期的作者拒絕接受這種誹謗之辭，他們認爲丹多羅受傷才喪失他的視力。

*27 [譯註]威尼斯共和國的政府組織非常複雜，主要的決策機構是由元首和六位輔政官組成的元首評議會，以及再加上元老院十位議員共十七人組成的十人委員會。

斯集結，時間是翌年的聖約翰節；準備運輸四千五百匹馬和九千名扈從的平底船，以及足夠裝載四千五百名騎士和兩萬名步卒的船隻；在九個月的期程之內保證供應所需給養，運往上帝和基督教世界必須前往的海岸；共和國派出五十艘戰船的艦隊加入遠征軍；朝聖部隊在出發前要支付總額八萬五千銀馬克；無論海上或陸地的征服，獲得的戰利品由同盟軍均分。付款條件雖然苛刻，但時機已經非常急迫，法蘭西貴族捨得花錢就像不惜犧牲一樣，當作身外之物。威尼斯特別召開全民大會批准這份條約，雄偉的聖馬可大教堂被一萬市民擠得水泄不通，幾位高貴的代表看到這群充滿尊嚴的民眾，極其難得的經驗使他們表現出謙恭的態度。香檳的元帥說道：

> 各位卓越的威尼斯市民！我們奉到偉大和強勢的法蘭西貴族派遣，懇求海洋的主人協助我們解救耶路撒冷。他們命令我們這幾位代表俯伏在各位的腳下，這份盟約是為了替基督所受的傷害進行報復，要是你們不批准，我們就絕不從地上起來。

他們的言詞和眼淚發揮雄辯的力量，加上勇敢的氣勢和懇求的姿態，引起全場一致贊同的歡呼，那種激昂的情況要是按傑福瑞的說法，簡直像是產生一場大地震。年高德劭的元首登上講壇，用榮譽和道德的動機來答覆他們的請求，只有這種方式才符合群眾集會的要旨。這份條約寫在羊皮紙上，經過宣誓和簽名並且蓋上印璽，法蘭西和威尼斯的代表相互換文，大家興高采烈而且熱淚滿眶。然後將條約送到羅馬，請求英諾森三世的核准。他們為了支付軍備的第一次費用，特別向商人借貸兩千銀馬克。兩位代表越過阿爾卑斯山，回去報告成功的消息，其餘的四名同伴想盡辦法，要激起熱那亞和比薩兩個共和國的宗教熱情，但是毫無成效。

這份條約的執行遭遇未曾意料的困難和延緩。元帥返回特洛瓦（Troyes），受到香檳伯爵狄奧巴德的擁抱和讚許，伯爵獲得一致的推舉成為聯軍的主將。然而這位英勇的年輕人身體狀況非常虛弱，毫無恢復的希望。他悲嘆命運的乖戾以致未能馬革裹屍，反而亡故在病床之上。臨死的

諸侯把他的財富分給眾多驍勇的家臣,他們當著他的面宣誓要履行他的遺言,但是根據元帥的說法,有些人接受他的遺贈,實際上卻有食言的打算。信心堅定的十字軍勇士決定要在蘇瓦松(Soissons)召開會議,另外選出一位新主將。法蘭西的諸侯出於無能、嫉妒或推辭,竟然找不到一個人有能力和意願,可以負起指揮東征行動的重責大任。他們對於選出一個外鄉人抱著默許的態度,蒙特費拉的邦尼菲斯(Boniface)侯爵是一個英雄世家的後裔,他本身在那個時代的戰爭或談判,都能建立非常顯赫的名聲[28]。這位意大利的首領基於宗教的虔誠和戰勝的野心,當然不會拒絕極其光榮的邀請。他前往法蘭西宮廷拜訪,受到像朋友和親戚那樣的接待,侯爵在蘇瓦松教堂接受朝聖者的十字架和主將的權杖,然後他立即再次越過阿爾卑斯山,為這場東方的遠征進行準備工作。

大約在聖靈降臨節前後,他展開自己的旗幟,率領由意大利人組成的隊伍向威尼斯進發。法蘭德斯和布耳瓦的伯爵,以及法蘭西最受尊敬的貴族,不是走在前面,就是追隨在後。日耳曼的朝聖者參加,使得聲勢更為浩大[29],大家的動機和目的都完全相似。威尼斯人不僅達成交付的任務,而且超過所要求的標準,為馬匹整建所需的馬廄,為部隊也準備足夠的營舍,倉庫堆滿飼料和糧食,艦隊的運輸船、平底船以及戰船都已完成備便,共和國只要拿到船隻和軍備的價款,立刻可以發航(1202年10月8日)。然而需要支付的金額非常龐大,遠超過在威尼斯集結東征十字軍的全部財富。法蘭德斯人服從他們的伯爵,雖然說是出於自願,但對於承諾的事項卻反覆無常,早已登上自己擁有的船隻,向著大洋和地中海進行長距離的遠航。還有許多法蘭西人和意大利人,一直想走一條更為方便和經濟的路線,就是從馬賽和阿普里亞直達聖地。每個朝聖者都在抱怨,在交

---

28 邦尼菲斯的功績在於討伐阿斯提(Asti)反叛的市民獲得勝利(1191A.D.)、到巴勒斯坦的十字軍東征,以及擔任教皇的使節與日耳曼的君王舉行談判。

29 可以參閱根特(Gunther)所著《日耳曼人十字軍東征史》,極為推崇他的院長馬丁的朝聖之旅。馬丁也是紐利的福克在宣講方面的主要對手,所主持的修道院在巴西爾教區,遵行契斯特西亞教規。

足自己一份費用以後，對於沒有趕來的弟兄還要負責所欠的款項。各國首領帶來的金銀器具，原來是要奉獻給聖馬可教堂的金庫，現在很慷慨的充作價款還是不夠。經過大家一番努力之後，離原先講定的金額還差三萬四千個銀馬克。

　　元首的策略和愛國的熱情終於克服所有的困難，他向貴族提出建議，如果能夠共同出兵鎮壓達瑪提亞幾個反叛的城市，他將親自參與這場聖戰，並且從共和國獲得一項為時較長的延期優惠，直到他們從戰爭中獲得足夠的財富，可以償還所欠債務為止。經過不斷的考量和再三的猶豫，他們決定接受後果難以預料的條件，總不能使全部行動半途而廢。艦隊和軍隊的首次敵對行動指向札拉(Zara)[30]，這是斯拉夫尼亞(Sclavonia)海岸一座防衛森嚴的城市，他們拒絕向威尼斯效忠，轉而請求匈牙利國王給予保護。十字軍撞開港口的鐵鍊或防柵，載運的馬匹、部隊和攻城器械全部登陸，擊退居民的抵抗。過了五天以後，居民終於無條件投降(1202年11月10日)，他們的性命得到饒恕，叛變的懲罰是家庭遭到洗劫和城牆全被拆除。季節已近歲末，法蘭西人和威尼斯人決定在一個安全的港口和富足的地區度過多天。不過士兵和水手經常發生民族之間的爭執，引起的騷動擾亂到大軍的休養生息。札拉的征服播下對立和仇恨的種子，盟軍部隊的攻擊使得自己的雙手沾滿鮮血，死者都是基督徒，並不是拒信上帝的人。匈牙利國王和新獲得的臣民全部加入十字軍的陣營，虔誠的朝聖者對於未來的行動還在猶疑不決，使得那些勉強追隨的信徒更為畏懼或倦怠。教皇將冒名為惡的十字軍人員逐出教門，因為他們搶劫和屠殺同教的弟兄。僅有邦尼菲斯侯爵和蒙福特的西門，能夠免於教會有如雷霆的譴責之聲，一位

30　賈德拉(Jadera)就是現在的札拉，從前是羅馬人的殖民地，奉奧古斯都為他們的保護人和開創者。這個小島的周長目前只有兩英里，居民大約有五到六千人，但是城防工事非常堅強，有一座橋樑和大陸連接。可以參閱斯朋(Spon)和惠勒(Wheeler)這兩位志趣相投者的遊記，後者把西斯特提亞(Sestertia)錯認為西斯特提(Sestertii)，將一座有雕像和石柱的拱門估計價值是十二英鎊。在他那個時代，要是札拉附近的樹林都已消失，也就是說沒有人種植很多櫻桃樹的話，那就不可能出產舉世聞名的黑櫻桃酒了。

是圍攻時沒有在現場，另外一位是早已離開軍營。英諾森原來可以赦免這些法蘭西人，他們生性單純而又順從，心中充滿悔意。但是他被威尼斯人頑固的態度所激怒，他們拒絕承認有罪，不願接受教會的寬恕，更不容許一位聖職人員插手世俗的事務。

六、十字軍幫助希臘皇子阿里克蘇斯復位的協議(1202-1203A.D.)

海上和陸地作戰的強大力量已經集結起來，使年輕[31]的阿里克蘇斯重新恢復希望，在威尼斯和札拉懇求十字軍出兵，幫助自己的復位和拯救他的父親。這位皇家青年得到日耳曼國王菲利浦的推薦，親自到場苦苦哀求的神態在營地激起大家的同情，蒙特費拉侯爵和威尼斯元首支持他的大業，願意為他薄盡棉力。靠著雙重的聯姻，加上身居高位的日耳曼凱撒出面說項，使得邦尼菲斯的兩位兄長已與皇家建立連繫[32]。邦尼菲斯的打算是想藉著重大的效勞建立自己的王國[33]，丹多羅要滿足更大的野心，確保國家日益增多的貿易和領土，從而獲得難以估計的利益。他們發揮影響力，使阿里克蘇斯的使臣獲得受到歡迎的觀見。如果他提出的重大事項會引起外界的猜疑，那麼就動機和報酬可以向大家說明，獻身於解救耶路撒冷的部隊，能夠暫時延後和改變任務，也不是沒有道理。阿里克蘇斯用他自己和父親的名義保證：只要他們登上君士坦丁堡的寶座，立即結束希臘人在宗教方面的長期分裂，無論是本人或所有的人民，全都歸順羅馬教會

---

31 現代讀者聽到君士坦丁堡的「貼身侍從」這個名詞會感到驚奇，這是用來形容年輕的阿里克蘇斯，原因是他還年幼，就像西班牙人的「貴族少年」或羅馬人的「高貴的男孩」一樣。要知道騎士的侍童和「貼身侍從」像騎士一樣，都是貴族出身。

32 他的兩個哥哥是雷尼爾(Reinier)和康拉德，前者娶馬紐爾·康南努斯皇帝的女兒馬利亞為妻；後者是狄奧多拉·安吉拉(Theodora Angela)的丈夫，她是艾薩克和阿里克蘇斯皇帝的姊妹。康拉德離開希臘宮廷和公主，追求個人的榮譽，前去防衛泰爾對抗薩拉丁。

33 尼西塔斯指控元首和威尼斯人，說他們是發起戰爭對付君士坦丁堡的始作俑者。同時他認為這位皇家的放逐者返回以後，只能為國家和人民帶來羞辱。

的最高合法權力；他答應獎賞十字軍的辛勞和功勳，立即支付二十萬個銀馬克；事成以後他要親身陪同大家前往埃及；如果大家認為有這個必要，他在一年之內撥交一萬人馬，同時在他有生之年始終維持五百名騎士，專門用來保護聖地。

　　威尼斯共和國接受富於誘惑力的條件，元首和侯爵鼓動如簧之舌說服法蘭德斯、布耳瓦和聖波爾(St. Pol)的伯爵，以及八位法蘭西的貴族，共同參加極其光榮的復國大業。他們立下誓言和加蓋印璽，訂定一紙攻守同盟條約。每個人依據處境和性格，受到的影響來自於公眾或私人利益的期望；協助流亡國君復辟的榮譽；還有就是有人提出很誠摯的意見，認為他們在巴勒斯坦的努力將會毫無成果，完全是徒然無益之事，要先行獲得君士坦丁堡，才能完成光復巴勒斯坦的準備。不過他們都是一支勇敢隊伍的首領或同僚，全部由自由人和志願者組成，無論任何言行都可以自作主張。士兵和教士分開，不相隸屬。即使大多數人員簽署支持聯盟條約，那些持異議者的數量和論點不可輕視，應予尊重[34]。聽到君士坦丁堡強大戰力的水師和固若金湯的城池，最勇敢的戰士也會感到心慌意亂，基於宗教和職責更為重要的考量，不僅對世人也要對自己，隱瞞所要面對的恐懼。他們一直強調誓言的神聖，逼得他們離開親人和家園，前來解救聖墓。世俗策略的商議即使運用陰暗的詐欺伎倆，也不能勸使他們背離所要追求的目標，這些都操持在全能上帝的手裡。首先發生的過錯是對札拉的攻擊，良心的譴責和教皇的非難已使他們受到嚴厲的懲處，不能再讓自己的雙手沾染基督教同胞的鮮血。羅馬的使徒已經公開宣布，對於希臘的分裂活動和拜占庭王國可疑的篡奪，他們不會擅自運用刀劍施展報復的權利。很多在勇敢和虔誠方面極為卓越的朝聖者，基於這些原則或藉口紛紛離開營地，還是比不上一群心懷不滿的人公開或暗中的反對，造成更大的危害。他們隨時在找機會使軍隊分裂，要讓攻擊君士坦丁堡的計畫胎死腹中。

34　維爾哈杜因和根特代表兩個黨派不同的情感和想法。馬丁院長離開札拉的軍隊，自己趕到巴勒斯坦，奉派出使前往君士坦丁堡，在第二次圍攻作戰中成為非常勉強的目擊證人。

　　儘管出現這些問題，威尼斯人還是積極敦促艦隊和軍隊立即出發，雖然他們充滿熱情要為年輕王子效勞，內心卻隱藏對他的家庭和民族的憎恨。比薩一直是貿易的競爭對手，最近受到君士坦丁堡的優先照應，使得威尼斯人備感苦惱，何況他們與拜占庭宮廷有筆長期拖欠的債務和損害需要清算。丹多羅也不會為市井的流言鬧謠，說他的眼珠子被那背信棄義的皇帝馬紐爾所剜掉，這種做法踐踏一國使臣神聖不可侵犯的特權。亞得里亞海已經多少世代沒有出現這樣強大的艦隊，共有一百二十艘載運馬匹的平底船，兩百四十艘裝滿士兵和武器的運輸船，七十艘運送糧食和給養的供應船，以及五十艘堅固的戰船，準備隨時與敵軍接戰[35]。在風向順利、天氣晴朗和波平浪靜時，每一雙眼睛都帶著驚喜的神色，欣賞海面布滿船隻和軍容盛大的壯觀景象。盾牌是騎士和扈從的防護用具，現在當做裝飾品掛在船隻的兩邊，代表各民族和家族的旗幟在船尾迎風飄揚，現代的火砲用三百架拋擲石塊和標槍的投射器具所取代，勞累的海上行程使軍樂吹奏的聲音更為悅耳。這些冒險家相互鼓舞激起高昂的士氣，認為四萬名篤信基督教的英雄可以征服世界[36]。

　　艦隊從威尼斯及札拉啟程航行[37]，在經驗豐富、技術純熟的威尼斯人駕駛之下非常順利，盟軍在杜拉索首次登上希臘帝國的領土，科孚(Corfu)島提供一個補給站和休息的地點。他們沒有遭遇任何意外事件，就繞過伯羅奔尼撒或摩里亞(Morea)的南端，風濤險惡的馬利亞(Malea)角；在內格羅朋特(Ncgropont)和安德羅斯(Andros)兩個小島發起突擊；抵達海倫

35　安德魯・丹多羅的出身和地位，使他帶著動機和目的找出威尼斯的檔案，明瞭祖先光榮的事蹟。他的描述之所以被認為過於簡短，那要歸咎於現代的作家像是薩努多(Sanudo)、布隆達斯(Blondus)、薩比利庫斯(Sabellicus)和拉姆努休斯(Rhamnusius)等人，他們的敘述實在是冗長瑣碎。

36　維爾哈杜因的感情和表達方式原始而真誠，他經常會流下眼淚，但戰爭的光榮和危險給他帶來歡樂，埋首案牘的作者無法體會這種積極進取的精神。

37　在這次航行中，拉丁人幾乎把所有的地理名詞全部弄錯，卡爾西斯(Chalcis)的現代稱呼和優比亞(Euboea)的所有地名，都源於他們的優里帕斯(Euripus)、伊維里坡(Evripo)、尼格里-坡(Nigri-po)、內格羅朋特(Negropont)，真是使我們的地圖蒙羞。

斯坡海峽亞洲的一側，在阿拜杜斯(Abydus)下錨停泊(1203年4月7日-6月24日)。這場征戰的序幕進行順利，無人傷亡。行省的希臘人既不愛國也缺乏勇氣，面對勢不可當的軍隊，還未接戰就已瓦解冰消。合法繼承人的現身或許可以使他們的歸順很正當，獲得的獎賞是拉丁人待之以禮和紀律嚴明。他們穿過海倫斯坡海峽時，龐大的水師擠進狹窄的水道，海面上布滿黑壓壓數不清的船帆，進入普洛潘提斯(Propontis)內海再度展開，越過水波不興的海面，直接抵達聖司蒂芬修院附近的歐洲海岸，位於君士坦丁堡西邊三哩的地點。謹慎的元首向大家提出要求，不能在人口眾多和充滿敵意的環境分散兵力。他們儲存的給養逐漸減少，決定在這個收穫的季節，到達普洛潘提斯海那些富饒的島嶼，補充供應船所需的糧食。

　　他們按照所做的決定指出發航的路線，但是吹起一陣強風加上自己過於急躁，偏離航向向東，從海岸和城市邊很近的地方擦過，船隻和防壁相互投射如雨的石塊和標槍。就在他們沿著岸邊通過時，大家用讚賞不已的目光注視東部的都城，也可以說是世界的首府，在七座山丘上雄偉矗立，像是在俯瞰著歐洲和亞洲大陸。五百座皇宮和教堂的圓形拱頂和高聳塔樓在豔陽下閃閃發光，倒映水面，城牆上面擠滿士兵和觀眾，可以看得清人數但是不知道他們抱著什麼想法。有史以來還沒有先例，要如此微弱的兵力完成如此繁重的使命，想起來真是不寒而慄，但是這種短暫的憂慮被希望和勇氣袪除得一乾二淨。香檳的元帥說道，對於在光榮的搏鬥中要使用的刀劍和長矛，每個人都禁不住要多看幾眼。拉丁人在卡爾西頓(Chalcedon)下方的海面錨泊，只有水手留在船上，士兵、馬匹和武器全都安全上岸，在一座豪華的皇室宮殿裡，那些貴族首先嚐到勝利的果實。艦隊和軍隊在第三天向斯庫塔里(Scutari)移動，這裡是君士坦丁堡在亞洲方面的郊區，八十名法蘭西騎士突襲一支五百人的希臘騎兵分遣隊，以寡擊眾將對方打敗。經過九天的整頓和休息，營地補充足夠的草料和糧食。

　　我在敘述對一個偉大帝國的入侵行動，竟然沒有提及對方的抵抗力量，盡可能要用來阻止外鄉人的前進，看來讓人感到奇怪。事實上希臘人並不是黷武好戰的民族，但是他們富有、勤勞、對於獨夫唯命是從，不論

這個獨夫是有點風聲鶴唳便感到驚慌不已,還是大敵當前仍舊無所畏懼。篡奪者阿里克蘇斯開始聽到傳聞,說他的姪子與法蘭西和威尼斯結盟,他還擺出不值一提的態度。那些諂媚的臣工只會說奉承話,讓他相信只有藐視才能呈現英勇和真誠。每天晚上宴會結束時,他再三表示為西部蠻族的遭遇感到難過。這些蠻族聽到水師的戰力一定會緊張萬分,君士坦丁堡的一千六百艘漁船可以改裝成一支艦隊,將對手擊沉在亞得里亞海,或是拒止在海倫斯坡海峽的入口。然而君主的疏忽和大臣的貪污可以使所有力量化為烏有,大公爵或水師提督的行為極為可恥,公然拍賣所有的船帆、桅桿和纜索。皇家森林保存做為更重要的狩獵活動之用,尼西塔斯(Nicetas)提到,那些樹木被宦官像宗教的神聖叢林一樣嚴密保護。札拉的圍攻作戰和拉丁人的迅速進軍,使阿里克蘇斯從傲慢的睡夢中驚醒,等他看到危險成真確實無可避免,自負的狂妄消失無蹤,只剩下極為羞辱的懊惱和絕望。可恨的蠻族在皇宮能夠通視的地點紮起帳幕,使他心如刀割無法可施,只能虛張聲勢派出一個求和使節團,勉強用來掩飾內心的恐懼。

羅馬的統治者(使臣奉到指示的說法)看到一些外鄉人突然犯境,心中感到十分詫異。如果這些朝聖者遵守誓言解救耶路撒冷,他會高聲讚許虔誠的行動,要用金錢給予大力的支助;然而假若他們膽敢侵犯帝國的聖所,即使人數再多十倍,正義的怒火不會讓他們全身而退。元首和貴族的答覆非常簡單而且正氣凜然。他們說道:

> 我們的到來是為了重視榮譽和主持正義,對於希臘的篡位者恫嚇之辭和所提條件,感到非常的厭惡和可恥。我們的友誼和藩王的忠誠都歸於合法的繼承人,就是坐在我們中間的王子以及他的父親艾薩克皇帝,而這位皇帝竟然被罪惡滔天和忘恩負義的兄弟,奪去他的權杖、自由和眼珠。讓這位兄弟承認自己的罪行,懇求國法的饒恕,我們就會為他說項講情,允許他在富裕和安全中度過餘生。他不得再用其他的藉口來胡說八道,我們唯一的答覆是用武力打進君士坦丁堡的皇宮。

七、君士坦丁堡第一次被拉丁人圍攻和占領(1203A.D.)

　　十字軍在斯庫塔里紮營的第十天，每個人準備像士兵和正統教徒那樣渡過博斯普魯斯海峽。敵前渡河的行動確實十分危險，海峽很寬而且水流湍急，黑海的洋流在風平浪靜時，也能將漂流水面難以撲滅的希臘火送過來。對面的歐洲海岸還有守備部隊，計為七萬騎兵和步卒嚴陣以待。在這個值得紀念的日子裡(1203年7月6日)，天氣晴朗和風習習，拉丁人分為六個戰鬥隊或師，第一隊為前鋒，受法蘭德斯伯爵指揮，他是最有權勢的基督教諸侯之一，擁有十字弓的數量和技術都居首位。接下來由法蘭西人組成四個隊，分別聽從法蘭德斯伯爵的兄弟亨利、聖波爾和布耳瓦的兩位伯爵，以及蒙特摩倫西的馬太指揮，最後這個隊還有香檳的元帥和貴族，他們都是自願加入，增添該隊的光榮。第六隊是後衛，也是全軍的預備隊，在蒙特費拉侯爵的指揮之下，由日耳曼人和倫巴底人組成。戰馬的鞍轡齊全而且馬衣拖地，裝載在平底的帕朗德[38]上面，騎士全副冑甲戴上頭盔，手執長矛站在戰馬旁邊。運輸船滿載無數成列的下級武士[39]和弓箭手，每艘運輸船由有力和快速的戰船拖引前進。六個隊沒有遭遇敵軍的抵抗就渡過博斯普魯斯海峽，搶先登陸是每個人和每個隊的願望，征服或陣亡是他們的決心。最卓越的表現是無視於危險，騎士披掛沉重的鎧甲，水深到腰際時就跳進海中，下級武士和弓箭手受到激勵也都勇氣百倍，那些扈從趕

38　我從維吉爾的版本裡，拿音節響亮的帕朗德(palander)這個名詞，用來稱呼平底船，相信現在還使用在地中海。如果我是用法文寫作，那就會改用原來的名稱vessiers或huissiers，而huis的意義是門板，像吊橋那樣放下來，但在海面上時，會被收進船的一側。

39　為了避免把這些人都含糊籠統稱為隨從人員，我採用維爾哈杜因的用法，把所有不是騎士的乘馬作戰人員都稱為下級武士(serjeant)，這些下級武士可以在軍隊服役，也可以執行法律職務。要是我們參觀遊行的隊伍或西敏寺大廳，就會看到這種區分以後產生的奇特結果，下級武士幾乎是無所不能(譯按：這個名詞到現代用在軍事組織方面，成為士官階級的專用語，處於士兵和軍官之間，倒是與古代精神相吻合)。

緊放下平底船的跳板,牽著馬匹上岸。騎兵部隊還沒有上馬列隊舉起長矛,七萬希臘士兵早已逃得無影無蹤。怯懦的阿里克蘇斯為他的部隊做出最壞的榜樣,拉丁人在搶劫他那富麗堂皇的御帳時,才知道他們是跟一位皇帝作戰。趁著敵軍逃走陷入慌亂之際,他們決定用雙鉗攻勢打開進入港口的門戶。蓋拉塔(Galata)的塔樓[40]位於佩拉(Pera)的郊區,由法蘭西人負責攻擊和奪取;威尼斯人的任務更為艱鉅,要衝破橫阻在塔樓和拜占庭海岸間的柵欄或鐵鍊。經過幾次得不到戰果的攻擊以後,大無畏的堅忍毅力終於獲得最後的勝利,希臘水師殘存的二十艘戰船不是被擊沉就是捕獲,粗大沉重的鐵鏈不是被剪斷,就是被強大的戰船撞開[41]。威尼斯艦隊安全而又得意洋洋在君士坦丁堡的內港下錨碇泊。完成這些大膽的作戰行動以後,拉丁人一支兩萬多人的部隊,要求允許他們圍攻這座都城,裡面有四十多萬居民[42]具備防守的能力,但是都不願拿起武器保衛自己的國家。要是照這樣計算,全城的人口將近兩百萬。不管按實際狀況將希臘人減去多少,相信無論是什麼數字,同樣會激起攻擊者無所畏懼的精神。

法蘭西人和威尼斯人在生活和作戰的習慣上有所差異,選擇進攻的路線和方式出現分歧。前者以事實證明,從海面和港口最容易攻進君士坦丁堡;威尼斯人可以拿榮譽擔保,將性命和運道交付給漂浮的小船和無情的大海,已經有很長一段時間,現在大聲要求接受騎士精神的考驗,靠著騎馬前進或步行,在堅實的地面發起近距離的攻擊。經過很審慎的協議,兩

---

40 杜坎吉對於蓋拉塔的臣民和那條鐵鍊,敘述很正確而且完整,這是不用說的事。同樣可以參閱杜坎吉的著作《C・P・克里斯蒂納》(*C.P. Christiana*)有關的章節。蓋拉塔的居民是如此的虛榮和無知,把自己看成聖保羅書信裡的加拉太人(譯按:可以參閱〈哥林多前書〉第十六章)。

41 這艘衝破鐵鍊的船隻名叫「老鷹號」(Aquila),布隆達斯改為「北風號」(Aquilo)。杜坎吉的《觀察》維持後者的解釋,但是他沒有看到丹多羅高雅華麗的原文,也沒有考慮港口的地理位置,通常是東南風產生最大的功效。

42 勒・波(Le Beau)認為君士坦丁堡有一百萬居民,編成六萬騎兵和無數步卒的軍隊。在當前沒落的狀況之下,鄂圖曼(Ottoman)帝國的首都可能有四十萬人。但是土耳其人沒有出生登記的規定,整個的環境都造成誤解和掩飾,不可能知道他們城市真正的人口數。

個民族按照最適合自己的方式，分別由海洋或陸地去占領這個城市，先用
艦隊掩護陸上部隊，全部都從海港的入口向著盡頭前進。河上的石橋很快
修復，法蘭西的六個隊對著都城的正面紮下營寨，就是從港口到普洛潘提
斯海長約四哩的三角形底邊[43]，在陸上發起圍攻作戰(1203年7月7日-7月18
日)。他們的位置在寬廣的塹壕邊緣，上面有高聳的防壁瞰制，還能從容
不迫的考量整個計畫所要遭遇的困難。他們的營地很狹窄，左右兩側的城
門不時衝出騎兵和輕裝步兵，攔截零星失散的人員，掃蕩供應糧食的鄉
村，每天都要發出五、六次的警報，逼得他們為了眼前的安全，修築一道
護欄和挖出一條壕溝。在給養的供應和護送方面，威尼斯人非常節儉，法
蘭西人過於貪吃，經常怨聲載道說是吃不飽或肚子餓，庫存的麵粉三個星
期消耗殆盡，厭惡醃肉使他們用馬匹的鮮肉來充饑。心驚膽戰的篡奪者受
到女婿狄奧多爾・拉斯卡里斯(Theodore Lascaris)的大力支持，這位勇敢
的青年保衛國家，渴望將來能由自己來統治。希臘人對國家的事務不予理
會，現在醒悟過來要維護他們的宗教，但是最大的希望託付給瓦蘭吉亞
(Varangian)衛隊，也就是丹麥人和英格蘭人，完全依賴他們的實力和作
戰的精神，當代的作者都提到過他們的大名[44]。接連十天不斷的努力，地
面已經整平，壕溝也都填滿，包圍部隊按照計畫迫近城牆，兩百五十架攻
城器具發揮威力，用來清除防壁的人員，衝撞城牆甚至破壞它的基礎，只
要對方的防務出現缺口，馬上使用攀登的雲梯，被大隊占據有利位置的守
軍頂住，冒險犯難的拉丁人最後被擊退。然而希臘人還是佩服十五名騎士
和下級武士的決心，這些人登上城牆，在危險狀況下維持所奪取的據點，
直到皇家衛隊將他們打下城牆或是俘虜他們為止。

　　威尼斯人在港口那邊發起的海上攻擊更為有效，勤勞的民族使用火藥

43　就是運用君士坦丁堡最正確的地圖，我也無法使測量的距離超過四千步，然而維
　　爾哈杜因算出這一段的長度是三里格。要是他沒有老眼昏花，一定是用古老的高
　　盧里格來計算，也就是等於一千五百步，現在的香檳地方可能仍舊在使用。

44　維爾哈杜因把衛隊稱為瓦蘭吉，說他們是英格蘭及丹麥人。無論他們最早源於何
　　處，一個法蘭西朝聖者不應該弄錯那個時候衛隊編制的國籍。

發明前一切已知和可用的攻城方法。戰船和船隻排成兩列，每艘船最前面
安置三名弓箭手，前面一列船隻的行動很敏捷，後面這列船隻鈍重而又高
聳用來掩護，甲板、船尾和塔樓都裝置投射器具，越過前列的頭頂發射矢
石。士兵從戰船跳到岸上，馬上架起雲梯開始爬登。這時那些行動遲緩的
大船慢慢靠過來，放下很長的跳板，等於在桅桿和防壁之間連接一座懸空
的通道。威嚴的元首在這場激戰當中，全身披掛鎧甲目標顯著，站在戰船
的船頭，寬大的聖馬可旗幟在他的頭頂飄揚。他用威脅、承諾和叫喊，催
促划槳手使出全身的力氣。他的船隻先行靠岸，丹多羅是第一個上岸的勇
士。各個民族的士兵欽佩失明老人的壯舉，年高體弱對他而言已降低苟延
殘喘的意願，反而增強不朽榮譽的價值。突然之間，共和國的旗幟被一隻
看不見的手(旗手可能已經陣亡)插在防壁上面。他們很快占領二十五座塔
樓，正好發生一場無情的大火，將希臘人從附近的營房中趕走。元首已經
發出獲勝的捷報，得知盟軍陷入危險的處境。高貴的丹多羅立即宣稱，他
寧可與朝聖者一同赴死，也不願用盟友的毀滅換取自己的勝利，立即放棄
目前的優勢，重新整頓部隊，迅速趕到激戰的現場。他發現法蘭西六個隊
的人數減少而且困倦不堪，被六十個希臘騎兵隊包圍得水泄不通，其中希
臘人最小的一支騎兵隊，也比法蘭西人最大的隊人數要多。阿里克蘇斯在
羞慚和絕望之中，盡全力發起最後的全面出擊，但拉丁人堅定的陣式和驍
勇的氣概使他敬畏有加，經過一場遠距離的前哨戰鬥以後，到了傍晚雙方
收兵回營。怯懦的篡位者在平靜或騷亂的夜間感到驚恐萬狀，收拾在金庫
的一萬磅黃金，極其無恥拋棄他的妻子、人民和帝座，匆忙登上一艘三桅
帆船，偷偷溜過博斯普魯斯海峽，帶著羞愧的神色在色雷斯一個小港口安
全登岸。希臘的貴族一聽到阿里克蘇斯逃走，趕快到雙目失明的艾薩克前
面乞求饒恕與和平。他被關在地牢裡，隨時等待劊子手前來行刑。變幻莫
測的命運再度使他獲得拯救和擁立，階下囚又穿上龍袍登上寶座，四周環
繞俯伏在地的奴才，到底是真正的恐懼還是假裝的喜悅，他根本沒有能力
去辨識。等到天色破曉以後，敵對行動已經完全停止，拉丁人的首領獲得
令人驚訝的信息，合法的在位皇帝急著要擁抱他的兒子，對於主持正義的

救星要給予最高的獎賞。

八、艾薩克皇帝復位後無法履約所引起的紛爭(1203A.D.)

然而這些主持正義的救星，在沒有獲得他的父親支付報酬或給予承諾之前，無意放走掌握在手中的人質。他們選出四位使節，就是蒙特摩倫西的馬太、我們的歷史學家香檳元帥，以及兩位威尼斯人，前去向皇帝祝賀。城門大開等待他們的到達，街道兩旁排列手執戰斧的丹麥和英格蘭衛士，金碧輝煌的覲見廳成為美德和權力極其虛幻的擺設。失明的艾薩克身邊坐著他的妻子，她是匈牙利國王的姊妹，由於皇后在場，希臘的貴婦人從後面的接待室出來，和四周的元老院議員與軍官混雜在一起。這位元帥代表大家致辭，從他的語氣來看，他深知自己的功勞重大，但又能善盡自己的工作。皇帝現在已經完全明白，他的兒子與威尼斯和朝聖者達成的協議，必須毫不猶疑馬上批准。等到皇后、一名內侍、一名通譯和四位使節進入內室以後，身為阿里克蘇斯這位年輕人的父親，很焦急的詢問他們所提出的條件：東部帝國向教皇歸順；援助聖地的解放以及立即捐助二十萬個銀馬克。皇帝很謹慎的回答道：「這些條件的要求太高，很難接受而且不易執行，但是無論提出任何條件也比不上你們的辛勞和功勳。」

得到滿意的保證之後，這幾位貴族騎上馬，將君士坦丁堡的王儲領進城市和皇宮。年輕的面貌和不可思議的冒險行動，贏得全體人民的好感和愛戴，阿里克蘇斯和他的父親一起在聖索非亞大教堂舉行神聖的加冕典禮（1203年7月19日）。他開始統治的頭幾天，人民恢復富足和寧靜的生活，看見這場悲劇圓滿落幕，感到非常高興。貴族用表面的愉悅和忠誠，掩飾他們的不滿、悔恨和畏懼。兩個心懷鬼胎的民族住在同一個都城，可能會隨時引發災禍和危險。蓋拉塔或佩拉的郊區被指定做為法蘭西人和威尼斯人居住區，但是這些友好的民族之間容許自由貿易和相互交往。受到宗教虔誠或好奇的吸引，每天都有一些朝聖者參觀君士坦丁堡的教堂和皇宮，粗魯的心靈對於精美的藝術品或許無動於衷，富麗堂皇的景象卻讓他們大

爲驚愕。他們家鄉的城鎮何其貧窮落後，襯托出基督教世界第一大城的興旺和富裕。年輕的阿里克蘇斯基於利害關係和感激之情，經常放下高貴的身段，前去探望情誼深厚的拉丁友人，在言談毫無拘束的餐桌上，生性暴躁的法蘭西人忘掉他是東部的皇帝[45]。他們在更爲嚴肅的會談中獲得一致的同意，兩個教會的聯合要耐心等待時間的結果。然而貪婪的滿足比起宗教的狂熱更難以抑制，必須立即支付大筆款項，解決聯軍部隊財源匱缺的狀況，免得十字軍人員不停的追討[46]。

　　他們離去的時間即將到來，使阿里克蘇斯非常緊張，雖然可以解除目前無法履約的壓力，但是他的朋友離開，留下他孤身一人，要去應付這個反覆無常、充滿偏見和不守信義的民族。他打算用花錢買通的方式，讓他們把停留的時間再延長一年，除了支付他們所需的金額，還用十字軍的名義付清威尼斯船隻的費用。這些條件在貴族會議引起爭辯，經再三的討論和反覆的斟酌之後，投票的結果是大部分人同意威尼斯元首的建議和年輕皇帝的懇求。他用一千六百磅黃金的代價，說服蒙特費拉侯爵答應派遣一支軍隊，親自陪他去巡視歐洲的行省，這樣他能夠建立權威，追捕在逃的叔父。鮑德溫率領法蘭西和法蘭德斯聯軍坐鎮君士坦丁堡，使得別有用心的人不敢輕舉妄動。遠征行動非常成功，失明的皇帝爲軍隊的勝利極爲欣喜，聽從身旁阿諛之徒的預言，上天既然將他從地牢拔擢到寶座，一定會治好他的痛風，恢復他的視覺，保佑他有長久而繁榮的統治。然而這位猜疑心重的老人，爲兒子的聲譽日高而備感痛苦，當他聽到自己的名字被含糊勉強的歡呼，年輕的皇帝受到異口同聲的讚譽，心頭的傲氣再也掩蓋不住那種嫉恨的情緒。

45　他們在擲骰子賭錢的時候，拉丁人就把他戴的皇冠拿下來，換上一頂呢絨或毛皮的帽子。如果這些開玩笑的同伴是威尼斯人，就會影響到他們的通商貿易和整個共和國的利益。

46　元首非常肯定的表示，他們付給威尼斯人要比法蘭西人慢得多。但是他也承認，這兩個民族對付款的問題當然有不同的記載。他讀過維爾哈杜因的著作嗎？不過，希臘人一直在埋怨，並且抱著不以爲然的態度。尼西塔斯不僅表示惋惜，而且大事抨擊。

最近這一次的入侵行動，使希臘人從九個世紀的睡夢中清醒過來。他們拋棄狂妄的想法，不再認為羅馬帝國的首都有如金城湯池，外敵根本無法攻破。西部的外鄉人褻瀆君士坦丁的城市，僭用他的權杖，身為皇帝的受保護人，變得跟他們一樣不受民眾的歡迎。原本惡貫滿盈的艾薩克因他的體弱多病，使人覺得更加卑鄙；年輕的阿里克蘇斯被看成背教者，受到大家的痛恨，因為他拋棄本國的習慣和宗教。他與拉丁人所訂的密約已經洩露出去，或者是引起大家的懷疑。所有的人民特別是教士，虔誠依附一直保有的宗教活動和迷信行為。每座修道院和每個店舖都在談論教會的危機和教皇的暴虐，空虛的國庫無法滿足皇室的奢侈和外族的勒索。希臘人拒絕採行徵收「普通稅」的做法，用來解決即將來臨的奴役和洗劫；對富室的壓榨挑起更為危險的個人仇恨；如果皇帝熔化聖所的金銀器具，掠奪各種價值連城的神像，更是證實他的異端邪說和褻瀆神聖。當邦尼菲斯侯爵和他的皇家門生不在朝中時，君士坦丁堡遭到一場巨大的災難，或許完全是法蘭德斯朝聖者狂熱和輕率的行為所引發[47]。他們有一次在城內到處遊玩，看到一座清真寺或是猶太人的會堂，感到十分憤慨，因為裡面只供奉一個神，沒有聖母也沒有聖子。他們認為解決爭論最有效的方式，是用刀劍去攻擊不信上帝的人，放火燒掉他們的住處。但是不信者和一些基督徒的鄰居，竟然膽敢保衛他們的生命和財產，頑固分子燃起的熊熊大火，所能燒掉的都是正統教徒和無辜者的建築物。一共有八天八夜的時間，烈焰以一里格的寬度向前蔓延，從普洛潘提斯海的港口一直燒到人口最稠密的地區。我們很難算出或是估計，究竟有多少雄偉的教堂和皇宮燒成冒煙的廢墟，在滿是店舖的街巷到底有多少值錢的商品被焚毀，或是多少人遭受家破人亡的損失。

元首和貴族都想推卸這次暴行的責任，拉丁人的名字更加不受歡迎，威尼斯在這裡的殖民區有一萬五千人，為了安全趕快從城市裡撤走，在佩

---

47 尼西塔斯很明確的指出就是法蘭德斯人，雖然他誤以為這是一個古代的稱呼。維爾哈杜因為法蘭西的貴族辯護，說不知道是誰犯下這個罪行（或許是裝著不知道）。

拉郊區的旗幟之下尋求保護。皇帝獲得勝利班師回朝，即使有最堅定和神奇的策略，也無法引導他安然渡過這場風暴。何況這次極為慘重的天災人禍，已經圍繞著不幸的青年和他的政府肆虐。無論是自己的意願還是父親的勸告，都要他時時依賴拯救他的恩主。但是阿里克蘇斯卻在感恩和愛國之間舉棋不定，在對臣民和對盟友的畏懼之間徘徊逗留，這種優柔寡斷的行為使他同時失去兩方面的尊敬和信任。當他邀請蒙特費拉侯爵住進皇宮時，實際上已容許貴族的陰謀活動和人民的揭竿而起，好讓他們來解救自己的國家。拉丁人的首領根本不理會他的痛苦處境，一再提出他們的要求，指責他的拖延，逼得他要明確答覆是戰是和。三位法蘭西騎士和三位威尼斯代表遞送傲慢的最後通牒，他們佩上長劍騎著戰馬，穿過憤怒的群眾闖進皇宮，帶著毫無畏懼的神色來覲見皇帝。他們用斷然的口氣簡單敘述他們的功績和他的承諾，最後豪氣萬丈的宣布，除非正當的要求立即全部獲得滿足，否則他們不再把他看成君王和朋友。首次說完這番刺傷皇帝尊嚴的冒犯言辭之後，他們保持平靜的態度很快離開。能夠公然逃出滿是奴隸的宮殿和怒火衝天的城市，這幾位使節自己都感到不可思議。等到他們返回軍營，成了雙方發起敵對行動的信號。

九、木茲菲烏斯的篡位及第二次的圍攻作戰(1204A.D.)

衝動的希臘群眾拒絕權威和智慧，他們的錯誤在於把憤怒當作勇氣，把數量當作實力，把狂熱當作上天的保佑和啟示。兩個民族都把阿里克蘇斯看成既虛偽又卑鄙的人物，低賤和假冒的安吉利家族被全民的譴責聲所唾棄。君士坦丁堡的人民圍住元老院，要求他們選出更有作為的皇帝。他們先後向每位出身高貴和地位顯赫的元老呈獻紫袍，但是元老院所有的議員都拒絕接受帶來死亡的服飾，推辭的動作拖延三天之久。我們可以從歷史學家尼西塔斯的評論得知，他在當時參加會議，那是說他們的忠誠靠著恐懼和無能來保衛。有一個幽靈早已被人忘懷，在群眾的歡呼聲中受到擁

立[48]（1204年2月8日）。動亂的始作俑者和戰爭的領導人，是杜卡斯（Ducas）家族的一位王侯，名字同樣是阿里克蘇斯，要加上木茲菲烏斯（Murtzuphius）[49]的稱號以資區別，這個粗俗的字眼意思是有濃黑地相連在一起的眉毛。毫無信義的木茲菲烏斯不僅狡猾而且膽大包天，是愛國之士也是朝臣，言語和行動都與拉丁人作對，煽動希臘人產生激情和偏見，曲意奉承獲得阿里克蘇斯的重用和信任，委以內廷總管大臣的職位，所穿的高底靴染上皇室的顏色。在一天深夜他帶著驚怖的神色衝進寢宮報告，人民開始攻擊皇宮而且衛隊已經叛變。深信不疑的君王從臥榻上面跳下來，立刻投身到敵人的懷抱。這個大臣圖謀不軌，騙他從一條暗道逃走，但是暗道的終點就是監獄，阿里克蘇斯被抓，剝光衣物用鐵鍊綑住，經過幾天酷刑的折磨以後，在那個暴君的命令及親自監督之下，被毒死、勒死或用棍棒打死。艾薩克・安吉拉斯皇帝很快隨著兒子進入墳墓。木茲菲烏斯對這個無能而又瞎眼的人，可能不用再犯額外的罪行來加速他的死亡。

　　兩位皇帝的慘死和木菲烏斯的篡位改變鬥爭的性質，現在不是盟軍之間一方高估自己的功勞、另一方未能善盡承諾的爭吵。法蘭西人和威尼斯人忘懷對阿里克蘇斯的不滿，他們為英年早逝的友伴灑下同情之淚，發出誓言要向不忠不義的民族尋求報復，這些希臘人竟然將弒君的兇手推上帝座。不過謹慎的元首仍然有意於談判，他提出的要求是五萬磅黃金，作為應付的債務、補助的金額或冒犯的罰鍰，這筆金額相當兩百萬英鎊。如果不是木茲菲烏斯出於宗教的狂熱或政策的需要，拒絕犧牲希臘教會換取國家的安全，那次的會議也許不會突然決裂[50]。他在當前所要面對的處境，是國內和國外敵人的抨擊和叫罵，我們可以很清楚的看到，要他扮演公眾

48　這個被遺忘的人物名叫尼可拉斯・卡納巴斯（Nicholas Canabus），他獲得尼西塔斯的讚揚，難逃木茲菲烏斯的報復。

49　維爾哈杜因說他是受重用的寵臣，不知道他是一位親王，有安吉拉斯和杜卡斯的皇室血統。杜坎吉認為他是艾薩克・杜卡斯・塞巴斯拉克拉特（Sebastocrator）的兒子，以及阿里克蘇斯四世的遠房堂兄弟，就在到處找資料證明此事。

50　尼西塔斯證實雙方的談判，可能就是那次的會議，出於丹多羅和維爾哈杜因的體諒，為了避免引起反感，所以後來閉口不提。

的勇士這個角色倒是非常稱職。對君士坦丁堡第二次的圍攻比起第一次要困難得多。希臘人嚴格檢討前朝統治的缺失，國庫的財務獲得改善，軍隊的紀律加強整飭，木茲菲烏斯手執矛鎚巡視據點，裝出武士的姿態和相貌，對於他的士兵和朋友，都能讓人望而生畏。

阿里克蘇斯去世前後，希臘人經過周密安排和竭盡全部力量，兩度企圖火燒停泊在港口的水師，但是威尼斯人的機警和勇氣把火船驅除，漂流的火焰在海面燃燒，沒有造成任何損失[51]。在一次夜間出擊中，希臘皇帝被法蘭德斯伯爵的兄弟亨利打敗，兵力的優勢和主動的突擊更增加敗北的羞愧。他遺留的圓盾在戰場被人找到，連帶繪有聖母圖像的皇家旗幟[52]，當作戰利品或聖物送給西妥會（Cistercian）修道院的僧侶，他們是聖伯納德的門徒弟子。包括神聖的大齋期在內，拉丁人用了將近三個月的時間，進行一些前哨戰鬥和準備工作，等到一切妥當以後，才下定決心發起全面的攻擊。陸地的工事和城堡看來很難攻破，根據威尼斯領航人員的說法，面臨普洛潘提斯海的海岸下錨很不安全，強勁的海流會把船沖進海倫斯坡海峽。這對那些勉強留下的朝聖者未嘗不是好消息，他們一直想找機會解散這支軍隊。因此，圍攻部隊決定從港口這邊發起攻擊，這在守軍來說也是意料中事。皇帝將紅色的御帳設置在附近的高地上面，用來指揮和監督他的部隊克盡職責完成任務。兩軍擺開長長的陣勢，綿延不絕超過半個里格，一方的作戰人員都在戰船和船隻就位，另一方排列在城牆和塔樓上面，還有很多座多層結構的木質塔台，高度遠超過一般標準。不知畏懼的觀戰者樂於見到壯觀的場面，要是有機會欣賞當前的景象，一定會傾心不已。兩軍首次瘋狂的交戰是用各種投射器具，向著對方發射標槍、石塊和火球。但是所在地點的海水夠深，法蘭西人非常勇敢，威尼斯人駕駛的技

---

51 鮑德溫提到他們兩次企圖燒掉艦隊，維爾哈杜因僅敘述第一次的情況。沒有一個戰士認為希臘火具備非常特殊的性質，這點倒是發人深思。

52 杜坎吉將他的學術才華全部用在研究「皇家的旌旗」這個題材上。威尼斯把這面聖母馬利亞的旗幟當作戰利品和遺物，如果確有此事，那麼虔誠的元首已經騙了希托的僧侶。

術高明，他們的船隻靠近城牆，一場用刀劍、長矛和戰斧的殊死搏鬥，就在不停搖晃的跳板上展開，船上盡量鈎緊連接的位置來保持穩定。進行攻擊的位置有一百多處，守軍堅持不退，直到地形有利和兵力優勢的一方占了上風，拉丁人吹起撤退的號角。過了幾天，他們同樣發起勇猛的進攻，還是毫無成效。

　　元首和貴族在夜間舉行軍事會議，唯一憂慮的問題是害怕公眾出現信心危機，沒有一個人提出退走或談和的意見，每個勇士性格各異，抱持勝利的信念或光榮戰死的決心[53]。希臘人從上一次圍攻的經驗獲得寶貴的教訓，但是在拉丁人而言是士氣受到鼓舞，認知到君士坦丁堡可以攻克，比起促使守軍加強戒備，對攻擊者能夠發揮更大的作用。在第三次的進攻中，兩艘船連在一起以加強穩定的力量。颳起一陣強勁的北風將船吹向岸邊，特洛瓦和蘇瓦松的主教率領前鋒，整個戰線回響著「朝聖」和「天堂」這類充滿吉兆意味的戰鬥吶喊[54]。主教的旗幟在城牆展現，最先登臨的勇士榮獲一百銀馬克的賞金，要是死亡剝奪他們領賞的機會，還是可以贏得永垂不朽的名聲。架起雲梯攻占四個塔樓，三個城門被攻城鎚撞開，那些害怕波濤險惡的法蘭西騎士，等到踏上堅實的地面便覺得自己無敵天下。數千個保衛皇帝安全的人員，看到單槍匹馬的騎士過來便一哄而散，這種作戰的景象難道還需要我描述嗎？他們的同胞尼西塔斯證實這種可恥的潰逃，說是有一隊幽靈與法蘭西英雄一起進軍，這位英雄在希臘人的眼裡變成一個巨人[55]。臨陣脫逃的人員棄甲丟盔抱頭鼠竄時，拉丁人在指揮者旗幟的引導下進入城中。所有的街道門全部敞開，他們毫無阻擋的通過，不知是預謀還是意外，又燃起第三次大火，在幾個小時之內燒掉的面積，相

53　維爾哈杜因承認他們要冒很大的危險，根特魯斯同意這場勝利是得之不易。然而
　　騎士瞧不起要逃走的想法，僧侶都讚譽他們的同胞有必死的決心。
54　鮑德溫和所有的作者都頌揚這兩艘船，英勇作戰配得上他們的名字。
55　尼西塔斯用荷馬提過的名字來稱呼這個巨人，說他有十八碼高，這種身材讓希臘
　　人產生恐懼之感，實在是沒得話說。在這種情況之下，歷史學家比起他國家的遭
　　遇和真正的事實，看來更樂於接受這種極為奇異的現象。鮑德溫甚至高呼大衛的
　　名字。

當於法蘭西三個最大的城市[56]。接近傍晚的時分,領軍的貴族開始清查軍
隊的狀況,加強占領地區的工事。他們對於首都廣大的面積和眾多的人口
感到驚訝,如果教會和宮廷知道自己內部的力量,十字軍還需要一個月的
苦戰。第二天早晨出現一支求和的行列,手裡舉著十字架和聖像,宣告希
臘人願意投降,哀求征服者息怒,篡位者已從金門逃走。法蘭德斯伯爵和
蒙特費拉侯爵占據布拉契尼(Blachernae)和布科勒昂(Boucoleon)的宮殿,
帝國仍舊使用君士坦丁的名字和羅馬的頭銜,實際上已被拉丁朝聖者的武
力推翻[57]。

十、十字軍洗劫君士坦丁堡及希臘人的悲慘命運(1204A.D.)

　　君士坦丁堡被武力強行攻占,除了宗教和良知以外,沒有任何戰爭法
可以約束征服者的行為。蒙特費拉的邦尼菲斯侯爵仍舊是全軍的主將,希
臘人把他尊為未來的統治者,經常可以聽到極其悲傷的喊叫:「神聖的侯
爵國王,請你可憐我們!」他出於審慎的考量或是同情的心理,為逃命的
人打開城門,勸告十字軍的士兵饒恕基督徒同胞的性命。尼西塔斯的著作
描述血流成河的情景,沒有抵抗的市民被殺的數目減到兩千人。大部分被
殺人員並非死在十字軍的手裡,而是那些早被趕出城的拉丁人,他們在獲
得勝利以後前來大事報復。然而其中有很多人回來是為了圖利,並不見得
一定要傷害那裡的居民。尼西塔斯靠著一位好心的威尼斯商人才能平安無
事。英諾森三世指責朝聖者貪財好色,對於老人、婦女甚至宗教職務毫無

56　雖然這把火在作戰的時候放得合法也是正當的行為,維爾哈杜因還是不知道誰是
　　禍首,根特認為是日耳曼人,他們好像感到很羞愧的樣子,唉,這些縱火者!
57　君士坦丁堡的第二次圍攻和征服,可以參閱維爾哈杜因的作品中,登錄鮑德溫致
　　英諾森三世的書信,以及尼西塔斯敘述有關木茲菲烏斯全部的統治狀況,還有丹
　　多羅和根特所暗示的事項,對於預言和幻想多加一些修飾的辭句。丹多羅提出艾
　　里斯蘭(Erytnraean)的西比萊神諭,說是亞得里亞海出現實力強大的軍隊,在一位
　　瞎眼酋長的指揮之下與拜占庭激戰不已。這個預言完全符合事實,真是令人感到
　　奇怪。

尊重之心。他痛心感嘆那些汙穢的勾當，像是姦淫、私通和亂倫，公然在
光天化日之下進行。高貴的夫人和聖潔的修女都在正統教會的軍營裡，被
馬夫和農人所玷污。的確如此，勝利的放縱可能激起並掩蓋大量罪惡的行
徑，但是可以肯定一件事，那就是東部的都城會有很多貪財或有意的美
女，能夠滿足兩萬名朝聖者的情慾，監牢的女性囚犯也不再是家庭的奴
隸，受到權力或暴力的約束。

　　蒙特費拉侯爵是紀律和德行的維護者，法蘭德斯伯爵是守貞的好榜
樣，他們用處死的重典嚴禁強姦已婚婦女、處女和修女。戰敗者乞求張貼
公告也會受到勝利者的同意，首領的權威和士兵的同情使殘暴和縱欲的行
為得以緩和。這些人不再是我們從前所描述的蠻族從北國猛衝進來，即使
他們還是露出兇惡的面孔，然而時間、政策和宗教讓法蘭西人的舉止變得
更為文明，特別是意大利人本就如此。不過貪婪的動機容許有更大施展的
餘地，君士坦丁堡的洗劫甚至在復活節神聖的周日都繼續進行，可以滿足
他們的胃口。沒有任何承諾或條約可以限制勝利的權利，那就是籍沒希臘
人所有公有和私有的財富。每個人都可以合法執行搜括的判決和財物的奪
取，掠劫的多少視範圍的大小和實力的強弱而定。無論是鑄成錢幣或未鑄
的金銀，都有簡便而通用的兌換標準，劫掠品的持有人不管在國內還是國
外，都可以換成適合自己口味和地位的財產。在通商貿易和奢侈生活累積
的資財中，最貴重的品項要數絲綢、絨布、毛皮、珠寶、香料和名貴的家
具，在落後的歐洲國家就是拿錢也買不到。劫掠有共同遵守的規則，每個
人的所得不能全憑自己的辛勞或運道。拉丁人要將搶劫的物品交出來統一
分配，私自吞沒以偽證罪嚴懲，革出教門或判處死刑。

　　他們挑選三座教堂作為收存和發放戰利品的地點，分配的原則是步卒
每人一份，騎兵或下級武士兩份，騎士四份，貴族和諸侯按地位和功勳分
得更多的配額。聖保羅伯爵手下一名騎士違犯神聖的規定而被吊死，他的
盾牌和盔甲掛在脖子上面。這樣的案例使類似的罪犯更為小心和講究技
巧，但是貪婪之心總是勝過恐懼，一般認為私藏的財物遠超過交出分配的
數量。儘管有這些漏洞，洗劫君士坦丁堡掠奪財物之多，不僅前所未見也

超出原來的預料。法蘭西人和威尼斯人全數均分,從中還要減去五萬銀馬克,用來償付法蘭西人所積欠的債務,滿足威尼斯人所提出的要求。最後法蘭西人還剩下四十萬個銀馬克[58],相當於八十萬英鎊。我無法就那個時代的國家和私人的交易,說明這個數額真正的價值,倒可以做一個很好的比較,也就是等於當時英格蘭王國年度歲入的七倍[59]。

在這場驚天動地的大變革之中,我們比較維爾哈杜因與尼西塔斯所描繪的狀況,也就是香檳元帥與一位拜占庭元老院議員不同的看法,倒是產生非常奇特的感受。整個事件讓人最早獲得的印象,只不過是君士坦丁堡的財富,從一個民族轉移到另外一個民族的手裡,希臘人的損失和痛苦恰好與拉丁人的喜悅和利益達成平衡。但是在戰爭極其可悲的帳目中,收益和損失、歡樂和痛苦從來無法相等。拉丁人的笑容何其短暫而易消失,希臘人永遠望著破碎的家園哭泣,真正的災難受到褻瀆和嘲諷更會加深心靈的創痛。三次大火已經燒掉這座城市絕大部分的建築物和財富,征服者在實質上又能獲得多大好處?那些既不實用也無法運走的東西,到底有多少被惡意的破壞或是隨手摧毀?有多少財寶在打賭、狂歡和胡鬧中任意的浪費?那些既無耐心又無知識的士兵,自己的報酬被希臘人拐騙偷走,使得多少值錢的物品被他們賤價賣掉?只有那些窮無立錐之地的人,才可能從社會的變動得到一些油水,但對於上等階層的悲慘狀況,尼西塔斯有身歷其境的描述。他那豪華的府邸在第二次大火中化為灰燼,這位元老院的議員帶著家人和朋友,躲進聖索非亞大教堂附近的一所房屋。在這個簡陋住所的門口,他的朋友那位威尼斯商人,假裝成看守的士兵,直到他能找到機會匆忙逃走,好保住殘餘的財產和女兒的貞操。這群在富貴環境中長大的流亡者,在寒冷的冬季靠著步行趕路,他們的奴隸都已逃走,他的妻子

---

58 整個數額不能一定說是四十萬,不同的抄本有的記載五十萬個銀馬克。威尼斯人曾出價獲得全部戰利品和掠奪物,然後分給每位騎士四百馬克、教士和騎兵兩百、步卒一百。他們原本可能才是真正的輸家。

59 英國使臣在里昂的會議中報告,國王的歲入低於外國的教士,每年的總額是六萬銀馬克。

正在懷孕，也只好自己把行李扛在肩頭。混雜在男人中間的婦女，聽從吩咐用污垢掩蓋美麗的面孔，絕對不可以裝飾打扮。每走一步都會遭到襲擊或面臨危險，外人的威脅遠不及平民的揶揄讓人更感難堪，大家現在都落到平等的處境。這些蒙難的人除非到達西利布里亞(Selymbria)，結束這段悲慘的旅程，否則便難以安心，而西利布里亞離首都的距離是四十哩。他們在路上還趕過教長，他騎著一頭毛驢，沒有隨從也缺乏禦寒的衣物，完全落到使徒當年的貧窮狀況。他的這身裝扮和行動如果出於自願，倒是會博得安貧樂道的美譽。

就在這個時候，拉丁人的放縱和出於教派的仇恨，正在褻瀆教長那些空無一人的教堂。他們將裝飾的寶石和珍珠全部挖出來，拿聖餐杯酌滿酒當作酒杯使用，他們用來賭錢和宴飲的桌子上面舖著基督和聖徒的畫像，那些基督教禮拜儀式最神聖的器具任意用腳踐踏。在聖索非亞主座大教堂，為了拿走掛著的金縷，聖所的大幔都被扯下來，祭壇可以說是最貴重的藝術精品，被劫掠者打碎以後大家分掉。他們的騾馬滿載著純銀或鍍金的雕刻，全部是從教堂的大門或講壇上面撬下拆走。如果這些牲口因負載過重而摔倒，急躁的趕馬人拔出刀來將它們刺死，使得聖潔的道路流著污穢的鮮血。一個妓女被抱上教長的寶座，大家叫她「魔鬼的女兒」，就讓她在教堂裡唱歌跳舞，用來嘲笑列隊唱讚美詩的東方人。皇家的陵墓和死者的安寧都受到侵犯，使徒大教堂的皇帝墓室全被撬開。據說查士丁尼的屍體過了六個世紀，沒有發現任何腐爛或變質的跡象。在城市的街道上，法蘭西人和法蘭德斯人用彩繪的長袍和飄逸的亞麻頭巾，裝扮自己和馬匹。他們參加宴會的酗酒和放縱[60]，對東方的莊嚴節制是一種侮辱。他們為了表示這個民族有人能寫能讀，裝模作樣擺出筆墨和紙張，卻沒有料到科學的工具和作戰的兵器，在現代希臘人手裡，同樣是英雄無用武之地。

60　要是看到尼西塔斯的希臘食譜，發覺並沒有什麼了不得，他們喜愛的菜肴不過是煮熟的牛排、鹹肉和碗豆以及大蒜和辛辣香草做的湯。

十一、拜占庭的青銅雕像和書籍文物遭到毀棄(1204A.D.)

　　不管怎麼說，希臘人的名聲和語言，都促使他們藐視拉丁人的無知，忽略拉丁人的進步[61]。就喜愛藝術這個方面來說，民族之間的差異非常顯著而且真實不虛。希臘人對祖先的作品滿懷崇敬之情，保存那些他們無法模仿的古物。君士坦丁堡的雕像遭到摧毀，我們也像那位拜占庭的歷史學家一樣，禁不住要大肆抨擊和譴責。我們知道愛慕虛榮和專制獨裁的皇家奠基人，對這座新建的城市費盡心血加以裝飾。想當年對於異教徒的作品大肆破壞，還有一些神明和英雄的雕像逃過迷信的大斧。城市的廣場和賽車場擁有美好時代的遺物，顯得高貴而且壯觀。尼西塔斯曾經描述其中一些作品[62]，筆調過分的華麗和矯揉，我特別選擇某些有趣的部分：(一)「勝利的御車手」用青銅鑄造，是由出賽者自己或公眾出資製作，安裝在橢圓形競技場最適當的位置：威武的御車手站立在戰車上，繞著目標飛奔前進。觀眾可以欣賞他們的姿勢，品評他們的表情。在這些雕像當中，最完美的作品很可能從奧林匹克運動場搬運過來。(二)「獅身人面像、河馬和鱷魚」，表現出埃及的氣候和工藝的水準，這是來自古老行省的掠奪品。(三)「母狼哺乳羅慕拉斯和勒繆斯」，這是一件古代或現代羅馬人都喜歡的作品，但是在希臘雕塑藝術衰落之前，很少人表現此一主題。(四)「老鷹用爪子抓住一條蛇正在撕扯」，這是拜占庭人專有的紀念物，他們說它並非出自藝術家之手，完全是哲學家阿波羅紐斯(Apollonius)神奇的力量，他用這個符咒將城市從劇毒的爬蟲口裡拯救出來。(五)「驢子和趕驢人」，奧古斯都建造在他的殖民地尼柯波里斯(Nicopolis)，紀念阿克興

61　尼西塔斯用非常刻薄的言詞來譴責拉丁人，說他們對於希臘和荷馬根本是一無所知。事實上，在十二或十三世紀時，拉丁人的語文並沒有與文學完全絕緣。

62　尼西塔斯的手抄本保存在波德里安(Bodleian)圖書館，對於君士坦丁堡的雕像記載很多吉光片羽的資料，出於欺騙、羞愧或是大意的關係，在普通版本中都已經刪除。法比里修斯(Fabricius, Johann Albert, 1668-1736A.D，學者和語言學家)將手抄本出版以後，索斯柏立(Salisbury)那位靈敏的哈里斯(Harris)給予頂禮膜拜的讚譽。

(Actium)海戰勝利的吉祥物。(六)「騎士雕像」，無知的人認為是約書亞的像，實際上是那個征服猶太人的皇帝，伸出手阻止正在下墜的太陽。更為古老的傳說是指貝勒羅豐(Bellerophon)和他的座騎佩格瑟斯(Pegasus)，它那自由自在的神情，像是要表明它並非在地面馳騁，而是在天空飛行。(七)「青銅的高聳方尖碑」，四面的浮雕是各式各樣極其生動的鄉村景象：歌唱的鳥、勞動的農夫、吹奏笛子的村民、咩咩叫的羊、跳躍的羔羊、大海、魚和捕魚的場面、歡笑的裸體小愛神在歡笑、在嬉戲、在互相投擲蘋果，碑的頂端有一個女性的雕像，只要有微風便會轉動，稱為「風的伴侶」。(八)「弗里基亞牧人向維納斯呈奉美女的禮物」，就是那隻引起特洛伊戰爭的金蘋果*63。(九)「舉世無雙的海倫像」，尼西塔斯用崇拜和愛慕的言詞加以描述：纖細的雙腳、雪白的手臂、玫瑰的嘴唇、魔幻的微笑、清澈的眼睛、彎彎的蛾眉、勻稱的身材、輕盈的披肩和那隨風吹動的雲鬢，這樣的美也會激起蠻族破壞者心中的憐憫和惋惜之情。(十)「雄偉的海克力斯天神像64」，利西波斯(Lysippus)用大師的手法恢復他的生命，如此的龐然大物，他的大姆指有人的腰那麼粗，腳有人的身軀那麼長65，還有寬闊的胸部和厚實的肩膀、強健的四肢和堅硬的肌肉、鬈曲的頭髮和威嚴的姿態，沒有攜帶弓、箭囊、棒棍這些武器，只有一張獅皮隨意披在身上。他坐在柳條編的筐子上，右腳和右臂盡量向外伸展，左膝彎曲支撐著手肘，用左手倚著頭，充滿憤慨和抑鬱的神情。(十一)「巨大的朱諾雕像*66」，最早立在沙摩斯(Samos)以她為名的神廟裡，巨大的頭部要用四頭牛費很大的力氣，才能拉進殿堂。(十二)「帕拉斯(Pallas)或密涅瓦的

---

*63 [譯註]帕里斯王子把金蘋果給了愛與美女神阿弗洛黛蒂，證明她是世界最美麗的
　　女神，使得天后赫拉和智慧女神雅典娜極為不滿，結果引起特洛伊戰爭。

　64 為了說明海克力斯的雕像，哈里斯引用希臘人雋語，並刻在美麗的寶石上，但沒
　　有完全模仿原來那座雕像的姿態。原像不帶棍棒，右腳和右臂盡量向前伸。

　65 我把這些尺寸的比例摘錄下來，看來大姆指和腳的大小顯然不相稱(譯按：要是大
　　姆指跟腰一樣粗，那麼腳應該有十個人那麼長才對)，可見尼西塔斯喜歡誇大其
　　辭，這種鑑賞的品味只能表現裝腔作勢的虛榮。

*66 [譯註]朱諾是羅馬神話裡的主神，身為天后，是天神朱庇特之妻，司生育、婚
　　姻，是婦女的保護神，地位相當於希臘神話裡的希拉。

巨像」，整個高度是三十呎，唯妙唯肖的神態表現出好戰女神的風格和氣
質。有關這座像我們不要埋怨拉丁人，在這裡先要說明，帕拉斯像是在第
一次圍城之後，出於恐懼和迷信的因素，被希臘人自己毀掉[67]。

上面列舉的其他銅像，都被十字軍無情的貪婪所打碎或熔化，費用和
勞力在轉瞬之間化為烏有，天才的神韻消失在裊裊上升的青煙之中，殘留
下來價值不高的金屬鑄成錢幣支付給軍隊。青銅並不是製造紀念物最耐久
的材料，菲迪亞斯(Phidias)和普拉克西特勒斯(Praxiteles)用大理石雕成的
人像，無知的拉丁人就會棄之不顧[68]，除非是出乎意外的破壞行動才會打
得粉碎，視為無用的石頭而讓它安然矗立在基座上面。那些最有教養的異
鄉人，不像他們的同胞拚命追求粗俗和感官的滿足，用虔誠的態度拿出征
服者的權勢，全力尋找和蒐集聖徒的遺物[69]。這場變革使大量的頭顱、骨
骸、十字架和聖像散布到歐洲各地的教堂。朝聖和奉獻正在急劇增加，將
掠奪的物品從東部輸入是獲利最豐的行業。有許多在十二世紀還存在的古
代作品，現在已經消失無從尋覓。朝聖者對他們沒有能力閱讀的卷籍，就
不會花精神去搶救或運走。紙張或羊皮紙都是易於損毀的材料，要靠大量
的抄寫才能保存長久。希臘的文獻和圖書幾乎全部集中在都城，在君士坦
丁堡的三次大火中被焚毀的書卷，我們根本無法評估遭受多大損失，情
況之慘重實在讓人傷心落淚[70]。

---

67 拉丁的編輯認為這位歷史學家的風格是吹牛和杜撰。

68 尼西塔斯有兩段文章譴責拉丁人貪財好貨，把那種可恥的嘴臉描述得唯妙唯肖。
然而威尼斯人將四匹銅馬從君士坦丁堡搬到聖馬可廣場，這可說是功德無量。

69 看來馬丁院長是信仰虔誠的強盜，把價值連城的貨物運到巴西爾教區中他的巴黎
修道院。但為了祕密保存戰利品，他被革出教門，或許也違背他立下的誓言。

70 我在結束這一章時，特別要提到一本現代歷史著作，敘述拉丁人奪取君士坦丁堡
的事蹟，等我到手為時已晚。保洛‧拉繆西奧(Paolo Ramusio)是遊記編輯的兒
子，受威尼斯元老院委託寫出這部征戰史，他年輕時就接受這個工作，到中年才
完成風格典雅的拉丁文鉅著。雖然他獲得維爾哈杜因的抄本，但還是運用很多拉
丁和希臘的史料，敘述的內容非常豐富完整。我們特別感激他的地方，在於對艦
隊有正確的記錄、五十位指揮共和國戰船的威尼斯貴族姓名，以及潘塔勒昂‧巴
爾布斯(Pantaleon Barbus)基於愛國心，反對推選元首擔任皇帝。

第六十一章

帝國為法蘭西和威尼斯瓜分　法蘭德斯人和教廷派出五位拉丁皇帝　拉丁帝國的貧困和衰弱　希臘人光復君士坦丁堡　十字軍的後續狀況(1020-1261A.D.)

一、鮑德溫一世的推選和登基以及帝國之瓜分(1204A.D.)

　　君士坦丁堡合法的君王亡故後，法蘭西人和威尼斯人確信勝利在握，正義得以伸張，同意瓜分和控領未來的土地所有權。他們根據條約的規定提名十二位選舉人，兩個國家各派六名，按照多數決選出東部的皇帝。要是得票數相等，要用抽籤的機會來決定得勝的候選人。他可以獲得拜占庭帝座的所有頭銜和特權，布科勒昂和布拉契尼兩所指定的皇宮，以及希臘君主政體四分之一的領土。同時明確規定，剩下的四分之三疆域由威尼斯共和國與法蘭西的貴族均分。除了對威尼斯的元首表示尊敬以外，每位擁有領地的諸侯對於帝國最高領袖，要承認並善盡聽命效忠和軍事服役的職責。要是皇帝從一個國家產生，要讓他的戰友從其他的國家選出一位教長。朝聖者即使急著要去參訪聖地，還是要奉獻下一年的時間來征服和防守希臘的行省。拉丁人奪取君士坦丁堡以後，批准條約立即執行，第一步最重要的工作是冊封皇帝。法蘭西的六位選舉人都是教職人員，洛什(Loces)修道院院長、巴勒斯坦已當選的亞克總主教、特洛瓦、蘇瓦松、哈伯斯塔(Halberstadt)和伯利恆的主教，最後一位在營地擔任的職務是教皇的代表，他們的職位和學識都受到尊敬，都不是選擇的目標，更有資格尋找理想的人選。六位威尼斯人都是國家重要的公職人員，奎里尼

(Querini)和坎塔里尼(Contarini)這些貴族家庭發現他們的祖先列名其間，仍舊感到驕傲。

十二位選舉人在皇宮的禮拜堂集會（1204年5月9-16日），聖靈祈禱的莊嚴儀式以後，他們進行商議和選舉，完全是出於敬佩和感恩的心理，要將皇冠授與德行高潔的元首，靠著他的智慧和見識才能成就豐功偉業。最年輕的騎士也都羨慕和讚揚瞎眼花甲老人的功勳，但是愛國的丹多羅沒有絲毫個人野心，發揮正確的判斷力協助統治的工作而感到自滿。他的提名也受到威尼斯人的批駁，幾位選舉人不但是同胞也是朋友[1]。他們用真誠的言辭很剴刻的表示，共和國的首席官員和東部的皇帝，放在同一個人身上是無法共存的職位，對於國家的自由權利和聯盟的共同理想帶來很大的災難。

元首的退選給功績概等的邦尼菲斯和鮑德溫留下斟酌的餘地，聽到這兩人的大名，其他自嘆不如的候選人全都退讓表示尊敬。蒙特費拉的侯爵受到推薦，主要是正當盛年，為人公正廉明，是這群冒險家心目中理想的人物，也符合希臘人的意願。我不相信威尼斯這個大海的主宰，會嚴重憂慮阿爾卑斯山腳不足掛齒的領主，或是非常在意他的當選[2]。但法蘭德斯的伯爵是一個富有和好戰民族的領袖，他本人勇敢、虔誠而又純潔，正在三十二歲的壯年，是查理曼大帝的後裔，也是法蘭西國王的表弟。那些與他處於同等地位的神職人員和貴族，要他們受到一個外國人的管轄，即使屈從也不會心甘情願。沒有進入禮拜堂的貴族在元首和侯爵率領之下，期待十二位選舉人做出的決定。蘇瓦松主教代表全體同僚宣布結果：「我們一致投票同意法蘭德斯和黑諾特(Hainault)的鮑德溫伯爵，現在成為各位的君主和東部的皇帝，大家要對當選的君王宣誓效忠。」他用高聲讚許之辭致敬，這個宣布在全城引起回響，拉丁人樂不可支的相互慶賀，希臘人

1　談到元首受到一位法蘭西選舉人的提名，他的親戚安德魯・丹多羅(與他同名)證明他拒絕接受。現代的作家從布隆達斯到勒・波全都添油加醋大事讚揚一番。

2　尼西塔斯跟虛榮無知的希臘人沒有兩樣，把蒙特費拉侯爵認為是一個海上霸權。難道他也為倫巴底的拜占庭情結所欺騙，會沿著卡拉布里亞的海岸向外擴展？

在驚怖之餘顯現奉承的醜態。邦尼菲斯首先親吻競爭者的手，讓鮑德溫坐
在盾牌上面，大家把他舉起來抬進主座教堂，在莊嚴的氣氛中授與紫色的
厚底官靴。過了三個星期，因爲教長的職位空懸，就由教皇的代表爲他加
冕。不過威尼斯的教士在聖索非亞大教堂舉行的會議中很快占有人數的優
勢，他們擁護湯瑪士‧摩羅西尼(Thomas Morosini)坐上教長的寶座，用
盡諸般手段要爲本國的榮譽和利益，在希臘教會永遠居有這個極其重要的
職位[3]。

　　君士坦丁的繼承人毫不耽擱，將改朝換代的變革通知巴勒斯坦、法蘭
西和羅馬。他把君士坦丁堡的城門和港口的鐵鍊，當作紀念品送到巴勒斯
坦，採用《耶路撒冷條例》當作法規或習慣法，認爲最適用於法蘭西殖民
地和在東部征服的地區。他在信函裡鼓勵法蘭西的土著參加他的陣營，使
殖民地能夠日益茁長壯大，保護征服的既得成果，充實一個雄偉城市和這
塊肥沃國土所需的人口。無論擔任教士還是士兵，辛勞的工作就會獲得報
酬。他向羅馬教皇道賀對方能夠在東部恢復原有的權威，邀請教皇親自參
加大公會議，絕滅希臘的宗教分裂，懇求他祝福和原諒沒有服從諭令的朝
聖者。英諾森的答覆表現審愼和尊嚴[4]。在拜占庭帝國的顛覆過程中，他
指控人們所犯的惡行，崇敬上帝賜予的恩典。征服者獲得赦免或是譴責，
端視爾後的行爲而定。條約的合法和有效要依據聖彼得的裁示，但是他的
教誨是要建立一個服從和進貢的從屬體系，從希臘人到拉丁人，從官吏到
教士，從教士到教皇，使能夠層層節制，這是他們最神聖的責任。

　　瓜分希臘帝國的行省時[5]，威尼斯的收獲比拉丁皇帝分到的部分還要

3　他們要湯瑪士‧摩羅西尼立下誓言：關於聖索非亞教堂教團成員，所任命的合法
　　選舉人必須是威尼斯人，而且要在威尼斯住過十年以上。但是其他國家的教士對
　　這件事感到嫉妒，教皇不批准這種民族的專利和壟斷，在君士坦丁堡的六個拉丁
　　籍教長中，只有頭一位和最後一位是威尼斯人。

4　英諾森三世的信函對君士坦丁堡的拉丁帝國而言，成爲教會和民事制度最有力的
　　基礎。穆拉托里把這些重要的信件放在他年表之中。

5　在分割疆域的協定中，書記將大多數的地名都弄錯，現在先要改進有關的地理知
　　識。我們要想明瞭拜占庭帝國最後階段的狀況，一份精確度良好的地圖確有必
　　要。但是，老天！丹維爾已經不在人世了！

大得多。君主據有的地域大約是四分之一，剩餘的一半保留給威尼斯人，
另外一半分配給法蘭西和倫巴底冒險犯難的勇士。德高望重的丹多羅被宣
告爲羅馬尼亞的統治者，按照希臘的模式授與他紫色厚底官靴。他在君士
坦丁堡結束長久而光榮的一生，即使特權只限於他個人，但他擁有的頭銜
讓繼承人使用到十四世紀中葉，是眞正擁有羅馬帝國四分之一再加一半國
土(即八分之三)的領主。威尼斯的元首是共和國的公僕，很少允許離開政
府最重要的現職，但是他的位置暫時由副手或攝政代理，在威尼斯的殖民
地能夠執行最高統治權。他們占有城市總面積八分之三的區域，獨立的法
庭由六名法官、四名律師、兩名會計、兩名公設辯護人和一名法警所組
成，在東部貿易的長久經驗使他們可以選擇最熟悉的業務。他們沒有深思
熟慮，就貿然接受亞得里亞堡的統治權和防務，事實上威尼斯對外政策最
合理的目標，是從鄰近的拉古薩(Ragusa)直抵海倫斯坡海峽和博斯普魯斯
海峽，沿著濱海的城市和島嶼構成一條供應無缺的航線。過分擴展的征戰
行動所使用的勞力和經費耗盡國庫的資財，只有放棄政府的施政方針，採
用只要求貴族效忠[6]的封建體制。這些貴族的私人家臣要靠自己的能力，
去占有或維持對土地的所有權。運用這種方式以後，像是薩努特家族擁有
納克索斯(Naxos)公國，將多島之海的大部分島嶼包括在內。共和國用一
萬馬克從蒙特費拉侯爵的手裡，購買克里特或坎地亞(Candia)這個富沃的
島嶼，連帶成爲廢墟的一百多個城市[7]。但貴族政體的自負和狹隘心態限
制改進的作爲[8]，極有見識的元老院議員表明聖馬可的財源是海洋而非陸

---

6 杜坎吉特別指出這次征戰的勝利，在於威尼斯政府或貴族使出全力，他們最大的
　報酬是獲得坎地亞、科孚、塞法羅尼亞(Cephalonia)、占特(Zante)、納克索斯
　(Naxos)、佩洛斯(Paros)、米洛斯(Melos)、安德羅斯(Andros)、麥柯尼
　(Mycone)、賽洛(Scyro)、西阿(Cea)和連諾斯(Lemnos)這些島嶼。

7 邦尼菲斯在1204年8月12日出讓坎地亞島，但我不了解爲什麼說成是他母親的嫁
　奩，也不明白他的母親怎麼成爲阿里克蘇斯皇帝的女兒。

8 威尼斯元首彼得‧札尼在1212年從各區派出人員，送往坎地亞去建立殖地地。坎
　地亞人如同受到熱那亞高壓統治的科西嘉人一樣，不斷出現殘酷的暴行和叛亂的
　活動。當我比較貝龍(Belon)和圖尼福(Tournefort)的報導，發現威尼斯人統治的
　島嶼與土耳其人統治的島嶼，看起來沒有什麼差別。

地。

在冒險犯難的勇士獲得一半的土地之中，邦尼菲斯侯爵得到的報酬最爲豐富，除了克里特島之外，沒有登上寶座的補償是皇家的頭銜和海倫斯坡海峽對岸的行省。他的行事非常謹愼，將路途遙遠和難以處理的征服地區用來交換提薩洛尼卡或馬其頓王國，離都城有十二天的行程，鄰近他的妹夫匈牙利國王，可以獲得強有力的支持。他在一路上受到當地土著熱情的歡呼，很多地方出於自願，也有人抱著勉強的態度。希臘人再度接受一位拉丁征服者的統治[9]，他們才是眞正古代希臘人的後裔，然而統治者帶著漠不關心的神情，踏上充滿古典風格的土地。他用毫不在意的眼光看著田佩（Tempe）山谷美麗的風景；邁著小心翼翼的腳步穿越色摩匹雷（Thermopylae）的關隘；占領那些自己一無所知的城市，像是底比斯、雅典和亞哥斯；攻擊科林斯和拿坡里（Napoli）的城堡工事[10]，這些城鎮在阻擋大軍的前進。一大群拉丁的朝聖者成爲他的手下，完全是機緣湊巧或是他自己的選擇，再不然是後來交換所得。他們濫用勝利的特權縱情聲色，還任意踐踏一個偉大民族的生命和財產。對於這些行省進行詳盡的調查以後，他們完全用貪婪的尺度來權衡每個區域的賦稅、位置的優勢以及維持士兵和馬匹的供應品多寡。他們對於在羅馬主權下久已喪失的屬地，靠著臆測來要求恢復或予以瓜分。尼羅河和幼發拉底河波濤滾滾流過想像中的領域，能夠從伊科尼姆的土耳其蘇丹皇宮中帶走戰利品，這是武士最感快慰的事[11]。

我不想詳盡列出家譜和產業租約，但是我願意指明，布耳瓦和聖波爾

9　維爾哈杜因和尼西塔斯敘述邦尼菲斯侯爵到希臘的遠征行動，孔尼阿特（Choniate）從他的兄弟米迦勒獲得這個消息，米迦勒是雅典總主教，大家認爲他是演說家、政治家和聖徒。他爲雅典所寫的頌辭以及對田佩的描述，記載在波德里安圖書館的尼西塔斯手抄本中，後來曾經刊行出版，哈里斯應該對內容進行詳盡的探查。

10　拿坡里或稱諾普里亞（Nauplia），是亞哥斯一處古老的海港，位置在岩石遍布的半島，不僅防務堅強，而且仍舊是非常優良的港口。

11　我已經緩和尼西塔斯的表達方式和情緒，他使盡力氣要讓大家知道法蘭克人的僭越和傲慢。

伯爵被授與尼斯公國和德摩提卡(Demotica)領地[12]，保持主要的采邑，附帶警衛、管事、侍酒、司膳和主廚等服務。維爾哈杜因的傑福瑞在赫布魯斯(Hebrus)河的河岸，獲得一個管理良好的機構，同時擔任香檳和羅馬尼亞元帥的職位。每位貴族騎在馬上率領所屬騎士和弓箭手，確保他所分到的土地和產業，在開始時只要努力通常會獲得成功。但是貴族的分散減弱國家的實力，大家一意孤行，必定產生不勝其數的爭執，只能靠著武力來仲裁。在攻取君士坦丁堡三個月後，皇帝和提薩洛尼卡國王領著相互敵視的追隨者兵戎相見。他們所以握手言和，在於元首的權勢、元帥的勸說和他們的同儕有各行其是的自由[13]。

二、尼斯、特里比森德和伊庇魯斯建立希臘政權(1204-1222A.D.)

兩位流亡者阿里克蘇斯三世和五世曾經統治過君士坦丁堡，現在仍舊保有皇帝的頭銜。臣民在他們喪失寶座以後，對年長的阿里克蘇斯所遭遇的不幸可能產生憐憫之心，對木茲菲烏斯的進取精神激起報復的行動。家庭的聯姻、共同的利益、類似的罪行，以及要使敵人絕滅的功績，艾薩克二世的一位弟弟和一位姪兒運用這些方式和相互的認知，使得最近這個篡奪者與前者殘餘的勢力聯合起來。木茲菲烏斯在他父親阿里克蘇斯的營地，受到充滿笑容和榮耀的接待，但是惡漢從來不會去愛同是罪犯的人，也很少會去信任同類。他在浴室被抓走，眼睛被刺瞎，部隊和財富被擭取，然後被逐出在外任意漂泊，昔日讓人痛恨的對象現在只能引起憎惡和藐視，殺害艾薩克皇帝和他兒子的兇手受到正義的制裁。這個暴君被畏懼或悔恨所糾纏，只有偷偷溜到亞洲，被君士坦丁堡的拉丁人捕獲，在公開

---

12 這座城市被赫布魯斯(Hebrus)河環繞，位於亞得里亞堡的南邊六個里格，有雙重的城牆保護，因此希臘名字是笛迪摩提克斯(Didymoteichos)，逐漸發音變成德摩提卡和笛摩特(Dimot)，我還是使用更為方便和現代的稱呼德摩提卡。這裡也是查理十二在土耳其最後居住的地方。

13 維爾哈杜因用完全開放的心靈談到他們的爭吵。希臘的歷史學家承認元帥的功勳和名聲，不像很多現代英雄只能在回憶錄上看到自己的事蹟。

的審判以後定罪，接受可恥的死刑。法官爭論處死的方式是斬首、車裂還是刺刑，最後的決定是將木茲菲烏斯[14]送上狄奧多西石柱柱頂，這根白色的大理石柱有一百四十七呎高[15]，然後將他從頂端拋擲下去，當著站滿陶魯斯廣場無數的觀眾，在走道上面摔得粉身碎骨。這件奇異的事件經過解釋以後，可以印證古老的預言真是靈驗無比[16]。

　　阿里克蘇斯三世的下場沒有那樣戲劇化，他成為俘虜，被侯爵送到意大利，當作呈獻給羅馬國王的禮物，原來監禁和流放的判決是在阿爾卑斯山的一座城堡，後來改為亞洲的一所修道院，不過這完全不影響他的命運。但他的女兒在國家遭到災難之前，已經嫁給一位年輕的英雄人物，後來是他接受繼承權，恢復希臘君王的寶座[17]。

　　狄奧多爾・拉斯卡里斯(Theodore Lascaris)驍勇善戰，在兩次君士坦丁堡的圍攻中表現極為出色。等到木茲菲烏斯逃走，讓拉丁人進入城市，他在群龍無首之下挺身而出，成為士兵和人民的皇帝，這種抱負也可能是愛國的情操真是無比英勇。要是他能灌輸這種氣勢到群眾身上，那麼他們就能用腳將外鄉人踩成齏粉。陷於可憐絕望之境的居民認為困獸之鬥無濟無事，狄奧多爾退到安納托利亞保持自由之身，避開征服者直接的注視和立即的追捕。他一開始用藩王的頭銜，後來才即位成為皇帝(1204-1222A.D.)，打出與敵人勢不兩立的旗幟，不願接受拉丁人奴役的統治，

14　在尼西塔斯、維爾哈杜因和根特魯斯的作品中，可以看到木茲菲烏斯可憐的下場。對於這個暴君或叛徒，元帥和僧侶都沒有表示一點憐憫之心，不過，比起他的罪行而言，對他的懲罰更是史無前例。

15　阿卡狄斯(Arcadius)豎立這根石柱，四周都有浮雕，用來紀念他或者他的父親狄奧多西的勝利，現在還存留在君士坦丁堡，吉留斯(Gyllius, Peter，十六世紀法國自然科學家)、班都里(Banduri, Anselme, 1671-1743A.D.，希臘古物學家和牧師)和圖尼福都加以描述和測量。

16　根特的胡說八道和現代希臘人的迷信根本不值一提，但是奇怪之處是拉丁人征服行動的五十年之前，詩人特茲特斯(Tzetzes, Joannes，十二世紀的僧侶、歷史學家、學者和詩人)提到一個貴婦人的夢，她看到一支軍隊在廣場，有個人坐在石柱上面，用手鼓掌以後發出很大的嘆息聲音。

17　杜坎吉的《拜占庭的世家貴族》對於尼斯、特里比森德和伊庇魯斯的王朝，用學術研究的程序進行探索，表達的方式非常明確。

即使犧牲性命也在所不惜。他爲了謀取公眾的安全，認爲所有的手段都是合法的行爲，毫不猶豫懇求土耳其蘇丹建立聯盟關係。尼斯、普魯薩（Prusa）、菲拉德菲亞、西麥那和以弗所都打開城門將他視爲解救者。狄奧多爾在尼斯建造官邸當作居留之地，從征戰的勝利贏得實力和聲譽，即使敗北也無損於盛名。

君士坦丁的繼承人還能保有帝國的部分疆域，從米安得(Maeander)河的兩岸到尼柯米地亞的郊區，以及後來的君士坦丁堡。帝國另外還有遙遠而偏僻的部分領土，爲康南尼家族嫡系繼承人所據有，他是賢明之君馬紐爾的兒子，也是暴虐之君安德洛尼庫斯一世的孫子，他的名字也叫阿里克蘇斯，所以會有「偉大」的稱號是指他的身材魁梧，並非指功勳蓋世。安吉利王朝賜予恩典指派他擔任特里比森德總督或公爵[18]，他的家世尊貴才會產生野心，趁著改朝換代的變革宣布獨立，在沒有更換頭銜的狀況下，和平統治從夕諾庇到費西斯(Phasis)河的黑海沿岸地區。他那毫無名氣的兒子和繼承人被描述成蘇丹的家臣，要提供兩百名長矛兵爲土耳其人服役。康南尼家族的君主僅不過是特里比森德公爵，阿里克蘇斯的孫子自負而嫉妒，才開始僭用皇帝的頭銜。

第三塊領土位於西部，在帝國沉淪之際爲米迦勒保存下來，他是安吉利皇室的一個私生子，在改朝換代之前曾是人質、士兵和叛徒。他逃離邦尼菲斯侯爵的營地確保自由權利，娶總督的女兒爲妻能夠控領杜拉索這個要點，然後採用藩王的頭銜，在伊庇魯斯、伊托利亞(Aetolia)和帖撒利建立實力強大而又名聲響亮的公國，這個地域一直聚集黷武好戰的種族。希臘人願意爲新統治者提供服務，傲慢的拉丁人藐視這個民族，認爲他們習性怯懦，生而聽命於人，拒絕他們擔任政府和軍隊的職位。怨恨之心激起

---

18 除了帕契默和格列哥拉斯(Gregoras)的作品中所提到的一些事實，現在還可以運用，拜占庭的作者拒絕提起特里比森德帝國或拉齊公國，就是拿拉丁人來說，是在十四或十五世紀的傳奇小說中比較出名。然而工作起來不眠不休的杜坎吉，在波斐(Beauvais)的文森特(Vincent)和秘書長奧吉流斯(Ogerius)的著作中，找到兩段可信的記載。

他們有所表現，證明他們不僅是有用的朋友還是危險的敵人，處於逆境的磨練可以振作他們的膽識，那些學識淵博和操守廉明的人，那些出身高貴和驍勇善戰的人，全都投奔特里比森德、伊庇魯斯和尼斯這些獨立的國家。只有一位希臘的大公情況很特殊，忠誠追隨法蘭克人，受到含糊其辭的讚許。城市和鄉村一般平民大眾，樂於接受溫和而常態的奴役生活。經過幾年的勤奮工作與和平的生活，可以消除戰爭暫時混亂不安的狀況。但封建制度所帶來的混亂不安，會擯棄和平的生活和粉碎勤奮的工作。

君士坦丁堡的羅馬皇帝要是擁有能力，就會掌握武裝部隊來保護他的臣民，法律非常明智而行政相當純樸。一位有名無實的君主據有拉丁人的寶座，說起來是這群無法無天聯盟軍隊的首長，實際上卻是聽命的僕從。帝國的采邑或封地大至一個王國小到一個城堡，全都被貴族用刀劍來把持和統治。他們的爭吵、貧窮和無知，將無孔不入的暴政延伸到最隱僻的村莊。希臘人生活在雙重高壓的迫害之下，教士擁有世俗的權威而士兵充滿狂熱的恨意，宗教和語言難以克服的阻礙，使外鄉人和本地土著永遠離心離德。只要十字軍人員在君士坦丁堡採取聯合行動，征服引起的記憶和軍隊帶來的恐怖，逼得受控制的土地永保沉默。等到拉丁人分散開來以後，就會突顯人數的稀少和訓練的缺失。他們產生的錯誤和遭遇的惡運洩露最大的祕密，那就是他們並非所向無敵。希臘人的畏懼之心逐漸減少，痛恨之意相對增加。他們私下抱怨，暗中進行密謀，奴役的歲月尚未滿一年，他們哀求或接受蠻族的援助，無形中感受到那種強大的力量，信任蠻族有感恩圖報的意願[19]。

三、保加利亞的戰事及鮑德溫的敗北和死亡(1205A.D.)

拉丁征服者受到約翰派遣的使節正式前來祝賀，約翰又稱姜尼斯

---

19 我帶著毫無拘束和相當自信的心情，來運用杜坎吉的八本歷史作品，可以做爲維爾哈杜因的補遺，帶著一點豪放無羈的風格，可以譽爲原創和古典的名著。

(Joannice)或卡洛-約翰(Calo-John)，是保加利亞人和瓦拉幾亞人叛變的首領。約翰是羅馬教皇的信徒，從教皇的手裡獲得國王的頭銜和一面神聖的旗幟，所以自認是拉丁人的弟兄，現在聽到推翻希臘國君的消息，可能渴望能列名他們的朋友和同謀為榮。卡洛-約翰非常詫異的發覺，法蘭德斯伯爵完全因襲君士坦丁繼承人的排場和自負，他的使臣竟然被一個傲慢的通知打發走路，說是保加利亞的叛賊應該要求獲得原諒，因為他竟敢用額頭去接觸寶座的椅腳。極端的憤慨會從暴虐和流血的行動獲得發洩，他運用更為冷靜的策略觀察希臘人逐漸高升的不滿，對他們的痛苦裝出同情和關心的模樣。只要他們發起爭取自由的鬥爭，他承諾給予個人和王國的支持和援助。民族的仇恨將陰謀叛逆的活動擴展開來，雙方祕密組成團結合作和意志堅定的隊伍。希臘人已經無法忍耐下去，急著拔出佩劍插進那些獲勝外鄉人的胸膛。但起義的行動經過審慎的考量還是延後，等到皇帝的弟弟亨利將部隊中最精華的單位運過海倫斯坡海峽。色雷斯大多數的城鎮和村莊完成準備，等待動手的信號，拉丁人沒有武裝也毫不懷疑，在殘酷無情和令人髮指的報復行動中慘遭奴隸的誅戮。德摩提卡是大屠殺最早的現場，聖波爾伯爵倖存的家臣從這裡開始一路逃向亞得里亞堡。但那些占領城市的法蘭西人和威尼斯人，被狂怒的群眾所殺害或驅離，守備部隊只有趕快撤走，在相互照應之下退回都城。所有的要塞和堡壘處於分離的狀況在抗拒叛徒，對外失去連繫，也不知道統治者遭到什麼下場。傳聞和恐懼的聲音宣布希臘人的揭竿而起，保加利亞的盟軍很快抵達。卡洛-約翰根本不運用自己王國的軍隊，從錫西厄荒野引來一萬四千柯曼人(Comans)的隊伍。據說這些蠻族會飲俘虜的鮮血，把基督徒當成犧牲，在祭台上奉獻給他們的神明[20]。

接到突然和危險遽增的警報，皇帝派遣疾馳的信差召回亨利伯爵和他的部隊。要是鮑德溫等待他那勇敢的兄弟返回以後，加上原來準備的兩萬

---

20 柯曼人是韃靼人或土庫曼人的旗，十二和十三世紀時，在摩達維亞的邊緣地區逐水草而居，大部分族人都是異教徒，只有一些成為伊斯蘭信徒，經過匈牙利國王劉易斯的努力，整個旗改信基督教(1370A.D.)。

亞美尼亞人，可以用概等的兵力迎戰入侵者，而且在武器和訓練上占有優
勢。然而騎士精神很難將謹慎和怯懦分得清楚。皇帝率領一百四十名騎士
進入戰場，加上伴隨的弓箭手和下級武士。元帥在勸阻無效以後只有服從
命令，率領前鋒一起行軍前往亞得里亞堡，主力由布耳瓦伯爵指揮，年邁
的威尼斯元首隨著後衛。流亡的拉丁人從四面八方趕來加入，使數量嚴重
不足的軍隊能夠增大實力，著手包圍在亞得里亞堡的叛徒。他們在復活節
的聖週期間，為了獲得給養到鄉村去搶劫，製造各種攻城器具用來毀滅同
教的弟兄，這就是十字軍對宗教虔誠所秉持的意念。拉丁人受到柯曼人輕
騎兵部隊的攔截，已經全面提高警覺，這時柯曼人對拉丁人未完成整備的
戰線邊緣進行大膽的襲擾。羅馬尼亞元帥很快傳令下去，騎兵部隊在聽到
號角聲後，立即上馬排成陣式，但是任何人不得擅自發起散漫而危險的追
擊，違者要受到處死的懲罰。布耳瓦伯爵第一個不服從這個明智的命令，
行動魯莽以致命喪黃泉，連帶皇帝也遭遇不幸。

　　柯曼人可以說是安息人或韃靼人的一支，在拉丁人發起衝鋒的同時就
向後逃走，但是等到疾馳兩個里格的距離，騎士和馬匹都累得喘息不已，
這時柯曼人突然轉過身來開始反擊，包圍法蘭克人的重裝騎兵部隊。伯爵
在戰場被殺，皇帝成為俘虜(1205年4月15日)。哪怕皇帝不屑於逃走、伯
爵拒絕降服要奮戰到底，就一個將領而言，要是無法執行職務或是忽略應
盡的責任，即使個人作戰無比的英勇，也只是可憐的贖罪行為[21]。

　　保加利亞人為野戰的勝利和皇家的俘虜感到自豪，立即前進解救亞得
里亞堡和完成摧毀拉丁人的工作。在這個時代，要說戰爭是一種科學，不
如說是一種激情。如果不是羅馬尼亞的元帥展現冷靜的勇氣和高明的技
巧，全都無可避免遭到殲滅的下場，他的勇氣和技巧在任何年代都屬罕
見，更不要說是在這個時代。他的悲傷和恐懼向著元首傾注，元首有堅定
和忠誠的心胸可以使他獲得安撫。但是他在營地傳布安全的保證，僅有那

---

21 尼西塔斯不知是出於無知還是惡意，把這次敗北歸咎於丹多羅的怯懦，但是維爾
　哈杜因願意與德高望重的朋友分享這份榮譽。

些具備宗教信仰的人才能理解。整天維爾哈杜因都留在城市和蠻族之間極
為危險的位置，在深夜的寂靜中撤收營地，用三天的時間實施高明的退卻
行動，就是色諾芬和一萬希臘傭兵也會讚不絕口。元帥在後衛支持追擊帶
來的打擊，在戰線的前列安撫逃亡人員急躁的情緒。不論柯曼人在任何方
面出現，都被一列無法穿透的長矛所迫退。到了第三天，疲憊不堪的部隊
看到大海、羅多斯托(Rodosto)[22]這個孤獨的小鎮以及望眼欲穿的友軍，從
亞洲海岸運過來在此地登陸。他們擁抱在一起，不禁流下淚來，立即將部
隊合併以後召開會議。亨利伯爵在兄長缺席的狀況下成為帝國的攝政，剎
那之間使他從年輕天真變得衰老不堪[23]。要是柯曼人因夏季的炎熱而撤
退，在這個危險的時刻，有七千拉丁人背棄君士坦丁堡、戰友和誓言。雖
然有一些局部的獲勝，還是無法抵消在魯西姆(Rusium)的戰場損失一百
二十名騎士來得慘重。帝國的疆域只剩下都城，以及在歐洲和亞洲海岸
兩、三處相鄰的城堡。

　　保加利亞國王不僅所向無敵而且絕不留情，卡洛-約翰用尊敬的態度
迴避教皇提出的要求。教皇懇求這位新入教的教友恢復和平，將皇帝歸還
給備感痛苦的拉丁人。他的說法是，釋放鮑德溫已不再是凡人所具有的權
力，這位君王已經瘐斃獄中。有關他過世的情形出於無知和輕信，有各種
傳聞。悲劇傳奇的愛好者一定樂於聽到，脈脈含情的保加利亞王后要引誘
皇家的俘虜，他的品德高尚，拒絕苟且的行為，受害於婦人的謊言和蠻漢
的忌恨。他的四肢都被利刀砍下來，流血的身軀被拋棄在狗和馬的屍體中
間，在拿來餵猛禽獵鷹之前，活了三天的時間還未斷氣[24]。過了二十年以

---

22 在真正的地理位置和維爾哈杜因的原文，羅多斯托到亞得里亞堡的距離是三天的
　　行程。但是在維吉尼爾的譯本裡，這個距離很荒謬改為「三個時辰」，杜坎吉也
　　沒有更正譯文的錯誤，使得一些現代作者陷入困難，他們的名字我還是不提為
　　好。

23 維爾哈杜因和尼西塔斯都提到鮑德溫的統治和最後的結局，有些遺漏的地方由杜
　　坎吉在《觀察》一書中加以補充，直到第一卷最後的部分。

24 等到澄清所有可疑和推測的情節之後，我們可以證實鮑爾溫的死亡：(1)法蘭西貴
　　族都相信他的死亡；(2)卡洛－約翰公開宣布，對於沒有釋放被俘的皇帝感到非常
　　抱歉。

後，尼德蘭一處森林裡有個隱士自稱是真正的鮑德溫，是君士坦丁堡的皇帝和法蘭德斯合法的統治者，提到他的逃走、他的冒險以及他的悔罪，那是因為他長期生活在一個易於信仰和反叛的民族中間。開始時大家深受感動，法蘭德斯人承認這位長久失蹤的君王。法蘭西宮廷經過簡短的訊問，查出他是一個騙子，將他處以羞辱的死刑。但法蘭德斯人對這件事還是深信不疑，連那些最嚴肅的歷史學家都指責伯爵夫人珍妮，說她為了個人的野心犧牲可憐老父的性命。

四、亨利的臨危用事與改變統治作風的始末(1206-1216A.D.)

在所有文明的敵對行為中，簽訂條約是為了交換或贖回俘虜，要是拘禁時間延長，各種狀況已經清楚，就要按照他們的階級給予仁慈或禮遇的接待。野蠻的保加利亞對於戰爭的法則完全陌生，設置的監獄真是暗無天日。拉丁人確實知道鮑德溫過世之前，一年多的時光已經流逝，在這之前他的弟弟亨利擔任攝政，現在同意接受皇帝的頭銜。希臘人讚揚他謙恭和藹的態度，認為他這種行為是極為罕見又無法模仿的美德。他們輕浮奸詐的野心熱衷於掌握或利用空位期的機會，不過一種繼承法規逐漸用來規範和決定歐洲各個王國的世襲和傳承，可以同時保障君主和人民的權益。

在東部帝國的支持下，亨利逐漸掌握朝政，身邊已無當年的戰友，十字軍的英雄人物不是離開人世就是從戰爭中退休。威尼斯元首年高德劭的丹多羅，安享皓齡和光榮以後還是一坏黃土。蒙特費拉侯爵慢慢從伯羅奔尼撒戰爭中召回，要為鮑德溫報仇雪恨以及防守提薩洛尼卡。封建制度有關效忠和服務一些較棘手的爭執，需要皇帝和國王兩人當面會談來解決，雙方基於相互的尊敬和共同的危難，能夠緊密的團結合作。亨利與意大利國君女兒的婚事更能保證聯盟的關係，他很快哀悼朋友和岳父的喪生。邦尼菲斯被一些忠誠的希臘人說服，非常大膽而且順利的進犯多山的羅多庇(Rhodope)地區，保加利亞人在他接近時很快逃走，然後集結起來在他撤退時施以襲擾。傳來消息說是他的後衛遭到攻擊，他來不及穿上護身的鎧

甲就跳上馬背,端起長矛衝向當面的敵人,在魯莽的追擊中身受重傷。提
薩洛尼卡國王的頭顱送給卡洛-約翰,他雖然沒有戰陣的功勞,卻享受勝
利的榮譽。在這個令人傷感的事件發生以後,維爾哈杜因的傑福瑞不僅封
筆而且始終保持沉默[25]。要是他仍舊擔任羅馬尼亞元帥的職位,後續的功
勳也會埋沒在歷史的灰燼之中[26]。

亨利的行事風格並非難以應付艱辛的局面,在君士坦丁堡的圍攻作戰
和越過海倫斯坡海峽的進擊,贏得的名聲不僅是驍勇善戰的騎士,也是精
通兵法的主將。他的勇氣尚能自我節制,講求謹慎穩重和虛懷若谷,較之
生性衝動的兄長在將道方面更為高明。為了對抗亞洲的希臘人和歐洲的保
加利亞人,他迫得要採取兩面作戰的方式,無論在甲板或馬背他總是先身
士卒。雖然他小心翼翼盡諸般手段讓部隊立於不敗之地,還是經常用自己
做榜樣來提振拉丁人消沉的士氣,願意保護和支持大無畏的皇帝。這些努
力和從法蘭西獲得人員和金錢的支援,所能發揮的效果,還是不及難以制
服的對手本身所犯的過失、殘酷的作風和最後的死亡。失望的希臘臣民邀
請卡洛-約翰前來解救他們於水深火熱之中,期盼能夠保護他們的自由和
接納他們的法律,但是很快領教到這個民族的猙獰面目,開始咒罵這個野
蠻的征服者。現在他不必掩飾原本的意圖,那就是要摧毀色雷斯所有的城
市,將全部居民遷移到多瑙河的北岸地區。很多市鎮和村莊都已十室九
空,一堆廢墟標示出菲利浦波里斯的位置,這些引起叛亂的始作俑者,會
對德摩提卡和亞得里亞堡如法炮製。希臘人在亨利的寶座前面放出悲痛和
悔恨的哭聲,只有氣度恢宏的皇帝願意原諒和相信他們。頂多不過四百名
騎士以及他們的下級武士和弓箭手,能夠集結在他的旗幟下面,他就帶領

---

25 我帶著遺憾的心情得知這樣令人傷感的結局,不僅喪失第一手的歷史記載,也無
法獲得杜坎吉內容豐富的說明資料。維爾哈杜因最後幾頁的敘述,可以參閱亨利
給英諾森三世的兩封書信,更清楚整個事件的來龍去脈。

26 元帥在1212年還活在世間,可能沒過多久就亡故,但是並沒有回到法蘭西。邦尼
菲斯把美西諾堡(Messinople)當禮物送給他作為采邑,這個地方是古老的馬克西米
安波里斯(Maximianopolis),就色雷斯的城市來說,在阿米努斯‧馬西利努斯
(Ammianus Marcellinus)的時代非常興旺繁榮。

這支微弱的兵力去尋找保加利亞人並且將他們擊退，而對方統率的部隊除了步兵還有四萬騎兵。亨利在這一次的遠征行動中，對於處在敵對地區和友善地區有極爲不同的感受，他的軍隊使其他的城市都能保全不致毀滅，羞辱的野蠻人被迫放棄到口的獵物。圍攻提薩洛尼卡是卡洛－約翰最後施加於人的災難，竟然使自己遭到報應。他在夜間被刺殺在休息的御帳，將領或許就是兇手發現他浸浴在血泊裡，歸之於聖德米特流斯用長矛的一擊，因而獲得異口同聲的讚美[27]。經過幾次勝利以後，審愼的亨利與暴君的繼承人以及尼斯和伊庇魯斯的希臘君王，終於簽訂光榮的和平條約。即使割讓一些可疑的領土，還是爲自己和手下的諸侯保存一個廣大的王國。

　　他的統治僅延續十年而已（1206年8月20日-1216年6月11日），提供一段繁榮和平的短暫期間。他的作爲遠超過鮑德溫和邦尼菲斯狹隘的政策，毫無拘束將政府和軍隊的重要職位授與希臘人。這種寬厚的情操和做法正是來得及時，尼斯和伊庇魯斯的君王準備用利誘的方式，使那些貪財的拉丁人成爲忠勇的傭兵爲他們效命。亨利的目標是將優秀的臣民團結起來給予應得的酬勞，不論他們是哪個民族或說哪種語言。但是他對兩個積不相容的教會，倒是不急著完成他們的合併。貝拉基斯是教皇的代表，他的言行舉止就像是君士坦丁堡的統治者，曾經下令禁止希臘人使用的禮拜儀式，擺出固執的態度強制徵收十一稅，稱頌聖靈的讚美詩要用雙倍的行列，盲目服從羅馬教皇的指示。弱勢的派別訴諸良心的責任，懇求宗教自由的權利。他們說道：「我們的肉體受凱撒的統治，但是唯有我們的靈魂屬於上帝。」皇帝用堅定的意志阻止宗教迫害的行爲。要是我們相信這樣一位君王竟然被希臘人毒死，那麼就會對人類的恩情和感激抱著不屑一顧的念頭。他作戰的驃悍是一種世俗的特質，與其他騎士並沒有多大不同。然而亨利擁有「仁者之勇」的美稱，在一個迷信的時代竟敢反對教士的傲慢和貪婪。在聖索非亞主座教堂他把帝座置放在教長的右邊，這種僭越行

27　提薩洛尼卡以聖德米特流斯爲主保聖人的教堂，運用聖墓的宗教法規。教堂保有一瓶神聖的油膏，每天繼續分泌，份量不會減少，這是最驚人的奇蹟。

爲引起教皇英諾森三世嚴辭指責。他頒布一道有利後世的詔書禁止領地的
轉讓，這是有關「永代讓與」法規的第一個案例。很多拉丁人想要返回歐
洲故土，就將產業讓與教會以獲得永生或塵世的報酬，這些神聖的土地立
即免除軍事的服役，一個殖民地的士兵逐漸變成一大群教士。

五、科特尼的彼得與其子羅伯特的不幸下場(1217-1228A.D.)

　　光明磊落的亨利爲了防衛一個幼兒的帝國，這個國王是他朋友邦尼菲
斯的兒子，結果自己在提薩洛尼卡逝世。才不過經歷君士坦丁堡的最初兩
位皇帝，法蘭德斯伯爵的男性世系就已經斷絕，他們的姊妹約蘭德
（Yolande）是一位法蘭西諸侯的妻子，也是很多子女的母親，其中一個女
兒嫁給匈牙利的安德魯國王，是勇敢和虔誠的十字軍鬥士。羅馬尼亞的貴
族擁護他在拜占庭登極稱帝，認爲可以獲得鄰近一個善戰王國的大力支
持，但是生性審愼的安德魯尊重繼承的法規。拉丁人邀請約蘭德公主和她
的丈夫，奧沙（Auxerre）伯爵科特尼（Courtenay）的彼得前來繼承東部帝
國。彼得的父親有皇家的血統，母親是貴族出身，使他以法蘭西國王嫡親
表兄弟的關係被推薦給他們的貴族。何況他有良好的聲譽和廣大的產業，
在鎮壓阿爾比異端的血腥十字軍行動中，士兵和教士對他的誠信和英勇有
很好的口碑。君士坦丁堡擢升一個法蘭西的皇帝，只有虛榮成性的人才可
能大聲讚譽。但行事謹愼的君子對彼得身居危險而想像的高位，只會同
情，不會產生嫉妒之心。

　　彼得爲了保證能獲得頭銜以推崇自己的地位，不惜變賣或抵押最好的
產業籌措足夠的用項。他那生性慷慨的皇家親戚菲利浦・奧古斯都，本著
權宜之計和騎士精神，率領一百四十位騎士、五千五百名下級武士和弓箭
手，越過阿爾卑斯山。經過一番考量以後，教皇霍諾流斯三世（Honorius
III）[*28]被說服願意爲君士坦丁的繼承人加冕（1217年4月9日），但是舉行典

---

*28 [譯註]霍諾流斯三世是意大利籍教皇(1216-1227A.D.)，爲西西里國王腓特烈二世

禮的教堂不能位於城內，以免誤會他對於帝國古老的都城，曾經暗示或授
與任何統治權利。威尼斯人保證將彼得和他的軍隊安全運過亞得里亞海，
也把皇后和她的四個兒子送到拜占庭的皇宮。但是威尼斯人要他從伊庇魯
斯藩王的手裡收復杜拉索，作爲他們服務應付的代價。伊庇魯斯王朝第一
代的君王是米迦勒・安吉拉斯或稱康南努斯，他的權力和野心全由狄奧多
爾繼承，這個合法接位的弟弟已經威脅且侵入拉丁人所建立的國家和帝
國。皇帝負起他的義務，在發起無效的攻擊以後撤圍而去，從事漫長而危
險的行程，從杜拉索經由內陸抵達提薩洛尼卡。他很快在伊庇魯斯的山區
面臨敗北的危機，所有的關隘都有重兵把守。他的給養全部消耗殆盡，敵
人用狡詐的談判使他受到延誤和欺騙，等到科特尼的彼得和羅馬的教皇代
表在宴會中被捕，法蘭西軍隊在失去領導者和希望以後，急著交出武器換
取赦免和麵包這些並不可靠的承諾。梵蒂岡大爲震怒，威脅邪惡的狄奧多
爾要受到塵世和天國的報復。被俘的皇帝和他的士兵沒有人出面說話，教
皇的譴責只限於他的代表被監禁，教士的釋放和宗教方面聽命的承諾，立
即讓教皇感到滿意，馬上原諒伊庇魯斯的藩王並且給予保護。狄奧多爾用
專斷的指揮才能和部隊的龐大實力，使威尼斯人和匈牙利國王斷絕解救的
念頭。只有自然死亡或過早夭折[29]，才會讓科特尼的彼得從毫無希望的囚
禁狀況獲得自由(1217-1219A.D.)。

　　合法的君王不在宮廷而且下落長久不明，身爲妻子或孀婦的約德蘭仍
然抱著希望，所以拖延新皇帝即位的宣告。她在去世前處於悲傷的狀況，
生下一個遺腹子取名爲鮑德溫，是君士坦丁堡最後也是最不幸的拉丁君
王。他從出生就得到羅馬尼亞貴族的鍾愛，整個幼年時代一直爲未成年的
問題拖延不決，他要求的繼承權利爲年長的兄長所取代。幾個兒子中的長
子是科特尼的菲利浦，從母親那裡繼承南木爾(Namur)作爲他的領地，憑

(續)————————————
　　加冕稱爲神聖羅馬帝國皇帝，並促其率領十字軍東征。
29 阿克洛波利塔(Acropolita)證實科特尼的彼得死於刀劍之下，但他這種不祥而曖昧
　　的措辭，我可以推斷彼得過了一段囚禁的生活。《奧沙年代記》將皇帝死亡的時
　　間延到1219年，奧沙就在科特尼的隔鄰。

著個人的智慧，情願作一個實權的侯爵也比一個虛幻的帝國要強得多。在他拒絕以後，彼得和約蘭德的第二個兒子羅伯特受到召喚，要在君士坦丁堡即位稱帝。父親的前車之鑑使他採用緩慢和安全的路線，通過日耳曼再沿著多瑙河前進。他的姊姊嫁給匈牙利國王，使得整個航程通行無阻。教長在聖索非亞主座教堂為羅伯特皇帝加冕，他的統治是充滿災難和恥辱的時代(1221-1228A.D.)，這個殖民地被大家稱為「新法蘭西」，無論在各方面都屈從尼斯和伊庇魯斯的希臘人。

狄奧多爾‧安吉拉斯靠著背信而非勇氣獲得一次勝利，領軍進入提薩洛尼卡王國，把邦尼菲斯侯爵的兒子怯弱的德米特流斯趕走，在亞得里亞堡的城牆上面豎起自己的旗幟，他出於虛榮心作祟，將敵對皇帝的名單上面加三世或四世的稱號。帝國剩下在亞洲的行省，被約翰‧瓦塔西斯一掃而空，他是狄奧多爾‧拉斯卡里斯的女婿和繼承人，在節節勝利之下統治三十三年之久，無論是平時或戰時都展現高尚的品德。在他的軍紀要求和嚴格訓練之下，法蘭西傭兵部隊的刀劍成為征服最有效的工具。他們從原來服務的祖國逃亡，這也是希臘人的後代子孫會興旺的徵候和理由。等到他打造一支艦隊以後，控領整個海倫斯坡海峽的航道，占領列士波斯(Lesbos)島和羅得島，攻擊駐守坎地亞的威尼斯人，攔截數量極為稀少的西部援軍。拉丁皇帝有一次也是僅有的一次，派遣一支軍隊來迎戰瓦塔西斯，這支軍隊敗北以後，資深的騎士被遺棄在戰場。

但是一個國外敵人的成功，對於膽怯的羅伯特來說，沒有像倨傲的拉丁臣民那樣痛苦，這些臣民根本分不清楚到底是皇帝衰弱還是帝國衰弱。他個人的不幸可以證明政府的公權力不彰和那個時代的兇惡殘暴。充滿愛意的年輕人對希臘新娘很冷淡，她是瓦塔西斯的女兒。他於是將一位美麗的少女接進皇宮，這個女孩雖然有貴族身分，但來自阿特瓦(Artois)沒有出任官職的家庭，她的母親羨慕皇家的虛榮，擅自廢除與勃艮地一位紳士的婚約。這位男士轉愛成恨，就將朋友召集起來，強行闖入皇宮的大門，將女孩的母親丟進大海，用非常殘酷的手法，將皇帝的妻子或侍妾的鼻子和嘴唇割掉。這個罪犯不僅沒有受到處罰，貴族反而公開認同並讚許這種

野蠻的行爲[30]。不論是作爲君王或是男子漢，羅伯特不可能饒恕對個人的侵犯。他從這個罪惡的城市逃走，哀求教皇主持公道或給予同情，皇帝受到神色冷漠的勸導，教皇要他回到自己的都城。在他能夠服從教皇的指示之前，悲傷、羞辱和憤怒的壓力已經將他擊倒。

六、約翰極其光榮的戰績及鮑德溫二世的稱帝(1228-1261A.D.)

僅憑匹夫之勇能從臣民的地位，爬升到耶路撒冷或是君士坦丁堡帝王的寶座，只有騎士時代才會產生這種現象。虛有其名的耶路撒冷王國已傳到瑪麗的手裡，她是蒙特費拉的康拉德和伊莎貝拉(Isabella)的女兒，阿麥里克(Almeric)或阿茂里(Amaury)的孫女。她在公眾的歡呼聲中，嫁給布里恩(Brienne)的約翰，他出身香檳一個貴族家庭，根據菲利浦‧奧古斯都的見解，約翰是聖地最傑出的保衛者。在第五次十字軍東征，他曾率領十萬拉丁人征服埃及，靠著他才完成達米埃塔的圍攻，後來的失敗應該歸咎於使節的傲慢和貪婪。等到他的女兒和腓特烈二世結婚[31]以後，皇帝的忘恩負義使他在一怒之下接受託付，願意指揮教會的軍隊。儘管布里恩的約翰年事已高，被剝奪皇室的權利，他那鋒利的長劍和抖擻的精神，仍然時刻準備爲保衛基督教世界而戰。科特尼的鮑德溫在他的兄長七年統治期間，幼稚的性格還沒有脫離孩子氣，羅馬尼亞的貴族感覺到強烈的必要，王權應該交到一個男子漢或英雄人物的手中。耶路撒冷在位已久的國王可能對攝政的稱呼和職位不屑一顧，他們同意終其一生授與他國王的頭銜和特權(1228-1237A.D.)，唯一的條件是他的二女兒要嫁給鮑德溫，讓鮑德溫成年的時候繼承君士坦丁堡的帝座。

---

30 馬里努斯‧薩努都斯(Marinus Sanutus)很高興聽到這種血腥的行爲，就抄寫在作品頁次的空白處當成註釋，然而他承認那名少女是羅伯特的合法妻室。

31 腓特烈二世與布里恩的約翰的女兒結成連理，嘉諾內(Giannone, Pietro, 1676-1748A.D.，意大利歷史學家)曾經進行研討，認爲對於那不勒斯和耶路撒冷的統治可以形成雙重的聯合。

　　布里恩的約翰憑著他的名聲、他的推選和他的臨朝，給希臘人和拉丁
人帶來莫大的期望。大家都崇拜他那英勇的神態、年過八十仍然硬朗和蓬
勃的朝氣，以及超乎常人極其魁梧和偉岸的身材[32]。但是貪財重利和好逸
惡勞的念頭似乎冷卻他的雄心壯志，軍隊都已解散，兩年的時間白白浪
費，沒有任何行動和建樹。直到尼斯的瓦塔西斯和保加利亞國王阿札恩
(Azan)帶來危險的結盟，才使他清醒過來。他們從海上和陸地兩面包圍
君士坦丁堡，兵力是一支十萬人的大軍和三百艘戰船的艦隊。這時拉丁皇
帝全部實力減少到一百六十個騎士，以及數量不多的下級武士和弓箭手。
我現在提到這件事都感到心驚膽顫，這位英雄不去防守城市，反而率領騎
兵出擊，敵人有四十八個騎兵隊，僅有三個隊從他所向無敵的劍下逃脫。
他的榜樣鼓舞高昂的士氣，步卒和市民搶登停泊城牆附近的船隻，其中有
二十五艘被大家喜氣洋洋拖回君士坦丁堡港口。在皇帝的召喚之下，這些
船隻和盟友都全副武裝，參加守備的行列，衝破阻擋他們通過的障礙。翌
年，他們再次打敗同一批敵人。那個時代一些文詞粗俗的詩人，將布里恩
的約翰比為赫克特(Hector)、羅蘭(Roland)和猶大‧馬加比(Judas
Maccabaeus)[33]，但他們的功勳和他的光榮，都因希臘人不置一辭而受到
貶抑。帝國很快失去最後的捍衛者，這位臨死的君王渴望穿上方濟會
(Franciscan)修士的服裝進入天堂。

　　在布里恩的約翰獲得兩次勝利的戰爭中，那位受他監護的鮑德溫，我
未曾發現他有任何功績，也沒有人提到他的名字。他在那時已到達服役的
年齡，在養父逝世後繼承他的寶座(1237年3月23日-1261年7月25日)。這

32　有關本案的始末可以參閱阿克洛波利塔的著作。這位歷史學家在那個時候還是一
　　個小孩，後來在君士坦丁堡接受教育。1233年他才十一歲，他的父親衝破拉丁人
　　的鐵鍊，丟下很多財產，逃往希臘人在尼斯的宮廷，他的兒子阿克洛波利塔後來
　　在那裡擢升到最高的職位。

33　菲利浦‧木斯克斯(Philip Mouskes)是土爾內(Tournay)的主教(1274-1282A.D.)，
　　對於君士坦丁堡的拉丁皇帝，用古老難懂的法蘭德斯法文寫了一首詩，也可以說
　　是幾行韻文，裡面提到這幾位英雄人物。杜坎吉把它放在維爾哈杜因作品的後面
　　出版，其中也有英勇的布里恩的約翰。

位皇家年輕人被授與更適合他個性的使命，被派去拜訪法蘭西國王的西部
朝廷，特別還有教廷的所在地，希望他的天真坦誠和所受苦難能激起同情
心，獲得一些人員或金錢的援助，解救瀕臨滅亡的帝國。他曾經三次從事
乞師列國的工作，每次他都故意拖延時間遲遲不肯返國，二十五年的統治
中在國外度過的年頭比國內要多，皇帝認為沒有一個地方，比起他的故鄉
和首都，使人感到更不自由和缺乏安全。在某些公共場合，奧古斯都的稱
號和紫袍的榮耀可以滿足他的虛榮心，還有就是在里昂的大公會議上，腓
特烈二世受到破門罪和廢黜的宣告，他身為東部的共治者，竟然受到推舉
坐在教皇的右手邊。

　　但是多少次這位出亡者、流浪漢和皇家乞丐到處打躬作揖，覥顏求
情，遭到自己國家和其他民族的白眼？他第一次出訪英格蘭，在多佛受到
攔阻和嚴辭譴責，竟然說他未得許可擅自進入一個獨立王國。經過一陣耽
誤以後，鮑德溫終於獲准繼續旅程，多方的接待都很冷淡，臨別時他還要
為七百馬克的禮物一再感激。他從貪婪的羅馬只能得到十字軍的一紙公
告，以及教會恩典所賜予的一筆財富，那些錢幣因為發行和使用的浮濫，
在流通的市場已經貶值。家世出身和流離顛沛使他得到慷慨的表兄路易九
世的青睞，但是這位聖徒想要在軍事上有番作為，卻從君士坦丁堡轉移到
埃及和巴勒斯坦。鮑德溫只有讓售最後的世襲產業，就是南木爾侯爵和科
特尼領主的封地[34]，暫時緩解公眾和他個人所處貧窮的困境。他只有接受
飲鴆止渴的權宜之計，帶領一支三萬人馬的軍隊再度回到羅馬尼亞，由於
希臘人的恐懼心理，誇大部隊的兵員有倍增的數量。最初送到法蘭西和英
格蘭的信息是他的勝利和希望，他所侵入的國家離開首都只有三天的行
程，如果能夠順利奪取一個雖然沒有名氣但重要的城市(很可能是契奧利
[Chiorli])，不僅邊境得到安全，進出也更為容易。但是這些希望(假定鮑

34　路易九世不僅沒有批准科特尼的轉讓，還出面加以阻止。現在科特尼已經併入皇
　　家的領地，但是獲准答應租讓給布蘭維利耶(Boulainvilliers)家族一段時間：內木
　　爾(Nemours)在法蘭西島(Isle de France)的選擇定案以後，科特尼是一個有九百居
　　民的市鎮，留著一個城堡的遺跡。

德溫說的眞有那麼一回事)很快像春夢一樣消失,法蘭西的軍隊和錢財在他無能的手裡折損殆盡。靠著與土耳其人和柯曼人極不光彩的聯盟,來保護拉丁皇帝的寶座:他爲了籠絡土耳其人,同意將姪女嫁給朝廷設在柯尼(Cogni)不信上帝的蘇丹;同時爲了討好柯曼人,答應他們使用異教的儀式,在兩軍的陣前殺狗獻祭,雙方歃血爲盟以保證彼此的忠誠[35]。

這位奧古斯都的繼承人已經到難以維生的地步,將君士坦丁堡的皇宮或監獄的空屋拆除作爲多天的燃料,剝下教堂的鉛皮應付家常的開支。一些意大利的商人放給他高利貸,極盡刻薄之能事,菲利浦是他的兒子和繼承人,被當作借債的保證押在威尼斯。衣食不周的確不幸,但是財富是相對的。一位家用原本富足的君王因爲需要的增加,飽嚐貧窮帶來的焦慮和痛苦。

雖然處於難堪的苦難之中,皇帝和帝國還擁有一件相當理想的財寶,基督教世界的迷信使它具備非常奇特的價值。眞十字架的身價因不斷的分割而貶低,長期留在異國與不信上帝的人在一起,對於東部和西部拿出那麼多的眞十字架碎片,自然就會使人產生懷疑。但是耶穌受難的另一件遺物保存在君士坦丁堡的皇家禮拜堂,那頂戴在基督頭上的荊棘冠冕同樣價值連城而且貨眞價實。從前埃及的債務人經常使用的辦法,是將父母的木乃伊當作貸款的抵押品,出於榮譽和宗教方面的顧慮,到期一定會贖回。在類似的狀況之下,羅馬尼亞的貴族趁著皇帝不在朝中,就用神聖的荊棘冠冕當作抵押,借到一萬三千一百二十四塊金幣[36]。後來他們未能履行契約,威尼斯一位名叫尼可拉斯·奎里尼(Nicholas Querini)的富商願意爲他們墊款,支付給急著要求還錢的債權人,條件是他們如果無法在一個短暫而確定的期限之內,贖回作爲抵押的遺物,物品就要留在威尼斯成爲永久的財產。

---

35 壯維爾的著作裡提到,有位柯曼人的君王過世時沒有受洗,埋在君士坦丁堡的城門口,用活生生的奴隸和馬匹陪葬。

36 杜坎吉對Perparus、Perpera、Hyperperum這些字只有籠統而簡短的說明:都是錢幣。我認爲Perpera是一種銀幣,相當四分之一的銀馬克,幣值約爲十個先令。

　　這些貴族將苛刻的條件和面臨的損失報告皇帝，帝國無力拿出七千鎊的贖金，鮑德溫急著從威尼斯奪回寶物，好用光榮而高昂的價格交到虔誠的基督教國王手中。然而談判帶來很微妙難以處理的問題。哪位聖徒要購買遺物，便觸犯買賣聖物牟利罪，但是如果能改變這種表達的方式，他便可以合法的清償債務、接受饋贈和履行義務。他派出兩位多明我會的修士作爲使節前往威尼斯，要去贖回神聖的荊棘冠冕，聖物不久之前才逃過海上波濤和瓦塔西斯戰船截奪的危險。他們打開木箱，發現裡面有一個聖物櫃貼著元首和貴族的封條，存放一個裝著耶穌受難遺物的金瓶。威尼斯勉強屈服於正義和實力的要求；腓特烈皇帝同意他們受到禮遇光榮通過國土；法蘭西宮廷前往香檳的特洛瓦，虔誠迎接價值無法估算的神聖遺物。國王赤腳只穿一件內衫，親自捧著聖物，用凱旋的行列穿過巴黎城，還用一萬銀馬克的贈款彌補鮑德溫的損失。

　　成功的交易促使拉丁皇帝想用同樣合算的條件，處理皇家禮拜堂一些剩餘的品項[37]。像是眞十字架很大部分的實物；聖子的嬰兒衣物；耶穌受難的長矛、海綿和鐵鍊；摩西的手杖；施洗者聖約翰部分的頭蓋骨。聖路易爲了接納基督教的精神寶藏，花兩萬銀馬克，在一個莊嚴的地基上興建神聖的巴黎皇家禮拜堂，布瓦洛(Boileau)的繆司賦予不朽的稱號，讓人感到十分可笑。任何人都無法提出證據，用來證明遙遠的古代遺物眞實無虛，只有認爲遺物曾經產生奇蹟的教徒才會確信無疑。大約在上個世紀的中期，有一個人罹患無藥可治的腫瘤，用神聖荊棘冠冕的刺輕觸一下立即痊癒[38]，法蘭西最虔誠和最理性的基督徒曾經證實這件異聞。除了那些對宗教的輕信抱著抗拒到底的人，誰也不能證實這種奇蹟絕無可能[39]。

37　布瓦洛的盧特林(Lutrin)展示内部的狀況，包括皇家禮拜堂最精緻的收藏品。很多與習俗和制度有關的事項，由評註者布洛塞提(Brossette)和迪聖馬可(De St. Marc)加以蒐集和說明。

38　這個奇蹟發生在1656年3月24日，當事人是帕斯卡(Pascal)的姪女，這位優秀的天才人物，還有在場的阿諾德(Arnauld)和尼柯爾(Nicole)都相信並且證實這個奇蹟，給耶穌會教士帶來很大困擾，也救了詹森教派的信徒。

39　伏爾泰花很大力氣想證明這件事一無是處，但是休謨運用「以子之矛，攻子之

七、希臘人大舉進擊驅逐拉丁人光復君士坦丁堡(1237-1261A.D.)

　　君士坦丁堡的拉丁人[40]四面受敵，形勢岌岌可危，延遲敗亡的唯一希望在於，他們的敵人希臘人和保加利亞人發生內訌。尼斯皇帝瓦塔西斯的優勢兵力和策略，使他們僅有一點的希望也爲之粉碎。在瓦塔西斯的統治之下，從普洛潘提斯內海到龐非利亞的岩石海岸，整個亞洲地區保持著繁榮與和平，每一次戰役的結果都擴大他對歐洲的影響力。多山的馬其頓和色雷斯那些堅固的城市，都從保加利亞人的手裡解救出來，這個王國現有已確定的國界，開始沿著多瑙河南岸延伸。羅馬唯一的皇帝不能容忍伊庇魯斯的領主，西部康南尼王朝的王侯，竟敢出來爭奪或分享紫袍的榮耀。謙恭的德米特流斯改換靴子的顏色，滿懷感激接受地區統治者的稱號。這樣一來自己的臣民爲他的卑劣和無能所激怒，向他們最高的主子瓦塔西斯請求保護。經過一番抵抗以後，提薩洛尼卡王國併入尼斯的帝國，瓦塔西斯在沒有競爭對手狀況下，統治從土耳其邊界到亞得里亞海的廣大版圖。歐洲的君主全都尊重他的才能和實力，如果他願意簽署一份正統教義的信條，教皇就會毫不勉強放棄君士坦丁堡的拉丁寶座。

　　然而，瓦塔西斯逝世，接位的兒子狄奧多爾的統治短暫而多事，他的孫子約翰年幼無能爲力，延遲希臘人的復國行動。我在下一章要敘述國內的重大變故，在這裡只能提到，監護人和共治者米迦勒‧帕拉羅古斯(Michael Palaeologus)野心勃勃(1259年12月1日)，的確表現出一代新王朝奠基者的德性和罪惡，年輕的君王深受他的壓迫。自我安慰的鮑德溫皇帝

────────────────

(續)
　　盾」的方式，獲得很大的成功。

　40　拉丁人逐漸衰亡以致喪失君士坦丁堡，杜坎吉所編纂的歷史文集第三、四、五冊
　　　有詳盡的敘述，但是對希臘人的征服過程，他將很多的情節略而不記，可以在喬
　　　治‧阿克洛波利塔大部頭歷史著作，以及格列哥拉斯的前三卷作品中，找到所遺
　　　漏的史料。這兩位作者寫出一系列的拜占庭歷史，他們的運道很好，能遇到最優
　　　秀的編輯，也就是羅馬的阿拉久斯(Allatius)以及巴黎銘文學會的約翰‧波伊文
　　　(John Boivin)。

認為，用無約束力的談判可以收復一些行省和城市。他的使臣在尼斯受到嘲弄和藐視以後只有鎩羽而返。他們提出很多希望能夠歸還的地方，帕拉羅古斯指出，由於非常特殊的緣故，這些地方在他的眼裡看來，不僅非常可愛而且讓他珍惜：有一個地點是他的出生地，還有一處是他擢升軍事指揮官的地點，再來就是享受狩獵樂趣的位置，他希望能長遠保持這種福分。極為驚愕的使臣問道：「那你準備將哪個地方交還我們呢？」希臘人回答道：

> 什麼都沒有，寸土尺地都不給。如果你們的主子真心尋求和平，就讓他每年付給我貢金，額度是君士坦丁堡的貿易和關稅收入。答應這個條件，我就同意他繼續統治。要是他拒絕，我只有訴諸戰爭。我對用兵可不是外行，一切全靠上帝和武力來解決。

帕拉羅古斯對伊庇魯斯的暴君展開遠征行動，拉開用武的序幕。要是在一次勝利以後接著出現一次敗北，要是康南尼家族或安吉利家族在他的斬草除根和統治以後，還能在山區倖存，那麼，亞該亞的君王維爾哈杜因被俘，對於這個即將絕滅的王國而言，拉丁人失去最活躍和實力最強的諸侯。威尼斯和熱那亞兩個共和國第一次的海上交鋒，是為了爭奪東部海域和貿易的控制權。驕傲和利益使威尼斯人投身於君士坦丁堡的守備工作，他們的對手一心想要促成希臘人的企圖，熱那亞人與分裂主義的征服者結盟，使得拉丁教會極為憤慨[41]。

米迦勒皇帝全心全力要達成遠大的目標，親自巡視和加強色雷斯的部隊訓練和工事整備。拉丁人的殘餘隊伍從最後一個據點被驅離。他攻打蓋拉塔的郊區，沒有成功，與一位想要反叛的貴族建立連繫，事後證明貴族沒有意願或是缺乏能力，無法開啟這個大都會的城門讓他進去。次年春

41　希臘人羞於任何外國的幫助，隱瞞與熱那亞的聯盟和接受援軍，但是維拉尼（Villani）和南吉斯（Nangis）的證詞可以證明確有其事，這是兩位公正的外籍人士。同時烏爾班四世提出威脅之辭，要撤消熱那亞總主教的職位。

天，備受賞識的部將阿里克蘇斯被授與凱撒的頭銜，奉命帶領八百名騎兵和若干步卒[42]，渡過海倫斯坡海峽，進行祕密的遠行任務。下達的命令是要他盡量接近這座城市，進行探聽和偵察，但是絕不冒失引起危險和狀況不明的交戰。從普洛潘提斯海到黑海之間相鄰接的地區，有一群吃苦耐勞的農民和罪犯在討生活，他們經常操練各種武器，沒有確切的效忠對象，語言、宗教和眼前利益比較傾向希臘人。他們被稱為「志願軍」[43]，自動投效以後，加上色雷斯的正規部隊和柯曼人的協防軍[44]，阿里克蘇斯的兵力擴大到兩萬五千人。志願軍的熱誠積極和他自己的雄心壯志，使得凱撒不再忠實執行主子的命令，相信只要勝利就會贏得國君的寬恕和獎賞。

君士坦丁堡的防務空虛和拉丁人的色屬內荏，這些志願軍早已看在眼裡，認為目前是出擊和攻取的最佳時機。威尼斯殖民區的新總督是一名行動魯莽的年輕人，率領三十艘戰船和最精銳的法蘭西騎士啟航，對達弗努西亞（Daphnusia）進行非常任性的遠征行動，這座城市位於黑海沿岸，相距有四十個里格。剩下一部分的拉丁人失去自衛能力，也不明瞭自己的處境。他們接到的信息是阿里克蘇斯已渡過海倫斯坡海峽，由於知道他原來的兵力並不強大，所以並不感到憂慮，對於後來增加的數量，沒有採取審慎的作法進行深入的了解。這時志願軍提出意見：

> 如果他留下主力作為行動的支撐和後援，就可以率領精選的隊伍利用暗夜掩護前進。在城牆最低的位置架雲梯時，他們確定有一名年老的希臘人會帶領他們的同伴經過地下道到達他的家中。他們很快從內部在金門打開一條進出的通路，這樣一來，拉丁人還未意識到自己的危險處境前，征服者已經進入城市的中心。

---

42 應該預先準備一些說辭，用來調和不同的數量：尼西塔斯說是八百士兵，斯潘杜吉諾（Spandugino）變成兩萬五千人；阿克洛波利塔提到希臘人和錫西厄人；米迦勒在給教皇烏爾班四世的書信中說是數量龐大的軍隊。

43 帕契默將他們取名為「志願軍」，並且敘述有關的狀況。

44 韃靼甚至是摩達維亞的曠野都已經找不到這些柯曼人，旗的部分人員歸順約翰‧瓦塔西斯，很可能被安置在受戰火蹂躪杳無人煙的地區，成為提供士兵的溫床。

　　經過一番討論以後，凱撒完全聽從志願軍的主張，他們都是可靠、英勇和善戰的士兵，剛才在敘述計畫時，我已經提到他們的實施和最後的成就。但等到阿里克蘇斯通過金門的城門口，想到這樣的魯莽，不禁急得全身發抖，他馬上停下來再三考慮。不顧一切的志願軍催他趕快前進，他們非常明確的表示，現在要是撒手不幹，會遭到全軍覆滅的危險。就在凱撒指揮正規部隊排列陣式時，柯曼人向四面散開，警報的號角已經吹響，縱火和搶劫的威脅迫得市民要馬上做出決定。君士坦丁堡的希臘人記起那些本土的統治者，熱那亞商人是他們的新盟友也是威尼斯人的仇敵，城市每個區域都武裝起來，空中迴響齊一的呼叫聲音：「羅馬神聖的皇帝，米迦勒和約翰勝利成功萬歲！」

　　他們的死對頭鮑德溫被喊聲驚醒，然而最凶險的情勢也無法鼓舞鬥志，讓他拔出劍來保衛這座城市。對他而言，即使主動放棄這個城市，也感到欣慰而不是遺憾。他從皇宮逃到海邊，正好遠遠看到回航的艦隊，他們遠征達弗努西亞無功而返。君士坦丁堡的陷落(1261年7月25日)是無可挽回的命運，拉丁皇帝和顯要的家族全都登上威尼斯的戰船，發航開往優比亞島，後來又駛向意大利。這群流亡的皇室成員受到教皇和西西里國王的款待，主人難免帶著藐視和憐憫的神色。從君士坦丁堡喪失到他逝世，他花了十三年時間乞求正統基督教強權國家，出兵幫助他登基復位。這種受人白眼的經驗他在年輕時早已熟知，最後這次的流亡比起前三次到歐洲宮廷的朝拜，並不見得更為困苦或羞辱。他的兒子菲利浦是一個理想帝國的繼承人，菲利浦的女兒凱瑟琳嫁給瓦羅亞(Valois)的查理，是法蘭西「仁君」菲利浦的弟弟，也將繼承權帶走。科特尼家族與皇室的聯姻著重在女性世系的繼承，直到君士坦丁堡皇帝的頭銜過於顯赫，不容與平民的姓氏攪混，非常平靜的消失，以致被人遺忘。

八、七次十字軍東征產生的結果和對後世的影響

　　上面已經敘述拉丁人到巴勒斯坦和君士坦丁堡的遠征行動，以及幾次

意義重大的十字軍東征，我在結束這個主題之前，應該就他們所到過的國
家和參與其事的民族，提出主要的結果和發生的影響。法蘭克人的軍隊剛
剛撤走，埃及和敘利亞的伊斯蘭世界雖然還保持對他們的回憶，卻已擦去
所有的印象。先知那些虔誠的門徒從來沒有褻瀆的念頭，想要去研究偶像
崇拜者的法律或語言。他們在和平與戰爭期間與西部不知名的陌生人來
往，原來簡樸的生活方式和風俗習慣，也沒有因而產生絲毫的改變。希臘
人雖然自負也不過是虛有其表而已，表現的方式就不會那樣的固執呆板。
他們為了光復失去的帝國，竭盡一切努力要效法敵人的驍勇、紀律和戰
術。他們對西方的現代文獻和學術大可以抱著藐視的態度，但是這些文獻
和學術所產生的自由精神，在人類的權利這方面教導與啓迪他們，公眾和
私人的生活能採用法蘭西人已建立的制度。君士坦丁堡和意大利的通信來
往可以傳播拉丁語文的知識，一些先賢的著述和古典的作品終於有幸出現
希臘文譯本。但是迫害的行動激起東方人產生民族和宗教的偏見，拉丁人
的統治使兩個教會的分離已成定局。

　　如果我們將十字軍時代歐洲的拉丁人與希臘人和阿拉伯人，就相關的
知識、產業和技藝作一比較，我們那群粗野的祖先要屈居三等民族的地
位。至於後來的進步和現在的領先，可以歸功於奮發圖強的性格和積極進
取的精神，而那些更為優雅的對手對這方面毫無所悉，以致於處在停滯的
狀態，甚至產生退化的現象。拉丁人具備這種性質，應該能從一連串重大
事件中獲得最大的利益，世界的光明遠景增長他們的見識，願意與更為開
化的東部地區長久保持頻繁的交往。居於首位而又明顯的進步是貿易和生
產，這方面的技藝出現強烈的誘因，主要是財富的渴求、需要的迫切以及
慾念或虛榮的滿足。在一群不用頭腦的宗教狂熱分子當中，一個俘虜或朝
聖者有時可能會留意到開羅和君士坦丁堡精緻和悠閒的生活。誰要是第一
個引進風車[45]，就成為許多民族的恩人。要是大家只知享受恩澤而不知感
激，歷史倒會不厭其煩的記載，原來是奢侈品的絲綢和蔗糖從希臘和埃及

45　小亞細亞的地區乾旱，最早發明風車，諾曼第早在1105年就開始使用。

傳入意大利。但是拉丁人對智慧的需要在感受和供應方面都比較緩慢，歐洲激起研究和求知的熱情，是出於各種不同的原因和近期產生的事件。

在十字軍東征時期，他們對於希臘人和阿拉伯人的文獻和學術根本視若無睹，只能借著運用和圖表灌輸一些數學和醫學的入門知識。商人和士兵這些龐大的行業基於需要也產生若干譯者，但是東方的商業並沒有將與他們的語言有關的知識和研究傳入歐洲的學校。如果一種類似的宗教原則駁斥《古蘭經》的語言形式，就會激起他們的耐性和好奇，想去了解福音書原文的含意，相同的文法就會理解柏拉圖深邃的思想和荷馬優美的詩句。然而拉丁人統治君士坦丁堡六十年，對於臣民的語言和學術始終不屑一顧，手稿和抄本是本地人士唯一可以享受的財富，不會遭到忌恨或搶奪。西部的大學確實把亞里斯多德奉爲賢哲之士，但是這個亞里斯多德卻來自蠻荒之域。身爲拉丁的門徒弟子不去溯源追本，只是從安達魯西亞的猶太人和摩爾人那裡，用謙恭的態度接受訛誤過多和距離遙遠的譯本。

十字軍東征的基本原則是野蠻的宗教狂熱，最重要的成果一如發起的原因。每名朝聖者抱持最大的野心，是要獲得希臘和巴勒斯坦的聖徒遺物，當成神聖的戰利品凱旋返鄉[46]，每件遺物或前或後都伴隨一連串的奇蹟和顯靈。新興的神話傳說敗壞正統基督教的信仰，原有的運作方式也受到新的迷信行爲所影響。像宗教裁判所的建立、各種僧侶修道會的創辦、恩典和赦罪的濫用以及偶像崇拜最後的發展，全都從聖戰有毒的泉源中湧現出來。拉丁人理性和宗教的生命被積極進取的精神所攫走，如果說第九和第十世紀是黑暗的時代，那麼十三和十四世紀就是荒謬和神話的時代。

羅馬帝國的北方征服者接受基督教的信仰，耕耘肥沃的土地，不知不覺與省民混雜在一起，使得古代的技藝從灰燼中復燃。他們大約在查理曼大帝時代定居下來，能獲得某種程度的秩序和安定。等到新來一群侵略者

---

46 這是研究中世紀史學大師萊布尼茲(Leibnitz, Gottfried Wilhelm von, 1646-1716 A.D.，德國哲學家、數學家和政治顧問)的意見，我只能舉兩個來自巴勒斯坦的案例，一個是加爾默羅修會(Carmelites)的譜系，另一個是羅瑞托(Loretto)家族的逃走。

將他們推翻,蜂擁而至的諾曼人、撒拉森人[47]和匈牙利人,又使歐洲西部國家陷入過去混亂和野蠻的狀態。大約在十一世紀時,基督教世界的敵人戰敗被逐或是改變信仰,第二次的風暴才能慢慢平息。文明的潮流長期處於低落的位置,現在開始以穩定和加快的速度流動起來,新生的一代面前出現美麗的遠景,充滿著和平的希望和成功的機會。在十字軍東征的兩百年間,成長的規模極為巨大,發展的速度更為快捷。有些哲學家讚揚這些聖戰的有利影響,但是就我的看法,聖戰只會妨害而不是促進歐洲的穩定和成熟[48]。數以百萬計的生命和勞力葬身在東部,用來發展自己的國家會產生更大的作用;勤勞和財富累積的資本將充分滿足航運和貿易的需要;拉丁人與東部各地區真誠和友善的交往,不僅會更富有,也有更高的文化水平。

我從另一方面倒是看到十字軍東征的偶然作用,不是產生實際利益而是消除某些罪惡。大部分歐洲居民是土地的農奴,沒有自由、財產和知識;只有相對而言數量很小的教士和貴族兩個階層,才夠資格稱為市民和人。這種階級壓迫的體系靠著教士的策略和貴族的刀劍來維持。在更為黑暗的時代,神職人員的權威成為有效的解毒劑,他們防止文字的徹底絕滅,安撫野蠻時代的殘暴兇狠,保障貧苦老弱的身家性命,重建民生社會的和平秩序。但那些封建領主的各自為政、掠奪行為和紛爭四起卻乏善可陳,勤奮和改革的希望為軍事體制的貴族政治揮出鐵拳所粉碎。摧毀這座中世紀哥德式建築物的主要原因,十字軍東征占有極其顯著的位置。在這些花費巨大和危險萬分的遠征行動中,貴族耗盡家產,整個家族經常隨之頹廢。貧窮使他們無法保持自負與傲慢,簽署自由契約打開奴隸的枷鎖,保證農民能有田地,工匠能有作坊,社會中人數最多和用處最大的部分,

---

47 要是我把撒拉森人列入蠻族,那是因為他們在意大利和法蘭西,無論發起戰爭或入侵行動,唯一的目的是搶劫和毀滅。

48 在我們的時代提到「歐洲的社會進步」這個令人感到興趣的題材,就會從蘇格蘭射出一道強烈的哲理之光。我要一再提到休謨、羅伯森和亞當斯密(Adam Smith)的名字,無論於私於公都抱著關切之情。

能夠逐漸恢復物質上和精神上應享的權利。森林大火燒毀高大和枯乾的樹木，爲地面上形體較小而用處更大的植物，提供日照充分的生長空間。

九、埃笛莎、法蘭西和英格蘭的科特尼家族史(1020-1152A.D.)

科特尼的彼得和他的兩個兒子羅伯特和鮑德溫，成爲身登大寶的皇帝統治君士坦丁堡。這個源遠流長的家族[49]有三個主要的旁支，分別在埃笛莎、法蘭西和英格蘭保持皇室的地位。只有英格蘭的家族在這場大變革以後，還繼續延長達八百年之久。

貿易能散布財富而知識能摒棄偏見，在貿易和知識尚未獲得蓬勃的發展之前，家世的特權具備強烈的聲勢，大家只有俯首認同。在每一個時代，日耳曼的法律和習俗已嚴格區分社會的階層，公爵和伯爵享有查理曼大帝的帝國，他們的職位變成可以傳承的產業，每位有采邑的領主可將他的官銜和武力遺贈給子女。甚至是最自負的家族，對於在中世紀的黑暗時代無法追溯祖先的淵源，都認爲是必然之事。即使家譜的記載極爲飛黃騰達，還是植根於平民的出身。要想用別號、紋章和可信的記錄來確定任何嫡系的繼承，他們的歷史學家知道，都要降至基督紀元十世紀以後。從歷史射出的頭幾道光線中[50]，我們發現一位法蘭西騎士阿索(Atho)的高貴和富有：他的貴族身分在於他那位沒沒無聞的父親所擁有的階級和頭銜，他的富有資財從他在加提諾瓦(Gatinois)地區建立科特尼城堡可以推知，這個地方大約在巴黎的南邊五十六哩。從修伊‧卡佩的兒子羅伯特統治的時

49　《高貴顯赫的科特尼家族宗譜史》是以兹拉‧克里夫蘭(Ezra Cleaveland)所著，他是威廉‧科特尼的私人教師和荷尼頓(Honiton)校長，本書是對開本，1735年出版。我已經盡量加以運用，但不會受限於本書。書中第一部分摘錄泰爾‧威廉的著作，第二部分來自布榭(Bouchet)的《法蘭西史》，第三部分是德文郡的科特尼家族有關資料，包括公眾、行省或私人的歷史記載。荷尼頓校長全篇充滿感激之情，辛勤的工作和嚴格的批評相形之下已無足輕重。

50　阿莫因(Aimoin)的繼任人是弗祿里的僧侶，在他的著作中有一段提到這個家族，可以說是最早的記事，時間是十二世紀。

候開始，君王直屬的諸侯當中，科特尼的貴族相當引人注目。

喬西林（Joscelin）是阿索和一位貴夫人的孫兒，成為第一次十字軍東征的英雄人物。姻親關係（他們的母親是親姊妹）使他追隨布魯日（Bruges）的鮑德溫，即另外一位埃笛莎伯爵。喬西林憑著建立的功勳接受面積廣大的采邑和封地，靠著為數眾多好戰的追隨者可以維持下去。等到他的表兄弟離開以後，喬西林被授與埃笛莎伯爵的頭銜，控領的疆域跨越幼發拉底河兩岸地區。和平時期的經濟發展非常迅速，人口的數量獲得拉丁和敘利亞臣民的補充，倉庫裝滿穀物、酒類和食油，城堡裡存放金銀財寶、武器和馬匹。在這場長達三十年的聖戰中，他受到命運的擺布，輪流成為征服者和俘虜。然而他像軍人一樣死在戰場，坐在馬背上的昇床率領軍隊出陣，用最後一眼觀看與土耳其侵略者的戰鬥，這些敵人竟然趁他老朽虛弱大膽入寇。他的兒子和繼承人有相同的名字，作戰驍勇，然而缺乏高度的警覺心，他有時會忘記國君的職責，那就是國家的主權同樣要靠計謀和手段來保有和維持。他沒有確保自己與安提阿王子的友誼，就去挑戰土耳其人的敵對行動。在敘利亞的土貝塞爾（Turbessel）[51]處於和平和奢華的環境當中，喬西林忽略在幼發拉底河對岸保護基督徒的邊區。

珍吉（Zenghi）是最早的阿塔貝克，趁著喬西林不在國內，包圍並強襲攻破他的都城，靠著一群膽怯而不忠的東方人，埃笛莎的防務極其薄弱。法蘭克人收復城池的作戰被大膽的出擊打得潰敗而逃，科特尼的君王在阿勒坡的監獄中終結餘生。他仍舊留下相當龐大而富饒的世襲產業，但勝利的土耳其人對於弱勢的孤兒寡婦，還是窮追猛打絲毫不肯放鬆。他們獲得數額很高的年金以後，在羞辱的狀況下把防衛的責任轉讓給希臘皇帝，喪失拉丁人征戰所獲最後殘餘的領地。成為寡婦的埃笛莎伯爵夫人帶著兩個子女退隱到耶路撒冷。她的女兒艾格尼斯（Agnes）成為國王的妻子，後來也是國王的母親。她的兒子喬西林三世接受總管的職位，這是王國最高的

---

51 丹維爾定出土貝塞爾的位置，離宙格馬（Zeugma）約二十四哩，捷馬是渡過幼發拉底河的主要通路。

位階，在巴勒斯坦保有新的產業，屬下有五十位騎士爲他服務。無論和平與戰爭有關的事務，出現他的名字就是榮譽的保證。最後他還是在耶路撒冷的失陷中消聲匿跡，兩個女兒分別與法蘭西和日耳曼的貴族結婚以後，科特尼的名號在埃笛莎的旁支已經完全絕滅[52]。

喬西林統治的地區越過幼發拉底河時，他的兄長米羅（Milo）還在塞納河附近擁有祖先遺留的城堡。這位米羅是喬西林的兒子和阿索的孫兒，後來他的城堡爲雷納（Rainaud）或雷吉納德（Reginald）所繼承。他有三個兒子，以雷納最爲年輕。最古老家族的編年史中必定很少提到才德方面的事項，在一個時間非常久遠的年代，他們自豪於掠奪和暴力的行爲，無論如何，勇氣和權力總得據有優勢才能犯罪。科特尼的雷吉納德在森斯（Sens）和奧爾良洗劫並囚禁一些商人，那是這些商人滿足國王的責任之後的事，後代子孫可能會爲祖先公開當強盜感到羞愧。他認爲這些罪行是光宗耀祖的事，大膽的罪犯拒不聽從歸還商人和錢財的命令，直到香檳的攝政和伯爵準備率領軍隊前去清剿[53]。雷吉納德將產業傳給他的長女，將這個女兒許配國王「胖子」路易的第七個兒子，他們的婚姻以瓜瓞綿綿的後代子孫著稱於世。我們可以想像一個小兵能夠高攀皇家的門第，法蘭西的彼得和科特尼的伊麗莎白的後裔，樂於享用高貴家世的頭銜和地位，但是這些合法的權利長久以來受到忽略，最後還被否認。第二個旁支遭到羞辱是出於下面幾點原因：

其一，所有現存的世家中，年代最爲古老和名聲最爲顯赫要數法蘭西皇室，據有寶座已超過八百年，從九世紀的中葉就有綿延不絕的男性世系，十字軍的時代無論在東方還是西方同樣受到尊敬。但是從修伊·卡佩到彼得的婚事，五個王朝或世代轉瞬而過，古老的頭銜已有朝不保夕的現象，要想與祖先那樣永保富貴，每一代的長子都要預爲籌謀。法蘭西的貴

52　喬西林的所有權在《耶路撒冷條例》中很清楚的規定，列入王國的領地期限，這些數據蒐集的時間在1153到1187年。喬西林的家譜現在還可以查到。

53　蘇吉是修道院的院長，後來出任攝政，他的信函是當代最重要的歷史文件，裡面提到科特尼的雷吉納德到處搶劫生事，處置的方式非常不合情理。

族對於皇家嫡系的旁支世家，長久以來都維持優先的地位。在十二世紀時，世襲的榮耀已經傳播很廣，最遙遠的候選人都在競爭繼承的權利，就是具備皇家血統也不保證可以獲得。

其二，科特尼的貴族自認有很高的地位，在世人眼中也是如此，他們將義務強加在國王的兒子身上，要求他娶他們的女兒爲妻時，所有的後裔都使用她的姓氏和章紋。一個女繼承人要與位階較低或同階人員結婚時，通常需要也會同意交換姓氏和紋章，但是繼續下去以後，就會與帝王的世系產生很大的分歧，雙方的差距會愈來愈大，「胖子」路易的兒子在不知不覺中記不清母系的祖先。新一代的科特尼家族就會喪失家世的地位，完全出於利益的動機使他們極力放棄。

其三，恥辱總比獎賞經得起時間的考驗，刹那的光亮隨著就是長久的黑暗。我在前面提過法蘭西的彼得和伊麗莎白的婚事，所生的長子科特尼的彼得娶法蘭德斯伯爵的妹妹爲妻，法蘭德斯伯爵有兩位曾經是最早的君士坦丁堡皇帝。彼得很倉卒接受羅馬尼亞貴族的推舉，他的兩個兒子羅伯特和鮑德溫，陸續保有和喪失在東部僅有的拉丁帝國。鮑德溫二世的孫女再度使她的血胤與法蘭西和瓦羅亞的血胤混合起來。爲了支持困難重重而又爲時短暫的統治所需的費用，世襲的產業不是質押就是變賣，君士坦丁堡的末代皇帝靠著羅馬和那不勒斯每年的接濟維生。

年長的兄弟在浪漫的冒險行動中耗盡他們的財富，科特尼家族的城堡落在平民身分的主人手裡，旁支世系的後裔使用收養的姓氏變得更爲興旺。可是耀目的世家被貧窮和時間掩蓋得黯淡無光，法蘭西司膳長羅伯特逝世以後，子女從君王的後裔降低到貴族的身分，後續的世代只能算是一般的上流階層而已。在坦雷(Tanlay)和香檳尼爾(Champignelles)的鄉村領主中，已經見不到修伊·卡佩的後代子孫。有進取精神的子弟投效軍旅，也不失良好的出路，那些不夠積極或財產更少的族人淪落到農夫的景況，就像在德勒(Dreux)這一支的堂兄弟一樣。這些皇家的世胄在四百年的黑暗時代，更爲潦倒失意而且每下愈況，他們的宗譜不再出現在王國的編年史，需要負責紋章的官員和譜系學家費很大工夫才能找出來。

　　十六世紀末葉，一個家族的接位就繼承權利而言非常遙遠，科特尼家族再度恢復君王的氣派，貴族身分和地位引起質疑，激起他們鄭重宣告自己具有皇族的血統。他們向亨利四世提出申訴，請求他主持正義和給予同情，從意大利和日耳曼的二十位律師獲得有利的理由，用謙遜的態度將自己比擬於大衛王的後裔，他們的特權沒有因時光的流逝或木匠的職業而受到損害。可是大家對於合法的權利要求不是裝聾作啞就是吹毛求疵。波旁（Bourbon）王朝的國王用瓦羅亞的疏忽作爲辯白之辭，目前這位君主的血統更爲高貴，否認與卑微的家族有聯姻的關係。議會沒有拒絕他們提出的證詞，用武斷的差別待遇擦去非常危險的先例，確定聖路易是皇家血胤最早的始祖。他們多次提出申訴和抗議，世人始終置之不理。直到本世紀，家族最後一位男性繼承人死亡，才結束幾百年毫無希望的追訴行動[54]。他們爲良知血性的德行感到自傲，對於痛苦和渴望的境遇能發生緩和的作用。他們嚴辭拒絕財富和恩寵的誘惑，瀕臨死亡的科特尼貴族甚至會犧牲自己的兒子，要是這位年輕人爲了塵世的利益，竟敢放棄有法蘭西血統的合法君王應有的權利和頭銜。

　　根據福特大修道院古老的登記資料，德文郡（Devonshire）的科特尼家族的先世是弗洛魯斯（Florus）王子，是彼得第二個兒子，也是「胖子」路易的外孫。我們的古文物學家坎布登（Cambden）和達格戴爾（Dugdale），對於僧侶出於感激或被收買的虛構之著，抱著極爲尊敬的態度。但是這很明顯在事實和時間兩方面都發生牴觸，這個家族有強烈的理性和自尊心，現在已經拒絕接受這個出於想像的始祖。眞摯的歷史學家相信，科特尼的雷吉納德將他的女兒許配給國王的兒子以後，放棄在法蘭西的全部領地和財產，從英格蘭的國君那裡獲得第二位妻子和新的繼承權。可以確定一件事，那就是亨利二世在軍營和軍議中表彰一個雷吉納德，這個人憑著他的

54　科特尼最後一位男性後裔是查理‧羅傑，死於1730年，沒有留下兒子。最後一位女性後裔是海倫尼‧科特尼（Hélène de Courtenay），她嫁給路易‧波福瑞蒙（Louis Beaufremont），獲得的身分是法蘭西的公主，後來被巴黎的國會將她的頭銜廢除（1737年2月7日）。

名聲和紋章，應該是來自法蘭西的科特尼這個家族。封建的領主可以運用
監護權，將一位高貴的女繼承人的婚姻和產業用來酬庸他的家臣。

　　科特尼的雷吉納德在德文郡獲得相當大一份產業，他的後裔居留在那
裡有六百年之久[55]。雷吉納德的妻子哈懷絲(Hawise)，從諾曼貴族布里歐
尼斯(Brioniis)的鮑德溫那裡獲得奧克漢普頓(Okehampton)的爵位，屬下
有九十三個騎士提供服務，而鮑德溫是由「征服者威廉」授與爵位。同時
一位女性有權要求擔任男性的職務像是世襲郡長或名譽郡長，或是艾克希
特(Exeter)皇家城堡的警衛隊長。他們的兒子羅伯特娶德文伯爵的姊妹為
妻。過了一個世紀以後，里佛斯(Rivers)家族[56]在無人繼承的狀況下，由
羅伯特的曾孫修伊二世繼承這個頭銜，仍舊被視為地區性的封號。在兩百
二十年這段時期之內，科特尼家族出現過十二個德文伯爵，真是風光一
時。他們的位階列入王國的貴族首領，經過費力的爭執之後，才將英格蘭
國會的首位讓給阿倫得(Arundel)的采邑。他們與最高貴的家庭聯姻，像
是維理斯(Verres)、迪斯佩塞(Despensers)、聖約翰、塔波特(Talbots)、
波漢(Bohuns)、甚至是金雀花王朝的君王。在與蘭開斯特(Lancaster)的約
翰抗爭期間，倫敦主教和以後的坎特柏立總主教都是科特尼家族的成員，
可能被控褻瀆的背信罪，對於親戚所具有的實力和數量作不實的陳述。

　　和平時期的德文伯爵居住在數量極多的西部城堡和莊園中，大宗款項
的歲入用於宗教的奉獻和殷勤的接待。從愛德華墓誌銘的稱呼可以知道，
他的不幸在於盲目不知世事，他的德行可以成為和善的伯爵。這種道德的
格言確實有益世道人心，但是會被毫不考量後果的慷慨所濫用。他和妻子
瑪白爾(Mabel)帶著感激的心情，慶祝結婚五十五年共同過著幸福的生
活，可以從善良伯爵的墓碑上讀到：

55　除了運用克里夫蘭所寫宗譜史中最有價值的第三冊以外，我還參考達格戴爾，他
　　是宗譜學之父。
56　這些名門大族像是里佛斯、黎保里(Ripuarii)和雷維爾(Redver)，都在愛德華一世
　　時代香煙斷絕在伊莎貝拉‧福提巴斯(Isabella Fortibus)手裡，她是個名聲顯赫和極
　　有權勢的孀婦，比她的兄弟和丈夫活得更長久。

施者有之
用者得之
留者失之[57]

　　但是就這一方面來說，他們的損失遠超過他們的禮物和花費。他們的繼承人是雙親關切的對象，比起窮人也不會好多少。從他們支付財產轉讓和依法占有的總額，可以證明擁有的財富極其龐大，他們的後代直到第十三和十四世紀還保有相當地產。英格蘭的科特尼家族在戰時善盡騎士的職責，建立的功績值得接受這方面的榮譽。他們經常受到任命負責徵召和指揮德文郡和康瓦爾的民兵；伴隨最高位階的領主前往蘇格蘭的邊境；在國外的服役要按規定的代價，要維持八十名全副武裝的人員和同樣數目的弓箭手，無論是在海洋和陸地，他們都在愛德華和亨利的旗幟下戰鬥，他們的名聲在戰地、比武場和嘉德(Garter)勳位最早的名單之中，都顯得非常突出。三個兄弟享有黑王子在西班牙的勝利。轉瞬之間過了六個世代，英國的科特尼家族已學會藐視他們起源的國家和民族。德文伯爵在薔薇戰爭中追隨蘭開斯特皇室，三個兄弟相繼死在戰場或斷頭台上。

　　亨利七世[*58]恢復他們的職位和產業，愛德華四世[*59]的女兒嫁給科特尼家族的成員，並沒有貶低公主的身價。他們的兒子封爲艾克希特侯爵，受到表兄亨利八世[*60]的重用。他在金衣(Cloth of Gold)營地的馬上與法蘭西國君比武，折斷了長矛。但亨利的寵愛是失勢的前奏，受到罷黜等於發出處死的信號，在猜忌暴君的犧牲者當中，艾克希特侯爵的地位高貴而且

---

57 有些人認爲這個人是指德文的里佛斯伯爵，但是英國人表示這是十五世紀而不是
　十三世紀。

*58 ［譯註］亨利七世(1457-1509A.D.)，都鐸王朝第一代英格蘭國王(1485-1509A.D.)，
　　與理查三世爭雄獲得勝利，結束薔薇戰爭，爲英格蘭的強盛繁榮奠定基礎。

*59 ［譯註］愛德華四世(1442-1482A.D.)，英格蘭國王(1461-1483A.D.)，在薔薇戰爭中
　　擊敗蘭開斯特家族的亨利六世，取得王位。入侵法蘭西，簽訂條約使經濟得以復
　　甦。

*60 ［譯註］亨利八世(1491-1547A.D.)，英格蘭國王(1509-1547A.D.)，不顧教皇的反
　　對，與凱瑟琳王后離婚，娶安妮爲妻。國會通過法案尊國王爲國教的首腦。

清白無辜。他的兒子愛德華活著時是倫敦塔的囚犯，在帕度亞（Padua）的流放生涯中過世。他疏忽瑪麗女王在暗中的愛意，或許是他對伊麗莎白公主有情，在這位英俊的年輕人經歷的事故中，散發出浪漫的色彩。他的四位姑母結婚，將剩餘的世襲產業轉移到外來的家族。他個人的榮譽和地位彷彿已經合法絕滅，等到後續君王即位時用特許狀的方式予以恢復。

　　首任德文伯爵修伊的嫡系後裔仍有倖存的子孫，也就是科特尼還有一個年輕的分支安置在波德漢姆（Powderham）城堡，從愛德華三世統治開始到現在已經有四百年。他們的產業用轉移到愛爾蘭各個島嶼的方式，經過改良以後獲得增加，最近恢復貴族的身分和地位。然而科特尼家族的成員仍舊記得甚為哀怨的箴言，明確宣告這個古老世家的清白無辜，悲悼面臨衰亡的命運。就在他們為過去的豐功偉業嘆息時，對於感受到目前的祝福毫無疑惑之心。在科特尼家族編年史漫長的記述當中，最光輝的年代同樣是最不幸的時刻。不列顛一位生活富裕的貴族，根本不會嫉妒君士坦丁堡的皇帝，他們竟然在歐洲各地漂泊，懇求施捨來支持他們的地位和保護他們的首都。

第六十二章

尼斯和君士坦丁堡的希臘皇帝　帕拉羅古斯繼位為帝
與教皇和拉丁教會的結盟以失敗收場　設計反叛行動對
付安茹的查理　西西里的叛變　加泰蘭人在亞細亞和希
臘的戰事　雅典的革命及當前的情況(1204-1456A.D.)

一、希臘帝國在尼斯流亡政權的積極作為(1204-1259A.D.)

　　希臘人喪失君士坦丁堡，激起為時短暫的中興氣象。君王和貴族從宮
殿被趕進原野，沒落的帝國已成殘破不堪的碎片，被精力最旺盛或手段最
高明的接位者緊抓不放。從拜占庭編年史[1]冗長而乏味的文卷中，評述狄
奧多爾‧拉斯卡里斯(Theodore Lascaris)(1204-1222A.D.)和約翰‧杜卡
斯‧瓦塔西斯(John Ducas Vataces)(1222-1255A.D.)這兩位人物，可不是
一件簡單的工作。他們重新打起羅馬人的旗幟在俾西尼亞(Bithynia)的尼
斯上空招展。雖然各人具有不同的美德，所幸都能適合當時極為惡劣的環
境。拉斯卡里斯在流亡的初期經過奮鬥以後，只能控有三個城市和兩千士
兵，他的統治正處於孤注一擲的絕望關頭，每一次的軍事行動都拿生命和
皇冠來賭他的運氣。位於海倫斯坡海峽和米安得河當面的兩個敵人，為他
的用兵神速感到驚奇，為他的大膽進擊飽受頓挫。經過十八年戰無不勝的

1　提到尼斯幾位皇帝的統治，特別就約翰‧瓦塔西斯和他的兒子來說，他們的大臣
　　喬治‧阿克洛波利塔，才真正是同時代的人。但喬治‧帕契默隨著希臘人回到君
　　士坦丁堡才十九歲。雖然尼西弗魯斯生在十四世紀，他的歷史著作是從拉丁人奪
　　取君士坦丁堡開始，記載的內容非常有價值。

統治，尼斯公國的開疆闢土已經具備帝國的規模。寶座的繼承人是他的女婿瓦塔西斯，建立更為堅實的基礎，從各方面來說能夠掌握更為豐富的資源。瓦塔西斯無論是個人的習性或基於利益的考量，為了達成雄心壯志的企圖，在涉險之前詳細的計算，運用最有利的時機，並且要保證能夠勝利成功。

在拉丁帝國的衰亡過程中，我已經簡約提到希臘人的復國行動。這位征服者用審慎的態度，採取逐步進逼的策略，在三十三年的統治期間，從國內和國外的篡奪者手裡解救行省，直到從四面八方對都城形成包圍之勢，無枝無葉的腐朽樹幹在利斧一擊之下應聲倒地。他的勵精圖治和內政修明更值得我們的注意和欽佩[2]。時代的災禍損毀希臘的居民和資產，農業生產的誘因和工具盪然無存，大部分肥沃的田地都已荒廢，不是缺乏照料就是人煙稀少。皇帝為著國家的利益，下達命令要占有或改進這些無主的產業。他用權勢極大的雙手和提高警覺的眼光，供應農耕方面的需要，配合講究技巧的管理方式，比一個私有的農莊主人更為勤奮，皇家的田地成為亞洲的花園和糧倉。統治者不必殺雞取卵壓榨人民，可以獲得來源清白和創造財富的基金。按照土壤的自然性質，他的田地不是生長穀物就是種植葡萄，牧場有成群的牛馬和各種牲口。瓦塔西斯送給皇后一頂鑲滿鑽石和珍珠的皇冠，這時他帶著笑容說道，貴重的飾物來自賣出雞蛋所得款項，他的農場裡有不計其數的家禽。皇家田莊的物產用來維持皇宮和醫院，這種需求可以滿足個人尊嚴，作為施惠臣民之用：從這方面所獲得的教訓遠比僅知收稅更為有效，恢復耕種像在古代那樣具有安全和榮譽的功能，教導貴族可以從自己的產業當中，找到穩定和自主的歲入來源，不要靠著壓迫民眾和取悅宮廷（通常這是同一回事）來裝點已成赤窮的門面。

土耳其人很高興購買多餘的穀物和牲口，瓦塔西斯與他們保持緊密和誠摯的聯盟關係。然而他並不鼓勵進口國外的產品，像是東部極為昂貴的

2　喜愛拜占庭歷史文物的讀者會發現，我們沉浸於這些寶貴的細節是多麼難得的事。

絲綢，還有精細費工的意大利織機。他經常這麼說：「自然和生存的需要不可或缺，但是對習性的影響存於君王一念之間。」因而他的身教言教在於簡樸的生活和勤奮的工作，最關心的目標是青年的教育和學術的恢復。他很誠摯的公開宣布，人類社會以君王和哲學家這兩種人物最為卓越，雖然沒有決定何者居先。他頭一位妻子是狄奧多爾‧拉斯卡里斯的女兒伊里妮，不僅對國家建立功勳而且個性溫和善良，具備安吉利家族和康南尼家族的血胤，能夠傳接帝國的繼承權利。

　　瓦塔西斯在伊里妮過世以後與安妮或康士坦斯締結婚約，她是腓特烈二世的非婚生女兒，新娘還未到青春期的年齡。陪嫁的隨從行列有一名意大利少女，皇帝與她發生關係，多情的弱點竟然將合法皇后的地位授與侍妾，雖然還沒有到加上頭銜的地步。這種品德的缺失被僧侶譴責為十惡不赦的罪孽，他們那種粗魯不文的抨擊，更顯示皇家情人有十足的耐性。在一個通達情理的時代，只要大節不虧，可以原諒這種微行。無論是這種過失或是拉斯卡里斯更為放肆的激情，當代人士感激重建帝國的奠基者，經過判斷以後視為無傷大雅之事。拉丁人的奴隸沒有法律的保護也得不到和平，他們為同胞恢復民族的自由和過著幸福的生活而歡呼。瓦塔西斯推行深受讚許的政策，也就是說服無論在哪個主權統治下的希臘人，要他們為了個人的利益登記成為他的臣民。

　　從約翰‧瓦塔西斯和他的兒子狄奧多爾(1255-1259A.D.)身上，可以看到非常明顯趨向墮落的徵候。創建者要支撐皇家冠冕所帶來的重負，繼承人只享受紫袍加身的光彩[3]。然而狄奧多爾的個性並非欠缺活力，他在父親創辦的學校接受教育，參加戰爭和狩獵的操演和磨練：君士坦丁堡仍舊沒有奪取，但在他短暫的三年統治期間，曾經三次率領軍隊深入保加利亞的腹地。他的德行被暴躁的脾氣和猜疑的性格所玷污：暴躁固然可以歸

3　波斯人會說，居魯士是臣民的父親而大流士是臣民的主子，這樣的話可以用在瓦塔西斯和他兒子身上。但是帕契默把溫和的大流士誤以為是殘酷的岡比西斯(Cambyses)那個藩王或暴君。大流士建立稅賦制度，被人不齒，但並非憎惡，所以大家稱他為商賈或掮客。

於缺乏自制的能力；猜疑卻是一種陰暗和邪惡的觀念，可能從人類腐敗的天性自然浮現。在向保加利亞進軍途中，他召集主要的大臣和將領詢商政策有關問題，希臘行政首長喬治‧阿克洛波利塔(George Acropolita)憑著良心提出很誠懇的意見，然而對他有所冒犯。皇帝已經將彎刀抽出一半，但是他有意的狂暴行為使阿克洛波利塔受到更為羞辱的懲處。帝國首席行政官員受命下馬，被剝去官服，當著君主和軍隊的面前趴在地上，就用這種姿勢被兩名衛士或行刑手用棍棒盡力痛打一頓，等到狄奧多爾下令停止用刑，這位大臣已經無法站起來，只能爬回自己的帳篷。經過幾天的休養以後，一道專橫的命令要他參加會議，從此希臘人為了保全官位和免於羞辱，使得會議安靜得針掉下地都可聽見。

我們從受害人自己的記述才知道他受辱的經過[4]。皇帝的殘酷是被患病的劇痛所引起，愈是接近早逝生命的盡頭，愈是懷疑被人下毒或施以魔法。每次他的情緒衝動發作以後，總是有親戚或貴族遭殃，不是喪失性命和財產，就是剜去眼珠或砍掉四肢。就在他過世之前，瓦塔西斯的兒子夠資格被人民稱為暴君，起碼宮廷的官員會有這種看法。他出於一種喜怒無常的心態，要把帕拉羅古斯家族一位貴夫人的女兒，許配給地位低賤而又卑劣的平民，遭到拒絕使他勃然大怒，根本不考慮這位貴夫人的年齡和出身，就把她的身體從脖子以下與幾隻貓包在一個大袋子裡，再用針去刺那些寵物，激起牠們狂暴的獸性去對付這位不幸的婦女。皇帝在生命最後的時辰，公開宣布他的意願是要寬恕別人和得到寬恕。真正讓他焦慮的是約翰的命運，那位只有八歲的兒子和繼承人，在漫長的未成年期間要遭到難以預測的危險。

他最後的選擇是將監護人的職責，託付給神聖的阿森紐斯(Arsenius)教長和勇敢的內衛統領穆札隆(Muzalon)，然而在受到皇室的重用和引起公眾的痛恨這兩方面，穆札隆同樣知名於世。自從他們與拉丁人建立連繫

---

4 阿克洛波利塔讚許自己堅持立場，能忍受廷杖，不再參加國務會議，直到奉召無法推辭。他在歷史著作中記載狄奧多爾的功勳和他自己的服務，可以參閱格列哥拉斯作品中有關他的事蹟。

以後，世襲階級的名號和特權巧妙滲透入希臘君主國。擢升一名毫無價值
的寵臣激起貴族家庭的憤憤不平，就把最後統治階段的過失和災難，全都
歸咎於皇帝受到他的影響。皇帝過世以後舉行第一次會議，穆札隆從高聳
的寶座上，就他的言行和意圖宣布一份矯揉造作的辯白書。但是大家一致
向他提出保證要尊敬和忠誠，使得他不再謙遜反而氣焰高漲。不共戴天的
仇敵用「羅馬的守護神和拯救者」大聲向他祝賀，八天的時間足夠他們安
排陰謀活動。皇帝逝世在馬格尼西亞(Magnesia)[5]這座亞洲城市，位於赫
繆斯(Hermus)河畔，正在西庇拉斯(Sipylus)山的山麓，第九天在主座教
堂舉行莊嚴的葬禮。一隊叛變的衛士打斷神聖的儀式，穆札隆和他的兄弟
以及追隨者在祭壇前面遭到屠殺。沒有出席的教長與一位新的共治者聯合
起來，米迦勒·帕拉羅古斯無論就家世和功績都是希臘最顯赫的貴族。

二、帕拉羅古斯的稱帝與君士坦丁堡的光復(1260-1261A.D.)

　　任何人要是為他們的祖先感到驕傲，絕大部分都滿足於地區或家族的
名聲，僅有少數家族在國家的編年史出現值得懷念的事蹟。早在十一世紀
中葉，帕拉羅古斯這個高貴的家族在拜占庭的歷史中，始終出人頭地保持
高高在上的位階。英勇無比的喬治·帕拉羅古斯將康南尼家族的鼻祖推上
寶座，他的親戚或後裔在每個世代，都在領導國家的軍隊或是主持政府的
會議，身登大寶的君王與他們的聯姻也不會辱沒身分。要是嚴格遵守繼承
法和女性繼承的規定，狄奧多爾·拉斯卡里斯的妻子必須讓步給她的姊
姊，也就是米迦勒·帕拉羅古斯的母親，後來他還是將家族推上君士坦丁
堡的寶座。但是就米迦勒·帕拉羅古斯個人而言，軍人和政治的功績使耀

5　當代的地理學家像是塞拉流斯(Cellarius, Christopherus, 1638-1707A.D.，歷史學家
　　和地理學家)和丹維爾，以及我們的旅行家特別是波柯克(Pocock, Edward, 1604-
　　1691 A.D.，英國東方學者)和錢德勒(Chandler, Richard, 1738-1810A.D.，旅行家和
　　作家)都教我們分辨小亞細亞的兩個馬格尼西亞，一個在米南得河，另一個位於西
　　庇拉斯山。後者是現在提到的地方，仍舊是個市面繁榮的城市，位於西麥那的東
　　北方距離約八里格或八個小時的行程。

目的家世更爲尊貴無比。他在年輕時已經被擢升爲司令，負責指揮法蘭西
傭兵部隊，私人的費用每天沒有超過三個金幣，但是他的野心不僅貪得無
饜而且揮金如土。他在接談和待客都會加倍送出禮物，獲得軍隊和人民的
愛戴，引起宮廷對他的猜忌。

　　米迦勒或是朋友因爲行事不夠審愼，三次涉殺身之禍終能化險爲夷。
其一，在瓦塔西斯極其公正的統治之下，兩位官員發生爭執[6]，其中一位
指控他的同事，對帕拉羅古斯家族的繼承權利有包庇的行爲，這樁案件按
照拉丁人新的審判程序，裁決要用個人格鬥作爲定罪的依據。被告在馬上
比武，被打翻在地，但是他公開宣布堅持自己有罪，說自己當眾吐露這番
草率或背信的言辭時，並沒有獲得他的當事人核可或認同。然而傭兵司令
的清白受到質疑，惡意的流言始終緊纏不放。菲拉德菲亞的總主教是一位
狡猾的廷臣，勸他接受烈火判罪法來聽取上帝的裁定[7]。在審判前三天，
他的手臂上用一個布袋包住，上面蓋著皇家的印璽。他應按規定，將燒紅
的鐵球用手從祭壇帶到內殿的護欄，一共要重複三次，不能搞鬼也不能被
灼傷。帕拉羅古斯用高明的見識和詼諧的語調，避開這極爲危險的考驗。
他說道：

> 我是個軍人，可以毫無所懼跟原告進入比武場。身爲俗家子弟，就
> 像我這樣的罪人，不可能得到奇蹟的賞賜。你是最神聖的教職人
> 員，憑著虔誠的信心可以得到上天的恩寵，我要從你的手裡接受這
> 個熾熱的球體，來證明我清白無辜。

　　總主教大驚失色，皇帝面露微笑，米迦勒獲得赦免或諒解，重新恢復

6　阿克洛波利塔敘述這個奇特案件的有關情節，以後的作者好像並沒有注意此事。
7　帕契默談到這些野蠻的審判程序總是有點藐視，然而他非常肯定的表示，年輕時
　看到很多人能忍受烈火判罪法的測試，而且不會受傷。他是希臘人，難免有這種
　輕信的性格，但是精明的希臘人可能會找到療傷的技巧或欺騙的手法，來應付迷
　信的行爲或他們的暴君。

酬庸和職位。

其二，他在後續的統治時代負責尼斯的政務，有次在暗中得到通知，離城的君主聽取讒言，心中產生猜忌要下毒手，他的下場不是被殺就是剜去眼珠成為盲人。不等狄奧多爾回來宣布判決，傭兵司令帶著一些追隨人員逃離城市和帝國。雖然他被沙漠的土庫曼人搶劫，還是在蘇丹的宮廷獲得友善的庇護所。處於放逐的曖昧狀況之下，米迦勒安於感恩和忠誠的責任：拔刀協助蘇丹對付韃靼人；警告在羅馬邊境的守備部隊；發揮影響力促進雙方恢復和平，他的召回和寬恕很光榮列舉在條約裡。

其三，當米迦勒在西部守備對抗伊庇魯斯藩王時，再度受到皇宮的猜疑和定罪，這次他表現出忠誠或示弱的態度，接受腳鐐手銬從杜拉索押解六百哩到達尼斯。信差的殷勤能夠緩和羞辱的心情，皇帝病重除去面臨的危險。狄奧多爾在彌留之際，立即認清帕拉羅古斯的無辜和實力，只有把年幼的兒子託付給他。

然而他的無辜根本沒有受到合理對待，說到他的實力倒是可以讓他在旁虎視眈眈，現在沒有可以忌憚的對象，雄心壯志可以大展鴻圖[8]。狄奧多爾亡故後召開的會議中，他首先向穆札隆宣布效忠的誓言，也首先違犯誓言。他的行為相當高明，手法極為技巧，可以獲致最大的既得利益，接著發生的屠殺事件，不會觸犯法網或引起譴責。為了推舉一位攝政，他讓候選人的利害關係和情緒激動形成勢均力敵的局面，轉移大家對他的猜忌和恨意，使得競爭者相互鬥個你死我活，迫得他們承認除了他們自身以外，帕拉羅古斯最具備出任攝政的資格。他被授與大公爵的頭銜，在皇帝漫長的未成年時期，掌握政府的實際權力；教長僅僅擁有德高望重的虛名。他憑著自己的才能建立優勢地位，可以利誘或壓制相互傾軋的貴族。瓦塔西斯勤儉的成果存放在赫繆斯河岸一個守備森嚴的城堡，忠誠的瓦蘭

8　我不把帕契默比為修昔底德斯（Thucydides，紀元前五世紀末希臘歷史家，著有《伯羅奔尼撒戰史》）或塔西佗，而是稱許他的敘述帶著雄辯、明快和容忍的自由精神，緊緊追隨著帕拉羅古斯的登極稱帝。阿克洛波利塔較為小心謹慎，格列哥拉斯則更為簡潔明確。

吉亞人(Varangians)負責保護看管，傭兵司令還保留對外國部隊的指揮權或影響力，他運用衛隊保護和支配國家的金庫，這樣會造成衛隊的腐化。不管公眾的財富如何被濫用，都不會懷疑到他的貪婪。他派出密使和暗探努力說服各階層的臣民，只要他能夠建立權威的地位，大家的財富也會隨之水漲船高。重稅的負擔始終引起民怨現在暫時停止徵收。他禁止在法庭使用神斷法和格鬥審判，這些野蠻的制度在法蘭西[9]和英格蘭[10]已經遭到廢止或取消。訴諸刀劍不僅觸犯文明社會的理性和良知，同時也違背一個不善黷武好戰民族的習俗。資深老兵都感激他提供的福利，可以在未來維持妻兒子女的生計；教士和哲學家都欽佩他的熱情，促成宗教和學術的發展和進步。他提出含糊其辭的承諾要酬庸有才之士，使得每個職位的候選人都充滿希望。

米迦勒非常清楚教士的影響力，對於具有權勢的教會職位，竭盡力量掌握投票和選舉的過程。他們從尼斯到馬格尼西亞的行程花費很大，可以提供適當而充分的藉口，免得參加的人數太多。居於領導地位的高級教士對他夜間來訪的慷慨感到欣慰，廉正不阿的教長受到新同僚表示敬意的奉承。米迦勒牽著騾子的韁繩引導他進入城鎮，將不斷強求的群眾保持在尊敬的距離之外。帕拉羅古斯並沒有放棄來自皇家後裔的頭銜，鼓勵大家自由討論民選君主政體的優點。他的黨羽帶著洋洋得意的無禮神色問道：病人難道會信任出了娘胎就會看病的醫生？商人會將船隻交給天生就會航行的船主？乳臭未乾的皇帝以及未成年所迫近的危險，需要一位行事老成和經驗豐富的監護人給予支持，還要擢升一位共治者以超越他的同僚，免得產生猜忌引起覬覦之心，授與皇家的稱號和特權。為了君王和人民的利益，不能考慮個人和家族的立場，大公爵同意保護和教導狄奧多爾的兒子。他在表面上還說要用勤勞的雙手，重新管理世襲的產業，享受無官一

9 聖路易在他的疆域之內廢除格鬥審判，他的榜樣和權威終於在法蘭西占得上風。
10 亨利二世對民事案件給予被告選擇的機會：格蘭維爾(Glanville)要靠證據來裁決，格鬥審判在弗勒塔(Fleta)受到譴責。然而決鬥判罪法在英格蘭的法律從來沒有廢止，遲到上個世紀的初葉還要依據法官的裁定進行決鬥。

身輕的生活，現在只能嘆息幸福的日子已經過去。

他首先被授與親王的頭銜和特權，能夠使用紫袍的服飾，在羅馬君主國據有「一人之下萬人之上」的地位。後來同意正式宣布約翰四世和米迦勒七世是「共治的皇帝」，被大家用盾牌舉起來，但是約翰有生為帝王者的權利，所以保有較高的位階，兩位共治者宣誓要相互保持友善的盟約關係，雙方要是發生決裂的事件，臣民應受效忠誓言的約束，公開宣布要反對引起事端的侵犯者。侵犯者這種稱呼非常的含糊，只會製造動亂發生內戰。帕拉羅古斯對這些事項都表示同意，但是到舉行加冕典禮的日子，在尼斯的主座教堂裡，他的黨羽用熱情的態度和激烈的言辭，認為憑著年齡和功勳，帕拉羅古斯應該居優先的地位。為了平息不合時宜的爭執，暫時停止約翰‧拉斯卡里斯的加冕，等待更適當的機會。他的王位難保，只有走在監護人的隨行隊伍裡面，米迦勒七世一個人從教長的手裡接受皇帝的冠冕（1260年1月1日）。阿森紐斯處於極為勉強的狀況，對於自己的被監護人無法登基稱帝只有袖手旁觀。瓦蘭吉亞人揮舞戰斧擺出威脅的姿態，嚇得發抖的年輕人逼得做出同意的手勢。在旁邊還可以聽到大聲呼叫的聲音，說不要讓一個小孩的性命妨害到國家的大政方針。感激的帕拉羅古斯把權勢和職位賜給他的朋友，讓大家都能滿載而歸。他把一個親王和兩個「塞巴斯托克拉特」（Sebastocrator）的位階封給族人，授與阿里克蘇斯‧斯特拉提哥普拉斯（Alexius Strategopulus）凱撒的頭銜。久歷戰陣的主將終於不負所託，不久就光復君士坦丁堡呈獻給希臘皇帝。

帕拉羅古斯統治的第二年，當時他住在西麥那附近尼菲姆（Nymphaeum）的宮殿和花園，頭一名信差在深夜到達。在他妹妹優洛基婭（Eulogia）細心照應輕輕把他喚醒以後，米迦勒七世獲得極為驚人的消息，然而來人名不見經傳或身分低下，也沒有從勝利的凱撒那裡帶來信函。瓦塔西斯吃了敗仗，帕拉羅古斯最近也沒有獲得成功，很難相信一支八百士兵的分遣部隊，竟然用奇襲方式一舉奪下都城（1261年7月25日）。可疑的軍使就像人質一樣看管起來，可能會因誤報遭到處死或是獲得豐盛的獎賜。整個宮廷這時都陷入希望或恐懼的焦慮之中，直到阿里克蘇斯派

出的信差接二連三到達,帶來確鑿無疑的信息,展示出征服的戰利品,像是篡奪者鮑德溫的佩劍和權杖[11]、官靴和軟帽[12],都是在匆忙逃走之際遺留下來。他立即召集主教、元老院議員和貴族舉行盛大的會議,大家也許從來沒有如此興高采烈欣喜若狂。在精心推敲的演說中,君士坦丁堡的新統治者祝賀自己的運道和國家的氣數。他說道:

> 羅馬帝國開疆闢土越過亞得里亞海,到達底格里斯河和衣索匹亞的邊界,已經經歷非常綿長的歲月。然而等到行省逐漸喪失以後,在前途黯淡和災難不斷的日子裡,首都被西部的蠻族從我們的手中奪走。興旺和繁榮的潮汐從最低點又開始流動,這些都是我們在流亡和放逐中獲得的成果。過去有人問我們羅馬人的國土在哪裡,只有帶著羞愧的神色指出地球的美好地區和天國的最後歸宿。上帝的恩惠讓君士坦丁的城市,宗教和帝國最神聖的位置,現在又重新回到我們的懷抱,靠著我們的勇氣和行動獲得最偉大的成就,也是未來勝利的預兆和保證。

君王和人民的情緒激昂不耐久等,驅除拉丁人以後不過二十天的時間,米迦勒七世凱旋進入君士坦丁堡(1261年8月14日)。金門的城門大開,虔誠的皇帝到達立即下馬,民眾高舉馬利亞顯靈的聖像在前面開道,皇帝可能在童貞聖母的指引下進入聖了的殿堂聖索非亞主座教堂。在深受感動的虔敬和自負的狂喜心情之後,他為荒蕪和殘破的景象而嘆息不已,皇宮成為烏煙瘴氣的污穢場所,到處留下法蘭克人酗酒鬧事的痕跡,整個通衢大道全部毀於大火,或者在時日的磨蝕下倒塌。無論是神聖或異教的

---

11 權杖是一根長杖,成為正義和權力的象徵,荷馬筆下的英雄曾經使用。後來的希臘人把它稱為Dicanice,皇帝的權杖用紅色或紫色來加以區別。

12 阿克洛波利塔很肯定的表示,這種軟帽模仿法蘭西的式樣。但從帽頂加上紅寶石用來裝飾這點來說,杜坎吉認為是希臘人常用的高冠式禮帽。難道阿克洛波利塔會弄錯自己宮廷的服裝?

廟宇，所有的裝飾全被剝除一空，好像拉丁人知道接近放逐的時日，他們唯一的工作是盡力去搜刮和破壞。對外貿易在混亂和窮困的壓力下已經宣告結束，城市的財富隨著居民的數量日益減少。希臘國君首先要關切的事項，是讓貴族恢復祖先所居住的府邸，將拉丁人所占領的房舍和建地，歸還給提出合法繼承權的家族。但是絕大部分不是後代已經絕滅就是文件完全喪失，無人繼承的財產已移交給領主。他用慷慨的條件吸引行省的民眾，前來充實君士坦丁堡的人口，把勇敢的「志願軍」安置在他們用武力所光復的首都。法蘭西貴族和顯要的家庭都隨著他們的皇帝一起撤走，但是能夠忍耐和出身卑賤的拉丁群眾安土重遷，願意留在這個國家，對變換主子漠不關心。謹慎的征服者並沒有關閉比薩、威尼斯和熱那亞人的工廠，反倒是接受他們效忠的宣誓，鼓勵他們勤奮工作，明確律定原有的特權，允許他們在居住的區域受本國官員治外法權的管轄。在這些民族之中，比薩人和威尼斯人在城市保有各自的租界；但熱那亞人的服務和權勢，在這個時候引起希臘人的感激和嫉妒。他們的獨立殖民地首次遷移到色雷斯的赫拉克利(Heraclea)海港市鎮，很快被召回，安置在具有獨占所有權的蓋拉塔郊區。他們在這個優勢地點不僅恢復原來的通商貿易，後來也傷害到拜占庭帝國的威嚴。

三、約翰·拉斯卡里斯的被害和兇手的懲處(1261-1314A.D.)

君士坦丁堡的光復像是慶祝帝國新時代的開始，皇帝靠著刀劍獲得權利，再度在聖索非亞大教堂舉加冕典禮。他的受監護人與合法的統治者約翰四世拉斯卡里斯，無論是姓名還是位階都在不知不覺中消失。但是他與生俱來的權利仍舊存在於人民的內心，皇家青年很快到達成人和施展抱負的年齡。帕拉羅古斯出於畏懼人言或良知良能，克制自己的行為，不願手上沾污皇家的無辜鮮血。但一個篡奪者和身為父母的焦急心態，促使他要確保寶座的安全，就運用現代希臘人如此熟悉的犯罪行為，雖然這種手法還不夠完美。視覺的喪失使年輕人沒有能力處理帝國的政事，用紅熱的火

盆發出劇烈的強光毀損他的視神經,代替過去用暴力剜去眼珠[13]。約翰·
拉斯卡里斯被送到一個遙遠的城堡(1261年12月25日),餘生在獨居和遺忘
的狀況下又活了很多年。

　　如此冷酷無情和計畫周詳的罪行,要是會產生悔恨之心,看來似乎矛
盾。如果米迦勒七世能夠相信天國的慈悲,那他還是沒有辦法避開人類的
譴責和報復,這些都是被他的殘酷和叛逆所激起。充滿奴性的宮廷被暴虐
的行為所壓制,唯一的職責是大聲頌揚或保持沉默。僧侶依仗不可見主子
的名義,有直言的權利。一位高級神職人員領導神聖的軍團,他的地位已
經超越希望或畏懼的誘惑。阿森紐斯辭去教長的職位很短一段時間以後,
同意出任君士坦丁堡位階最高的神職,主持恢復教會的機能和各項工作。
他有虔誠的信仰和單純的個性,長期為帕拉羅古斯的奸詐手法所欺騙。他
之所以願意忍耐和順從,是要安撫篡奪者不要產生衝動的行為,保護年輕
君主不要受到傷害。教長聽到這種慘無人道的消息,只有運用宗教的武
器,在這種狀況下,迷信使人性和公正的理由更為有力。教長在宗教會議
中宣布革出教門的判決,與會的主教為他那熾熱的情緒所鼓舞,雖然他基
於審慎的著眼,在公開祈禱時還會一再提到米迦勒的名字。東部的高級神
職人員並不採行古老羅馬極其危險的行為準則,也不敢運用實力強制執行
譴責的要求,像是罷黜或驅逐君王,或是解除臣民對他的效忠宣誓。但是
基督徒要是與上帝和教會分離,就會成為恐懼的對象,在騷動四起和宗教
狂熱的首都,恐懼可以成為兇手的武器,或是煽動人民揭竿起義的火焰。

　　帕拉羅古斯明瞭他所遭遇的危險,承認他所犯的罪行,但是抗議對他
的判決。行為已經無法彌補,所望的獎品已經到手,他懇求給予嚴苛的懺
悔,讓他能從罪人擢升到聖徒的名聲。固執的教長拒絕宣布任何贖罪的方

13　發明比較溫和的方式使人喪失視力,最早是哲學家笛摩克里都斯(Democritus)用在
　　自己身上,他要讓心靈保持寧靜,必須離開可見的世界,真是一個極其愚蠢的故
　　事。拉丁人和意大利人用abacinare這個字來表示,讓杜坎吉有機會探討如何使人
　　變成瞎子:最殘暴的手法是剜目,或是用燒紅的鐵針刺瞎,再不然將滾熱的醋汁
　　淋到眼睛裡,還有就是頭上扭緊一根繩子直到眼珠從眼窩裡迸出來。啊!這些心
　　黑手辣的暴君。

式或任何赦免的希望，僅僅親自宣布如此重大的罪行，一定要讓正義確實
獲得滿足。米迦勒說道：「難道你要我放棄整個帝國？」根據這種說法，
他願意交出國家的權力。阿森紐斯急著要他履行放棄統治權的誓言，最後
知道皇帝根本不願用如此高昂的代價來解決問題，教長非常氣憤，逃進修
道院的小室，任憑皇家的罪人跪在門前痛哭流涕[14]。

　　革出教門的危險和羞辱延續三年之久，事過境遷加上懺悔行為緩和民
眾的喧囂。加上阿森紐斯的兄弟出面指責不近情理的個性，如此剛愎已經
背離福音書的寬恕之心。皇帝非常技巧的暗示，要是他仍舊在國內遭到拒
絕，他會向羅馬教皇尋找赦免的判決。事實上這種判決很容易在拜占庭教
會獲得解決，所收到的效果也會更大。

　　民間傳播的謠言說是阿森紐斯，涉及謀逆和不忠，在他的聖職任命和
教會管理方面，有一些不合規定的措施很容易受到譴責。宗教會議免除他
的主教職位，在一隊士兵的警衛下將他運送到普羅潘提斯海一座小島上。
他在放逐之前帶著鬱鬱不樂的神情，要求對教會的錢財做一份詳盡的帳
目，對於自己的財產只有三個金幣感到驕傲，那是他抄寫《舊約聖經》
〈詩篇〉賺來的收入。他要繼續維護心靈的自由權利，只要一息尚存就還
是拒絕赦免皇家的罪人[15]。拖延一段時日以後，亞得里亞堡主教格列哥里
調升君士坦丁堡教長，但是他的權威不足以排除反對意見讓皇帝獲得贖
罪。約瑟是一位備受尊敬的僧侶，取代這個重要的職位。發人深省的場面
出現在元老院議員和民眾的面前，謙卑的悔罪者被逐出教會已有六年
（1262-1268A.D.），恢復信徒的領聖體儀式。被囚禁的拉斯卡里斯得到溫
和的照應，更能證明他的悔悟，仁慈的行為給民眾帶來莫大的喜悅。然而
阿森紐斯的勇氣和人格仍舊活在僧侶和教士的身上，他們結成勢力強大的
派系，保持頑固不屈的分裂狀況長達四十八年之久（1266-1314A.D.）。

14　帕契默和格列哥拉斯都如實提到米迦勒的罪和革除教門的處分，他的表白和懺
　　悔恢復他們的自由。

15　帕契默提及阿森紐斯的流放，他在成為代理主教的時候，曾到荒島去拜訪阿森紐
　　斯。不肯寬恕的教長最後那份遺囑仍舊流傳於世。

　　米迦勒七世和他的兒子用善意和尊敬對待他們所顧忌的人物，教會和
政府的重要工作是要與阿森紐斯教派的信徒修好。他們抱著宗教狂熱的信
心，提議用神蹟的出現來試驗訴訟的案件。兩份文件上面記載著他們和對
方的資料，全部丟進熾熱的火盆裡，他們期望正統教會的眞理會受到火焰
的尊重而絲毫無損。啊！上帝！這兩份文件都被燒成灰燼，這個無法預知
的意外事件讓兩派人馬僅僅有一天的和諧，卻又恢復一個世代的爭執[16]。最
後的協定顯示出阿森紐斯教派的勝利：教士戒絕四十天的教會職責，俗家
子弟要進行輕微的悔改或告解。阿森紐斯的遺體保存在聖所，君王和人民
尊以過世聖徒的名義，使他們的罪孽獲得赦免[17]。

四、米迦勒七世的統治和東西兩個教會的聯合(1259-1332A.D.)

　　帕拉羅古斯犯罪的動機或者藉口，是要爲家族建立穩固的基業。他急
著要確定繼承的權利，就讓長子分享紫袍的榮耀。安德洛尼庫斯以後得到
「長者」稱號，在十五歲的時候加冕成爲羅馬皇帝，在他冗長而羞辱的統
治時期，神聖的頭銜有九年是他父親的共治者，另外的五十年才是繼承人
(1273年11月8日-1332年2月13日)。米迦勒本人要是死於平民的身分，那
麼他對帝國的貢獻會更有價值。在受到世俗和宗教的敵人攻擊以後，他只
有一些時間去努力爲自己爭取名聲，或爲臣民謀求幸福。他從法蘭克人手
裡將多島之海最高貴的一些島嶼奪回來，像是列士波斯島、開俄斯島和羅
得島；派遣他的弟弟君士坦丁去控管馬爾法西亞(Malvasia)和斯巴達；摩
里亞的東邊從亞哥斯和拿坡里到提納魯斯(Taenarus)角，重新爲希臘人據
有。基督徒流出的鮮血受到教長疾言厲色的指責，這位無禮的神職人員竟

16　帕契默談起充滿奇蹟的審判時，就像哲學家，對於阿森紐斯派信徒的陰謀表示輕
　　視的態度，把高齡聖徒的啓示放在他的棺木裡一起埋葬。一幅流淚的畫像，另外
　　一幅則流著血，還有就是奇蹟出現治癒一位又聾又啞的病人，等於是對他的懷疑
　　提出的補償。
17　阿森紐斯派信徒的事蹟散布在帕契默的十三部著作中。他們的團結和勝利都記載
　　在格列哥拉斯的作品裡，然而他既不愛護也不尊敬這些教徒。

敢用他的畏懼和顧忌，干預君王之間的用兵和交戰。然而西部的征戰在進行時，海倫斯坡海峽對岸的國土無人防守，留給土耳其人大肆蹂躪，證實一位臨終元老院議員的預言，說君士坦丁堡的光復會使亞洲陷入沉淪的慘境。米迦勒的勝利完全是部將的成就，他的劍在皇宮裡生銹。皇帝處理與教皇和那不勒斯國王有關的事務，政治的手段為殘酷和欺詐所玷污[18]。

　　一位拉丁皇帝被人從寶座上面趕下來，很自然將梵蒂岡視為避難的容身之所。教皇烏爾班四世(Urban IV)[*19]對於流亡的鮑德溫，不僅同情他的不幸，也為他提出辯護之辭。為了對付希臘人的宗教分裂主義，他指使發起十字軍東征，參加人員可以獲得全部的赦免；把君士坦丁堡的同盟軍和追隨者全部逐出教會；懇請路易九世要禮遇他的親戚鮑德溫；要求法蘭西和英格蘭的教會將歲入繳納十分之一，提供聖戰所需的費用。狡詐的希臘人看到西方即將引發風暴，派出哀求的使節帶著尊敬的信函，企圖能停息或安撫教皇的敵意。但是教皇暗示要想建立穩固的和平，東方教會必須完成修好和聽命的準備。羅馬教廷不可能為粗俗的詭計所欺騙，米迦勒得到警告，兒子的悔改才會使父親得到寬恕，只有信仰(一個很含糊的字眼)是友誼和聯盟的基礎。經過一段很長和有意的耽擱，接近的危險和格列哥里十世(Gregory X)[*20]的催促，迫得他要舉行更為正式的談判：他宣稱這樣做是拿偉大的瓦塔西斯作先例。希臘的教士明瞭君王的意圖，對於第一步的修好和尊敬並沒有提高警覺。當他表示要締結條約時，教士費盡力氣向外宣布，雖然名義上不是，但拉丁人實際上是異端分子，他們用輕視的眼

---

18 帕契默的十三卷歷史著作中，前面六卷敘述米迦勒的統治，這位皇帝過世時他大約是四十歲。編輯普桑(Poussin)將他的歷史著作分為兩部出版，我還是遵從杜坎吉和庫辛(Cousin, Louis, 1627-1707A.D.，法國歷史學家、希臘古典文學編輯和評論家)的意見，十三卷歷史著作是完整的系列。

*19 [譯註]烏爾班四世(1200-1264A.D.)，法蘭西籍教皇(1261-1264A.D.)，為法蘭西國王路易九世之弟查理加冕為西西里國王，以抗拒日耳曼人之勢力。

*20 [譯註]格列哥里十世(1210-1276A.D.)，意大利籍教皇(1271-1276A.D.)，與神聖羅馬帝國皇帝倫道夫一世修好，互相支持，發動十字軍東征，使希臘教會與拉丁教會和解。

光將拉丁人貶成人類之中最卑鄙污穢的渣滓[21]。

皇帝的任務是要去說服、收買或恐嚇最孚眾望的神職人員,以獲得每個人的選票,並交互提出信仰的慈善和公眾的福利這些觀點,來獲得大家的支持。神父的經文和法蘭克人的武力,在神學和政治的範疇之內達成平衡。毋須批准尼西亞信條增加的條文,最穩健的辦法是教導大家要認清,兩個對立的見解就是「聖父經由聖子」及「聖父和聖子」兩個不同的程序,可以簡化為安全和正統的理念[22]。教皇至高無上的權勢是一部容易表達的教義,但是很難獲得承認。然而米迦勒向他的僧侶和高級教士表示,他們可以在名義上順從羅馬主教,把他看成是首席教長。上訴的權利不會發揮重大的影響,憑著距離的阻隔和審慎的作為就可保障東方教會的自由。他鄭重聲明,寧可犧牲自己的性命和帝國,也不會在正教的信仰和民族的獨立方面作出任何一點讓步,而且這份聲明經過教皇的同意,上面蓋著他的金璽。教長約瑟退到一所修道院,放棄還是重登寶座完全看整個事件的發展而定。聯合和聽命的信函有皇帝、他的兒子安德洛尼庫斯以及三十五位總主教和都主教的簽名,都已經個別召開宗教會議獲得同意。主教名單的人數增加很多,不過在不信者的壓迫之下,很多教區都已消滅殆盡。使節團由深受信任的大臣和高級教職人員組成,他們乘船到意大利,在聖彼得的祭壇奉獻貴重的飾品和罕見的香料,機密的命令授權他們要無條件順從對方。

教皇格列哥里十世召集五百名主教在里昂舉行大公會議,他們獲得同意前往參加。格列哥里流著眼淚擁抱長久迷失現已悔悟的弟子;他接受使節公開宣讀的誓詞,是用兩位皇帝的名義棄絕分裂的行為;高級教士使用指環和主教冠這些服飾;用拉丁語和希臘語歌頌尼西亞信條,並且加上

---

21 從他們與威尼斯人和熱那亞人的通商交往中,他們把拉丁人打上貪婪和野蠻的標誌。學識淵博的維庫斯(Veccus)說道:「有些民族是名義上的異端邪說,拉丁人事實上就是如此。」他後來成為改變信仰者和教長。

22 我們可以將帕契默置於這個層級,他用冗長而坦誠的文字來描述這種概念,充滿他的歷史著作第五和第六卷。然而希臘人對於里昂的宗教會議保持不置一辭的態度,似乎始終相信教皇一直住在羅馬和意大利。

「暨」這個字眼；教皇對東方和西方的結合感到歡欣，這都是為了留給他
來統治。拜占庭的代表為了完成虔誠的宗教使命，在教皇的使節陪同下火
速返國。教皇並不滿足於「至尊」這個有名無實的頭銜，使節奉到的指令
是要揭櫫梵蒂岡的政策，等到了解君王和人民的動向以後，使節提出作
法：禁止赦免堅持分裂主張的教士，除非他們簽名發誓棄絕異端和服從教
會；要求所有的教堂要運用絕對完美的信條；準備接受一位具有紅衣主教
身分的大使，包括職責所需的全部權力和地位；通知皇帝獲得羅馬教皇在
塵世的保護，現在居有極為優勢的地位[23]。

　　教皇的使節發現他們在這個國家沒有一個朋友，這個民族提到「羅
馬」和「聯合」這些名詞時，現出極其厭惡的表情。教長約瑟的職位已經
解除，由一位博學而又溫和的神職人員維庫斯(Veccus)接任。皇帝被同樣
的動機催促，也用類似的表白堅持。他懲治持反對意見的臣民，並且認定
這是正當的行為，但在私下的談話中，裝模作樣像是痛恨拉丁人的傲慢和
譴責他們的改革，這種雙重偽善的態度也貶低自己的人格。在新舊兩個羅
馬聯合投票同意之下，對於頑固的分裂分子發布逐出教門的判決。米迦勒
用刀劍來執行教會的怪罪，等到勸說無效以後，他試著使用監禁、流放、
鞭笞和肉刑等懲處的方式。一位歷史學家說得好，這是怯懦和勇敢的試金
石。兩位希臘人用藩王的名號仍舊統治伊托利亞、伊庇魯斯和帖撒利，他
們願意聽命君士坦丁堡的君主，但是拒絕受到羅馬教皇的管轄和束縛，成
功用武力來支持反對的態度。在藩王的保護之下，流亡的僧侶和主教集合
起來召開充滿敵意的宗教會議，他們被認為是背教者，用異端之類可惡的
名稱予以反駁。特里比森德的君主掌握機會，敢使用久已喪失的皇帝頭
銜。就是內格羅朋特、底比斯、雅典和摩里亞的拉丁人，都忘記改變信仰
者所建立的功勞，對於帕拉羅古斯的敵人給予或明或暗的協助，並且加入
他們的陣營。皇帝所重用的將領都是同一血統的族人，陸續拋棄或是背叛

23　瓦丁(Wading)和阿拉久斯(Allatius)多少帶著誠摯的態度，從梵蒂岡的檔案找出這
　　些奇特的指示事項，弗祿里將這些資料列入摘要或譯文裡。

褻瀆神聖的託付;他的妹妹優洛基婭、一位姪女和兩位堂姊妹在暗中策劃
陰謀活動,另外一位姪女瑪麗是保加利亞王后,與埃及的蘇丹進行協商要
讓他身敗名裂。這些叛逆的行為在公眾的眼裡被視為最高貴的美德[24]。

　　教皇使節所負的任務就是要完成這項神聖的工作,帕拉羅古斯非常坦
率的陳述他採用的方法和遭遇的困難。最後他們獲得保證,有罪的信徒不
論性別或階級,要剝奪榮譽、財產和自由。列出一份很長的籍沒和懲處名
單,包括很多與皇帝非常親近和寵愛有加的人員。他們被帶到監獄,看見
皇家血統的四位王侯被鐵鍊栓在四個角落,在憂傷和憤怒的悲痛中不斷抖
動腳鐐,其中有兩位因犯後來被釋放,一位是順從而另一位是逝世;還有
兩位同伴非常固執,受到的懲罰是剜去雙眼。就是那些不太反對聯合的希
臘人,看到這齣極其殘酷而又帶著兇兆的悲劇都深感痛心。宗教迫害者必
然為受害人所痛恨,但是他們通常會獲得一些安慰:那就是自認出乎良心
的證辭、贏取同黨人員的讚譽以及他們的作為獲得勝利。但是米迦勒的偽
善完全出於政治的動機,這樣一來逼得要痛恨自己的作為,不齒黨羽的舉
動,尊敬和羨慕那些反叛的勇士,因為他被那些勇士所憎惡和藐視。當他
的暴力在君士坦丁堡受到憎惡時,羅馬譴責他的緩慢進度,更加懷疑他的
誠摯。最後教皇馬丁四世[25]把他從教會的勢力範圍趕出去,這是他費盡力
氣要想進入的地方,就是為此打壓持分裂立場的民族也在所不惜。等到暴
君剛一逝世,教會的聯合馬上解體(1283A.D.),一致同意棄絕過去的關
係,教堂重新保持純潔寧靜,悔罪者得到調停和解。他的兒子安德洛尼庫
斯為年輕時期的罪孽和過失而淚流滿面,用虔誠的態度拒絕讓他的父親得

24　米迦勒對面臨的災難提出坦誠而可信的自白,奧吉流斯用粗野的拉丁文全部表達
　　出來。瓦丁抄錄梵蒂岡的原稿,獲得這些寶貴的資料。他的《聖方濟各修會編年
　　史》有對開本十七卷(羅馬1741年出版),最近很偶然的機會讓我在書商的廢紙堆
　　中見到。

25　[譯註]馬丁四世(1210-1285A.D.),法蘭西籍教皇(1281-1285A.D.),判處希臘皇帝
　　米迦勒七世破門罪,在西西里晚禱事件中支持那不勒斯-西西里國王查理一世,結
　　果還是未能控制西西里。

到君王和基督徒的葬禮[26]。

五、安茹家族的查理據有那不勒斯和西西里(1266-1270A.D.)

統治東部帝國的拉丁人處於一窮二白的困境，君士坦丁堡的城牆和塔樓年久失修倒塌頹廢。米迦勒的政策是要修復和加強守備力量，儲存大量穀類和醃漬食物能夠忍受長期的圍攻，他時時刻刻都沒有忘記西方強權的憤怒之情。就這方面而言，兩個西西里的統治者是實力最可畏的強鄰，不過自從為腓特烈二世的私生子緬弗洛伊(Mainfroy)據有以後，這個國家成為東部帝國的屏障，並沒有帶來任何騷擾。篡奪者雖然是位勇敢而積極的君王，但用全部力量保護他的寶座。接連幾位教皇把他看成公敵，緬弗洛伊被排除在拉丁人共同的壯舉之外。能夠用來包圍君士坦丁堡的兵力受到攔阻，成為對付羅馬內部敵人的十字軍。復仇女神的獎品是兩個西西里的皇冠，落在聖路易的弟弟贏得勝利的頭上。這位安茹和普羅旺斯的查理伯爵，領導法蘭西的騎士從事神聖的遠征。緬弗洛伊的基督教臣民心懷不滿，迫得他要徵召大批撒拉森人入伍，伊斯蘭的家庭是他父親將他們從西西里遷移到阿普里亞。這些令人厭惡的援軍，可以說明正統教會英雄那種藐視的神情，他拒絕任何調解的條款。查理說道：「將這個口信帶給諾切拉(Nocera)的蘇丹：上帝和刀劍是我們之間的仲裁人，你可以送我上天堂，或是我把你打下地獄的深淵。」兩軍遭遇，在貝內芬托(Benevento)發生激戰(1266年2月26日)。雖然我不知道緬弗洛伊在另個世界的下場如何，但他在這次血腥的戰役中喪失朋友、王國和生命。

法蘭西貴族這個好戰的群體很快使得那不勒斯和西西里人滿為患，抱負遠大的首領要從事阿非利加、希臘和巴勒斯坦未來的征戰，這些似是而非的表面理由，可以指出他首要的目標是拜占庭帝國。帕拉羅古斯對自己

26　安德洛尼庫斯二世的講話留下一份很奇特的記錄，證明如果希臘人是皇帝的奴隸，皇帝只不過是迷信和教士的奴隸。

的實力缺乏信心，一直訴諸於查理的野心和聖路易的仁慈，後者對於殘暴的弟弟可以發揮很大的影響力。查理的注意力暫時放在國內的康拉丁寇邊行動，康拉丁(Conradin)是斯瓦比亞皇室最後一位繼承人。但這個倒霉的黃口小兒覆滅在實力懸殊的搏鬥之中，執行公開的絞刑等於向查理的敵手提出警告，他們要為保有自己的首級和權柄而膽戰心驚。聖路易最後一次十字軍在阿非利加的遭遇，使帕拉羅古斯獲得第二次的緩刑。利益和責任的雙重動機促使那不勒斯的國王，要拿出全部力量和親身蒞臨前去幫助神聖的遠征行動。聖路易的死亡使查理卸下沉重的負擔，不必被有德的古羅馬監察官所強求。突尼斯國王自承是西西里王權的屬國和諸侯，法蘭西最勇敢的騎士可以自由投效他的陣營，前去攻擊希臘帝國。條約和婚姻將他和科特尼家族的利益結合在一起，他的女兒碧阿翠斯許配給鮑德溫皇帝的兒子和繼承人菲利浦，獲得一筆六百英兩黃金的津貼做為維持家庭生計之用。生性慷慨的鮑德溫只要求保有君士坦丁堡，以及環繞城市在一日行程內的皇家土地，東部其餘的王國和行省答應分給他的盟友。

在這個危險關頭，帕拉羅古斯急著簽署羅馬教皇的信條，懇求他給予保護。他在適當的時刻發揮力量，裝出和平天使的模樣，成為所有基督徒屬靈的父親。在他的呼籲之下，查理的長劍留在鞘內不能動武。希臘的使臣在教皇的私人接待室，看到他氣憤填膺，咬著他的象牙權杖，對於拒絕讓他自由使用武力也不將他的武力視為神聖，表現出深惡痛絕的神色。查理似乎尊敬格列哥里十世公正無私的斡旋，但是他對尼可拉斯三世(Nicholas III)*27的傲慢和偏見，在不知不覺間表現出厭惡的態度。尼可拉斯三世關懷他的親戚烏爾西尼(Ursini)家族，排斥精力最旺盛的勇士為教會效命。拉丁皇帝菲利浦、兩個西西里的國王和威尼斯共和國，組成敵意強烈的聯盟要對付希臘人，現在發起行動的時機已經成熟。新當選的馬丁四世是法蘭西籍教皇，批准這次神聖的復國大業。在整個聯盟行動的運

---

*27 [譯註]尼可拉斯三世(1225-1280A.D.)，意大利籍教皇(1277-1280A.D.)，對教皇國進行改革，執行過阻西西里國王查理一世的政策，結束哈布斯堡王朝與安茹王朝爭奪西西里的鬥爭。

作，菲利浦提供出師的名義，馬丁發布破門罪的諭令，威尼斯人派出一支四十艘戰船的分遣艦隊。查理極其龐大的兵力包括四十位伯爵、一萬名全副武裝的騎士、人數眾多的步兵部隊以及有三百艘船隻和運輸船的艦隊。指定一個很久以後的日期讓大軍集結在布林迪西(Brindisi)的港口，冒著很大的危險派出三百位騎士實施先發制人的攻擊，侵入阿爾巴尼亞並圍攻貝爾格勒的要塞。他們的敗北可以視爲君士坦丁堡的勝利，這種虛榮心眞是令人感到可笑。但更爲精明的米迦勒對他的軍隊不抱希望，全部寄託在陰謀詭計上，靠著一個鼠輩暗中進行工作，要把西西里暴君的弓弦嚙斷[28]。

六、希臘皇帝煽動西西里的叛變和查理的敗北(1280-1282A.D.)

斯瓦比亞家族受到判罪宣告的追隨者當中，普洛奇達(Procida)的約翰在那不勒斯灣中喪失這個同名的小島。他的出身是貴族，但是受到高深的教育，貧困的流放生涯靠著行醫獲得紓解，過去他在薩勒諾(Salerno)的學院習得這門技藝。運道使他除了生命已沒有其他東西可以損失，成爲叛徒的主要條件就是視性命如糞土。普洛奇達天賦口若懸河的遊說技巧，理由講得頭頭是道，掩飾動機無懈可擊。無論是處理國家和個人的事務，各方人員都被他的言辭打動，認爲他在盡力謀求「他們」的利益。查理的新王國在各方面受到財政和軍事的壓力而痛苦不堪[29]，主子的偉大事業和黨徒的無法無天，只會犧牲意大利臣民的生命和產業。他親自前往坐鎮，抑制那不勒斯人的恨意，但是他的副手的統治過於鬆弛，不僅引起西西里人的嫌惡，更讓他們產生輕視的心理。普洛奇達的雄辯使整個島嶼激起追求自由權利的思潮，還特別讓每位貴族了解其中的道理，追求個人的利益在於

28　希羅多德的讀者會記得一件神奇的史實，賽納契里布(Sennacherib)的亞述人大軍被解除武裝，遭到毀滅，看起來情節大同小異。可以參閱《歷史》第二卷一四一節。

29　按照薩巴斯·瑪拉斯庇納(Sabas Malaspina)這位熱心圭爾夫(Guelph)派人士的記載，查理的臣民辱罵緬弗洛伊是一隻狼，等到緬弗洛伊的作爲像一隻羊，他們開始感到婉惜。他們受到法蘭西政府壓迫，所以對他表示不滿也是正常的現象。

合力完成共同的事業。他有信心獲得外國援助,連續拜訪希臘皇帝和亞拉岡(Arragon)國王的宮廷。

亞拉岡的彼得國王擁有瓦倫西亞(Valencia)和加泰隆尼亞(Catalonia)這些濱海地區。野心勃勃的彼得需要一頂皇冠,他與緬弗洛伊的姊妹結婚,因此認爲擁有這項權利,何況康拉丁臨死前有遺言,在絞刑台上把戒指轉交給他,讓他成爲要報復血海深仇的繼承人。帕拉羅古斯很容易被說服,讓他的敵人注意力從國外的戰爭轉變成爲國內的叛亂。希臘人提供兩萬五千英兩黃金的補助經費,很快可以裝備一支加泰蘭人(Catalan)的艦隊,打著神聖的旗幟發航前往阿非利加攻擊撒拉森人。這個不知疲倦到處惹事生非的傢伙裝扮成僧侶或乞丐,從君士坦丁堡跑到羅馬,再從西西里趕去薩拉戈薩(Saragossa)。查理的仇敵教皇尼可拉斯在協約上面蓋上自己的印璽,他的贈與契約把聖彼得的領地從安茹家族轉到亞拉岡王室。雖然涉及的範圍很廣也很容易向外傳播,但大家用非常審慎的態度,還是將祕密保持兩年之久。彼得堅持原則使每個同謀者都受到影響,他曾經說過:要是左手知道右手的意圖,他就會將它斫掉。暗中準備的工作是深沉而危險的詭計,但是問題在於巴勒摩爆發的緊急事件,到底是意外還是預謀那就不得而知。

復活節的守夜儀式中,毫無敵意的市民隊伍前去參拜沒有圍牆的教堂,一位貴族的少女被法蘭西士兵粗魯的凌辱,強姦犯很快遭到處死。民眾的數量據有優勢而且極爲氣憤,要是一開始軍隊就將他們驅散,也不會發生嚴重的後果。陰謀分子抓住這個機會,報復的火焰蔓延到整個島嶼,八千法蘭西人死於不分青紅皂白的屠殺,這個慘案後來獲得「西西里晚禱」(Sicilian Vespers)[30]的稱呼(1282年3月30日)。每個城市都飄揚著爭取自由和教會的旗幟,受到普洛奇達的現身說法或精神感召,叛亂行動風起雲湧的展開。亞拉岡的彼得從阿非利加海岸航向巴勒摩,被當成國王和救

---

30 法蘭西人長久以來一直記得這件血腥的教訓:「要是我發起脾氣,就會在米蘭吃早餐,然後到那不勒斯舉行晚宴(亨利四世這麼說)」,「陛下或許會在晚禱時分到達西西里(西班牙使臣的回答)」。

星，受到島民的歡迎。

查理對於這個民族的反叛感到驚訝而又困惑，長久以來他們受到他的虐待毫無還手之意。傳來的慘劇使他憂傷而痛苦，只聽到他大聲喊道：「啊！上帝！如果你的旨意是要我謙卑，請應允我至少能從權勢的頂峰逐步下降，不能就這樣筆直的摔下來。」他的艦隊和軍隊停泊在意大利的港口，都是火速從希臘戰爭中召回。美西納(Messina)的位置成為報復行動最早發動猛攻的地點，防守力量極為薄弱，毫無希望獲得外國的援軍。市民現在感到後悔，要是獲得保證給予全部的赦免和古老的權利，願意開城投降。然而國君再度燃起傲慢的激情，死命乞求不已的代表團只能獲得一個承諾，把經過挑選的八百個叛徒交給他自行處置以後，可以饒恕其餘的人員。絕望的美西納人重新激發勇氣和鬥志，亞拉岡的救援即將到來[31]。糧食的缺乏和卡拉布里亞海岸秋分季節的風濤，逼得他們的敵手只有退兵。就在這個時候，名聲響亮的加泰蘭水師提督羅傑·德·洛里亞(Roger de Loria)，率領所向無敵的分遣艦隊橫掃整個海峽。法蘭西的艦隊運輸船的數量遠多於戰船，不是遭到燒毀就是被擊沉。查理受到重創，確保了西西里的獨立和希臘帝國的安全(1282年10月2日)。

米迦勒皇帝在逝世前幾天，為敵人的覆滅至感欣喜，他始終對查理是既痛恨又尊敬。或許他會同意大眾的看法：如果不是盟國之間配合良好，君士坦丁堡和意大利很快要服從同一個主子的命令[32]。從這個災難的時刻開始，查理的人生成為一連串的惡運，首都遭到敵人的侮辱，兒子成為俘虜，一直到他進入墳墓，都沒有光復西西里島。經過二十年的戰爭，西西里還是脫離那不勒斯的寶座，最後成為一個獨立王國，落在亞拉岡皇室一

---

31 兩位本土的作者尼卡斯特羅(Neocastro)和斯佩修利斯(Specialis)提到這次叛變和後續的勝利，一位是當代人士，另一位出生在下一世紀。愛國的斯佩修利斯拒絕接受叛徒的稱呼，否認與亞拉岡的彼得有任何事先的連繫，說他是碰巧與艦隊和軍隊一起在阿非利加海岸。

32 格列哥拉斯讚譽上帝的神智，使得希臘和意大利的國家和君王保持均勢。為了使帕拉羅古斯獲得榮耀的名聲，而不是自己人的吹捧，我倒希望是由意大利的作者提起這種平分秋色的局面。

個旁支的手裡。

七、加泰蘭人在希臘帝國的服務和從事的戰爭(1303-1307A.D.)

我想我不致於被控以迷信的罪名，但是這個世界有很多事物，就發生的自然順序而論，有時呈顯讓人一目了然的因果關係。頭一位帕拉羅古斯能夠保住他的帝國，在於西部的王國陷入叛亂和殺戮之中，紛爭的種子產生鐵和血的新世代，對他兒子的帝國發動侵略而帶來危險。我們的債務和稅賦在現代是飲鳩止渴的毒藥，仍舊在腐蝕著和平的胸襟。但是在統治力量衰弱和混亂的中世紀，解散的軍隊所帶來的災害就會動搖國本。傭兵過於怠惰不事生產，過於傲慢不願乞食，他們習慣於搶劫的生涯。要是高舉一面旗幟，有個首領，就能夠名正言順。等到統治者不需要他們的服務，或是厭煩於需索無度，就會盡力使得這股難以控制的狂流導向鄰近的國家。西西里獲得和平以後，數以千計的熱那亞人和加泰蘭人[33]原來加入安茹或亞拉岡的陣營，在海上或陸地作戰，現在基於相同的習俗和利益，混合起來成為一個民族。他們聽到土耳其人侵略希臘人在亞洲的行省，決定要去分享酬庸和掠奪的成果。西西里國王腓特烈非常大方，願意提供離開的工具。

在長達二十年的戰事中，船隻或營地成為他們的家園，當兵吃糧是唯一的職業和家當，奮勇作戰是僅知的優點和長處，就連婦女也養成她們的愛人或丈夫極其剽悍的性格。據說加泰蘭人的寬劍在一擊之下，可以將一位騎士連人帶馬斬成兩段，這種傳聞本身就是極具威力的武器。羅傑・德・弗洛爾(Roger de Flor)在他們的首領中名聲最響亮，個人的功績超越亞拉岡傲慢對手的尊貴地位。腓特烈二世宮廷一位日耳曼紳士與布林迪西

---

33 加泰蘭人和西班牙人處於種族混雜的狀況，可以組成最勇敢的軍隊，希臘人將他們稱為阿摩加瓦爾人(Amogavare)，他們自己也是如此稱呼。蒙卡達(Moncada)和帕契默分別認為他們淵源於哥德人及阿拉伯人，要是不理會民族和宗教的自負心理，我怕是後者比較合理。

的少女結婚，他們的嫡子羅傑後來陸續成爲聖殿騎士、背教者、海盜，最後是地中海家財最富和實力最強的水師提督。他從美西納發航前往君士坦丁堡，率領十八艘戰船和四艘大船以及八千名亡命之徒。安德洛尼庫斯二世忠實信守事先簽訂的協定，帶著一則以喜一則以懼的心情，接受這批戰力驚人的援軍。皇帝指定一處宮殿作爲招待之用，將他的姪女許配給驍勇的外鄉人，羅傑立即成爲羅馬尼亞的大公爵或水師提督。經過休息和整備以後，他將部隊運過普洛潘提海，領導他們勇敢迎擊土耳其人。在兩場血戰中，三萬伊斯蘭信徒被殺，他揮軍前進爲菲拉德菲亞解圍，獲得的聲名不愧是「亞洲的救星」。

　　但是安寧的生活何其短暫，不幸的行省再度被奴役和毀滅的烏雲所籠罩，過去受到煙燻的居民現在陷身烈焰之中(這是一位希臘歷史學家的說法)，加泰蘭人的友誼比起土耳其人的敵意，帶來的禍害更難令人消受。他們認爲救出的生命和財產應歸他們所有，那些從割禮種族手中奪回的少女，不管她們意願如何，全被基督徒的士兵霸占。他們運用巧取豪奪的手法，強力索取各種罰鍰和用品。在馬格尼西亞受到抗拒以後，大公爵竟然圍攻羅馬帝國的一個城市[34]。發生這些軍紀廢弛和秩序混亂的狀況，他歸咎於一支勝利軍隊受到不公正的待遇，或者是過分熱情所產生的後果。要是他敢去處罰這些忠誠的追隨者，個人的權勢或身體的安全都會受到威脅。何況這些黨徒在過去一直受到欺騙，說是他們的服務要獲得公正的待遇和契約規定的代價。

　　安德洛尼庫斯的恐嚇和抱怨之辭，揭露帝國已到一窮二白的地步，蓋上金璽的詔書能邀到的兵力不過是五百騎兵和一千步卒。然而對於一大批遷徙到東部的「志願軍」，安德洛尼庫斯自動發給津貼來維持他們的糧餉。這時最勇敢的盟軍對於月薪三個拜占庭金幣感到滿意，加泰蘭人可以分到一或二英兩的黃金，他們每年的經費每人大約是一百英鎊：其中有一

---

34 這些城市的人口可以形成一些概念，就拿被圍攻的綽爾(Tralles)有三萬六千居民來說，這是前任皇帝重建以後的狀況，後來還是被土耳其人毀滅。

個首領很粗略的估計，他在未來建立的功勞可以值三十萬個克朗。要維持
這些極其浪費的傭兵部隊，國庫流出的金額每年不下一百萬英鎊。一種嚴
苛的稅率強加在農民收成的穀物上面，政府官員的薪資減少三分之一，錢
幣的成色非常可恥的減低，純金含量只到二十四分之五[35]。在皇帝召喚之
下，羅傑將一個行省的民眾全部撤離，因為那裡已經沒有可供搶劫的資產
和財富。但是他拒絕將部隊分散配置，當他的態度表現很恭敬和誠懇時，
他的行為不僅難以約束，而且帶有敵意。羅傑很鄭重的向外宣布，如果皇
帝進軍前來進剿，他會走到皇帝前面四十步的地方親吻地面，但是等他從
趴俯的態勢站起來，他的生命和武力是為朋友服務。

　　羅馬尼亞的大公爵願意屈就凱撒的頭銜和服飾，但是他拒絕接受新的
建議事項，那就是用穀物和貨幣當作補助金，讓他來治理亞洲的行省，因
為在這樣的條件之下，他的部隊必須減到三千人不足為患的數量。懦夫最
後的手段就是暗殺，凱撒被騙去拜訪在亞得里亞堡的皇家居所，當著皇后
面前在房間裡被阿拉尼(Alani)衛士刺死。雖然這種行為可以算是私人報
復，但是為了國家的安寧，羅傑那些居住在君士坦丁堡的同胞，同樣受到
君王或民眾的迫害。大批亡命之徒在喪失首領以後感到極為恐懼，他們升
起船帆立即逃走，很快散布到地中海各處的海岸地區。有一支一千五百人
的老兵部隊，是由加泰蘭人或法蘭西人組成，他們占據海倫斯坡海峽邊上
加利波利(Gallipoli)堅強的城堡，展示出亞拉岡的旗幟，為了替他們的首
領報仇並且證實正義的行為，提議用十名或一百名武士進行公平的決鬥。
安德洛尼庫斯的兒子和共治者米迦勒皇帝，沒有接受這勇敢的挑戰，決定
用數量的優勢將他們全部殲滅，盡最大努力集結一支軍隊，共有一萬三千

---

35 我從帕契默的著作獲得金融和貨幣的詳情，他也描述金幣逐漸貶值的狀況。甚至
就是在約翰‧杜卡斯‧瓦塔西斯最繁榮的時代，拜占庭金幣的貴金屬和賤金屬比
例也都相等。貧困的米迦勒‧帕拉羅古斯逼得要鑄造新幣，成色是九開的黃金，
銅的含量是二十四分之十五。等到他過世以後，成色的標準升到十開黃金，當公
眾遭到連續到來的災難，黃金成色又減低到只剩下原來的一半。君王可以紓解一
時的困境，卻給信用和商業帶來長遠的打擊。法蘭西的金幣是二十二開(銅只占十
二分之一)，英格蘭和荷蘭的成色標準都訂得很高。

名騎兵和三萬名步卒，普洛潘提斯海面布滿希臘人和熱那亞人的船隻。在海上和陸地的兩場會戰中，陷入絕境負嵎頑抗的加泰蘭人，憑著訓練的優勢迎戰並擊敗龐大的敵軍。年輕的皇帝逃回皇宮，只留下實力不足的輕騎兵部隊保護門戶洞開的國土。

　　勝利恢復這群亡命之徒的希望，也增加他們的人數，不同的民族在「大連隊」這個稱呼和標誌之下混雜在一起。三千名土耳其人改信者逃離服役的皇家部隊，參加這個軍事聯盟組織。加泰蘭人據有加利波利以後，截斷君士坦丁堡和黑海對外的貿易，同時擴大蹂躪的區域，從海倫斯坡海峽兩邊一直延伸到歐洲和亞洲的邊界。爲了防止他們的接近，拜占庭地區絕大部分都被希臘人放棄，成爲一片荒蕪。農人帶著他們的牲口退到城市，成千上萬的牛羊找不到餵養的地方和草料，無利可圖狀況下同一天全部被宰殺乾淨。安德洛尼庫斯皇帝四次乞求和平，全都遭到嚴辭拒絕。直到缺乏糧食而且頭目發生爭執，加泰蘭人才撤離海倫斯坡兩岸和首都鄰近地區。等到他們與土耳其人分手以後，「大連隊」剩餘的人員行軍通過馬其頓和帖撒利，要在希臘的腹地尋找一個新的安身之處[36]。

八、雅典的墮落和革命以及當前所面臨的狀況(1204-1456A.D.)

　　希臘被人遺忘幾個世代以後，從拉丁人的武力帶來的不幸中甦醒過來。從最早發起到最後征服君士坦丁堡，一共延續兩百五十年之久，眾多猥褻的暴君爭奪這塊尊貴的土地，古老的城市不再產生自由權利和天才人

---

36 帕契默對於加泰蘭戰爭的敘述非常冗長而且詳盡，集中在歷史著作第十一、十二和十三這幾卷，直到他在1308年突然停筆爲止。格列哥拉斯的記載比較簡潔但是非常完整。杜坎吉就像法蘭西人那樣將這些戰爭當成冒險事蹟，還是用一貫腳踏實地的作風，追查他們前進的方式和步驟。他引用一位亞拉岡人的歷史作品，我讀得津津有味，被西班牙人捧上天，認爲是經典之作。蒙卡達模仿凱撒或薩祿斯特(Sallustius Crispus, Gaius, 86-34B.C.，羅馬歷史學家和政治家)的風格，他可能摘錄希臘或意大利當代人士的作品。但是他從不引用那些權威之作，在國家的記錄中，我找不到他的同胞所建立的功勳。

物，再度沉淪在國外的戰爭和內部的傾軋之中。如果奴役制度比無政府狀
態更好，他們就會樂得在土耳其的桎梏中獲得休養生息的機會。我並不想
追述那些沒沒無聞和形形色色的王朝，在大陸或在島嶼崛起和覆滅。如果
我們對雅典的命運還保持沉默，那就是一種非常怪異的忘恩負義，用來對
待世界最早和最純的學校，只有在這裡使我們獲得知識和歡樂。帝國受到
瓜分時，雅典和底比斯合併成立一個公國，指派給勃艮地出身高貴的武士
奧索‧德‧拉‧羅許(Otho de la Roche)[37]，頭銜是大公爵[38]。拉丁人非常
清楚整個狀況，只有希臘人很愚蠢以為這個職位是來自君士坦丁時代[39]。

　　奧索追隨蒙特費拉侯爵的陣營。他靠著自己的本領或機運產生的奇
蹟，獲得這樣廣袤的國土[40]。他的兒子跟兩位孫子能夠和平的繼承，直到
這個家族因為女繼承人的婚姻，變成布利恩王室的一個分支，當然在他們
統治下整個民族還是保持原狀。他們的兒子華特‧德‧布利恩(Walter de
Brienne)繼承雅典公國，獲得一些加泰蘭傭兵的協助，將采邑和領地授給
他們，並奪取諸侯或鄰近領主三十多個堡壘。但是當他聽到「大連隊」的
接近和野心，趕緊集結一支兵力，有七百騎士、六千四百騎兵和八千步
卒，在皮奧夏(Boeotia)的塞非沙斯(Cephisus)河畔很勇敢的迎擊來敵。加
泰蘭人整個只有三千五百騎兵和四千步卒，但是兵力的劣勢在策略和陣列
獲得彌補。他們在營地四周引水形成人工氾濫，公爵和騎士在青蔥的草原
上前進，絲毫沒有畏懼之感也毋須提高戒備。他們的馬匹陷入沼澤，他與

---

37 維爾哈杜因用尊敬的態度兩次提到奧索‧羅許。在奧索第一次出航的過程中，杜
　　坎吉盡他可能詳述他這個人和家庭的狀況。

38 從十四世紀這些拉丁的君王當中，薄伽丘(Boccace)、喬叟(Chaucer)和莎士比亞都
　　借用雅典的提修斯(Theseus)公爵，作為他們書中的主角。一個無知的時代竟然把
　　它的語言和習俗轉移到遙遠的國度。

39 就是這位君士坦丁把一位國王給西西里，把帝國最高榮譽給俄羅斯，把最高教權
　　給底比斯，這些荒謬的無稽之談都適時受到杜坎吉的抨擊。拉丁人把底比斯的領
　　主誤稱為米加斯‧庫里歐斯(Megas Kurios)或「老爹」。

40 奧索可能是從米迦勒‧孔尼阿特(Michael Choniates)手裡接受雅典王國，孔尼阿特
　　是總主教，保護雅典對抗暴君李奧‧斯古魯斯(Leo Sgurus)(尼西塔斯在巴德溫諾
　　[Baldwino])。米迦勒是歷史學家尼西塔斯的兄弟，他有一篇寫給雅典的頌辭，保
　　持抄本的形式存放在波德里安(Bodleian)圖書館。

大部分的法蘭西騎士都被殺死。他的家庭和整個民族都被驅離，他的兒子也叫華特・德・布利恩，是雅典虛有其名的公爵、佛羅倫斯的暴君和法蘭西的傭兵司令，在波瓦提耶(Poitiers)戰場喪失性命。阿提卡(Attica)和皮奧夏是勝利的加泰蘭人贏得的報酬，他們娶戰死者的寡婦和女兒，「大連隊」在十四年之中一直是希臘諸國最感畏懼的對象。黨派的傾軋逼得他們要承認亞拉岡王室的統治權。

在十四世紀剩餘的時間，雅典始終被西西里國王視為地方政府或是所屬封地。接替法蘭西人和加泰蘭人是阿卡奧利(Accaioli)的第三王朝，這個佛羅倫斯的平民家族在那不勒斯有強大的實力，然而在希臘進行統治。雅典被新的建築物裝飾得花團錦簇，成為一個國家的首都，管轄的區域擴展到底比斯、亞哥斯、科林斯、德爾斐(Delphi)和部分帖撒利。這個朝代還是為穆罕默德二世絕滅，他勒死最後那位公爵，將公爵的兒子留在後宮接受他們的訓練和宗教。雅典雖然只是昔日光榮的陰影，仍舊有八千到一萬居民，其中約四分之三在宗教和語言上算是希臘人，剩下都是土耳其人。這些土耳其人在與市民交談時感到輕鬆自在，根本不理會這些希臘人的民族性格是多麼的自傲和莊重。橄欖樹是密涅瓦(Minerva)賜與的禮物，在阿提卡生長得繁密茂盛，海美塔斯(Hymettus)山的蜂蜜還是受到大家極度的喜愛[41]，然而市場蕭條的貿易為外鄉人所壟斷，貧瘠土地的農業生產放棄給漂泊的瓦拉幾亞人。雅典人仍然以理解力的玄妙和敏銳而知名於世，不過這些特質除了因自由權利顯得更為高貴，因學術研究表現更為文明之外，將墮落到低級和自私的狡詐和機變。有句格言真是一針見血：「感謝讚美上帝，將我們從提薩洛尼卡的猶太人、內格羅朋特的土耳其人和雅典的希臘人手裡救出來。」

41　古代人或者至少是雅典人，相信全世界的蜜蜂都來自海美塔斯山。他們從小受到教導，要想保持康健、延長壽命，身體的外部要抹油膏，內部要服用蜂蜜。(譯按：採集自希臘海美塔斯山的百里香、牛至和其他香料植物的花蜜，清澄濃香、帶有暗褐色，目前還是世界上極品蜂蜜，是天然優格的最佳互補食品，與堅果的配合效果最突出。)

　　這個工於心計的民族用減輕奴役和加重羞愧的權宜之計，避開土耳其帕夏的暴政迫害。大約在上個世紀的中葉，雅典人找到後宮的黑太監總管或稱諸女領班(Kislar Aga)為保護人。這個衣索匹亞奴隸能讓蘇丹言聽計從，親自賞光接受三萬克朗的貢金，蘇丹的部將衛沃德(Waywode)每年能收到的好處也不過五、六千。這就是市民的策略，要想趕走或處罰一個暴虐的總督很少會失敗。他們之間金額的差異是由總主教來決定，這是希臘教會最富有的高級教士職位，可以獲得的歲入有一千英鎊；還有就是由八個長老組成的法庭，分別由城市的八個區選出，他們對支付的金額有裁定的權力。貴族的家庭能夠追溯家譜至多不過三百年而已，但是主要的成員可以從嚴肅的舉止加以區別，他們戴著皮毛的帽子，以及「執政」的高貴稱呼。有些人很高興能夠進行比較，在七十種希臘通俗方言中，雅典的現代語言可以說是最訛誤和粗野[42]，這種印象真是給人帶來無邊的黑暗，毫無希望可言。在柏拉圖和笛摩昔尼斯的家鄉，要想找到閱讀他們著作的讀者，或是一本他們的作品，倒還是一件不容易的事。雅典人用怠惰和冷漠的步伐，行走在古代光榮的廢墟之中。他們的格調已經墮落，沒有能力去欽佩有蓋世天才的祖先。

42　杜坎吉引用一位現代文法學家狄奧多西·濟哥馬拉斯(Theodosius Zygomalas)的理論。然而斯朋和惠勒並非沒有判斷的能力，對於阿提卡方言仍舊較有好感。

哈德良莊園的冬日暖室

古代世界最遙遠的國家也被掠奪一空，
用來供應羅馬的壯觀和華麗；
巴比倫地毯和其他東方貨物的需要量相當可觀。

VEDUTA di un Eliocamino per abitarvi l'Inverno, il quale era riscaldato dal Sole,
che s'introduceva per le Finestre Ł esposte al Mezzodì. Le Statue, che adornavano
questo luogo, ricevevano il loro lume vantaggioso, per mezzo del quale si pote-
va agevolmente distinguere ogni loro Preggio, e Bellezza.

Cav. Piranesi F.

第六十三章

內戰使得希臘帝國殘破不堪　安德洛尼庫斯二世、安德
洛尼庫斯三世及約翰·帕拉羅古斯的當政　康塔庫齊尼
的攝政、反叛、即位及廢立　在佩拉建立熱那亞殖民區
與帝國和君士坦丁堡市府之間的戰事(1261-1391A.D.)

一、安德洛尼庫斯二世當政及迷信的時代(1282-1320A.D.)

　　在安德洛尼庫斯二世漫長的統治期間[1]，最主要的事項是希臘教會的
爭執、加泰蘭人的入侵和鄂圖曼(Ottoman)強權的崛起。他是那個時代知
識最為淵博和操守最為廉明的君主，普遍受到臣民的讚揚和欽佩，但是那
些德行和學問對個人既無裨益，也無法謀求社會的幸福。他成為最卑賤的
迷信行為的奴隸，四周被一群公開或暗中的敵人所包圍。比起加泰蘭人或
土耳其人的戰事，想像之中地獄的火焰也沒有那樣的可怕。在帕拉羅古斯
家族的統治之下，選擇教長是國家最重要的事務。希臘教會的領袖都是野
心勃勃和宗教狂熱的僧侶，無論是德行的良窳或學識的高低，同樣有害於
國家而無益於社會。教長阿泰納休斯(Athanasius)的戒律過度嚴苛，激起
教士和人民的恨意，聽到他宣布罪人要嚥下補贖之杯最後一滴殘渣。還有
一個可笑的故事到處流傳，說他懲罰一頭不守清規的驢子，竟敢偷吃修道
院菜園裡的萵苣。全面發生騷動要將他驅離寶座，阿泰納休斯在隱退之

1　安德洛尼庫斯聽到抨擊之辭，證明臣民擁有言論自由的權利，他公開宣布反對歷
　史的謊言，即使真有其事，他的譴責在於針對誹謗而不是阿諛。

前，趁機寫下兩份立場極端的文件：公開發表的遺囑用慈善和順從的口吻；私下的附加條款登錄最可怕的破門罪咒辭，用來對付讓他蒙受羞辱的始作俑者，要將這些人永遠摒除在神聖的三位一體、天使和聖徒的領聖體儀式之外。最後這份文件封在一個陶罐裡，尊奉他的指示放在聖索非亞大教堂圓頂的一根樑柱上面，很難有發現和進行報復的希望。過了四年，有幾名少年架梯子尋鴿巢，找到這個致命的祕密。安德洛尼庫斯感到自己受到破門罪的牽累，就像有一條萬丈深淵出現他的腳前，隨時有失足的危險，因而心驚膽戰。他立即召開主教參加的宗教會議，討論這個重要的問題，大家指責這個暗中安排的破門罪過於草率，但是解鈴還在繫鈴人，那雙手到現在被奪去牧杖，顯然死後遺留諭令就不是世間的權力可以撤消。當事人隱約吐露一些懺悔和赦免的證詞，但皇帝還是感覺受到傷害。他像阿泰納休斯本人一樣熱中，願意讓他恢復教長的職位，只有他能治癒這些創痛。一個深夜，有位僧侶非常魯莽敲打皇帝寢宮的大門，宣布上天的啓示要降下瘟疫、饑饉、洪水和地震。安德洛尼庫斯從床上驚醒，花費整夜的時間用來祈禱，直到他感到地面有輕微的搖動。皇帝步行領導主教和僧侶前往阿泰納休斯隱居的小室，經過一番阻擋以後，聖徒派出傳話人答應赦免君王的罪孽，同意治理君士坦丁堡的教會。羞辱無法使他馴服，孤獨讓他更爲堅強，羊群還是憎惡這位牧羊人，他的敵人在暗中密謀一種奇特的報復手法，後來證明非常管用。他們在夜間將教長寶座的腳凳或圍幛偷走，祕密將一幅諷刺畫當作裝飾品放在原位，畫裡的皇帝嘴上裝一副馬勒，阿泰納休斯牽著這匹馴服的牲口來到基督的腳前。這些毀謗的傢伙被查出來以後給予懲處，但是在饒恕他們的性命以後，基督徒的教士帶著慍怒的氣憤神情又退回他的小室。安德洛尼庫斯的眼睛張開片刻，等到教長的繼承人出現後馬上又閉上。

　　要是這種對教長的處理方式，是這五十年統治期間最奇特和重要的事件之一，至少我不會怪罪史料的過分簡單，因爲這是我從帕契默

(Pachymer)[2]、康塔庫齊尼(Cantacuzene)[3]和尼西弗魯斯‧格列哥拉斯
(Nicephorus Gregoras)[4]對開本的鉅著中，摘錄出幾項資料而已，這些史家
敘述那個時代冗長而又乏味的事蹟。約翰六世康塔庫齊尼皇帝的名字和處
境，可以引起最生動的好奇心。從安德洛尼庫斯三世反叛到他本人的遜位
下台，整個的記載長達四十年，可以說就像摩西和凱撒一樣，他把自己描
述爲這個場面的主角。不過我們在這本情節動人的作品中，很難找到一位
英雄人物或悔罪者應有的誠摯態度。他在最後告別塵世的罪惡和激情，退
隱到修道院，然而對於一個野心政客的平生，並沒有懺悔而只是提出辯
白。他並沒有揭露人們眞正的意見和扮演的角色，只是顯示出整個事件表
面平穩和似是而非的現象，並且用他自己和朋友的誇耀之辭，極度給予文
飾和掩蓋。那就是說他們的動機非常純正，獲得的結局也都合法，所有的
密謀和叛變沒有任何利益的意圖，暴行所帶來的痛苦也受到讚譽，認爲是
理性和德行自然產生的效果。

二、安德洛尼庫斯家族祖孫之間的三次內戰(1320-1325A.D.)

帕拉羅古斯家族在開始有先例可循以後，年長的安德洛尼庫斯二世與
他的兒子米迦勒九世共享紫袍的榮譽。米迦勒從十八歲到先於其父的夭
折，有二十五年的時間是希臘位居第二的皇帝[5]。他率領軍隊，既不引起

2　帕契默使用七卷書的篇幅，敘述安德洛尼庫斯二世前面二十六年的統治，所以標
　　明作品的時間(1308A.D.)，爲的是欺騙世人或實情如此，他以後不再執筆寫作，
　　可能是人已死亡或感到厭惡的關係。

3　從帕契默結束歷史寫作以後，過了十二年，康塔庫齊努斯才執筆從事著述，他的
　　第一本書提到內戰，敘述的時間是安德洛尼庫斯二世統治的最後八年。這裡提到
　　與摩西和凱撒相比，完全是法文譯者庫辛校長異想天開的比較。

4　格列哥拉斯的記載比較簡明，包括安德洛尼庫斯二世一生和漫長的統治。康塔庫
　　齊尼一直抱怨，說是將他的行爲描述爲虛僞不實和充滿惡意。

5　米迦勒的登極在1295年5月21日，逝世於1320年10月12日。他的弟弟狄奧多爾是第
　　二次婚姻所出，繼承蒙特費拉侯爵的爵位和領地，背棄祖國接受拉丁人的宗教信
　　仰和生活方式，建立一個意大利君主的王朝，延續到1533年才告絕滅。

敵人的畏懼，也不招惹宮廷的猜忌，謙遜和容忍的個性從來不會去算計父親的年歲。無論兒子的爲善爲惡，身爲父親也不會爲自己的慷慨感到後悔。米迦勒九世的兒子從祖父取名爲安德洛尼庫斯，因爲名字相同，所以在幼年非常受寵，隨著年齡增加的才智和英俊，更加獲得安德洛尼庫斯二世的溺愛。皇帝帶著老年人常有的虛榮心理，要是兒子這一代讓他感到失望，起碼孫子這一代可以滿足他的要求。他在兒童時就以繼承人和愛孫的身分在皇宮接受教育，在人民的誓約和歡呼中，「神聖的三人」是指父親、兒子和祖父的合稱。

年輕的安德洛尼庫斯很早感受到自己的偉大，很快產生敗壞的觀念，童稚式的想法根本不知什麼是忍耐，眼看前面有雙重的障礙，要很久的掛在那裡阻擋他正在升起的野心。他極其熱心的渴望不是個人的名聲和大眾的幸福，在他的眼裡，國君最寶貴的特質是累積財富和免於刑責。他很早提出不夠審慎的要求，要統治一些富裕和肥沃的島嶼，可以在那裡過獨立和歡樂的生活。他經常酗鬧事擾亂首都的安寧，使得安德洛尼庫斯二世大爲震怒。而且皇帝非常吝嗇，拒絕支付的金額，他可以從佩拉的熱那亞高利貸者獲得，帶來債務的壓力只有產生革命才能清償，這樣反而鞏固黨派的利益。有位美麗的婦女也是同階層的貴夫人，行爲就像妓女，教導年輕的安德洛尼庫斯初嚐愛情的滋味。他有理由懷疑夜間的訪客是仇敵，這位陌生人經過街道，被他的衛士用弓箭射穿，是他要這些衛士埋伏在女士的門前。結果被射中的人是他的弟弟馬紐爾王子，受到重傷發出呻吟後很快死亡。

米迦勒皇帝是他們兩人的父親，健康狀況不好，已經重病在身，非常傷心一次失去兩個小孩，過了八天以後逝世(1320A.D.)[6]。即使年輕的安德洛尼庫斯沒有犯罪的意圖，但是弟弟和父親的死亡，也要歸咎於他的微行所造成的後果。那些思想細密和感覺敏銳的人士會深表嘆息，他們發覺

6 我們要感激格列哥拉斯才知道這個悲慘的奇異事件。康塔庫齊尼用小心謹慎的態度，掩蓋年輕的安德洛尼庫斯所犯的惡行，他不僅是目擊者，可能還是共犯。

他並沒有悲傷和懊惱，反而能以除去兩個可惡的競爭者暗自歡欣不已。這些令人痛心的事件，更增加身體的不適，年邁皇帝在情感上對他產生疏遠，經過數次譴責沒有產生效果以後，就把希望和鍾愛轉移到另一個孫兒[7]。皇帝為了改換繼承人，宣布要對統治的君王進行新的效忠誓言，用這種方式將他除名。這位眾所周知的長孫經過一再的爭執和抱怨之後，面臨接受公開審判的羞辱下場，很可能被打入地牢或進入修道院的小室。就在宣判之前，安德洛尼庫斯二世得知狀況有變，皇宮的庭院滿布孫兒全副武裝的黨羽，一紙調停的協定使審判無疾而終。年輕的安德洛尼庫斯脫逃成功，鼓舞新成立的黨派要發揮他們的熱情和銳氣。

　　然而首都、教士和元老院還是追隨老皇本人或是他統治的政府。只有在行省的逃亡人員、叛亂分子和外國援軍，帶著不滿現況的情緒和希望，擁護年輕君主的繼位行動，要顛覆老邁皇帝的寶座。皇家內衛統領約翰・康塔庫齊尼是整個行動的靈魂人物，從君士坦丁堡衝出來就是最早的得意之作。如果他用筆把自己描繪成愛國分子，就他對年輕皇帝的服務所表現的才華和熱誠，帶有敵意的歷史學家也應不吝給予讚譽。君王藉口狩獵逃出都城，在亞得里亞堡樹起他的旗幟，不到幾天的工夫就集結五萬人馬，無論從權位或責任來說都不是為了要對付蠻族。這樣龐大的一支兵力可以用來保護或控制帝國，但是他們的商議沒有一致的結論，行動緩慢產生遲疑不決的心理，整個發展受到陰謀和談判的阻礙。兩位安德洛尼庫斯的爭執時而拖延、時而停頓、時而恢復，造成帶來毀滅的時期長達七年之久（1321年4月20日-1328年5月24日）。

　　在第一次的和平協定中，兩人瓜分希臘帝國殘留的領土：君士坦丁堡、提薩洛尼卡以及島嶼留給老皇安德洛尼庫斯二世；年輕人獲得大部分色雷斯的統治權，從腓力比到拜占庭的邊境。在第二次的協議中，他規定要支付糧餉給他的部隊，立即舉行加冕典禮，適當分享國家的權力和財

7　安德洛尼庫斯二世指定的繼承人是米迦勒・卡薩魯斯(Michael Catharus)，也是他第二個兒子君士坦丁的私生子。年輕的安德洛尼庫斯雖然是長孫，現在要取消他的法定繼承權，格列哥拉斯與康塔庫齊尼對於這個計畫的描述都相同。

稅。奇襲君士坦丁堡終結第三次內戰,年邁的皇帝最後隱退到修道院,讓
勝利的孫兒單獨統治帝國。整個事件拖延如此長久的主要理由,完全出於
人物和時代的特性。當君主國的繼承人一開始對他的過失和憂慮提出抗辯
時,大家在聽到以後表示同情和讚許。他的擁護者在各方面一再重複前後
矛盾的承諾,那就是增加士兵的報酬和減輕人民的負擔。四十年的苦難混
雜著他的叛亂行為,費盡力氣期望一個統治的王朝,使正在成長的世代因
勞累變得衰弱不堪,然而受到重用的人員和施政的方針都是另一個時代的
產物。年輕的安德洛尼庫斯毫無一點朝氣和進取的精神,他的統治時期根
本得不到人們的尊敬,每年的稅收使歲入高達五十萬英鎊,然而基督教世
界最富有的統治者,卻無法維持三千騎兵和二十艘戰船,去阻止土耳其人
帶來毀滅的進展[8]。年輕的安德洛尼庫斯說道:「我的情況要是與菲利浦
的兒子相比,怎麼會有這樣大的差異。亞歷山大抱怨他的父親沒有留下可
供他征服的地方;哎呀!老天!我的爺爺沒有留下可供我喪失的疆域。」
但是希臘人很快獲得教訓,內戰不可能平息社會的混亂,受到寵愛的年輕
人並非沒落帝國天命所歸的救星。他的輕浮善變、內部的爭權奪利以及古
老宮廷的傾軋陰謀,在他第一次被擊退後使得整個黨派四分五裂。每個不
滿分子受到引誘,不是逃離就是背叛起義的行動。年輕的安德洛尼庫斯極
為後悔,或是整個事件使他勞累不堪,或是受到談判的欺騙。他的人生目
標是歡樂而不是權力,只要讓他能夠盡興行獵,維持一千條獵犬、一千頭
獵鷹以及一千名獵人,就可以把名聲和抱負拋到九霄雲外。

三、安德洛尼庫斯二世的退位及其孫的統治(1328-1341A.D.)

讓我們現在來說明倉促擬定的密謀所帶來的毀滅性禍害,以及這些主

8　年輕的安德洛尼庫斯抱怨,四年四個月只能支用三十五萬拜占庭金幣,怎麼夠維
　　持他的家常用度。然而,要是允許他去壓榨賦稅承包商,那麼負債的狀況就會緩
　　和下來。

角最後遭遇的景況[9]。安德洛尼庫斯二世的晚年都在內部的鬥爭中消耗殆盡，一再引起的戰爭和簽訂的協議，使他的權力和聲譽都在慢慢衰退，直到一個決定命運的夜晚，城市和皇宮的門戶全部敞開，已經無法阻擋他的孫兒長驅直入。負責防務的將領對於危險的警告一向帶著藐視的態度，根本不知大難臨頭，把部隊撤收下來休息，虛弱的國君受到拋棄以後只有幾位教士和隨從陪同，在恐懼之中度過無法入眠的長夜。充滿敵意的喊叫很快讓人感到驚畏，在向公眾宣布年輕的安德洛尼庫斯三世的頭銜和勝利。年邁的皇帝趴俯在聖母馬利亞的畫像前面，送出一封乞求的信函，只要征服者饒他性命，願意放棄帝位。孫兒的答覆非常合乎情理而且表現孝心，在他的朋友一再堅持之下，年輕的安德洛尼庫斯唯一的要求是掌握政權。年邁的祖父仍然享有太上皇的稱號和最崇高的地位，居住在規模最雄偉的宮殿，每年的用度是兩萬四千個金幣，一半由國庫支應，另外一半來自君士坦丁堡的漁業收入。

　　但是等到他喪失權力以後，很快受到蔑視被人遺忘。皇宮陷入無邊的沉寂之中，只有鄰近的牲口和家禽絲毫不感畏懼，大搖大擺穿過落寞的庭院。津貼減到一萬個金幣[10]，不管對方答應多少，他也只能抱著希望而已。他的視力逐漸喪失，為他的災難帶來更多的痛苦，監禁所受到的限制也日益嚴苛，趁著他的孫兒不在朝中和患病，無情的看守人威脅要立即將他處死，逼他用紫袍去換寺院的服裝和修道的生活(1328年5月24日)。僧人「安東尼」看破紅塵的繁華，然而他在冬季還是有粗糙的皮毛衣服禦寒。他的悔罪要禁絕飲用酒類，而醫生以患病為理由不讓他喝水，他只有把埃及的清涼果汁作為飲料。前任的皇帝即使想花三、四塊錢去滿足這種簡單的需要，也不一定能夠辦得到。要是他期望能借些黃金去幫助朋友，

9　我一直在參考格列哥拉斯的《年代記》，他對這個工作非常堅持，真是令人印象深刻。這份年表可以證明康塔庫齊尼記錯採取行動的日期，原文發生謬誤也可能是因為抄寫者的無知和大意。

10　我盡力想要調和這兩種說法，康塔庫齊尼提到兩萬四千個金幣，格列哥拉斯說是一萬。對於老皇帝所處的困境，前者是要緩和而後者加以誇大。

解決他們遭到痛苦不堪的災難，這種自我犧牲的精神真是極其貴重。遜位以後過了四年，安德洛尼庫斯二世或安東尼以七十四歲的高齡，在修道院的小室內逝世(1332年2月13日)，最後獲得奉承之辭，說他雖然在世間一事無成，卻能在天堂接受榮譽的冠冕[11]。

安德洛尼庫斯三世的統治(1328年5月24日-1341年6月15日)並不見得比他的祖父更為光榮或者運道更佳。他用盡心血奪取野心勃勃的成果，但能享用的時間何其短暫而滋味又何其苦澀。他登上權勢的頂峰以後，喪失早期僅存的人望，性格的缺陷使得全世界注目。他受到公眾的指責迫得要御駕親征去迎戰土耳其人，他的勇氣還經得起時間的考驗，但是會戰的敗北和個人的負傷，是亞洲的遠征行動僅能獲得的戰利品，也是鄂圖曼君主國能夠穩固建立的保證。文職政府的弊病和陋習已經到達怵目驚心的地步，他對慣例和形式的忽略，以及混淆民族的服裝，希臘人深感悲痛，認為是帝國淪亡最明顯的徵兆。安德洛尼庫斯看起比實際年齡要蒼老得多，年輕時生活不檢點使得身體更加容易虛弱，雖然患了一次重病能夠復原，可能是自行的痊癒、醫生的治療或聖母的保佑，但還是在四十五歲的盛年被死神擄走。他曾經結婚兩次，拉丁人在武器和藝術的進步，使得拜占庭宮廷在這兩方面無法保持偏見，他的兩個妻子從日耳曼和意大利的皇室中抉擇。頭一位是布藍茲維克(Brunswick)公爵的女兒，她的名字在家中稱做艾格尼斯(Agnes)，到了希臘成為伊里妮。她的父親[12]是日耳曼北部貧窮而又落後地區[13]一位處境不佳的領主[14]，然而能從銀礦獲得相當的歲入[15]。

11　恩主的幸運和成功使歷史學家嚐到甜頭，當然也要分享敗退的霉氣，與老皇帝的友誼只會「等著上絞架或進修道院的斗室」，不會僅僅被指責「行為像娼妓和守財奴那樣無恥」而只受到很輕微的發落。

12　艾格尼斯或伊里妮是「奇妙」亨利公爵的女兒，亨利是布藍茲維克家族的族長。要是從著名的「獅王」亨利，也就是薩克森尼和巴伐利亞的公爵、波羅的海海岸的斯拉夫人征服者算起，他是第四代。艾格尼斯的兄弟亨利綽號「希臘人」，來自兩次到東部的旅行，但是都在他的姊妹結婚以後。我不知道怎麼會在日耳曼的腹地，為皇帝找到艾格尼斯這樣的對象，然後推薦到拜占庭宮廷。

13　《布蘭登堡回憶錄》的作者有皇室的身分，他讓我們知道，就是在當前這個時期，日耳曼的北部還是難逃貧窮和野蠻的惡名。1306年在盧內堡的森林，有些維

希臘人對他的家世非常讚譽，認爲是年代古老和名聲顯赫的條頓貴族[16]。
這位沒有生育子女的公主過世以後，安德洛尼庫斯娶珍妮爲妻，她是薩伏
衣(Savoy)伯爵的姊妹[17]。伯爵認爲皇帝的求婚比起法蘭西國王要更勝
一籌[18]，以他的姊妹享有羅馬皇后的權勢爲榮。她的隨從行列包括騎士和
貴婦，在聖索非亞大教堂舉行重新皈依和加冕大典，使用正教常用的稱呼
改名爲安妮。婚禮的盛大節慶舉辦各種活動，希臘人和意大利人用執矛衝
刺和馬上比武，表現尚武的精神和作戰的技巧。

四、約翰五世的繼位和康塔庫齊尼的當政(1341-1391A.D.)

　　薩伏衣的安妮這位皇后在丈夫過世以後，他們的兒子約翰五世帕拉羅
古斯成爲年僅九歲的皇帝(1341年6月15日-1391年)，處於孤兒寡婦和年幼
體弱的狀況，需要有力和可靠的希臘人給予保護。他的父親長久以來就與
約翰・康塔庫齊尼建立眞誠的友誼，對於君王和臣民都是榮譽的行爲。
他們在年輕時共同追求歡樂的生活，雙方的家族都是高貴的世家[19]，就

(續)──────────────

　　尼德人(Vened)的部落尚未開化，允許活埋殘疾和無用的雙親。

14　「奇妙」亨利是格魯本哈根(Grubenhagen)這一旁支家族的始祖，絕滅在1596年。
　　他居住在窩芬標特(Wolfenbüttel)的城堡，據有布藍茲維克和盧内堡(Luneburgh)不
　　到六分之一的產業，這些產業並非負有義務的領地，那是主多夫家族爲了得到救
　　助，就把最大的采邑當成被充公的財產送給他們。日耳曼的貴族世家之所以沒
　　落，在於兄弟瓜分家產，一直要等到這個公正而產生遺害的法律，慢慢爲長子繼
　　承權所取代。格魯本哈根公國位於樹叢密布的山地，面積廣闊但是土地貧瘠，是
　　赫西尼亞大森林最後剩餘的部分。

15　塔西佗斷言日耳曼缺乏貴金屬，這種説法有其限度。到1016年，格魯本哈根或上
　　哈次(Upper Hartz)發現銀礦，十四世紀初期開始生產，布藍茲維克家族目前仍舊
　　得到很大的收入。

16　康塔庫齊尼提出非常有利的證言，對這個家族的讚揚並非過譽之辭，英國人聽到
　　會感到欣慰。

17　安妮或珍妮是偉大的阿米迪(Amedee)四個女兒之一，她們都是第二次婚姻所出，
　　是愛德華同父異母的妹妹，愛德華繼承他的父親成爲薩伏衣伯爵。

18　如果確有其事，法蘭西國王就是「美男子」查理，他在五年(1321-1326A.D.)内娶
　　了三個妻子。薩伏衣的安妮在1326年2月抵達君士坦丁堡。

19　康塔庫齊尼是高貴的名門世家，經過考證是來自法蘭西的帕拉汀(Paladins)，他們

是過去接受良好的私家教育，才獲得身御紫袍的最高獎賞。我們從前面的
敘述可以知道，康塔庫齊尼將年輕的皇帝從他祖父的權力之下拯救出來，
經過六年的內戰以後，這位受到重用的寵臣帶著他凱旋進入君士坦丁堡皇
宮。在安德洛尼庫斯三世的統治之下，皇家內衛統領控制皇帝和帝國。完
全依仗康塔庫齊尼英勇的行動和指揮的才能，列士波斯島和伊托利亞公國
恢復古老的忠誠。

　　康塔庫齊尼的敵人全都承認，在搶劫公家財物的強盜當中，只有他個
性溫和而又簡樸。他的帳目非常清白和詳盡，完全由自己的家產供應生活
所需，可以推斷他的財富來自合法繼承的授與，並不是巧取豪奪的累積。
他毋須一一登錄錢幣、金銀器具和珠寶的價值，然而，僅是心甘情願送出
的禮物就有兩百個銀瓶，還有更多是被朋友私下藏匿，或者是被敵人奪
走，他所喪失的財富足夠建立一個有七十艘戰船的艦隊。他從沒有估算產
業的大小和數量，但是他的穀倉有堆積如山的小麥和大麥，數以千計上軛
的牛隻在耕田種地，要是按照古代用犁作為計算的方式，耕地的面積大約
有六萬二千五百英畝[20]。他的牧場飼養兩千五百匹母馬、兩百頭駱駝、三
百匹騾子、五百頭毛驢、五千頭長角牛、五萬頭豬以及七萬隻羊[21]。這在
帝國的後期是一份珍貴的記錄，呈現出農村的富足和興旺，這些田地很可
能是在色雷斯，不斷發生國外和國內的敵對行動，使這些農村一再面臨荒
廢的命運。康塔庫齊尼受到的恩寵更盛於他的產業。皇帝在病重時想起過
去的親密關係，恨不得馬上除去雙方因地位造成的隔閡，迫著他的朋友接
受冠冕和紫袍。皇家內衛統領的德行高潔，用自己的記載證實曾經拒絕這

（續）────────────────────────────
　　　是傳奇故事的英雄人物，要到十三世紀希臘人才有機會讀到這些翻譯小說。
20　高盧的薩塞納(Saserna)以及意大利或西班牙的哥倫美拉(Columella, Lucius Junius
　　Moderatus，大約是公元一世紀，軍人和農業專家)提到當時的農耕狀況，每個農
　　家允許有兩頭公牛、兩個工頭和六名長工、兩百尤格拉(jugera)（一百二十五英畝）
　　可耕土地。要是田地有很多矮林需要處理，可以再增加三名人手。
21　上面的一覽表，庫辛校長的法文翻譯發生三處顯見的重大錯誤：(1)他沒有提及一
　　千對耕種用的公牛；(2)他把原文的數字弄錯，譯成一千五百頭驢；(3)他把
　　「萬」和「千」沒有分清楚，使得康塔庫齊尼只有五千頭豬。所以不要相信譯文。

危險的建議，但是安德洛尼庫斯三世在最後的遺囑中，指名要他擔任兒子
的監護人和帝國的攝政。

　　要是攝政發現服從和感恩可以適時獲得回報，或許就會忠心耿耿鼎助
他的受監護人。一支五百名士兵的衛隊保護人身和皇宮的安全，正式奉行
先帝的葬禮，首都安寧無事而且政令推行毫無阻滯，康塔庫齊尼在一個月
內發出五百封信函，通知所有行省皇帝的崩殂和他們應盡的責任。預判在
皇帝未成年期可以獲得的平靜，被大公爵或水師提督阿波考庫斯
（Apocaucus）所打破。為了誇大他那不忠不義的行為，皇家的歷史學家樂
於歸罪於自己的不智，因為沒有聽從有識人之明的君王最後的遺言，還是
把他擢升到這樣重要的職位。他的個性不僅大膽而且狡猾，到處搶奪錢財
在花用的時候視為糞土，阿波考庫斯的貪婪和野心輪流占上風，具備的才
能只能用來毀滅自己的家園。等到他指揮一支海上部隊和一個難以攻陷的
城堡以後，更是平添傲慢的氣焰，戴著效忠和奉承的假面具在暗中陰謀對
付他的恩主。皇后的宮廷充滿脂粉氣，很容易賄賂和指使，他教唆薩伏依
的安妮提出主張，依據天理人情都應該由她來保護和教導自己的兒子。母
愛的焦慮掩飾權力欲的追求，何況帕拉羅古斯家族的創始者，勸告他的子
孫要特別小心，不能讓奸詐的監護人運用先例奪權竊國。教長是阿普里的
約翰，是性格自大和身體衰弱的老人，被一群傲慢的親戚所包圍，他提出
安德洛尼庫斯一封過時的信件，裡面說到要把君王和人民交給他，用虔誠
之心加以照料。前任教長阿森紐斯所遭遇的下場，讓他提高警覺要事先預
防，而不是事後懲罰篡奪者的罪行。阿波考庫斯看到拜占庭的教士竟敢以
羅馬教皇自許，認為有權插手政府和世俗的事務，因而對自己阿諛之言能
夠成功欣然微笑[22]。皇后、公爵和教長這三個人，無論就地位或個性而言
都有極大的差異，最後還是締結私下的同盟：恢復元老院極其微弱的權
勢，用自由權利的名義去騙取民眾的支持。

22　他擅用皇家的服飾穿著紅色的官靴，頭戴絲綢和黃金製作的法冠，書信使用紫色
　　或綠色墨水簽字，宣稱自己對新羅馬具有君士坦丁創立的古老權利。

　　這個實力強大的聯盟開始時暗中用刺客對皇室內衛統領下手，後來才
發起公開的攻擊。他的特權引起爭議，他的意見被人藐視，他的親友受到
迫害。無論是在軍營還是城市，他的安全備受威脅。他出任公職偶爾缺
席，就受到叛逆的指控，教會和政府公開宣布他是國家的敵人。所有追隨
他的人員都要接受正義的制裁、人民的報復和惡魔的凌虐。他那年邁的母
親被關進監獄，他爲國服務的功勞全部化爲灰燼被人遺忘。冤曲和不公逼
得他要犯下被指控的罪行[23]。回顧他過去的行爲，康塔庫齊尼顯然沒有任
何反叛的意圖。要說他清白無辜唯一讓人懷疑之處，在於他用暴烈的抗議
升高緊張的情勢，然而又認爲自己的德行極其純潔，可以經得起所有的考
驗。就在皇后和教長外表裝出和衷共濟模樣時，他不斷提出請求同意他引
退還鄉，甚至去過寺院的生活。等到他被宣布爲國家的公敵，還抱著熱切
的期望投身到年輕皇帝的腳前，引頸就戮死而無怨。後來他還是帶著勉強
的心情，聆聽理性的呼聲，爲了拯救他的家族和友人，教誨他要負起神聖
的責任，只有拔出佩劍使用皇帝的頭銜，才能自救救人。

五、康塔庫齊尼的攝政、反叛、即位和廢立(1341-1355A.D.)

　　堅固的城市德摩提卡在他的特定版圖之內，約翰六世康塔庫齊努斯皇
帝在此稱帝，他的右腳由高貴的親戚幫著穿上紫色的官靴，左腳則是由拉
丁人的首長替他穿靴，他將騎士的勳位頒贈給他們。然而即使在叛變的行
動中，他仍舊孜孜不倦表現忠誠的態度，公開宣布約翰五世帕拉羅古斯和
薩伏衣的安妮的頭銜，位置在他自己和他的妻子伊里妮的前面。像這樣毫
無意義的登基典禮(1341年10月26日)，只能在表面暫時掩飾謀反的罪行，
何況孤兒寡婦並沒有個人的缺失，不足以使一個臣民有藉口起兵反對他的
君主。但是缺乏事先的準備也無法預知後來的成效，反而可以使篡奪者確

---

23 格列哥拉斯認同康塔庫齊尼的無辜和德行，以及阿波考庫斯罪大惡極的過失，但
　是也不掩飾他對前者那種個人和宗教的敵意。

定：這個決定性的步驟是基於不得已而非主動選擇。君士坦丁堡擁護年輕的皇帝約翰五世，保加利亞國王受到乞師前去解救亞得里亞堡，色雷斯和馬其頓的主要城市經過一番猶豫和考量以後，宣布不受聽命於內衛統領。部隊和行省的領導者基於個人利益的打算，情願接受婦人和教士較為仁慈的統治。

康塔庫齊尼的軍隊分為十六個師，配置在美拉斯(Melas)河的兩岸，用來勸告或威脅首都，產生叛逆或心生畏懼，在無法控制之下迫得分散兵力，軍官普遍接受賄賂，特別是拉丁的傭兵部隊，他們願意向拜占庭宮廷輸誠。等到他喪失部隊的向心力和效命之後，身為叛徒的皇帝(他一直在這兩種身分之間隨著命運而起伏浮沉)帶著有所抉擇的殘部，奪路前往提薩洛尼卡，然而他的事業在這個重要的地點還是以失敗告終。他的敵人大公爵阿波考庫斯，帶領海上和陸地的優勢兵力在後面緊追不捨，他被趕離海岸，用急行軍的方式逃向塞爾維亞(Servia)的山區。康塔庫齊尼將部隊集結起來，詳細調查有哪些人值得和願意伴同他接受已經大難臨頭的霉運。那些怯懦自私的多數屈服於現實或是退縮避走，忠心耿耿的隊伍減到只剩下兩千「志願軍」，少說也有五百人。塞爾維亞的藩王也稱為「克拉爾」(cral)[24]，給予慷慨而友善的接待，但是聯盟關係在不知不覺中貶低為一名乞兒、一名人質和一名俘虜。在這種極其悲慘的依從生涯中，他在蠻族的門口等待即將到來的下場，一位羅馬皇帝的生命和自由完全任人支配。最有誘惑力的出價也無法說服克拉爾違犯誠信的原則，但是他很快傾向於實力較強的一邊，他的朋友絲毫無損被打發離開，重新去面對充滿希望和危險的枯榮盛衰。

在將近六年的時間(1341-1347A.D.)，爭執的火焰繼續燃燒，產生各種不同的結局，帶來更為狂暴的憤怒。貴族和平民的黨派傾軋，康塔庫齊

24　塞爾維亞的君王被希臘人稱為藩王，本國的方言是克拉爾。這種頭銜等於國王，起源自斯拉夫語，為匈牙利人、現代希臘人甚至土耳其人所借用，通常土耳其人用「帕迪沙」(Padishah)來稱呼皇帝。君士坦丁堡的法蘭西人想用帕迪沙來取代藩王這個稱呼，成為他們最大的願望。

尼和帕拉羅古斯兩個家族的拚鬥，使得所有的城市陷入混亂和迷惑之中。
保加利亞人、塞爾維亞人和土耳其人受到雙方乞求協助，被當作達成個人
野心的工具，使整個國家遭到破壞和毀滅。攝政對於這種災難感到極為悲
痛，然而他是始作俑者也是受害人。康塔庫齊尼根據自己親身嚐試的經驗
教訓，對於國外和國內戰爭的特質有極其精闢的描述。他說道：「國外戰
爭有如溫暖的夏日，總是可以忍受，有時會有益於身體的健康；國內戰爭
有如熱病的高燒，消耗精力，不予治療就會喪命[25]。」

　　將野蠻民族引進文明國家的衝突和鬥爭之中，這種極其不當的措施充
滿羞辱和災禍，雖然靠著強制的力量取得一時的利益，就人道和理性的最
佳原則而論，一定會受到嚴厲的譴責。抗爭的雙方都指控對手犯下裡通外
敵的罪行，通常是得不到助力的一方，帶著嫉妒的神色大聲咒罵，事實上
對於成功的先例很高興加以效法。亞洲的土耳其人或許並不比保加利亞和
塞爾維亞的牧人更為野蠻，但是基於宗教的原因使他們成為羅馬和基督教
有深仇大恨的敵人。為了獲得埃米爾的友誼，兩個黨派的競爭真是無所不
用其極，行為非常卑鄙而且捨得投下本錢。康塔庫齊尼靠著高明的技巧，
獲得他們的青睞，然而援軍和勝利要付出昂貴的代價：他把女兒嫁給一個
不信上帝的異教徒，數以千計的基督徒成為俘虜，同意鄂圖曼借道進入歐
洲，這是引起羅馬帝國滅亡最後致命的一擊。

　　天網恢恢疏而不漏，罪孽深重的阿波考庫斯死亡，產生決定性的作
用，整個局勢的發展對康塔庫齊尼有利。有一人群貴族或平民使阿波考庫
斯感到畏懼或痛恨，他就下令首都和行省將他們全部抓起來，君士坦丁堡
有一處古老的宮殿，指定作為監禁他們的地方，進行改建工程，提升圍牆
的高度，使房間變得狹小，這種善於運用頭腦的計謀，是要讓被關的人無
法逃走，一直過著暗無天日的生活。為了使得工程持續順利進行，這位暴
虐的大臣每天都去巡視，帶來的衛士配置在宮殿的門口，他站在內庭查問

25　令人感到無法理解的是，康塔庫齊尼並沒有將這段極生動的言詞寫進他的著作之
　　中。

建築師的進度，根本沒有絲毫的畏懼和疑惑。兩名帕拉羅古斯家族的囚犯[26]知道陷入絕望之境，非常勇敢拿起木棍當武器，對他進行攻擊，直到他成爲躺在地上的屍首。報復和自由的謠言到處傳播，數目眾多的犯人砸開足鐐，加強這座監獄的防衛力量，在宮牆的雉堞上面掛出阿波考庫斯的頭顱，好獲得人民的贊同和皇后的善意。接獲態度傲慢和野心勃勃的大臣喪生的信息，薩伏衣的安妮聽到以後甚感欣慰。但是她的決定或行動過於遲緩，民眾特別是水手受到大公爵的嬌婦大力鼓動，發起叛變、實施攻擊和展開屠殺。囚犯(絕大多數都是無辜的被害者或是行爲不檢的人員)逃到鄰近的教堂，都被殺死在祭壇的前面。看來這個惡魔在死後比在生前引起更多的流血和殘殺事件。然而阿波考庫斯的才幹對年輕皇帝的繼位確有裨益，他那些倖存的同僚彼此之間產生猜忌之心，放棄對戰爭的指導，拒絕接受最有利的調解條件。

　　皇后現在了解狀況，經常提出抱怨，提到爭論之所以發生，完全是她受到康塔庫齊尼仇敵的欺騙。教長利用在教堂宣講的機會反對寬恕他受到的冤曲，要她用誓言來保證刻骨銘心的仇恨，否則會被施以革出教門的懲處[27]。安妮很快就不需要老師也可以學會如何表達恨意。她就像異鄉人那樣帶著漠不關心的神色，看待帝國連綿不斷的災禍。現在又有一位敵對的女皇出來競爭，更加激起她的嫉妒之心。這種永不認輸的脾氣首先出現的徵兆，是她威脅教長要召開宗教會並罷黜他的職位。教會和宮廷的無能和內鬥原本可以使康塔庫齊尼獲得決定性的優勢，但是這兩個黨派都已虛弱不堪，使內戰得以延續下去。康塔庫齊尼過於自制的性格很難免於怯懦和怠惰的指責。他不斷收復行省和城市，被監護人的領土全爲君士坦丁堡的城牆所圍繞，這一隅之地卻抵得上帝國其餘部分。他要想完成最重要的征

26　這兩名復仇者都是帕拉羅古斯家族的成員，對於陷身縲紲充滿怨恨和憤怒，阿波考庫斯的悲慘下場可以參閱康塔庫齊尼和格列哥拉斯的著作。

27　康塔庫齊尼指責教長，皇后是統治者的母親，對她倒是能夠抱著體諒的態度。格列哥拉斯對皇后特別表現憎惡之情。事實可能如此，他們說的可能不是同一時代。

服行動，必須得到輿論的擁護和私下的連繫。法齊歐拉提(Facciolati)[28]是意大利人，要接替大公爵的職位，船隻、衛隊和金門的防務全部接受他的指揮。然而他沒有戀棧的野心，很容易受到收買，成爲謀逆的工具而完成政變，沒有任何危險，也不會發生流血事件。缺乏抵抗的能力和解救的希望，個性剛強的安妮仍然在皇宮守備，帶著笑容觀看首都陷入大火，也不願完整留給敵人。

她還是屈服於朋友和仇敵的祈求，遵奉征服者的指示簽訂和平協定。康塔庫齊尼抱著一片赤誠之心，願意歸附恩主的兒子。他的女兒和約翰五世帕拉羅古斯的婚事終於完成，被監護人的繼承權獲得承認，但是要把政事以十年爲期單獨授與監護人負責治理。兩位皇帝和三位皇后同時登上拜占庭的寶座，宣布大赦，使那些罪行重大的臣民不僅可以免於焦慮，也能確保自己的財產。加冕和婚禮的慶典從表面上看來和諧而且盛大，受到眾人的稱讚，兩者同樣的虛幻而難以持久。在最近這段困苦的歲月，政府的財富甚至皇宮的擺設，都被廉價讓售或是任意侵占。皇家的宴會使用白鑞或陶土的器皿，在那個貧窮而又重視虛榮的時代，缺乏黃金和珠寶就用不值錢的玻璃和皮革手工品來取代[29]。

我很快結束約翰六世康塔庫齊尼的個人歷史[30]，他已經贏得勝利和進行統治，但是對於發生的後果，無論他自己這邊或是反對的黨派，都瀰漫著不滿的疑雲。他的黨徒把大赦稱爲「親者痛而仇者快」的行動[31]。那些

---

28 格列哥拉斯揭發法齊歐拉提是賣國賊和叛徒。但是有一個人身爲他最重要的共犯，爲了審慎起見，只有對他的名字密而不宣。

29 不過還是有些真正的珍珠，數量很少，只能點綴而已。其他的寶石都是不值錢的贗品。

30 康塔庫齊尼回到君士坦丁堡以後，繼續動筆就整個帝國的歷史進行著述，直到他的兒子馬太退位以後，又過了一年才停止(1357A.D.)。格列哥拉斯的歷史著作，結束於君士坦丁堡1351年的宗教會議。他最後十四卷書都是抄本，仍舊保存在法蘭西國王的圖書館。

31 皇帝只記載自己的仁政，格列哥拉斯提到他的友人都在抱怨，因爲這些辦法給他們帶來痛苦。我倒是要奉勸他們一句話：「狡兔死，走狗烹；飛鳥盡，良弓藏。」

至親好友爲了他的事業，家產全都喪失或被侵占，現在饑寒交迫在街頭閒逛，嘴裡詛咒領導者的自私竟然會慷他人之慨，剛剛登上帝國的寶座，絲毫不加珍惜就放棄個人的繼承權。皇后的追隨者能保住生命和財產，感到臉紅，認爲這是篡奪者暫時賜予的恩惠。他們對於女皇的兒子無論是繼承權或安全，都非常謹愼的關懷和重視，來掩飾對報復的渴望。康塔庫齊尼的朋友提出請願書，正好讓他們提高警覺，這樣一來他們可以解除對帕拉羅古斯家族效忠誓詞的責任，受到信任前去守備一些受到外敵威脅的市鎮，這個作法受到熱烈支持，但被他用「我有極其卓越和難以置信的德行」來加以拒絕(這是那位身爲皇帝的歷史學家的說法)。陰謀和反叛的聲音擾亂他安寧的生活，他一直害怕合法的君王被國外或國內的敵人偷走，敵人就會用他的名字和所受的委曲高舉起義的旗幟。當安德洛尼庫斯三世的兒子快要到達成年，他開始一心一意要爲自己打算，爲了效法父親的惡行，正在蓬勃成長的野心不僅沒被抑制，反而受到激勵。如果我們相信康塔庫齊尼的表白，他費盡力氣用誠摯的態度，糾正年輕君王與那種下流和好色的肉慾，使得他純潔的心靈升到與崇高地位同一水平。在塞爾維亞的遠征行動中，兩位皇帝在部隊和行省的面前表現出和衷共濟的模樣，年長的共治者讓這位年輕的同僚了解到戰爭和政治的奧祕。等到簽訂和平條約以後，帕拉羅古斯留在提薩洛尼卡，這裡有皇家的行宮，也是一個邊疆要地，因爲他不在朝中可以確保君士坦丁堡的和平，並且使得年輕人可以離開奢華首都的誘惑。然而相隔一段遙遠的距離會減弱康塔庫齊尼的掌握力量，安德洛尼庫斯的兒子爲一群工於心計或不用頭腦的同伴所包圍，他們灌輸他要痛恨這位監護人，悲傷自己受到放逐，而且要伸張所擁有的權利。他私下與塞爾維亞的藩王或克拉爾簽署協定以後，立刻發起公開的叛亂活動。康塔庫齊尼就像當年的安德洛尼庫斯二世那樣，要拼老命去保衛他的特權，他在年輕時也向這種對象發動猛烈的攻擊。在他的請求之下，身爲母親的皇后乘船啓程前往提薩洛尼卡，負起調解的使命，毫無成效只有返回。除非是薩伏衣的安妮領受逆境的教訓，否則我們懷疑她熱中於斡旋的誠意。攝政在這個時候還是緊抓權杖不放，她受到唆使公開宣稱，康

塔庫齊尼合法治理國家的十年期程很快就要結束。

　　經歷虛榮世界的苦難考驗之後，康塔庫齊尼皇帝渴望在修道院過寧靜的生活，僅有的野心是獲得天國的冠冕。要是這種情操是眞有其事，自願的退位就會恢復帝國的和平，正義的行爲會使他的良心得到安慰。帕拉羅古斯單獨負責未來的統治，不管他犯下多大惡行，總不會比內戰的災禍更爲嚴重，讓蠻族和異教徒再度受邀來幫助希臘人自相殘殺。土耳其人的武力已經在歐洲打下穩固和永恆的基礎，由於他們的涉入，使康塔庫齊尼在第三次衝突中占了上風，年輕的皇帝同時在陸上和海洋受到驅趕，被迫到特內多斯(Tenedos)島獲得拉丁人的庇護。這種無禮和頑固的行爲激怒勝利者，到達爭執已無法和解的地步。康塔庫齊尼將紫袍授與他的兒子馬太，實施聯合統治，爲自己的家族建立繼承大寶的權利。但是君士坦丁堡仍舊依附她那古老皇室的血胤，最後約翰五世的委曲加速恢復合法嗣子應享的特權。有一位出身高貴的熱那亞人擁護帕拉羅古斯的復國大業，獲得承諾將皇帝的姊妹許配給他，於是率領兩艘戰船和兩千五百協防軍完成革命任務。他們藉口遭到海難，獲得允許開進較小的港口，一個城門已經打開，拉丁人大聲呼叫：「約翰五世帕拉羅古斯皇帝勝利成功萬歲！」一大群揭竿而起的人隨聲附和。還是有許多忠誠的黨徒追隨康塔庫齊尼的陣營，但是他在歷史著作中很愼重其事的提到，他仁慈的天性不願從事征戰的行動，即使保證成功也要加以拒絕(難道他希望別人會相信？)。他帶著開放的心靈服膺宗教和哲學的呼籲，願意退位下台，帶著愉悅的心情在寺院過修行的生活[32]。等到他不再是君主以後，他的繼承人沒有道理不讓他成爲聖徒。把餘生奉獻給宗教的信仰和學問的追求，在君士坦丁堡和阿索斯(Athos)山的修行小室中，僧人佐薩夫(Joasaph)受到尊敬，被視爲皇帝塵世和屬靈的父親。如果他從退隱之地出來，是爲了擔任和平使者的任務，說服興兵作亂的兒子不要再負嵎頑抗，懇求皇帝原諒他的行爲[33]。

---

32 康塔庫齊尼的道歉顯得非常的笨拙，提到自己的下台時充滿矛盾。馬太·維拉尼的敘述雖然不夠精確，但是很眞誠，可以作爲補充之用。

33 康塔庫齊尼在1375年接到教皇的書信，感到非常榮幸。他逝世的時間根據權威的

六、塔波山發射神祕的光芒引起宗教的爭論(1341-1351A.D.)

　　雖然人在修道院裡面，康塔庫齊尼的內心仍舊在從事神學的戰爭。他用銳利的筆討伐猶太人和伊斯蘭教徒[34]，無論在哪種狀況下，都用同樣的熱誠去為塔波(Thabor)山的「神聖之光」展開辯護，這個值得紀念的爭議，使希臘人的宗教愚行到達登峰造極的地步。印度的托缽僧和東部教會的僧侶同樣相信，把心靈和肉體的天賦能力全部抽取出來，更純粹的幽魂會上升到上帝的喜悅和幻象之中。有位方丈僅僅用幾句話，可以將阿索斯山修道院的理念和實踐[35]很完整的表達清楚，這位方丈在十一世紀享有盛名。苦行的導師說道：

> 當你單獨留在修行的小室，關上門坐在角落，保持心靈的昇華，萬事萬物成為虛空的過眼雲煙。你要把鬍鬚和下巴擱在胸脯上面，將眼光和思想都轉向腹部，就是肚臍那個部分，再去尋覓心的位置，好把靈魂安頓在那裡。開始的時候，全部是一片黑暗，帶來不適的感覺。不過如果你日以繼夜堅持下去，就會感受到難以形容的愉悅。只要靈魂找到心的位置，立即會被神祕和縹緲的光所圍繞。

　　這種光來自心身不健康的幻想，是空虛的腸胃和頭腦創造出來，受到

（續）────────────
　　說法是1411年11月20日，但要是他的年紀與幼時同伴安德洛尼庫斯三世相當，那麼他在世上活了一百一十六歲，可真是極為少見的長壽，這樣一位特殊的人物定會引起普遍的注意。

34 康塔庫齊尼的四本論述或著作於1543年在巴西爾刊印出版，他寫這幾本書的目的，是為了使一位改信基督教的穆斯林感到安心，那些伊斯巴罕的友人寫信攻擊改信者的叛教行為。他曾經讀過《古蘭經》，但是根據瑪拉西(Maracci)的說法，他採用世俗的偏見和傳聞來對抗穆罕默德和伊斯蘭教。

35 可以參閱摩斯海姆(Mosheim, Johann Lorenz von, 1694-1755A.D.，德國教會歷史家)和弗祿里的著作，前者運用哲學家的判斷力來說明列舉的理由，後者以正統教會教士的偏見來抄錄及翻譯。

神修派(Quietist)寂靜無爲信徒的敬仰，認爲具備上帝純潔和完美的本質。只要這種愚行局限於阿索斯山，思想單純的隱士從來沒有去探索，人的肉眼怎麼能分辨神的本質到底是精神還是物質。但是在年輕的安德洛尼庫斯統治時，一位名叫巴喇姆(Barlaam)的卡拉布里亞僧侶前去拜訪這些修道院。他不但研究哲學和神學而且精通希臘文和拉丁文，多才多藝的技能可以按照那個時代的愛好和興趣，維持彼此對立的信條。一位苦修者出於大意，將心靈感應的祈禱方式洩露給好奇的旅客，巴喇姆正好找到機會去嘲笑神修派的信徒，說他們把靈魂放在肚臍眼裡面。他同時還指控阿索斯山的僧侶是異端和瀆聖者。他的攻擊迫得更爲博學的人士否認或掩飾同教兄弟單純的虔誠行爲，巴拉馬斯(Palamas)對於神的本質和運作推薦一種學究式的辨別方式。祂那難以理解的本質住在自存和永恆的光裡，這種有福的視覺是聖徒所具有，出現在塔波山的門徒身上，時間是在基督變容節。然而這種辨別方式難逃多神教崇拜的譴責，於是巴喇姆堅決摒棄塔波山的光具有永恆的性質，仍舊指控巴拉馬斯派信徒堅信兩種永恆的本質，即可見和不可見的上帝。

阿索斯山的僧侶在狂怒之下威脅要取他的性命，這個卡拉布里亞人就到君士坦丁堡避難。他那圓通和世故的言行舉止贏得皇家內衛統領和皇帝的好感，宮廷和城市涉入神學的爭論之中，使內戰的緊張情勢更是火上加油。但是巴喇姆的教義因他逃走和背教而遭到污辱，巴拉馬斯派獲得勝利而洋洋得意，他們的對頭阿普里(Apri)的約翰教長，在敵對派系藉題發揮之下被罷黜下台。康塔庫齊尼以皇帝和神學家的身分主持希臘教會的宗教會議，竟把塔波山自存的光當成一個信條。人類的理性雖然受到這麼多的侮辱，增加這一件荒謬的蠢事倒也不會造成多大的傷害，可惜是弄髒很多卷紙張或羊皮紙。毫無悔意的信徒拒絕在正統信仰的信條上簽字，被剝奪舉行基督徒葬禮的榮譽。然而到了下一個世紀，這些問題全部被人遺忘，我也不知道絕滅巴喇姆異端倒底是靠著斧頭還是柴束[36]。

---

36 可以參閱康塔庫齊尼和格列哥拉斯的著作，尤其是最後幾卷，都限於作者最有興

七、熱那亞的殖民和貿易及與希臘人的戰事(1261-1352A.D.)

　　本章結束之前我要提到熱那亞人的戰事，不僅動搖康塔庫齊尼的寶座，還暴露希臘帝國的虛弱不堪。等到光復君士坦丁堡以後，熱那亞人被安置在郊區的佩拉或蓋拉塔，接受皇帝的獎賞，也就是非常體面的領地(1261-1347A.D.)。他們得到恩典可以運用自己的法律和官員，但也善盡諸侯和臣民的職責和本分。一個有力的用語「忠誠的擁護者」[37]來源是拉丁人的法律體制，他們的首領稱爲波德斯塔(podesta)，在接受這個職務之前，要用忠誠的歡呼和效命的誓言向皇帝致敬。熱那亞人簽訂條約保證與希臘人建立堅實的同盟關係，在防衛作戰的狀況下，共和國向帝國提出承諾，要供應裝滿五十艘空船的補給品，另外還有五十艘戰船的援軍，全部完成武器和人員的整備。

　　米迦勒八世帕拉羅古斯重建一支水師，他的目標是要不再依賴外國的援助，行動積極的政府將蓋拉塔的熱那亞人限制在邊界之內，但是熱那亞的財富和自由表現出無禮行爲，激發他們要努力超越。一名熱那亞海員大放厥辭說他們很快要成爲君士坦丁堡的主人，要把那些冒犯民族感情的希臘人全部殺掉。一艘武裝的船隻在拒絕向皇宮致敬以後，在黑海犯下海上搶劫的罪行，他們的同胞提出威脅要支持這些不當的行動。然而蓋拉塔長久以來就通行無阻的村莊，被皇家的部隊包圍得水泄不通，直到部隊發起攻擊，屈服的熱那亞人才苦苦哀求他們的統治者大發慈悲。這種無險可守的狀況可以確保他們的聽命服從，也使他們暴露在威尼斯人這個敵手的攻擊之下。威尼斯人在安德洛尼庫斯二世統治時，竟敢侵犯君士坦丁堡寶座

(續)
　　趣的題材。波伊文(Boivin)從尚未出版的書籍，法比里修斯和蒙佛康(Montfaucon, Bernard de, 1655-1741A.D.，法國學者)從科伊斯林(Coislin)圖書館的手抄本，增添一些史料和文件。
37　帕契默用最恰當的方式解釋這個字的意義和源起。希臘人和拉丁人都在封建時代加以運用，要想完全弄清楚，可以查杜坎吉編寫的辭典。

的尊嚴。熱那亞人等他們的艦隊來到，帶著家庭和財產一起退進城內。空無人跡的居住區全部化爲灰燼，軟弱的君王看到郊區被毀，只能派出使節而不是部隊去表示他的憤怒。不過，這種災難倒是對熱那亞人有利，他們獲得危險的特許和不知不覺的濫權，可以圍繞蓋拉塔修築一道堅固的城牆，挖掘很寬的壕溝引海水灌入，豎起高聳的塔樓，在防壁上裝置各式投射器具。他們被限制在一個狹小的範圍之內，地方已經不敷正在成長的殖民地所需。他們幾乎每天都將新土地納入產業，鄰近山丘布滿他們的莊園和堡壘，全部連接在一起，可以受到新建工事的保護。黑海的航運和貿易是希臘皇帝的世襲產業，他控制著狹窄的入口，也就是這個內陸海洋的大門。米迦勒八世帕拉羅古斯在位時，埃及的蘇丹也承認他的特權，經過懇求獲得同意以後，每年可以自由派遣船隻去購買色卡西亞(Circassia)和小韃靼(Lesser Tartary)地區的奴隸。這種自由對基督教的發展帶來極大的不幸，因爲這些買來的年輕人接受教育和訓練，成爲難以對付的馬木祿克[38]。

熱那亞人從佩拉這個殖民區，占據有利的位置，在黑海從事獲利甚豐的行業，他們的航運供應希臘人各種魚貨和穀物，這兩種食物對於一個迷信的民族幾乎同樣重要。自然界的大宗賞賜是烏克蘭的收成，完全出於粗放和落後的農業生產。頓(Don)河和塔內斯(Tanais)河河口捕獲巨大的鱘魚，它們最後都要到米奧提斯(Maeotis)海的淤泥和淺水中覓食[39]，因而醃魚和魚子醬的輸出不僅數量極大，每年都可以得到補充。阿姆河、裏海、窩瓦河和頓河這些水系，可以連接起來成爲罕見而又艱辛的旅程，專供運送印度的寶石和香料之用。卡里斯姆(Carizme)的商隊在三個月的行程以

---

38 帕契默和格列哥拉斯非常了解，而且更爲嘆息這種危險的遷就行爲所產生的後果。埃及蘇丹比巴爾斯(Bibars)是個韃靼人，卻是個虔誠的穆斯林，他從成吉思汗的後裔那裡獲允許，在克里米亞的首府建造一座莊嚴雄偉的清眞寺。

39 夏爾汀(Chardin, Jean, 1643-1713A.D.，法國珠寶商及旅行家)確信這個地方是卡發，捕獲的鱘魚有時長達二十四呎或二十六呎，重量有八、九百磅，生產三或四英擔的魚子醬。博斯普魯斯的穀物在笛摩昔尼斯時代供應雅典所需。

後，到達克里米亞的港口，使他們將貨物交給意大利的船隻[40]。熱那亞人的勤奮和實力壟斷不同的貿易行業，他們的對手威尼斯和比薩都被武力趕走，興建的堡壘和城市使當地的土著都感到敬畏，這些建築原來都是從地位卑下的代理店和工廠作基礎擴展而成。他們最主要的基地卡發(Caffa)[41]曾經受到韃靼地區強大部落圍攻，對熱那亞人的發展沒有產生任何阻止的效果。希臘人缺乏一支實力強大的水師，難免要受傲慢商人的壓榨，他們完全依據利益作出決定，是要餵飽君士坦丁堡還是讓它挨餓。他們不斷在黑海發展，篡奪博斯普魯斯的進口稅、漁業甚至通行費，從這些方面獲得的歲入是二十萬個金幣，剩餘三萬金幣很勉強讓皇帝分享。佩拉或蓋拉塔的殖民區無論平時或戰時，行動都像是一個獨立的城邦，就在遙遠居住區會發生的狀況一樣，熱那亞的官員常常忘記他是主子的僕人。

安德洛尼庫斯二世的虛弱，加上他的統治為內戰所苦以及他的孫兒尚未成年，使得熱那亞人的篡奪行為受鼓勵。康塔庫齊尼的才幹不能發揮復興的功能，只能用來毀滅這個帝國，等到他在國內獲得勝利之後，在一場帶來羞辱的審判中受到大眾的非難，到底是希臘人還是熱那亞人統治君士坦丁堡。佩拉的商人提出建議，要在相鄰的土地以及幾處制高點興建新的工事，被他拒絕後感覺受到冒犯而懷恨在心，皇帝離開朝廷，因病滯留在德摩提卡，熱那亞人大膽挑戰女性統治的軟弱無能。一艘拜占庭的船隻在海港的入口處捕魚，被一群無法無天的外鄉人將船弄沉，漁夫全被殺光。熱那亞人不僅沒有訴請寬恕暴虐的行為，反而向當局提出賠償的條件，同時用傲慢的口氣要求希臘人，為了安全起見不能在附近進行航行的練習。熱那亞人同時用正規部隊，迎戰民眾基於義憤的第一次出擊(1348A.D.)。他們立即占領那些會引起爭議的土地，馬上動員全體民眾無分男女老幼，用難以置信的速度築起城牆也挖好壕溝。就在這個時候，他們攻擊並且燒毀兩艘拜占庭戰船，另外的三艘從他們的手裡逃脫，這就是皇家水師剩餘

40　韃靼地區只有統一在明智和強勢國君之下，陸地或海上的運輸才能安全可行。

41　夏爾汀描述現在已成廢墟的卡發，他在四十天的時間內，看到四百艘以上的帆船用來載運穀物和魚類。

的船隻。城外或沿著海岸的居聚地被搶劫或是摧毀,攝政或是伊里妮女皇最關切之處限於城市的安全。康塔庫齊尼返回首都,袪除公眾的恐慌心理。皇帝傾向於和平協商,但是他屈服於敵人的固執。熱那亞人拒絕任何合理的條款,對於臣民的熾熱情緒,他們威脅的言詞帶有《聖經》的風格,要把希臘人像陶土的器皿一樣打得粉碎。然而熱那亞人還是抱著勉強的態度付出稅款,那是爲了建造船隻強加在他們身上,還有就是戰爭的費用。這兩個民族都像是主人,一個在陸地,另一個在海洋,君士坦丁堡和佩拉在相互包圍的災禍之中堅持到底。殖民區的商人原本相信不過數天工夫就會結束戰爭,現在已經開始抱怨他們的損失,熱那亞的黨派傾軋使本土的援軍遲遲不能成行。最謹慎的人抓住機會用羅得島的船隻,將家人和財產從敵對行動的現場運走。

到了春天(1349A.D.),拜占庭的艦隊共有七艘戰船和很多條小船,離開港口排成一個單列,沿著佩拉的海岸航行,操作非常生疏,將側面暴露在敵人分遣艦隊的衝撞之下。水手全部由農夫和工人組成,對航行的無知也無法像蠻族那樣用天生的勇氣來彌補這方面的缺失。風颳得非常猛烈,海浪極爲洶湧,希臘人剛剛發覺遠處行動緩慢的敵軍,馬上轉向衝進大海,立即面臨無法避免的危險。部隊出發要去攻擊在佩拉的陣線,在同一時候遭到驚慌的打擊而解體。熱那亞人贏得雙重勝利,感到驚訝無比又覺得受之有愧。凱旋歸來的船隻裝飾著花朵,拖曳虜獲的戰船,就在皇宮的前面來回行駛。皇帝唯一的美德就是忍耐,懷抱復仇的希望是僅有的安慰。然而雙方都已痛苦不堪,經過調停簽訂一個臨時協定,帝國的羞辱用尊嚴和權勢形成微薄的簾幕加以掩蓋。殖民區的首領接受召喚,康塔庫齊尼把引起爭論的產權,裝出藐視的神色認爲無關緊要,提出溫和的指責以後很慷慨核准他們所要的土地,事先經過安排表面看來這些地區都受到他派出官員的監控[42]。

---

42 康塔庫齊尼提到這次戰爭所發生的狀況,很多地方非常曖昧而且前後矛盾,格列哥拉斯的敘述相當明確而且據實以告。艦隊的敗北主要責任在君王而非教士。

　　然而皇帝很快施展教唆的手段，違犯和平條約，他和威尼斯人的軍隊
聯合起來，威尼斯人一直把熱那亞和它的殖民區視爲世仇大敵。就在他權
衡和平與戰爭的利弊得失時，節制的性格爲佩拉居民惡意的侮辱所激怒，
他們竟在防壁上面將一塊大石頭投射到君士坦丁堡城內。在他義正辭嚴的
控訴之後，熱那亞人用不以爲意的態度歸咎於工程人員的疏忽，但次日重
複這種羞辱的舉動，爲第二次的試驗成功而興高采烈，認爲皇家城市在他
們的砲火射程之內。康塔庫齊尼立即與威尼斯人簽訂同盟協定，但是這些
財力雄厚和實力強大的共和國在相互對抗時，發覺羅馬帝國的幫助所能發
揮的作用極其有限[43]。從直布羅陀海峽到塔內斯河口，他們的艦隊遭遇，
雙方互有勝負，一場值得紀念的會戰在君士坦丁堡城牆下面的狹窄海域開
打。要想從希臘人、威尼斯人和熱那亞[44]的記錄中獲得一致認同的結論，
可不是一件容易的工作。我對於這幾個民族能夠過失自己承擔而榮譽歸於
敵人的史實，盡量加以採用。

　　威尼斯人和盟友加泰蘭人的兵力比較強大，他們的艦隊在可憐巴巴增
加拜占庭七艘戰船以後，總數是七十五艘；熱那亞人沒有超過六十四艘，
但是在那個時代的他們的船隻享有噸位和強度的優勢。兩軍的海上部隊指
揮官比薩尼(Pisani)和多利亞(Doria)就個人與家族而言，在他們國家的編
年史上都已建立顯赫的威名，不過前者的勳業無論是聲譽還是能力都遠遜
於敵手。他們在暴風雨的天候之下交鋒，混亂的戰鬥從拂曉延續到暗夜。
熱那亞人的驍勇受到敵手的表揚，威尼斯人的盟友對他們的行爲感到不
滿，但是各方都讚許加泰蘭人的身手和膽識，即使受傷多處還是堅持衝鋒
陷陣，絕不退縮。兩個艦隊分離，可能使整個事件讓人感到可疑，十三艘
熱那亞戰船的沉沒和被俘，獲得的彌補是聯軍雙倍的損失：威尼斯人有十

43　康塔庫齊尼對第二次戰爭的敘述語焉不詳，希望裝出一副敢做敢爲的模樣，而不
　　是退縮迴避。我沒有看到格列哥拉斯這部分的記載，感到非常遺憾，現在抄本還
　　保存在巴黎。

44　穆拉托里曾經參考威尼斯和熱那亞最古老的《年代記》，我從他的《意大利歷史
　　學家文集》中找到所需要的資料。

四艘、加泰蘭人有十艘和希臘人兩艘。征服者在悲傷之餘，表示這是貨眞價實的決定性勝利(1352年2月13日)。

　　比薩尼承認戰敗，退回防備嚴密的海港，再以元老院的命令做藉口，帶著殘破和疾駛的分遣艦隊航向坎地亞島，把海洋的統治權放棄給他的敵手。佩脫拉克(Petrarch)在寫給元首和元老院的公開信裡[45]，頌揚兩個海上強權是意大利最耀目的明星，施展如簧之舌要爲他們的交惡充當和事佬。演說家讚譽熱那亞人的英勇和勝利，從事海戰他們穩居第一把交椅。他爲威尼斯同胞的不幸流下眼淚，但是他向艦隊提出勸告要用烈火和刀劍，向不忠不義和卑鄙無恥的希臘人討回公道，將東方最大都會所感染的異端邪說洗滌得乾乾淨淨。希臘人被朋友遺棄以後沒有抵抗的能力，會戰以後三個月，康塔庫齊尼皇帝懇求並簽署和平條約(1352年5月6日)，永遠與威尼斯人和加泰蘭人斷絕關係，同意熱那亞人獲得貿易的專賣和壟斷，幾乎還要加上統治的權利。如果不是共和國的自由權利和海上霸業遭遇毀滅性打擊，使得擴展疆域的野心受到抑制，羅馬帝國(我對譯成這個名詞感到可笑)可能很快淪爲熱那亞的一個行省。鬥爭長達一百三十年，最後的結局是威尼斯勝利，熱那亞人的黨派傾軋逼得他們要尋找外國領主的保護，像是米蘭公爵或法蘭西國王，來建立國內的和平。然而在征服失利以後，通商的銳氣仍舊倖存，佩拉的殖民區還是讓首都感到敬畏，繼續在黑海航行賺取利益，直到隨著君士坦丁堡的覆滅爲土耳其人奴役。

45　沙德(Sade)神父從法蘭西國王圖書館保存的抄本中，將這些書信譯成法文。雖然
　　佩脫拉克是米蘭公爵手下的臣僕，但對於熱那亞在翌年的敗北，驚訝和悲傷之情
　　溢於言表。

第六十四章

成吉思汗率領蒙古人從中國到波蘭的征戰　君士坦丁堡和希臘人的避戰　鄂圖曼土耳其人源於俾西尼亞　鄂斯曼、奧爾漢、阿穆拉一世及拜亞齊特一世的統治和勝利　土耳其君主政體在亞洲和歐洲的奠基和發展　君士坦丁堡和希臘帝國的大禍臨頭(1206-1523A.D.)

　　上面一章談起城市和郊區瑣碎的口角、沒落希臘人的怯懦與爭執，我現在要提高層次敘述勝利的土耳其人，他們的家用奴隸因軍事的訓練、宗教的狂熱和民族的精神而能飛黃騰達，擢升到顯要的高位。鄂圖曼王朝崛起和發展，成為君士坦丁堡目前的統治者，在現代歷史據有極為重要的地位。但是他們的基礎是建立在蒙古人和韃靼人的雷霆之勢，快速的征服像原始時代的造山運動，改變整個地球的地表面貌。凡是與羅馬帝國的沒落發生關係的民族，無論是否帶來立即或遙遠的影響，我一定要進行探索和推介，所以我不會忽視這些產生重大作用的事件，冷靜的心靈會對這段血腥的歷史產生興趣[1]。

一、成吉思汗崛起的背景及法律和宗教的觀點(1206-1227A.D.)

　　廣闊的高原位於中國、西伯利亞和裏海之間，從這裡一再發出遷徙和戰爭的浪潮。匈奴人和突厥人的故土在十二世紀時，被很多遊牧部落占

1　務請讀者回顧第二卷和第三卷的二十二到二十六章、三十三到三十八章，了解遊牧民族的生活方式，還有阿提拉和匈奴人的征戰。當時我只敢奢望要結束我的歷史著作，沒想到會實現。

據,他們有共同的祖先和類似的習俗,在所向無敵的成吉思汗聯合和指揮之下進行征戰行動。這個蠻族(他在家族的稱呼是鐵木眞)在邁向偉大事業的過程中,一直踩著敵手的頸脖。他的出身很高貴,但這完全是取自戰爭勝利的驕傲,君王或人民追溯他第七代的祖先是純潔無瑕的處女懷孕所生。鐵木眞的父親曾經統率十三個旗,組成的家庭約有三萬或四萬戶,三分之二以上的人員拒絕付十一稅,不願聽命於年幼的孤兒。鐵木眞在十三歲就與反叛的臣民作戰,亞洲未來的征服者失敗,只有逃走或是降服於他人。但是他的發展超越命運的安排,四十歲時建立卓越的名聲,已將鄰近的部落攬括在他的統治之下。處在初期社會的狀況,政策的擬定非常簡陋然而勇敢的行為極為普遍,一個人的優越地位建立在權勢和果決的基礎上面,要能懲罰敵人和酬庸朋友。他最早的軍事聯盟透過簡單的儀式來建立:殺一匹馬做為犧牲,並且用湍急的溪流來測試膽識。鐵木眞發誓要與他的追隨者同甘苦共生死。當他把自己的馬匹和服飾分給大家時,獲得的感激和未來的希望使他更為富有。等他贏得第一次的勝利,在火堆上面架起七十個大甕,七十個罪大惡極的叛徒被投進沸騰的滾湯之中。生性傲慢的敵人自取滅亡,行事謹愼的部落全都降服,使得受到影響的地區範圍逐漸擴大。克烈(Keraites)汗[2]的頭顱骨鑲上銀邊當作酒杯,最勇敢的酋長看到以後都會膽寒心戰。這位可汗還有一個名字叫做長老約翰(Prester John)[*3],曾經與羅馬教皇和歐洲的君王建立連繫。鐵木眞雄心壯志,不惜運用迷信的伎倆:一位赤身裸體的先知能騎著白馬升到天堂,從他那裡得到成吉思汗[4]的頭銜,意為「偉大的君王」,並且獲得神聖的權利去征

---

2 聶斯托利派傳教士把印度王國當成上天賜給克烈汗的驚人奇蹟,然而克烈汗可能根本看不懂這封誇大其辭的信函。或許這些韃靼人(新入教者或是長老約翰)曾接受任聖職和洗禮的儀式。

*3 [譯註]十二世紀歐洲盛傳亞洲有一基督教國君,勢力強大,稱為長老約翰。魯布魯其(Rubruquis)認為是契丹國王約翰的弟弟王罕。《元秘史》提到王罕也稱王汗。

4 自從伏爾泰的歷史著作和劇本風行一時之後,Gengis變成最流行的拼法,至少在法蘭西就是如此,但是阿布加齊汗應該知道祖先眞正的名字。從語源學可以清楚得知:Zin用蒙古話來表示是「偉大」,字尾gis是「至高無上」的意思。同樣來自「浩瀚無邊」的觀念,「成吉思汗」也會用來形容海洋。

服和統治世界。他參加部落大會所坐的毛氈，後來一直當成遺物受到尊敬，他接受歡呼成為蒙古人[5]和韃靼人[6]的大可汗或皇帝。這些家族的稱呼有所不同，他們經常是彼此競爭的對手，提到蒙古人則代表著皇室的出身。韃靼人這個稱呼出於意外或錯誤，延伸範圍將北部地區廣闊的荒野包括在內。

　　成吉思汗制定的法規用來教導他的臣民，對內保持國家的和平，對外採取敵對的行動。凡是犯有通姦、殺人、偽證和盜竊馬匹牛隻這些重罪要處死，慓悍的人民彼此的交往態度溫和而且行為公正，未來的大可汗推選制度將君王授與成吉思汗的家族，使他們成為整個部落的首領。狩獵的規則在韃靼人營地最為重要，出獵不僅帶來樂趣，而且獲得豐收。勝利的民族為了保持神聖的地位，把所有的工作交給奴隸和外人。除了成為職業軍人，其他的行業都是低賤的奴役。提到部隊的編組和訓練，每個人的武器是弓箭、彎刀和狼牙棒，區分為百夫長、千夫長和萬夫長，這些職位按照制度由資深人員出任。每位軍官和士兵都要為戰友的安全和榮譽負責，違犯者可以判處死刑。征戰的精神與以下的法則息息相關：除非敵軍遭到擊敗或提出懇求，否則絕不會批准和平協定。

　　成吉思汗對宗教抱持的態度使我們感到驚訝和讚許。歐洲的天主教宗教法庭裁判官用殘酷的手段來防衛毫無意義的東西，對於蠻族的行為一定百思不解。他們竟能預知哲學的思維程序[7]，依據純粹的一神論和完美的宗教自由建立法律體系。信仰主要和唯一的教條是只有一位神存在，創造萬物和德行充沛於天地之間，連成吉思汗都出自祂的大能。蒙古人和韃靼人習慣於崇拜各個特定部落的偶像，很多人受到外國傳教士的影響，

5　蒙古人的名稱在東方極為流行，印度斯坦有名無實的統治者都稱為「蒙古大汗」。

6　韃靼人(更適合的拼法為Tatars)的先世是來自韃靼大汗，他是蒙古大汗的兄弟，一度形成有七萬戶的旗，位置在中國的邊境。在大舉進犯歐洲時(1238A.D.)，他們擔任前鋒。原來的名字Tartarei傳到拉丁人成為Tartars。

7　成吉思汗的宗教觀與洛克(Locke, John, 1632-1677A.D.，英國唯物論哲學家)的構想非常類似，令人感到非常的意外。

轉而信奉摩西、穆罕默德和耶穌基督的宗教。各種宗教體系都享有自由與
和諧，在同一個營地裡接受教義的宣導和禮拜的儀式，不論是佛教的和
尚、伊斯蘭教的阿訇、猶太教的法師、聶斯托利派的僧侶還是拉丁的教
士，同樣獲得服役和貢金的豁免。傲慢的戰勝者在不花剌(Bochara)的清
真寺裡，可能騎在馬上踐踏《古蘭經》；但是對於那些最具敵意教派的先
知和教皇，溫和的立法者對他們都很尊敬。成吉思汗沒有讀和寫的能力，
不可能從書卷獲得這些道理。除了伊果人(Igours)的部落，絕大部分的蒙
古人和韃靼人，都像他們的統治者一樣大字不識。他們的功勳靠著記憶保
存在傳說之中，成吉思汗逝世六十八年之後，這些口述的傳說經過蒐
集和編寫[8]，他們的編年史簡潔，由中國人、波斯人、亞美尼亞人[9]、敘
利亞人[10]、阿拉伯人[11]、希臘人[12]、俄羅斯人[13]、波蘭人、匈牙利人和拉丁

---

8 在喀桑(Cazan)汗的命令之下，1294年開始從事傳說的蒐集編纂工作，喀桑是波斯
的大汗，成吉思汗第四代子孫。根據這些口述的傳說，他的首相菲得拉拉
(Fadlallah)用波斯文寫成一部《蒙古史》，佩特·克洛(Petit de le Croix)曾經加以
運用。阿布加齊·巴哈都爾汗(Abulgasi Bahadur Khah)是成吉思汗的後裔，統治著
花剌子模(Charasm)的烏茲別克人或克里斯姆人(1644-1663A.D.)，他的蒙古文抄
本經由在西伯利亞的瑞典俘虜譯成《韃靼譜系史》，提到整個民族的名稱、宗譜
和習俗，不僅極具價值而且可信度很高。全書分為九個部分，第一部分敘述從亞
當到蒙古大汗的世系；第二部分從蒙古大汗到成吉思汗的世系；第三部分是成吉
思汗的本紀；第四、五、六、七部分是他的四個兒子和後裔子孫的通史；第八、
九兩部分是昔班汗(Sheibani Khan)世系的列傳，統治的地區是茅里納哈
(Maurenahar)和花剌子模。

9 海索努斯(Haithonus)是一位亞美尼亞君王，後來成為普里蒙垂(Premontre)的僧
侶，用法文記述有關韃靼的著作和並肩作戰的戰友，後來很快譯為拉丁文。

10 成吉思汗和第一代的繼承人，在阿布法拉杰斯的《王朝》第九卷中占有最後的結
論部分，《王朝》第十卷記載波斯的蒙古人。阿昔曼努斯(Assemannus)從敘利亞文
作品和雅各比派東方總主教的傳記中，摘錄一些史實資料。

11 阿拉伯人在語文和宗教方面的著述，我們特別推崇阿布爾菲達，他是敘利亞的哈
瑪蘇丹，親自率軍參加馬木祿克的陣營與蒙古人作戰。

12 格列哥拉斯建立一種觀念，認為錫西厄人和拜占庭的歷史有深厚的淵源，需要加
強雙方的連繫。他的敘述根據事實而且風格文雅，描繪波斯的蒙古人進行的移殖
定居和生活方式。但是他不知道他們的起源，弄錯成吉思汗和他兒子的名字。

13 勒維斯克(Levesque)從尼康(Nicon)教長和古老的年代記獲得資料，敘述韃靼人在
俄羅斯的征服行動。

人提供資料補充，每個民族都提到本身的災難和敗北，值得相信。

二、成吉思汗率領蒙古人從中國到波蘭的征戰(1210-1227A.D.)

　　成吉思汗和他的部將運用武力逐次平服沙漠的各旗，把帳篷安置在中國的長城和窩瓦河之間這片廣大的荒原。蒙古皇帝成爲遊牧世界的君王，數以百萬牧人和士兵的領主。他們感受到聯合起來以後的實力，急著衝向南方氣候溫暖和物產富裕的地區(1210-1214A.D.)。他們的祖先曾經是中國皇帝的屬國，就是鐵木眞也爲表示尊榮的奴僕稱呼感到羞辱。北京的宮廷爲過去諸侯派來的使臣大吃一驚，他的口氣像是代表權勢極大的國王，堅持要求支付貢金和聽從命令，所作所爲像是要以其人之道還治其人之身，同時使臣對待「天子」的態度極爲藐視。宮廷用傲慢的答覆掩飾暗中焦慮之情，他們的畏懼很快爲無數騎兵部隊的進軍所證實，軍隊從各方面突穿長城守備薄弱的防壁。九十個城市被蒙古人攻破或是飽受饑饉之苦，只有十個城市逃過毀滅的命運。成吉思汗熟知中國人的孝順，用俘虜的父母來掩護他的前衛，這種可恥的作法濫用敵人在道德方面的弱點，有時還是無法發揮作用。他的入侵獲得十萬契丹人的支持，這些叛軍原來在護衛邊疆，然而他願意接受和平協定：一位中國的公主、三千匹馬、五百名奴僕及五百名處女，以及黃金和絲綢的貢品，用這些做爲他撤軍的代價。在第二次的遠征，他逼得中國皇帝退過黃河到更南邊的行宮。圍攻北京[14]曠日持久而且極爲困苦，饑饉使居民的人數只剩下十分之一，很多人易子而食。當他們的武器用罄，就拿金塊和銀錠用機具來發射，但是蒙古人挖一條坑道進入首都的中心，皇宮的大火燃燒三十天之久。韃靼戰爭和國內黨

14　燕京是一個古老的城市，使用這個名字比較適當，遺址仍舊隱約可見，在忽必烈汗建造的現代北京東南方不過幾個弗隆(譯按：每個弗隆爲八分之一哩)而已。北京和南京都是籠統的稱呼，意爲北方的朝廷和南方的朝廷。城市名稱的類同和變換，即使對中國地理非常熟悉的讀者，也會帶來很多困擾。

派的傾軋使得中國成為廢墟，北方的五個省被併入成吉思汗的帝國[*15]。

　　成吉思汗在西方接觸到摩訶末蘇丹的疆域。這位花剌子模的君主統治的地區從波斯灣到印度和土耳其斯坦的邊境，帶著雄心萬丈的抱負想要仿效亞歷山大大帝，竟然忘記他們的祖先受到塞爾柱家族的奴役和後來的背叛。成吉思汗的意願是要與最有權勢的穆斯林君主建立友誼和通商的關係，巴格達的哈里發用暗中唆使的手段引誘他出兵，這樣一來等於將宗教和國家的安全拱手讓人。這時發生一椿殘酷的意外事件，激怒韃靼人的武力，讓他們有正當的理由可以入侵亞洲南部。一個商隊有三名使臣和一百五十名商人，由於摩訶末蘇丹的指使而在奧特拉(Otrar)遭到逮捕和謀殺。成吉思汗要求公平處理遭到拒絕以後，還是沒有立即採取行動，等到他在高山經過三個夜晚的祈禱和齋戒，蒙古皇帝決定訴諸神明和他的刀劍討回公道。一位見多識廣的作者提到，要是就參加的兵力和傷亡的人數來說，歐洲的會戰就亞洲人看來等於是一場小規模的前哨戰鬥。據說在成吉思汗和他四個兒子的旗幟下，進軍的隊伍是七十萬蒙古人和韃靼人(1218-1224A.D.)。廣闊的平原一直延展到西荷(Sihon)河或錫爾河的北部，他們在這裡遭遇到蘇丹的四十萬士兵，第一場會戰打到暗夜才停手，有十六萬花剌子模人被殺。摩訶末為敵軍的實力強大和作戰英勇而震驚不已，處於危險的態勢只有快撤軍，將部隊配置在邊區的城鎮。雖然蒙古人在野戰中戰無不勝，但蘇丹預判他們無力進行曠日持久而且困難重重的圍攻，因此要靠著防禦作戰將他們擊退。不過生性謹慎的成吉思汗有一支由中國人組成的工程部隊，精通各種機械和器具的運用，或許已經明瞭火藥的祕密和作用，經過嚴格的訓練和紀律的要求，比起防守本國的領土安全，攻擊外國的城鎮更加英勇，獲得攻無不克的盛名。波斯的歷史學家提到奧特拉、科吉德(Cogende)、不花剌、撒馬爾罕、卡里斯姆、赫拉特、米羅伊(Merou)、尼薩波爾(Nisabour)、巴爾克(Balch)和康達哈(Candahar)的圍

[*15] [譯註]這段所敘是蒙古進犯金國的過程：從1209年兩國絕交後，成吉思汗親自率軍討伐攻下東京，1214年金以公主嫁與成吉思汗，奉金帛、馬匹與蒙古講和，接著蒙古於1215年攻下北京，金遷都南京開封，北方諸省全部為蒙古所有。

攻和奪取，以及兩河之地、卡里斯姆和柯拉珊這些物產富饒和人口繁多的地區，被蒙古人征服的經過。長久以來阿提拉和匈奴人帶來毀滅的敵對行為，可以用成吉思汗和蒙古人的例子來說明。我願意在這裡特別加以敘述，從裏海到印度河數百英里廣袤的地區遭到摧毀，過去裝點著人類勤奮和努力的成果，經過四年的蹂躪，在爾後五個世紀都無法恢復。蒙古皇帝鼓勵或縱容部隊採取狂暴的手段，只要熱中於搶劫和殘殺就不會產生據有的希望，戰爭的行動是用正義和報復當成藉口，激發天生的殘暴習性。

摩訶末蘇丹的身敗名裂完全是自食其果，卻為國家帶來極大的災禍，後來沒沒無聞死在裏海的一座小島。要是有一位英雄人物能夠拯救花剌子模帝國，那就非蘇丹的兒子札蘭丁（Gelaleddin）莫屬。他採取積極的攻勢行動，一再使蒙古人勢如破竹的勝利受到扼阻。後來他且戰且退到達印度河，受到兵力優勢的敵軍壓迫，札蘭丁在面臨絕望的最後關頭，策馬衝進波濤之中，游過亞洲河面寬闊和水勢湍急的巨川，連成吉思汗本人都深表欽佩。蒙古的征服者在他的營地，聽到疲憊不堪而又發了橫財的部隊發出不滿的聲音，想要返回本國享受勝利的成果，他也只有勉為其難屈從他們的要求。部隊的行動受到亞洲戰利品的拖累，只有放慢後撤的速度，為了緩和敵對的情緒，對於戰敗者的悲慘狀況表示憐憫之意，同時宣稱他的意圖是要重建被他的軍隊所摧毀的城市。等到他渡過阿姆河與錫爾河，就與手下兩位部將會師，他們奉到指派率領三萬人馬去征服波斯的西部行省。蒙古大軍一路擊敗阻擋他們前進的國家，深入敵境直達德本（Derbend）的城門，渡過窩瓦河並且橫越大漠，這次遠征等於繞著裏海走了一圈，這是前無古人後無來者的壯舉。成吉思汗在鎮壓反叛或獨立的韃靼王國以後才發出返國的信號，他在安養天年和享盡尊榮後崩殂（1227A.D.），臨終前交代兒孫要完成中華帝國的征服。

成吉思汗的後宮有五百名妻子和侍妾，無數的子孫中間有四個兒子憑著身分和功勳獲得聲譽，無論是在和平或戰爭時期都執行父皇授與的重要

職務。尤赤是總管負責狩獵、察合台[16]是法官、窩闊台是大臣、拖雷是將領。他們的名字和行動經常在征戰的歷史占有顯要的地位,基於個人和公眾的利益能夠精誠團結,合作無間。三個兄弟和他們的家庭對從屬於王權的地位感到滿足,窩闊台經過部族大會的推舉,公開宣布是大汗或蒙古和韃靼的皇帝。他的兒子貴由繼位,過世以後帝國傳給他的堂兄弟蒙哥和忽必烈,這兩位皇帝都是拖雷的兒子,成吉思汗的孫子[*17]。在成吉思汗之後四位繼承者統治的六十八年期間(1227-1295A.D.),蒙古人幾乎征服整個亞洲和大部分歐洲地區。我並沒有按照時間的先後,也沒有敘述詳情,僅就他們在東方、南方、西方和北方的征戰過程,做一個簡略的描繪。

三、蒙古大汗對中國的宋、金以及鄰國的用兵(1227-1279A.D.)

中國在成吉思汗入侵之前已經分為兩個帝國或王朝,那就是南方的宋以及北方的遼或金[18],雖然有完全相異的民族根源和利益衝突,但由於法律、語言和生活習俗的統一,雙方對立的情勢逐漸緩和下來。北方的金國開始先為成吉思汗所瓜分,在他死後七年終於完成征服(1234A.D.)。金國的皇帝在失去北京以後,就將行宮遷到開封,這座城市的周長有很多里格,根據中國歷史的記載,共有一百四十萬戶的人口和難民。他逃離開封

---

16 察合台用他的名字稱呼所統治的領域茅里納哈即河間地區(Transoxiana),印度斯坦的蒙古人是由這些國度遷移過去,所以波斯人把他們稱為察合台人。這種確定的語源,還有同樣的例子像是烏茲別克、諾蓋(Nogai)等,讓我們不要堅持己見而認為一個民族的名稱不會來自個人的姓氏。

*17 [譯註]成吉思汗於1227年逝世後傳位於三子窩闊台,窩闊台歿於1241年,由乃馬真皇后攝政四年,子貴由繼立,在位不久,歿於1248年。蒙哥是成吉思汗四子拖雷之長子,得拔都之助繼貴由為大汗,1259年用兵四川,逝世於合州城下。其弟忽必烈自立為大汗,1268年起侵略南宋,建立元朝,崩殂於1294年。成吉思汗以後四位大汗在位共六十七年。

18 馬可波羅和東方的地理學家,用震旦(Cathay)和蠻子(Mengi)來區別北方和南方的帝國,從1234到1279年,兩個帝國分屬大汗和中國人統治。等到發現中國以後,尋找震旦在十六世紀激起並誤導歐洲的航海家,他們的企圖是要找出一條東北航路。

時只有七位騎衛相隨，把最後的抵抗設在第三座都城。等到絕望之際，君王爲了保持清白情願赴死，詛咒他的命運，登上一個龐大的柴堆，飲劍自殺的同時由隨從舉火引燃柴堆，金朝隨之滅亡[*19]。宋朝原來是擁有本土整個帝國的古老統治者，北部篡位者滅亡之後又倖存約四十五年，由忽必烈的大軍完成全部的征服大業。在這段期間之內，蒙古人經常爲外國的戰爭轉移方向，中國人不敢與勝利者在戰場短兵相接，消極防禦不斷，使得無數的城市被攻破，數以百萬計的人民慘遭屠殺。在每一個地點的攻防作戰中，古老的投射機具和希臘火都交替使用，火砲和竹筒裝填火藥已經是司空見慣之事[20]。伊斯蘭教徒或法蘭西人負責指導圍攻作戰，這些人投效忽必烈可以獲得優渥的待遇。等到渡過黃河以後，利用大運河來輸送部隊和火砲，直到大軍包圍皇家的都城杭州或京師，此地爲絲綢之鄉，是中國最豐饒富足的地區。皇帝是無法自保的年輕人，只有獻出政權率眾投降。當他被押解流放韃靼地方之前，向大汗行三跪九叩首的大禮感謝他不殺之恩。然而從杭州到廣州，戰爭(現在已經稱爲叛亂)仍舊在南方幾個行省進行，堅持國家獨立的殘餘部隊從陸地經由海上，繼續反抗行動。南宋的艦隊被優勢的敵軍所包圍和擊滅，最後有一位大臣抱著年幼的皇帝跳進大海的波濤，他大叫道：「寧可轟轟烈烈死得像個君王，也不要像奴隸一樣苟且偷生[*21]。」南宋滅亡(1279A.D.)，十萬名中國人效法他的榜樣。整個帝

---

*19 [譯註]1229年窩闊台即位爲大汗，是爲太宗，拒絕接受貢金，決議伐金，1232年攻金的南京開封，相持不下議和而退。後因金殺蒙古使者戰事再起，蒙古遣使約宋夾攻，1234年破蔡州，金帝自殺。

20 我依靠高必爾(Gaubil, Antoine, 1689-1759A.D.，耶穌會修士、歷史學家和東方學家，中文名字爲宋君榮)神父的學識和正確的指導，他翻譯中文的《蒙古史》或《元史》，但是我不知道這些正史編纂和出版的時間。馬可波羅的兩位叔父在圍攻襄陽府時擔任工程師，一定會發覺和提及火藥的毀滅性效果，他們沒有任何表示，可以證明並沒有運用火藥的事實，異議的說法具有相當的分量。我的內心存著一種疑問，是否當時這種混合物在十五世紀由商隊從歐洲帶到中國，等到十六世紀葡萄牙和耶穌會教士到達以後，誤認爲是這個古老民族所特有的偉大發現。然而高必爾神父非常肯定，中國知道使用火藥已有一千六百年以上的歷史。

*21 [譯註]1274年忽必烈命伯顏率軍伐南宋，1276年臨安請降，1279年陸秀夫負宋帝蹈海死，宋亡。

國從越南的東京到長城全部納入忽必烈的版圖。他有雄心壯志要征服日本，艦隊兩次遭到颶風，發生海難事件，十萬蒙古人和中國人葬身在毫無成效的遠征行動。周圍的王國像是高麗、東京、交趾、勃古(Pegu)、孟加拉和西藏，全都畏懼他的武力，歸順的狀況因貢金和聽命的程度有所不同。他派遣一支艦隊包括一千艘船隻前去探勘印度洋，航行六十八天，可能到達赤道的婆羅洲，雖然他們返航時並非沒有戰利品或光榮的戰蹟，但是皇帝對蠻族國王逃脫他的手掌仍感到不滿。

四、蒙古人西進攻略波斯、俄羅斯和歐洲諸國(1235-1258A.D.)

　　蒙古人征服印度斯坦要留到後期的帖木兒王朝，但伊朗或波斯的攻略在旭烈兀汗的手裡完成，他是成吉思汗的孫子，也是相繼兩位皇帝蒙哥和忽必烈的弟弟。我無法列舉被他踐踏在灰塵之中大批的蘇丹、埃米爾和阿塔貝克，不過波斯的暗殺派或稱爲伊斯瑪教派[22]被他根絕，這對人類而言可能是一大功德。在裏海以南的群山峻嶺之中，這個可憎的教派統治的時間有一百六十年，所有的惡行未曾受到任何懲處。他們的君王也稱爲伊瑪目，任命他的部將負責領導和治理利班努斯山的殖民區，在十字軍東征的歷史中極爲出名而且所向無敵[23]。伊斯瑪教派是狂熱的《古蘭經》信徒，混雜印度的輪迴之說與他們先知的洞見，首要的責任是奉獻自己的靈魂和肉體，盲目聽從眞主代理人的指示。無論是東方還是西方的人士，都感受到這個教派傳教士所使用的匕首，可以列舉無數基督徒和穆斯林最顯赫的受害者，犧牲在山中老人(這是他以訛傳訛所獲得的稱呼)的信仰、貪婪或憤恨之下。他們唯一的武器匕首爲旭烈兀的長劍所折斷，這些人類之敵除

22　有關波斯和敘利亞的暗殺派，詳情細節能爲世人所知，全部來自法可尼特(Falconet)的兩卷《回憶錄》，作者是飽學之士，作品極爲冗長，曾經在銘文學會當眾宣讀。

23　敘利亞的伊斯瑪派有四萬名暗殺者，在托托沙(Tortosa)的山區獲得或建立十個城堡，大約在1280年爲馬木祿克連根拔除。

了「暗殺」這個字沒有任何遺跡留下，歐洲的語言只有帶著厭惡的情緒予以採用。旁觀者看到阿拔斯王朝的絕滅，對它的偉大和敗亡難免會起惻隱之心。自從塞爾柱的暴君權勢沒落之後，哈里發恢復在巴格達和阿拉伯的伊拉克合法的統治權利，然而神學的派系傾軋使城市混亂不堪，教徒領袖迷戀後宮的七百侍妾無法自拔。蒙古人的入侵(1258A.D.)只遭到實力微弱的軍隊和傲慢無比的使臣，哈里發木司塔辛(Mostassem)說道：

> 奉眞主的敕令爲阿拔斯的子孫在此地建立君王的寶座，他們的敵人無論今生來世都會遭到毀滅的命運，旭烈兀難道敢違抗眞主的旨意？如果他願意獲得和平，那麼就讓他馬上離開這個神聖的地區，對於他所犯的錯誤我們也許可以大發慈悲給予寬恕。

一位奸詐的首相迎合這種極其幼稚的放肆之辭，他向主子提出保證，要是蠻族膽敢進入城市，靠著婦女和小孩在房屋的平頂上面拋擲石塊，就可以將他們完全消滅。但是虛幻的幽靈接觸到旭烈兀以後，馬上像一股輕煙消失得無影無蹤。經過兩個月的圍攻之後，巴格達爲蒙古人攻破，全城受到洗劫。野蠻的將領宣判哈里發木司塔辛死刑，這是穆罕默德在塵世最後的繼承人，他那高貴的親戚阿拔斯家族，在亞洲的統治長達五百年之久。無論征服者有哪些企圖，麥加和麥地那這兩座聖城[24]受到阿拉伯沙漠的保護，蒙古人越過底格里斯河和幼發拉底河，慄掠阿勒坡和大馬士革，威脅要加入法蘭克人前去解救耶路撒冷。埃及如果僅有軟弱的後裔負責守備，就會馬上喪失，但是馬木祿克在幼年時代就生活在錫西厄凜冽的空氣當中，他們與蒙古人打了幾場硬仗，作戰的英勇難分軒輊，訓練和紀律要略勝一籌，把侵略的浪潮驅回幼發拉底河的東岸。不過氾濫的洪流仍發揮無法抗拒的力量，掃過亞美尼亞和安納托利亞的王國，前者爲基督徒所據

24　我要提到，有些中國的歷史學家認爲成吉思汗親率大軍遠征穆罕默德的國度，占領麥地那，從而證明中國人對外國事務的無知。

有，後者是土耳其人的勢力範圍。伊科尼姆的蘇丹盡力拒止蒙古大軍，阿札丁(Azzadin)後來在君士坦丁堡的希臘人中間找到庇護，塞爾柱王朝最後還是被波斯的大汗所絕滅。

窩闊台覆滅中國北部的金朝以後，立即決定派遣大軍侵襲最遠的西方國家(1235-1245A.D.)。一百五十萬蒙古人和韃靼人列入服役名冊，大可汗從中間選出三分之一的人員，把指揮大權授與姪兒拔都，是他弟弟拖雷的兒子*25。這時拔都正統治裏海的北部，原來是他父親所征服的地區。度過長達四十天的節慶假期以後，拔都開始偉大的遠征行動。無數的騎兵分遣部隊不僅快速而且驃悍，在不到六年的時間經過的地區相當於經度九十度的距離，等於地球周長的四分之一。亞洲和歐洲的巨川大河，像是窩瓦河、迦馬(Kama)河、頓河、波里昔尼斯河、維斯杜拉河和多瑙河，他們騎在馬背上游過去，或是趁著冰凍季節走過，或是用皮筏渡越，營地隨著向前運動，支援所需的輜重和砲兵。拔都的首次勝利，將面積遼闊的土耳其斯坦和欽察(Kipzak)26平原，所有剩餘的民族自由權利全部連根摧毀。在他快速的進軍途中，攻取現在稱為阿斯特拉汗(Astracan)和喀桑(Cazan)這兩個王國，派遣部隊前往高加索山脈，深入搜查位置最奧祕的喬治亞和色卡西亞。俄羅斯的國內爭執使得大公爵或諸侯把國家出賣給韃靼人，他們從黎弗尼亞(Livonia)擴展到黑海，莫斯科和基輔這兩個現代和古代的都城全部都化為灰燼。暫時的毀滅不會造成重大的影響，對比之下，兩百年的奴役生活在俄羅斯人的性格上留下難以洗刷的痕跡。

韃靼人對於希望據有或是快速離去的國家，蹂躪的方式都是同樣猛烈而狂暴。他們從長期征服的俄羅斯，對波蘭的腹地進行兇狠而短暫的入侵，最遠抵達日耳曼的邊界，盧布林(Lublin)和克拉考(Cracow)這些城市都從地表上面消失。蒙古人向著波羅的海海岸地區前進，在利格尼茲

---

*25 [譯註]成吉思汗的長子朮赤歿於其父在世之時，諸子中以拔都居長，雖然是長房長子，並未成為大汗，1256年逝世。

26 欽察平原在窩瓦河的兩岸延伸，極其廣闊的空間直達賈克(Jaik)河與波里昔尼斯河，哥薩克民族應該是從這片土地獲得最早的名字。

(Lignitz)會戰擊敗西利西亞(Silesia)公爵、波蘭內衛軍的主將及條頓騎士團的盟主，從被殺者割下的右耳可以裝滿九個麻袋。他們西進的盡頭是在利格尼茲，接著轉變方向進犯匈牙利。拔都的親征或是他的精神激起五十萬人高昂的鬥志，喀爾巴阡山對於分兵前進的縱隊，不再是難以穿越的障礙。蒙古人前進的消息根本沒有人相信，等到發現有變時已經無法抵擋。匈牙利國王貝拉四世(Bela IV)集結伯爵和主教的武裝部隊，但過去他接納四萬戶飄泊無依的柯曼人，使得國內產生離心離德的現象。這些野蠻的來客被國人懷疑，認為他們會出賣國家或是謀殺君王，受到激怒以後發生叛變。多瑙河北岸的疆域在一日之內喪失殆盡，僅僅一個夏季人口就大量減少，殘破的城市和教堂散布著土著的白骨，等於在償還土耳其祖先所犯的罪孽。有一位神職人員從受到洗劫的瓦拉丁(Waradin)逃出來，敘述他所看見或遭受的苦難。圍攻和會戰的血腥狂暴，遠不及對待逃亡難民的殘忍無情，他們被應許的和平與赦免從森林裡引誘出來，在完成收割作物和葡萄的工作之後，全部被冷酷地屠殺。韃靼人到冬天從冰上渡過多瑙河，向著格蘭(Gran)或斯特里哥尼姆(Strigonium)前進，這裡是日耳曼人的殖民區和王國的都城。韃靼人安裝三十部攻城器具用來對付城牆，壕溝用麻袋盛土或屍體填滿，經過一陣不分青紅皂白的屠城以後，三百名貴婦當著可汗的面前全部被害。匈牙利所有的城市和堡壘只有三座在韃靼人入侵後留存，命運乖戾的貝拉在亞得里亞的島嶼上藏身。

　　野蠻的敵對行動像烏雲一樣遮天蓋地，使得拉丁世界成為一片黑暗。一個俄羅斯的逃亡分子向瑞典提出警報，波羅的海和大洋的遙遠國家為韃靼人的迫近而戰慄不已[27]。基於畏懼和無知，他們並沒有將這些異族視為人類。自從阿拉伯人在八世紀的入侵以來，歐洲從未面臨如此類似的災難。如果宗教和自由受到穆罕默德門徒的壓迫，那麼就要憂慮錫西厄的牧

---

27 哥提亞(Gothia)(瑞典)和弗里斯(Frise)的居民在1238年時，由於害怕韃靼人的入侵，禁止派出船隻像通常那樣前往英格蘭海岸捕鯡魚的魚場，使得魚貨的輸出停頓，四十或五十條鯡魚的售價降到一個先令。說來匪夷所思，統治中國邊境的蒙古大汗下達命令，竟可以降低英國市場的鯡魚價格。

人會絕滅歐洲的城市、技藝和文明社會所有的制度。羅馬教皇試圖用方濟
各會(Franciscan)和多明我會(Dominican)的修士,前去安撫這些戰無不勝
的異教徒,使他們皈依基督教。但是他為可汗的回答大感驚異,說上帝之
子和成吉思汗的兒子同樣被授與神明的權力,可以降服或絕滅世上的國
家。教皇除非像懇求者親身前來訪問可汗所在的旗,否則也包括在摧毀之
列。皇帝腓特烈二世提倡整體防衛計畫,他在寫給法蘭西和英格蘭國王以
及日耳曼各選侯的信中,提到即將迫近的共同危險,敦促大家將所屬的諸
侯武裝起來,成立一個合乎正義公理的十字軍。韃靼人自己對法蘭克人的
名聲和英勇抱著敬畏的心理,五十名騎士和二十名弓弩手在奧地利的紐斯
塔德(Neustadt)進行防禦戰鬥,一支日耳曼軍隊的出現達成解圍的任務。
等到塞爾維亞、波士尼亞和保加利亞這些鄰近的王國成為一片焦土以後,
拔都從多瑙河慢慢退向窩瓦河,要在薩萊(Serai)的城市和宮殿中享受勝利
的報酬,這個地點位於荒漠之中,他從此地開始指揮部隊的行動。

　　甚至就是北方貧苦和冰凍的地區也吸引蒙古人的軍隊。昔班汗是拔都
的弟弟,率領一旗有一萬五千戶進入西伯利亞的荒野之地,他的後裔在托
波斯克(Tobolskoy)統治約三百年之久,直到後來被俄羅斯人征服。冒險
的精神使他們循著鄂畢河和葉尼塞河的水道前進,最後必定能夠發現北方
冰凍的海洋。經過清除這些怪誕的傳奇,像是這裡的人長著狗頭和偶蹄的
腳,我們發現大約在成吉思汗去世十五年以後,蒙古人提到薩莫耶德人
(Samoiedes)的名稱和習性,說他們位於北極圈附近地區,住在地下的木
屋裡面,只能從狩獵生涯獲得所需的毛皮和食物。

五、蒙古人的統一和分裂及被中國同化的過程(1227-1368A.D.)

　　當中國、敘利亞和波蘭同時被蒙古人和韃靼人侵略時,這場巨大災難
的創始人體認到當前的狀況,感到心滿意足,他們的話等於宣判死刑的刀
劍。就像開頭幾位哈里發一樣,成吉思汗最早幾個繼承人很少親自率領常
勝的軍隊。在奧農(Onon)河和塞林加(Selinga)河的兩岸,皇族或金帳展

示出簡樸和偉大的對照，用烤羊和馬奶供應盛宴，每天的貢金是五百輛大
車的黃金和白銀。歐洲和亞洲的使臣和君王，被迫要從事遙遠而又辛勞的
朝聖之旅。無論是俄羅斯的大公爵、喬治亞和亞美尼亞的國王、伊科尼姆
的蘇丹或波斯的埃米爾，他們的生命和權勢都決定在大可汗的一顰一笑之
間。成吉思汗的兒子和孫子習慣於遊牧生活，不過哈喇和林（Caracorum）[28]
這個小村莊因為選舉大汗和君王駐蹕，逐漸受到尊敬。窩闊台和蒙哥從帳
幕移居到房舍，顯示出習俗的改變，他們的榜樣被君王的家庭和帝國的高
官所仿效。狩獵不再到廣大無邊的森林去追逐野獸，圍牆環繞的園林可以
提供更為省力的娛樂，新建的住所裝飾著繪畫和雕塑，使用不盡的財富可
以廣建噴泉、深池和純銀的雕像。中國和巴黎的藝術家和工匠相互競爭，
要為大汗提供最佳的服務[29]。哈喇和林有兩條很特別的街道，一條街住著
中國的技師而另一條是伊斯蘭商人。此地有一座聶斯托利派教堂、兩所清
真寺以及十二所祭祀各種神像的廟宇，為眾多不同的居民提供宗教禮拜的
場所。然而有一位法蘭西的傳教士宣稱，靠近巴黎的聖丹尼小鎮更適合成
為韃靼人的首都。蒙哥皇帝的整個宮殿區域，就規模來說也沒有本篤會大
修道院的十分之一。俄羅斯和敘利亞的征服，可以用來滿足大可汗虛榮
心。蒙古人的部族位置在中國的邊界，獲得帝國是最接近和最有利的目
標。他們只熟悉遊牧的生產方式，北部地區對牧人而言有利於牲口的管理
和繁殖。我已讚譽過一位中國官員的智慧和德行，使得五個人口眾多和農
業發達的行省，免於遭到蹂躪成為一片荒漠。這位國家和人類的贊助者從
政三十年，毫無任何瑕疵和過失，不斷致力於緩和與停止戰爭帶來的重大
破壞，拯救學術文化的著作和遺物，重新燃起重視科學的熱情，恢復文官
制，把愛好和平與正義灌輸到蒙古人的心田。他費盡力氣防止第一代征服

28　丹維爾的地圖和中國人的旅程表，可以查出和林或哈喇和林的位置，在北京的西
　　北方大約六百哩。塞林琴斯基（Selinginsky）和北京的距離將近兩千俄里，相當於
　　一千三百或一千四百英里。（譯按：和林處斡爾寒河上流，在烏里雅蘇台赴庫倫大
　　道之南，位於賽音諾顏部。）

29　魯布魯其在哈喇和林發現一位老鄉，他為大汗製作一棵銀樹，下面有四頭獅子支
　　撐，能噴出四種不同的美酒。阿布加齊提到震旦或中國的畫家。

者「野蠻化」的作風，提出有利的政策，在第二代獲得豐碩的成果。忽必烈當政獲得默許可以在帝國的北部實施，後來帝國的南部也得到相當程度的改進，蒙古派駐在外的部將和以後的繼承人都比照辦理。整個民族所效忠的君王受到薰陶，接受中國的風俗習慣和生活方式。他恢復各種古老的制度，被征服民族的法律、習尚甚至成見對戰勝者產生同化作用。這種用和平的手段獲取勝利的方式，曾經再三的出現，主要在於中國人的數量眾多而且忍受苦役。蒙古大軍逐漸在面積廣闊和人煙稠密的國家裡消失。皇帝樂於採用一種政治制度，君王擁有實質利益的專制政體，臣民保有哲理、自由和孝順的虛名。忽必烈統治期間，學術文化、商業貿易、社會秩序和法律體制全都次第恢復，五百英里長的大運河從南京可以通航到首都。他定都在北京，興建氣象萬千的壯麗宮廷，展現出亞洲最偉大君王的權勢和氣派。然而這位學識淵博的皇帝遠離祖先純潔而簡單的宗教，對於佛像頂禮膜拜，盲目推崇西藏的喇嘛和中國的和尚[30]，引起儒家子弟和孔孟門徒的指責。忽必烈的繼承人任用大批宦官、醫師和術士，使皇宮受到污染和玷辱，這時各行省發生饑荒，餓死的臣民達到一千三百萬人。成吉思汗崩殂後一百四十年(1227-1368A.D.)，墮落的後代致使朝政腐敗不堪，中國的漢族揭竿而起驅逐元朝，蒙古皇帝在沙漠之中湮滅無聞[*31]。

在這次民族革命運動之前，北京宮廷對皇室的獨立旁支已經喪失至高無上的權威(1259-1300A.D.)，像是欽察、俄羅斯、察合台或河間地區、伊朗或波斯的大汗，由於距離遙遠而且權勢日增，這些皇帝的部將很快解除服從的責任。等到忽必烈過世後，他們對於威望不足的繼承人抱著藐視的態度，不願從他的手裡接受權杖或頭銜。他們按照各人所處的位置，維持簡樸的遊牧生活，或是享受亞洲城市的奢華。君王和他們的各旗同樣傾

30 僧人和喇嘛都效忠蒙古大汗，爲中國官吏所痛恨，他們敬拜的神明就是印度的佛，這種宗教信仰有很多派別，流行於印度斯坦、暹羅、西藏、中國和日本。但是神祕的主題仍然難以明瞭，等待我們的亞洲研究社來驅除掩蓋的濃霧。

*31 [譯註]元朝末年政治敗壞，民不聊生，1351年各地義民紛紛起事，屢敗元軍。1368年朱元璋稱帝，建國號爲明，遣師北伐，8月進入大都，改爲北平府。元朝的中心勢力退往漠南，從此一蹶不振。

向於接受外來的宗教，在《福音書》和《古蘭經》之間經過一段時間的猶豫，決定遵從穆罕默德的宗教。當他們接納阿拉伯人和波斯人成為兄弟時，就與古老的蒙古以及中國的偶像崇拜斷絕所有的關係。

六、希臘帝國和君士坦丁堡逃過蒙古人入侵(1240-1304A.D.)

很多國家遭到毀滅，羅馬帝國能逃過一劫，真是令人感到意外。就在蒙古人入侵時，帝國的殘餘領土還被希臘人和拉丁人所瓜分。就像馬其頓人在歐洲和亞洲同時受到錫西厄牧人的壓迫一樣，他們並未具備亞歷山大那樣強大的實力。要是韃靼人實施圍攻，君士坦丁堡一定會落得和北京、撒馬爾罕和巴格達同一命運。拔都從多瑙河光榮而自動的撤軍，法蘭克人和希臘人認為獲得勝利，對敵人大肆侮辱[32]。在第二次的遠征行動中，拔都要用強行軍發動奇襲來攻擊凱撒的首都，但中途去世。他的弟弟別兒哥(Borga)帶領韃靼部隊進入保加利亞和色雷斯，但是後來轉變作戰的方向，放棄拜占庭戰爭，前往北緯五十七度的諾夫哥羅，根據居民的數量規定俄羅斯應繳納的貢金。蒙古大汗與馬木祿克建立聯盟關係來對付他的波斯同教弟兄，三十萬人馬深入穿越德本的城門，希臘人對他們第一次發生國內戰爭應該感到欣喜。等到君士坦丁堡光復以後，米迦勒八世帕拉羅古斯前往與宮廷和軍隊有相當距離的地方，在色雷斯的城堡受到兩萬韃靼人的奇襲和包圍。不過他們進軍的目標完全出於私人的利害關係，要去解救土耳其蘇丹阿札丁，對於皇帝本人和他的財富感到非常的滿意。韃靼人將領諾加(Noga)反抗欽察汗國第三任大汗忙哥‧帖木兒(Mengo Timour)，發起一場聲勢浩大的叛變，在阿斯特拉汗的各旗獲得永垂不朽的令名，他後來娶帕拉羅古斯的非婚生女瑪麗亞為妻，保護他的朋友和岳父的疆域。錫西厄人在後續的入侵行動中，主要的班底是一群亡命之徒和無家可歸的

---

32 有些蒙古人被趕出匈牙利，法蘭克國王在保加利亞境內圍結合作，獲得勝利的消息經過加油添醋傳遍四方。阿布法拉杰斯在四十年以後才越過底格里斯河，很容易為這個傳聞所騙。

難民，還有數以千計的阿拉尼人和柯曼人，他們被趕出自己的家園，想要
放棄飄泊的生活，接受徵召爲帝國服役。

　　以上是蒙古人的侵略對歐洲帶來的影響。蒙古人的軍隊在開始時造成
的恐怖，對於羅馬人在亞洲的和平，不致帶來干擾，反而產生安定的作
用。伊科尼姆的蘇丹要求與約翰・瓦塔西斯當面協商，約翰富於心機的策
略鼓勵土耳其人，要防守他們的邊界對抗共同的敵人。這條防線很快就被
摧毀，塞爾柱人受到奴役和蹂躪，使得希臘人面臨唇亡齒寒的危機。戰無
不勝的旭烈兀提出恫嚇之辭，要率領四十萬人馬進軍君士坦丁堡。尼斯的
市民產生毫無理性的驚慌，帶來恐怖的想像是旭烈兀渴望達成的效果。偶
然狀況下出現的遊行隊伍，陰鬱的連禱發出聲音：「仁慈的主！請將我們
從韃靼人暴怒的手中拯救出來」，等於在倉卒之間散布攻擊和屠殺的報
導。畏懼的心理產生盲目的輕信，尼斯街頭擁塞著數以千計無分男女的群
眾，他們不知道應該逃向何處。等到軍方的官員肯定表示，能夠從想像中
敵軍手裡拯救城市，很多個時辰已經白白溜走。野心勃勃的旭烈兀和他的
繼承人，幸好要轉去征服巴格達，敘利亞戰爭曠日持久，成爲互有勝負的
局面。蒙古人對穆斯林產生敵意，想與希臘人和法蘭克人聯合起來[33]，基
於慷慨或是藐視的心理，願意把安納托利亞王國當做賜給亞美尼亞諸侯的
報酬。塞爾柱君主國殘留的領土被埃米爾所瓜分，他們占領著城市或山
區，都承認波斯的可汗有至高無上的權力。可汗有時運用權威或武力的介
入阻止相互之間的搶奪，在上耳其的邊區保持和平與均勢。喀桑（Cazan）
是成吉思汗家族最偉大和最有成就的君王之一，他的逝世[34]（1304年5月31
日）等於拿走最有效的控制力量，蒙古人的衰亡留下廣大的空間可以自由
運作，鄂圖曼帝國從中急劇崛起快速發展。

33　阿布法拉杰斯在1284年的著作裡，提到拔都經過那次慘敗以後，蒙古人不敢再攻
　　擊法蘭克人或希臘人，對於這個事件他是最有資格的證人。海頓（Hayton）大事稱
　　讚能與法蘭克人或希臘人建立友誼關係，亞美尼亞君王也抱著這種態度。
34　帕契默把喀桑汗視爲光輝奪目的人物，可以匹敵居魯士和亞歷山大。他的歷史著
　　作在結論裡提到，三萬托查人（Tochars）或韃靼人的抵達給他帶來很大的希望，這
　　些人馬聽從喀桑繼承人的命令，在1308年時約束俾西尼亞的土耳其人。

七、鄂圖曼的起源以及鄂斯曼的入寇和統治(1240-1326A.D.)

等到成吉思汗退走以後，花刺子模的札蘭丁蘇丹從印度回師，重新據有和防守他的波斯王國。在十一年的時間之內，這位英雄人物親自參與十四次會戰。他的行動非常積極進取，曾經率領騎兵部隊在十七天內從特夫利斯(Teflis)趕到刻爾曼(Kerman)，行軍的距離約有一千英里。然而穆斯林君王的嫉妒和蒙古人數量龐大的軍隊，使他受到很大的壓力。最後一次作戰失利以後，札蘭丁在羞辱狀況下葬身庫德斯坦的山區。他的逝世解散一支百戰沙場的老兵部隊，使用卡里斯姆人或柯拉斯姆人的名義，包括土庫曼人很多旗在內，他們自動歸附成爲蘇丹的產業。那些膽識過人和實力強大的酋長入寇敍利亞，侵犯耶路撒冷的聖墓；比較謙遜的首領投效伊科尼姆的阿拉丁蘇丹麾下服務，這些人中間有鄂圖曼世系出身寒微的祖先。他們起先在阿姆河南岸的瑪漢(Mahan)和尼薩(Nesa)平原紮下營帳，這個位置在歷史上非常著名，是安息帝國和土耳其帝國創始者打天下的發源地。索利曼沙王(Soliman Shah)率領一支卡里斯姆人軍隊，或是本人位於後衛，渡越幼發拉底河時慘遭溺斃。他的兒子奧托格魯(Orthogrul)成爲阿拉丁的士兵和臣民，抵達桑加爾(Sangar)河岸的索古特(Surgut)設置有四百戶的營地，在和平與戰爭之中統治達五十二年之久。他是沙曼(Thaman)或阿什曼(Athman)的父親，阿什曼的土耳其名字與鄂斯曼哈里發的稱呼混淆不清。要是我們將遊牧部落的酋長描述爲牧人或強盜，這對他們的身分而言並沒有不敬或羞辱的意思。

鄂斯曼擁有軍人應有的德性，有的地方還要高人一等。那個時代的環境和狀況有利他的獨立和成功。塞爾柱王朝已經絕滅，蒙古可汗的距離遙遠而且開始沒落，他很快從高高在上者的控制之下獲得釋放。鄂斯曼的位置處於希臘帝國的邊緣地區，《古蘭經》賜給他從事聖戰的權利，用來對抗那些失去正道的人。希臘人犯下戰略的錯誤，開放奧林帕斯山(Olympus)的隘路，邀請他從山地進入俾西尼亞平原。直到帕拉羅古斯統

治的時代，這些隘路都由地區的民兵部隊嚴密防守，安全是他們的報酬，他們同時也豁免應繳的稅捐。皇帝廢除他們的特權，他們仍舊擔負原來的任務，但貢金要嚴格的催納，就會使他們忽略對隘路的監控，強壯的山民墮落成為一群戰慄的農夫，就會喪失戰鬥的精神和高昂的士氣。基督紀元1299年7月27日，鄂斯曼首次入侵尼柯米地亞(Nicomedia)地區，準確無比的日期像是在揭露一些預兆，這個迅速成長的怪物會帶來毀滅性的後果。在他統治的二十七年期間(1299-1326A.D.)，編年史一再顯示出類似的入侵行動。俘虜和自願投效人員加盟，使世襲的部隊在每次戰役以後人數倍增。他並沒有撤回山區，只是維持用處最大和最易防守的哨所，把最早搶劫的城鎮和堡壘加強守備的力量，在立國初期的首都興建浴場和宮殿，拋棄遊牧生活。鄂斯曼等到風燭殘年，才接到占領普魯薩(Prusa)這個極受歡迎的消息，是在饑饉或背叛狀況下向領軍的兒子奧爾漢(Orchan)開城投降。然而鄂斯曼的光榮事蹟主要是為後代奠定帝國的基礎，土耳其人抄錄或撰寫一份皇家遺囑，提到他最後的忠告，要求繼承人行事要公正、態度要謙遜[35]。

八、奧爾漢征服俾西尼亞和建立鄂圖曼帝國(1310-1523A.D.)

---

[35] 我不知道土耳其人有哪一位作者的年齡比穆罕默德二世還要大。我對那個時代所獲得的資料，無法越超一部內容貧瘠的年代記所包括的範圍，這部年代記經過高迪爾(Gaudier)的翻譯，在加上冗長的緒論或評述以後，由琉克拉維斯(Leunclavius)出版。《鄂圖曼帝國興衰史(1300-1683A.D.)》是由康提米爾(Cantemir)的拉丁文抄本譯成英文，他是摩達維亞的君王。作者最大的過失是對東方歷史產生很多極其怪異的謬誤，但是他精通土耳其的語言、史實和制度。康提米爾的部分史料來自拉立沙(Larissa)的伊芬迪(Effendi)所著《通史綱目》，在1696年題獻給穆斯塔法(Mustapha)蘇丹，這部書的價值在於刪節和摘錄早期歷史學家的著作。約翰生(Johnson)博士是位隨筆作家，他讚譽諾爾斯(Knolles)是繼往開來的歷史學家，唯一的不幸是題材的選擇(他的作品是《近代土耳其通史》，倫敦出版，1603年)。然而我懷疑這部作品是出自眾多拉丁作者之手，具有偏見和冗長繁雜的編輯物，一千三百頁對開本的演說內容和戰鬥情節，在一個文明進步的時代要想具備教誨或娛樂的功能，需要從歷史學家那裡獲得一點哲學和批判的韻味。

　　我們或許可從普魯薩的攻占知道鄂圖曼帝國建立的確實年代。基督徒臣民的生命和財產要想獲得保障，必須繳納三萬個克朗的黃金作爲貢金或贖款。奧爾漢辛勤工作，使城市的外觀表現伊斯蘭首都的規模，普魯薩的皇家建設用一座清眞寺、一個學院和一所醫院裝點得富麗堂皇。塞爾柱帝國發行的錢幣改用新王朝的稱號和銘記。這裡有最優秀的教授精通文理和神學的知識，從那些傳習東方學術的古老學校，將波斯和阿拉伯的學生吸引過來。首相的職位授與奧爾漢的弟弟阿拉丁，制定不同的服裝使市民有別於農夫，從穆斯林當中一眼看出那些不信者。鄂斯曼所有的部隊都是組織鬆散的土庫曼騎兵，他們服役毋須支付薪餉，作戰毫無紀律可言。但是他的兒子很有遠見而且做事謹愼，首先建立並訓練一支正規步兵部隊。只要很少的俸給就可以徵召數量龐大的自願人員，除非收到進入戰場的號令，否則平時允許在家中居住。這些成員的舉止非常粗俗，天生有叛逆的習氣，使得奧爾漢傾向於訓練年輕的俘虜成爲他的士兵，這也是先知過去運用的方式。土耳其的農夫仍舊獲准騎在馬背上，追隨他的旗幟去作戰，能夠滿心願獲得「劫掠者」的稱呼。他運用這種方式編成一支有兩萬五千穆斯林的軍隊，建造很多投射和衝撞的機具，有效的攻城隊列可以實施圍攻作戰，運用在尼斯和尼柯米地亞兩個城市，開始就能獲得成功的經驗。任何人想要帶著家庭和財物離開，奧爾漢同意發給安全通行許可，但是陣亡人員留下的寡婦要嫁給獲得勝利的征服者。褻瀆神聖的掠奪物品，像是書籍、瓶飾和聖像，送到君士坦丁堡去出售或求贖。

　　皇帝安德洛尼庫斯三世被鄂斯曼的兒子擊敗，本人也受了重傷[36]。奧爾漢攻占整個俾西尼亞行省或王國（1326-1339A.D.），最遠到達博斯普魯斯和海倫斯坡這兩個海峽的岸邊。基督徒認爲他的統治不僅公正而且仁慈，吸引亞洲的土耳其人志願依附。然而奧爾漢對埃米爾這個謙遜的頭銜

36　康塔庫齊尼雖然提到年輕的安德洛尼庫斯英勇作戰的狀況和英雄末路的逃走，對於喪失普魯薩、尼斯和尼柯米地亞，卻爲了掩飾起見閉口不談，但是格列哥拉斯毫不客氣揭露出來。尼斯很顯然是在1330年被奧爾漢占領，尼柯米地亞是在1339年，只是土耳其人記載的時間有點不同。

感到滿意，像是羅姆或安納托利亞的君王，都列入他的友伴名單。得到吉米亞(Ghermian)和卡拉瑪尼亞(Caramania)的埃米爾給予增援以後，他的兵力更是聲勢大振，每位埃米爾都可帶四萬人馬進入戰場，他們的領土都位於塞爾柱王國的心臟地區(1300A.D.)。神聖的武士雖然姿態較低，卻在希臘帝國裡成立新的公國，就歷史的觀點而論據有更重要的地位。濱海的國度從普洛潘提斯海到米安得河以及羅得島，長久以來受到威脅和經常的劫掠，大約是安德洛尼庫斯二世在位第三十年時完全喪失(1312A.D.)。兩位土耳其族長沙魯汗(Sarukhan)和艾丁(Aidin)留下征服的令名，也嘉惠後裔子孫。亞洲的七個教會終於遭敵人擄走或是陷入毀滅的命運。愛奧尼亞(Ionia)和利底亞(Lydia)的領主仍舊在踐踏希臘古典文明和基督教文化的紀念物。等到喪失以弗所以後，基督徒哀悼〈啟示錄〉上第一位天使的隕落和第一個燭台的熄滅*37。蹂躪和破壞極其徹底，令人無法置信，黛安娜的神廟或馬利亞的教堂都使好奇的旅客找不到任何遺跡。拉奧狄西亞的賽車場和三所雄偉的劇院，現在成為野狼和狐狸棲息的廢墟。沙德斯沒落成為悲慘的小村。穆罕默德的真主缺少敵手也沒有兒子，可以在塞阿泰拉和帕加姆斯的清真寺受到頂禮膜拜。西麥那依賴法蘭克人和亞美尼亞人的國外貿易，才能維持人煙稠密和市場興旺的狀況。只有菲拉德菲亞靠著預言或勇氣獲得拯救，它的位置離海有很長一段距離，早已被希臘皇帝所遺忘，四周都是土耳其人形成包圍的態勢。英勇的市民保衛他們的宗教和自由達八十年之久，最後還是投降，給鄂圖曼帝國帶來最大的驕傲。在亞洲的希臘殖民地和教會當中，只有菲拉德菲亞仍舊巍然屹立，在殘破的地區能夠一枝獨秀，這是可喜的例證：榮譽和安全有時會是同一條路徑。羅得島建立耶路撒冷的聖約翰騎士團38，遭受奴役統治的命運能延後兩個世紀

---

*37 [譯註]參閱《新約聖經》〈啟示錄〉第一章，七個金燈台代表亞西亞七個教會：那就是以弗所、土每拿、別迦摩、推雅推喇、撒狄、非拉鐵非、老底嘉，其中以弗所居第一位。

38 佛托特這位受歡迎的作者洩露他的無知，認為鄂斯曼是俾西尼亞山地的盜寇，能夠從海洋和陸地圍攻羅得島。

以上(1310年8月15-1523年1月1日)。在軍事階級的紀律要求之下，這個島嶼不僅鼎鼎有名而且極爲富有。出身高貴和愛好戰爭的僧侶，無論在陸地或海上都有顯赫的聲威，成爲基督教世界的天塹，激起土耳其人和撒拉森人運用武力，出師無功反而被擊退。

　　希臘人內部的權力傾軋帶來最後毀滅的苦果，安德洛尼庫斯家族祖父和孫兒的內戰時期，鄂斯曼的兒子幾乎沒有遭到抵抗就完成俾西尼亞的征服。類似的混亂情況激勵利底亞和愛奧尼亞的土耳其埃米爾建造一支艦隊，好去搶劫鄰近的島嶼和歐洲的海岸(1341-1347A.D.)。康塔庫齊尼要保護自己的生命和榮譽，爲了預防敵人的行動，只有仿效他們的作法，請來宗教和國家的公敵來援助自己。阿彌爾(Amir)是艾丁的兒子，在土耳其的長袍下隱藏著希臘人的仁慈和優雅。他用彼此的尊敬和互惠的服務與皇家內衛統領結盟，他們之間的友誼就那個時代虛榮的修辭語法來說，可以比擬爲古代的歐里斯特斯(Orestes)與皮拉德斯(Pylades)*39。聽到朋友受到忘恩負義宮廷的迫害將有大禍臨頭的消息，愛奧尼亞的君王立即在西麥那集結一支有三百艘船的艦隊，加上兩萬九千人的軍隊，隆多季節啓航，到達赫布魯斯河口拋錨停泊。他帶著精選的兩千土耳其人，沿著河岸進軍前去救援被野蠻保加利亞人圍困在德摩提卡的皇后。在這個不幸的時刻，他所摯愛的康塔庫齊尼要逃向塞爾維亞，敵情不明的狀況下，保守祕密關係到個人的存亡。然而極爲感激的伊里妮急著見到她的救命恩人，邀請他進入城市，隨著她的信件送去的禮物是貴重的衣服和一百匹駿馬。這位文雅的蠻族有種特別敏感的氣質，拒絕在不幸的朋友缺席的狀況下去拜訪他的妻子，更不願去享受宮殿的奢華和舒適。在寒冷的冬天他堅持留在自己的帳篷裡，同時也推辭殷勤的接待，他要與兩千位同伴分享艱苦的生活，這些同伴都與他一樣值得享有榮譽和名聲。他從海上和陸地發起掠奪性入侵，因爲需要和報復可能使得師出有名。他留下九千五百人保護艦隊

---

*39 [譯註]邁錫尼國王阿格曼儂在特洛伊戰爭勝利後返國，爲妻子和姦夫所殺，他的兒子歐里斯特斯要報仇，好友皮拉德斯王子全力給予幫助，終於達成心願。

的安全，鍥而不捨的搜索康塔庫齊尼的下落，始終沒有結果，最後他收到一封虛構的信，加上氣候的狀況非常嚴酷，不聽約束的部隊發出喧囂吵鬧，戰利品和俘虜愈來愈多，讓他倉促登船返國。

愛奧尼亞的君王在內戰進行期間曾經兩次回到歐洲，率領他的軍隊加入皇帝的陣營，圍攻提薩洛尼卡，並且對君士坦丁堡形成威脅。對於他未盡全力的援助，非常匆忙的率軍離開，以及接受拜占庭宮廷一萬克朗的賄賂，不僅有誹謗之辭而且多方指責，但是他的朋友康塔庫齊尼感到十分滿意。阿彌爾為自己行為提出的藉口是他有更神聖的責任，要保護世襲的領土不能讓拉丁人奪走。土耳其人的海上實力聯合教皇、塞浦路斯國王、威尼斯共和國以及聖約翰騎士團，成為一支值得嘉許的十字軍。他們的戰船進犯愛奧尼亞海岸，阿彌爾企圖從羅得島騎士手裡奪回西麥那的要塞，被弓箭所射殺[40]。他在逝世前很大方的推薦自己族裡另一位盟友，雖然沒有他那樣的誠摯和熱心，但是由於所處的位置靠近普洛潘提斯海，就在君士坦丁堡的對面，可以迅速提供有力的援助。

俾西尼亞的土耳其君王期望簽訂更為有利的條約，撤消對薩伏衣的安妮所做的保證。自負的奧爾漢提出最嚴正的聲明，要是他能娶康塔庫齊尼的女兒為妻，就會永遠履行身為臣民和兒子的責任（1346A.D.）。滿足野心的需要使父愛之情的訴求噤若寒蟬，希臘教士對基督教公主與穆罕默德信徒的婚事抱著默許的態度。狄奧多拉（Theodora）的父親帶著羞愧的滿意神色，描述有辱紫袍尊嚴的事件。使臣在一隊土耳其騎兵伴隨之下，到達西利布里亞（Selymbria）以後，從三十艘船組成的船隊登岸，位置正在奧爾漢的營地前面。一座富麗堂皇的天幕搭建起來，伊里妮皇后和她的女兒在此處過夜。到了早晨，狄奧多拉登上寶座，四周圍繞著絲質和黃金的帷幕。部隊全副武裝，只有皇帝騎在馬背上。信號一啟動，帷幕突然全部撤除，顯露出新娘也可以說是政治的犧牲品，環繞著跪下的宦官和婚禮的火

---

40 拉丁人奪取西麥那以後，教皇格列哥里十一把防守這個城堡的責任，強加在羅得島騎士團的身上。

炬。長笛和喇叭的音樂宣告喜悅的時刻已經到臨，合唱之歌的主題是她那假裝的幸福，被那個時代所能出現的詩人所歌頌。沒有舉行教堂的儀式，狄奧多拉被交付給蠻族出身的丈夫，但是已經有約在先，她在布爾薩(Boursa)的閨房可以保留原來的宗教信仰，她的父親稱許她在這種曖昧的情況下能夠保持慈善和虔誠。在他為君士坦丁堡的統治打下和平的基礎以後，希臘皇帝拜訪他的土耳其盟友，奧爾漢帶著不同妻妾生的四個兒子在亞洲海岸的斯庫塔里與他見面。兩位君主帶著誠摯的態度享受宴會和狩獵的娛樂。狄奧多拉得到同意可以渡過博斯普魯斯海峽，與她的母親在一起相處幾天。但是奧爾漢的友誼只是為了自己的宗教和利益。在熱那亞戰爭期間，他加入康塔庫齊尼敵人的陣營，並沒有絲毫羞愧之感。

鄂圖曼君王與安妮女皇簽訂的條約中加入一項特別的條件，他可以在君士坦丁堡合法出售俘虜，或是轉運到亞洲。一群赤身裸體不分男女老幼的基督徒，不論是教士還是僧侶、是貴婦還是處女，全都陳列在公開的奴隸市場，經常被皮鞭抽打，讓人產生不忍之心，很快付出贖款。貧窮的希臘人為他們的同胞遭遇這種下場而悲傷不已，這些人無論在世俗或精神方面，都陷入極其悲慘的奴役生活[41]。康塔庫齊尼被迫簽署同樣性質的條款，這方面的執行工作對帝國帶來更不利的影響：一支一萬土耳其人的隊伍派來協助安妮女皇，但是奧爾漢的全部力量都用來為他的岳父效勞。然而這些災難是暫時現象，暴風雨一旦過去，流亡在外的人員會回到他們的家鄉。等到內戰和國外戰爭結束以後，亞洲的穆斯林全部從歐洲撤離。康塔庫齊尼在最後一次爭執中，對他的被監護人施以深刻而致命的傷害，他的繼承人根本沒有能力平息這種仇恨。後來他用神學對話來攻擊先知穆罕默德，這只能算是輕微的贖罪行為。現代土耳其人不清楚本國的歷史，混淆最初和最後渡過海倫斯坡海峽的狀況，把奧爾漢的兒子描述為夜間行動的強盜，基於策略的需要帶著八十位同伴，前去探勘充滿敵意的未知海

41　對於俘虜的待遇最生動和簡要的描繪，在杜卡斯的歷史著作裡可以看到。康塔庫齊尼以自覺有罪的羞愧態度來自白，杜卡斯則是公正評述。

岸。事實上索利曼率領一萬人馬，使用希臘皇帝提供的船隻運過去，並且被皇帝當成朋友。在羅馬尼亞的內戰中，他執行軍隊的勤務，也犯下很多的過失。克森尼蘇斯(Chersonesus)逐漸滿布著土耳其人，拜占庭宮廷要求歸還色雷斯的堡壘，沒有發生效果。鄂圖曼的君王和他的兒子用欺詐的手段經過一番拖延以後，要求的贖金是六萬克朗。在繳納第一次付款時發生地震，給行省的邊牆和城市帶來災害，土耳其人占領遭到摧毀的地點。加利波利是控制海倫斯坡海峽的門戶，索利曼的政策是要重建並且移殖人口。康塔庫齊尼的遜位解除聯姻產生的權利義務關係，何況這種關係的拘束力極其薄弱。他在最後向同胞提出警告，必須明瞭自己在軍隊的數量、作戰的士氣、訓練的程度和宗教的狂熱等方面的弱點，不要與穆斯林發生無謂的衝突和鬥爭。這種逆耳的忠言被任性和自負的年輕人嗤之以鼻，鄂圖曼的勝利很快證實他所言不虛。然而索利曼在教練場操練戰鬥動作時，不慎墜馬身亡，年邁的奧爾漢為英勇的兒子早逝而痛哭流涕，竟然在他入葬時故世。

九、阿穆拉一世建立「新軍」和對歐洲的戰事(1360-1389A.D.)

然而希臘人已經沒有時間享受敵人亡故所帶來的快樂，土耳其人的彎刀在阿穆拉一世(Amurath I)的手裡揮舞得同樣激烈，他是奧爾漢的兒子也是索利曼的弟弟。我們從暗淡無光的拜占庭編年史[42]中得知，他在毫無抵抗之下占領整個羅馬尼亞或色雷斯行省，從海倫斯坡海峽一直到希繆斯山，還有首都的周邊地區。他為了掌握歐洲的政治和宗教，選擇亞得里亞堡做為皇家的指揮中樞。君士坦丁堡的衰亡幾乎與它的興建同時發生，在一千年飛逝而過的時光當中，經常受到東部和西部蠻族的攻擊。但是希臘

---

[42] 等到康塔庫齊尼和格列哥拉斯結束歷史寫作以後，接著出現一百年後續無人的時期。喬治‧法蘭札(George Phranza)、米迦勒‧杜卡斯和拉奧尼庫斯‧查柯康戴爾斯(Laonicus Chalcocondyles)這三個作者，都是在君士坦丁堡被土耳其人占領以後才開始動筆。

人從來沒有遇到像現在這樣致命的狀況，一個帶著敵意的國家用軍隊從亞洲和歐洲兩邊對君士坦丁堡形成包圍。然而阿穆拉出於謹慎或慷慨的著眼，對這個易於征服的目標延緩片刻的時間。約翰五世帕拉羅古斯皇帝和他的四個兒子，聽從鄂圖曼君王在宮廷或軍營的召喚，經常用卑恭的態度隨侍在他的身邊，他那自負的性格得到很大的滿足。阿穆拉出兵征討多瑙河與亞得里亞海之間的斯拉夫民族，像是保加利亞人、波士尼亞人、塞爾維亞人和阿爾巴尼亞人。這些好戰的部落過去不斷侮辱帝國的尊嚴，現在卻為阿穆拉的毀滅性入侵一再受到致命的打擊。這些國家出產的金銀數量稀少，缺乏興旺富裕的生產條件和商業活動，農村和市鎮不能提供奢華的生活。但是當地的土著無論在任何時代，都以心智和身體的堅強冷酷著稱於世，要是採取明智的策略改變他們的宗教信仰，就會成為鄂圖曼帝國建立偉大事功最堅定和忠誠的支持者。

阿穆拉的首相提醒君主，按照伊斯蘭的法律，他有資格獲得五分之一的戰利品和俘虜，這樣的徵稅任務很容易達成，只要將機警的官員派駐在加利波利嚴密監視水道，或是選出身強體壯或容貌英俊的基督徒青少年，供作以後的運用。他接受首相提出的意見，隨之頒布敕令，對數以千計年輕的歐洲俘虜施以宗教和軍事的訓練。一位著名的苦行僧對這支新的民兵部隊舉行奉獻和命名儀式，他站在隊伍的排頭，把長袍的衣袖伸展出來蓋在前列一名士兵的頭上，說出祝福的辭句：

> 讓我把他們稱為「新軍」（janizaries），讓他們有容光煥發的面孔！有永保勝利的手臂！有鋒利無比的刀劍！長矛總是掛著敵人的頭顱！不論他們到哪裡去作戰，一定會趾高氣揚班師回朝！

一支驍悍的部隊最早就是這樣編成，每個國家都畏之如虎，就連蘇丹本人有時也感到膽戰心驚。從現在來看，他們的勇氣已經喪失，紀律完全鬆弛，喧囂的隊伍無法適應現代戰術的要求，使用的武器和兵法都已落伍。但是在「新軍」剛設立的時代，他們在戰爭的各方面具有決定性優

勢。基督教世界的君王沒有一位能維持一支常備的步兵部隊,施以持續的
訓練和支付固定的薪俸。新軍在作戰時用「皈依正道」的狂熱信仰來對付
「偶像崇拜」的同胞。斯拉夫部落無論是精誠團結或單獨行動,最後都在
科索伏(Cossova)會戰中被擊成齏粉。等到征服者步行巡視戰場,他提到
大部分陣亡人員都是沒有鬍鬚的青年,首相的回答帶著奉承的口氣,那就
是年齡和智慧會給敵人帶來教訓,抗拒他的軍隊等於以卵擊石。可是新軍
無法用長劍保護他免於絕望中短刀的一擊,一名塞爾維亞士兵從死屍堆中
猛撲過來,阿穆拉的腹部洞穿,受到致命的重傷。鄂斯曼的孫子個性溫
和、穿著樸素、好學不倦、操守廉潔,但是他在公眾祈禱的場合經常缺
席,使得穆斯林大為憤慨。態度強硬的法學家為了糾正他的行為,在一個
民事訴訟案件中拒絕接受他提出的證詞。混合奴役制度和自由權利的法制
精神,在東方的歷史中倒是屢見不鮮[43]。

十、拜亞齊特一世在歐亞兩洲的進軍和勝利(1389-1403A.D.)

　　拜亞齊特(Bajazet)是阿穆拉一世的兒子和繼承人,他的個性從綽號
「雷霆」可以強烈表現出來,光榮的稱呼來自心靈的熾熱活力和帶來毀滅
的快速進軍。在他十四年的統治期間[44],始終率領軍隊在不斷的運動,從
布爾薩到亞得里亞堡,從多瑙河到幼發拉底河,雖然費盡力氣傳播他的法
律,仍然帶著毫無偏私的雄心壯志,在歐洲和亞洲侵犯基督徒和伊斯蘭君
王所擁有的權益。從安哥拉到阿馬西亞(Amasia)和艾斯倫(Erzeroum),安

---

43 可以參閱康提米爾著作中有關穆拉德或阿穆拉一世的平生和死亡、查柯康戴爾斯
的歷史著作第一卷以及琉克拉維斯的《土耳其編年史》。根據另一種說法,蘇丹
是在帳幕裡被一名克羅埃西亞人刺死,布斯比奎斯(Busbequius, Augerius Gisleniu,
1522-1592A.D.,法蘭德斯派駐土耳其的外交家)證實這個意外事件,以後為了預
防類似事故發生,就是使臣在覲見時,也要挾在兩名隨護的中間,雙臂都被綁
住。

44 拜亞齊特的統治在康提米爾的著作、查柯康戴爾斯的歷史著作第二卷和《土耳其
編年史》都有記載。他的綽號「雷霆」就是一個很好的例證,說明每個時代的征
服者和詩人都會感受到某些真理,只有運用恐懼的原則才會獲得崇高的地位。

納托利亞的北部地區全部降服聽命行事。他對於吉米亞和卡拉瑪尼亞像兄弟一樣的埃米爾，以及艾丁和沙魯汗這兩位酋長，全部奪去他們的繼承權利。等到征服伊科尼姆以後，鄂圖曼王朝使古老的塞爾柱王國再度重生。拜亞齊特在歐洲的征服行動同樣快速和重要，他把奴隸制度的正常要求方式，強加在塞爾維亞人和保加利亞人身上之後，立即渡過多瑙河，要在摩達維亞的腹地尋找新的敵人和臣民[45]。無論是在色雷斯、馬其頓或帖撒利，雖然表面依附希臘帝國，事實上承認一位土耳其人是他們的主子。有位逢迎的主教引導他通過色摩匹雷的門戶進入希臘。我們提到一件很奇特的事情，一位西班牙首領的孀婦據有德爾斐神諭的古老宗教中心，犧牲美麗的女兒來獲得他的好感。土耳其人連接歐洲和亞洲的交通線不僅危險而且可疑，直到他把一隊槳帆船配置在加利波利，問題才完滿解決。在這裡可以控制海倫斯坡海峽，攔截前往君士坦丁堡的拉丁援軍。國君能夠縱情於毫無限制的不公和殘酷，卻把最嚴苛的法條強加在士兵身上，他們的態度要謙恭有禮而且禁絕飲酒。在他的營地控制的範圍，種植的作物要和平的收割和出售。法律體制的鬆弛和敗壞使他勃然大怒，他就把統治下的法官和律師全部關在一個房間裡，這些人知道大事不妙，縱火以後只要片刻工夫就會全部化為灰燼。他的大臣心存畏懼只有保持沉默，但是一名衣索匹亞的小丑敢於插科打諢，諷刺這種殘暴行為的真正原因。增加宗教法官足夠的薪餉[46]，才不會讓他們找到貪污的藉口。

　　埃米爾這個寒磣的頭銜不再適合鄂圖曼的上國風範，拜亞齊特不惜放下身段，從哈里發的手裡接受蘇丹的職稱和特權。這些哈里發在埃及尸位素餐，成為馬木祿克控制的傀儡[47]。拜亞齊特不願實施最後這種毫無意義的效忠，迫於輿論只有讓步，由土耳其征服者向阿拔斯的家族和阿拉伯先

45　康提米爾為了讚揚偉大的司蒂芬戰勝土耳其人，將他的摩達維亞公國古老和現代的狀況寫成一本書，過了很久的時間還是沒有出版。

46　宗教法官的貪污長久以來就是醜聞和諷刺的話題。要是我們不相信旅行家所見到的狀況，倒是可以詢問土耳其人他們有什麼感覺。

47　斯考納(Schounah)的《阿拉伯史》證實確有其事。對於鄂斯曼受到推選獲得蘇丹的職位，斯考納這位當代的敘利亞人，駁倒伊芬迪和康提米爾的證詞。

知的繼承人致敬。蘇丹被神聖的頭銜應有的義務激起萬丈雄心，率領軍隊轉過來對付匈牙利王國，這裡是土耳其人不斷上演勝利和敗北的舞台。匈牙利國王西吉斯蒙德(Sigismond)是西部兩位皇帝的兒子和兄弟，他的成敗關係著歐洲和教會的命運。聽到他面臨危險的消息，法蘭西和日耳曼最勇敢的騎士，在他的旗幟和十字架之下發起急切的進軍。拜亞齊特在尼柯波里斯會戰(1396年9月28日)，擊敗有十萬基督徒的聯軍部隊。他們在會戰前很驕傲的吹噓，要是天空垮下來，他們可以用長矛將它撐住。大部分人員不是被殺就是趕進多瑙河，西吉斯蒙德利用大河和黑海逃到君士坦丁堡，後來又繞很大一個圈子返回民窮財盡的王國。拜亞齊特獲勝以後不可一世，提出威脅要圍攻布達，征服日耳曼和意大利這些鄰近的國家，然後進入羅馬的聖彼得教堂，在祭壇上用一個蒲式耳的燕麥餵他的馬。他的計畫受到阻撓，不是靠使徒充滿奇蹟的干預，也不是基督教強權的十字軍，而是他的痛風發作，帶來長時間難以忍受的折磨。精神的錯亂有時用治療肉體的疾病來加以矯正，個人的體液不調影響到筋骨和組織，結果使整個民族免於遭到悲慘的命運。

　　以上是匈牙利戰爭的一般概念，但是法蘭西人釀成災禍的冒險行動，給我們提供一些歷史記載，可以用來說明拜亞齊特的勝利和性格[48]。勃艮地公爵是法蘭德斯的統治者也是查理六世[*49]的叔父，他的兒子是內未爾(Nevers)的約翰伯爵，豪爽和熱情的個性獲得父親的讚許。四位諸侯願意陪伴大無畏的青年，這些法蘭西王國領主都是他的表兄弟。德‧庫西(de Coucy)老爹是基督教世界技術最好和資格最老的船長[50]，可以引導這些

---

48 要是我的史料經常來自諸如弗羅薩德(Froissard)的《年代記》之類的書籍，也就不會抱怨工作的辛勞。他書念得少，到處打聽，什麼都相信。波西考特(Boucicault)最早的《回憶錄》增加一些史實，要是與弗羅薩德令人興趣盎然的長篇大論作一比較，眞是讀之乏味而且內容貧瘠。

*49 [譯註]查理六世(1368-1422A.D.)是法蘭西國王(1380-1422A.D.)，患有精神方面的疾病，以致王權衰落，1420年英法戰爭敗北後簽訂和約，規定逝世後由英格蘭國王亨利五世繼承。

50 庫西在法蘭西和英格蘭同樣擁有職位和財產，他在1375年領導一支軍隊，進入瑞士從事冒險活動，獲得一大筆世襲產業，繼承的權利來自他的祖母，她是奧地利

沒有經驗的貴族。但是法蘭西的傭兵司令、水師提督和元帥[51]，指揮的軍隊人數沒有超過一千名騎士和扈從。光輝的姓氏是專橫的泉源和法紀的禍根，這麼多人渴望指揮，然而沒有人願意服從。他們的民族精神是瞧不起敵人和盟友。大家都相信拜亞齊特會逃走否則必定滅亡，於是在計算多快可以去拜訪君士坦丁堡和解救聖墓。當探子前來報告土耳其人已經接近，這群衣著華麗毫無頭腦的年輕人正在宴會，已經被酒刺激得士氣高昂。他們立即披上鎧甲，跨上戰馬，全速馳向前鋒，對於西吉斯蒙德的勸告當成引起憤怒的侮辱，認為是剝奪他們在前列攻擊的權利和榮譽。要是法蘭西人聽從匈牙利人的審慎，尼柯波里斯會戰就不會敗北；如果匈牙利人也像法蘭西人那樣英勇，他們會獲得光榮的勝利。他們驅散第一線的亞洲部隊，突破一道木樁的防壁，木樁打進地裡，用來對付騎兵的衝鋒。經過一番血戰以後，連新軍也都抵擋不住。現在樹林裡殺出無數的騎兵部隊，從四面八方衝向少數無畏的戰士，最後法蘭西人還是被擊潰。無論是行軍的速度、行動的保密、會戰的隊形和部隊的調動，就是敵人也對拜亞齊特的軍事才能非常欽佩。

　　他們指控拜亞齊特濫用勝利的特權過於殘酷。內未爾伯爵和二十四位領主留下來，拉丁通事將他們的出身和財富都查得清清楚楚，其餘那些經過整天的殺戮還能保住性命的法蘭西俘虜，都領到他的寶座前面，要是拒絕放棄他們的信仰，就會當著他的面陸續受到斬首的懲處。蘇丹對於損失最勇敢的新軍感到極為憤怒，據稱在接戰的當天夜晚，法蘭西人在屠殺土耳其俘虜，如果確有其事，那麼蘇丹後來的行為也只是合法的報復而已。一位騎士受到赦免，允許他返回巴黎，談起這些令人心酸的故事，懇求盡快贖回高貴的俘虜。就在這個時候，內未爾伯爵以及法蘭西的諸侯和貴族，隨著土耳其人設置營地的隊伍全被拖曳著實施徒步行軍，當成振奮人

（續）
　　　皇帝亞伯特一世(Albert I)的女兒。
51　這些軍隊的職位現在受到相當的尊敬，要是分給兩個人，他們的地位還是受人注目。其中一位是十字軍的元帥，即名聲顯赫的波西考特，他以後防守君士坦丁堡，統治熱那亞，侵入亞洲海岸，陣亡在阿珍古(Azincour)戰場。

心的戰利品展現給歐洲和亞洲的穆斯林，並且關在戒備森嚴的布爾薩，這
裡是拜亞齊特經常駐蹕的首都。蘇丹每天受到壓力要求為他的殉教者血債
血還，但是他曾經宣布他們可以活命，無論是大發慈悲或下令處決，他都
不能食言。

等到信差歸回，法蘭西和塞浦路斯國王的說項和送來禮物，使他確定
這些俘虜奇貨可居：盧西格南送給他一個精工製作的金質鹽瓶，這件藝術
品價值一萬個達克特；查理六世很快經由匈牙利送來一對挪威獵鷹、六匹
馬滿載著紅色布料、理姆斯（Rheims）品質最好的亞麻布以及阿拉斯
（Arras）的掛毯，上面織出亞歷山大大帝作戰的圖案。經過一番耽擱以
後，主要是路途遙遠的關係，並不是在耍手段，拜亞齊特同意接受二十萬
達克特的贖金，然後釋放內未爾伯爵和倖存的諸侯和貴族：著名的勇士波
西考特元帥非常慶幸包括在內；但是法蘭西的水師提督已經陣亡；傭兵司
令和德·庫西老爹死在布爾薩的監獄。這筆龐大的款項因為多了臨時費用
而倍增，主要落在勃艮地公爵的身上，實在說還是由法蘭德斯的臣民來負
擔。根據封建法的規定，他們有義務捐助經費，為領主的長子供應騎士的
需要和被俘的贖金。為了能夠忠實償還債務，熱那亞商人擔任保證人，總
數以付款金額的五倍計算，在一個戰爭頻仍的時代得到的教訓，就是商業
和信用與各國的社會狀況產生緊密的關係。條約規定法蘭西的俘虜應該立
下誓言，不得再拿起武器對抗釋放他們的征服者，但拜亞齊特自願廢除這
項氣度狹隘的限制條件，他對勃艮地的繼承人說道：

> 我根本瞧不起你的誓言和你的軍隊。你還年輕，可以立下志向，洗
> 刷騎士生涯第一次的羞辱和不幸。把你的戰力集結起，大聲宣布你
> 的企圖。拜亞齊特在此特別提出保證，樂於第二次和你在戰場決一
> 勝負。

他們離開之前，在布爾薩宮廷享受自由的生活和友善的接待。法蘭西
的諸侯稱讚鄂圖曼家族的氣派，狩獵的編組和設備極其龐大，共有七千名

獵人和七千名鷹把式[52]。有次拜亞齊特當著他們的面命令將一名內侍的肚皮破開，因為有人申訴他偷喝一名貧窮婦人的羊奶。這種主持正義的行為使外鄉人感到大為驚詫，但是就蘇丹的正義而言，權衡證據的輕重或是考量罪行的大小，是他所不屑為之。

十一、兩位皇帝治下極其悲慘和衰弱的希臘帝國(1355-1425A.D.)

約翰五世帕拉羅古斯脫離監護人的壓制獲得自由以後，又繼續統治三十六年之久，對於公眾的災難和國家的困苦，他看起來像一個毫無希望和漠不關心的旁觀者。只有戀愛或者色慾能夠激起熱烈的情緒，能夠擁抱這個城市的妻妾和處女，土耳其的奴隸會忘懷身為羅馬皇帝所受的恥辱。約翰的長子安德洛尼庫斯在亞得里亞堡，與阿穆拉的兒子索捷斯(Sauzes)交情很深，結成犯罪的盟友，兩個年輕人陰謀奪取父親的權力和性命。阿穆拉親自來到歐洲，很快發現並且撲滅這個草率的詭計，索捷斯的眼睛被弄瞎。鄂圖曼君主對這位視為家臣的皇帝施加威脅，除非約翰用同樣的方式懲處自己的兒子，否則就會把他當成同犯和敵人。帕拉羅古斯聽到以後驚懼萬分只有遵命行事，殘酷的預防措施把罪犯安德洛尼庫斯的兒子約翰也牽涉進去，未成年的無辜者受到同樣的定罪宣判。手術的實施不知是故意放水還是技術欠佳，其中一個還有一隻眼睛保留視力，另外一個像是患有斜視的病變。兩位王子被剝奪繼承權，關在阿內瑪(Anema)的高塔。第二個兒子是虔誠的馬紐爾，成為統治的國君，獲得的報酬是帝國的冠冕。然而過了兩年以後，拉丁人的騷動和希臘人的輕浮引發一場革命，兩位皇帝被幽禁在高塔，而那裡的兩名囚犯登上寶座。帕拉羅古斯和馬紐爾又用兩年的時間獲得逃脫的工具。這樣的安排完全出於一位僧侶的法術或妙計，

---

52 雪里菲汀・阿里(Sherefeddin Ali)認為拜亞齊特整整有一萬兩千個官員和僕從負責狩獵，他的戰利品有部分後來展示在帖木兒的出獵隊伍之中：(1)獵犬穿著綢緞裁製的狗衣；(2)獵豹的頸圈鑲嵌著珠寶；(3)希臘的靈緹；(4)來自歐洲的獵狗，就像非洲的獅子一樣強壯。拜亞齊特喜愛放鷹去攻擊大鶴。

可以輪替享有天使或惡魔的盛名。他們逃到斯庫塔里，擁護者揭竿而起支持復國大業。拜占庭的兩個黨派展現強烈的野心和相互的怨恨，就像凱撒和龐培要爭奪主宰世界的帝國。

羅馬世界現在已經縮小到色雷斯的一隅之地，夾在普洛潘提斯海和黑海之間，長寬各為五十英里和三十英里。如果剩下的君士坦丁堡不是在財富和人口方面仍舊比得上一個王國的話，僅就面積而言還不如日耳曼和意大利最小的公國。為了要恢復公眾的和平，發現需要瓜分帝國這塊剩餘的領土，就在帕拉羅古斯和馬紐爾留下來據有首都時，幾乎所有在城牆以外的地區全部讓給瞎眼的君王，這兩位把居所安置在羅多斯托和西利布里亞。希臘帝國的王權在安寧中沉睡不醒，約翰五世帕拉羅古斯的激情比起理性和精力更能持久，他從寵愛的嫡子手裡奪走綺年貌美的特里比森德公主。當衰弱的皇帝費盡力氣要完成婚事時，派遣馬紐爾和一百位最高貴的希臘人，聽從鄂圖曼政府專橫的召喚，他們在拜亞齊特的麾下光榮參戰。一項加強君士坦丁堡防禦能力的計畫引起猜疑，鄂圖曼君王提出威脅要使他們命喪黃泉，新的工程立即全部夷為平地。設若這個最後的羞辱是帕拉羅古斯致死的原因，可以說是他一生中最值得稱譽的事。

馬紐爾最早獲得父皇崩殂的信息，暗中盡快逃離布爾薩的皇宮，登上拜占庭的寶座。拜亞齊特對於失去這樣貴重的保證物，表現出自負的神色，絲毫不以為意。當他在歐洲和亞洲持續從事征服行動時，留下皇帝與瞎眼的親戚西利布里亞的約翰糾纏不休。約翰經過八年的內戰來伸張長子繼承的權利。長勝的蘇丹有偉大的抱負，最後指向攻占君士坦丁堡。但是他聽從首相的勸告，這樣一個冒險行動會使基督世界的強權聯合起來，形成另一次實力更為強大的十字軍。他致皇帝的信函是用這些話來表達：

> 奉大仁大慈的真主之名，我們所向無敵的彎刀使整個亞洲俯首稱臣，歐洲很多大國也都甘拜下風，現在只有君士坦丁堡這座城市還在負嵎頑抗，事實上你在城牆的外面已經是一無所有。放棄這座毫無希望的城市，提出你要求的報酬吧！否則你和你那不幸的民眾，

　　就會嚐到草率拒絕帶來的苦果。

　　雖然如此，他的使臣仍受到教導：說話的口氣要溫和。最後拜占庭宮廷用順服和感恩的態度來簽署和平條約，以每年三萬克朗黃金的代價買到十年的停戰協定。希臘人對於公眾要容忍穆罕默德的律法感到深痛惡絕。拜亞齊特對於設立一位土耳其宗教法官，在東方教會的最大都市興建一座皇家清眞寺，認爲是最大的榮譽和樂事。但是永不休息的蘇丹很快違犯停戰協定，起因是爲了西利布里亞的君王那位合法的皇帝，一支鄂圖曼的軍隊再度威脅君士坦丁堡，悲痛的馬紐爾只有懇求法蘭西國王的保護。面容哀傷的使臣獲得很多同情以及若干協助，指揮援軍的責任還是託付給波西考特元帥，他一心想要報復被不信者俘虜的羞辱，燃起宗教狂熱的騎士精神。他率領四艘戰船從艾格莫特(Aiguesmortes)航向海倫斯坡海峽，土耳其人在入口處配置十七艘槳帆船擔任防衛，還是被打開一條通路。他們在君士坦丁堡靠岸，支援六百名全副武裝的戰鬥人員和一千六百名弓箭手。援軍在鄰近的平原接受檢閱，對於數量眾多的希臘人置之不理，沒有讓他們加入隊列之內。波西考特來到以後，首先解除海上和陸地的封鎖，拜亞齊特快速的分遣艦隊被趕走，不敢逼近，保持在相當的距離之外，歐洲和亞洲的一些堡壘被皇帝和元帥強行攻占，兩人並肩作戰都是同樣的奮不顧身。鄂圖曼土耳其人增加兵力很快返回，無畏的波西考特經過一年的奮鬥，發現這個國家已經無法供應薪餉和給養給他的士兵，最後只有下定決心撤離。元帥願意陪同馬紐爾拜訪法蘭西宮廷，讓他可以親自懇求供應人員和經費。同時元帥也提出勸告，要他趁這個機會結束國內所有的爭執，應該讓瞎眼的競爭者登上寶座。建議事項獲得接受，西利布里亞的君王被引進都城。放逐的人員看起來要比統治者更爲幸運，這是公眾的不幸。土耳其蘇丹並沒有讚許他的家臣終於獲得成功，反而認爲自己對這座城市有主權。約翰皇帝拒絕後，戰爭和饑饉的災禍更將君士坦丁堡壓得喘不過氣來。對付這樣一個敵人，祈禱和抵抗都不能發生效用。在這個生死存亡的關頭，要不是出現更爲強大的蠻族，他就會吞食到手的獵物。帖木兒或泰

摩蘭(Tamerlane)的勝利使君士坦丁堡的滅亡延後五十年，此一重大事件
雖然純屬意外，也可以用來介紹蒙古征服者的生平和性格。

第六十五章

帖木兒在撒馬爾罕稱帝　征服波斯、喬治亞、韃靼、俄羅斯、印度、敘利亞和安納托利亞　在土耳其的戰事　拜亞齊特戰敗被俘　帖木兒逝世　拜亞齊特諸子之間的內戰　穆罕默德一世重建土耳其王朝　阿穆拉二世圍攻君士坦丁堡(1361-1451A.D.)

一、帖木兒的出身家世、冒險事蹟和建立權勢(1361-1370A.D.)

　　心雄萬夫的帖木兒(Timour)首要的目標是要征服世界成為人類的共主，恢宏開闊的心胸立下的第二志願是要在未來的世代受到讚譽和尊敬。在他的統治之下，所有民政和軍事的重要事務，全由他的秘書很勤奮的記載在《實錄》上面[1]，每一個特定事務的處理過程，都經過了解狀況的人員加以仔細訂正，使得文字的敘述詳實可信。帖木兒的帝國和他的家族全都相信，君王為自己的《本紀》撰寫註釋[2]，以及為政府[3]擬定《法令彙

1　這些《實錄》交給葉茲德(Yezd)的土著雪里菲丁·阿里，用波斯文寫成帖木兒·貝格(Timour Beg)的歷史，佩特·克洛譯成法文，對我來說是可靠的指導，有關地理和年代的資料非常精確，雖然他用卑躬屈膝的態度頌揚這位英雄的德行和功勳，但還能據實記載公眾的事務。帖木兒的意圖是要從國內和國外獲得需要的情報。

2　歐洲仍舊不清楚這些註釋的內容，但是懷特(White)的朋友達維(Davy)少校，在東方讀過「在令人興趣盎然而又錯綜複雜的時代，那本詳盡而忠實的敘事史書」，他會將原文和譯本送回國，可以滿足我們的好奇心。

3　我不知道最早的《法令彙編》，無論是用土耳其文或蒙古文記載，目前是否仍舊存在。波斯文的譯本加上英文的譯文和極有價值的索引，在達維少校和阿拉伯文

編》[4]。但是這種關注之情對於保存名聲沒有產生實際的效用，寶貴的歷史記載使用蒙古文或波斯文，反而對於世人產生保密的作用，至少歐洲人對此一無所知。那些被他征服的民族出於動機卑鄙和力有未逮的報復心理，無知之士長期以來一再重複說些誹謗的傳聞，不僅對他的家世出身和爲人處事盡情詆毀，甚至對他的名字泰摩蘭(Tamerlane)也要加以訕笑[5]。但是他從一個農夫的身分登上亞洲的寶座，非但沒有貶低反而提高眞正建樹的功勳，除非他的個性軟弱對天生的殘疾感到自慚，或許這種殘疾就是榮譽的標記，否則不應把他的跛足當成受到天譴的話題。

從保有成吉思汗世系無可剝奪繼承權的蒙古人眼裡看來，帖木兒毫無疑問是一個反叛的臣民。然而他的家世是貝拉斯(Berlass)高貴的部族，第五代的祖先卡拉夏·尼維安(Carashar Nivian)是察合台的首相，新征服的領域位於河間地區(Transoxia)[*6]，後續幾個世代都能保持高位。帖木兒這個旁支已與皇族世系混淆在一起[7]，至少在女性的姻親關係的確如此[8]。帖木兒出生在撒馬爾罕南方四十哩的塞布查(Sebzar)小村，位於物產豐富的

(續)────────────

　　教授懷特共同努力之下得以出版。這部著作是一位博學的東方學家朗格勒
　　(Langles)從波斯文譯成法文，並且增加帖木兒的傳記和很多引人入勝的註解。

4　蕭·阿盧姆(Shaw Allum)是當代的蒙古人，曾經閱讀和評估偉大祖先的《法令彙
　　編》，但是無法激起仿效之心。英文譯者依賴內文的證據，但要是任何可疑之處
　　都認爲是欺騙或杜撰，就是達維少校的信函也不可能驅散這片陰影。東方人從來
　　沒有培養出批評的雅量，一位君王的贊助與一位書商相比，並不是獲利過少，而
　　是不受尊重。當然這件事也不一定不可信，說是眞正的作者那位波斯人，爲了提
　　高作品的價值和售價，竟然放棄內容的可信度。

5　帖木兒的意義在土耳其語來說是「鐵砧」，貝格(Beg)是用來稱呼領主或君王的敬
　　語。因爲字母或腔調的改變，Beg的發音變成Lenc或Lame，歐洲人以訛傳訛將兩
　　個字併在一起成爲 Tamerlane。

*6　[譯註]河間地區是指流入鹹海的阿姆河和錫爾河之間的區域，現在分屬土庫曼共
　　和國和哈薩克共和國。

7　要是按照一本族譜的記載，成吉思汗的第四代祖先和帖木兒的第九代祖先是兄
　　弟。他們同意長房的後裔繼承大汗的地位，其餘各房的子孫擔任大臣和將領的職
　　務，這種傳統對於帖木兒野心勃勃展開事業的確有很大幫助。

8　在提到帖木兒Lenc一些誤導和愚蠢的故事以後，阿拉布夏(Arabshah)逼得要講實
　　話，承認帖木兒與成吉思汗有親戚關係。阿布加齊汗(Abulghazi Khan)的證詞說得
　　非常清楚，極爲權威而且不容質疑。

開什(Cash)地區。他的父親是世襲的酋長，也是率領一萬人馬的「萬人隊」將領。他的誕生[9]正是一個天下板蕩的時期，宣告亞洲王朝的衰亡，要為英雄豪傑開放一個逐鹿中原的環境。察合台汗國的世系已經絕滅，那些埃米爾都渴望獨立。喀什加爾(Kashgar)汗的征服和暴政，使他們暫停國內的宿怨，這時他帶著杰特人(Getes)或卡爾木克人(Calmucks)組成的軍隊[10]，侵入位於河間地區的王國。

　　帖木兒在十二歲那年就進入戰場，二十五歲的時候挺身而出成為國家的救星。人民的眼光和意願全都投向這位英雄人物，他為了完成復國大業可以忍受艱辛苦難。法律和軍隊的領導人物對帖木兒發出誓言，只要從他那裡獲得救援能夠安然無恙，就會用生命和財產來支持他的行動。等到面臨危險的關頭，他們按兵不動而且畏敵如虎。他在撒馬爾罕的山丘等待七天以後撤向沙漠，只剩下六十人馬。這些亡命之徒被一千杰特人趕上，在他大殺一陣後將追兵擊退，迫得敵人大聲喊叫：「帖木兒是一個非常奇特的人，他獲得上天和命運的保佑。」不過血腥的戰鬥使他的追隨者只剩下十人，很快有三個卡里斯姆人開小差，使人數更加減少，他帶著妻子、七個同伴和四匹馬在沙漠裡漂泊。他被關在令人作嘔的地牢裡有六十二天之久，後來還是靠著自己的勇氣逃走，使得迫害者感到懊惱不已。他游過寬廣而湍急的烏滸水(Jihoon)或阿姆河，在鄰國的邊疆地區度過幾個月流放和罪犯的生活。他的名氣在逆境顯得更為輝煌，學會如何辨識出真正的朋友和事業的同志，要運用每個人的長處和優點，讓他們獲得利益，更重要的是要讓自己受益。帖木兒在回到故鄉的路上，原來與他結盟的各方感到

9　海德(Hyde)博士的著作提到帖木兒的出生日期，他的孫兒烏盧‧貝格(Ulugh Beg)
　　要占星家就這個日期據以推算氣運。帖木兒生於1336年4月9日，我不知道是否可
　　以證明那天是行星大會合的日子，就像有些征服者和先知一樣，帖木兒得到薩赫
　　布‧克朗(Saheb Keran)的稱號，說他是行星會合的主子。

10　在帖木兒擬定的《法令彙編》中，喀什加爾汗的臣民被不合適的稱呼為烏茲貝格
　　人(Ouzbegs)或烏茲別克人，這個名字屬於韃靼人的另一支系和特定的區域。要是
　　我能確知這個字出現在土耳其語的原文中，就能大膽宣布，《法令彙編》的構思
　　是帖木兒過世後一個世紀，在烏茲別克人於河間地區建立政府組織時所制定。

非常焦急，就到沙漠裡去尋找，陸續加入他的隊伍。我要用他那極其簡略
的筆調敘述給他們帶來幸運的遭遇：看到三位酋長帶領著七十位騎士，帖
木兒表示願意當他們的嚮導，他繼續說道：

> 當他們把眼光落在我的身上，大家感到樂不可支，立即下馬跑過來
> 跪在地上，用嘴唇親我的馬鐙。我也從馬背下來，與他們三個人擁
> 抱在一起，然後我把自己的頭巾放在第一位酋長的頭上，再把鑲滿
> 珠寶和黃金的腰帶束在第二位的腰部，最後把我的上衣披在第三位
> 的身上。他們流出感激的眼淚，我也陪著他們流淚。祈禱的時候到
> 了，大家共同向眞主乞求。我們全都騎上馬匹來到我的住所，這時
> 就把民眾集合起來，舉行宴會接待他們。

　　深受信任的隊伍在最勇敢的部落加入以後很快人數大增，在他的統率
之下前去對抗兵力優勢的敵人，經歷戰爭的變幻無常和勝負難料的過程之
後，杰特人最後還是被驅出位於河間地區的王國。帖木兒已經盡全力爲自
己爭取光榮，但是在他教會同儕要服從他這個主子之前，要完成更多的工
作，運用更多的計謀，還有一些人喪失性命成爲犧牲品。埃米爾胡笙
(Houssein)出身高貴而且勢力龐大，逼得帖木兒要接受這個邪惡和無用的
共治者，而且胡笙的姊妹是他寵愛的妻室。他們的聯合爲時短暫充滿猜
忌，雙方經常發生爭執，帖木兒的策略是使對手遭到不公和謀叛的譴責，
等到胡笙戰敗之後，被個性精明的朋友殺死，從此以後再也沒有人敢不服
從主子的命令。帖木兒在三十四歲時[11]，被國民會議「庫利爾台」授與帝
國的指揮權(1379年4月)，但是他在表面裝出尊敬成吉思汗皇室的樣子。
正當埃米爾帖木兒統治察合台和東方時，名義上的大汗如同一位無職位的
官員，當作他的僕從留在軍隊。一個土地肥沃物產豐富的王國，幅員長寬

---

11 雪里菲丁著作的第一卷是用來敘述這位英雄人物的私人生活。作者本人或帖木兒
　的秘書都非常高興，把他的功績擴大到十三個大膽企圖和冒險行動，就是阿拉布
　夏故意描黑的角落也能散發出耀眼的光芒。

各有五百哩，應該能夠使野心勃勃的臣民感到滿足。但是帖木兒渴望統治全世界，在他去世之前，察合台的皇冠不過是他戴在頭上的二十七頂皇冠之一而已。我沒有辦法詳述帖木兒三十五次戰役的勝利，以及縱橫在亞洲大陸的進軍路線，只是很簡單的談起他在波斯、韃靼地區和印度[12]的征服行動，最後敘述更能引人入勝的鄂圖曼戰爭。

二、帖木兒對波斯、土耳其斯坦和印度斯坦的征服(1370-1400A.D.)

　　征服者為了遂行戰爭，在他的法學原則中可以發現安全需要、報復行為、榮譽觀念、宗教狂熱、權利主張或經濟利益這些動機。等到帖木兒把察合台的世襲產業，卡里斯姆和康達哈(Candahar)這些附庸國家再度統一起來，立刻將注意力轉向伊朗或波斯的王國(1380-1393A.D.)。自從旭烈兀大帝的末代後裔阿波塞德(Abousaid)亡故以後，阿姆河與底格里斯河之間這片廣大的國土沒有一位合法的統治者。和平與正義遭到擯棄已有四十年之久，蒙古侵略者似乎可以聽到一個被壓迫民族的哭聲。那些可憐的藩王用聯合起來的軍隊抗拒他的進攻，在分離的狀況下被他各個擊滅。他們的下場各有不同，完全在於把握時機立即歸順還是不識時務頑抗到底。伊布拉希姆(Ibrahim)是昔萬(Shirwan)或阿爾巴尼亞的君王，跪下親吻皇帝的寶座，和平的禮物是絲綢、馬匹和珠寶，按照韃靼的風俗，每項禮物都是九份。但是一名挑剔的旁觀者提到，只有八名進貢的奴隸。伊布拉希姆胸有成竹的回答道：「我自己算是第九名。」他的奉承之辭被帖木兒報以微笑[13]。門蘇爾沙王(Shah Mansour)是發爾斯(Fars)的國君，更適當的說法是波斯的君主，雖然實力不足卻成為最危險的敵人。在昔拉茲(Shiraz)城下的一次會戰中，門蘇爾運用三千或四千士兵，擊破他有三萬騎兵的主

12　雪里菲丁的第二卷和第三卷以及阿拉布夏的著作都提到波斯、韃靼地區和印度的征服，也可以參考《法令彙編》極為卓越的索引。

13　韃靼人對神祕的數字「九」非常尊敬，阿布加齊汗因為這個緣故將他的《宗譜史》區分為九篇。

力部隊。皇帝親自參加戰鬥,只剩下不過十四、五名衛士留在帖木兒的旌旗附近,他像一座岩石那樣屹立不移,所戴的頭盔曾經受到彎刀兩次很沉重的打擊[14]。蒙古人重整隊伍再度出戰,門蘇爾的頭顱被拋到腳前,他絕滅大無畏家族所有的男性,以表示對這位英勇的敵人極度的尊敬。他的部隊從昔拉茲向著波斯灣進軍,富裕和軟弱的奧木茲(Ormuz)[15]願意每年獻上六十萬個第納爾金幣的貢金。巴格達不再是和平之都和哈里發寶座的所在地,但是旭烈兀最高貴的征服行動,不會被野心勃勃的繼承人所忽略。底格里斯河與幼發拉底河整個流域,從河口到發源地全部聽命降服。帖木兒進入埃笛莎,土庫曼人的害群之馬受到懲罰,他們竟敢褻瀆神聖去搶劫麥加的商隊。在喬治亞的山區,身為基督徒的土著仍舊抗拒穆罕默德的律法和刀劍。他的三次遠征行動獲得聖戰的殊榮,特夫利斯(Teflis)的君王成為他的改信者和友人。

　　公正的報復行為促成土耳其斯坦或東韃靼地區的侵略行動(1370-1383A.D.),帖木兒的尊嚴不能容忍杰特人逍遙法外。他渡過西荷(Sihoon)河制服喀什加爾王國,先後曾經七次進軍這個國家的腹地,最遙遠的營地有兩個月的行程,位於撒馬爾罕的東北方距離是四百八十里格。他的埃米爾橫越額爾濟斯(Irtish)河,在西伯利亞森林建立一座簡陋的紀念碑刻上他們的功績。哥薩克(Kipzak)或西韃靼地區的征服[16]出於雙重動機(1390-1396A.D.),為了援助陷入災難的友人以及懲責忘恩負義的仇敵。托克塔米什(Toctamish)是一位流亡國外的君王,在帖木兒的宮廷受到款待和庇護。奧魯斯(Auruss)汗的使臣受到傲慢的拒絕,被打發回國,

---

14　根據阿拉布夏的說法,膽怯的帖木兒逃回自己的帳篷,穿著婦女的服裝來躲避門蘇爾沙王追捕。或許是雪里菲丁過分誇大他的勇氣。

15　奧木茲的歷史很像泰爾,位於大陸的古老城市被韃靼人摧毀,重建在鄰近一個島嶼上面,缺乏飲用的淡水或植被。奧木茲國王因印度的貿易和珍珠的採撈而致富,在波斯和阿拉伯都擁有大量的土地,但是他們最早成為刻爾曼蘇丹的屬國,後來是葡萄牙的專制君主將他們從本國首相的暴虐統治下解救出來。

16　阿拉布夏曾經到哥薩克旅行,對於北部地區的地理、城市和革命,獲得非常特殊的知識。

在同一天之內察合台的軍隊隨著出動，他們的勝利使得托克塔米什在北方建立蒙古帝國。經過十年的統治以後，新的大汗忘記恩主的賞賜和實力，卑劣的篡奪者認為自己擁有成吉思汗世系神聖的權利。托克塔米什率領九萬人馬經過德本的城門進入波斯，這些來自哥薩克、保加利亞、色卡西亞和俄羅斯人數眾多的軍隊，隨著他渡過西荷河，燒毀帖木兒的宮殿，逼得帖木兒在冬季的深雪中，為撒馬爾罕和自己的生命奮戰到底。經過溫和的勸告和光榮的勝利之後，皇帝決心要採取報復的行動。帖木兒從裏海的東邊和西邊以及窩瓦河，使用龐大的兵力兩次侵入哥薩克，部隊從右翼到左翼的距離是十三哩。在五個月的行軍途中，很難看到人類的足跡，他們每天的給養經常要靠出獵的運氣。最後兩支軍隊開始遭遇，但是在激戰之中掌旗手背叛，帶著哥薩克的皇家旗幟倒戈投敵，發生決定性的效果，察合台的軍隊大獲全勝，尤赤的部落陷入悲慘的處境[17]。托克塔米什逃到身為基督徒的立陶宛公爵尋求庇護，再度返回窩瓦河兩岸地區，與國內的敵手經過十五次會戰以後，終於葬身在西伯利亞的曠野之中。

帖木兒追擊逃走的敵人，進入俄羅斯納貢的行省，統治家族的一位公爵在他的首都被毀時成為階下囚，出於東方人的自負和無知，葉勒茲(Yeletz)很容易與這個國家真正的都城混淆不清。莫斯科為韃靼人的迫近而戰慄不已，抵抗的力量極其薄弱，因為俄羅斯人把希望寄託給聖母像的奇蹟，將征服者偶發或自動的撤退行動歸功於祂的保護。野心和謹慎將帖木兒召回南部，這個荒涼的國家已經民窮財盡，豐富的戰利品像是貴重的皮貨、安提阿的亞麻布[18]以及成錠的金銀[19]，使蒙古士兵發了橫財急著回

---

17 身為編輯的懷特對雪里菲丁膚淺的記載給予毫不留情的責難，說他根本不清楚帖木兒的構想和採取行動的真正原因。

18 獲得俄羅斯人的皮貨比起成錠的金銀更為可信。但安提阿的亞麻布並不出名，何況這座城市已經殘破不堪，我認為亞麻布是歐洲的產品，漢斯的商人從諾夫哥羅輸入。

19 勒維斯克(Levesque)訂正雪里菲丁的錯誤，標明帖木兒征服行動真正的範圍，他的論點不僅多餘而且毫無必要。只要引用《俄羅斯編年史》就可以證明，莫斯科在六年前已被托克塔米什占領，逃過更可怕入侵者的刀兵之災。

去。他在頓河或塔內斯河岸邊接見一個態度卑恭的代表團，是由埃及[20]、威尼斯、熱那亞、加泰隆尼亞和比斯開的領事和商人組成，擁有位於河口的塔納(Tana)或亞速(Azoph)這個城市和貿易。他們奉獻貴重的禮物，對帖木兒的寬厚極力讚譽，相信他的承諾如同聖旨。一位埃米爾為了表示和平進行拜訪，探查清楚貨棧和海港的狀況，可是韃靼人很快出現，帶來毀滅的後果，城市成為一片焦土，穆斯林慘遭洗劫後驅離，那些沒有及時逃上船的基督徒，受到定罪的宣告不是被殺就是成為奴隸[21]。報復的刺激使他燒毀塞拉和阿斯特拉汗的城市，這些是文明正在興起的紀念碑。他帶著虛榮心公開宣稱曾經進入永遠白晝的地區，在這種奇特的現象之下，授權他的伊斯蘭法學家可以免除晚禱的義務[22]。

當帖木兒首次向王室人員和埃米爾提到要侵略印度或印度斯坦(1398-1399A.D.)時，回答是一陣不滿的抱怨聲音：「那麼多的河流、高山和沙漠！士兵都穿著沉重的冑甲！還有摧殘人類的大象！」但是皇帝的不快比起任何令人恐懼之物更為可怕。他有充分的理由可以說服大家，冒險的行動不論從哪方面來看，只要付諸執行，總是安全而且容易。派出去的探子回報印度斯坦的衰弱和混亂：有幾個行省的蘇巴人(Soubahs)樹起反叛的旗幟，馬木德(Mahmood)蘇丹的幼稚無能甚至德里(Delhi)的後宮都表現輕視的態度。蒙古軍隊的行動區分為三大部分。帖木兒很高興的提到，九十二個千人騎兵隊有幸能與先知穆罕默德的九十二個名諱或稱號相吻合。在烏滸水和印度河之間，他們越過一列高聳的山脈，阿拉伯的地理學家稱它是地球的石質腰帶。高地的強盜已經制服或根除殆盡，但是無數的人馬

---

20 巴巴羅(Barbaro)的《遊記》中提到有位埃及領事在1436年從大開羅來到塔納，正好是在這個城市重建以後。

21 雪里菲丁描繪出亞速遭到洗劫的狀況，更特別的地方是一本意大利年代記的作者也有記錄。他曾與威尼斯的米阿尼斯(Mianis)兩兄弟談起此事，其中一位被派為代表前往帖木兒的營地，另一位在亞速失去三個兒子和一萬兩千達卡特。

22 雪里菲丁只是提到從日落到日出幾乎發生在同一時刻，解答這個問題在於莫斯科所處的緯度(北緯56度)，以及北極光的幫助，還有就是夏天的始曉和黃昏延續很久。但是說到一天有四十天那樣長，全部都是白天或黑夜，這只限於北極圈以內的地區。

還是喪生在深雪之中。皇帝自己用輕便的支架從懸岩上垂放下去，繩索長達一百五十肘尺，在他到達谷底之前，這種危險的動作要重複五次。

　　帖木兒在阿托克(Attok)常用的通道渡過印度河，踏著亞歷山大的足跡穿越旁遮普(Punjab)，又稱五河之地[23]，最後匯合流入主要的河道。從阿托克到德里的大路長達六百哩，但是兩位征服者都轉向東南方前進，帖木兒的著眼是要與他的孫子會師，在後者指揮之下已完成對穆爾坦(Moultan)的征服行動。想當年馬其頓的英雄到達海法西斯(Hyphasis)河的東岸，正在沙漠的邊緣，只有停止下來不禁淚流滿面。蒙古人進入沙漠，攻占巴特尼爾(Batnir)的堡壘，率領大軍站在德里的城門前面，這個面積廣大和人口稠密的城市，在伊斯蘭國王的統治之下維持三個世紀。圍攻作戰特別對堅固的城堡而言，是一件曠日持久的工作。但是他用表面的弱勢兵力引誘馬木德蘇丹和他的首相，願意出城到平原來接戰。對方列陣的兵員共有一萬名全身鎧甲的重裝騎兵、四萬名近衛步兵以及一百二十頭大象，據說長牙上面裝著銳利和染毒的短劍。為了對付這些猛獸，特別是部隊的幻想，他只有勉強自己採用一些預防措施，像是火攻以及挖掘一道塹壕，地面插上道釘以及用圓盾組成一道防壁。經驗教導蒙古人要用微笑來面對他們的恐懼，一旦這些笨拙的動物潰不成軍四處散逃，低劣的品種(就是印度人)在戰場消失得無影無蹤。帖木兒擺出凱旋的行列進入印度斯坦的都城，用模仿的意圖讚許建造得堂皇的清真寺，但是大肆搶劫和屠殺的命令或縱容玷污了勝利的慶典。他決定要用偶像崇拜者或印度教徒的血來淨化士兵的心靈，何況印度教徒的人數遠超過穆斯林，大概是十對一的比例。為了達成虔誠的企圖，他向著德里的東北方進軍一百哩，渡過恆河以後，在陸地或水面發起幾次會戰，深入到庫普勒(Coupele)地區，舉世聞名的岩石雕成母牛的形象，那條偉大的河流似乎從此地傾注而出，事實

---

23 流經旁遮普的河川是印度河五條位於東部的支流，首次出現在連內爾(Rennel)少校無與倫比的印度地圖之內，不僅吻合實況而且極為精確。在他的作品《重要學術論文集》中，根據判斷的能力和淵博的學識，詳盡說明亞歷山大和帖木兒的進軍路線。

上它的源頭還在遙遠的西藏高原[24]。他的班師是沿著北部山區的邊緣。這次快速的戰役只用一年的時間,因此無法證明他的埃米爾所提出的奇異預言:他們的子女生活在溫暖的氣候裡,就會退化成爲印度教徒的種族。

三、亞洲西部的征服行動和入侵鄂圖曼帝國(1400-1401A.D.)

　　帖木兒在恆河河畔接到快速的信差傳來急報,基督徒的叛亂和拜亞齊特蘇丹野心的圖謀,使得喬治亞和安納托利亞邊區動亂不安的情勢急劇上升。六十三歲的高齡和軍政事務繁劇的辛勞,對於他那充滿活力的心靈和身體並沒有造成任何損害。在撒馬爾罕的皇宮享受幾個月寧靜的生活之後,他宣布要對亞洲西部的國家發起爲期七年的遠征行動(1400年9月1日)。爲了對於那些在印度戰爭中服役的士兵有所交代,他同意他們可以選擇留在國內或追隨國君。但來自波斯各個行省和王國的部隊,奉到命令要在伊斯巴罕集結,等待皇帝的大纛到達。這是第一次直接指向喬治亞基督徒的作戰行動,對方強大的力量僅僅在於山岩的地形、堅固的城堡和嚴冬的季節。這些障礙都被帖木兒的熱情和毅力所克服,叛徒歸順,願意納繳貢金或信奉《古蘭經》。要是兩個宗教都爲他們的殉教者感到誇耀,比較公正的說法是這種名聲要歸於基督徒的俘虜,他們的選擇不是宣誓叛教就是情願面對死亡。皇帝從山區返回以後,接受拜亞齊特首批使臣的觀見,雙方展開抗議和威脅之類充滿敵意的通信連繫,在最後爆發戰爭行動之前已醞釀兩年之久。兩個猜忌和倨傲的鄰國毋須有爭吵的動機,目前蒙古人和鄂圖曼人分別發起征服行爲,雙方已經在艾斯倫(Erzeroum)附近地區以及幼發拉底河發生接觸,時間和條約都無法確定那可疑的邊界。野心

---

24 恆河和雅魯藏布江這兩條巨川都發源於西藏,來自同一條山脈位置相反的分水嶺,彼此的距離有一千兩百哩,經過兩千哩曲折的河道,在離孟加拉灣很近的地方會合。然而事物的機遇有如此大的差異,雅魯藏布江最近才被發現,它的伴侶恆河在古代和近代的歷史中卻占有舉足輕重的地位。帖木兒獲得最後勝利的庫普勒戰場,眞正的位置一定靠近洛爾敦(Loldong),離加爾各答有一千一百哩,這個重要的城市在1774年還是英國軍隊的一個營地。

勃勃的國君相互指控對手侵犯國土和主權，威脅家臣和諸侯，庇護叛徒和罪犯。他們從叛徒的名字知道是指那些流亡的君主，這些人的王國已被篡奪，性命和自由受到無情的追捕。

帖木兒和拜亞齊特個性的類似比起利益的對立帶來更大的危險。在他們勝利的生涯中，帖木兒無法忍受一位與他對等的君王，拜亞齊特根本不知道有更為強勢的人物。蒙古皇帝的第一封信函[25]必定激怒了土耳其蘇丹，根本沒有講和的效果，他擺出一副瞧不起對方的家族和國家那種極其傲慢的神色[26]：

難道你不知道亞洲絕大部分地區已經臣屬於我的武力和我的法律？難道你不知道我所向無敵的軍隊從這個海洋推進到另一個海洋？難道你不知道世上的統治者都在我的城門前排隊等候晉見？難道你不知道我逼得命運要保護我的帝國永遠繁榮幸福？你到底憑什麼會這樣的無禮和愚蠢？你在安納托利亞的森林裡打過幾次會戰，那些讓人瞧不上眼的戰利品！你對歐洲的基督徒已經獲得幾次勝利，你的劍受到真主的使者賜與的祝福，你服從《古蘭經》的教誨對不走正道的人發起戰爭，這些是我唯一要考慮的因素，讓你成為穆斯林世界的邊疆和屏障，所以才沒有下手摧毀你的國家。要識時務，要多思考，要能悔改，趕快避開我那報復的雷霆之怒，要知道已經懸掛在你的頭上。你不過是一隻小螞蟻，為什麼非要激怒我這個大象？天哪！它會把你踩得粉身碎骨！

---

25 這些充滿敵意的信函我們獲得三種抄本，分別收錄在《法令彙編》、雪里菲丁和阿拉布夏的著作之中，雖然格式有別但是表現出相同的精神和內涵，之所以產生不同之處，可能是在各種情況下，從土耳其原文譯成阿拉伯語和波斯語的緣故。

26 蒙古的埃米爾使用「土耳其人」的名稱，使自己和同胞獲得顯赫的身分。他用「土庫曼人」這個並不體面的稱呼，來羞辱拜亞齊特的世系和民族。然而我並不了解鄂圖曼人為何會傳承自土庫曼的水手，這些內陸的牧人離開海洋非常遙遠，對這方面的事務完全沒有接觸。

拜亞齊特的內心爲這些極端藐視之辭所刺痛，在他的回信中盡情傾訴積怨和憤懣。對沙漠的盜賊和叛徒血口噴人的指責加以反駁之後，鄂圖曼蘇丹還提到對方在伊朗、圖朗和印度那些吹牛的勝利，同時想要盡力證明帖木兒除了自己的背棄信義，以及他的敵人都是自取滅亡之外，從來沒有嚐過凱旋的滋味：

> 你的軍隊多得數不清楚，就算如此，行動快速的韃靼人射出的箭，對抗我那些堅忍和無敵的新軍所使用的彎刀和戰斧，結果又是如何？我要保護那些懇求我施以援手的君王，你可以在我的帳蓬裡找到他們。阿珍干(Arzingan)和艾斯倫的城市全都屬我所有，除非貢金按時繳納，我會到陶里斯(Tauris)和蘇塔尼亞(Sultania)的城牆下面催討欠款。

蘇丹無法控制的怒氣最後用侮辱對方家庭的方式來發洩，他說道：

> 要是我在你的軍隊前面逃走，我的妻子們會讓我三次戴上綠頭巾；但是如果你沒有勇氣與我在戰場決一死戰，你同樣要讓你的妻子們三次躺在陌生人的懷裡。

在土耳其人的國家裡，無論語言或行爲侵犯到閨房的隱密，都是不可饒恕的罪行[27]，兩個國君有關政治的爭執因私人的怨恨而更激烈。然而帖木兒在第一次遠征行動中，圍攻和毀滅蘇瓦斯(Suvas)或賽巴斯特(Sebaste)而獲得滿足，這是一個位於安納托利亞邊界戒備森嚴的城市。爲了報復鄂圖曼蘇丹口出穢言，一支四千亞美尼亞人的守備部隊，爲了善盡抗拒和忠誠的責任，竟被帖木兒下令全部活埋。帖木兒身爲伊斯蘭信徒，

---

27 東方人非常敏感，絕不會談起他們的女眷，阿拉布夏認爲土耳其民族要求更爲嚴格。值得注意之處是查柯康戴爾斯對這方面的傷害和侮辱有相當的認識。

像是很欽佩拜亞齊特虔誠的執著，因爲拜亞齊特現在仍舊從事君士坦丁堡的封鎖。等到給他一個難忘的教訓之後，蒙古征服者停止追擊，然後轉向去侵略敍利亞和埃及。在這樣的處理過程中，東方人甚至帖木兒都把鄂圖曼的君王稱爲「羅馬的凱撒」。這種頭銜竟然授與一位統治者，他據有君士坦丁繼承人的行省並且在威脅那座偉大的城市[28]。

馬木祿克的軍事共和國仍舊統治著埃及和敍利亞，不過土耳其人的王朝爲色卡西亞人推翻，他們的寵臣巴柯克（Barkok）從奴隸和囚犯的身分，急速擢升以致據有並恢復原來的寶座。在當時那種叛變和混亂的狀況之下，只有他能抗拒蒙古人的威脅，敢與蒙古人的敵人建立連繫，並且拘留他們派來的使臣。蒙古人只有一心期盼他趕快死亡，他的兒子法拉吉（Farage）軟弱的統治，可以讓他們用來報復父親的罪行。敍利亞的埃米爾[29]都在阿勒坡集結，要擊退入寇的行動，他們依靠馬木祿克的名聲和紀律，鋒利的刀劍和長矛全是大馬士革的精鋼製成。他們的城市如同金湯一樣的堅固，還有六萬個村莊的眾多人口。他們不願忍受敵人的圍攻，於是打開城門讓軍隊在平原上面列陣。但是這些軍隊缺乏武德，無法團結合作，有些勢力強大的埃米爾受到引誘，要拋棄或背叛那些更忠心的同伴。帖木兒用一列印度戰象來掩護戰線的正面，這些猛獸背負的角塔裝滿弓箭手和希臘火。他的騎兵部隊迅速機動，使得敵人喪膽因而秩序大亂，敍利亞的烏合之眾全線潰敗，在進入大街的通道上，數以千計的人員不是擠得窒息而死就是被殺身亡。蒙古人帶著一些流亡的難民進入城市，阿勒坡極其堅強的要塞經過短暫的防守之後，因爲畏懼或背叛而投降（1400年11月11日）。

帖木兒從求饒者和俘虜當中發現幾位法學家，就邀請他們參加一個親

---

28 蒙古人的稱呼可以參閱《法令彙編》，提到波斯人可以引用《東方圖書書目》的資料。但是我沒有發現阿拉伯人使用凱撒的頭銜，就是鄂圖曼人也不會這樣膽大妄爲。

29 對於國內新近發生的事件和處理的方式，阿拉布夏的態度雖然偏袒，還不失爲一個可信的證人。帖木兒當然會爲一位敍利亞人所憎恨，但是帖木兒的惡名昭彰也是事實，就某種程度而言，阿拉布夏也要尊重敵人的地位和自己的名聲，他對帖木兒的痛恨也許可以用來修正雪里菲丁那甜得發膩的讚譽。

自主持的會議，當然這種榮譽會帶來危險[30]。蒙古君主是一位信仰虔誠的穆斯林，但是他在波斯人的學校接受教導，要尊敬阿里和胡笙的功德和偉業，經過宗教的薰陶對於敘利亞人懷有極深的成見，將他們視為真主的使者以及使者之女和她的兒子的仇敵。他對這些法學家提出一個很容易犯錯的問題，布卡拉、撒馬爾罕和赫拉特的詭辯家都無法解答：「誰是真正的殉教者，那些被我這一邊所殺還是被敵人殺死的信徒？」阿勒坡一位宗教法官的機智使得他啞口無言或許感到滿意。宗教法官的回答是用穆罕默德自己所說的話，決定殉教者不是旗幟而是動機，無論哪一個派別的穆斯林，只要為真主的光榮而戰，就值得這個神聖的稱呼。至於哈里發的正統繼承權是一個值得爭議的問題，具有更敏感的性質，加上忠於職守的法學家坦誠的意見，皇帝在受到激怒以後大聲叫道：「你們犯了與大馬士革同樣的錯誤，穆阿偉亞(Moawiyah)是個篡賊，葉茲德(Yezid)是個藩王，只有阿里是先知合法的繼承人。」經過一番極其審慎的解說，總算讓他平靜下來，於是朝著他更熟悉的題目進行談話。他向一位宗教法官問道：

> 你有多大年紀？
> 五十歲(法官回答)。
> 跟我的長子一樣大，你們看站在這裡的我(帖木兒繼續說道)，是個貧窮、跛腳和衰老的凡人。然而萬能的真主樂於用我的軍隊去降服伊朗、圖朗和印度的王國。我不是一個嗜殺的人，真主可以作證，在所有的戰爭中我都不是發起攻擊的人，我的敵人都是自取滅亡的始作俑者。

和平的談話正在進行時，阿勒坡的街道已經是血流漂杵，回響著母親和孩童的哭聲以及受侵犯少女的尖叫。任憑士兵盡情的搶劫可以滿足他們

---

30 宗教法官和歷史學家伊本．斯考南(Ebn Schounah)是一位主要角色，阿拉布夏似乎從他那裡抄襲這些有趣的談話。然而伊本．斯考南後來怎麼能再活七十五年之久？

的貪婪，但是他們的殘酷是迫於專橫的命令要繳納相當數量的頭顱，按照
他的習慣很奇特的堆成圓柱或金字塔的形狀。蒙古人在舉行勝利的歡宴，
倖存的穆斯林在眼淚和鎖鍊之中度過漫漫長夜。我無法詳述毀滅者從阿勒
坡向大馬士革的進軍，他與埃及軍隊在城下慘烈交鋒，幾乎全軍覆沒，退
卻的行動是由於他的悲傷和絕望，有一個姪兒背棄他投到敵人的陣營。敘
利亞人聽到他敗北，真是欣喜欲狂。蘇丹受到馬木祿克的反叛和驅逐，在
倉卒和羞辱之下逃回開羅的皇宮。大馬士革的居民爲他們的君王所遺棄，
仍舊防守著城牆。如果他們願意送禮物或贖金來保存他撤退的顏面，帖木
兒答應解圍而去，要求的數額是每項九份。等到他藉口要簽訂休戰協定進
入城市，馬上就不講信義違犯條約的規定，強迫要求一千萬金幣的貢金。
敘利亞人動手或是同意謀殺穆罕默德的孫兒，他唆使部隊要懲罰這些罪人
的後代。除了一群工匠被他送到撒馬爾罕提供服務以外，在這場全面展開
的大屠殺中，僅有一個家族的祖先曾經將胡笙的頭顱厚葬因而逃過此劫。
在過了七百年以後，一個韃靼人起於宗教狂熱的理由，爲了替一個阿拉伯
人報仇，竟然將大馬士革化爲一片焦土（1401年1月23日）。

　　戰役的損失和艱苦使帖木兒不得不放棄對巴勒斯坦和埃及的征服行
動，在他班師返回幼發拉底河之前先將阿勒坡付之一炬。有兩千名阿里的
信徒很想朝拜阿里之子胡笙的墳墓，他要證實虔誠的宗教動機，不僅饒恕
他們的性命還給予獎勵。我已經詳敘他個人的軼聞，可以了解這位蒙古的
英雄人物所具備的特質。但我還要簡單的說明，他在巴格達的廢墟上面用
九萬顆人頭堆成一座金字塔（1401年7月23日）；再度進犯喬治亞；將營地
開設在亞拉克西斯（Araxes）河畔；宣示他的決定是要進軍去制服鄂圖曼皇
帝。他明瞭這場戰爭的重要性，從所有的行省集結所需的部隊，有八十萬
人列入徵兵名冊[31]，雖然戰鬥部隊的數量極其龐大，但是主力是一萬五千

31　阿拉布夏或伊本・斯考南相信一位卡里斯姆官員提供的資料，把徵兵人數說成八
　　十萬人。一位希臘歷史學家的記載只比這個數目多兩萬人，倒是可以令人深思。
　　波吉烏斯的計算是一百萬人，另外一名當代的拉丁人說是一百一十萬人。有一名
　　日耳曼士兵參加過安哥拉會戰，證實極爲龐大的兵力是一百六十萬人。帖木兒在

騎兵，受到階級和待遇最高的酋長指揮[32]。敘利亞的掠奪使蒙古人獲得數
量巨大的財富，但七年來欠發薪餉和款項，更使他們緊密追隨帖木兒的皇
家旗幟。

四、安哥拉之戰以及拜亞齊特的敗北和被俘(1402A.D.)

　　蒙古軍隊在改變作戰方向的這段期間，拜亞齊特有兩年的工夫集結部
隊要與敵軍決一死戰，總兵力是四十萬騎兵和步卒[33]，表現的優點和忠誠
並未達到應有的標準。我們能夠分辨出來新軍已經逐漸成為龐大的編組，
有四萬人之多；一支帶有民族特性的騎兵部隊就是現代習稱的斯帕希
(Spahis)；兩萬名歐洲的重裝騎兵，全身披掛堅硬無比的黑色鎧甲；還有
安納托利亞的部隊，他們的君王在帖木兒的營地獲得庇護；以及成群結隊
的韃靼人，是帖木兒把他們驅離哥薩克，拜亞齊特收容以後安置在亞得里
亞堡平原。蘇丹本著大無畏的信心要去迎戰他的對手，彷彿要選擇一個復
仇雪恥的地點，他在下場悲慘的蘇瓦斯廢墟附近揚起指揮的大纛。就在這
個時候，帖木兒離開亞拉克西斯河，移動的路線經過亞美尼亞和安納托利
亞的鄉野。他的行動極其大膽，有妥善的預防措施可以獲得安全保障，前
進速度受到秩序和紀律的引導顯得非常敏捷，疾馳的騎兵分遣隊辛勤探索
森林、山區和河流，標定他們使用的道路和預先安排他的指揮位置。帖木
兒堅持計畫要在鄂圖曼王國的心臟地區進行戰鬥，避開對方的營地，很巧
妙的集結兵力在左邊的路線，占領凱撒里亞，橫越鹽質沙漠和哈里斯
(Halys)河，包圍安哥拉。

(續)────────────────────────────────
　　　他的《法令彙編》中，沒有紆尊降貴去計算他的部隊、臣民和歲入。
32　這位偉大的蒙古人為了自己的面子和官員的利益，對於無效兵力占很大的分量倒
　　是能夠接受。伯尼爾(Bernier, François，十七世紀英國歷史學家和傳教士)的贊助
　　人潘吉─哈札里(Penge-Hazari)，是指揮五千名騎兵的將領，實有的人數不到五百
　　人。
33　帖木兒確認鄂圖曼軍隊的總兵力是四十萬人，法蘭札減為十五萬人，那名日耳曼
　　士兵將數目增加到一百四十萬人，這可以證明蒙古人在當時是人多勢大的族群。

　　蘇丹在這個時候沒有採取行動，也不知道對方的位置，竟然將韃靼人的敏捷和積極比成爬行的蝸牛[34]。他在極端憤慨之下要迅速救援安哥拉，兩位統帥同樣急著要進行戰鬥，環繞城市的平原是這次重大會戰的場地，使得帖木兒的光榮和拜亞齊特的羞辱永垂千古（1402年7月28日）。獲得壓倒的勝利要歸功於蒙古皇帝卓越的指揮和戰機的掌握，以及三十年嚴格的訓練和紀律要求。在不違背民族習性的原則下，他改進戰術的作為，主要的戰力在於龐大騎兵部隊的投射武器和快速機動。從小部隊到整支大軍全部運用統一的攻擊模式：戰線的前列開始運動發起進攻，擔任先鋒的騎兵部隊保持適當的間隔在後面支援；右翼和左翼的正面和後衛區分為若干梯隊，將領全神注意戰場的狀況變化，在他的指揮下採取直接或斜行的接敵方式，對敵人發起十八到二十次的攻擊，每一次的攻擊都會帶來勝利的機會。要是騎兵的連續攻擊無法發揮作用獲得戰果，這時完全靠皇帝掌握當前的狀況，他對親自率領的主力下達命令，跟隨他的旗幟前進[35]。但是在安哥拉會戰中，主力的本身獲得最勇敢的騎兵部隊所組成的預備隊，在側翼和後方給予強力的支持，這些預備隊由帖木兒的兒子和孫子指揮。印度斯坦的征服者帶著炫耀的心理排出一列戰象，這些戰利品對勝利沒有多大幫助。蒙古人和鄂圖曼人對希臘火的運用都很熟悉，但是他們借重歐洲最近發明的火藥和大砲，兩個民族的手裡發出隆隆的砲聲，當然會改變那一次會戰的命運[36]。拜亞齊特在那一天的作戰中，能夠展現士兵和首長的素質，但是他的才華為具有優勢的強大對手所壓倒。絕大部分的部隊出於各

34　商隊的行程每天走二十或二十五哩，用來標示出安哥拉與鄰近城市的距離並不是毫無用處：到西麥那的行程是二十天，基塔希亞(Kiotahia)是十天，布爾薩是十天，凱撒里亞是八天，夕諾庇是十天，尼柯米地亞是九天，君士坦丁堡是十二天或十三天。

35　蘇丹要能戒急用忍，不可有勇無謀(帖木兒的說法是「將有勇氣的腳放進有耐性的馬鐙」)，這個韃靼譬喻在《法令彙編》的英文譯本裡沒有記載，卻保留在法文譯本之中。

36　雪里菲丁證實帖木兒的陣營也有希臘火。但是伏爾泰認為這位君主將一些刻著特殊記號的火砲送到德里，當代人卻對這件事一致保持沉默，可以用來反駁伏爾泰的奇怪說法。

種不同的動機，在最關鍵的時刻使他遭到敗北。他的行為過於嚴苛和貪
婪，在土耳其人當中激起一場兵變，甚至他的兒子索利曼都非常倉卒撤離
戰場。安納托利亞的部隊認為起義是忠貞的行為，他們倒戈投向合法的君
王。拜亞齊特那些韃靼人盟軍都受到帖木兒的信函和密使的勾引，蒙古皇
帝指責他們不知羞恥，竟然在祖先的奴隸手裡過著卑躬屈節的生活，並且
提供他們恢復古老自由和建立新興國家的希望。歐洲的重裝騎兵部隊用忠
誠的效命和精良的武器，在拜亞齊特的右翼發起衝鋒，但是這支鐵軍為欺
騙的敗逃和魯莽的追擊而走向被殲滅的下場。只有新軍在缺乏騎兵部隊和
投射武器支援之下，被蒙古獵人包圍得水泄不通，他們的驍勇最後還是被
炎熱、口渴和優勢敵軍所壓倒。不幸的蘇丹現在手腳受到痛風的折磨，被
腳程最快的馬從戰場運走。他被察合台虛有其名的大汗率領追兵趕上擒
住，等到他成為俘虜和鄂圖曼的勢力被擊潰以後，安納托利亞王國向征服
者投降。

　　帖木兒把自己的大纛插在基塔希亞(Kiotahia)，部隊四散開來從事搶
劫和破壞。他最喜愛的長孫米爾札·穆罕默德蘇丹，奉派帶領三萬人馬去
布爾薩，這位豪氣萬丈的年輕人只帶著四千人出現在首都的城門前面，用
五天的工夫完成兩百三十哩的進軍行動。然而恐懼比起這種進展更為快
速，拜亞齊特的兒子索利曼已經將皇家的金庫遷到歐洲。不過，皇宮和城
市的戰利品數量巨大，居民都已逃走，建築物多為木製，全部化為一堆灰
燼。帖木兒的孫子從布爾薩向著尼斯前進，這裡還是一個美好和繁榮的城
市，只有普洛潘提斯海的波濤能夠阻止蒙古騎兵部隊。其他蒙古王侯和將
領的入侵行動同樣成功，羅得島騎士拿出宗教的狂熱和勇氣防守西麥那，
只有這個地方需要皇帝御駕親征，等到他用雷霆萬勢之力奪取以後，所有
一息尚存的人員全在刀劍之下喪生。基督徒英雄的頭顱被弩砲從兩艘帆船
的甲板發射，這些歐洲駛來的船舶下錨停泊在海港內。亞洲的穆斯林全都
感到非常高興，能將他們從國內這個危險的敵人手裡解救出來。要是比較
這兩位敵手就可以分出他們的高下，西麥那曾經忍受拜亞齊特七年的圍攻
或封鎖，而帖木兒只不過十四天就攻下這座城堡。

五、帖木兒用鐵籠囚禁拜亞齊特的狀況和説法(1402-1403A.D.)

　　泰摩蘭用鐵籠把拜亞齊特囚禁的故事，是長久以來經常提到的活生生教訓，最近被現代作者當成杜撰的傳說，用來嘲笑一般人的輕信態度[37]。他們也把所以會相信有這件事，歸於雪里菲丁‧阿里(Sherefeddin Ali)的《波斯史》記載的情節，使得我們對一個法文譯本感到好奇，於是我就這個令人印象深刻的處理方式，收集並且簡述一些似是而非的說法。帖木兒聽到報告說是被俘的鄂圖曼蘇丹已經到達御帳的進口，馬上很親切的走到前面去迎接，安排他坐在自己的旁邊，針對他高貴的身分和不幸的遭遇，用遺憾的語氣表達不著痕跡的同情和責備。皇帝說道：

> 偉大的真主！你自己犯了錯誤，現在才會接受命運的判決。躓蹐的羅網是你自己所編織，荊棘的樹木也是你自己所栽植。我願意赦免甚至願意幫助穆斯林的護衛勇士：你抗拒我的威脅，你藐視我的友誼，你逼得我帶著所向無敵的軍隊進入你的王國。要是你戰勝，我不是不知道會有什麼下場，那就是說我和我的部隊都會難逃滅亡的命運。但是我不屑於報復行為，你的生命和尊嚴都獲得保障，我要用對敵人的仁慈表示對真主的感激。

　　被俘的國王表示一些悔恨的姿態，帶著屈辱的神色接受表示地位的長袍，流著眼淚擁抱他的兒子穆薩(Mousa)，經過他的請求才從戰場的俘虜當中找出兒子來。鄂圖曼君王住在一座金碧輝煌的帳幕裡，衛兵只有在提高警戒時才免於尊敬的態度。等到他的妻妾從布爾薩來到以後，帖木兒將德斯庇娜(Despina)王后和她的女兒歸還給她們的夫君和父親。塞爾維亞

---

37 伏爾泰不僅對這件事抱著懷疑的態度，在任何狀況下他都會反對民間流行的傳說，使受到誇大的惡行和美德恢復真相，他那種絕不輕信的立場通常都能合乎理性的要求。

公主早先獲得縱容可以信奉基督教,因此帖木兒很虔誠的提出要求,她應該接受先知的宗教不得延誤。拜亞齊特獲得邀請參加勝利的宴會,蒙古皇帝將一頂皇冠加在他的頭上,並且讓他手裡拿著一根權杖,提出莊嚴的保證要讓他給祖先的寶座帶來更大的光榮。蘇丹的早逝使這個承諾所要達成的效果完全落空,他雖然有極為高明的醫生仔細照料,但受到中風的打擊在阿克息爾(Akshehr)過世,這個地方就是皮西底亞(Pisidia)的安提阿,時間是在他戰敗後大約九個月(1403年3月9日)。勝利者在他的葬禮中流出眼淚,遺體用盛大的行列運送到修築在布爾薩的陵寢,他的兒子穆薩收到黃金、珠寶、馬匹和武器極為豐富的禮物,被授與紅色墨水批准的國書可以擁有安納托利亞王國。

對慷慨的征服者上面所提這段描述,是從帖木兒自己的編年史中摘錄出來,這部史書完成的時間是在他逝世十九年以後,編者呈獻給他的兒子和孫兒[38]。當事實還有數以千計的人能夠記得時,他那真正的行為被明顯的謊言所諷刺。提出證據的確很有分量,所有的波斯歷史學家全都接受[39],然而奉承之徒的卑鄙和無恥在東部更普遍。一大串證人都可以證實拜亞齊特受到嚴苛和羞辱的待遇,依一些人出現的時代和地點加以說明。

其一,讀者或許沒有忘記法蘭西的守備部隊,在波西考特元帥離開以後留下來防衛君士坦丁堡。他們在那裡最早獲得主要敵手全軍覆沒的消息,更有可能是其中有些人士,曾經伴隨希臘使臣前往泰摩蘭的營地。從他們帶回來的報告資料中,元帥的僕從和歷史學家非常肯定,拜亞齊特的監禁和死亡都是處在「困苦」的狀況,何況相距的時間還不到七年[40]。

---

38 可以參閱雪里菲丁的歷史著作,1424年他在昔拉茲完成這部作品,呈獻給伊布拉希姆蘇丹,即沙洛克(Sharokh)的兒子和帖木兒的孫子。這位蘇丹當他的父親在世時,就已經統治法爾西斯坦(Farsistan)。

39 博學的德比洛(D'Herbelot, de Molainville, 1625-1695A.D.,法國東方學家)在研究過孔德米爾(Khondemir)、伊本‧斯考南的著作以後,就會知道在最可信的史書中並沒有提到這些傳說。但是他拒絕接受阿拉布夏迄今留存的證詞,對於懷疑他的正確與否留下可供斟酌的空間。

40 在撰寫這些回憶錄時,波西考特元帥仍舊擔任熱那亞總督。1409年發生全民起義運動,他被驅離熱那亞。

其二，十五世紀以復興古典文化爲己任的學者當中，意大利的波吉烏斯(Poggius)[41]應該算是鼎鼎大名的人物，風格文雅的《對話錄》提到命運的變化無常和世事的枯榮興衰[42]，是他五十歲的作品，正是泰摩蘭對土耳其人之役獲勝後第二十八年，他對征服者的讚譽不亞於古代極其赫顯的蠻族人士。波吉烏斯從幾名目擊證人口裡，對於蒙古皇帝的功勳和紀律獲得第一手的資料，沒有遺漏鄂圖曼國君這個非常切合主題的案例。國君被錫西厄人像一隻野獸關在鐵籠裡面，在亞洲當成希奇事物展示給民眾觀看。我可以引用兩本意大利的年代記，來加強在史料方面的權威性，或許可以舉出更早的日期，至少能夠證明有同樣的故事，不論內容的眞假對錯，是在第一次改革浪潮發生的時代傳入歐洲[43]。

其三，當波吉烏斯在羅馬享有盛名的時代，阿美德‧伊本‧阿拉布夏(Ahmed Ebn Arabshah)在大馬士革寫出有關帖木兒的歷史著作，文字華麗優美但是內容惡意誹謗，他曾經到土耳其和韃靼地區去旅行蒐集所需的史料。拉丁人和阿拉伯人的作者之間不可能有任何通信連繫，說是他們同意有「鐵籠」這件事實，要是有一致的說法，這是獲得共同正確性最突出的證據。阿美德‧伊本‧阿拉布夏同樣提到另外那些違反家庭和親情的暴行，拜亞齊特只有極爲痛苦的忍受。他非常不智提到婦女和不貞，使得嫉妒的韃靼人懷恨在心。在勝利的宴會中，用女性侍飲者供應酒類，蘇丹看到自己的侍妾和妻室混雜在奴隸之中，沒有戴面紗暴露在放縱無禮的眼光之下。據說爲了避免爾後發生同樣的侮辱，他的繼承人除了一次例外，禁止舉行合法的婚禮。布斯比奎斯(Busbequius)是從維也納宮廷派往索利曼

41　連芬特(Lenfant)寫出一本可供消遣的作品《波吉亞納》(*Poggiana*)，讀者可以很滿意的得知波吉烏斯的平生和著作，也可以在法比里修斯所編的叢書中找到有關資料。波吉烏斯生於1380年，死於1459年。

42　教皇馬丁五世過世之前波吉烏斯在短期內完成這部《對話錄》，可以推斷這個時間是在1430年歲末。

43　這兩部意大利年代記是《塔維西尼年代記》(*Chronicon Tarvisianum*)和《伊斯特編年史》(*Annales Estenses*)，兩位作者安德里亞(Andrea)和詹姆斯都是當代人物，一位是特列維吉(Trevigi)的法官而另一位是菲拉拉的法官，前者提出很確實的證據。

大帝的使臣，他提到鄂圖曼人不僅相信還證明此事屬實，至少在十六世紀仍舊如此。

其四，因爲處於這樣語言不通的狀況之下，一位希臘人的證詞比起一位拉丁人或阿拉伯人，受到外來的影響同樣微不足道。我避而不提查柯康戴爾斯(Chalcocondyles)和杜卡斯(Ducas)，他們在較晚的時期享有盛名，談起這件事的時候語氣也不是那樣肯定；但是更要注意喬治‧法蘭札(George Phranza)，他是最後那些皇帝的寵臣，生在安哥拉會戰前一年。發生這件事以後第二十二年，他是派往阿穆拉二世宮廷的使臣，這位歷史學家可能和一些資深的新軍人員談話，他們曾經與蘇丹一起成爲俘虜，說是看到他關在鐵籠裡面。

其五，不管怎麼說，最後的證據來自土耳其的編年史，琉克拉維斯(Leunclavius)、波柯克(Pocock)和康提米爾(Cantemir)都曾經參考和抄錄，他們都悲歎俘虜受到鐵籠囚禁的遭遇。土耳其民族的歷史學家還是有點可信度，他們如果不揭露國王和國家受到的恥辱，就無法指責韃靼人。

從這些對立的前提可以導出明確和合理的結論，雪里菲丁‧阿里忠實敘述第一次見面那種誇張的談話，我感到滿意認爲沒有不妥的地方。征服者因爲成功而能夠表現體諒別人的態度，裝出寬宏豪爽的氣量，但是拜亞齊特不識時務的傲慢，使得帖木兒在不知不覺中產生疏離的心理。拜亞齊特的敵人是安納托利亞的王侯，他們的抱怨不僅讓人覺得公正也激起憤怒之心。帖木兒提到他的安排是要牽引這位被俘的蘇丹，用盛大的凱旋行列進入撒馬爾罕。他發現有人圖謀要讓拜亞齊特找機會逃走，挖一條地道通到他的帳篷。這件事激怒蒙古皇帝採取嚴厲的管制手段，在班師還朝的長途行軍過程中，載運他的大車裝上鐵製的囚籠，不能看成惡意的侮辱而是一種嚴密的預防措施。帖木兒讀到一些帶有傳奇性質的歷史著作，知道很早以前有位是他前輩的波斯國王，運用類似的方式處理被俘的皇帝，拜亞齊特就像那位羅馬的凱撒[44]一樣應該受到譴責，要爲自己犯下的惡行贖

---

44 波斯國王薩坡爾(Sapor)成爲俘虜以後，被馬克西米安(Maximian)或蓋勒流斯

罪。但是他的心理和身體的狀況已經沒有精力去接受審判，雖然他的早逝
並非遭到不公平的待遇所致，這筆賬仍舊算在帖木兒的頭上。帖木兒毋須
與死者作戰，對於一個從他的權力之下獲得解脫的戰俘，能夠賜予的東西
也不過是眼淚和墳墓。如果說拜亞齊特的兒子穆薩獲得允許統治已成廢墟
的布爾薩，事實上征服者已經將安納托利亞幾個行省歸還給合法的君王。

六、帖木兒的凱旋和最後逝世於出征中國的途中(1403-1405A.D.)

從額爾濟斯河和窩瓦河到波斯灣，以及從恆河到大馬士革和愛琴海，
亞洲在帖木兒的掌握之中，他的軍隊百戰百勝，他的野心永無止境，他的
宗教狂熱渴望征服西方的基督教世界，讓基督徒皈依伊斯蘭信仰，現在世
人聽到他的名字無不顫慄。他已經抵達陸地最遙遠的邊緣，但是在歐亞兩
個大陸之間流動著一個狹窄而又無法超越的海洋[45]。身為無數「托曼」
(Tomans)騎兵隊也就是萬人隊的最高統帥，麾下竟然沒有一艘戰船。君
士坦丁堡和加利波利是越過博斯普魯斯海峽和海倫斯坡海峽主要的通道和
渡口，前者在基督徒手裡而後者為土耳其人掌握。面對如此嚴重的情勢，
他們忘記宗教的差別，為著共同的目標要緊密團結在一起，兩個海峽用船
隻和工事來防衛，帖木兒用攻擊對方的敵人作為藉口，要求將軍隊運送過
去，都遭到希臘人和土耳其人個別的拒絕。他們同時也用貢金作為禮品，
派出懇求的使臣極力安撫他那高傲的性情，用審慎明智的理由對他進行說
服的工作，讓他了解採取撤退的行動可以獲得戰勝的榮譽。拜亞齊特的兒
子索利曼苦苦哀求，懇請帖木兒對他的父親和他自己能夠大發慈悲，表示
接受帖木兒一份紅色國書，當作在羅馬尼亞王國登基的敘任式，事實上他

(續)————————————

　　(Galerius)凱撒將他全身用牛皮包裹起來，優提契烏斯(Eutychius)提到這個傳說。
　　蒐集真實的史料所能得到的好處，是教導我們賞識東方人的知識，他們對回教紀
　　元之前那些時代的事所知甚詳。

45　阿拉布夏像個好奇的旅客那樣敘述加利波利和君士坦丁堡的海峽。我為了對這些
　　事件獲得正確的觀念，比較蒙古人、土耳其人、希臘人和阿拉伯人的敘述方式和
　　所存偏見。西班牙使臣提到基督徒和鄂圖曼人帶有敵意的聯合行動。

早已用武力獲得這個國家的主權。他同時還反覆陳述他那誠摯的意願,要親自前來致敬投身到「世界之王」的腳前。

希臘皇帝[46](無論是約翰或馬紐爾都如此)用繳納貢金的方式表示降服,與原來按規定付給土耳其蘇丹的金額完全相同,並用忠誠的誓言批准條約,只要蒙古軍隊從安納托利亞退走,就能對得起自己的良心。還有很多國家陷入恐懼和幻想之中,那是因爲泰摩蘭的雄心壯志要擬定新的企圖,從事工程浩大和傳奇冒險的迂迴行動:計畫的要點是要奪取埃及和阿非利加,從尼羅河向著大西洋進軍,越過直布羅陀海峽進入歐洲,等到把基督教世界的王國納入他的控制之下,再經由俄羅斯和韃靼地區的曠野返回家園。埃及蘇丹的降服能夠防止這個路途遙遠和充滿幻想的危險。祈禱詞提到他的名字,錢幣上面刻他的頭銜,這種殊榮證實帖木兒在開羅享有至高無上的地位。像長頸鹿或稱駝豹這種稀有動物和九隻駝鳥,都是阿非利加地域進貢給撒馬爾罕的禮物。

在我們的想像之中竟然出現這樣一位蒙古人,眞是會讓人感到驚奇不已:他在圍攻西麥那的營地裡,進行各種狀況的考量幾乎完成入侵中華帝國的規劃,帖木兒用民族的榮譽和宗教的狂熱來督促這一次的冒險行動。他使得伊斯蘭信徒血流成河,只能用毀滅同樣多不信眞主的人才能贖罪。他現在已經站在樂園的門口,要用根絕中國的偶像崇拜者,在每個城市建立清眞寺,公開信仰唯一的眞主和祂的使者穆罕默德,這些才是他光榮進入樂園的最佳保證。成吉思汗的世系最近在中國遭到驅除,這是對蒙古姓氏的侮辱,帝國處於混亂之中,正是報仇雪恥最好的時機[*47]。建立明朝威名遠震的洪武皇帝朱元璋在安哥拉之戰前四年崩殂(1398A.D.),他的孫子是個軟弱和不幸的年輕人,經過犧牲百萬中國人性命的內戰之後燒死在皇

---

46 自從凱撒的名號轉移給羅姆的蘇丹以後,君士坦丁堡的希臘君王保有特克爾(Tekkur)的頭銜,會與加利波利、提薩洛尼卡等地的基督徒領主混淆不清。特克爾這個字從希臘原文的所有格發音訛傳而得。

*47 [譯註]明太祖朱元璋於1398年逝世後,其孫朱允炆繼位,恐諸藩不服而有削權之舉。次年其叔燕王朱棣在北京起兵反叛,是謂靖難之役,中國的朝政爲之混亂不堪。

宮之中*48。帖木兒在撤離安納托利亞之前，派遣一支大軍渡過西荷河，還有大批原有或新近獲得的臣民，修築所需的道路，降服身爲異教徒的卡爾木克人和蒙加爾人(Mungals)，在沙漠中建立城市和倉庫。派出的部將辛勤工作，他很快接到這個未知地區完美的地圖和報告，從額爾濟斯河的源頭直到中國的長城。就在這個準備階段，皇帝完成喬治亞最後的征服，在亞拉克西斯河畔度過冬季，綏靖波斯發生的動亂，經過長達四年九個月的戰役以後，用緩慢的班師行列回到首都。

　　他登上撒馬爾罕的寶座，經過短暫的休息後展現出統治的氣勢和權威(1404年7月-1405年1月8日)，聽取人民的訴願，裁定公正的獎懲，分配經費建築皇宮和廟宇，接見埃及、阿拉伯、印度、韃靼地區、俄羅斯和西班牙的使臣，後者呈獻的一件繡帷使得東方的畫家爲之失色。六位孫兒的婚事不僅表現出皇帝慈愛的親情，也像宗教的儀式受到尊敬。他們的婚禮恢復古老哈里發的高貴和虛榮，典禮在夏宮的花園裡舉行，點綴著無數的帳篷和天幕，展示一個偉大都城的奢侈物和一個勝利營地的戰利品。整片森林被砍倒，供應廚房所需的燃料，平地上面布滿可以食用的肉類，還有無數成罈的美酒，數以千計的客人受到殷勤的款待，政府各階層的人士和世上各民族的代表，全都前來參加皇家的盛宴，甚至就是歐洲的使臣都沒有受到排斥，即使是最渺小的魚類在廣大的海洋也有容身之處(傲慢的波斯人有這種說法)[49]。爲了與民同樂到處張燈結綵和舉辦慶祝活動，撒馬爾罕的貿易過去就很發達，每種行業都在爭奇鬥勝，運用很特殊的手藝和材料，做出華麗的裝飾和盛大的排場。宗教法官批准婚約以後，新郎和新娘退回他們的新房，按照亞洲人的習俗他們要著裝和卸裝九次之多，每次更換服飾的時候，珍珠和紅寶石要灑在他們頭上，再由他們高傲賞賜給隨侍的人員。爲了使大家盡興特別宣布金吾不禁，人民的行動不受約束，就是

---

*48 [譯註]1402年朱棣攻下南京，皇宮大火，建文帝朱允炆不知所蹤。

49 雪里菲丁提到歐洲最有權勢之一的君王所派出的大使，我們知道這位君王是卡斯提爾國王亨利三世，他的兩個使臣提出極其奇特的報告，現在仍舊存世。同樣的狀況可以看出，蒙古皇帝和法蘭西國王查理七世的宮廷之間，一直保持通信連繫。

君王也不理朝政。帖木兒的史官可能提到,他用五十年的努力建立一個帝國,始終全力以赴不敢稍有懈怠,一生之中只有這兩個月的幸福時期,可以避開運用權勢所應盡的職責。

帖木兒很快清醒過來處理政府和戰爭的事務,招展的旌旗和標誌發起入侵中國的行動,埃米爾提出的報告共有二十萬人馬,都是從伊朗和圖朗地區挑選的士卒,再加上久經戰陣的老兵。五百輛大車和數量龐大的馬匹和駱駝隊伍,用來運送他們的輜重和給養。部隊要為未來長期的缺乏補給完成妥善的準備,因為一個商隊從撒馬爾罕到北京平靜無事的旅程需要花六個多月的時間。無論是老邁的年齡還是嚴寒的冬季,都沒有讓性急的帖木兒受到耽誤,他騎上馬背在冰上走過西荷河,從首都前進七十六個帕勒桑大約是三百哩的距離,在奧特拉(Otrar)附近紮下最後的營地,在那裡聽候死神的召喚。勞累以及不慎飲用冰水,加速熱病的嚴重狀況,亞洲征服者的終年是七十歲(1405年4月1日),登上察合台的寶座有三十五年之久。他的征服大業完全停頓,集結的軍隊很快解散,中國免於入侵的威脅。在他逝世十四年以後,最有權勢的兒子派遣使臣要與北京的朝廷建立友誼和貿易關係[50]。

七、帖木兒的行事風格、歷史評價和及於後世的影響

帖木兒顯赫的名聲稱譽於東方和西方,他的後裔仍舊被授與皇室的頭銜,他受到臣民的頌揚被當成神明一樣的尊敬,就是那些不共戴天的仇敵在某些方面也深表認同。雖然他跛一足而一手殘廢,體型和身材倒是符合他的地位,完全靠著自制和鍛鍊保持活力充沛的健康,這點不僅對他個人非常重要,就是整個世界都受到影響。他在私下的談話中表現莊重的態度,聲調非常溫和,雖然說他不懂阿拉伯語,但是波斯語和土耳其語說得

---

[50] 他們將帖木兒從前騎過一匹年歲很大的駿馬,當成禮物送給中國皇帝,使臣在1419年離開赫拉特的宮廷,從北京返國已經是1422年。

流利用詞典雅。他很高興就歷史和科學這類的題材與博學之士討論交換意見，閒暇的時間喜愛的娛樂是西洋棋，經過他的改良也可以說是誤導以後，新的奕法更爲精細而且無比複雜[51]。他在宗教方面或許不是正統伊斯蘭教徒，卻是一個信仰虔誠的狂熱分子。但是他保持清晰的領悟力，使得我們大可以相信，他對徵兆、預言、聖徒和占星家抱著迷信的尊敬態度，僅僅是裝模作樣拿來當作政策的工具。他管理一個龐大的帝國，不僅唯我獨尊而且大權在握，沒有一個叛徒反對他的權勢，沒有一個寵倖迎合他的嗜好，更沒有一個大臣誤導他的判斷。他有非常嚴謹的策略指導和施政原則，無論產生那種結果，君王的命令不容爭辯或撤銷。但是他的仇敵帶著惡意的看法提到，忿怒和毀滅的命令比起施惠和恩寵更會嚴格的執行。帖木兒在逝世後留下三十六個兒子和孫兒，這些都是他最早和順從的臣民，只要在服行職責時產生偏差，就要按照成吉思汗的家規，用打腳心的笞刑來糾正所犯的錯誤，等到改過自新以後恢復職務和指揮的權力。或許他的心靈並非缺少群居的美德，或許他不是不能去愛護朋友和寬恕敵人，但是倫理學的規範是建立在公眾利益的基礎之上。我們大可以多去讚許一位帝王的智慧，對人民慷慨大方不會耗盡和枯竭，對人民公平正義更爲有力和富足。他的工作是要維持權威和服從的平衡，懲罰倨傲和保護弱者，獎勵有功的人員，將罪惡和怠惰驅離統治的領域，旅客和商人獲得安全，抑制士兵的劫掠，珍惜農夫的辛勞，鼓勵工作的勤奮和努力的求知。關於這些可以提出一個非常公允的評估，那就是君王的責任是不增加人民的稅賦而能提高國家的歲入。但是在善盡這些責任以後，他發現可以立即獲得豐碩的回報。

帖木兒可以吹噓他在剛剛登上寶座時，亞洲是戰亂和掠奪的俎上之肉；等到他建立興旺的君主國，就是一個幼童帶著一袋黃金從東部走到西

---

51 新的規則是將三十二個棋子和六十四個方格增加到五十六個棋子和一百一十或一百三十個方格。但是，除了在他的宮廷以外，一般人都認爲古老的西洋棋已經相當複雜。蒙古皇帝如果被臣民打敗，反而會覺得高興而不會不愉快，棋手會感到這種讚頌的價值。

部，毋須害怕也不會受到傷害。這是他能夠功成名就的信心所在，這方面
的改革使他有理由獲得勝利，爭取到的頭銜可以統治全世界。下面四點意
見可以從公眾的感激中，辨別出他所主張的觀點，我們或許應該獲得這樣
的結論，蒙古皇帝是人類的公敵而非恩主。

其一，要是一些局部的混亂或地區的迫害要用帖木兒的刀劍來治療，
那麼醫護會比疾病帶來更大的傷害。波斯那些權勢有限的暴君，他們的掠
奪、殘酷和爭執使得臣民受苦，但是整個國家在改革者的腳步下面化為齏
粉。在滿布繁榮城市的大地上面，經常出現他那極其可厭的戰利品，是用
人類的頭顱所堆成的圓柱或金字塔。阿斯特拉汗、卡里斯姆、德里、伊斯
巴罕、巴格達、阿勒坡、大馬士革、布爾薩、西麥那和一千座其他的城
市，當著他的面被他的部隊洗劫、縱火或是完全摧毀。要是一個僧侶或哲
學家膽敢算出數百萬受害者，成為他建立和平與秩序的犧牲品，或許他的
良心也會感到一陣驚愕[52]。

其二，他進行毀滅性最大的戰爭，完全是入寇而不是征服。他侵略土
耳其斯坦、哥薩克、俄羅斯、印度斯坦、敘利亞、安納托利亞、亞美尼亞
和喬治亞，根本不抱希望或意願要保存這些遙遠的行省。他在離開的時候
滿載戰利品，但是沒有留下部隊來約束那些強悍的土著，也沒有官員來保
護馴服的居民。等到他把古老政府的組織架構盡情破壞以後，就將這些城
市放棄給那些因他的入侵而加劇或引起的惡行，任何現有或可能的恩惠都
無法補償這些惡行帶來的損失。

其三，河間地區和波斯的王國才是他盡力栽培和美化的地域，將要永
遠為他的家族所繼承。但是征服者的遠離使得和平的工作受到干擾，有時
還會產生破壞的作用。當他在窩瓦河或恆河獲得勝利時，他的僕從甚至他

---

52 除了在這裡所敘述的血腥文字，我早在本書第三卷以及第二卷的註釋中，已經加
  以說明：帖木兒將近三十萬顆人頭疊起來，成為殘酷暴行的紀念物。除了羅威
  （Rowe）在11月5日上演的戲劇，我並不期望有人認為帖木兒不但仁慈而且謙虛。
  然而讀者尤其是編輯對他的《法令彙編》具有極其慷慨的熱誠，這方面我可以理
  解。

的兒子都忘懷他們的主人和責任，調查和處罰遲緩而又偏袒，使公眾和私人的傷害很少獲得補救。我們只能將帖木兒所謂的「制度」，譽為一個完美的君主政體極其虛偽的理想。

其四，不論他的施政作為會帶來多少幸福，都隨著他的生命化為烏有，他的兒孫輩所具有的野心是統治而不是管理，他們相互之間充滿敵意，全都成為人民痛恨的對象。他最小的兒子沙洛克（Sharokh）還為這個四分五裂的帝國維持昔日的光榮，但是等到他逝世以後，整個局面再度陷入黑暗和殘殺之中，一百年內，河間地區和波斯受到烏茲別克人來自北方的蹂躪，土庫曼人在這裡放牧他們的羊群。要不是在烏茲別克人的軍隊征服印度斯坦之前，有一位英雄人物趕快逃走，帖木兒的家族在他的子孫傳到第五代就要完全絕滅。他的繼承人（偉大的蒙兀兒[Moguls]諸帝）擴展他的統治從喀什米爾的山區到科摩令角（Cape Comorin），從康達哈到孟加拉灣。在奧倫捷布（Aurungzebe）的統治之下整個帝國冰消瓦解，一個波斯的強盜將德里的財富搜刮一空。他們的王國所有膏腴之地全部為一個基督教的商業公司所有，這個公司位於北方大洋一個遙遠的海島*53。

八、拜亞齊特諸子的鬩牆之爭和鄂圖曼帝國的統一（1403-1451A.D.）

鄂圖曼君主國的命運完全不同，巨大的軀幹彎向地面，等到颶風吹過馬上恢復原狀，生機更加蓬勃。不管怎麼說，當帖木兒撤離安納托利亞時，他留下的城市沒有宮殿、財庫和國王，一片毫無防衛能力的土地上面散布著成群的牧人，還有就是韃靼人或土庫曼人出身的強盜。拜亞齊特生前征服之地都是得自這些埃米爾，他們之中有一位出於卑鄙的報復心理，竟然破壞他的墳墓。他的五個兒子勇於鬩牆之鬥，耗盡他們世襲的殘餘力量（1403-1421A.D.）。我要按照他們的年齡和作為的次序逐一介紹54。

---

*53 [譯註]所指是英國東印度公司，成立於公元1600年，主要從事馬來群島的香料貿易，後來用武力進行對印度和中國的侵略，建立殖民地，推行帝國主義政策。

54 提到的內戰是從拜亞齊特逝世一直打到穆斯塔法亡故，德米特流斯·康提米爾撰

　　其一，不論我所說的事蹟是如假包換的穆斯塔法(Mustapha)，還是一個騙子冒充那位失落的王子，同樣讓人感到可疑。安哥拉會戰時穆斯塔法在他父親的身旁作戰，但是等到被俘的蘇丹獲得允許可以探尋幾位兒子的下落，僅僅找到穆薩一個人。土耳其的歷史學家聽到他的話也都相信，那就是他的兄弟混雜在死人堆裡無法分辨，其實這些歷史學家都是獲勝黨派的奴隸。如果穆斯塔法真是從苦難的戰場逃脫，他竟會讓朋友和敵人都不知他的藏身之地有十二年之久，直到他從帖撒利顯身出來，就被當成拜亞齊特的兒子和繼承人，受到大批擁護者歡呼。穆斯塔法為希臘人所救，等到他的兄弟穆罕默德過世後，重新恢復自由和帝國。要不是如此，他的第一次敗北也將是他的最後一次。一種腐化的心靈可以證明他那偽造的身世，如果在亞得里亞堡的寶座上被尊為鄂圖曼的蘇丹，那麼他的逃走、禁囚和可恥的吊死，使得騙子從公眾的不齒中獲得解脫。還有幾個敵對的冒牌貨扮演同樣的角色，提出類似的權利要求，據說有三十人以冒充穆斯塔法的罪行受到懲罰。像這種經常處死嫌犯的作法，暗示土耳其宮廷對合法王子的死亡也無法確定。

　　其二，伊撒(Isa)在他的父親被俘以後，在安哥拉、夕諾庇(Sinope)附近地區和黑海統治一段時期，他的使臣在覲見帖木兒以後，帶回友好的承諾和尊榮的禮物。完全因為那位猜忌的兄弟，也就是阿馬西亞(Amasia)的統治者出了問題，他們的主子很快奪走他的行省和生命。最後的結果可以聯想到一種虔誠的論點，無論是摩西和耶穌的律法還是伊撒和穆薩的繼承，都被更偉大的穆罕默德所廢除。

　　其三，索利曼的稱號沒有列入土耳其皇帝的名單，然而是他阻止蒙古人勝利的發展過程，在他們撤離以後，還暫時將亞得里亞堡和布爾薩的寶座聯合起來。他在戰爭時勇敢又積極而且運道很好，他的勇氣受仁慈的影響變得軟弱，但是同樣會被傲慢和僭越所激怒，為放縱和懶惰所敗壞。只

(續)───────────
　　寫的方式按照土耳其人的觀點。查柯康戴爾斯、法蘭札和杜卡斯依據希臘人的看
　　法，最後這位作者的敘述特別冗長，內容豐富極有見地。

要是臣民或君王都要對政府抱著畏懼之心，他卻放鬆紀律的要求，過度的
惡行使得他與軍隊和法律的首長產生疏離的現象。每天酗酒無論就君王或
公民的身分而言，都會受到大家的蔑視，何況還違犯先知的戒律，更是加
倍可厭。索利曼在酒醉的昏睡狀況爲他的弟弟穆薩率領軍隊奇襲，在他從
亞得里亞堡向拜占庭首都逃亡的途中，被追兵趕上殺死在浴場，這時他已
經統治七年十個月（1403-1410A.D.）。

　　其四，穆薩的敘任式使他被貶爲蒙古人的奴隸，這個納貢的安納托利
亞王國領域只限於很狹小的範圍之內，殘破的民兵組織和空虛的國庫，使
他根本不是羅馬尼亞統治者的敵手，對方擁有身強力壯和久歷戰陣的老兵
隊伍。穆薩經過裝扮以後從布爾薩的宮殿逃走，乘一艘沒有頂篷的小船渡
過普洛潘提斯海，在瓦拉幾亞人和塞爾維亞人的山間出沒不定，經過幾次
徒勞無功的襲擊之後，終於登上亞得里亞堡的寶座，上面剛剛沾染著索利
曼的鮮血。三年半的統治期間，他的部隊對抗匈牙利的基督徒以及進攻摩
里亞獲得勝利。但是穆薩的敗亡在於怯懦個性和婦人之仁，等到放棄安納
托利亞的主權以後，那些不忠不義的大臣要效忠更有權勢的兄弟穆罕默
德，他落在他們的手裡成爲犧牲者（1410A.D.）。

　　其五，穆罕默德的最後勝利是明智和謙虛應得的報酬，在他的父親被
俘之前，皇家的年輕人已經被授與管理阿馬西亞的責任，這個地方離君士
坦丁堡有三十天的行程，位於對抗特里比森德和喬治亞基督徒的土耳其邊
區。就亞洲戰爭的標準來看，這個城堡極爲堅固無法攻克。阿馬西亞整個
城區被艾里斯（Iris）河分爲兩半，兩邊的地形向上升起如同一個圓形競技
場，看來很像具體而微的巴格達。在他迅速發展的過程中，帖木兒像是忽
略位於安納托利亞這個拒不從命而偏僻的角落。穆罕默德不去激怒征服
者，維持寧靜的獨立狀況，在行省追捕那批韃靼烏合之眾所殘餘的到處飄
流人員。他盡力排除鄰接的伊撒所帶來的危險，勢力強大的兩位兄長纏鬥
不已時，他保持堅定的中立態度贏得雙方的尊敬，等到穆薩獲得勝利和不
幸的索利曼喪生以後，他站在索利曼的繼承人這一邊要爲死者復仇。穆罕
默德用條約獲得安納托利亞，用武力奪取羅馬尼亞。士兵把穆薩的頭顱呈

獻給他，被當成國王和國家的恩人，受到非常豐碩的賞賜。他成為唯一的
君王，經過八年平靜無事的統治(1413-1421A.D.)，能夠將內戰的惡行完
全清除乾淨，在堅實的基礎上恢復鄂圖曼君主國的政治架構，最後必須關
切的事項是選擇兩位大臣拜亞齊特和伊布拉希姆[55]，輔助年紀很輕的兒子
阿穆拉二世(1421年-1451年2月9日)，這兩位不僅合作無間而且行事謹
慎。皇帝去世後他們隱瞞消息四十多天，直到繼承人抵達布爾薩的皇宮。
君王或是騙子穆斯塔法重新在歐洲燃起戰火，首位大臣喪失他的部隊和生
命，幸運的伊布拉希姆消滅覬覦拜亞齊特寶座的最後一名冒充者，終於結
束國內的敵對行動，伊布拉希姆的名聲和家族到現在還受到尊敬。

　　精明的土耳其人和整個民族，在這幾次衝突中都致力於帝國的統一，
就是經常為個人的私心弄得一片散沙的羅馬尼亞和安納托利亞，受到薰陶
也變得萬眾一心精誠團結(1421A.D.)。這種努力所獲得的成果，可以讓基
督教的強國產生警惕的心理，要是他們用一支聯合艦隊占領控制海峽的加
利波利，至少在歐洲部分的鄂圖曼人很快會被消滅。然而西部教會的分裂
以及法蘭西和英格蘭的傾軋和戰事，使得拉丁人無暇顧及此一影響深遠的
軍事行動，他們安於現況只想暫時喘口氣，根本不考慮未來的發展，經常
為了眼前的利益效勞那位宗教上永難和解的共同敵人。熱那亞人[56]在愛奧
尼亞海岸的福西亞(Phocaea)建立一個殖民地，壟斷明礬的生產，變得富
裕和繁榮[57]，處於土耳其帝國的勢力範圍之內，靠著每年支付貢金保障安
寧的局面。在鄂圖曼最後一次內戰中，熱那亞的總督阿多諾(Adorno)是位
勇敢而又野心勃勃的青年，要與阿穆拉站在同一陣營，負責安排七艘堅固

---

55 當代的希臘人讚譽伊布拉希姆的美德，他的後代是土耳其僅有的貴族，滿意於宗
　　教事務的管理工作，能夠免於擔任公眾的職位，接受蘇丹每年兩次的訪問。

56 可以參閱帕契默、尼西弗魯斯·格列哥拉斯、雪里菲丁和杜卡斯的著作。最後這
　　位是極為好奇和謹慎細心的觀察者，根據他的出身和擔任的職位，對於有關愛奧
　　尼亞和這些島嶼的問題，他的意見特別值得相信。在常去新福西亞的民族當中他
　　提及英國人，這是他們從事地中海貿易最早的證據。

57 普里尼提到生產明礬的地方並沒有將福西亞列入，他把埃及算成第一位，其次是
　　米洛斯(Melos)島，旅行家和博物學家圖尼福曾經描述島上的明礬礦。等到失去福
　　西亞以後，熱那亞人在伊斯嘉(Ischia)島發現這種用途廣泛的礦物。

的戰船將他從亞洲運到歐洲。蘇丹帶著五百名衛士登上水師提督的船隻，船上配置八百名勇敢的法蘭西水手，他的生命和自由落在基督徒的手裡，我們對於阿多諾的誠信，心中頗不以爲然卻也不能不加以讚譽。他在航程的半途跪在蘇丹的面前，帶著感恩圖報的神色接受對積欠貢金所給予的免除。他們在穆斯塔法和加利波利視線可及之處登陸，兩千名意大利人手執長矛和戰斧，伴隨著阿穆拉前去攻取亞得里亞堡，這種金錢收買的效勞很快得到報應，福西亞的貿易和殖民地遭到澈底的毀滅。

九、希臘帝國的狀況和阿穆拉圍攻君士坦丁堡(1402-1448A.D.)

　　要是帖木兒慷慨答應希臘皇帝的請求領兵前去援救，就會得到基督徒的讚揚和感激[58]，但是一位把迫害之劍帶進喬治亞、尊敬拜亞齊特發起聖戰的伊斯蘭信徒，對於歐洲的偶像崇拜者不會表示同情或給予援助。這位韃靼人還是遵行野心的衝動，君士坦丁堡獲得拯救完全是出乎意料的結局。當馬紐爾將政府棄之不顧時，他對上帝祈求但不敢奢望：教會和國家的毀滅，能夠延遲到他時運不濟的有生之年結束之後。等到他從西部的朝聖之行歸來，認爲隨時都會獲得悲慘不幸的消息，突然之間收到鄂圖曼人撤退、敗北和被俘的報告，使他極爲驚愕不禁大喜若狂。馬紐爾立即從摩里亞的莫敦(Modon)啓航，登上君士坦丁堡的寶座(1402-1425A.D.)，罷黜瞎眼的競爭對手，將他放逐到生活安閒的列士波斯島。拜亞齊特之子派來的使臣很快獲得觀見，但是狂妄的態度已經有所收歛，說話的語氣顯得謙遜有禮，他們最感憂慮和驚慌的事情，就是怕希臘人爲蒙古人敞開歐洲的大門。索利曼將皇帝尊稱爲父親，要從他的手裡乞求羅馬尼亞的統治

58　我們的天才人物威廉・坦普(William Temple)爵士是一位作家，最會浮濫報導類似
　　這種傳說中才有的慷慨行爲，特別喜愛異國的優點和長處。等到征服俄羅斯和渡
　　過多瑙河以後，他心目中的韃靼英雄解救、訪問、讚賞和婉拒君士坦丁的城市。
　　他運用奉承的生花妙筆寫出每一行文字都背離歷史的事實，然而他那令人愉悦的
　　杜撰之辭，比起康提米爾重大的謬誤更可以獲得人們的諒解。

權,或者將它視爲他所賜與的禮物,用永不變心的友誼保證絕不辜負他的
恩惠,要歸還提薩洛尼卡,以及從斯特里蒙(Strymon)河、普洛潘提斯海
到黑海一線最重要的地區。皇帝與索利曼的結盟使他成爲穆薩仇視報復的
對象,全副武裝的土耳其人出現在君士坦丁堡的城門前面。他們在海上和
陸地都被擊退,如果不是一些外籍傭兵守衛城市,希臘人一定會對自己獲
得勝利感到奇怪。馬紐爾的政策或熱情非但沒有延長鄂圖曼勢力的分裂,
反而要去幫助拜亞齊特幾位兒子中最強悍的一位。這時穆罕默德一世的進
展被有如天塹的加利波利所阻,馬紐爾竟然與穆罕默德簽訂條約,要將這
位蘇丹和軍隊運過博斯普魯斯海峽。穆罕默德還在都城受到熱烈的款待,
這次成功的出擊爲羅馬尼亞的征服踏出第一步。

　　征服者的謹愼和節制推遲這個都城的毀滅:穆罕默德忠實執行他自己
以及索利曼應盡的義務,帶著感激的態度尊重和平條約的規定,並且要請
皇帝成爲他的兩個幼子的監護人,抱著妄想以免遭到他們的兄長阿穆拉兇
狠而猜忌的毒手。但是要執行最後的遺囑會損害到民族的榮譽和宗教,國
務會議一致宣稱,絕不會將兩位皇室的年輕人交給基督狗去照顧和教育。
在這個拒絕執行遺囑的問題上,拜占庭的最高會議出現不同的意見。年邁
和謹愼的馬紐爾還是屈服他的兒子約翰狂妄的主張,他們要拔出危險的復
仇之劍,就是釋放不知是眞是假的穆斯塔法。他被當成俘虜或人質受到長
期的拘留,爲了維持他的生活所領取的年金高達三十萬阿斯珀[59]。穆斯塔
法在牢房的門口簽署所有的條件,明確規定他要交出進入加利波利也可說
是進入歐洲的鑰匙,作爲獲得釋放的代價。但是等他登上羅馬尼亞統治者
的寶座,帶著藐視的笑容打發希臘的使臣走路,同時用虔誠的口吻告訴他
們,等到最後審判日的時候,他寧可爲違背誓言受苦受罪,也不願將一座
穆斯林的城市拱手交給不信眞主的異教徒。皇帝立即成爲兩位對手的敵
人,對他們而言他既是受害者也是加害人。阿穆拉在獲得勝利以後,接著

59　土耳其的阿斯珀不論過去或現在都是白色的銀幣,目前成色不足已經貶值,從前
　　的幣值相當於一個威尼斯達卡特或英西昆(sequin)的五十四分之一,三十萬阿斯珀
　　的皇家津貼或貢金,可以換算成兩千五百英鎊。

在翌年的春天開始圍攻君士坦丁堡。

征服凱撒的城市從宗教的價值而論，可以從亞洲吸引大批渴望殉教冠冕的自願投效人士，得到戰利品和美女的承諾可以燃起黷武好戰的激情，賽德·貝查爾(Seid Bechar)的到來和預言使得蘇丹的雄心壯志更是勢不可當。這位先知的後裔[60]騎著一頭騾子抵達營地，五百名門徒組成浩浩蕩蕩的隊伍。要是一個宗教狂熱分子會臉紅的話，他可能爲預言的不靈感到有點難爲情。堅固的城牆擋住二十萬土耳其大軍，他們的攻勢爲希臘人和外籍傭兵的出擊所打退，古老的防禦技術抗拒最新的攻城器具。傳聞狂熱的托缽僧被穆罕默德召喚到天堂進行通靈的談話；輕信的基督徒所做的回應，是他們看見穿著紫色袍服的無垢聖母馬利亞，在防壁上面行走鼓舞著大家的士氣[61]。經過兩個月的圍攻之後(1422年6月10日-8月24日)，國內發生叛亂事件迫得阿穆拉趕回布爾薩，完全是希臘人的陰謀詭計所引發，處死一個無辜的弟弟以後得以平息下來。當他率領新軍在歐洲和亞洲再度展開征服行動時，拜占庭皇帝邀天之幸在奴役和不穩的狀況下苟安三十年的歲月。馬紐爾崩殂，約翰二世帕拉羅古斯皇帝(1425年7月21日-1448年10月31日)獲得允許繼續統治，條件是每年繳納貢金三十萬阿斯珀，割讓除了君士坦丁堡郊區以外所有的領土。

十、鄂圖曼帝國的世襲繼承權以及新軍的教育和訓練

土耳其帝國的建立和光復完全歸功於幾位蘇丹的個人品格，這是無可置疑的事，因爲在人類的歷史過程之中，有些最重要場合往往取決於一位主角的表現。這些蘇丹的智慧和德行還是有少許差異，彼此之間還是可以加以區別。但是，從鄂斯曼登基到索利曼的逝世長達兩百六十五年這段歷

60　康提米爾在描述賽德·貝查爾時並沒有指名道姓，假定穆罕默德的朋友把自己的戀情當成先知的特權，並且要將希臘最美麗的修女賜給聖徒和他的弟子。

61　對於這些不可思議的幽靈現身，卡納努斯(Cananus)認爲是受到伊斯蘭聖徒的感召，但是誰會出面爲賽德·貝查爾作證？

史，一共有九位登基的君主，除了其中一位之外，其餘都是英勇善戰和行動積極的蘇丹。這群極其少見的統治者不僅讓臣民心悅臣服，也使得敵人心驚膽寒。王朝的繼承人不是豢養在後宮奢華的環境，而是在會議和戰場接受教育，幼小的年紀被父親授與管理行省和軍隊的職位，這種顯現男性剛強氣概的制度雖然很容易引發內戰，對於君主國家培養重視紀律和勵精圖治的精神起了很重要的作用。鄂圖曼的君主不能像阿拉伯的哈里發，稱自己是真主的使者的後裔或繼承人，然而他們自認與韃靼的大汗或成吉思汗家族有親戚關係，看來像是奉承之辭並非事實[62]。他們的祖先沒沒無聞根本無從查考，但是他們那種時間難以磨滅、暴力無法損害以及神聖不可侵犯的權利，很快根植在臣民的心田幾乎無法拔除。一個軟弱或邪惡的蘇丹可能受到罷黜和絞殺，繼承的權利可能傳給一個嬰兒或白痴，就是膽大包天的叛賊也不敢登上他那合法統治的寶座[63]。

當宮廷裡狡詐的首相和軍營中勝利的將領，相繼推翻亞洲那些短命王朝時，鄂圖曼的世襲制度在五百年的實踐中獲得肯定，現在已經與土耳其民族最重要的政治原則結合在一起。

民族的精神和制度能夠形成，要歸功於一種強烈而奇特的影響力。鄂圖曼原始的臣民是四百戶逐水草而居的土庫曼遊牧民族，追隨他們的祖先從阿姆河來到桑加爾(Sangar)河，現在的安納托利亞平原仍舊布滿他們老鄉黑白相間的帳幕。最初那一小撮人混雜在自願參加或受到征服的大批臣民之中，在土耳其人這個名稱之下，因共同的宗教、語言和習俗緊密融合。所有城市從艾斯倫到貝爾格勒，這個稱呼普遍用於全部的穆斯林，這些是最早到來和擁有榮譽的居民。但是，至少在羅馬尼亞是如此，他們卻把村莊和耕種的土地放棄給基督徒的農民。在鄂圖曼統治極為強勢的時

---

62 土耳其蘇丹僭用可汗的頭銜，然而阿布加齊還是不了解鄂圖曼表親的作風。

63 土耳其政府位居第三的首相開普利(Kiuperli)1691年在薩蘭肯能(Salankanen)會戰中被殺，他竟然敢說索利曼的繼承者全都是笨蛋或暴君，現在正是讓這個家族下台的時候。像他這樣的政治異端分子可以看成一個正直的維新黨人。法蘭西使臣表現出僭越的行為，竟然指責同樣的家族繼續皇室的職位是特殊的例外，英格蘭的革命不僅有正當的理由，而且可以用來反駁他的說法。

代，土耳其人本身被排除在所有民政和軍事的重要職位之外，經由服從、
征戰和指揮方面類似宗教戒律的教育，興起一個奇特的奴隸階級，一個人
為的團體組織[64]。從奧爾漢（1326-1359A.D.）和阿穆拉一世（1359-1389
A.D.）的時代起，蘇丹完全相信：靠刀劍統治的政府每一代要用新的士兵
來更替，這些士兵絕不能來自生性柔弱的亞洲，而是身強體壯和勇敢善戰
的歐洲士著。色雷斯、馬其頓、阿爾巴尼亞、保加利亞和塞爾維亞這些行
省，成為供應土耳其軍隊的永久來源。皇室擁有的五分之一俘虜因征戰而
消耗殆盡以後，一種不人道的稅收方式強加在基督教家庭，那就是五個兒
子要徵召一個或是五年徵收一次。到了十二或十四歲，最健壯的少年被強
制從父母的身邊拉走，他們的名字登上記錄冊，從此他們的穿著、教育和
供應完全是軍事服役的生活。他們靠著儀表預測未來的前途發展，被選到
布爾薩、佩拉（Pera）和亞得里亞堡的皇家學校，交給高階官員去照應或是
分散到安納托利亞的農民家庭。他們的主子第一件事是教他們講土耳其
語，用各種勞苦的活動鍛鍊體魄增強體能，學習角力、跳躍、跑步、箭
術，最後才是前膛槍的運用，一直到他們被抽調到新軍的司令部和連隊，
繼續接受軍事或寺院紀律的嚴格訓練。那些在出身、才能和儀表更為出色
的年輕人，可以進入職位較低的Agiamoglans階級或者是更有發展潛力的
Ichoglans階級，前者選派到皇宮服務而後者隨侍在君王身邊。四所學校施
以連續的課程，在白人宦官的棍棒要求之下，每天都要練習騎術和投擲標
槍，更為好學的人員努力研究《古蘭經》以及阿拉伯和波斯的語言知識。
等到成年而且學習的成績良好，逐漸派去擔任軍事、民政甚至神職的工
作。在職的時間愈長可能獲得的職位愈高，等到學養俱佳能夠獨當一面
時，成為四十員將領之一，可以站在蘇丹的寶座之前，經由他的拔擢負責
管理行省的事務，接受帝國最高的榮譽[65]。

---

64 查柯康戴爾斯和杜卡揭露出鄂圖曼的政策極其粗暴的類型，以及基督徒的兒童經
　過他們的教化變質成為土耳其士兵。

65 我對土耳其的教育和訓練的描述，資料來源主要是來考特（Rycaut, Paul, 1628-
　1700A.D.，英國旅行家和作家）的《鄂圖曼帝國的現況》，馬西格利（Marsigli）伯

這種模式的制度無論實質或精神非常適合一個專制獨裁的君主政體。就更嚴格的意義而論,大臣和將領全是皇帝的奴隸,感激他的恩典才能接受教導和培養。當他們離開後宮,可以留起鬍鬚作為獲得釋放的標誌,發現自己身居要職卻沒有親信或朋友,也沒有父母和後代,完全依靠將他們從低賤地位拉拔起來的手,主子稍有不滿,誠如土耳其的格言很委婉的表示,這雙手會把玻璃的雕像砸得粉碎[66]。他們在接受教育緩慢而痛苦的過程中,性格和才能在洞察一切的眼睛之前無所遁形:一個孤立無援毫無牽掛的「人」,完全要用自己的優點和長處作為任用的標準。如果統治者真有識人之明,他擁有絕對和無限的自由可以進行挑選。鄂圖曼的帝位候選人所接受的訓練是從欲望的克制養成行動的完美,從服從的習性養成指揮的才華。軍隊裡面瀰漫這種風氣,他們的沉著、警覺、堅忍和謙遜,連基督徒的敵人都心儀不已。如果我們把新軍的紀律和訓練,拿來與長期受到貴族出身的傲慢、騎士制度的散漫、新徵士兵的無知、資深官兵的叛逆、以及罪惡滔天和目無法紀的歐洲軍隊進行比較,那麼對土耳其人獲得勝利就不應有任何懷疑之處。

希臘帝國和鄰近的王國獲得拯救的唯一希望,是運用威力更大的武器,創造更為新穎的作戰技術,在對抗土耳其這個世仇大敵時才能具有絕對優勢。他們的手裡就有這樣一種武器,創新的技術正在危急存亡的最後關頭出現。不知是出於偶然的機會還是精心的試驗,中國或歐洲的化學家[*67]發現用硝石、琉璜和木炭製成的混合物,遇到火星產生強烈的爆炸。他們很快知道,要是把這種膨脹力封閉在堅固的鐵管裡面,就會用破

(續)————————————

　　爵的《鄂圖曼帝國的軍事組織和制度》以及《後宮概況》。格里夫斯(Greaves,
　　John, 1602-1652A.D.,數學家和自然科學家)是一位好奇心很重的旅行家,他贊同
　　最後那篇作品,將它列入作品的第二卷。

66 土耳其帝國直到圍攻維也納為止,一共有一百一十五位首相,他們的任期平均約
　　三年半。

*67 [譯註]根據海姆(Hime)上校在所著《砲兵的起源》一書的考證,認為火藥的配方
　　最早是羅傑・培根(1214-1292A.D.)所發明,不過從培根的著作中找不到任何證
　　據。

壞性的極大速度將一顆石彈或鐵彈推送出去。有關火藥的發明和運用的確實年代，各家的說法不一，有的地方含糊其辭。然而我們可以斷定，在十四世紀中葉便已為人所知*68，等到這個世紀結束之前，在日耳曼、意大利、西班牙、法蘭西和英格蘭這些國家，火砲已經廣泛使用於海上或陸地的會戰和圍攻。每個國家知道的時間先後關係不大，也不可能擁有最早或優勢的知識獲得壟斷的利益，普遍的發展使相對的實力和軍事的科學始終處於同等的水平，也不能將這方面的祕密限制在教會的範圍之內，洩露給土耳其人就是出於背教者的反叛行為和競爭對手的自私政策。蘇丹對基督徒工程人員的才能，不僅樂意採用還要獎賞錢財。那些將阿穆拉運送到歐洲去的熱那亞人，是他們傳授這方面的技能應該受到譴責，可能是他們親手鑄成大砲直接用在君士坦丁堡的圍攻作戰[69]。第一次的攻勢行動沒有達成目標，但是從那個時代整個戰局來看，他們始終據有優勢的地位，絕大多數的情況下都是攻擊者，當攻防兩方勢均力敵形成膠著的態勢，驚天動地的砲火瞄準城牆和塔樓，這些構建的工事只能抵禦古代威力較小的攻城器械。威尼斯人把火藥的使用傳授給埃及和波斯的蘇丹，並沒有受到任何指責，因為這些人是反對鄂圖曼帝國的盟軍。這些機密立即傳播到亞洲的邊陲地區，歐洲人的優勢只限於輕易征服新大陸的野蠻民族。要是我們將罪惡發明擴展的速度是如此快捷，拿來與理性、學術和求得和平的技藝極其緩慢和艱困的進步加以比較，哲學家會依據他的性格，對於人類的愚行不是張口大笑就是掩面悲嘆。

---

*68 [譯註]現存的文件中最早提到火砲是阿拉伯文資料，時間是1304年；1324年的美次(Metz)圍攻戰使用很原始的火砲；1327年愛德華三世在蘇格蘭曾經用過。

69 查柯康戴爾斯提到土耳其的火砲，在1422年運用在君士坦丁堡圍攻作戰，杜卡斯則認為最早是用於圍攻貝爾格勒(1436A.D.)。

哈德良莊園的哲人廳

見識卓越和品德高尚的羅馬君主一直在保護雅典的學院，
哈德良建造的圖書館是一座宏偉的大廳，
裝飾著圖畫和雕像，
雪花石膏做成屋頂，
用一百根弗里基亞大理石柱作為支撐。

第六十六章

東方諸帝求助於教皇　約翰一世、馬紐爾、約翰二世訪問西歐　在巴西爾會議的鼓舞下，經過費拉拉和佛羅倫斯兩次會議獲得結論，希臘和拉丁教會要合併　君士坦丁堡的文學和藝術　希臘流亡人士有助意大利發生文藝復興　拉丁人的求知欲和競爭心(1339-1500A.D.)

一、安德洛尼庫斯三世遣使對教皇的遊說和承諾(1339A.D.)

在希臘皇帝統治的最後四個世紀之中，對教皇和拉丁人表現友善或敵意的態度，可以看成繁榮或災禍的溫度計，也是這些蠻族朝代興起或衰亡的標尺：當塞爾維王朝的土耳其人遍布亞洲，對君士坦丁堡形成威脅時，我們可以在普拉森提亞的宗教會議上，看到阿里克蘇斯的使臣在苦苦哀訴，請求基督徒的共同教父給予保護。法蘭西朝聖者剛把蘇丹從尼斯趕到伊科尼姆，希臘的君王立刻對西部的分裂主義者表現出憎恨和輕視的態度，公開宣稱是他們使帝國第一次落入衰亡的深淵。約翰·瓦塔西斯用溫和寬容的語氣提到蒙古人大舉進犯的日期。等到光復君士坦丁堡以後，第一位登上寶座的帕拉羅古斯皇帝，始終為國內和國外的敵人所包圍。查理的寶劍總是懸掛在他的頭頂，只有卑辭厚幣請求羅馬教皇開恩，為了解除當前的危險，可以犧牲自己的信仰和品德以及臣民對他的愛戴。米迦勒八世逝世以後，君王和人民重申教會的獨立和信條的純正，安德洛尼庫斯二世對於拉丁人既不畏懼也無愛護之心，等到最後陷入困境，驕傲成為迷信的支柱，要想收回年輕時堅定和正統的聲明，在這個年紀已無法保持顏

面。他的孫子安德洛尼庫三世不受習性和處境的擺布，俾西尼亞被土耳其人奪走，逼得他要與西部的君王在政治和宗教方面結成同盟。

五十年的分離和不通音信之後，僧侶巴拉姆(Marlaam)成爲機密的特使，前往觀見教皇本篤十二世(Benedict XII)[*1]，奉有詳盡精確的指令出於皇家內衛統領高明的手筆[2](1339A.D.)，他經過授權的說辭如下：

> 神聖的教父，皇帝期盼兩個教會聯合，急切的心情決不亞於您的關懷，但是要處理這個微妙的問題，他有責任要考量自己的職位和臣民的成見。聯合方式有兩條可行之路，那就是強制和說服。談起強制，自從拉丁人征服希臘帝國以來從未獲得民心，經過多次的試驗發現毫無成效；說服的辦法雖然緩慢費時，安全獲得保障能夠持久。我們派由三、四十位神學家組成一個代表團，在熱愛眞理和統一信仰方面，可以與梵蒂岡的學者達成共識。但是等到他們返回以後，除了受到同胞的輕視，面對一個盲目而固執的民族所給予的責難，這種共識又能發揮什麼作用，獲得什麼好處呢？然而，這個民族習慣於尊重大公會議的決定，可以明確指出信仰應遵守的條款和項目。如果他們反對里昂的信條，那是東部教會對於獨斷專行的會議，事先既未與聞更沒有派代表共襄盛舉。爲了達成有利的目標，雖是權宜之計卻也有其必要，那就是選出一位代表教皇的使節，派到希臘會見君士坦丁堡、亞歷山卓、安提阿和耶路撒冷的教長，接受他們的幫助，籌備召開自由而廣泛的宗教會議。但是在目前的狀況下，帝國正遭到土耳其人的攻擊，局勢非常危險，他們已經占領安納托利亞四個最大的城市，那裡的基督徒居民表示願意恢復他們

---

*1 [譯註]本篤十二世是法蘭西籍教皇(1334-1342A.D.)，極力整頓修會，建立嚴格的教規，遭致神職人員的反對，在1336年發布諭令指出人死後可見到天主。

2 奧德里庫斯‧雷納達斯(Odericus Raynaldus)接替編纂巴隆紐斯《編年史》的工作，這份令人感到好奇的指示，是他抄錄自梵蒂岡的檔案(我相信它的來源是此地)。我對弗祿里(Fleury)神父的著作極爲欽佩，發現他的摘錄不僅清晰精確而且公正無私。

的忠誠和宗教。但是皇帝的兵員和財力不足以解救他們，因此羅馬使節必須帶來一支法蘭克的軍隊，最好是先行發兵，驅除不信上帝的異教徒，打開前往聖墓的通路。

如果懷疑的拉丁人需要獲得保證，事先要求希臘人提出真誠的條件，巴拉姆給予明確而合理的答覆：

其一，只有舉行大公會議才能完成教會的聯合，然而在三個東方教長和眾多的主教，沒有從穆斯林的桎梏之下獲得解救之前，不可能召開這樣的宗教會議。其二，希臘人長期受到壓迫和傷害，東方和西方的關係已經疏離，需要表現兄弟情誼的行動和有效的幫助獲得和解和認同，要加強皇帝和盟友的權威，同意他們提出的論點。其三，如果在教義和儀式上出現無法彌補的歧見，無論如何，希臘人還是基督的信徒，土耳其人始終是基督徒共同的敵人。亞美尼亞人、塞浦路斯人和羅得島人受到攻擊，對於法蘭西君王而言，拿起刀槍為保衛宗教而戰就是虔誠的行為。其四，即使將安德洛尼庫斯的臣民當成最壞的分裂教會者、異端邪說或異教徒看待，西部強權國家也應該贊同一個明智的政策，也就是接納一個有用的盟軍，支持一個搖搖欲墜的帝國，保衛歐洲的邊境，一定要聯合希臘共同抗拒土耳其人。如果他們的軍隊據有希臘戰敗的人員和財富，豈不是如虎添翼。

安德洛尼庫斯的理想、條件和需求，全部被對方用冷淡而嚴肅的態度加以回避。法蘭西和那不勒斯國王放棄十字軍東征的危險和榮譽，教皇拒絕召開新的宗教會議再來肯定舊的信條，為了認同拉丁皇帝和教士已過時的主權要求，使得他運用令人反感的稱呼：「致希臘元首[3]和自稱東方

---

3 語意含糊的頭銜相當高明富於創意，「首長」(moderator)一辭有很多同義語，用

教會教長的人士」。皇帝就是想要教皇組成所望的使節團,要遇到更不祥
的時刻和更會唱反調的人物可也不太容易。本篤十二世是個笨拙的農夫,
猜疑之心極重以致無所適從,沉溺於怠惰和嗜酒的生活,想要把第三頂皇
冠加在教皇的三重冠上面,憑著傲慢的性格倒是綽綽有餘,但是在其他方
面卻不適合擔任國家和教會的職務。

二、希臘帝國兩位皇帝與教皇的談判和訂約(1348-1355A.D.)

等到安德洛尼庫斯過世後,希臘陷於內戰的惡鬥,不再為基督徒的聯
合大聲呼籲。但是康塔庫齊尼剛剛征服和饒恕敵人,對於引導土耳其人進
入歐洲,以及他的女兒嫁給一位穆斯林君王,就急著想為自己的行為提出
解釋,或者至少能緩和大眾的視聽。兩位政府官員和一位拉丁語通事,用
他的名義派往羅馬教廷(1348A.D.),教廷自從遷到隆河岸邊的亞維農,已
有七十年之久。他們表明基於絕對必要不得不與異教徒結盟,同時根據他
的指示,對於教會聯合和十字軍宣布華而不實的陳腔濫調。本篤的繼承人
教皇克雷芒六世(Clement VI)*4,給予友善和體面的接待,承認他們的君
王清白無辜,諒解他處於為難的困境,讚許他那心胸開闊的氣度,並且表
示對希臘帝國的現狀和變革全部瞭如指掌,那是一位薩伏衣貴婦人如實稟
告,她過去是安妮皇后的侍從女官5。如果說克雷芒的本性不具備教士的
德行,他卻擁有君王的氣勢和風度,用那雙慷慨的手分配聖職或王國同樣
遊刃有餘。在他的統治之下,亞維農成為講究排場和歡樂的政治中樞,他
年輕時過著比貴族還要放蕩的生活,教皇的宮殿,不對,是他的寢室時常

(續)————
　　在這裡帶有西塞羅和拉丁文的古典風格。杜坎吉的《辭典》不會收錄這個字,在
　　羅伯特‧司蒂芬斯(Robert Stephens)的《類辭彙編》裡可以找到。
*4　[譯註]克雷芒六世是法蘭西籍教皇(1342-1352A.D.),在亞維農登上寶座,加強教
　　皇的政教權力,在百年戰爭保持親法的立場,黑死病流行期間照顧病患,對猶太
　　人提供庇護。
5　她的名字(很可能會弄錯)叫香帕婭(Zampea),一直單獨留在君士坦丁堡陪伴女主
　　人,這位貴婦人的謹慎、博學和文雅贏得希臘人的讚譽和欽佩。

出現深受寵愛的女性，美化他的感官也污染他的心靈。法蘭西和英格蘭的
戰爭與他神聖事業背道而馳，但是希臘人的光輝構想可以滿足他的虛榮，
所以使臣在返國時有兩位拉丁主教陪同，他們是教皇派出的使節。到達君
士坦丁堡以後，皇帝和使節相互讚許對方的虔誠和辯才，他們在會議中經
常見面，表達稱讚的頌辭和口頭的承諾，大家都很愉快但是誰也不會上
當。信仰虔誠的康塔庫齊尼說道：

> 我非常看好這場聖戰的前景，可以增加個人的榮譽和基督教世界的
> 公眾利益。我的領土允許法蘭西的軍隊自由通行，要把我的部隊、
> 船隻、錢財全部奉獻給共同的大業，要是我能獲得殉教者的桂冠，
> 將是上天賜給我畢生最大的榮幸。我渴望分散的基督徒再度聯合起
> 來，始終抱著言語無法表達的熱情。要是個人的犧牲能夠促成理想
> 的達成，我會很高興的拔劍自刎；如果能從骨灰中飛起浴火重生的
> 鳳凰，我願架起柴堆親手舉火自焚。

　　然而這位希臘皇帝語氣一轉，說是傲慢和魯莽的拉丁人提出的教條，
使得兩個教會產生分裂。對於第一位帕拉羅古斯皇帝採用奴性和專橫的辦
法，他完全加以否認，同時非常堅定的宣布，除非召開一次自由而又廣泛
的大公會議，對於基督教的信條做出最後的決定，否則他不能違背自己的
良知和理念。他接著說道：

> 鑑於目前的情勢，不容許教皇和我在羅馬或君士坦丁堡晤面，但是
> 可以在兩個帝國的邊境附近選擇一個濱海的城市，讓東部和西部的
> 主教團結起來，做出好的榜樣來教誨所有的信徒。

　　教皇的使節對這個建議事項似乎感到滿意，康塔庫齊尼像是沒有達成
希望，裝出一副悲傷的神色。事實確實如此，克雷芒很快逝世，他的繼承
人擺出另一種姿態，皇帝的種種構想全部成為鏡花水月。康塔庫齊尼的生

命極其漫長,在修道院裡苟延殘喘度過餘生,這位謙卑的僧侶除了祈禱,
已經沒有能力指導他的門生或他的國家。

然而,在所有君士坦丁堡君王之中,只有身為門生的約翰・帕拉羅古
斯*6,真正贊同、相信和服從西部的牧者。他的母親薩伏衣的安妮是在拉
丁教會的懷抱裡受洗,她與安德洛尼庫斯的結縭逼得要改換名字、服飾和
信仰,但是她的內心仍舊忠於她的國家和宗教。她的兒子從小接受她的教
導和培養,即使皇帝在成年以後,無論是思想還是身體都始終受到她的控
制。在他獲得自由再度登基稱帝的第一年,土耳其人仍舊掌握海倫斯坡海
峽,康塔庫齊尼的兒子在亞得里亞堡準備出兵。帕拉羅古斯自己沒有實力
也無法依靠人民,於是接受母親的建議,希望能獲得外國的援助,不惜放
棄教會和國家的統治權利,把用紫色墨水簽署蓋上金牛印璽的賣身契7,私
下託付給一名意大利代理人(1335A.D.)。這份協定的第一條是誓詞,永遠
效忠和服從羅馬和正統教會至高無上的教皇英諾森六世和他的繼承人。皇
帝答應用尊敬的態度接待教皇的使節和教廷大使,安排當作住處的宮殿以
及舉行宗教儀式的禮拜堂,同時指派他的第二個兒子馬紐爾作為人質保證
他的誠意。俯就屈服的結果使他獲得迅速到來的援軍,一共是十五艘戰
船、五百名武裝士兵和一千名弓箭手,用來對付他的基督徒和穆斯林的敵
人。帕拉羅古斯想將同樣的精神枷鎖強加在教士和人民身上,但是預見希
臘人一定會抗拒不從,他採用兩種有效的方法就是收買和教化。教皇的使
節獲得授權,只要聖職人員簽署贊同梵蒂岡的信條,可以優先派任已有空
缺的教職。在君士坦丁堡建立三所學校,教授年輕人拉丁的語文和經典,
帝國的繼承人安德洛尼庫斯成為第一位登記的學生。要是這種說服或強迫
的方式全都失敗,帕拉羅古斯公開承認德薄能鮮無力治國,把君權和父權

---

*6 [譯註]本書提到約翰一世和二世的稱號與東羅馬帝系的排名不盡吻合,約翰一世
　　應為約翰五世,而約翰二世應為約翰八世。如僅就帕拉羅古斯王朝而論,這個稱
　　呼還是漏掉中間兩位獲得「約翰」名銜的皇帝。

　7 可以參閱弗祿里《教會史》一書,裡面記載這份可恥的條約,雷納達斯抄錄自梵
　　蒂岡的檔案。對於洋溢著宗教意味的偽造文件,沒有必要大費周章。

全部轉移給教皇，對於他的兒子和繼承人的家族、政府和婚姻有關事務，授與英諾森全權處理。但是這份協約從未執行也沒有公開發布，羅馬人的戰船如同希臘人的從命，同樣是毫無下落的幻想而已，最後還是靠著嚴守機密，使得君王逃過一事無成和身敗名裂的羞辱。

三、希臘皇帝約翰·帕拉羅古斯及其子訪問歐洲(1369-1402A.D.)

土耳其人的武力產生巨大風暴，很快降臨到帕拉羅古斯的頭上。自從亞得里亞堡和羅馬尼亞喪失以後，他落爲傲慢的阿穆拉手下的家臣，被困在都城，唯一可恥的願望是能盡量拖延時日，成爲野蠻人最後的俎上魚肉。處於這種極其惡劣的狀況之下，帕拉羅古斯決定乘船前往威尼斯，然後投身在教皇的腳前(1369年10月13日)。他是第一位訪問西部陌生地區的拜占庭君王，然而也只有這裡可以找到安慰或紓解，在神聖的樞機主教團前面露面，總比到土耳其政府能保住更多的尊嚴。羅馬教皇在長久離開以後，現在又從亞維農回到台伯河畔，烏爾班五世的個性溫和善體人意，鼓勵或贊同希臘國君的朝聖活動。梵蒂岡在同一年內有幸能接待兩位皇家的幽靈，這兩位陛下分別代表著君士坦丁大帝和查理曼大帝。君士坦丁堡的皇帝在這次懇求援助的訪問中，由於過去不斷的災難早已磨掉驕縱的氣焰，講出很多客套話，表現過分謙虛的模樣。他當著四位紅衣主教的面前，等於接受預先的考驗，以眞正正統基督徒的身分，承認教皇的無上權威和聖靈的雙重流出性質。經過這番心靈的淨化過程之後，他被引導到聖彼得大教堂進行公開的觀見。烏爾班在紅衣主教的護從之下登上寶座，希臘皇帝行了三次屈膝禮，虔誠親吻神聖教父的腳和手最後是嘴唇。教皇當著他的面主持大彌撒，允許他走在前面牽著騾子的韁繩，梵蒂岡爲他舉行豪華的宴會。帕拉羅古斯受到友善而體面的接待，然而東部和西部的皇帝還是有點差別[8]，前者不可能獲得罕見的特權，那就是以輔祭的聖職吟誦

8　然而他的頭銜是希臘皇帝，已不再引起爭論。

福音書[9]。

　　烏爾班為了賜給新入教者莫大的恩惠，竭盡所能要激發法蘭西國王和其餘西方強權的宗教狂熱，但是發現他們對共同的大業極其冷淡，僅僅熱衷於內部的爭權奪利。皇帝最後的希望寄託在一支英國的傭兵隊伍，賀克沃德(Hawkwood)[10]或稱阿庫托(Acuto)領導一幫亡命之徒自稱「白種弟兄」，從阿爾卑斯山到卡拉布里卡，在意大利四處蹂躪，相互敵對的國家可以花錢買到他們的服務。他們彎弓搭箭射向教皇的住所，受到革出教門的處分。教皇現在特別發布一份赦令同意與這群盜匪舉行談判，但是賀克沃德的兵力或勇氣都無法擔負這項任務。這樣一支援軍所費不貲，產生的作用有限卻帶來危險的後果，帕拉羅古斯感到失望未嘗不是一件好事。走投無路的希臘人[11]只有準備返國，就是歸程也遭遇羞辱不堪的阻礙。他抵達威尼斯以後，原來用利息驚人的高利貸借了大筆款項，但是現在他的錢櫃已經空空如也，債權人生怕血本無歸急著要他還錢，就把他拘留下來當作付款最好的抵押品。他的長子安德洛尼庫斯是君士坦丁堡的攝政，一再受到催促要盡力張羅財源，甚至搜刮教堂的金錢都在所不計，好把他的父親從囚禁和屈辱中解救出來。但是這個喪失人性的年輕人根本不以羞愧為忤，反而以皇帝被囚在暗中感到慶幸。政府非常窮困，教士極其頑固，出於宗教的考量可以為冷漠和拖延的罪行找到理由充分的藉口。這種失職的疏忽行為受到孝順的弟弟馬紐爾嚴厲譴責，他很快變賣或抵押全部的財

9　吟誦福音書的君王限於查理曼大帝的繼承人，舉行儀式的時間只限於耶誕節。在其他的節日，身為皇帝的輔祭在望彌撒時，能為教皇捧《聖經》或聖體就感到心滿意足。然而沙德(Sade)神父寬宏大量的表示，查理四世憑著他為教會建立的功勳，雖然不能在這個適當的日子(1368年11月1日)舉行儀式，還是有資格獲得這些恩典。他好像對這些特權和人員加上額外的價值。

10　意大利文的發音產生訛傳的現象，所以從林中獵鷹(falcone in bosco)聯想到英文字Hawkwood，成為我們這位冒險犯難同胞的名字。他一生獲得二十二次勝利，只有一次失敗，死於1394年，成為佛羅倫斯的將領，光榮的葬禮就共和國的排場而言超過但丁或佩脫拉克。

11　希臘皇帝讓人以為他的旅程是前去會見法蘭西國王，但是這些國家的歷史學家都沒有記載，表示根本沒有這回事。我也不相信帕拉羅古斯曾經離開過意大利。

產，乘船趕到威尼斯解救他的父親，願意用自己的自由權利保證償還所有
的債務。等到帕拉羅古斯返國以後(1370A.D.)，這位父親以國王的身分對
兩個兒子給予應得的報酬。但是生性懶散的皇帝在信仰和行為方面，並沒
有因羅馬的朝聖之旅而有所改進，他的變節背教或改變信仰沒有產生任何
宗教或政治的效果，很快被希臘人和拉丁人遺忘[12]。

　　帕拉羅古斯返國以後又過了三十年，他的兒子和繼承人馬紐爾二世再
次訪問西部各國(1400-1402A.D.)，出於同樣的動機只是範圍更大。在前
面一章我提到他與拜亞齊特簽訂條約，接著是拜亞齊特的毀約，對君士坦
丁堡的圍攻和封鎖，以及在英勇的波西考特元帥指揮下法蘭西援軍的作戰
行動。馬紐爾派出使臣向拉丁強權懇求出兵相助，但是大家認為飽經患難
的國君親自出面，會讓冷酷的蠻族一掬同情之淚，願意供應所提需要。建
議這次旅行的法蘭西元帥，已經完成接待拜占庭皇帝的準備。土耳其人占
領四周的陸地，但是威尼斯的海上航路還是通行無阻，意大利人把他當成
第一次來訪的基督徒國君，至少也是第二位受到歡迎的皇帝。

　　馬紐爾成為信仰的偉大鬥士和懺悔的忠實信徒，不禁使人頓生憐憫之
心，他的行為舉止表現出王者的風範，雖然受到同情也不會被藐視。他經
由威尼斯前往帕度亞(Padua)和帕維亞，甚至就是米蘭公爵這位拜亞齊特
的祕密盟友，都派人帶路將他安全而恭敬的送到邊界[13]。等到進入法蘭西
國境之內，皇家官員負責照料他的起居、行程和用度。巴黎最富有的兩千
名市民全副武裝騎著馬，直到首都附近的查倫頓(Charenton)前去迎接。
他在城門口受到內閣和國會成員隆重的接待，查理六世在王室和貴族的陪
同下，用熱烈的擁抱歡迎他的兄弟光臨(1400年6月3日)。君士坦丁的繼承
人身穿白色的絲質禮服，騎著一匹乳白色的駿馬，這在法蘭西的禮儀守則

12　約翰一世返國在1370年，馬紐爾二世的加冕是1373年9月25日，這段期間之內，還
　　要處理長子安德洛尼庫斯的陰謀事件和給予懲罰。

13　約翰·加利索(John Galeazzo)是勢力強大的首任米蘭公爵，弗羅薩德(Froissard)證
　　實他與拜亞齊特有密切的連繫，對於赦免和解救尼柯波里斯(Nicopolis)的法蘭西
　　戰俘出力不少。

中是極為推崇的表示，白色被視為統治權力的象徵。日耳曼皇帝上次訪問時，經過傲慢的要求和惱怒的拒絕以後，只能同意他騎一匹黑色的良駒。馬紐爾下榻在羅浮宮，接連不斷的邀宴和舞會，還有歡飲和狩獵的歡樂場面，都由殷勤的法蘭西人巧妙安排，真是極盡變化之能事，不僅顯示他們的慷慨也讓來客有賓至如歸之感。主人供應他一所可以自行使用的禮拜堂，索邦（Sorbonne）神學院的學者對於希臘教士的言語、儀式和穿著，感到驚訝也表現出憤慨的神色。但是只要稍微了解到法蘭西王國的現況，就會讓他感到絕望，知道不可能獲得任何援助。可憐的查理容或也有心智清醒的時候，經常會回復到瘋狂或癡呆的精神錯亂狀態。他的兄弟和叔父分別是奧爾良和勃艮地公爵，輪流把持政府的統治權，黨派的爭鬥已經為內戰準備悲慘的結局。兩位公爵之中前一位是少不更事的花花公子，沉溺於奢侈的享受和愛情的生活；後者就是內米爾的約翰伯爵的父親。伯爵最近才從土耳其人的囚禁中贖回，如果無所畏懼的兒子始終對自己的戰敗耿耿在懷想要報仇，老謀深算的公爵認為用龐大的費用和難忘的危險，買到上一次的經驗已經令人感到滿意。

等到馬紐爾饜足法蘭西人的好奇，再留下去會讓人厭倦時，他決定前往鄰近的島嶼去拜訪（1400年12月）。他從多佛（Dover）啟程，到達坎特柏立（Canterbury）接受聖奧斯丁（St. Austin）修道院副院長和僧侶的款待，這位希臘英雄（抄錄我國一位老資格歷史學家的話）在布拉克希斯（Blackheath），受到國王亨利四世[*14]和整個朝廷的歡迎。東部的皇帝暫住倫敦，受到的禮遇極為隆重，但是英格蘭的狀況仍舊背離聖戰的計畫。世襲的統治者在同一年受到罷黜和謀殺，目前當政的君王是成功的篡位者，有些人出於嫉妒和怨恨只有盡量打擊他的雄心壯志。蘭開斯特（Lancaster）的亨利不斷遭受陰謀顛覆與反叛活動，在保護不穩的王座所進行的鬥爭中，已經無法讓自己和兵力抽調出來。他同情君士坦丁堡皇帝的遭遇，也

---

*14 [譯註] 亨利四世(1367-1413A.D.)為蘭開斯特公爵約翰‧剛特之子，廢黜理查二世，平息各地的叛亂，即位為英格蘭國王(1399-1413A.D.)。

欽佩他所採取的行動，所以一再設宴邀請。但是如果這位英格蘭的君王願意打起十字軍的旗幟，不過是在表面上裝出一副虔誠的意圖，僅僅為了安撫他的人民，或者是對自己的良心有所交代而已[15]。無論如何，馬紐爾總算滿足於饋贈和禮遇，再回到巴黎。他在西部住留兩年以後，打道日耳曼和意大利在威尼斯登船，前往摩里亞(Morea)(1402A.D.)耐心等待滅亡或獲救的最後時刻來臨。雖然說他公開或私下出賣自己的宗教，還是能夠避開意料之中的羞辱，主要是拉丁教會的分裂給自己帶來極大的困擾。歐洲的國王、民族和大學分為兩派，完全視他們服從羅馬還是亞維農的教皇而定。皇帝對兩派能修好原來的友誼感到焦慮，只有對貧窮和不得民心的一方全部斷絕連繫和來往。他安排的行程正好趕在大赦年，但是他在通過意大利時，就知道自己沒有希望也無權得到寬容，雖然信徒經由贖罪或懺悔，使得罪行或罪孽可以全面赦免。他的態度過於冷淡，冒犯到羅馬教皇，教皇指責他對基督的聖像有大不敬的行為，勸誡意大利的君王要拒絕和棄除這個頑固的分裂教會者[16]。

四、希臘人在十五世紀對歐洲各國的認識和描述(1400-1402A.D.)

希臘人在十字軍東征期間，帶著驚愕和恐懼的神色，注視著永不停止的遷徙浪潮，從他們所不知道的西部地區不斷流入。最後幾位皇帝的訪問揭開分離的面紗，親眼看到歐洲強大的國家，不能再擺出狂妄的姿態稱他們是無知的蠻族。馬紐爾和勤於打探的隨從人員獲得的觀察，已經由當代一位歷史學家[17]記錄下來，我將這些零亂的觀點加以蒐集和整理，能夠凝

15　莎士比亞的《亨利四世》一劇，都以君王宣誓發起十字軍東征作為開場和結尾，亨利四世相信自己會在耶路撒冷亡故。

16　這件事的來龍去脈記載在《1391-1478年政治史》，馬丁·克魯休斯(Martin Crusius)出版，希臘皇帝拒絕禮拜的基督像很可能是一件雕塑作品。

17　拉奧尼庫斯·查柯康戴爾斯(Laonicus Chalcocondyles)的《希臘和土耳其通史》以1463年冬天為最後的終止日期，突然結束好像表示他在同年封筆不再寫作。據我們所知他是雅典人，幾位與他同名的當代人士在意大利推廣希臘語甚有貢獻，這

視日耳曼、法蘭西和英格蘭早期的面貌,是一件十分有趣也富於教誨意味的作法,當然我們對這幾個國家過去和現在的狀況一直了然於心。

　　其一,日耳曼(以下都是希臘人查柯康戴爾斯的說法)從維也納到大洋有遼闊的疆域,從波希米亞的布拉格延伸(很奇特的地理描述方式)到塔提蘇斯(Tartessus)河以及庇里牛斯山[18]。土壤除了不能種植無花果樹和橄欖樹以外,其他作物的產量非常豐富,氣候宜人,土著的身體健康強壯,寒冷地區很少受到瘟疫和地震的災害。日耳曼人僅次於錫西厄人和韃靼人,是人口眾多的民族,他們作戰勇敢又能吃苦耐勞,要是團結在一位領袖的指揮之下,發揮的戰力可以說是所向無敵。教皇的恩賜使他們獲得推選羅馬皇帝的特權,再也沒有一個民族像他們那樣忠心耿耿,順從拉丁教長的信仰和教誨。整個國度絕大部分領土被諸侯和高級教士所瓜分,但是斯特拉斯堡(Strasburgh)、科隆、漢堡和兩百多個自由城市,完全根據平等的法律,按照全民的意願和整體的利益,交由社會賢明人士進行治理。無論在和平還是戰爭時期,還是流行一對一的徒步決鬥。他們的勤勞能在所有的工匠技藝方面居於領先的地位,日耳曼人一直吹噓他們發明火藥和大砲,現在已經遍及地球大部分地區。

　　其二,法蘭西王國位於日耳曼和西班牙,以及阿爾卑斯山和不列顛海之間,大致有十五到二十天行程的距離,其間包含很多繁榮的城市,巴黎是國王的居所,富裕和奢侈的程度冠於全國。許多王室人員和各地領主輪流在宮殿聽候差遣,將他尊為他們的統治者,其中權力最大的臣屬是不列塔尼和勃艮地的公爵,後者擁有富裕的法蘭德斯行省,各個港口有來自我國及更遙遠海域的船舶和商人進出。法蘭西人是個古老而富裕的民族,他

────────────────────

(續)

　　位謙遜的歷史學家著述如同天馬行空,經常有弦外之音,但是從未介紹自己。他的編輯琉克拉維斯(Leunclavius, Joannes,法國歷史學家和東方學家)和法比里修斯一樣,對他的平生和習性一無所知。特別是他對日耳曼、法蘭西和英格蘭有深入的描述。

18　我不應該指責查柯康戴爾斯在地理方面的錯誤,拿這個例子來說,可能是引用希羅多德對原文的解釋,希羅多德的無知可以辯解或原諒。難道這些現代希臘人從未讀過斯特拉波或其他次要地理學家的著作嗎?

們的語言和習俗雖與意大利有些不同，但是差別不是很大。他們以查理曼大帝的皇家尊嚴，對撒拉森人的勝利，以及奧利佛(Oliver)和羅蘭(Rowland)的英雄事蹟而感到自傲[19]。他們一直認為在西部的民族之中自己應該居於首位，但是在最近與不列顛島的居民英格蘭人交戰失利，愚蠢的傲慢氣焰已經有所收斂。

其三，不列顛位於法蘭德斯海岸的對面，是一個大島，也可以看成三個島嶼，他們以共同的利益、相同的習俗和類同的政府聯合成為一體。全島的周長約為五千個斯塔迪亞，上面布滿城鎮和村莊，雖然不產葡萄酒，各種果樹也很少，但小麥和大麥、蜂蜜和羊毛的產量豐富，居民製造很多布匹。倫敦是這個島嶼的首府，就人口、權勢、富足和奢華而論，在西部所有城市中間可以說是首屈一指，位置在河面寬闊而水流湍急的泰晤士河畔，離注入高盧海的河口有三十哩，每天潮水的漲落為商船提供進出的安全航道。國王是一個強大而動亂的貴族集團的首領，主要的諸侯運用自由權利和永久時效來保有他們的產業，國王的權力和臣屬的服從由法律規定其範圍和限度。這個王國經常為外來的侵略和內部的叛亂所苦，不過土著不僅勇敢而且強壯，以重視軍備和戰無不勝而聞名於世。他們的長盾和小圓盾仿效意大利人，長劍來自希臘人的規格，只有長弓非常特別，使英格蘭人獲得決定性的優勢。他們的語言並非淵源於歐洲大陸，至於家庭生活的習慣與相鄰的法蘭西人沒有多大差別，但在這方面最特殊之處是忽略婚姻的尊嚴和婦女的貞操。他們相互拜訪時，為了表示友好和歡迎，會讓妻子和女兒與客人擁抱，朋友之間將她們借來借去也不以為恥，這種奇特的交易會產生無可避免的結果，島民根本不放在心上。大家都了解古老英格蘭的習俗，確信我們的母親具有各種懿德，這名希臘人把正常的禮貌[20]混

---

19 大多數古老的浪漫傳奇在十四世紀譯成法文的散文形式，很快在查理六世的宮廷成為騎士和貴婦最受歡迎的消遣。要是一個希臘人相信羅蘭和奧利佛的事蹟，對於這個民族的歷史學家那些聖丹尼斯的僧侶，就會諒解他們把總主教特平(Turpin)的寓言寫進《法蘭西年代記》。

20 伊拉斯繆斯就英格蘭流行的風氣寫了一段有趣的文字，特別提到外鄉人在到達或離開時，女士們會給予親吻。不過，他並沒有從這裡扯出聲名狼藉的推論。

淆爲罪惡的摟抱,我們對這種輕信可以付諸一笑,當然可以爲惡意中傷表
示憤慨之意。但是他的輕信和中傷讓我們獲得一個重大的教訓,那就是不
要相信外國人士和遙遠國度的報導,對任何違反自然法則和人類天性的傳
聞,都要抱著懷疑的態度[21]。

五、馬紐爾對拉丁人的冷淡態度和個人動機(1402-1437A.D.)

帖木兒獲得勝利以後,馬紐爾二世返國在和平與繁榮中統治很多年
(1402-1417A.D.)。拜亞齊特的兒子力求友好相處不再侵犯帝國的疆域,
這時他對整個民族的宗教感到心滿意足,利用空閒時間寫了二十篇神學對
話錄來爲他的信仰辯護。拜占庭的使臣出現在康士坦斯的大公會議,當眾
報告土耳其人的權力已經復原,基於這種情勢決定要與拉丁教會恢復關
係。穆罕默德和阿穆拉兩位蘇丹的征服行動,使得皇帝和梵蒂岡和好如
初,君士坦丁堡受到圍攻,幾乎誘使他默認聖靈雙重流出的性質。當馬丁
五世[*22]在沒有競爭對手狀況下登上聖彼得寶座時,東部和西部之間恢復信
函和使節的友好交往。教皇這邊雄心勃勃而另一邊災難綿綿,使雙方都使
用仁慈與和平的高雅語言(1417-1425A.D.)。富於心機的希臘皇帝表明他
的願望,要讓六個兒子都娶意大利的公主,羅馬人也會玩花樣,他們嫁出
蒙特費拉侯爵的女兒,陪伴一群貴族出身的處女,要用綺年美貌來軟化頑
固的分裂教會者。然而在熱情面具掩蓋下可以明察一切的眼睛,看到君士
坦丁堡的宮廷和教會只有空洞和虛僞。

皇帝總是根據世局變化的安危來決定自己的進退,對大臣的指示朝令
夕改毫無擔當。他爲了逃避據理力爭的要求,強調他的職責要進行深入的

---

21 或許我們可以將這種評述用於古代不列顛人的母系社會,凱撒和笛翁的著作以及
雷瑪(Reimar)的註釋都抱持這種看法。奧塔海提(Otaheite)筆下的阿洛伊(Arreoy)
的罪行一開始很明確,但是我們對這個文雅而多情的民族愈來愈了解時,罪行就
愈來愈不明顯。

*22 [譯註]馬丁五世是意大利籍教皇(1417-1431A.D.),譴責教會分裂主義,再建教皇
國和教廷的權威,維護教會在英格蘭和西班牙的權利。

研究，有義務要明瞭教長和主教的見解。目前土耳其大軍兵臨城下，已經
不可能將他們召集前來開會。檢討這些公開的處理方式，可以看出希臘人
堅持三個相連的步驟：派遣援軍、召開會議、教會統一。拉丁人要避開第
二步，僅僅同意派遣援軍作為最後步驟的必然結果和自願回報。但是我們
獲得一次機會明瞭馬紐爾最隱密的意圖，那是他在私下談話中想要對此事
解釋清楚，所以非常坦誠毫無虛假或掩飾。年邁的皇帝已經與長子約翰二
世帕拉羅古斯共同統治，並且授與他政府絕大部分的權力和責任。有一天
僅有受他重用的宮廷總管、歷史學家法蘭札(Pharanza)[23]在場，他對共治
者和繼承人說出與教皇談判的主要原則[24]。馬紐爾說道：

> 土耳其人最怕我們與拉丁人的聯合，也怕西部好戰民族，這些前來
> 援救我們的軍隊就會給他們帶來滅亡，所以這是我們對付土耳其人
> 最後的手段。你只要一受到異教徒的威脅，馬上要讓他們看到即將
> 面臨的危險。可以提出協商的建議，討論採行的辦法，但是要拖延
> 或避免召開對宗教和政治利益都無好處的大公會議。拉丁人非常自
> 負而希臘人生性固執，每一邊都不會讓步或退卻。企圖完美的聯合
> 只能助長分裂分子的氣焰，疏離兩個教會的關係，留下我們毫無勝
> 利的希望或自衛的能力，任由蠻族處置和擺布。

　　皇家年輕人根本聽不進有益的教訓，就從座位上起來毫無表示的離
去。老謀深算的君王(法蘭札繼續記述)轉過來望著我，接著往下說道：

---

23 喬治・法蘭札(George Phranza)年紀很輕就受到任用，在政府和皇宮裡服務，漢克
　　烏斯(Hanckius)從他的著作中蒐集到他的平生事蹟。馬紐爾過世時他的年紀不過
　　二十四歲，在先皇極度讚許之下推薦給帝國的繼承人。然而皇帝約翰二世的態度
　　很冷淡，後來他只能為伯羅奔尼撒藩王效勞。
24 在羅馬、米蘭以及艾斯庫里(Escurial)圖書館，很早就存有大量希臘原作的抄本和
　　手稿，但是令人感到慚愧，我們的水準低落要靠詹姆士・潘塔努斯(James
　　Pontanus)的拉丁文譯本和書摘，何況他的譯文不能滿足信、達、雅的要求。

我的兒子把自己看成偉大的君主充滿英雄氣概，唉，老天！這個不
幸的時代還能容許英雄主義和豐功偉業！他那大無畏的精神可能適
於祖先的開創時期，然而目前的情勢並不需要一位皇帝，而是一位
謹慎的管家處理僅有一點剩餘的財產。我記得很清楚，在我們與穆
斯塔法結盟的時候，他抱有極爲崇高的理想。我非常害怕他那不顧
一切的勇氣，會促使整個家族遭到毀滅的命運，甚至就是宗教問題
處理不當也會使我們墜落在萬丈深淵。

　　然而馬紐爾的經驗和權威能夠保住和平，避免召開宗教會議。他到七
十八歲時穿著僧侶的衣服結束漫長的一生，把值錢的動產分給他的兒女和
窮人，還有他的醫生和受到喜愛的僕從。在他的六個兒子之中，次子安德
洛尼庫斯繼承提薩洛尼卡公國，等到他把這個城市賣給威尼斯人後不久死
於痲瘋病，最後這個城市還是被土耳其人占領。意外的機遇使得伯羅奔尼
撒或摩里亞重回帝國的懷抱，馬紐爾處於那段一帆風順的時期，在這個正
面六哩的狹窄地峽[25]興建石頭城牆和一百五十三座碉堡，這道城牆被鄂圖
曼王朝第一次的攻擊所摧毀。富裕的半島用來供養四個年輕的兄弟狄奧多
爾、君士坦丁、德米特流斯和湯瑪士，本來是綽綽有餘，但是他們在內部
的紛爭中耗盡殘餘的實力，運道最差的競爭者最後只能在拜占庭皇宮過著
寄人籬下的生活。

　　馬紐爾的長子約翰二世帕拉羅古斯在父親逝世後，被尊爲希臘人唯一
的皇帝(1425-1437A.D.)。他立刻拋棄髮妻要娶特里比森德的公主，認爲
成爲皇后的首要條件就是容貌美麗。教士也都屈服於他那強硬的態度，除
非同意他離婚，否則他情願退隱到修道院，把寶座讓給他的弟弟君士坦
丁。帕拉羅古斯平生第一次的勝利，實在說是唯一一次勝利，是從猶太人

25　精確測量六里峽(Hexamilion)兩海之間的寬度是三千八百突阿斯，每一突阿斯的長
　　度是六希臘尺，一希臘哩仍舊少於六百六十法制突阿斯，丹尼爾認爲這種長度單
　　位土耳其還在使用。地峽的寬度經過計算應該是五哩，可以參閱斯朋(Spon)、惠
　　勒(Wheeler)和錢德勒(Chandler)的《遊記》。

身上取得[26]，經過長時期極爲精闢的辯論以後，終於說服這名猶太人改信基督教，此一值得紀念的征服行動非常詳盡記錄在正史之中。他很快重新策定東部和西部的統一計畫，根本不理他父親當年的勸告，帶著誠摯的意願接受提議，要越過亞得里亞海在大公會議中與教皇晤面。行程頗爲危險的計畫受到馬丁五世的鼓勵，他的繼承人尤金紐斯四世(Eugenius IV)*27表現出冷淡的態度，經過一番冗長的談判之後，皇帝接到一個拉丁宗教大會的邀請，只是會議性質帶著新的主張，巴西爾那些獨行其事的高級教士，自認是正統教會的代表和審判官。

六、拉丁教會的敗壞和分裂及對希臘帝國的爭取(1377-1437A.D.)

羅馬教皇爲宗教自由的大業進行鬥爭，獲得光輝的成果，然而獲勝的教士很快受到解救者暴政的壓迫，他們發現對政府官員極其銳利有效的武力，對教皇神聖的品格絲毫不能發揮作用。賦予教士自由選舉權的偉大憲章，可以用上訴的方法消除選舉的結果，可以用委託或推薦的手法予以規避，可以用任意賜與的方式加以阻止，可以用預先和專橫的保留加以取代[28]。羅馬教廷開始出現公開的拍賣活動，從各個民族掠奪的戰利品使紅衣主教和受寵廷臣大發利市，每個地區都已經怨聲載道，位置重要和地價最高的教會土地，全都集中在國外人士和遙領地主的手裡。教皇居住亞維

---

26 猶太人頭一個提出的異議是有關基督的死亡，如果出於自願的行爲，基督應該算是自殺。皇帝對這個問題用神祕的教義加以迴避，然後他們爭論處女生子的概念和預言的性質等項目。

*27 [譯註]尤金紐斯四世是意大利籍教皇(1431-1447A.D.)，在位期間就教皇權威問題，與主張改革教會的巴西爾宗教會議，進行反覆的鬥爭，終於使教皇的政教權力得以鞏固。

28 保洛(Paolo)神父的論文〈教會之架構〉(delle Materie Beneficiarie)(這篇論文收在他的文集第四卷，這是最後和編得最好的一部作品)，對於教皇體制有深入的研究，敘述的方式能夠自由發揮。即使羅馬和他的宗教已經絕滅，寶貴的鉅作還會流傳下去，這部書是闡揚理性的歷史和有益人類的訓誡。

農那段時期,雄心壯志墮落爲更爲卑微的欲望,全心全意貪求財物[29]要過奢侈的生活。他們嚴格規定教士要繳納就任禮金和十一稅,對於犯罪、騷動和腐敗的人員可以隨心所欲給予赦免,這些形形色色牽連廣泛的不法行爲,因爲西部的教會分裂變得狀況更爲嚴重,延續的時間長達五十多年之久(1377-1429A.D.)。

羅馬和亞維農激烈鬥爭,敵對雙方盡力互揭瘡疤,他們的職位朝不保夕,不僅貶低原有的權威更鬆弛古老的戒律,增加浮濫開支和橫徵暴斂的需要。在比薩(1409A.D.)和康士坦斯(1414-1418A.D.)[30]先後召開兩次宗教會議,以癒合教會的創傷,恢復君主政體的專制。但是參加這兩次大會的人員,知道自己所具有的實力,決心要維護基督教貴族統治的特權。康士坦斯會議的神父對兩位教皇提出人身指控,判定他們有罪後加以擯棄,接著罷黜已經承認統治權的第三位教皇,進而研討羅馬最高權力的性質和範圍,一直要等到建立大公會議的權力機構能夠超越教皇,否則他們不願意解散。他們爲了教會的管理和改革,決議定期召開類似的集會,每次會議結束之前,要確定後續會議的時間和地點。受到羅馬教廷的影響,下次在西恩納(Sienna)召開的會議很容易避開,但是巴西爾會議(1431-1433A.D.)[31]大膽而強硬的議程,幾乎給當政的教皇尤金紐斯四世帶來致命的打擊。神父懷疑他別有用心,急忙公布第一項信條,授與戰鬥教會在塵世的代表,對於包括教皇在內的所有基督徒,擁有神聖的宗教裁判權。

---

29 教皇若望二十二世將一千八百萬弗羅林金幣,以及價值七百萬金幣以上的金銀器具和珠寶,全部留在亞維農。可以參閱約翰·維拉尼(John Villani)的《年代記》,他的兄弟從教皇的司庫收到這份帳目,在十四世紀有一份六或八百萬英鎊的財產,不僅數目極其龐大而且幾乎難以置信。

30 一位學識淵博而崇尚自由的新教徒連芬特,對於比薩、康士坦斯和巴西爾的大公會議,寫出六卷風格嚴謹的四開本歷史鉅著,但是最後部分除了波希米亞問題有關的記載能夠一絲不苟以外,撰寫的過程失之倉卒,運用的資料不夠完整。

31 巴西爾會議的原始提案和記錄編成十二卷四開本的鉅著,保存在公立圖書館,巴西爾是一個自由城市,位於萊茵河畔,交通非常便利,鄰近的瑞士聯邦派出軍隊提供保護。1459年教皇庇護二世(伊涅阿斯·西爾維斯[Aeneas Sylvius])在此建立大學,他曾經在宗教會議中擔任秘書。難道召開會議或設立大學比得上弗羅賓(Froben)出版的著作和伊拉斯繆斯的理論嗎?

除非經過協商獲得他們的同意，否則任何一次大公會議都不得解散、延期
或遷移。尤金紐斯在怒氣衝天之下，為反對大會的決議而頒布諭令，因此
他們大膽召喚，勸誠、威脅和譴責聖彼得蠻橫無禮的繼承人。他們一再延
後，是為了讓他獲得充分悔悟的時間，最後宣布給他六十天的期限，如果
不能聽命行事，他將被暫停行使所有塵世和教會的權力。他們為了顯示對
君王和教士同樣擁有統治權，出面接管亞維農政府，廢止神聖財產權的轉
讓，保障羅馬人的權益免於繳納新稅。這些大膽的行為不僅受到教士在輿
論方面的認同，也獲得首批基督教世界的君王給予支持和鼓勵。西吉斯蒙
德(Sigismond)皇帝宣稱自己是宗教會議的僕從和保護人；日耳曼和法蘭
西擁護他們的神聖事業；米蘭公爵是尤金紐斯的仇敵；教皇在羅馬人民的
暴亂中被趕出梵蒂岡。現在他同時被塵世和宗教的臣民所遺棄，除了屈服
已經是別無選擇，教皇下達一道喪失顏面的諭令撤銷自己的議案，批准會
議的決議事項，他的使節和紅衣主教全部併入受到尊敬的團體，似乎完全
順從最高立法機構所制定的信條。這個團體的名聲傳遍東部地區，西吉斯
蒙德當著他們的面接見土耳其蘇丹派來的使臣，他們把十二隻裝滿絲綢衣
服和黃金的大甕放在他的腳前。

　　巴西爾的神父認為最大的榮譽，是將希臘人和波希米亞人約束在教會
的範圍之內，他們派出代表邀請君士坦丁堡的皇帝和教長，參加受到西部
各民族所信賴的宗教大會(1434-1437A.D.)。帕拉羅古斯並不反對這個建
議，他的使節被用適當的禮儀介紹給正統教會的元老院。但是會議地點的
選擇成為難以克服的障礙，因為他拒絕越過阿爾卑斯山或西西里海，明確
要求把宗教會議移到意大利交通便利的城市，必要時也可以在多瑙河地
區。這項協定的其他條款都很順利制定，同意支付皇帝的旅行費用，包括
七百人的隨從行列[32]，立即匯給八千達克特(ducat)[33]作為希臘教士膳宿之

32　從這份名單可以看出，希臘人的數量超過神職人員和俗家信徒的實有數，這些人
　　後來全都在照料著皇帝和教長，但是教會的首席司事沒有列出詳細的人數。他們
　　在與教皇談判時提出條件，這次訪問要求供給七萬五千弗羅林金幣，獅子大開口
　　的費用已經超過他們的希望和需要。

用,在皇帝出國期間,額外提供一萬達克特、三百名弓箭手和若干艘戰
船,用來保護君士坦丁堡的安全。亞維農城先行墊付部分籌備經費,馬賽
進行裝運的準備工作時遭遇很多困難和延誤。

七、東部皇帝參加大公會議的本末和爾後的影響(1437-1438A.D.)

帕拉羅古斯遭遇災難時,西部的教會勢力都在爭取他的友誼。但是這
位手段高明而又積極進取的君王,比起緩慢辯論和態度僵硬的共和國,在
這方面倒是占到上風。巴西爾的信條繼續傾向於限制教皇的專制權力,要
在教會內部建立一個崇高和恆久的法庭。尤金紐斯四世對帶來的束縛難以
忍耐,希臘人的聯合可以提供一個合適的藉口,將叛逆的宗教會議從萊茵
河遷往波河,只要越過阿爾卑斯山,那些神父就喪失獨主自主的能力。他
們那時只有免為其難堅持退守薩伏衣或亞維農,從君士坦丁堡來看像是遠
在海克力斯之柱以外的地方[34]。皇帝和教士都擔心長途航行的危險,他們
更被傲慢的宣言所激怒,也就是說在懲治波希米亞人新的異端邪說以後,
這次會議是要根絕希臘人舊的異端邪說[35]。在尤金紐斯這邊,一切安排都
很順利,各處受到尊敬和禮遇,他特別邀請拜占庭君主前去醫治拉丁教會
的分裂,就像他對東部教會採用的療程一樣。菲拉拉(Ferrarra)靠近亞得
里亞海濱,被提出作為雙方友好會晤的地點,經過一番故弄玄虛和偷偷摸
摸的示惠以後,他自行同意一項祕密的教令,要把宗教會議轉移到意大利
一個城市舉行。

(續)————

33 我抱著公正的態度使用達卡特和弗羅林這兩種幣值,它們的得名前者來自米蘭公
爵而後者來自佛羅倫斯共和國。這些金幣是最早在意大利鑄造、或許是在拉丁世
界的金幣,就重量和價值而論可能相當於英國基尼的三分之一。

34 在法蘭札的拉丁譯本快到結尾的部分,我們可以讀到特里比森德的喬治一份冗長
的希臘文信函或演說辭,建議皇帝選擇的對象應該是尤金紐斯和意大利。他用藐
視的眼光看待巴西爾主張分裂的會議以及高盧和日耳曼的蠻族,說他們要用陰謀
鬼計把聖彼得的寶座搬過阿爾卑斯山。難道君士坦丁堡沒有地圖嗎?

35 西羅帕拉斯證實他自己和同胞全都氣憤不已。巴西爾的代表原諒過於草率的宣
言,他們既不能否定也不能改變會議的決議。

　　威尼斯人為了達成這次任務，在坎地亞島準備九艘戰船，他們的行動積極比起巴西爾緩慢的船隻要搶得先機，羅馬的水師提督已經奉有指示，要將對方燒毀、擊沉或破壞。當年這裡是雅典和斯巴達爭奪天下的海域，教士的分遣艦隊原本要在此遭遇，黨派的爭權奪利更為激烈，為了得到帕拉羅古斯的支持不惜動武來解決。在這種情勢下離開自己的皇宮和國土去進行危險的活動，帕拉羅古斯難免感到猶豫不決。父親的勸告言猶在耳，稍有理性也可以判斷出來，拉丁人已經四分五裂，不可能為了東方的事務捨棄前嫌精誠團結。西吉斯蒙德要他放棄這毫無道理的冒險，因為西部的皇帝認同這次宗教會議，提出的勸告當然不帶成見；聽說日耳曼的這位凱撒要提名一位希臘人，成為自己和西部帝國的繼承人[36]，竟然也會讓他完全信以為真，這倒是很奇怪的事。甚至就是土耳其的蘇丹也像顧問表示意見，要是過分信賴他很不安全，不慎觸怒他就會帶來危險。阿穆拉並不清楚基督徒的爭論，但是很擔心他們的團結。他願意用自己的錢財解救拜占庭宮廷的急需，同時很豪爽的宣布，就是他們的君王不在朝中，君士坦丁堡的安全也不會受到侵犯。

　　帕拉羅古斯最後下定決心完全在於豐富的饋贈和慷慨的承諾，同時希望能暫時避開危險和艱困的處境。他用模稜兩可的答覆將宗教會議的信差打發離開以後，宣布他的意圖是要登上羅馬戰船。年邁的教長約瑟只能感到畏懼而非希望，海上風濤的危險使他膽戰心驚，明確表示對前途非常憂慮。在國外召開的拉丁宗教會議憑著勢力和人數，就會將三十多位東方正教弟兄微弱的聲音給壓下去。但是他只有屈從於皇帝的命令；還有那些奉承的保證，說是西部各民族會把他的話當成神諭，也使得他怦然心動；再有就是他帶著私心，希望能向西部的弟兄學習，如何使教會脫離君王的掌控。聖索非亞大教堂的五位十字架護衛者或教會的顯貴，都要隨侍在他的身邊，其中一位是教會首席司事或傳道士西爾維斯特·西羅帕拉斯

36　西羅帕拉斯提到帕拉羅古斯的希望和西吉斯蒙德最後的規勸，希臘皇帝在科孚接
　　到他的朋友過世的消息，要是他早點知道就會立即返國。

(Sylvester Syropulus)[37]，對這次虛情假意的東西教會聯合[38]，用自由發揮的風格寫出[39]這部奇特的歷史。對於那些勉強聽命於皇帝和教長召喚的教士來說，服從是首要職責而堅忍是最高美德。在經過精選列有二十位主教的名單上，我們發現有赫拉克利、西茲庫斯、尼斯、尼柯米地亞、以弗所和特里比森德這幾個都主教的頭銜，以及個人才華著稱的馬可和貝薩里翁(Bessarion)，他們因學識和辯才深獲信任，也都擢升到主教的位階。東部提出一些僧侶和哲學家用來表現希臘教會的學術地位和神聖性質，唱詩班的任務由精選的歌手和樂師負責。亞歷山卓、安提阿和耶路撒冷的教長或真或假派出他們的代理人，俄羅斯總主教代表一個全民族的教會。希臘人就建立範圍廣大的精神帝國而言，可以與拉丁人一爭高下。教長為了在行使聖職的儀式中，展現出華麗的排場和氣派，聖索非亞大教堂珍貴的花瓶全都冒著風濤的危險。皇帝把能獲得到手的黃金，全部用來裝飾他的寢宮和車駕，他們正想盡力維持古老的家財能夠展示興旺的狀況，教皇送來第一筆賙濟款一萬五千個達克特，大家卻為分配的問題發生爭吵。在完成必要的準備工作以後，約翰二世帕拉羅古斯帶著眾多的隨從隊伍，在他的弟弟德米特流斯與教會和政府顯要的陪同下，登上八艘帆槳齊備的船隻，穿越加利波利的土耳其海峽進入多島之海，經過摩里亞半島朝著亞得里亞海灣前進[40]。

---

37 西爾維斯特這個基督徒名字來自教會的行事曆，現代希臘人將這種暱稱加在名字的後面。留下的抄本上面使用Syropulus這個名字，身為編輯的克瑞頓(Creyghton)沒有道理用任何藉口把它改為Sguropulus，何況他自己親手在佛羅倫斯大公會議的決議上簽字，為什麼作者不能有敘利亞人的血統呢？

38 羅伯特·克瑞頓是查理二世受到放逐時私人禮拜堂的神父，對於希臘人和拉丁人虛假的聯合這部分的歷史，曾經出版一個內容鬆散而文辭華麗的譯本，編者的宗教狂熱在前面加上容易引起爭論的題目，原作者撰寫時並沒有擬定。無論就敘述的方式甚或寫作的風格，西羅帕拉斯都是拜占庭最佳作者之一，但是大公會議有關正統教義的選集中，將他的作品排除在外。

39 我從這部歷史著作的結論，可以指出完成的時間是1444年，宗教會議舉行以後過了四年，這時教會的首席司事已經辭去職位。他那熾熱的情緒因時間和退休而逐漸冷卻，雖然西羅帕拉斯的論點有欠公允，但是不會一意孤行毫無節制。

40 雖然我不會對每件史實都引用西羅帕拉斯的著作，但是希臘人從君士坦丁堡到威

　　經過七十七天漫長而艱辛的航行，這支宗教分遣艦隊終於在威尼斯下錨(1438年2月9日)，受到的接待表現出強大共和國的喜悅和慷慨，謙和的奧古斯都統治整個世界，也未能從他的臣民得到這種殊榮，然而一個主權獨立的國家，卻將它賜給他那軟弱無力的繼承人。皇帝將他的寶座安放在高聳的舵樓甲板，接受元首和元老院議員的拜會[41]，按照希臘人的說法是前來「參拜」。他們乘坐慶典黃金船，有十二艘艨艟巨艦隨護，海面布滿無數壯觀和帶來樂趣的貢多拉，音樂和歡呼的聲音在海面回響。水手穿上絲綢衣服，甚至船隻都裝扮得金光閃閃，所有的紋章和華飾，都混雜著羅馬雄鷹和聖馬可獅子的圖案。喜氣洋洋的遊行隊伍沿著大運河溯流而上，穿過麗都島的橋樑。東部的來客帶著羨慕的神情，注視這座充滿宮殿、教堂和擁擠人群的城市，像是漂浮在波濤的胸膛上面[42]。他們看到那些用來裝飾城市的掠奪物和戰利品，都是洗劫君士坦丁堡以後運來，心中不禁感慨萬千。

　　帕拉羅古斯在這裡接受十五天熱情的款待之後，繼續行程水陸並進從威尼斯向菲拉拉進發。在目前的狀況下，傲慢的梵蒂岡已經有所收斂，他們的策略是盡量讓東部皇帝顯現古老的聲勢。他進城時騎著一匹黑馬(1438年2月28日)，但是另外一匹乳白色的駿馬，馬衣上面繡著金鷹的紋章，卻由人牽著走在前面開道。伊斯特(Este)的王室成員、尼可拉斯的兒子或親人、城市的侯爵和權勢更大的君王[43]，這四個人將張在他頭頂的一

(續)—————
　　尼斯的海上航行和到菲拉拉的行程，我會提到記載在作品的第四節。這位歷史學
　　家具有卓越的天分，能夠把發生的情景非常鮮明呈現在讀者的眼前。
41　舉行宗教會議時，法蘭札在伯羅奔尼撒，但是他從藩王德米特流斯獲得內容可信
　　的通報，皇帝和教長在威尼斯和菲拉拉受到極其禮遇的接待。拉丁人對這方面倒
　　是很少提及。
42　一位希臘君王和一位法蘭西使臣在看到威尼斯以後都感到驚異不已，充分證明威
　　尼斯在基督徒的城市當中不僅首屈一指而且無比壯觀。有關君士坦丁堡的戰利品
　　在威尼斯的狀況，可以參閱西羅帕拉斯的著作。
43　伊斯特的尼可拉斯三世統治時間長達四十八年之久(1393-1441A.D.)，是菲拉拉、
　　莫德納、雷久(Reggio)、帕馬(Parma)、羅維哥(Rovigo)和康馬丘(Commachio)的
　　領主，可以參閱他的傳記，全部記載在穆拉托里的作品裡。

面華蓋用手高舉起來,帕拉羅古斯在抵達台階底層之前一直沒有下馬。教皇親自到寓所的門口迎接,阻止他不要行屈膝禮,像慈父那樣擁抱他以後,把皇帝引導到左手的座位就坐。要等到羅馬和君士坦丁堡的主教之間,協商出平等的禮儀以後,教長才離開他的座艦。君士坦丁堡的教長接受他的兄弟表示聯合和慈愛的親吻,也沒有任何一位希臘的神職人員,委曲自己去親西部總主教的腳。在宗教會議的開幕儀式上,中央最尊貴的位置坐著世俗和教會的首腦人物。尤金紐斯只能說他的前輩並沒有親自參加過尼斯和卡爾西頓的大公會議,所以能夠避開君士坦丁和馬西安(Marcian)皇帝的古老成例。經過激烈的爭辯最後獲得一致的同意,教堂的左右兩側分由兩個民族占用,聖彼得單獨的寶座放在拉丁人這一側的首位,希臘皇帝的位置原來是在教士的最前面,現在移到第二位,好與西部皇帝的空位相對而且位置相等[44]。

八、舉行兩次大公會議共同的結論是教會的聯合(1438-1439A.D.)

但是等到節慶和禮儀為嚴肅的協商所取代,希臘人馬上對他們的旅程、自己的行為以及教皇都感到不滿。教皇的使者用一枝妙筆把教皇描述成威望正隆的模樣,位階列在歐洲的君王和主教的前面,他們對他畢恭畢敬唯命是從。菲拉拉的大公會議那層微薄的掩飾很快暴露出他的軟弱,拉丁人在首次會期開始時,僅僅只有五位大主教、十八位主教和十位修道院院長出席,絕大多數人員都是意大利籍教皇的臣民和老鄉。西部的權貴除了勃艮地公爵,沒有人親身撥冗前往參加或派出代理的使節,而且這個會議既不能推翻巴西爾合法的決議,也不會反對尤金紐斯的身分和地位,這些都是上次會議新的選舉最後獲得的結論。處於這種狀況之下,有人提出休會或延期的建議,立即付諸表決一致同意。雖然如此,帕拉羅古斯還是

---

44 拉丁的平民看到希臘人奇異的服裝就大笑起來,特別是很長的袍服、衣袖和鬍鬚,就連他們的皇帝除了紫袍和頂上鑲著寶石的冠冕,其他的沒有多大差別,然而還有一名旁觀者認為希臘人的風尚要比意大利人更為端莊和嚴肅。

得到拉丁人的認同，要從這次不受歡迎的教會聯合中贏得世俗的報酬。因而在第一次的會期以後，公開的議程延後六個月。皇帝帶著挑選的寵臣和一批擔任警衛的「新軍」，找到離菲拉拉六哩一處寬敞舒適的修道院做為夏季居所，在歡樂的狩獵中忘懷教會和國家的苦難，出獵為了豐碩的成果完全不遵守規定，根本不理會侯爵或當地農人的抱怨[45]。就在這個時候，不幸的希臘來客遭到遠離家園和生活貧困的煎熬，給這些貴賓的生活費每月是三、四個金弗羅林，雖說這筆款項的總額不到七百，但是由於羅馬教廷的窘困或政策，一再發生長期拖欠的狀況[46]。他們渴望很快脫離這個地方，卻有三重障礙阻擋逃亡之路：要出菲拉拉的城門必須有當局發給的通行證；威尼斯政府要逮捕和遣返逃走的人員；君士坦丁堡有無法避開的懲罰在等待他們，像是逐出教會、加重罰鍰和定罪宣判，就是不問聖職的高低一律剝光衣服當眾鞭打[47]。希臘人只有在饑餓或爭執交互施壓之下，才被說服召開第一次的研討會，極為勉強從菲拉拉趕到佛羅倫斯參加正在全面潰退的宗教會議。轉移到新的地點確實出於絕對的必要，菲拉拉城已經受到瘟疫的傳染，侯爵的忠誠讓人懷疑，米蘭公爵的傭兵隊伍正在把守城門，而且他們已經占領羅馬的郊區。教皇、皇帝和主教想要找到一條穿越亞平寧山不常使用的道路，不僅相當困難而且多少有一些危險[48]。

　　然而，教皇所面臨的阻礙全部被時間和政策所克服，巴西爾的神父帶

45　有關皇帝的出獵可以參閱西羅帕拉斯的著作。教皇送給他十一匹狀況很差的乘用馬，但是他從俄羅斯買回一匹強壯而又快速的駿馬。「新軍」的稱呼令人感到驚愕，但是從鄂圖曼宮廷傳到拜占庭宮廷只有這個名稱，並沒有建立類似的制度，這種狀況經常出現於帝國的末期。

46　希臘人克服很多困難才獲得現金來取代實物的供應，各階層有身分的人員每月發給四弗羅林，僕從是三弗羅林，皇帝多加三十而教長多加二十五弗羅林，親王或藩王多加二十，第一個月支付的總額是六百九十一弗羅林，可以推算不同身分領錢的希臘人沒有超過兩百人。在1438年10月20日他們拖欠四個月的應付款，1439年4月拖欠三個月，7月已經簽署聯合決議還欠五個半月。

47　西羅帕拉斯對於希臘人遭到囚禁以及皇帝和教長的暴虐，感到非常痛心。

48　意大利戰爭在穆拉托里的《編年史》第十三卷記述得相當清楚。教皇從菲拉拉退到佛羅倫斯，這位堅持分裂主張的希臘人西羅帕拉斯，過於誇大他的畏懼和混亂。從教皇提出的議案更為周詳和審慎，可以證明事實並非如此。

來的暴亂對於尤金紐斯推行的運動，不僅沒有損害反而產生促進的作用。歐洲的民族都厭惡分裂，不承認他們選舉出來的菲利克斯五世(Felix V)，他先後成爲薩伏衣公爵、出家的隱士和拉丁教會的教皇。勢力強大的國君逐漸都被他的對手矯正觀念，變成有利的中立派或堅定的擁護者。背棄巴西爾而到羅馬陣營的使節其中不乏值得尊敬的人士，這邊的人數和聲望在無形中日益成長：巴西爾的宗教會議減少到三十九位主教和三百名低階教士參加[49]；同時佛羅倫斯的拉丁人可以拿出可觀的簽署名冊，包括教皇本人、八位紅衣主教、兩位教長、八位大主教、五十二位主教、四十五位修道院院長或擔任聖職的宗教領袖。經過九個月的努力工作和二十五次討論會的爭辯之後，他們終於達成給希臘人帶來利益和榮譽的統一。

兩個教會就四個重要的問題產生激烈的爭議：(一)，聖餐禮用未發酵餅代表基督肉體的問題；(二)，煉獄的性質；(三)，教皇至高無上的權力；(四)，聖靈流出的單一性或雙重性。兩個民族各派出十名神學辯護士負責處理所堅持的論點，拉丁人這邊由口若懸河的紅衣主教朱里安主持，希臘陣營強有力的領導人物是以弗所的馬可和尼斯的貝薩里翁。我們看到他們將第一個問題視爲無足掛齒的禮儀之爭，所以產生無害的變異在於因時因地的愛好，我們眞要大聲讚許人類的理性確有很大的進步。第二個問題雙方獲得一致的認同，說煉獄是一個淨化的中間過程，可以消除信徒輕微的罪孽。至於靈魂是否能被自然的烈火所淨化，成爲可疑的論點，在幾年之內經過雙方的討論可以解決。擁有至高無上的權力看來是更爲重要而關鍵的問題，然而，東方人一直將羅馬主教尊爲五位教長之首，因而他們毫不猶豫的承認，他的司法裁量權可以與神聖的教規同時運用，這是含糊籠統的認可，出於方便起見可以加以限制或規避。聖靈的流出究竟是單獨來自聖父，還是來自聖父和聖子，這是使人更要深入沉思的信仰問題，在

49 西羅帕拉斯很高興有七百位高級教士參加巴西爾宗教會議，這項謬誤非常明顯，很可能是自動自發的行爲。即使將每個階層所有參加會議的神職人員都列入，數字仍嫌誇大。西部的主教當中，那些缺席的人員對於教條可能抱著贊同或默許的態度，就算連這些人全算進去，數字仍然誇大。

菲拉拉和佛羅倫斯的討論會中，拉丁人所增加的「暨」字又細分爲兩個問題，那就是合法與否以及合乎正統與否。或許我不必吹噓對這個題目自己所保持的態度，非但無所偏私更可以無動於衷。

　　但是我卻不能不深入考量，卡爾西頓大公會議的禁令使希臘人獲得強烈的支持，不能在尼斯信條也可說是君士坦丁堡信條，再增加任何條款[50]。很難想像在塵世的事務中，一個立法機構的成員，能夠管住有同樣權力的繼任者，使他們盲從聽命於前任的安排。但是神啓的指示必然是不可改易的眞理，主教個人或省級宗教會議不可以擅自變更正統教會的裁決。就教義的實質問題而論，爭執雙方勢均力敵而且永不罷休；神的流出便可以混淆人的理性；放置在聖壇上的福音書也噤若寒蟬；先人留下版本不同的經文可能出於僞造篡改落於詭辯；希臘人對拉丁聖徒的爲人和作品均一無所知。關於這方面我們至少可以肯定一點，他們之中任何一方不可能爲對方的論點所折服。理性之光可以照亮偏見，運用我們的天賦才能獲得全面的觀察，即使表面的一瞥也能辨認清楚。然而那些主教和僧侶從小學習反覆誦讀成套的神祕語言，民族和個人的榮譽要依靠他們不斷唸唸有辭，狹隘的心靈受到公開辯論的惡言相向，變得更爲冷酷無情和怒火中燒。

　　當他們在烏煙瘴氣的紛爭中迷失方向時，教皇和皇帝謀求表面看好的聯合，否則就不能達成彼此會晤的目標。公開辯駁才出現的頑固態度，會因爲私下面對面的交談和妥協而緩和緊張的對立情勢。年邁和虛弱的教長約瑟看來已是不久人世，臨終的交代使會議平添仁慈與和諧的氣氛，留下的空缺給充滿野心的教士帶來希望。俄羅斯的伊希多爾和尼斯的貝薩里翁大主教，主動積極的服從態度獲得榮升紅衣主教的鼓勵和報酬。貝薩里翁在最剛開始的辯論中，一直是希臘教會熱誠而有才華的辯護士，如果他被自己的國家指責是背教者和私生子，那麼他在宗教的傳聞中是少見而又典型的愛國志士，所以受到宮廷的重用在於開始的大聲反對和後來的及時順

50　那些不喜歡教會聯合的希臘人，根本沒有意願要從堅固的堡壘裡出擊。拉丁人提
　　出第二次尼斯會議的一份手稿，尼西亞信條裡有「暨」的字眼，這是非常明顯的
　　贗品，只能增加他們的羞辱。

從。皇帝在兩位宗教助理的幫助下，使自己的論點適合主教的全盤狀況和個人特質，他們也接二連三被他的權威和榜樣所感動。他們的收入爲土耳其人掌握，而他們的人身落在拉丁人手裡：僅有的教會錢財，不過是三件衣袍和四十個達克特，很快花得乾乾淨淨[51]。返國的希望仍舊有賴於威尼斯的船舶和羅馬的施捨，他們窮困到這樣的地步，以致拖欠很久應支付的債務，也許賄賂可以發揮作用，讓他們當作恩惠接受[52]。君士坦丁堡的危機和獲救，可以拿審愼和虔誠的僞裝行爲當成藉口，當時已經對大家暗示，凡是阻礙東方和西方認同極其頑強的異端分子，將被遺棄在一片敵對的土地，任憑羅馬教皇進行報復或審判[53]。

希臘人在第一次私下召開的會議上，形式的聯合獲得二十四位成員的贊同和十二位的反對，但是渴望代表教長的聖索非亞大教堂的五名十字架護衛者，依照古老的紀律喪失資格，他們的選舉權轉移到善於奉承的僧侶、語法學家和凡夫俗子手中。君王的意志產生虛僞和奴性的無異議贊同，僅不過一、兩位愛國人士敢站出來表達自己和國人的意見。皇帝的弟弟德米特流斯不願成爲教會聯合的見證人，躲到威尼斯。以弗所的馬可誤以爲自負就是良知，要與拉丁的異端斷絕一切來往，自稱是正教信條的衛護者和在世的聖徒[54]。在兩個民族的條約中提出雙方認同的方式，既能滿足拉丁人而希臘人又不致遭到貶損。他們對於遣詞用字很審愼的斟酌和推敲，直到神學問題雖然要力求獲得平衡，最後還是稍微偏重於梵蒂岡的見

51 說到希臘主教的貧窮狀況，可以參閱杜卡斯引人注目的一段文字。有一位主教的全部財產只是三件老舊的僧袍。貝薩里翁在修道院任教二十一年以後，全部的儲蓄是四十弗羅林金幣，但是這位總主教離開伯羅奔尼撒的航程，要花去二十八弗羅林金幣，其餘都在君士坦丁堡用掉。

52 西羅帕拉斯否認在簽署教會聯合決議文之前，希臘人曾經接受任何金錢的報酬，然而他提到一些令人起疑的情節。歷史學家杜卡斯斷然肯定有賄賂和貪瀆的行爲。

53 希臘人很可憐的表示，他們害怕被逐離家園而受到永久的奴役。皇帝的威脅使他們產生強烈的反感。

54 我還忘記提一位擁護正教信仰的知名之士：一隻深受寵愛的獵犬安靜伏在皇帝寶座前面的地毯上，等到宣讀教會聯合的決議文時竟然異常暴躁狂吠不已，就是宮廷內侍的安撫或鞭打也不肯安靜下來。

解。雙方同意(我必須提醒讀者要特別注意)聖靈的流出來自聖父「和」聖子如同來自一個原則和一種本質;「由於」聖子有相同的特性和本質才有這種流出;聖父和聖子的一次激發和創造使得聖靈流出。要想理解最初草案的各種條款並不那麼困難:教皇應該支付希臘人返國所需的經費;必須每年維持兩艘戰船和三百名士兵用來保衛君士坦丁堡;所有運送朝聖者前往耶路撒冷的船隻要停靠該城的港口;只要希臘人提出請求,教皇應該派出十艘戰船運用一年,或者是二十艘戰船運用半年;如果皇帝需要地面部隊,教皇會對歐洲的君王提出強有力的要求給予支持。

九、教皇尤金紐斯四世的勝利以及教會獲得和平(1438-1440A.D.)

在同一年幾乎在同一天之內,尤金紐斯在巴西爾受到罷黜(1438年6月25日),而希臘人和拉丁人在佛羅倫斯完成教會再度聯合(1438年7月6日)。教皇在前面這次宗教會議(他稱之為魔鬼的聚會)受到污辱,說是犯下買賣聖職、偽證陷害、殘酷暴虐、異端邪說和分裂教會等罪行[55],當眾宣布他的罪孽已經無可救藥,不夠資格擁有任何頭銜,也沒有能力負責任何聖職;然而在後面這次會議上,他被尊為基督真正和神聖的代理人,東方和西方的正統基督教徒在分裂六百年後,經過他鍥而不捨的努力,終於聚集在一個羊欄之內,在一位牧羊人的領導之下統一起來。教會聯合的決議獲得教皇、皇帝和兩個教會主要聖職人員的簽署,甚至像西羅帕拉斯[56]那樣被剝奪選舉權的人,也都表示同意。本來只要兩份條約讓東西方各執一本,但是尤金紐斯堅持要準備四份同樣的正本,讓大家都簽字作為他獲

---

55 穆拉托里的文選蒐集若干位教皇最早的傳記,從而得知尤金紐斯四世的言行,不僅中規中矩而且堪稱模範。他的立場顯示在世人和仇敵的面前,過去可以克制私欲,現在還能信守誓言。

56 西羅帕拉斯與其簽署贊同決議,寧可協助舉行慶祝教會聯合的典禮,後者算起來是比較輕微的惡行。他受到逼迫才去做這兩件事,這位首席司事找出很差勁的藉口,解釋他為何要聽從皇帝的指示。

得勝利的凱旋門[57]。7月6日那天是個值得紀念的日子，聖彼得和君士坦丁
的繼承人共同登上寶座，兩個民族聚集在佛羅倫斯的主座教堂，雙方的代
表紅衣主教朱理安和尼斯大主教貝薩里翁在講壇上現身，用各自的語言宣
讀教會聯合的決議條文之後，當著大聲歡呼的教友面前用他們的名義熱烈
擁抱。教皇和他的樞機主教按照羅馬教會的禮拜儀式執行神聖的職務，歌
頌的信條加上「暨」這個用字，希臘人聽不懂音調諧和而又字句不清的歌
詞，他們的默認總算獲得理由不很充分的藉口，更為謹慎的拉丁人拒絕參
加任何公開舉行的拜占庭儀式。皇帝和教士對於民族的榮譽並非毫不在
意，條約的批准得到他們的同意，對於信條或儀式不再進行任何改變，這
是心照不宣的事。以弗所的馬可堅持正義的立場，他們不願深究，反而在
私下表示讚許。等到教長過世以後，除了在聖索非亞主座教堂，否則他們
不願選出約瑟的繼承人。在分派公眾和私人的酬勞方面，出手大方的教皇
超過他的承諾，使得大家喜出望外，希臘人不再講究排場而且氣焰低落，
還是從菲拉拉取道威尼斯原路返國，他們在君士坦丁堡受到歡迎的狀況，
下一章將會描述(1440年2月1日)[58]。

　　尤金紐斯一開始就馬到成功使他鼓起更大的幹勁，像是亞美尼亞派、
馬龍派、埃及和敘利亞的雅各比派、聶斯托利派和衣索匹亞派，都派遣使
節陸續前來親吻羅馬教皇的腳，公開宣布東部教會的服從和正統教義的信
仰。這些來自東方的使節，在所代表的國度並沒有人知曉[59]，在西部到處
鼓吹和讚揚尤金紐斯的名聲。他們對於瑞士和薩伏衣分裂主義的殘餘勢
力，發起全力圍剿的叫囂，說這些人阻撓基督世界的全面和諧。激烈的反

---

57 那些原始的教會聯合決議文現在不可能找到，只有十份抄本留存下來(五份在羅
　　馬，其餘分別在佛羅倫斯、波隆納、威尼斯、巴黎和倫敦)，其中九份經過一位作
　　業精確的鑑定家仔細檢查，指責希臘人的簽名有所差異和缺陷。然而其中幾份被
　　認為是可信的抄本，上面有教皇和皇帝的親筆簽署，地點是佛羅倫斯，時間在他
　　們最後分別之前。

58 希臘人在歸國的途中，在波隆納與英格蘭的使臣交談。經過一番問答以後，這些
　　立論公正的異鄉人取笑佛羅倫斯故作姿態的教會聯合。

59 有關聶斯托利教派和雅各比派的再聯合，非僅微不足論而且是道聽塗說。阿昔曼
　　努斯是梵蒂岡最忠實的奴才，我翻遍他的作品都沒有找到需要的資料。

對隨之而來是絕望的厭倦，巴西爾會議在無聲無息中解散，拋棄三重冠的菲利克斯再度引退前往里帕勒（Ripaille），過著虔誠或愉悅的隱士生活[60]。相互之間忘記仇恨和給予補償能夠確保全面的和平（1449A.D.），改革和進步的理想全部消失無蹤，教皇繼續濫用教會的專制權力，羅馬不再受到選舉活動所困擾[61]。

十、希臘語在東部的運用以及與拉丁語的比較（1300-1453A.D.）

　　三位皇帝的周遊列國對於解決政治問題，甚或宗教問題都沒有獲得成效，但是產生一項有利的影響，就是希臘的學術能在意大利復興，從而傳播到西部和北部的國家。拜占庭寶座下的臣民雖然處於奴役和壓迫的最低層，仍然擁有一把能打開古代寶藏的金鑰匙。他們還擁有一種像音樂那樣意象豐富的語言，把靈性賦予所感知的事物，使實體成形於抽象的哲學。自從君主國或首都的障礙被踩在腳下，民族的語言在形式或實質方面，毫無疑問會受到外來各蠻族的影響，產生以訛傳訛的現象。為了解釋出於阿拉伯語、土耳其語、斯拉夫語、拉丁語和法蘭西語為數眾多的詞彙，只有編成內容廣泛的辭典[62]，但是在宮廷所用和學院所學是更為純正的腔調。

60　里帕勒在日內瓦湖的南邊，位於薩伏衣境內，靠近托農（Thonon），現在有一個卡爾特（Carthusian）修道院，艾迪森（Addison）稱許這個地方和它的創始人。伊涅阿斯·西爾維斯和巴西爾的神父對身為公爵的隱士，願意過苦修的生活讚不絕口，但是法蘭西和意大利的諺語，很不巧證實公眾的意見認為他過分奢侈。

61　有關這份巴西爾、菲拉拉和佛羅倫斯宗教會議的文件，我已向人請教原始的提案和決議，這些資料在第十七和十八冊威尼斯編纂的大部頭鉅著裡。奧古斯丁·佩垂修斯（Augustin Patricius）是十五世紀的意大利人，他的歷史著作雖然有欠公正但是文字流暢清晰，使得整個事件在他的敘述之下能夠告一段落。杜平將這本鉅著摘要加以簡化，弗祿里的後繼者從事類似的工作。高盧教會尊重反對的黨派，限制他們的成員在可接受的範圍之內。

62　繆爾休斯在初期花費精力蒐集到三千六百個源自蠻族語文的希臘字彙，第二次的編纂又增加一千八百個單字，然而還有大量的補遺工作留給波久斯（Portius）、杜坎吉、法布羅提（Fabrotti）以及布隆達斯信徒（Bollandist）去完成。有一些波斯字彙出現在色諾芬的作品裡，從蒲魯塔克的著作獲得一些數量的拉丁字彙，這些都是戰爭和貿易帶來無可避免的結果，但是成分不多的雜質對語言的形式和性質沒有

有位意大利學者[63]在土耳其人入侵前約三十年，已經在君士坦丁堡歸化並且與名門世家結親，對這種語言的發展情形有一番描述，有的地方也許過於美化。菲勒福斯(Philelphus)說道：

> 粗俗的語言為人民所藐視，再就是受到每天聚集城中與居民混居的大批來客和商人的污染。雖然有一個學院的門生弟子使用拉丁語言，但表達的意義非常的含混而精神是如此的貧乏，只能靠亞里斯多德和柏拉圖的譯本來補救。我們要追隨能夠逃過這種污染的希臘人，也只有他們是值得我們效法的對象。即使是日常的談話，他們仍舊使用阿里斯多法尼斯(Aristophanes)和優里庇德斯(Euripides)的措辭，也就是雅典歷史學家和哲學家的語法，寫作的風格也更為精準而正確。那些因出身和職務關係要與拜占庭宮廷密切來往的人士，都能保持古代語言的高雅和純正，絲毫不攙雜外來的口音。這些天生優美的腔調保存在貴婦人的談吐之中，她們從來不與外國人寒暄應酬。我說的只是外國人嗎？她們生活在深閨之中，能避開鄰居的注視，很少看到她們在街頭露面，出門上教堂和拜訪最親近的家屬，時間總是傍晚天黑之後，戴著面紗騎在馬上，四周圍繞著父母、丈夫或僕從[64]。

希臘人有相當數目家世富有的教士獻身宗教信仰，僧侶和主教的舉止端莊嚴肅顯得與眾不同，他們不像拉丁的教士那樣分心，從不追逐世俗的

（續）

造成多大的影響。

63 法蘭西斯·菲勒福斯是一個活動力極強的詭辯家，傲慢自大而且輕浮善變，蘭斯洛(Lancelot, Claude, 1615-1695A.D.，法國文法家和法蘭西斯·菲勒福斯的傳記作者)和特拉波斯契(Tiraboschi)花費很大心血撰寫他的傳記，主要內容來自他個人的書信。他和當代人士絞盡腦汁的作品都被人遺忘，但是他們留下的私人函件卻能描繪出那些人物和那個時代。

64 說起來真是荒謬，菲勒福斯提到希臘或東方的嫉妒和猜疑的習性，竟然來自古老的羅馬。

歡樂甚至軍旅的生活。他們把大部分奉獻的時間和才華用於教堂或修道院
的敬神、怠惰或口角之中，至於那些好學深思或抱負遠大的神職人員，會
研究本國語言有關神聖和世俗的學術。教士負責年輕一代的教育工作，教
授哲學和辯論的學校一直維持到帝國最後的滅亡。在君士坦丁堡城牆之內
的書籍和知識，就數量而言肯定比散布在西部寬闊地區還要多得多。但是
有一點重要的區分之處早已有人注意，希臘人凡事守成寧願退而明哲保
身，拉丁人積極進取處事務求奮勇爭先。這些民族為獨立自主和爭強鬥勝
的精神所鼓舞，甚至只是意大利城邦的小小世界，比起日益萎縮的拜占庭
帝國，都擁有更多的人口和興旺的局面。在歐洲那些屬於社會較低階層的
群眾，早已解除封建體系和奴役制度的壓迫，獲得自由權利是跨出好學求
知的第一步。無論如何，拉丁語的運用即使過於粗俗和謬誤甚多，還是靠
著宗教和迷信才能保存下來，從波隆納到牛津那麼多所大學[65]，都聚集著
數以千計的學者，誤導的熱情能夠引向更為自由和合乎人類需要的研究。
科學的復興使意大利第一個拋棄古老的包袱。辯才無礙的佩脫拉克靠著他
的身教言教，不愧為當代首位繼往開來的先驅人物；對古羅馬作家的研究
和揣摩，能夠形成更為純正的寫作風格，筆調表現出豪邁和理性的情操；
那些西塞羅和魏吉爾的門徒，抱著推崇和敬愛的心情走近希臘大師的聖
壇。法蘭西人和威尼斯人在洗劫君士坦丁堡時，對於利西波斯和荷馬的作
品不屑一顧任意破壞，舉世聞名的藝術精品可以一鎚砸得粉碎。然而不朽
的思想在抄錄者的筆下獲得新生，再度傳播繁殖開來，就佩脫拉克和他的
朋友而言，最大的抱負是據有並理解這些抄本。土耳其的武力毫無疑問會
迫使繆司逃匿。希臘連同那些學院和圖書館，可能在歐洲從蠻族的洪流中
露頭出來之前，便已經徹底遭到毀滅；意大利的土地可能在還未完成好培
育工作之前，撒下的科學種子就已經被風吹散，我們只要想到這裡，真是

---

65 歐洲在十五世紀末葉大約有五十所大學，其中有十到十二所是在1300年之前創
　　立，從擁塞著超過應有人數的狀況來看，證明大學的缺乏是普遍的現象。波隆納
　　有一萬名學生，主要是修習民法。在1357年牛津的學生從三萬名銳減到六千名，
　　但是這個已經減少的數字也多過這所大學目前的在校人數。

感到渾身毛骨悚然。

十一、希臘文化在意大利的復興過程和基礎的奠定(1339-1415A.D.)

十五世紀那些學識淵博的意大利人，對於受到遺忘達數百年之久的希臘文學現在獲得復興，不禁極口承認而且給予最高的評價。然而在意大利與越過阿爾卑斯山的國土上，有些名字被人引用，其中幾位是黑暗時期的知名學者，以希臘語的知識受到特殊的推崇，民族的虛榮高聲頌揚他們是飽學之士極其罕見的典範。對於個人的成就毋須深入的探查，事實就看得非常清楚：他們的科學根本沒有基礎，自然不能產生結果；他們很容易使自己和更無知的同代人獲得滿足；而且他們在如此奇妙之下所獲得的言語，只登錄在很少見的抄本中，在西方的大學都沒有講授過。希臘語在意大利的一個角落，被當作地方或至少是宗教的方言，讓人隱約覺察到它的存在。多里克(Doric)和愛奧尼亞(Ionic)殖民地留下最初印象，始終沒有完全抹除乾淨；卡拉布里亞教會長期隸屬於君士坦丁堡皇室；聖巴西爾的僧侶在阿索斯山和東部的學校求知和研究。卡拉布里亞是巴拉姆的故鄉，他已經以信徒和使節的身分出現，是阿爾卑斯山以北地區最早使人再度記起荷馬大名的人，至少他一直勸人重讀這位詩人的作品。巴拉姆被佩脫拉克和薄伽丘(Boccace)描述為一個身材矮小的人，要是就學識和天分而論真是高大無比，雖然口齒木訥拙於辭令，但觀察事物鞭辟入微，在很多代的希臘人中(他們確信如此)，就歷史、文法和哲學而論，找不到可以與他媲美的學者。他的才學受到君士坦丁堡君王和神學家的推崇，這類的資料至今還留存於世。康塔庫齊尼皇帝是他敵手的保護人，不得不承認這位學養豐富和思想慎密的邏輯學家，精通歐幾里德、亞里斯多德和柏拉圖的學說。他與居首位的拉丁學者佩脫拉克，在亞維農教廷建立親密的友誼，能夠相互切磋彼此受益匪淺。這位托斯坎人用廢寢忘餐的精神全力學習希臘語(1339-1374A.D.)，不辭辛勞突破枯躁和艱辛的初步階段之後，對那些志趣相投的詩人和哲學家，立即著手探索他們的思想和體會他們的靈感。

但是佩脫拉克很快失去這位有益助手的交往與授課，巴拉姆放棄毫無結果的使臣職位，等到他回到希臘以後，企圖用理智之光取代他們的肚臍之光，激怒一大群狂熱的僧侶。兩位朋友分別三年以後在那不勒斯的宮廷重逢，但是生性慷慨的學生不再重視獲得進步這極其難得的機會，巴拉姆經過他的推薦，最後在家鄉卡拉布里亞一個小主教區定居[66]。

　　佩脫拉克的職位繁多，過著愛情和友誼的生活，大量通信連繫和經常出外旅行，羅馬的桂冠使他用拉丁文和意大利文寫出優美的散文和詩，已經沒有時間專心外語的學習。等到他年事已高，希臘語的造詣不再是希望而成爲畢生的意願。當他在五十歲時，有位朋友是拜占庭的使臣也是精通兩種語言的大師，送給他一部荷馬著作的抄本，佩脫拉克的回答表現出他的談吐、感激和遺憾。他首先讚揚贈與者的出手大方，認爲這份禮物比黃金或寶石更爲珍貴，接著他說道：

> 你贈送的抄本是神聖詩人眞正的原作，那一切創作的泉源。對於我們而言都能無愧於心，在你是履行諾言，也滿足我的渴望。然而，你的慷慨還是存有缺陷，應該把自己的作品連同荷馬一起送給我，是你引導我走入光明的領域，讓我帶著不可思議的眼神看清《伊利亞德》和《奧德賽》的無限神奇。但是，我的上帝！荷馬是啞巴，要不我就是聾子，我根本沒有能力欣賞我所擁有的美。我已經將他放在柏拉圖旁邊，讓詩歌界和哲學界的君王靠在一起，我以能見到舉世讚譽的客人爲榮。這些不朽的作品只要譯成拉丁文我都很熟悉，但是，看著這些可敬的希臘人表達出最適當的民族氣質，即使無法獲得實際的好處，也能帶來相當程度的樂趣。荷馬的容貌使人感到愉悅，每當我拿起這本無聲的巨著，都難免要發出感嘆的聲音，偉大的吟遊詩人！我有一個朋友去世而另外一位非常遺憾的遠

66　巴拉姆退隱的主教轄區是古老的拉克里(Locri)，中世紀稱爲塞里阿卡(Cyriaca)，後來改名叫做吉拉西(Gerace)的海拉西姆(Hieracium)，諾曼人時代的富裕區域很快變得一窮二白，教堂同樣困苦不堪，然而這個小鎮仍舊有三千居民。

離，因而使得聽覺受到阻礙以致失去功能，否則我將會以何等的歡
樂來傾聽你的歌聲！然而我還沒有灰心喪氣，加圖的榜樣給我帶來
安慰和希望，他在生命最後的階段才進入希臘語的知識殿堂。

佩脫拉克的努力未能獲得的成就，卻被他那幸運而又勤奮的朋友，托
斯坎散文之父薄伽丘[67]達成目標。這位受到歡迎的作家以《十日談》建立
名氣，這本書包含一百篇極其風趣的愛情小說，但是後來他在意大利恢復
對希臘語的研究而獲得更高的榮譽。1360年巴拉姆有個門徒名叫李奧或李
奧久斯‧皮拉都斯(Leontius Pilatus)，在前往亞維農的途中被好客的薄伽
丘婉留。他讓這位來客住在自己家中，勸請佛羅倫斯共和國每年給第一位
希臘語教授固定的薪俸，自己用全部空閒的時間陪伴曾在歐洲各國任教的
老師。李奧的外表讓學習最熱心的門徒都會產生反感，他穿著一件哲學家
或托缽僧的斗篷，面貌醜陋不堪，臉上滿布黑毛，鬍鬚又長又亂，舉止粗
俗不文，情緒陰沉多變，發表拉丁語演說既不能多加修飾也無法滔滔不
絕。但是他的腦海裝滿希臘知識的寶藏，歷史和寓言、哲學和文法可以說
是門門精通，還在佛羅倫斯的學校裡朗誦荷馬的詩篇。經過他的解釋和說
明，薄伽丘才編撰和翻譯《伊利亞德》和《奧德賽》較少受拘束的散文譯
本，滿足友人佩脫拉克的渴求，可能在下個世紀被拉丁翻譯家勞倫久斯‧
瓦拉(Laurentius Valla)在私下加以運用。薄伽丘從他的敘述獲得很多的素
材，供他寫出《異教諸神譜系》這本論文，在當時被譽為學富五車的巨
著，在其中他有意添加希臘的人物和文章，激起知識水準較低的讀者產生
驚訝和讚賞。求知的起步緩慢而又辛苦，整個意大利也難找到十位荷馬的
信徒，在羅馬、威尼斯或那不勒斯找不到一個名字可以列入好學的名單。
要是反覆無常的李奧沒有在第三年時，放棄這一個受到禮遇和收益甚佳的

---

67 可以參考法比里修斯和特拉波斯契的著作，裡面提到他的平生和作品，他生於
　1313年，歿於1375年。當時流行模仿他的小說，坊間出現很多版本，然而他羞於
　向尊敬的朋友佩脫拉克，提及這本微不足道甚或聲名狼藉的作品。佩脫拉克在信
　件和回憶錄裡對他有極高的評價。

職位，那麼學習希臘語的人數會增多，進步的速度也會加快。佩脫拉克在他路過帕度亞時曾經招待他一段時間，他賞識這位學者的才華，但是對他那陰鬱和孤僻的個性有點反感。李奧對整個世界和他自己全都感到不滿，用藐視的眼光看待當前的享受，只有想像中的人物和事件才顯得無比美好。他在意大利被看成帖撒利人，而在希臘成為道地的卡拉布里亞人。要是與拉丁人在一起，他瞧不起他們的語言、宗教和習俗；等到剛在君士坦丁堡上岸，他又懷念起威尼斯的富裕和佛羅倫斯的風雅。那些意大利朋友對他的強求一味裝聾作啞，只有靠著他們的好奇和恩惠，他才能登船再次出航，但是船隻進入亞得里亞海以後遭到暴風雨的襲擊，不幸的教師把自己像尤利西斯一樣綁在桅桿上，卻被雷電擊中命喪黃泉。仁慈的佩脫拉克為他的受難灑下傷心之淚，但他急切想要知道，是否可以從水手的手裡，救出一些優里庇德斯和索福克利斯(Sophocles)劇作的手稿。

　　雖然經過佩脫拉克的鼓勵和薄伽丘的培植，希臘學術的弱小幼苗還是很快枯萎凋謝，繼起的一代對於拉丁語用於辯論方面的進步感到滿意，直到十四世紀快要結束，新興一場熊熊烈火才在意大利燃燒起來[68]。馬紐爾皇帝在自己啓程之前，早已派出使者和說客乞求西部各國君王的同情。在這些使者當中，馬紐爾・克里索洛拉斯(Manuel Chrysoloras)[69]的名聲響亮學養俱佳，是出身高貴的世家子弟，據稱他的羅馬祖先是隨君士坦丁遷移來此。他在出使訪問法蘭西和英格蘭的宮廷，得到一些饋贈和更多承諾之後，受到邀請擔任教授職位(1390-1415A.D.)。佛羅倫斯有幸再度聘請這方面的人才，克里索洛拉斯不僅精通希臘語而且拉丁語極為流利，具備的

68　荷迪(Hody)博士對於希臘文學在意大利恢復到過去那種盛況的說法，遷怒李奧納德・阿里廷、瓜里努斯(Gaurinus)和保拉斯・約維烏斯(Paulus Jovius)等人身上，因為他們似乎認定這是一種風向，在七世紀末時在意大利都還極為流行。經過推斷知道這些作者來自太守在位的晚期，拉芬納和羅馬派駐很多希臘的官員和軍隊，他們必然多少保留使用本國語言的習慣。

69　在荷迪和特拉波斯契編輯的叢書中，可以參閱伊曼紐或馬紐爾・克里索洛拉斯條目下的資料。他到達的時間可能在1390年到1400年之間，當時正是邦尼菲斯九世在位。

學養和知識無愧於共和國的年俸，也超過市府當局的期望。經常有大批各個階層和年齡的學子前來學校就讀，其中有一位在普通的傳記中敘述他求學的動機和成就。李奧納德・阿里廷（Leonard Aretin）[70]說道：

> 我在那時是一個修習民法的學生，但是內心充滿對文學的熱愛，願意花點時間去研究邏輯和修辭。等馬紐爾來到以後，我一直猶豫不決是拋棄法律的學習還是放走這萬金難求的機會。因此，我懷著年輕人的熱情，不停的捫心自問：難道你根本不考慮目前的狀況和未來的前途嗎？你打算放棄與荷馬、柏拉圖和笛摩昔尼斯親密交談的機會嗎？還有那些詩人、哲學家和演說家，每個人都有神奇的描述，任何時代都當成人文科學的大師受到百般推崇，難道你不願負笈以從嗎？民法的教授和學者在各個大學可說是車載斗量，但是像這樣一位教授希臘語的老師，一旦錯失良機可能再也無法找回。這番道理使我信服，於是我一心一意追隨克里索洛拉斯，以致白天學習的課程到夜晚成為夢鄉的內容。

就是這個時候在同一所學校，佩脫拉克的私淑弟子拉芬納的約翰[71]講授拉丁古典課程，顯示出那個時代和本土生長的意大利人，能夠在一個雙語學校中自成一格，佛羅倫斯成為研究和傳播希臘和羅馬文化卓然有成的重鎮。皇帝駕臨把克里索洛拉斯從學院召到宮廷，但是他後來又在帕維亞和羅馬講學，授課的熱誠和效果獲得各方的讚譽。他的餘生大約有十五年的時光，分別用在君士坦丁堡和意大利，負起外交的使命和教學的工作。這位文法學家擁有高貴的職務，要教化一個國外民族，並沒有忘懷對君王

---

70 托斯卡尼有五、六位阿里佐（Arezzo）土著使用阿里提努斯（Aretinus）這個名字，最眾所周知或聲名狼藉的人物出現在十六世紀。克里索洛拉斯的弟子李奧納杜斯・阿里提努斯，是當代的語言學家、演說家和歷史學家，擔任先後四位教皇的秘書和佛羅倫斯共和國的大法官，以七十五歲的高齡歿於1444年。

71 佩脫拉克在私塾中很喜愛這位年輕人，但是也會埋怨他求知心切，浮躁好動而且生性高傲，等到更為成熟的年齡一定會出人頭地大放異彩。

和國家應盡的神聖責任。馬紐爾‧克里索洛拉斯被皇帝派到大公會議執行公務，死於康士坦斯。

十二、教皇貝薩里翁全力促進意大利的文藝復興(1400-1500A.D.)

克里索洛拉斯的範例發生作用，一批批難以糊口而學有專長或精通語言的移民，前來意大利推動復興希臘文化的工作。提薩洛尼卡和君士坦丁堡的居民，感受到土耳其軍隊帶來的恐懼和壓力，紛紛逃往一個神奇和富足的自由樂土。宗教會議將希臘教會之光及柏拉圖哲學的神諭引進佛羅倫斯。流亡人員堅持統一不僅在於善盡基督徒的責任，更重要的是完成正統教會的復興大業，所以他們有雙重理由可以拋棄自己的家園。一名愛國者受到高官厚爵的引誘，犧牲自己的黨派和良心，仍舊可以具備個人和社會的美德。他不再聽到奴才走狗和變節分子的指責，從新交往的人士中得到地位，使得他在自己的眼中恢復尊嚴。貝薩里翁審慎信奉正統教會的態度使他獲得羅馬的紫袍，這時他定居在意大利。這位希臘的紅衣主教也是名義上的君士坦丁堡教長，被尊為全民族的首領和保護人。他出使波隆那、威尼斯、日耳曼和法蘭西，展現出過人的才能。等到他參與聖彼得寶座的選舉活動，在樞機主教的祕密會議難以掌控的氣氛中，他的當選一度搖擺不定[72]。他在教會的地位使得文學成就和作品，能夠散發出顯赫和崇高的光輝。他的府邸像是一所學校，每當這位紅衣主教拜訪梵蒂岡，總有兩個民族組成學者的隊伍在一旁陪件[73]，這些人互相捧場也獲得公眾的讚揚，那些已經塵封的作品在當時不僅受到喜愛也很管用。

---

72 一些紅衣主教在敲貝薩里翁的大門，他的老友是參加祕密會議的代表，不願讓他在研究學問時受到打擾。貝薩里翁說道：「尼可拉斯，你的尊敬的確值得授與一頂法冠，而我卻損失教皇的三重冠。」

73 諸如特里比森德的喬治、狄奧多爾‧加薩、阿吉羅帕拉斯、提薩洛尼卡的安德洛尼庫斯、菲勒福斯、波吉烏斯、布隆達斯(Blondus)、尼可拉斯‧佩羅特(Nicholas Perrot)、瓦拉(Valla)、康帕努斯(Campanus)、普拉提納(Platina)和維里(Viri)等人，都是當代的知之士(荷迪的說法很像一位極其熱誠的學者)。

對於十五世紀致力於恢復希臘文化的人士，我無法在此一一列舉他們
的名字，在這裡只要滿懷敬意提到狄奧多爾‧加薩(Theodore Gaza)、特
里比森德的喬治、約翰‧阿吉羅帕拉斯(John Argyropulus)和德米特流
斯‧查柯康戴爾斯(Demetrius Chalcocondyles)也就夠了，他們在佛羅倫斯
和羅馬的學校教授各人本國的語言。他們的努力比起貝薩里翁毫不遜色，
只是他的紫袍受到尊敬，他的運氣為他們在暗中羨慕而已。但是這些文法
學家的平生顯得寒微鮮為人知，他們拒絕走上教會這條可以飛黃騰達的路
徑，穿著和舉止像是被排除在經商這個行業之外，要是他們的長處僅限於
學識這個範疇，那麼或許滿足於安貧樂道的報酬。就這個問題來說，傑努
斯‧拉斯卡里斯(Janus Lascaris)[74]倒是一個例外，他那出眾的辯才、瀟灑
的風度和皇家的出身，受到前後幾位法蘭西國王的重用，在這些城市他被
請去教學或是參加談判。責任和興趣激勵他們加緊培養對拉丁語的研究，
其中最有成就的人士獲得說和寫的能力，運用這種外國語文不但流利而且
文雅。但是他們對於自己的國土抱著根深柢固的虛榮，他們的讚譽或至少
是敬意限於本族的作家，這些人為他們帶來名聲和生計。有時他們用渾無
忌憚的批評或嘲諷，對於魏吉爾的詩篇和塔里(Tully)的辯辭表示輕蔑之
意。這些大師的優越性來自親切使用一種活的言語，那些最初的門徒無論
在知識和實踐方面，要是與他們的祖先相比，殊不知退步的狀況不能以道
里計。他們引進謬誤的發音[75]，被學校中明理的後輩所廢除。他們完全不

---

74 傑努斯‧拉斯卡里斯出生在君士坦丁堡陷落之前，但是他過著體面和禮遇的生活
延續到十六世紀(1535A.D.)。李奧十世和法蘭西斯一世這些尊貴的人物都是他的
贊助人，受到他們的支持他在羅馬和巴黎創建希臘學院。他的後代留在法蘭西，
但是從十三世紀與一位希臘皇帝的女兒令人感到可疑的婚姻中，德‧文提米勒(de
Vintimille)伯爵和人數眾多的旁支，獲得拉斯卡里斯的姓氏。
75 伊曼紐‧克里索洛拉斯和他的同事受到無知、嫉妒或貪婪的指控。現代希臘人的
發音β與子音V相近，三個元音($\eta\iota\upsilon$)和若干雙元音有混淆不清的現象。這就是
嚴厲的加德納(Gardiner)在劍橋大學用懲處條例維持庶民的發音方式。但是單音節
的βη在古代希臘人聽起來就像羊的咩咩叫聲，比起主教或是大學校長，一頭繫鈴
羊是更好的證據。這些學者所寫的論文，特別是堅持古典發音的伊斯斯繆斯，全
部收集在哈佛坎普(Havercamp, Sigebetus, 1684-1742A.D.，古典學者和約瑟法斯、
森索萊努斯、奧羅修斯和優特洛斯庇斯等人作品的編輯)的《三段論邏輯》一書

了解希臘人對重音的重視，那些古阿提卡語的腔調，聽進阿提卡人耳中如同歌唱的音符，必定是產生和諧而又不爲人知的精義所在，後來在他們的眼中如同我們今日所見，是一堆無聲無息沒有意義的符號，出現在散文顯得多餘，更會給韻文帶來困擾。他們眞正獲得文法的技巧，阿波羅紐斯和希羅底安(Herodian)價值很高的吉光片羽在課堂中向大家灌輸，他們有關句法和語源的論文，雖然欠缺哲理的概念，學習希臘語的學生仍舊可以運用。拜占庭的文物遭遇劫難時，每位流亡人士總要攜帶一部分財物，或許是某些作家的一部書，如果不是他費盡力氣帶出來，可能就此在世間絕滅。手稿經過不斷的抄錄和文人雅士的需要而增加，原文的謬錯得到勘誤和改正，年長的訓詁家添加註釋更能夠解說清楚，希臘古典作品經過翻譯傳到拉丁世界，雖然神韻不足但是原義未失，意境之美在譯本當然更難保持。狄奧多爾‧加薩的判斷非常正確，選擇亞里斯多德和狄奧弗拉斯都斯(Theophrastus)更有分量的著作，有關動物和植物的自然史，爲眞正的實驗科學打下堅實而穩固的基礎。

　　然而，大眾用強烈的好奇和熱情在追逐飛馳而過的形而上學陰影。有一位可敬的希臘人[76]在美第奇(Medici)家族的科斯摩(Cosmo)家中任教，使得柏拉圖在長時間被人遺忘以後，經過他的努力又在意大利復興起來。正當佛羅倫斯的宗教會議陷入神學爭論時，他的哲學研究極其雅典，可能產生一些有益的結果。他表現的風格是古阿提卡語最純正的標準，崇高的思想有時適合親切的交談，有時裝點著詩歌的韻味和雄辯的色彩。柏拉圖的《對話錄》是一位聖哲的生與死最戲劇性的描述，而且，每當他從雲端降落時，他的道德體系總在諄諄教誨對眞理、國家和全人類的愛。蘇格拉底的身教言教使人對一切事物保持適度的懷疑和自主的探索。如果柏拉圖

(續)——
　　　中，但是很難用文字來描述聲音，提到這些發音的方式可供現代運用的參考，也只有那些使用國家的人士才眞正了解。我們或許可以說，對於 θ（即th）的特殊發音得到伊拉斯繆斯的認同。
76　喬治‧吉米斯都斯‧普列索(George Gemistus Pletho)是位興趣廣泛的多產作家，也是貝薩里翁和那個時代所有柏拉圖主義者的老師。他到了暮年才去遊歷意大利，很快返回伯羅奔尼撒終老餘生。

主義者出於盲目的崇拜,對於神聖大師所表現的幻覺和謬錯還是同樣敬愛,那麼這種熱情會使逍遙學派枯燥而教條的方法論有所改進。柏拉圖和亞里斯多德的優點可以說是不分軒輊,有的地方卻形成對立,產生無窮盡的爭論還能保持平分秋色的局面。論點相違的奴隸制度發生碰撞會產生幾星自由的火花。現代希臘人分為兩派,各自在領袖的旗幟之下只會狂怒爭吵,卻沒有戰鬥的能力和技巧,戰場也在他們的交鋒中從君士坦丁堡搬到羅馬。這場哲學的論戰很快墮落成文法學家怒意的發洩和個人的口角,貝薩里翁雖然始終都為柏拉圖辯護,卻以斡旋者的身分提出建議和裁定,能夠保住民族的榮譽。在美第奇的花園裡,文雅和飽學之士讚賞這個學院所標榜的理論,但是他們這個哲學社團很快解散。如果古希臘哲人的作品是在私室中研究,更有勢力的斯塔吉拉人則繼續主宰教會和學校的神諭。

十三、拉丁人在文藝方面的進步和古代學術的影響(1428-1492A.D.)

我已經稍為詳盡敘述希臘人在文學方面的成就,不過我們必須承認充滿熱情的拉丁人不僅趕上而且超過。意大利分為很多獨立的城邦,在那個時候,君王和共和國在獎勵文學方面,為了一比高下進行激烈的競爭。教皇尼可拉斯五世(1447-1455A.D.)的勳業遠超過他的名聲,他出身於平民家庭,靠著操守和學識使得地位日益高升,把為人之道放在教皇的利益之上,同時準備好針砭的工具對準羅馬教會下手[77]。他曾經是當代知名學者的朋友,後來更成為他們的贊助人,由於他的個性非常謙遜,這種變化不論是自己還是友人都很難發覺。如果他硬要別人接受一份豐碩的禮物,並不是用來獎賞對方的功勞,而是藉以表達自己的善意。有人自命清高會婉拒他的賜與,他會帶著理應如此的態度說道:「拿去吧,尼可拉斯不會老跟在你旁邊哪!」。這位教宗的影響力遍及整個基督教世界,他運用這種

---

77 波林布洛克(Bolingbroke)勳爵提到教皇時,一點都不客氣完全實話實說,認為他們是比穿制服的官員還惡劣的政客,多少世代他們用來束縛人類的符咒,現在被這群術士自己用手扯脫。

影響力尋找書籍而不是追求名利，從拜占庭圖書館的廢址到日耳曼和不列顛最陰暗的修道院，他蒐集到許多古代作家滿布塵土的手稿，凡在他無法拿走原本的地方，總要請人很忠實的抄錄一本供他使用。梵蒂岡是諭令、傳說、迷信和僞造的古老儲藏所，現在每天都要補充一些更珍貴的品項。尼可拉斯是如此的勤快，在位的八年時間建成一個五千卷典藏的圖書館，全是他的慷慨手筆，拉丁世界才擁有各種譯本，像是色諾芬、戴奧多拉斯（Diodorus）、波利比阿斯（Polybius）、修昔底德斯、希羅多德和阿皮安（Appian）的作品、斯特拉波的《地理學》、《伊利亞德》、柏拉圖和亞里斯多德最有價值的著作、托勒密、狄奧弗拉斯都斯，以及希臘教會許多神父的作品。

　　教皇的行爲得到一個佛羅倫斯商人的推動或效法，他在沒有軍隊和頭銜的狀況下統治這個共和國，美第奇家族的科斯摩是一個王侯世系的始祖，他們的名字和時代幾乎成了文藝復興的同義語（1428-1492A.D.）。科斯摩的信譽使他獲得高貴的名聲，財富用來爲全人類造福。他同時與開羅和倫敦保持通信連繫，印度的香料和希臘的書籍經常裝載在同一艘貨船輸入國內。他的孫子羅倫佐（Lorenzo）有天賦的才能，受過良好的教育，不僅成爲文藝界的贊助人，也是他們的裁判官和受到一致擁護的候選人。在他的宮殿裡，遭遇不幸的人就會蒙受救助，才華卓越的人必然獲得重賞。他帶著愉悅的心情把空閒的時間用在柏拉圖學院，鼓勵德米特流斯・查柯康戴爾斯和安吉羅・波利提安（Angelo Politian）的競爭，工作積極的使者傑努斯・拉斯卡里斯從東方返國，帶回兩百部珍貴的手稿，其中有八十部從未在歐洲的圖書館裡見到。意大利其他地區也都受到這種精神的鼓舞，整個民族的進步在回報君王的開明作風。拉丁人擁有自己的文學藝術，成爲別人無法染指的財富，這些希臘人的門徒很快能夠接受和改進他們所學的課程。外國老師陸續來到的時期很短，移民的浪潮慢慢平息下來。

　　君士坦丁堡的語言卻傳過阿爾卑斯山，那些法蘭西、日耳曼和英格蘭

的土著[78]，把在佛羅倫斯和羅馬的學校所點燃的聖火攜回自己的國土，思想也如同土壤一樣會產生成果，靠著勤勞和技術一定會勝過自然的稟賦。在伊利蘇斯(Ilissus)河畔被遺忘的希臘作家，他們的大名在易北河和泰晤士河畔如雷震耳。貝薩里翁或加薩可能會對蠻族極其卓越的學術成就羨慕不已，諸如布迪烏斯(Budaeus)的準確、伊拉斯繆斯的風格、司蒂芬斯的多產、斯卡里傑的博學、瑞斯克(Reiske)或班特利的精明。從拉丁人這邊來說，印刷術的發明能獲得好處也是偶然之事，阿爾杜斯(Aldus)以及不計其數的後人運用這種功效奇佳的技術，可以保存和複製古代的作品[79]。從希臘運進一本原稿可以印成一萬本書，每本書都比原稿更為清晰精美，在這種狀況下，荷馬和柏拉圖閱讀自己的作品會感到更為滿意，他們的評註者會將這份功勞歸於西方的編輯。

在古典文學復興之前，歐洲的蠻族處於蒙昧無知的狀況，刺耳的腔調顯示出舉止的粗野和生活的貧困。習得羅馬和希臘更為完美的語言，可以使學生進入光明和科學的新世界，也可以進入古代民族自由和文雅的社會，可以與不朽的偉人親切的交談，他們都使用雄辯和理性的崇高語言。這種交流對於現代人來說，可以精進他的品味和提升他的智慧。然而，從最早的經驗所得到的認知，看來對古人的研究只是給人類的心靈套上枷鎖而非增添翅膀。不論多麼值得讚許，模仿的精神終究充滿奴性，希臘人和羅馬人的第一批門徒，在他們所處的時代和國土始終是一群外來的陌生

---

78 希臘語是格洛辛(Grocyn)、黎納塞(Linacer)和拉提麥(Latimer)在十五世紀末葉引進牛津大學，這幾位曾經在佛羅倫斯師事德米特流斯·查柯康戴爾斯。可以參閱奈特(Knight)博士極其奇特的《伊拉斯繆斯傳》，雖然他是壁壘分明的學閥，也只有認同伊拉斯繆斯在牛津大學學習希臘語，後來在劍橋大學教授有關的課程。

79 羅馬人阿爾杜斯·瑪努久斯(Aldus Manutius)在威尼斯創立印刷廠大約是1494年左右，曾經印製希臘文獻中六十多部重要的著作，幾乎都是首次出版的印刷品，有幾部包括不同的論文和作家，還有幾位作家的作品印出二版、三版或四版。然而他的光榮事蹟卻不容我們忘記，第一部希臘書籍是君士坦丁·拉斯卡里斯(Constantine Lascaris)的《古典文法》，1476年在米蘭印製出版；1488年在佛羅倫斯出版的荷馬全集，展示出印製技術極其精美的成就。可以參閱馬塔里(Mattaire)的《印刷術編年史》以及德·布雷(de Bure)的《圖書指南》，德·布雷是一位學識淵博的巴黎書商。

人。探索遙遠的古老時代付出仔細和辛勤的努力，對於當前的社會狀況產
生改進和美化的作用：文藝批評家和形而上學理論家都是亞里斯多德的奴
才；詩人、歷史學家和演說家都以重複奧古斯都時代的思想和言論爲榮；
要用普里尼和狄奧弗拉斯都斯的觀點來看待描述大自然的著作；有些多神
教的信徒在暗中崇拜荷馬和柏拉圖筆下的神明[80]。這些對古代伸出援手的
人士，無論就實力和數量都對意大利人帶來壓迫，在佩脫拉克和薄伽丘亡
故以後那個世紀，出現成群結隊的仿效者，他們的作品無人問津，但是在
那個知識爆發的時代，很難找到一項眞正的科學發現或發明、一本極具創
見或充滿雄辯的著作，是用這片國土的群眾語言來表達。但是只要大地受
到上天雨露的滋潤，立時就會充滿活潑的生機，現代語言變得更爲高雅精
純，雅典和羅馬的古典文化激起純正的風格和全面的競爭。意大利如同後
來的法蘭西和英格蘭，詩歌和小說所掌握的天下續以思辨哲學和實驗科學
如日中天的光輝。天才人物會在成熟季節之前來臨，但是一個民族所接受
的教導，如同個人的教育並沒有多大差別，在擴展理解力和想像力之前必
須盡量運用記憶力，藝術家沒有學會模仿前輩的作品，休想達到或超越他
們的水平。

80　對於當時研究古典著作的狂熱情緒，我要提出三個極其特殊的例子：其一，在佛
　　羅倫斯的宗教會議，吉米斯都斯‧普列索與特里比森德的喬治在閒談中提到，人
　　類過不了多久就會拋棄福音書和《古蘭經》，接受非猶太人所奉行的宗教。其
　　二，保羅二世迫害龐坡紐斯‧里屠斯(Pomponius Laetus)建立的羅馬學院，指控主
　　要的成員是異端分子、不信神的人和異教徒。其三，在下一個世紀，法蘭西的學
　　者和詩人稱讚約德爾(Jodelle)的悲劇《克麗奧佩特拉》大獲成功，他們用酒神節
　　的慶祝形式，據說殺一頭羊當做犧牲。然而在宗教偏執者的眼裡，任何一齣出於
　　想像或學識供消遣之用的戲劇，可以看出褻瀆神明的傾向而且情節極其嚴重。

第六十七章

希臘人和拉丁人的宗教分裂　阿穆拉二世的治術和風格
匈牙利國王拉底斯勞斯的十字軍運動　戰敗被殺　斯坎
德貝格　東羅馬帝國最後一位皇帝君士坦丁‧帕拉羅古
斯(1421-1467A.D.)

一、羅馬和君士坦丁堡的現況比較和宗教分裂(1440-1448A.D.)

　　有位希臘人是意大利學院之父，用高雅的言辭比較並讚譽羅馬和君士
坦丁堡具有的優點[1]。伊曼紐‧克里索洛拉斯(Emanuel Chrysoloras)看到古
老的首都，是祖先的政治中樞，僅就這一點已經使他超越他最樂觀的期
盼，不再責備古代詭辯家的高調：羅馬不是人類而是神明的居所。那些神
明和人類很久以來都已消失無蹤，但是在愛好自由的狂熱人士眼裡，莊嚴
的廢墟恢復昔日繁榮的景象。執政官和凱撒以及殉教者和使徒的紀念物，
從各方面都能滿足這位哲學家和基督徒的好奇心。他認爲不論在哪個時
代，羅馬的武力和宗教要統治整個世界是天命所歸。就在克里索洛拉斯對
徐娘半老的母親高聲讚美時，也沒有忘記自己的故鄉，那位如花似玉的女
兒，是皇帝所建立的殖民地。拜占庭的愛國志士帶著狂熱和眞誠詳述君士

1　伊曼紐‧克里索洛拉斯致約翰‧帕羅拉古斯皇帝的信函，不會使研究古典學術的
　　學生感到不快。上述文字可以聯想到一段年代記的評論，1414年之前約翰二世帕
　　拉羅古斯已經在帝國聯合執政，克里索洛拉斯在這一年過世。早在1408年他已經
　　即位，這是從他那兩個年齡最小的兒子推斷出來，他們倆人都是「生而爲帝王
　　者」(Porphyrogeniti)。

坦丁的城市，靠著形勢的險要、藝術的喜愛和短暫的光榮裝扮得花團錦簇。然而這完美的模仿仍舊要歸功於原件的優異(這是他很謙虛的說法)，父母對於子女的青出於藍而勝於藍一定會感到高興。演說家說道：

> 君士坦丁堡是位於歐洲和亞洲以及愛琴海和黑海之間的通衢要點，在它的居中接應之下，兩個海洋和兩個大陸的車駕相接舳艫相連，給國家和人民帶來最大的利益，通商的門戶在它的控制之下可以隨時打開或關閉。港口的四周被海洋和大陸圍繞，安全的防護和港區的寬闊在全世界首屈一指。談到君士坦丁堡的城牆和城門，雄偉和壯麗只有巴比倫可與一較高下，興建很多塔樓都是堅實和高聳的建築，第二道城牆構成內圍的防護工事，就一個普通的首都而言，可以加強守備的力量和顯赫的地位。一條寬廣而湍急的溪流將水導入護城壕，人工的島嶼就像雅典[2]一樣為陸地或水面所護衛。

克里索洛拉斯提到新羅馬的完美模式，是基於堅強的防務和自然的形勢這兩個原因。身為皇帝的奠基者統治地球上面最傑出的民族，為了達成建城的規劃，結合羅馬人的權勢與希臘人的藝術和科學。其他的城市是在時間和事故的考驗下臻於成熟之境，美麗的市容混雜著混亂和隱憂，居民不願離開出生之地，也沒有能力改革祖先的錯誤，根本的問題是地理位置或風土氣候。然而君士坦丁堡的自由觀念所以能夠形成和貫徹，完全在於一個偉大的人物，首位君王的臣民和繼承人憑著服從的熱誠，使得最早的建城模式獲得改善。鄰近的島嶼蘊藏著供應不絕的大理石，從歐洲和亞洲遙遠的海岸運來建築材料，各種公私建築物像是皇宮、教堂、供水渠道、貯水池、柱廊、圓柱、浴場和橢圓形競技場，在在顯示出東部都城的偉大形象，並且沿著歐洲和亞洲的海岸耗用過多的財富，整個拜占庭地區直到

2　有人提到雅典四周環海是可以繞航的城市，要是拿來描述君士坦丁堡倒是所言不虛。雅典的位置離大海有五哩，也沒有可以通航的河川在旁邊流過。

黑海和海倫斯坡海峽，在長長的邊牆之內都是人口稠密的郊區和繁花不絕的林園。在這樣誇張的描述之下，過去和現在的景況、興旺和沒落的時代，全都被有心人故意混淆在一起，但是演說家還是不禁要發出一聲嘆息或一陣表白，這個悲慘的國家成爲自作孽的亡靈和墳墓。基督徒的宗教狂熱或蠻族的暴力行爲摧毀古代最出色的雕塑作品，富麗堂皇的建築物遭到破壞夷爲平地，佩洛斯(Paros)或努米底亞(Numidia)的大理石燒成石灰，或是使用在糟蹋高貴材料的地方。很多雕像由空空如也的基座可以知道位置所在，很多石柱是否存在是靠著破碎柱頭的大小來決定，皇帝的墳墓分散在地面，時間的侵蝕力量爲暴風雨和地震所加速。根據民間的傳說，在不留一物的空間裝點著神話中飾金包銀的紀念物，這些令人感到驚異的事物，鮮明的存在於記憶和信念之中。無論如何，他還是能夠分辨出斑岩石柱、查士丁尼的紀念柱和碩大的雕像[3]以及聖索非亞大教堂，特別是它那高聳的圓頂。在沒有其他的對象值得一提以後，不必描述它的優點可能是最好的結局。但是他已經忘記在一個世紀之前，雕像和教堂成爲搖搖欲墜的結構，在安德洛尼庫斯二世及時維護之下獲得拯救和保固，皇帝用兩個新的扶壁或堆垛來增加聖索非亞教堂的支撐強度，後來又過了三十年，圓頂的東半部突然倒塌，聖像、祭壇和聖所被落下的牆面壓得粉碎。巨大的災害很快修復倒是事實，人們不分階級和年齡全力以赴，清理破碎的磚瓦和垃圾。希臘人對於東部最堂皇和古老的神殿，奉獻他們剩下極爲可憐的財富和勞力[4]。

這個面臨滅亡的城市和帝國最後的希望，在於母親和女兒要能和睦相

3　尼西弗魯斯‧格列哥拉斯曾經敘述查士丁尼碩大的雕像，但是他提到的大小尺寸不僅錯誤而且前後矛盾。編輯波伊文(Boivin)請教他的朋友吉拉敦(Girardon)，這位雕塑家提供一座騎馬雕像的正確比例。彼得‧吉留斯(Peter Gyllius)仍舊見過查士丁尼的銅像，沒有安裝在石柱的頂端，而是位於後宮的庭院之中。當這座像被熔化時他正在君士坦丁堡，用來鑄造一根青銅砲管。

4　在尼西弗魯斯的作品中可以讀到聖索非亞大教堂損毀和修復的狀況。安德洛尼庫斯二世於1317年用支撐來加固整座建築物，圓頂的東半部倒塌是在1345年。希臘人用誇耀的修辭頌揚大教堂的美麗和神聖，說它是世間的天堂，天使和上帝的住所。

處：羅馬要發揮母愛的親情，君士坦丁堡要克盡孝道的順從。希臘人和拉丁人在佛羅倫斯宗教會議相互擁抱、完成簽署和提出承諾，但是這種友誼的徵候是奸詐的計謀，不可能發生任何作用[5]，缺乏基礎架構的聯合如同一場消失的春夢[6]。皇帝和高級教士乘坐威尼斯戰船返國，當他們停靠在摩里亞以及科孚和列士波斯這些島嶼時，拉丁的臣民發出怨言，說虛假的聯合成為壓迫的工具。他們甫在拜占庭的海岸登陸，激烈和不滿的耳語就排山倒海而來，這不是情緒昂揚的歡迎而是不假辭色的痛擊。在他們離國兩年期間，首都失去行政和教會的統治者，無政府狀況下激起盲從的宗教狂熱，暴怒的僧侶控制著婦女和偏執者的心靈，順其自然和宗教信仰的首要原則，是對拉丁人有關事物保持深痛惡絕的態度。皇帝去國赴意大利之前，用討好的言辭對城市提出保證，可以獲得立即的救助和強大的援軍；教士對於正統教義和學識才能充滿信心，對於自己和他們的教民提出承諾，會輕易戰勝西部盲目的牧人。希臘人為雙重的失望所激怒，簽署的高級教士的良知被喚醒，受到誘惑的時刻已經成為過眼雲煙，比起他們想要獲得皇帝和教皇重用的希望，公眾的憤怒更為他們所畏懼。他們並沒有為言行的正當性提出辯護，反而傷感自己的軟弱，承認自己的過失，乞求上帝和他們的同胞大發慈悲給予原諒。面對譴責的質問，意大利的宗教會議到底是怎麼一回事？真能產生什麼作用嗎？他們的回答是嘆息和眼淚。「啊！上帝！我們已經制定新的信條，我們已經用虔誠來交換不敬，我們已經背叛純潔無瑕的祭祀，我們都會變成阿茲邁特分子（Azymites）。」（所謂阿茲邁特分子就是那些在領聖體儀式中贊同使用未發酵麵包的人，僅僅憑著這個我就不應該讚許那個時代正在成長的哲學觀念，就是推崇也應有所限制。）「啊！上帝！我們受到的誘惑是來自災難、欺騙以及對短

5　西羅帕拉斯的敘述真實無虛，來自第一手的資料，從希臘人在威尼斯最早的任務，到君士坦丁堡的教士和人民普遍的反對，完全公開教會分裂的整個過程。

6　有關君士坦丁堡的教會分裂，可以參閱法蘭札、拉奧尼庫斯·查柯康戴爾斯和杜卡斯的著作，最後這位作者的態度真誠能夠自由發揮。在現代作者當中，我們特別推崇弗祿里的繼任者和斯朋達努斯（Spondanus）。後者的理性在偏見和激情之中全部喪失無遺，很快涉及到羅馬和宗教的問題。

暫人生所抱的希望和畏懼。砍斷簽署聯合決議的手，連根割去宣讀拉丁信條的舌頭！」他們對瑣碎繁雜的儀式和難以理解的教義加重宗教的狂熱，成爲悔改最有效的證明，從各方面來說都要與西方絕對分離，連君王都沒有例外，只有本著道義之心堅持到底才能保有臣民的尊敬。等到教長約瑟逝世以後，赫拉克利和特里比森德的總主教有勇氣拒絕空下的職位，紅衣主教貝薩里翁(Bessarion)情願在梵蒂岡獲得溫暖而又舒適的庇護。皇帝和教士的選擇都是西茲庫斯(Cyzicus)的米特羅法尼斯(Metrophanes)，他在聖索非亞大教堂舉行授聖職儀式，但是參加典禮的人員寥寥無幾，連執十字架的護衛者都放棄他們的職責。這種狀況就像傳染病一樣從城市蔓延到鄉村，米特羅法尼斯發出教會的雷霆之聲，對一個分裂論者盛行的民族絲毫不能發揮效用。希臘人的眼光投向以弗所的馬可，把他看成護衛國家的勇士，告解神父受苦所獲得的回報是讚美和稱譽的頌辭。馬可的典範和著作散布宗教爭論的熊熊烈火，衰老和病痛很快使他離開塵世，然而馬可的福音書並非寬恕的法律，他在臨終時提出要求，不得有羅馬的追隨者參加他的葬禮或爲他的靈魂祈禱。

　　分裂主義者不限於拜占庭帝國狹窄的領域，在馬木祿克權杖的保護之下，亞歷山卓、安提阿和耶路撒冷三位教長召集人數眾多的宗教會議，否認參加菲拉拉和佛羅倫斯大公會議的代表，譴責拉丁人的信條和會議，運用杯葛東部教會來威脅君士坦丁堡的皇帝。希臘宗教團體的信徒當中，俄羅斯人最爲強勢、無知和迷信。他們的大主教也就是紅衣主教伊希多爾，匆忙從佛羅倫斯趕回莫斯科[7]，將獨立的民族降格置於羅馬的束縛和控制之下。但是這些俄羅斯主教都在阿索斯山接受教育，君王和人民贊同教士的神學理論。他們對教皇特使的頭銜、排場和拉丁十字架大爲反感，這些不敬的人連朋友都刮光鬍鬚，在舉行神聖的禮拜儀式時還戴著手套和指環。伊希多爾在宗教會議上受到定罪的宣判，他本人被監禁在修道院，紅

7　伊希多爾是基輔都主教，但是希臘人接受波蘭的建議，將教區從基輔的廢墟移往連堡(Lemberg)。在另一方面，俄羅斯人將宗教的服從轉移到總主教身上，他在1588年成爲莫斯科的教長。

衣主教從一個兇狠和狂熱民族的手裡逃脫，可說是極端困難的工作[8]。羅馬傳教士渴望越過塔內斯(Tanais)河使異教徒皈依[9]，俄羅斯人拒絕讓他們通過國境。根據教規這種否決是正當的行為，偶像崇拜的罪行沒有像宗教分裂那樣可惡。波希米亞人憎恨教皇，所以過錯可以被原諒，一個由希臘教士組成的代表團要與這些樂觀的狂熱分子建立友誼[10]。當尤金紐斯四世對希臘人的聯合決議和正教信仰感到洋洋得意時，支持他的黨派只限於君士坦丁堡的城牆甚或皇宮之內。帕拉羅古斯的宗教熱誠完全基於利害關係，受到反對以後很快冷卻下來。企圖背離民族共同的信仰可能會危及到他的生命和帝位，虔誠的叛徒高舉起義的旗幟，並不缺乏國外和國內的援助。他的兄弟德米特流斯為了宗教的事業準備動用武力，在意大利保持戒慎恐懼和深得民心的沉默態度。土耳其蘇丹阿穆拉(Amurath)看到希臘人和拉丁人建立友誼，表現出不悅的神色而且提高警覺。

二、阿穆拉二世的統治特色以及性格作風(1421-1451A.D.)

蘇丹穆拉德(Murad)或阿穆拉享年四十九歲，在位時間長達三十年六個月零八天。他是一位公正而又英勇的君王，為人勤勞、博學、仁慈、虔誠、寬厚，具有高尚的人品和偉大的精神，個人好學不倦，對於藝術或科學方面的鼓勵不遺餘力，是勤政愛民的皇帝，也是豐功偉業的將領。古往今來沒有人比阿穆拉獲得更偉大的勝利，只有貝爾格勒這個城市能夠抗拒

---

8 勒維斯克令人感到好奇的敘述摘錄自教長的檔案，描繪菲拉拉和佛羅倫斯的情景出於無知和激情，但是俄羅斯人敘述自己的偏見，這點可以相信。

9 薩滿族(Samanaens)和耆那教之天衣派信徒(Gymnosophist)的古老宗教是薩滿教義，來自更為深得人心的婆羅門，從印度傳播到北部的沙漠地區。裸身的哲學家被逼要裹上毛皮衣服，但是他們在不知不覺中淪為男巫和醫師。歐洲俄羅斯地區的莫爾德萬人(Mordvans)和契里米斯人(Tcheremisses)都信奉這種宗教，形成的架構採用世間的模式，有一個國王就是神，他的大臣是天使，叛逆的精神使他們反抗政府的統治。這些位於窩瓦河的部落沒有神明的圖像，大可以反擊說拉丁傳教士是「偶像崇拜者」。

10 希臘人的信函和拉丁文的譯本，現在留存在布拉格的大學圖書館。

他的攻擊。在他的統治之下，士兵保持長勝的令名，市民不僅富裕而且安全。要是他征服任何一個國家，最關心的事項是要興建清眞寺、客棧、醫院和學校。他每年將一千個金幣送給先知的子孫，並且拿出兩千五百個金幣分配給麥加、麥地那和耶路撒冷的宗教界人士[11]。

　　以上是鄂圖曼帝國一位歷史學家對穆拉德非常詳盡的描述，但是就一個奴性和迷信的民族而言，他們將熱烈的掌聲浪費在最惡劣的暴君身上。蘇丹的德行對他自己來說是最大的罪惡，所有的臣民全都同意這種觀點。一個民族要是不明白自由和法律有具有同等的利益，就會被專制權力的閃光所嚇倒，藩王的殘酷會假借公正的名義，把他的揮霍當作慷慨，剛愎認爲堅毅。要是最有道理的辯辭都遭到否決，除了奉命從事幾乎沒有自主的行爲。犯罪難免要膽戰心驚，就是清白無辜有時也無法獲得安全的保障。民眾的安寧和部隊的紀律，要想維持在最佳的狀況，必須在戰場採取不斷的作戰行動。新軍最擅長的本領就是戰爭，凡是經歷戰陣危險能夠倖存的人員，可以分享掠奪的戰利品，讚譽統治者極其慷慨的野心。忠誠的伊斯蘭信徒首要的責任是要傳播堅持正道的宗教，不信者非但是穆斯林也是先知的敵人，土耳其人手裡的彎刀是要求皈依唯一的工具。不過，在這種環境之下，阿穆拉的公正和節制從他的行爲可以獲得證實，就是基督徒也都承認的確如此，他們認爲長治久安和壽終正寢是他莫大功德應有的報酬。他正當活力充沛的盛年統率著強大的軍事武力，如果不是事先受到激怒自認行爲正當，很少從事戰爭的行動。歸順請降會使勝利的蘇丹解除軍隊的武裝，如果遵守條約的規定，他的承諾不容違犯而且被視爲神聖。匈牙利通常都是發起攻擊的侵略者，斯坎德貝格(Scanderbeg)的背叛使他怒氣沖天，鄂圖曼國君兩次擊敗不義的卡拉瑪尼亞人(Caramanian)後都加以赦免。在他入侵摩里亞之前，底比斯被藩王用奇襲方式奪取。在征服提薩洛尼卡的過程中，拜亞齊特的孫兒與威尼斯爲最近的購買方式發生爭執。第

11　穆拉德或摩拉德(Morad)是更爲正確的名字，但是我還是主張採用常見的稱呼，我
　　們在這方面的努力不夠，東方的字母傳入羅馬地區很少獲得成就。

一次圍攻君士坦丁堡以後,蘇丹從來沒有受到帕拉羅古斯的災難、離國或傷害的引誘,不曾趁火打劫來絕滅拜占庭帝國最後一線希望。

論及阿穆拉的平生和性格,最令人印象深刻的特點是兩次遜位下台,自動放棄土耳其帝國的寶座,要不是動機摻雜迷信行為的作祟,我們就會讚許這位皇家哲學家[12],在四十歲的英年就看透人類的偉大有如鏡花水月,把權杖交給自己的兒子,隱退到馬格尼西亞(Magnesia)賞心悅目的行宮,生活在聖徒和隱士的社會之中。一直到回教紀元四世紀,穆罕默德的宗教才被一種制度所敗壞,所謂的苦行僧完全違背先知的精神和意念。但是到了十字軍東征的時代,就拿基督教聖職人員甚至拉丁人的僧侶作為榜樣,托缽僧的各種等級成倍增加[13]。整個民族的主子屈從於齋戒和祈禱,與宗教狂熱分子一起進行無窮盡的旋轉動作,他們誤以為暈眩的頭腦可以產生清明的心靈[14]。但是匈牙利人的入侵很快使阿穆拉從宗教狂熱的迷夢中清醒過來,聽命的兒子最早向他力陳國家的危險和人民的意願。久經戰陣的領袖高舉大纛,新軍在他的指揮下從事戰鬥和進行征服。等到他從瓦爾納(Varna)的戰場班師回朝,重新開始祈禱和齋戒,與馬格尼西亞的教友一起不斷旋轉。國家面臨危險的局勢,再度中斷這些虔誠的功課。勝利的軍隊藐視缺乏經驗的年輕統治者,亞得里亞堡整座城市放棄給搶劫和殺戮,意見一致的國務會議懇求他出面安撫騷動的情勢和制止新軍的叛亂。部隊聽到主子熟悉的聲音,全都戰慄不已願意聽命從事,非常勉強的蘇丹被逼要過講究禮儀的奴役生活,四年以後被死神召喚才獲得解脫。年齡、病痛、不幸和任性,使得有些君王情願禪位,等到他們過於空閒不甘寂

---

12 伏爾泰稱讚這位土耳其的哲學家,但是他對一位隱退到修道院的基督教君王會同樣給予頌揚嗎?就他的作法而論,伏爾泰不折不扣是個偏執狂,絕不寬容的擇善固執者。

13 波斯和阿拉伯作者對待這類題材表達的內容非常膚淺,有關托缽僧的階層在土耳其人中更為流行。

14 來考特(Rycaut)提供很多有用的資料,是他與托缽僧的頭目親自晤談得知,大部分人認為他們起源於奧爾漢時代。他並沒有提到查柯康戴爾斯的「齊契底」(Zichidae),說是阿穆拉退位與他們在一起。作者所說的賽德(Seids)是指穆罕默德的後裔。

寞，只有懊惱無法挽回的步驟。僅僅阿穆拉有充分的選擇自由，在經過帝
國和孤獨的考驗之後，還是寧願過無拘無束的私人生活。

三、尤金紐斯和拉底斯勞斯聯合對抗土耳其人(1443A.D.)

尤金紐斯四世在他的希臘教友離開以後，對於塵世的利益還是非常注
意。土耳其的前進會很快侵入意大利的邊界，使他感到憂心忡忡，更加關
心希臘帝國的狀況。十字軍的精神已經完全絕滅，法蘭克人的冷漠要是與
以往那種奮不顧身的激情相比，其間的變化也不是毫無道理可言。十一世
紀時，一名狂熱的僧侶敦促歐洲人前往亞洲光復聖墓；但是到了十五世
紀，宗教和策略更爲急切的動機，還是無法讓拉丁人聯合起來保護基督教
世界。日耳曼是無限供應人員和武器的倉庫[15]，這個複雜而又怠惰的政治
體，需要強勢人物的推動和驅策，腓特烈三世就個人的性格和皇家的地位
而論同樣無能爲力。法蘭西和英格蘭的長期戰爭已經斲喪雙方的實力，還
是沒有化解彼此的積怨[16]。勃艮地公爵菲利浦是一位愛慕虛榮的諸侯，只
要本身免於戰陣的危險或費用，樂於讓他的臣民從事虔誠的冒險行動。他
們組成一支英勇的艦隊，從法蘭德斯海岸航向海倫斯坡海峽。瀕海的威尼
斯和熱那亞這兩個共和國，離開作戰的地區並沒有那樣的遙遠，他們之間
充滿敵意的艦隊在聖彼得的旗幟之下聯合起來。匈牙利和波蘭王國在拉丁
教會的勢力範圍之內，雖然在各方面都受到安全的掩護，對土耳其人的進
展非常關切，一直抱著激烈的反對態度。軍隊是錫西厄人和薩瑪提亞人的
世襲產業，這些民族的競爭顯然處於勢均力敵的狀況，他們的刀劍是如此

15　1431年日耳曼召集四萬人馬，全副武裝用來對付波希米亞的胡斯信徒(Hussites)；
　　1474年圍攻萊茵河畔的諾伊斯(Nuys)，各地的諸侯、高級教士和城市，派遣所分
　　配的兵力；孟斯特(Munster)主教供應一千四百名騎兵和六千名步卒，這些人都未
　　經陣戰，還有一千兩百輛大車。英格蘭國王和勃艮地公爵的聯合部隊，沒有到達
　　日耳曼主人三分之一的數量。到今天強大的日耳曼維持固定薪餉和紀律嚴明的軍
　　隊，整個兵力目標到達六十萬或七十萬人。

16　法蘭西和英格蘭直到1444年，才同意一個爲時數月的休戰協定。

任性使用於血腥的內部爭端之中,現在可能會指向共同的敵人。養成的風氣不利於協調合作與服從命令:一個貧窮落後的國家和財力有限的君王無法維持一支常備部隊。波蘭和匈牙利的騎兵隊伍紀律鬆弛,欠缺高昂的士氣和適合的武器,不像過去曾給法蘭西的騎士帶來難以支持的負擔。

然而,就這方面而言,激起羅馬教皇的謀略和他的特使紅衣主教朱理安的辯才:這要靠著那個時代的特殊環境[17];以及拉底斯勞斯(Ladislaus)[18]的頭上戴著聯合的兩頂皇冠,他是一位年輕而又野心勃勃的戰士;還有一位驍勇善戰的英雄就是約翰‧杭尼阿德斯(John Huniades),在基督徒中成爲家喻戶曉的人物,也是土耳其人的剋星。教皇的特使有一個用之不竭的寶庫,那就是任意揮霍教會的赦免和恩典。法蘭西和日耳曼很多私人豢養的武士接受徵召,投身到神聖的旗幟,十字軍從歐洲和亞洲新的盟友獲得實力或名聲。一位流亡的塞爾維亞(Servia)藩王誇大多瑙河對岸基督徒的災難和熱情,說是會同心協力揭竿而起,來維護他們的宗教和自由。希臘皇帝[19]具有他父親身上無法發現的銳氣,提出保證要防守博斯普魯斯海峽,會親自率領本國軍隊和傭兵部隊從君士坦丁堡出擊。卡拉瑪尼亞的蘇丹[20]通知阿穆拉的撤退,以及在安納托利亞腹地發起牽制攻勢行動,要是西方的艦隊能在同一時刻占領海倫斯坡海峽,就會造成鄂圖曼君主國的分離和毀滅。無論天上人間,對於邪惡異教徒的永

17 在匈牙利的十字軍中,斯朋達努斯(教會編年史1443、1444A.D.)成爲我的引路人,他曾經下很大工夫去閱讀希臘和土耳其的史料,以及匈牙利、波蘭和西方歷史學家的作品,並且用批評的態度加以比較。他的著作表達的觀念非常清晰,如果不受宗教偏見的拘束,正確的判斷力不容輕視。

18 我將剌耳的字母刪除(去掉Wladislaus的W成爲Ladislaus),大多數作者還是將W加在他的名字前面,爲了吻合波蘭人的發音,或是與他的敵手有所區別,那就是奧地利尚未成年的拉底斯勞斯。

19 希臘的歷史學家像是法蘭札、查柯康戴爾斯和杜卡斯在他們的著作中,並未提到他們的君王在這次十字軍表現出更爲積極的部分,他幾乎有促成此事的意願,但是畏懼事後會受到傷害。

20 康提米爾敍述卡拉瑪尼亞蘇丹的策略和最早的計畫,節錄他致匈牙利國王充滿銳氣的信函。但是伊斯蘭的強權很少得知基督教世界的情勢,羅得島騎士團因位置關係很可能與卡拉瑪尼亞蘇丹建立連繫。

墜地獄都必定興高采烈，教皇的特使用審愼的態度和曖昧的言辭灌輸他的
見解：這完全要靠聖子和聖母給予暗中或公開的幫助。

宗教戰爭在波蘭和匈牙利的議會裡成爲一致的呼聲，等到渡過多瑙河
以後，拉底斯勞斯率領一支由聯邦的臣民所組成的軍隊，抵達保加利亞王
國的首都索非亞。他們在這次遠征中獲得兩次引人注目的勝利，應該歸功
於杭尼阿德斯的英勇和卓越的指揮。第一次的勝利是他率領一萬人馬的前
衛奇襲土耳其人的營地，第二次是他擊敗並俘虜對方戰功彪炳的將領，即
使這位將領具有地形和兵力的雙重優勢。冬季即將來臨，加上希繆斯山天
然和人工的阻障，妨礙到英雄人物的未來進展。他打算在六天短暫的時間
之內，從山麓向著亞得里亞堡充滿敵意的塔樓進軍，接著指向希臘帝國友
善的都城。敵軍的退卻沒有受到干擾，進入布達(Buda)立即成爲軍事和
宗教的偉大成就，國王和武士徒步隨著一個神職人員組成的遊行隊伍。他
對兩個民族的功績和酬勞盡量能保持平衡的狀況，征服的驕傲混合著基督
教謙卑的習性。土耳其的十三名高階將領、九面軍旗和四千名俘虜，毫無
疑問全部成爲戰利品。數以萬計的土耳其人遺屍在戰場[21]，大家全都相信
也沒有人質疑，十字軍人員帶著毫不羞愧的自信加油添醋。勝利最確鑿的
證據和最有利的後果，是土耳其的國務會議派出一個求和的代表團，願意
歸還塞爾維亞、贖回戰俘和從匈牙利的邊區撤離，這份條約可以使戰爭達
成合理的目標。國王、藩王和杭尼阿德斯本人在塞吉丁(Segedin)的議會
當中，對於公眾和私人所獲得的報酬都感到滿意；簽訂十年的停戰協定；
耶穌和穆罕默德的追隨者都對著《福音書》和《古蘭經》宣誓，證明大家
把神的旨意當成眞理的護衛者和背信的報復者。土耳其的代表就《福音
書》的立場建議要以聖餐的儀式取代，使能眞實呈現正統信仰的神性；基
督徒拒絕褻瀆他們神聖的教義，誓言內含的精神能量比起外在的可見象
徵，對於一個迷信的良知更難達成有力的制約。

21　他們在致皇帝腓特烈三世的信中，說是匈牙利在一次會戰中殺死三萬土耳其人，
　　但是謙虛的朱理安將數目減到六千人，甚至是兩千名不信上帝的異教徒。

四、基督徒違犯和平條約以及瓦爾納會戰的成敗(1444A.D.)

整個事件處理期間，身爲紅衣主教的特使保持慍怒的沉默。他對於國王和人民同意這種方式，沒有贊成的意願但是也缺乏反對的能力。等到卡拉瑪尼亞人入侵安納托利亞，以及希臘皇帝占領色雷斯，這些受到歡迎的情資可以穩固朱理安的立場，議會也因而解散。還有就是熱那亞、威尼斯和勃艮地的艦隊已經成爲海倫斯坡海峽的主人。盟友接到拉底斯勞斯大獲全勝的通知，但是不知道他簽訂的條約，非常著急等待軍隊的班師還朝。紅衣主教大聲驚呼道[22]：

> 所有這些處理方式，不就是你拋棄大家的期望和你自己的機運嗎？你對所負的職責、你的上帝和你的教友曾經立誓要信守忠誠，所以最優先的義務是要取消對基督的敵人倉卒和褻瀆的誓言。神在世間的代理人就是羅馬教皇，沒有他的批准你既不能承諾也不可執行這些條約。我用他的名義赦免你的僞證罪，讓你使用的武器具備神聖的性質，追隨我的腳步走上光榮和救贖的道路。如果你仍舊有所顧慮，可以把懲罰和罪孽轉移到我的頭上。

朱理安有崇高的人格，竟然支持這種帶來災難的狡辯，深得民心的議會經常朝令夕改輕浮易變，同樣予以支持。他們決定發起戰爭，就在同一個地點直到最近才誓言和平。履行條約時基督徒襲擊土耳其人，他們的理由是稱這些人爲不信神的異教徒。拉底斯勞斯的承諾和宣誓成爲騙人的謊

---

22 我不能裝模作樣提出保證說是正確引述朱理安的講話，卡利瑪克斯(Callimachus)、朋菲紐斯(Bonfinius)和其他的歷史學家有各種不同的措辭和表達方式，他們都是當代的演說家，能夠任性發揮口若懸河的辯才。但是有關朱理安在提供意見和理由方面，他們全部同意他犯下僞證罪。在宗教爭論的戰場上新教徒發起兇狠的攻擊，正統教徒勢力衰弱只能被動的防衛，瓦爾納會戰的不幸敗北使得後者喪失勇氣。

言，受到那個時代的宗教給予緩頰，最完美的辯白或至少能爲大眾所接受的藉口，就是他的軍隊獲得勝利能解救東部的教會。但是同樣這份條約損害他的名譽，削弱他的實力。和平的宣告使法蘭西和日耳曼的志願軍帶著不滿的喃喃之聲憤而離開，路途遙遠的戰事使波蘭人已經精疲力竭，可能是厭惡外國人指揮的緣故，他們的內衛軍首先獲得許可，很快撤回行省和城堡。甚至就是匈牙利人也因黨派傾軋而四分五裂，舉棋不定的態度使他們的行動受到限制，說來這倒是值得讚許的事。十字軍的殘餘人員進軍第二次的遠征行動，兵力減少到實力不足兩萬人。

　　一位瓦拉幾亞酋長率領他的家臣加入皇家的陣營，提到他們的人數沒有超過陪伴蘇丹出獵的隨從隊伍。兩匹腳程神速的駿馬當作禮物，提醒拉底斯勞斯對即將發生的大事有祕密的先見之明。塞爾維亞的藩王在光復國土和歸還他的子女以後，對方引誘他，承諾可以給予他新的領土。缺乏經驗的國王、宗教狂熱的特使以及好戰無禮的杭尼阿德斯，都存有先入爲主的觀念，認爲刀劍和十字架無堅不摧的威力可以克服所有的障礙。等到渡過多瑙河以後，兩條道路可以到達君士坦丁堡和海倫斯坡海峽：較近一條道路直接越過希繆斯山，地形崎嶇通行困難；另外一條路程較遠比較安全，經過平坦的國度沿著黑海海岸前進。他們在行軍時，按照錫西厄人的訓練方式，經常用大車當作移動的工事使側翼獲得掩護。運用後面這條道路是很明智的選擇，正統教會的信徒行軍通過保加利亞平原，帶有惡意的殘酷行爲，把基督徒土著的村莊和教堂焚燒一空。他們最後一站是靠近海邊的瓦爾納，拉底斯勞斯在此地戰敗陣亡留下不朽的英名[23]。

　　在這個決定國家命運的地點，沒有發現一支盟邦的艦隊可以支持他們的作戰行動，反而獲得阿穆拉即將接近的警報。阿穆拉從馬格尼西亞的退

23　瓦爾納是米勒都斯人建立的殖民地，希臘名字叫做奧底蘇斯(Odessus)，來自英雄人物尤利西斯。根據阿里安(Arrian, Flavius Arrianus，二世紀羅馬作家，作品有《亞歷山大大帝傳》)的《黑海環航記》記載，瓦爾納離多瑙河口是一千七百四十斯塔迪亞或弗隆，到拜占庭是兩千一百四十斯塔迪亞，到希繆斯山在北部的山脊或海岬是三百六十斯塔迪亞，可以順著山脊線向著海濱前進。

隱之地出發,把亞洲的軍隊運過來防衛歐洲。按照一些作者的說法,希臘皇帝出於畏懼或受到誘惑,同意他們使用博斯普魯斯海峽這個通道。貪污腐敗這個難以洗刷的羞辱要加在熱那亞人身上,還有教皇的姪兒身為正統教徒的水師提督,默許他的傭兵部隊放棄防守海倫斯坡海峽的任務。蘇丹率領六萬人馬離開亞得里亞堡,用急行軍向前挺進。等到紅衣主教和杭尼阿德斯可以就近觀察土耳其人的兵力和隊列時,熱心的武士建議撤退的行動,然而這種處置方式非僅緩慢而且不切實際。只有國王下定決心不是征服就是死亡,他原本可以獲得光榮和輝煌的勝利。兩位君主位於陣線中間相對的位置,安納托利亞和羅馬尼亞的將領稱為貝格勒貝格(Beglerbeg),他們指揮右翼和左翼的部隊,對抗藩王和杭尼阿德斯位於當面的師級單位。土耳其軍的兩翼在第一波的攻擊中被敵軍突破,但獲得的優勢結果帶來致命的危險,行動魯莽的勝利者一時激動發起追擊,沒有給敵人造成困擾反而遠離友軍的支援。當阿穆拉看到他的騎兵部隊敗逃,對自己的命運和整個帝國感到萬念俱灰。一名久歷戰陣的新軍弟兄抓住座騎的韁繩,他後來很寬宏大量的赦免並獎勵這名士兵,竟然看出君王處於恐慌之中,還敢阻止他臨陣脫逃。一份條約的抄本當作基督徒不守信義的證據,在戰線的最前列公開展示出來。據說蘇丹在大禍臨頭時,高舉雙手兩眼向著上天,懇請真主給予保護。他向先知耶穌提出訴求,對那些用不敬的言辭嘲笑他的名字和宗教的人,應該施加報復的手段[24]。

匈牙利國王以充滿勝利的自信,帶著劣勢的兵力和混亂的隊伍向前猛攻,直到他的進展被無法擊破的新軍方陣所阻止。要是我們相信鄂圖曼編年史的記載,他的座騎被阿穆拉投出的標槍所貫穿[25],本人跌落在步兵的長矛陣中。一名土耳其士兵大聲宣布:「匈牙利人,看吧!你們國王的頭

---

24 有些基督徒作者非常肯定,他將懷裡的聖餅拿出來,當初簽訂條約時並沒有按著聖餅起誓。穆斯林認為對付這種狀況最簡單的方式,就是訴求上帝和先知耶穌,卡利瑪克斯同樣有類似的暗示。

25 學者通常不會相信勝利將領的英雄事蹟,勇敢的行為獲得豐碩的戰果是多麼困難,奉承的言語創造偉大的成就是多麼容易。卡利瑪克斯的表達很簡單,只是肯定新軍的英勇無敵。

顧！」拉底斯勞斯的陣亡是戰敗的信號。杭尼阿德斯從過度施為的追擊行
動中歸來，後悔所犯的錯誤和部隊的損失，竭盡全力要拯救皇家的主力，
直到他被勝利的烏合之眾所壓倒，造成全線的徹底潰敗。他的勇氣和指揮
發揮最後的效果，能夠救出瓦拉幾亞騎兵隊的殘部。瓦爾納會戰（1444年
11月10日）這場慘敗有一萬基督徒被殺，土耳其人的傷亡更多，就整個實
力來說所占比例不算太大。然而這位富於理性的蘇丹，用神色自若的態度
承認經過的事實，說如果類似的勝利重演，代價可能是他的死亡。他下令
在拉底斯勞斯落馬的地點樹立一根紀念石柱，高雅的銘文沒有提到魯莽的
行動，只是記下匈牙利年輕國君的英勇事蹟，悲悼他不幸的遭遇。

五、十字軍運動的英雄人物朱理安和杭尼阿德斯(1444-1456A.D.)

　　在我從瓦爾納戰場轉過頭去之前，眼光被紅衣主教朱理安和約翰·杭
尼阿德斯這兩位主角的性格和事蹟所吸引。朱理安·凱撒里尼(Julian
Caesarini)出身羅馬的貴族世家，他吸取拉丁文和希臘文的知識，精通神
學和法律的素養，多才多藝的稟賦同樣適合於學院、軍營和宮廷。他剛被
授與羅馬的紫袍就派往日耳曼，加強帝國的武備對付波希米亞的叛徒和異
端。宗教迫害的精神使他不配當博愛的基督徒；軍人的職業不適合他的教
士身分。但是前者受到那個時代的原諒，後者因朱理安的勇氣變得更為高
貴，日耳曼的主人可恥逃走時，只有他能夠大無畏的挺身而出。他身為教
皇的特使，召開巴西爾的宗教會議，但是這位主席似乎很快成為最熱心的
勇士，要爭取教會的自由，憑著他的能力和幹勁領導長達七年的反對運
動，採用最強烈的手段抗拒尤金紐斯的權威和地位之後，出於利益或良心
等隱密的動機使他突然拋棄深得民心的黨派。紅衣主教從巴西爾退往菲拉
拉，涉入希臘人和拉丁人的爭論，他的辯證極其技巧而且神學的修為博大
精深，這兩個民族都表示欽佩之意。我們看到他在擔任匈牙利使節時，詭
異的論點和動聽的辯才造成有害的後果，朱理安自己成為最早的犧牲品。
紅衣主教執行教士和士兵的職責，在瓦爾納戰敗喪失性命。過世的情節有

不同的記載，黃金成爲沉重的累贅妨害到他的逃走，引起一些基督教流亡人員的貪念而採取殘酷的手段，這是比較可信的說法。

　　約翰·杭尼阿德斯的家世寒微或令人感到可疑，完全憑著自己的長處擢升到指揮匈牙利軍隊的職位。他的父親是瓦拉幾亞人而母親是希臘人，她的族人可能成爲君士坦丁堡的皇帝，只是姓名我們還不清楚。從他的出生地獲得瓦拉幾亞人的資格和科維努斯(Corvinus)這個姓氏，可能形成證據薄弱的藉口，說是他的血統淵源於古老羅馬的大公[26]。他在年輕的時候參加意大利的戰爭，後來與十二名騎兵一起被札格拉布(Zagrab)主教雇用。「白武士」[27]的英勇很快名聞遐邇，與有錢的貴族家庭聯姻更增加他的財富。他防守匈牙利的邊區對抗土耳其人，在同一年之內贏得三次會戰的勝利。他發揮影響力使波蘭的拉底斯勞斯獲得匈牙利的王冠，擁立的功勞所得到的報酬是外斯拉夫尼亞「領主」這個頭銜和職位。朱理安的十字軍旗開得勝，使他獲得兩頂土耳其的桂冠，瓦爾納之役給公眾帶來災難的致命錯誤已被人遺忘。當奧地利的拉底斯勞斯這位名義上的國王尚未即位和成年時，杭尼阿德斯被推舉爲最高首領和匈牙利總督，要是嫉妒在開始就因恐懼而保持靜默，十二年的統治可以知道他如同精於戰爭一樣熟悉政事。然而處於顛峰狀況的將領不會在戰役中描述他的治國理念，白武士的戰鬥是用雙手並非頭腦，這位酋長率領散漫的蠻族，發起攻擊時毫無畏懼之心，落荒而逃也不會羞愧難安。他的軍旅生涯混合著傳奇的事蹟，輪替出現勝利和敗北。土耳其人拿他的名字來嚇唬不聽話的小孩，以訛傳訛稱他爲堅庫斯·雷因(Jancus Lain)或「惡漢」，這種痛恨的情緒也可以證明敬畏的態度。

　　王國在他的守備之下，土耳其的軍隊無法接近，正當敵人極爲高興認

26　意大利歷史學家說出荒謬的阿諛之言，匈牙利國王聽到竟然絲毫不感慚愧，難道他把一個瓦拉幾亞小村的名字，跟羅馬的華勒利安家族一個旁支最光榮的綽號弄混淆了不成？

27　菲利浦·德·科明(Philip de Comines)依照那個時代的傳統，提到他時使用極度讚揚的頌辭，但是用瓦拉幾尼(Valaigne)「白武士」這個很古怪的稱號。希臘人查柯康戴爾斯以及琉克拉維斯的《土耳其編年史》竟敢指控他的忠貞或英勇。

定這位首領和他的國家遭到無可挽回的損失時，反而更加感受到他的膽大
包天和驍勇善戰。他並沒有將自己局限於防禦作戰的範圍之內，瓦爾納的
敗北過了四年以後，他再度攻進保加利亞的腹地。土耳其軍隊挾著四倍兵
力的優勢，他在科索伏(Cossova)平原抗拒全力的衝擊，直到第三天才敗
退。杭尼阿德斯單獨穿過瓦拉幾亞的森林逃走，這位英雄受到兩個強盜的
襲擊，就在他們為他頸脖掛著的金鍊發生爭執時，他找到失落的長劍將一
個強盜殺死，另一個嚇得飛奔而逃。他的軍隊有很多人被俘或陣亡，為國
家帶來新的危險局勢之後，他的安然無恙使苦難的王國獲得一絲慰藉。但
是他這一生最後和最光榮的軍事行動，就是防守貝爾格勒對抗穆罕默德二
世的御駕親征。經過四十天的圍攻以後，土耳其人已經進入市鎮，結果還
是被迫撤軍(1456年7月22日)，興高采烈的民族讚譽杭尼阿德斯和貝爾格
勒是基督教世界的天塹和長城[28]。這次偉大的拯救行動以後不過一個月，
護衛的勇士離開人世(1456年9月4日)，鄂圖曼的君主用莊嚴的墓誌銘表示
遺憾之情，對於這唯一擊敗他軍隊的對手，再也沒有雪恥復仇的希望。感
恩的匈牙利人在寶座空懸的初期，推選十八歲的年輕人馬提亞·科維努斯
(Matthias Corvinus)加冕接位，他的統治開創繁榮的局面和悠久的朝代，
他渴望獲得征服者和聖徒的光榮，但是他最大的優點是倡導學術不遺餘
力。他的兒子從意大利邀請拉丁的演說家和歷史學家，他們用雄辯的口才
讚譽父王，使之光芒萬丈流芳百世。

六、阿爾巴尼亞君王斯坎德貝格的家世、教育和反叛(1404-1467A.D)

在英雄的名單上，約翰·杭尼阿德斯和斯坎德貝格通常並列[29]：他們

28　杭尼阿德斯與卡披斯特朗(Capistran)分享防衛貝爾格勒的光榮，卡披斯特朗是方
　　濟各會(Franciscan)的修士。在他們各自的敘述中，無論是聖徒還是英雄，都不願
　　表彰競爭對手的功績。

29　威廉·坦普爵士在〈英雄武德論〉中，將他們兩個人定出先後次序。他認為有七
　　位軍事首長有資格登基稱帝，但是他們沒有這方面的野心，這幾位按次序是：貝
　　利薩流斯、納爾西斯、哥多華(Cordova)的貢薩爾伐(Gonsalvo)、奧倫吉(Orange)

牽制鄂圖曼的大軍延遲希臘帝國的滅亡,所以特別值得我們的注意。斯坎
德貝格的父親約翰·卡斯特里略(John Castriot)[30]是伊庇魯斯或阿爾巴尼亞
的世襲君主,面積狹小的領地位於山區和亞得里亞海之間,沒有能力與蘇
丹的權勢對抗,只有降服在和平與納貢的嚴苛條件之下,交出四個兒子做
爲宣誓效忠的保證。身爲基督徒的年輕人在留下割禮的疤痕以後,接受的
教育是穆罕默德的宗教,按照土耳其的政策加強武藝和戰術的訓練。三位
年長的兄弟混在奴隸之中,據說他們是被毒死,沒有確鑿的證據可以證實
或加以駁斥。蘇丹對喬治·卡斯特里略非常仁慈充滿父愛,一般而言不應
該懷疑到他身上。這第四個兒子在幼年時,就展現出軍人的體魄和精神。
有一名韃靼人和兩名波斯人很驕傲的挑戰土耳其的宮廷,先後被他制服,
使他獲得阿穆拉的重用。斯坎德貝格這個名字來自土耳其的稱呼Iskender
Beg,意爲亞歷山大大人,這是他一生中光榮和奴役難以磨滅的記憶。他
的父親原來擁有的公國已經縮小成爲一個行省,但是這方面的損失獲得
「桑吉克」(Sanjiak)的職位和頭銜的補償,可以指揮五千名騎兵,還能期
望升到帝國最顯赫的階層。他在歐洲和亞洲的戰爭中克盡職責獲得榮譽,
我們可以對歷史學家有意的做作或輕信的態度加以訕笑,他們認爲在每一
次的衝突中他對基督徒大發慈悲,同時用霹靂手段打擊那些身爲穆斯林的
敵人。

　　杭尼阿德斯的光榮事蹟無可指責,爲保護宗教和國家挺身而戰;敵人
稱讚這位愛國志士,卻已經把他的對手打上叛徒和背教者的烙印。從基督
徒的眼裡看來,由於斯坎德貝格父親所犯的錯誤,他的三位兄長死因可
疑,自己受到罷黜以及國家被異族奴役,他的反叛是正當的行爲。對於他
那豪邁的熱誠,公開宣稱要確保祖先的信仰和獨立,雖然發表的時間稍嫌

(續)————————————
　　　首任城主威廉、帕馬(Parma)的亞歷山大公爵、約翰·杭尼阿德斯以及喬治·卡斯
　　　特里略或斯坎德貝格。
30　我希望斯坎德貝格能有一位朋友寫出簡單而可信的回憶錄,從而介紹我們認識這
　　　個人物、這個時代和這個地點。馬里努斯·巴勒久斯(Marinus Barletius)是斯柯德
　　　拉(Scodra)的教士,撰寫古老的本國歷史,提到卡斯特里略穿著難看而累贅的長
　　　袍,上面掛著很多假珠寶。

遲緩，大家還是推崇不已。他九歲起就從《古蘭經》的教義中接受薰陶，對於《福音書》完全沒有認識，士兵的宗教靠著權威和習慣來決定，很難想像在四十歲[31]的年齡還能讓新的啟示灌輸到他的心靈。要是他在那個時候感覺到鎖鍊的束縛而盡力掙脫，那麼他的動機很少讓人懷疑是出自利益或報復。長久受到忘懷確實傷害到與生俱來的權利，這麼多年的服從和酬勞使蘇丹和臣民相互的關係更為牢固。要是斯坎德貝格長久以來心懷基督教的信仰和反叛的意圖，高尚的情操就會指責卑劣的欺騙，服務只是為了背信，承諾看來僅是偽誓，積極的加入只能造成數以千計不幸的同胞在塵世和精神方面的毀滅。當他在土耳其軍隊指揮前衛時，難道我們應該讚許他與杭尼阿德斯的祕密連繫？要是背叛的擅離職守會使恩主的敵人獲得勝利，難道我們應該原諒這種離棄自己陣營的行為？

　　在部隊吃敗仗的混亂狀況之中，斯坎德貝格的眼光緊盯在雷斯·伊芬迪(Reis Effendi)這位首席祕書的身上，用匕首比著他的胸膛，索取一份治理阿爾巴尼亞的敕令或詔書，謀殺無辜的書記和扈從，免得這件事很快被發現。斯坎德貝格將他的計畫透露給一些大膽的同伴，到晚上用急行軍從戰場逃到祖國的山區(1443年11月28日)，用皇家的命令打開克羅雅(Croya)的城門。等他控制這個堡壘以後，喬治·卡斯特里略馬上扯掉偽裝的面具，發誓棄絕先知和蘇丹，公開宣布要為家庭和國家報仇雪恨，運用宗教和自由的名義激起一場全面的叛亂。阿爾巴尼亞人是一個好戰的民族，一致同意要與世襲的君主同生共死，鄂圖曼的守備部隊可以自行選擇殉教或受洗。伊庇魯斯各個城邦舉行的會議中，斯坎德貝格受到推舉成為土耳其戰爭的將領，每個盟邦保證要按照比例提供人員和金錢。從這些分擔的經費，加上世襲的產業和塞利納(Selina)值錢的鹽礦，獲得每年的歲入是二十萬個達卡克銀幣。這些款項避免滿足奢侈的需要，一絲不苟全部撥作公用。他的態度平易近人但是紀律的要求非常嚴格，軍營禁止存有任

31　斯坎德貝格死於1466年，享壽六十三歲，應該是生於1403年。既然他在九歲時被　　土耳其人從父母身邊帶走，這件事必定發生在1412年，是阿穆拉二世登基前九　　年，所以蘇丹從繼承而不是用另外的手段獲得這名阿爾巴尼亞的奴隸。

何一種不必要的惡習。他用身教來加強領導的能力,在他的指揮之下阿爾
巴尼亞人能夠所向無敵,無論是自己還是對手都承認這個事實。法蘭西和
日耳曼那些勇敢的亡命之徒爲他的名聲所吸引,願意留在他的麾下服務。
他的正規民兵部隊共有八千騎兵和七千步卒,馬匹的體型矮小但是人員積
極主動。他用洞察一切的眼光來考量山區作戰的困難和可以運用的手段,
在烽火台的火焰照耀之下,整個民族都配置在最堅固的據點,斯坎德貝格
憑著實力不足的軍隊,抗拒鄂圖曼帝國的強權達二十三年之久。

　　阿穆拉二世和他那偉大的兒子一再被叛徒所阻撓,帶著表面的藐視和
難忘的憎恨在他的後面窮追猛打。阿穆拉率領六萬騎兵和四萬新軍進入阿
爾巴尼亞,蹂躪這個門戶大開的國家,占領沒有設防的市鎮,把教堂改爲
清眞寺,對基督徒的青年施以割禮,處死成年而又頑固的俘虜。但是蘇丹
的征服只限於斯菲提格勒(Sfetigrade)這個不起眼的堡壘,守備部隊的戰
力強大無法征服,卻被微不足道的詭計和迷信心理的猶豫所擊滅[32]。克羅
雅是卡斯特里略的城堡和住所,阿穆拉帶著羞辱和損失從城牆下面撤退。
無論他是在行軍、圍攻和退卻,這個神出鬼沒幾乎看不見的敵手給他造成
極大的困擾,失望使得蘇丹飽嘗痛苦,可能縮短他在世的最後時間[33]。穆
罕默德二世在完成征服的過程中,始終有芒刺在背的感覺。他的部將獲得
授權談判停戰協定,阿爾巴尼亞的君王深受讚譽,是維護國家獨立信念最
堅定和能力最高強的勇士。有人基於騎士精神和宗教信仰的熱忱,把斯坎
德貝格與亞歷山大和皮瑞斯(Pyrrhus)相提並論,承認他們都是大無畏的
鄉親並不讓人感到臉紅。但是他的領土狹小而勢力薄弱,與古代的英雄相
比還要屈居下風,有很大一段距離,何況他們還戰勝東部和羅馬的軍團。

32　兩個同名城市根據位置區分爲上第布拉斯(Upper Dibras)和下第布拉斯(Lower
　　Dibras),分別爲保加利亞人和阿爾比尼亞人占有。前者離克羅雅七十哩,與斯菲
　　提格勒的要塞相鄰,這裡的居民拒絕從一口水井打水喝,因爲有人很奸詐將死狗
　　丟進去。我們需要一份很詳盡的伊庇魯斯地圖。

33　巴勒久斯爲了將榮譽歸於英雄,說卡斯特里略在克羅雅的城下殺死蘇丹,事實上
　　阿穆拉二世因病亡故。但是這個可恥的杜撰說法被希臘人和土耳其人所駁斥,經
　　過證明完全是僞造,阿穆拉是在那個時候病死在亞得里亞堡。

　　提到斯坎德貝格光耀的成就，像是那些他所遭遇的帕夏，那些被他擊潰的軍隊，以及那些被他親手殺死的三千土耳其人，就批評的立場而論更加重可疑的程度。對抗一位不識字的敵人，處於伊庇魯斯落後而又孤寂的地區，偏袒他的傳記作家可以像騎士小說一樣任意描述，但意大利歷史著作發射的光芒揭穿杜撰的情節，有關他率領八百騎兵渡過亞得里亞海去拯救那不勒斯國王，違背事實而大膽假定，把他的功績形容成一個神話故事。他們應該承認他到最後還是被鄂圖曼的強權所制服，這對他的名聲並無絲毫不敬之意。他處於極端危險的情況，在教皇庇護二世（Pius II）的教廷國得到避難所。斯坎德貝格的資源幾乎已經耗用殆盡，成為流亡的難民，逝世在威尼斯領土的黎蘇斯（Lissus）[34]（1467年1月17日）。他的墳墓很快受到土耳其征服者的破壞，新軍佩帶的手鐲上面鑲嵌他的遺骨，當作迷信的護身符，這也可以說是對他的英勇產生不自覺的尊敬。他的國家立即面臨滅亡的命運，可見這位英雄是不可或缺的人物，更能提高他光榮的地位。然而，要是他權衡降服和反抗後果所帶來的得失，一個愛國志士會拒絕力有不逮的競爭，況且必須依靠一個人的生命和才能。實在說支撐斯坎德貝格的是合理卻謬誤的希望：他認為這個自由的基督徒民族，護衛著亞得里亞海的海岸，以及希臘進入意大利最狹窄的通道，所以教皇、那不勒斯國王和威尼斯共和國，都會參加他們的防禦作戰。他那還在襁褓之中的兒子從民族的災難中被拯救出來，卡斯特里略家族被授與公爵的領地，他們的後裔在統治地區的貴族世家中綿延不息。一大群阿爾巴尼亞難民在卡拉布里亞獲得居留區，直到今天還保存著祖先的語言和習俗。

34　斯朋達努斯獲得有效的證據和合理的批判，把身材魁梧像巨人一樣的斯坎德貝格縮小到常人的體型。從他自己寫給教皇的信件及法蘭札的證詞，得知他的避難地在鄰近科孚的小島，顯示出他已經是窮途末路，馬里努斯‧巴勒久斯用笨拙的手法加以掩飾。

七、東羅馬帝國最後一位皇帝君士坦丁‧帕拉羅古斯(1448-1453A.D.)

　　在羅馬帝國漫長的衰亡過程中，我終於要提到君士坦丁堡皇帝最後的統治，他用如此薄弱的力量維持著凱撒的地位和尊嚴。約翰八世歷經匈牙利的十字軍後又活了四年才過世[35]，整個皇室在安德洛尼庫斯亡故和伊希多爾出家之後，只剩下君士坦丁、德米特流斯和湯瑪士三位親王，他們是皇帝馬紐爾二世倖存的兒子。君士坦丁和湯瑪士在遙遠的摩里亞，德米特流斯擁有塞利布里亞這塊領地，位於都城的郊區，而且他還是一個黨派的首領。公眾的災難對他的野心沒有發生影響，他祕密結交土耳其人加上分裂主義者已經破壞國家的和平。先帝的葬禮加速舉行，倉卒的狀況不僅奇怪甚至引起懷疑。有人用觀念迂腐和證據薄弱的詭辯，擁戴德米特流斯接位，說他呱呱落地就穿上紫袍，是父皇登基以後所生最年長的兒子。但是身為皇后的太后、元老院和軍隊、教士和人民，一致贊同合法繼承人。湯瑪士藩王不知道政局發生變化，在偶然的狀況下回到首都，對於尚未來到的兄長，非常熱心的維護他的利益。歷史學家法蘭札擔任使臣，很快被派往亞得里亞堡的宮廷，阿穆拉對他非常優容，在他離開的時候還贈送禮物，但土耳其蘇丹親切的認可等於公開宣示他有最高的權力，東部帝國即將面臨滅亡的命運。君士坦丁在斯巴達由兩位顯赫的代表為他加冕(1448年11月1日-1453年5月29日)，在春天由摩里亞發航，避開一支土耳其分遣艦隊不要在海上遭遇，帶著愉快的心情接受臣民的歡呼，舉行新朝代開始統治的慶祝典禮，他的賞賜耗盡國庫的財富，使得政府更加窮困。皇帝立即將摩里亞託付給兩位弟弟去治理，德米特流斯和湯瑪士兩位親王的親情關係非常脆弱，當著太后的面他們用誓言和擁抱鞏固極其不穩的安全保證。君士坦丁還有一件大事是選擇配偶，有人建議威尼斯元首的女兒，但

35　法蘭札的《年代記》簡明扼要而且真實可信。但是斯朋達努斯說，最後這位君士坦丁統治的時間不是四年七個月，而是七或八年。他從一封偽造的信函推斷出來，說是尤金紐斯四世寫給衣索匹亞國王。

是拜占庭的貴族反對世襲君王和民選官員之間的地位差距，等到他們後來發生災難，身為強大共和國的首領並沒有忘記這一次的侮辱。君士坦丁對於要與特里比森德還是喬治亞的皇室聯姻一直猶豫不決，擔任使臣的法蘭札敘述拜占庭帝國最後這段期間的公私生活[36]。

　　法蘭札是皇宮的總管大臣，擔任新郎求親的代表從君士坦丁堡啓航，剩餘的財富和奢侈品用來擺出盛大的排場，人數眾多的隨員包括貴族、衛士、醫生和僧侶，他還帶著一個樂隊，這位花費驚人的使臣任期延長到兩年（1450-1452A.D.）。等他到達喬治亞或伊比里亞，城鎮和村莊的土著聚集起來圍繞著外來的異鄉人，他們過著簡樸的生活，雖然喜歡音樂的旋律，但是根本缺乏這方面的知識。在群眾之中有名老人年齡大約一百多歲，很早以前被蠻族當作俘虜掠走[37]，他用印度奇觀之類的故事來娛樂他的聽眾[38]，他曾經越過不知名的海洋從印度回到葡萄牙[39]。法蘭札從友善的國土前往特里比森德的宮廷，希臘國君在那裡告訴他阿穆拉新近逝世的消息。這名經驗豐富的政要對於國家能夠脫離苦難，並沒有感到欣慰反而是憂心忡忡，一個野心勃勃的青年不會長久跟從他父親明智與和平的路線。等到蘇丹逝世以後，他的基督徒妻子馬利亞（Maria）[40]是塞爾維亞藩王的女兒，很體面的歸還給她的父母。憑著她的容貌和才藝所建立的名聲，獲得使臣的推薦認為是皇帝擇偶的最佳對象，法蘭札對於正在高漲的反對聲浪，加以說明而且駁斥似是而非的意見。皇帝的尊嚴可以使身份不

36　法蘭札可以獲得我們的相信和尊敬。

37　假設他在1394年被俘，正當帖木兒在喬治亞的第一次戰爭，他可能跟隨韃靼主人在1398年進入印度，再從那裡航向香料群島。

38　幸福和虔誠的印度人能活一百五十歲，享受植物茂盛和礦物豐富的王國最完美的製品。動物的體型超過正常的尺碼，巨龍的長度有七十肘尺，螞蟻也有九吋長，綿羊好似大象那樣碩大，大象如同綿羊一般溫馴。

39　這段航行的經過寫成於1477年，是好望角發現前二十年，如果不是僞作那真是不可思議之舉。但是這個新穎的地理學被老舊而矛盾的錯誤所污染，竟然將尼羅河的源頭放在印度。

40　康提米爾稱她是拉查魯斯・奧格利（Lazarus Ogli）的女兒，是塞爾維亞人的海倫，說她與阿穆拉在1424年結婚。很難相信她與蘇丹同居二十六年之久。等到君士坦丁堡被攻占以後，她逃到穆罕默德二世那裡尋找庇護。

相配的聯姻獲得高貴的地位，慷慨的施捨和教會的赦免能夠除去血親關係
的障礙，她與土耳其人結婚的羞辱一再不予理會，雖然金髮白膚的馬利亞
即將年屆五十歲，仍舊抱著希望要給帝國生一個繼承人。君士坦丁從特里
比森德的來船得知使臣對他提出的忠告，但是宮廷的派系傾軋反對他的婚
姻，最後還是王妃虔誠的誓言打消整個行動，她要在修道院度過餘生。這
方面的希望破滅以後，法蘭札的選擇只有喬治亞的公主最適合。她的父親
是個虛榮心很重的人，為光榮的聯姻感到神智昏眩，並沒有按照原始和民
族的習慣，要求男方為他的女兒付出一大筆聘金[41]，反而提供五萬六千達
卡特的嫁奩和每年五千達卡特的津貼。使臣的功勞得到皇帝的保證作為報
答，他的兒子在施洗時已讓皇帝收養，他女兒的婚姻將受到君士坦丁堡的
皇后特別照顧。

法蘭札回國帶來的婚約經過希臘國君的批准，他在金色的詔書上面親
自劃三個朱紅十字，並且向喬治亞的特使提出承諾，他的戰船要在翌年春
天引導新娘進入皇宮。君士坦丁擁抱忠誠的僕從，不像統治者給予冷淡的
嘉許，而是朋友接受溫暖的信賴，在長久的分離以後，急著要將內心的祕
密向他傾訴。皇帝說道：

> 只有我的母親和康塔庫齊尼向我提出建議和忠告，不會帶有私心也
> 不受人情的關說[42]。自從他們過世以後，那些包圍在我四周的人，
> 無法受到我的喜愛、信賴和尊敬。你對水師大提督盧卡斯·諾塔拉
> 斯(Lucas Notaras)應該不陌生，他堅持自己的理念，甚至私下或公
> 開宣稱，我的思想和行動完全以他的意見為依歸。朝廷其餘人員都
> 是牆頭草，基於個人的利益或黨派的考量而搖擺不定。我怎麼能夠
> 與僧侶商量政策和婚姻的問題？我仍舊要借重你的勤奮和忠誠，明
> 年春天你要陪我一位弟弟去懇求西方強國派遣援軍，要從摩里亞航

---

41 精通古典文學的讀者會記得阿格曼儂(Agamemnon)的求親和古代的婚禮狀況。
42 康塔庫齊尼是一位強勢的家臣，是希臘正教信條立場堅定的代言人，也是塞爾維
　　亞王后的兄弟，他以使臣的身分前去訪問。

向塞浦路斯從事特別任務，再從那裡前往喬治亞去迎接和引導未來
的皇后。

　　法蘭札回答道：「你的命令我不敢推辭，」一本正經的帶著笑意繼續
說：「陛下，但是務必請你三思，要是我還一直這樣的長久離家，我的妻
子不是受到勾引去再找個丈夫，就是會丟開一切去進修道院。」皇帝對他
的擔心不禁大笑起來，用令人窩心的保證對他極力的慰勉，說這是最後一
次派到國外的工作，要將一位富有的貴族女繼承人許配給他的兒子，同時
要授與他首席行政長官或國務大臣這個重要的職位。婚事的細節立即律
定，不過，野心勃勃的提督明知這個職位不適合於他但還是出面奪走。爲
了商談出雙方同意和條件相當的結果就會耽誤一些時間，法蘭札的任命遮
遮蓋蓋以免得罪傲慢而又有權勢的寵臣，整個冬天花費在他擔任使節的準
備工作上。法蘭札決定讓他的兒子趁著年輕時掌握到外國旅行的機會，在
危險出現時他與摩里亞的母系親屬已經離開。上面所說私人和公眾的計畫
受到土耳其戰爭的影響而中斷，最後一起掩埋在帝國的廢墟之中。

哈德良莊園浴場的內廳

哈德良提倡藝術，

修訂法律，

加強軍事訓練，

視察所有行省，

不僅精力充沛而且才智過人，

在處理政務時，

既能照顧全局又能洞察細節。

但是在他的心靈深處，

主要是受到好奇和虛榮的驅使，

為了達成不同的目標，

期望都能有所作為。

哈德良是偉大的帝王、幽默的辯士和雄猜的暴君。

Rovine d'una Galleria
di Statue nella Villa Adri
ana a Tivoli
A. Avanzi di pitture a grottesce.

第六十八章

穆罕默德二世的文治武功和行事風格　君士坦丁堡在圍城和攻擊之後為土耳其人所奪取　君士坦丁‧帕拉羅古斯戰死　東羅馬帝國滅亡　全歐震驚　穆罕默德二世的征戰和崩殂(1451-1481A.D.)

一、穆罕默德二世的性格作風和統治狀況(1451-1481A.D.)

　　土耳其人圍攻君士坦丁堡，首先使我們注意到這位梟雄的身世和性格。穆罕默德二世(1451年2月9日-1481年7月2日)是阿穆拉二世的兒子，雖然他的母親是基督徒，擁有公主的頭銜，卻很可能是蘇丹後宮來自各地無數嬪妃之一而已。他開始接受教育和養成習性，就是要成為一個虔誠的穆斯林。只要他與一個不信真主的人接觸，就要舉行合法的齋戒儀式來淨化他的雙手和面孔。隨著年齡的增長和帝國的責任，使他不受狹隘的偏執思想所約束，志向遠大的才華使他恥於承認有人擁有更高的權力，在較鬆懈的時刻他竟然(據說如是)敢把麥加的先知稱為強盜和騙子。然而蘇丹對《古蘭經》的教義和戒律保持相當的尊敬[1]，即使私下有輕率的言論，也不會讓普通人聽到。我們對外來的陌生人和穆斯林教徒的輕信應該感到懷疑，他們竟然認為穆罕默德二世的心靈僵硬到無法接受真理，這種荒謬和錯誤的想法真是讓人極度藐視。他受到教學經驗豐富的老師諄諄誘導，在

1　康提米爾(Cantemir, Demetrius, 1673-1723A.D.，摩達維亞的君王、政治家、科學家和歷史學家)在著作裡提到穆罕默德二世建立的清真寺，可以證實他在公眾的場合非常關心宗教問題。他與吉內狄斯教長就兩個宗教自由的討論和爭辯。

求知的道路上很早取得迅速的成就。大家一致認爲他除了本國的母語，至
少還能講或懂得五種言語，就是阿拉伯語、波斯語、迦勒底語或希伯來
語、拉丁語和希臘語，其中波斯語是出於消遣的需要，而阿拉伯語與宗教
的啓示有關，這種學習語言的風氣對東方的年輕人而言非常普遍。在希臘
人與土耳其人的交往之中，征服者基於統治的野心，很願意與管轄的臣民
直接對話，他讚譽拉丁人的詩篇[2]或散文[3]，精通語言是進入耳中最方便的
通道。但是向這位政要或學者推薦希伯來奴隸極其粗俗的方言，又能發揮
什麼作用或帶來什麼好處呢？他對世界的歷史和地理非常熟悉，東方甚或
西方[4]英雄人物的傳記，使他產生一比高下的抱負。他精通占星學，這在
一個愚昧的時代可以得到諒解，從而認定他通曉數學的入門知識。他邀請
意大利畫家來訪並給予慷慨的酬勞，透露出他對異教的藝術有很高的鑑賞
能力[5]。但是宗教和學識對他那野蠻和放縱的性格沒有產生任何作用，我
不願照抄或相信那些流傳的故事：說他剖開十四名隨從的肚皮看是誰偷吃
了瓜，以及把一名美麗女奴的頭砍下來，向新軍證明他們的主子並非好色
之徒。土耳其編年史指責三位鄂圖曼君主有酗酒的惡習，僅僅只有三位而

---

2 菲勒福斯向君士坦丁堡的征服者呈獻一首拉丁頌詩，使他妻子的母親和姊妹獲得
   自由，詩是由米蘭公爵的特使送到蘇丹的手裡。菲勒福斯抱著期望想要退隱到君
   士坦丁堡，然而這位演說家經常大聲疾呼要從事聖戰。

3 1483年羅伯特‧華托里奧(Robert Valturio)在維洛納(Verona)出版十二卷的《軍事
   論》，裡面首次提到炸彈的使用。他的贊助人是里米尼的君主西吉斯蒙德，曾經
   用拉丁文寫一封信給穆罕默德二世。

4 按照法蘭札的說法，穆罕默德非常用心研究亞歷山大、奧古斯都、君士坦丁和狄
   奧多西的平生事蹟和爲將之道。我曾經讀過一些資料，裡面提到他下令將蒲魯塔
   克(Plutarch，一世紀羅馬傳記作家和哲學家，希臘人)的《希臘羅馬名人列傳》譯
   爲土耳其文。要是蘇丹自己懂得希臘文，必定是爲了對他的臣民有所裨益，然而
   這些傳記對他而言，是獲得自由思想和英勇行爲的學校。

5 威尼斯大名鼎鼎的非猶太人畫家貝利尼(Bellini, Giovanni, 1430-1516A.D.，意大利
   畫家，文藝復興時期威尼斯畫派奠基者，主要作品有《聖母加冕》和《諸神之
   宴》)受到蘇丹的邀請，告辭的時候獲贈金鍊條和項圈，還有三千達卡特金幣。伏
   爾泰提到穆罕默德二世爲了讓這位畫家明瞭肌肉的收縮狀況，當場就將一名奴隸
   的腦袋砍下來，我對他相信這個愚蠢的故事感到好笑。

對他不著一詞[6]，證明他能保持清醒的頭腦；但是不能否認他的情緒會出現極端狂暴和殘酷的狀況，在皇宮如同在戰場一樣，會爲微不足道的小事激怒釀成血流成河的慘劇，變態的情慾使出身高貴的年輕俘虜常常受到他的污辱。在阿爾巴尼亞戰爭中他盡力吸取父親的經驗教訓，很快能夠青出於藍而勝於藍。根據一份誇大和奉承的記錄，他用無敵之劍征服兩個帝國、十二個王國和兩百座城市，不僅是作戰勇敢的士兵，也可能是運籌帷幄的將領，君士坦丁堡的攻占奠定不朽的光榮。我們考量他的手段、阻礙和成就，穆罕默德二世比起亞歷山大或帖木兒，那要甘拜下風自嘆不如。在他的指揮之下，鄂圖曼軍隊在兵力方面始終較敵軍占有優勢，然而他們的發展還是限於幼發拉底河與亞得里亞海之間的區域，他們的武力始終受到杭尼阿德斯和斯坎德貝格、羅得島騎士和波斯國王的遏阻。

阿穆拉二世統治期間，穆罕默德兩度身登大寶都被迫下台，幼小的年紀無法抗拒父王的復辟，從此不再原諒向他提出圖利自己的大臣。他與一位土庫曼酋長的女兒舉行婚禮，結束兩個月的慶祝活動以後，帶著新娘離開亞得里亞堡，負責管理馬格尼西亞的政事。在那裡不過六個禮拜，國務會議突然派來信差通報，阿穆拉二世過世，新軍出現譁變不穩的狀況，要他立即返回。他的速度和氣勢使得大家聽命服從，他帶著刻意挑選的衛隊渡過海倫斯坡海峽，在距離亞得里亞堡尚有一哩的地方，大臣、酋長、阿訇、宗教法官、士兵和人民都俯伏在地，迎接新的蘇丹，他們之中眞是幾家歡樂幾家愁。他登基之年是二十一歲，爲了消除叛亂的根源，無可避免非得立即處死所有年幼的弟弟[7]。歐洲和亞洲各國派出使節，很快前來祝

6　這些皇家的酒鬼是索利曼一世(Soliman I)、謝利姆二世(Selim II)和阿穆拉四世(Amurath IV)。波斯的蘇菲可以提供人數更多的繼承名單，在上一個世紀，歐洲的旅客是參加這些狂飲歡宴的證人和同伴。

7　阿拉穆二世的幼子之中有一位名叫卡拉平(Calapin)，沒有遭到殘酷兄長的毒手，後來在羅馬受洗取名卡利斯都斯·鄂圖曼努斯(Callistus Othomannus)，皇帝腓特烈三世將奧地利的一塊產業贈送給他，讓他能夠在那裡終老一生。庫斯皮尼安(Cuspinian, Joannes, 1472-1529A.D.，日耳曼外交家和教育家)幼年時候在維也納與這位年邁的君王談過話，讚譽他的虔誠和睿智。

賀他的接位並且懇求建立友好關係。他的說辭非常謙遜,表達和平的意
願,他用印批准條約加上莊嚴的誓言和公正的保證,使得皇帝恢復對他的
信賴。有一位鄂圖曼藩王要求留在拜占庭宮廷,他指定斯特里蒙
(Strymon)河一塊肥沃的土地,用來支應每年所需三十萬阿斯珀的津貼。
然而穆罕默德二世的鄰國看到一位年輕的君王,改進他父親在治家方面過
分重視排場,對自己的嚴屬要求真是讓人膽寒:過去花在奢侈生活的費
用,全部拿來滿足野心的需要;一無是處的七千名獵鷹隊伍,不是解散就
是編到軍隊服役。他在當政第一年夏天率領一支軍隊巡視亞洲各行省,挫
折卡拉瑪尼亞人的銳氣以後,穆罕默德接受他們的歸順,才不致於因細微
的阻礙而影響到偉大的事業。

二、穆罕默德的敵對意圖和修建要塞控制海峽(1451-1453A.D.)

　　伊斯蘭教徒特別是土耳其詭辯家提出宣告,信徒絕不接受違背宗教利
益和責任的任何承諾,蘇丹可以廢除他自己和以前諸帝所簽訂的條約。公
正寬厚的阿穆拉不齒於這種不道德的特權,但是他的兒子雖然生性高傲,
為了達成雄心壯志的目標,卻會採取偽裝和欺騙極其卑鄙的手段,和平掛
在嘴上而戰爭始終留在心頭,穆罕默德一直渴望要據有君士坦丁堡。希臘
人的態度不夠謹慎,居然製造了會產生致命絕裂的藉口。他們沒有忘記鄂圖
曼人過去的承諾,反而派出使臣到營地追討應付的款項,並且要求增加年度
的津貼。這些希臘人在國務會議中不斷提出申訴,首相是基督徒暗中的朋
友,被逼得向這些同教弟兄表達他的看法。卡利爾(Calil)說道:

> 你們這些愚蠢而又可憐的羅馬人哪!根本不知道已經大禍臨頭。遲
> 疑不決的阿穆拉不在人世,一位年輕的征服者據有寶座,法律不能
> 制約他的作為,障礙無法阻止他的行動。你們要想逃過他的手心,
> 完全要靠神明的保佑,即使如此,你們的罪孽所應受的懲罰,也不
> 過拖延時間而已。你們為什麼要用徒然無益的威脅來刺激我們?說

是要釋放長期受到囚禁的奧爾漢(Orchan)，還要立他爲羅馬尼亞的
蘇丹；召喚匈牙利人越過多瑙河南下；呼籲西方國家武裝起來反對
我們。你們這樣做只會激怒我們，使自己很快淪入毀滅的深淵。

但是，如果首相嚴厲的語氣能讓畏懼的使臣產生警惕之心，鄂圖曼的
君王就用殷勤的覲見和友善的言詞來安撫這些希臘人。穆罕默德二世向他
們提出保證，等他回到亞得里亞堡以後，會對希臘人遭受的損害給予補
償，並且願意就他們眞正的利益作全盤的考量。他越過海倫斯坡海峽以
後，立即頒發命令要扣留答應付給的津貼，驅離派駐在斯特里蒙河兩岸的
官員，這項措施已經完全表明他內心的敵對意圖。等到第二道命令下達，
就某種程度來說已開始對君士坦丁堡的圍攻作戰(1451A.D.)。他的祖父過
去在博斯普魯斯海峽狹窄的通道修築一座亞洲的堡壘，現在他決定要在歐
洲這邊的相對位置建造有如金城湯池的要塞。那年春天一千名工匠奉命集
結在阿索瑪頓(Asomaton)這個地點，離希臘人的都城不過五哩的路程[8]。弱
勢者可用的解決辦法要靠說服，只是很少能達成所望的要求。皇帝派出的
使臣想要讓穆罕默德轉變企圖，沒有發生任何作用。他們表示根據過去的
作法，他的祖父在自己的領土上修築一座城堡，曾經提出請求獲得馬紐爾
皇帝的同意。現在這種更加嚴密的工事築城控制海峽的交通，只會違犯兩
國之間的聯盟條約，不僅截斷拉丁人在黑海的貿易，城市也可能無法獲得
所需要的糧食。這位奸詐的蘇丹答覆道：

> 我不會對這個城市採取冒險的行動，何況君士坦丁堡帝國有城牆可
> 以作爲靠山。當你們與匈牙利人結成同盟，開始從陸上侵入我們的
> 國土，這時海倫斯坡海峽爲法蘭西的戰船所控制，難道會忘記這件
> 事所給我父親帶來的災難？阿穆拉被逼得要打通博斯普魯斯海峽的

8　從彼得·吉留斯、琉克拉維斯和圖尼福的著作中，可以知道這座要塞的位置，以
　　及博斯普魯斯海峽的地形狀況。但是對於圖尼福送給法蘭西海軍大臣的地圖或計
　　畫，我感到非常遺憾。

通道，好在你們的實力無法支撐狠毒的惡意，才使我們有逃脫的機會。那時我在亞得里亞堡還是個幼童，穆斯林全都戰慄不安，使得萬惡的蓋波兒（Gabours）有一陣子能對我們橫加羞辱。但是等我父親在瓦爾納（Varna）會戰獲勝以後，他發誓要在西岸建立一個堡壘，完成這個誓言是我的責任。難道你有權利和實力能在我的領土上面限制我的行動？這塊領土是屬於我所有，一直到達博斯普魯斯海峽的兩岸，土耳其人早就居住在亞洲海岸，而歐洲海岸已經被羅馬人所放棄。趕快回去告訴你們的國王，現在的鄂圖曼帝國與前面幾位蘇丹在位已經大不相同，「他」的決心已經超過「他們」的願望，「他」要做的事都超過他們的「決定」。你們可以安全回去，誰要是下次再來提出同樣的問題，我會活活把他的皮給剝下來。

君士坦丁是頭一位精神能與地位相符（名實相符）的希臘人，在聽到這個宣告以後決定要動用武力，拒止土耳其人接近博斯普魯斯海峽，不讓他們在此建立基地。在政府和教會的大臣建議之下，他放棄武力解決的辦法。他們推薦一種方式比較沒有那樣的直截了當，當然也談不上明智審慎，那就是證明他們長期忍受苦難，要讓鄂圖曼人負起攻擊者的罪名。他們的安全要靠機會和時間來解決，在一個範圍廣大和人口眾多城市的附近，敵人無法維持一個要塞，它就會陷入毀滅的命運。面對希望和恐懼，智者感到恐懼，僅有輕信的人看到希望，冬天慢慢消逝，每個人在任何時候的工作都受到影響。希臘人對於迫在眉睫的危險只有閉上雙眼，直到次年春天來臨，蘇丹的決心讓他們陷入萬劫不復的境地。

要是一個主子不會原諒部下所犯的過錯，就沒有人敢不服從命令。3月26日（1452A.D.），在阿索瑪頓這個指定的地點，聚集著一大群工作積極的土耳其技術人員。建築材料從歐洲和亞洲經由海上或陸地克服艱辛運送過來[9]，石灰在卡塔弗里基亞（Cataphrygia）燒成，從赫拉克利和尼柯米地

---

9 土耳其編年史不是文字清晰和內容通順的歷史記錄，充滿荒唐的故事和神奇的傳

亞的森林砍伐所需的木材，石料來自安納托利亞的採石場。上千名的磚瓦
匠每一位有兩名工人在手下幫助，每天的進度非常驚人，經過測量是兩肘
尺的高度。這座要塞[10]建造成三角形，每個角都有堅固和高聳的塔樓給予
掩護，其中有一個角位於小山的斜坡，另外兩個角沿著海岸。城牆的厚度
是二十二呎而塔樓有三十呎，整個建築物覆蓋著鉛皮屋頂的平台。穆罕默
德用不知疲倦的熱情親自督導和指揮工程的進行，三位大臣享有殊榮能夠
完成負責的塔樓，宗教法官要與新軍官兵相互爭勝看誰有更為虔誠的信仰
狂熱，甚至就是地位最卑賤的工人能為真主和蘇丹效力都感到無比的高
貴。暴虐的君王用眼光一掃使得大家的工作更為賣力，他的笑容帶來榮華
富貴的希望，他只要眉頭一皺他們就會命喪黃泉。希臘皇帝帶著恐懼的神
色觀看無法制止的施工過程，用奉承和禮物來安撫一個無法和解的仇敵，
一切努力都是白費心血。這位敵人不放過任何一個可以挑釁的微小衝突，
甚至在暗中醞釀和煽動，很快可以找到這種無可避免的機會。雄偉的教堂
受到破壞和摧毀，奉獻給聖米迦勒天使長的大理石柱，被褻瀆和強奪的穆
斯林毫無顧慮的當作建築的材料，有一些基督徒出面制止，就從他們的手
裡獲得殉教的冠冕。君士坦丁懇求對方派遣一支土耳其禁衛軍，去保護臣
民的田地和收成。等到這支衛隊配置完畢，但是他們收到第一個命令是允
許自由放牧營地的驛馬，如果受到當地土著的騷擾，要保衛自己的同教弟
兄。鄂圖曼酋長所帶領的隨員將他們的馬匹留在成熟的麥田裡過夜，造成
重大的損害，這種侮辱的行為使大家極感厭惡，在一場引起暴動的衝突中
雙方都有人被殺死。穆罕默德帶著愉快的心情聽取申訴，派遣一支軍隊去
消滅那些有罪的村莊，罪犯已經逃走，四十名無辜沒有任何嫌疑的刈麥者
被士兵屠殺（1452年6月）。

　　直到引發激怒雙方的暴行之前，君士坦丁堡還是歡迎貿易和好奇的訪

（續）————————————
　　　說，比起希臘歷史學家的著作，這些編年史沒有多少價值。
10　查柯康戴爾斯（Chalcocondyles, Laonicus, 1423-1490A.D.，亞美尼亞人，拜占庭歷
　　　史學家）敘述這個要塞的位置，經過他的編輯琉克拉維斯查證屬實。這裡過去是歐
　　　洲的古老城堡，有關整個要塞的面積大小，法蘭札並不同意他的說法。

客，等到第一次警報開始以後城門緊閉。皇帝仍舊渴望和平，在第三天釋放所捕獲的土耳其俘虜[11]，在最後的信息中表明身爲基督徒和軍人，抱持著忍辱負重的堅定態度。他向穆罕默德說道：

> 既然誓言、條約和順從都無法確保和平，你還是要繼續邪惡的戰事。我唯一的信賴是上帝的意旨：如果安撫你那好戰的心靈能取悅於祂，我樂於這種帶來幸福的改變；要是祂把城市交到你的手裡，我會毫無怨言順從神聖的意願。但是在世間的最高審判者宣布裁決之前，不論生死我的責任是要保護人民的安全。

　　蘇丹的答覆充滿敵意，成爲最後的決定，現在要塞已經建造完成，在他離開回到亞得里亞堡之前，配置一位警覺性很高的阿加（Aga）和四百名新軍，不論任何國家的船隻在他們火砲射程之內通過都要繳納貢金（1452年9月1日）。對於博斯普魯斯海峽的新主人所下達的命令，一艘威尼斯的商船拒絕服從，結果被發射的一枚砲彈所擊沉（1452年11月26日）。船主和三十名水手逃到一隻小船上面，帶著枷鎖被拖到鄂圖曼政府所在地，船主受到刺刑，他的手下都被斬首。歷史學家杜卡斯在德摩提卡看到他們的屍體被拋在郊外餵野獸。君士坦丁堡的圍攻作戰延到翌年春天，但是一支鄂圖曼的軍隊向摩里亞進軍，先要消滅君士坦丁的兄弟所擁有的作戰實力。在一個充滿苦難的時代，像湯瑪士藩王這樣一位君王，生下一個兒子可以獲得祝福也會帶來悲傷（1453年1月17日）。憂愁的法蘭札說道：「末代繼承人是羅馬帝國最後一個火花。」

11　這些俘虜中間有幾個是穆罕默德的侍童，知道主人冷酷無情的個性，除非能在日落之前返回營地，否則他們情願在城市喪失性命。

三、土耳其人進行圍攻的準備和巨砲的鑄造和試射(1452-1453A.D.)

　　希臘人和土耳其人全都度過一個焦慮難安和夜不成寢的冬天，前者心懷恐懼要保持警覺，而後者是充滿希望更是精神百倍，雙方全力準備攻防作戰(1452年9月-1453年4月)。這兩位皇帝的成敗得失都受到民族情操的影響。就穆罕默德來說，這種情操來自年輕和氣質所激發的狂熱。他在亞得里亞堡[12]的時候用建築來打發休閒的時光，建造高聳宏偉的耶漢・努馬(Jehan Numa)皇宮(原文的意思是「世界的瞭望塔」)，但要征服凱撒的城市的雄心壯志絕不會改變。一天深夜二時左右，他突然從床上驚起，立即下令召見首相。蘇丹在這樣一個時刻召喚入宮，使卡利爾・巴蕭(Calil Basha)有東窗事發的感覺，他過去得到阿穆拉的信任可以說是言聽計從。等到他的兒子接位以後，首相還能穩保職位，外表看來很受重用，但是這位資深的政治家並不是沒有如履薄冰的感覺，隨時會失足墮於萬丈深淵之中。他與基督徒的關係密切，被人譴責獲得蓋波兒・奧塔契(Gabour Ortachi)的稱號，指他是「不走正道者的義兄」，這在前朝是平常事不會受到影響。貪婪使他被敵人收買建立叛逆的通信，等到戰爭結束以後被查出來受到嚴懲。現在他接受皇帝召見的命令，就與妻子和兒女做最後一次的告別。他在杯中裝滿金塊，火速進宮晉見蘇丹，按照東方的習慣呈獻貢金作為盡責和感恩[13]。穆罕默德說道：「我並不需要你們呈獻禮物，情願能夠加倍奉送到你們的身上。在我來說要求更有價值和更重要的東西，那就是君士坦丁堡。」首相很快從這場驚慌中恢復過來，於是他說道：「眞主將羅馬帝國大部分的疆域都已經賜給你，對於殘餘的領土和首都絕不會吝嗇，祂的恩惠和你的實力一定會保證獲得成功。我自己和其餘的人員都

---

12 蘇丹不是懷疑他的征服能獲得勝利，就是對於君士坦丁堡據有的優勢一無所知。統治者過分搜刮財富有時會使城市或王國面臨毀滅的命運。

13 東方人的習俗是在覲見統治者或上司的時候不能沒帶禮物，好像類似奉獻犧牲的觀念，後者更為古老而且普遍。

是你忠實的奴才，願意爲完成你的大業奉獻我們的生命和財產。」蘇丹繼
續說道：

> 拉拉[14]（師傅），你看到這個枕頭沒有？雖然我很疲倦，整夜還是輾
> 轉反側，把這個枕頭推過去拉過來難以成眠，一直在擔心羅馬人富
> 有金銀。現在我們在兵力方面占有優勢，可以獲得眞主的協助和先
> 知的賜福，必須要盡快成爲君士坦丁堡的主人。

　　爲了打探士兵的意願和了解狀況，他經常單獨到街頭微服出訪，避開
民眾的眼光不讓人得知，要是誰發覺他是蘇丹就會給自己帶來生命的危
險。他爲了攻占這個充滿敵意的城市，花費很多時間草擬計畫，不斷與將
領和工程人員進行討論，決定布署砲兵陣地的位置、用來攻擊指定區段的
城牆，以及挖掘坑道和架設雲梯的地點，白天進行各項練習，必要時還得
挑燈夜戰。

　　他在所運用的毀滅工具之中，特別努力學習拉丁人威力強大的最新發
明，創立的砲兵就當時世界的標準而言優於任何國家。有一個丹麥人或匈
牙利人是火砲的鑄造專家，在希臘人的軍隊中服役幾乎餓死，後來受到土
耳其蘇丹的重用，穆罕默德抱著滿腔熱誠極力催促這位工藝家，對他的回
答非常滿意。

> 要是問我是否有能力鑄造一門火砲，拋射很大的彈頭或石塊去摧毀
> 君士士丁堡的城牆？我知道這些城牆的強度如何，即使比巴比倫的
> 工事更要結實，我也會鑄造出威力更爲驚人的火砲來對付，砲位的
> 選定和操作要由你的工程人員來負責。

---

14 「拉拉」是土耳其語而「塔塔」是希臘語，來自嬰兒出於本能的發音，所有這種
　　最原始的口語都是用來稱呼父母，單音節的疊韻是唇子音或齒子音與開口母音相
　　切而成。

烏爾班(Urban)獲得明確的保證，就在亞得里亞堡建立一個鑄砲廠，準備所需要的金屬，經過三個月的努力工作，製造出一根黃銅砲管，這樣的龐然大物幾乎不敢令人置信。它的口徑經過測量是十二掌長，石彈的重量超過六百磅[15]。新宮殿前面有塊空地選來進行第一次的試驗，為了防止產生意外事件帶來驚慌和恐懼，事先發布翌日要發射火砲的通告。在距離一百個弗隆(約為十二點五哩)範圍之內都可以感受或聽到爆炸的聲音，火藥的威力將砲彈發射到一哩之外，落下的位置將地面打出一噚深的大洞，整個彈丸全部埋在土裡。三十輛大車連接起來組成一個載具，六十頭牛在前面拖曳，用來運送這個毀滅的武器，每邊有兩百人在維護行進的平衡，支持載具能夠穩定的滾動，還有兩百五十名工匠在前面整平路面和修護橋樑。這趟極為辛勞的行程距離只有一百五十哩，卻花了兩個月的時間。一位立場鮮明的哲學家[16]在這種狀況下竟然嘲笑希臘人過於輕信敵人的能力，當然他的說辭也不是沒有道理，我們對於一個被擊敗的民族還說出這種誇大之言詞，當然難以認同。經過他的計算，發射一個兩百磅的彈丸，需要裝填一百五十磅的火藥，只有不到十五分之一的份量能在同一時間燃燒，以致爆發的能量必定非常軟弱無力。我對於這毀滅的技術非常陌生，但我也知道現代砲兵的發展和改進在於火砲的數目而不是增加砲身的重量，火砲發射以後迅速傳來爆炸的聲音，甚至可以產生非常明顯的效果。然而我不敢排斥當代作者明確和一致的證詞，早期的技術人員憑著抱負生產粗糙的成果，能夠逾越現代的標準也不是沒有可能。有一門土耳其火砲比穆罕默德的產品更為龐大，仍舊在護衛著達達尼爾海峽的入口，最近的測試發現威力還是不可輕視。一發一千一百磅重的石彈需要裝填三百三十磅的火藥，發射以後在六百碼的距離裂開成為三塊岩石碎片，穿越海峽時

15　古代的重量單位阿提卡泰倫(Attic talent)相當於六十邁納(mina)磅，現代希臘人使用這個古典的度量衡名稱，但是重量增加為一百磅或一百二十五磅。李奧納杜斯·契西斯(Leonardus Chiensis)所測量的砲彈或石彈，是使用於口徑較小的第二門火砲。

16　伏爾泰的雄心壯志是要推廣放之四海皆準的君主政體，詩人經常渴望獲得天文學家或化學家的名聲和稱呼。

漂過海面,激起的水花成為一陣泡沫,再度升起後落到對面的小山[17]。

四、君士坦丁堡受到圍攻的態勢和雙方的兵力(1453A.D.)

　　穆罕默德威脅東部都城時,希臘皇帝用虔誠的祈禱懇求來自世間和天
國的援助,但至高無上的權威對他的哀訴裝聾作啞,基督教世界對君士坦
丁堡的陷落完全無動於衷。埃及蘇丹出於對土耳其的猜忌和暫時的需要,
倒是答應給予相當的支援。有些國家本身的實力衰弱,還有很多國家的距
離過遠,有人認為是杞人憂天,也有人知道大難臨頭已經無法避免。西部
的國君全都涉及到沒完沒了的內部爭執之中,希臘人的欺騙或固執使羅馬
教皇仍舊氣憤填膺。尼可拉斯五世[*18]並沒有妥善運用意大利的軍隊和財富
來幫忙希臘人,反而提出先入為主的看法說他們已經是在劫難逃,好像他
的榮譽完全在於務使預言成真。或許是他們所遭遇的災禍已經陷入絕境,
他那拒人於千里的態度有軟化的現象,但是教皇的惻隱之心過於遲緩,不
僅沒有全力以赴也無法產生任何作用。在熱那亞和威尼斯的特遣艦隊發航
離開港口之前,君士坦丁堡已經落入敵手。甚至就是在摩里亞和統治希臘
島嶼的王侯也都裝出冷漠的中立立場,熱那亞的蓋拉塔殖民地談判暗中解
決的條約,蘇丹縱容他們保有虛幻的希望,那就是帝國滅亡以後在土耳其
人大發慈悲之下,他們還能獲得倖存的機會。平民群眾和一些拜占庭的貴
族,對於國家所面臨的危險只會一味的規避。貪婪的念頭使他們拒絕支持
皇帝,情願將財富保留給土耳其人享用,否則他們可以用不為人知而且數
量龐大的金錢,徵召更多的傭兵隊伍前來防守這座城市[19]。不管怎麼說,

---

17 托特(Tott)男爵在他的著作裡提到,加強達達尼爾海峽的防禦能力對抗俄羅斯,描
　　寫自己的英勇和土耳其人的驚懼,不僅極為生動而且情節非常有趣。只是這位充
　　滿冒險事蹟的旅行家欠缺說服力,無法讓我們相信。

*18 [譯註]尼可拉斯五世,意大利籍教皇(1447-1455A.D.),制定各種法規,禁止買賣
　　聖職和神職人員娶妻,支持文學和藝術的創造,建立梵蒂岡圖書館。

19 約翰生(Johnson)博士在《伊里妮》(Irene)這齣悲劇裡,帶著欣慰的心理能夠掌握
　　特有的情節:

貧窮而孤獨的君王還在加強準備，要抵擋極其可畏的敵手。雖然他的勇氣
能夠克服危局，但是他的實力不足以一爭高下。土耳其的前鋒部隊在初春
時節大舉掃蕩市鎮和鄉村，直抵君士坦丁堡的城門前面。降服可以獲得赦
免和保護，只要稍加抗拒就會爲兵刀和火焰所殲滅。黑海周邊的希臘地方
像是美森布里亞(Mesembria)、阿奇隆姆(Acheloum)和比松(Bizon)，一開
始奉到召喚就遞表歸順。只有西利布里亞拒不從命，獲得圍攻或封鎖的無
上榮譽。勇敢的居民在陸地受到包圍時，竟然乘著船隻出海，搶劫西茲庫
斯(Cyzicus)當面的海岸地帶，將擄來的俘虜在公開市場發售。等到穆罕
默德親自領軍到達以後，整個地區全部安定下來俯伏在他的腳前。他一開
始先在距城五哩的地方停止下來，然後擺出會戰的隊形繼續前進，在聖羅
馬努斯(St. Romanus)門的前方位置樹立蘇丹的大纛，從4月6日(1453A.D.)
起進行歷史上著名的君士坦丁堡圍攻作戰。

　　亞洲和歐洲的部隊從普洛潘提斯海到港口，自右至左成一線展開，新
軍部署在蘇丹御帳前方的正面位置，鄂圖曼軍隊的戰線用一道深壕加以掩
護。一支分遣部隊被派去包圍蓋拉塔郊區，監視不守信義的熱那亞人。喜
歡追根究底的菲勒福斯(Philelphus)在圍城之前，已經在希臘居留了三十
年，確信土耳其的軍隊無論打著何種名義或方式，總兵力沒有超過六萬騎
兵和兩萬步卒。他譴責希臘民族怯懦成性，竟然馴服屈從於一小撮蠻族的
手裡。事實上他所提到的兵力稱爲卡披庫利(Capiculi)[20]，是土耳其政府
的正規部隊，隨著君王一起進軍並且由國庫支付薪餉。但地方的行政長官
在所管轄的區域，維持或徵召省級的民兵單位[*21]。軍事的任命可以保有更

(續)——————

　　　呻吟的希臘人挖開黃金的洞窟，
　　　多少代的貯藏累積龐大的財富；
　　　君王淚流滿面迫於情勢的險惡，
　　　金銀召來城列陣待敵的民族。

20 土耳其的內衛軍稱爲卡披庫利，行省的地方部隊稱爲塞拉庫利(Seratculi)，在索利
　曼二世制定《納米哈法規》(Canon Nameh)之前，存在著形形色色的民兵單位。
　馬西格利(Marsigli, Luigi Fernando, 1658-1730A.D.，軍人和作家)伯爵根據個人的
　經驗，寫成《鄂圖曼帝國的軍事體制》。

*21 [譯註]土耳其陸軍分爲三種不同的部隊：(1)新軍；(2)雜牌部隊；(3)地方團隊：

多的土地，掠奪的希望吸引數量龐大的志願軍，神聖的號角聲音邀請成群饑腸轆轆和不知畏懼的狂熱分子，他們至少可以造成令人恐怖的聲勢。在第一次發起攻擊時，他們是最好的砲灰，可以用來磨鈍基督徒的刀劍。杜卡斯、查柯康戴爾斯和開俄斯島的李奧納德(Leonard)，都盡量誇大土耳其人的龐大勢力，說是總兵力是三十或四十萬人。但法蘭札(Phranza)是當代的知名之士，做為仲裁者他的計算更為精確，提出的數量是二十五萬八千人，合乎經驗的要求和可能的狀況[22]。圍攻者的水師實力不足，普洛潘提斯海面雖然布滿三百二十艘各型船隻，只有十八艘稱得上戰船的標準，絕大部分應該都是補給船和運輸船，將大量的人員、裝具和給養絡繹不絕運送到營地。

君士坦丁堡在最後的衰亡狀況下，仍舊擁有十萬以上的居民，但是這個數據不是參加戰爭的人數而是來自俘虜的統計。這些俘虜大部分是工匠、僧侶、婦女和缺乏作戰勇氣的男子，他們比婦女還要苟且偷安。我對這點幾乎可以諒解，暴君為貫徹意志迫使勉強的臣民到遙遠的邊疆去服役。在失去進取精神的社會裡，身為男子漢不敢冒著生命的危險去保護子女和財產。奉皇帝的命令，在街道和住宅進行一項特別的調查，看看有多少市民甚至僧侶願意執干戈以衛社稷，由法蘭札負責完成名冊。經過一番努力盡量增加人數以後，他帶著悲痛和不敢置信的神情報告他的主子，整個國家擔任守備任務的市民減少到只有四千九百七十名「羅馬人」。君士坦丁和他所信任的大臣，只有保守這個令人膽寒的祕密不能外洩。足夠數量的盾牌、十字弩和前膛槍，從軍械庫分發給城市的隊伍，完全可以滿足

(續)————————
第一種已經成為正規的常備軍，人數在一萬兩千人到一萬五千人之間，是十五世紀最精銳的軍隊，沒有一支基督教國家的部隊可以與他們一爭高下；第二種部隊雖然是建制單位，卻是由土耳其人和背叛的基督徒所組成的烏合之眾，裝備非常簡陋；第三種部隊從安納托利亞徵召而來，要較第二種為佳。

22 庫斯皮尼安在1508年時，對於菲勒福斯的說法全部表示贊同。馬西格利證明土耳其發揮作戰效能的部隊，比起外表顯示的人數要少很多。在君士坦丁堡的圍攻之戰，李奧納杜斯·契西斯正在軍中，根據他的計算新軍兵力沒有超過一萬五千人。

他們的需要。帝國獲得一些新來的盟友，也就是由熱那亞貴族約翰‧查士丁尼(John Justiniani)指揮的兩千外籍軍隊。皇帝對這些協防軍給予豐碩的賞賜，為了獎勵英勇行動和爭取勝利的決心，承諾將連諾斯(Lemnos)島贈送給他們的首領當作封地。拉曳一條堅固的鐵鍊橫過海港的進口，安排希臘和意大利的戰船和商用船隻加以支撐。基督教國家的船隻從坎地亞和黑海陸續抵達，全部留下擔任各種勤務之用。這個城市的周長有十三或十六哩，僅有七到八千士兵的守備部隊擔任防務，要來對抗當代強權的鄂圖曼帝國*23。歐洲和亞洲的通路全部開放，讓圍攻軍可以通行無阻，希臘人的實力和糧食必須維持每日的消耗，使得存量不斷減少，他們不可能期望獲得任何外來的援軍或補給。

五、希臘和拉丁兩個教會聯合的幻滅和宗教的狂熱(1452A.D.)

　　早期的羅馬人拔出佩劍，下定決心不是死亡就是征服；原創的基督徒對這兩者都甘之如飴，抱著耐心和慈悲等待成為殉教者的致命一擊。然而君士坦丁堡的希臘人僅為宗教的精神所激動，這種風氣只會產生怨恨和爭執。約翰‧帕拉羅古斯皇帝在逝世前公開宣布，放棄與拉丁教會聯合這不孚眾望的舉措，爾後這種觀念始終沒有獲得改善，一直要等到他的弟弟君士坦丁面臨災難，逼得要用奉承和欺瞞當成最後的手段24。為了獲得塵世的救援，他的使臣奉到指示要將這件事，與願意接受精神的服從一併討論，並且可以提出保證。他對教會抱著不予理會的態度，藉口是有緊急國家大事要處理。他稟持正統教義的願望，懇求一位羅馬使節的蒞臨。梵蒂

---

*23 [譯註]包圍整個城市的城牆周圍約十三哩，可以區分為三個部分：(1)狄奧多西陸牆建造於五世紀，一共有四哩長，南面從普洛潘提斯海和金門起，到木門(Xylogate)和布拉契尼宮為止；(2)海牆沿著金角這一面，從木門到衛城，大約有三哩半的長度；(3)海牆的延長在普洛潘提斯海這一面，直到金門為止，約長五哩半。

24 在斯朋達努斯(Spondanus)的著作裡，有關教會聯合的敘述不僅論點有欠公正，而且內容不夠完整。帕密爾(Pamiers)的主教死於1642年，杜卡斯的歷史著作提到有關的情節，非常真實而且鋒芒畢露，這部書要到1649年才付梓。

岡經常受到對方的欺騙和誘惑，現在接到悔改的信號卻不容忽視，一位使節總比一支軍隊容易獲得同意。大約在最後滅亡的前六個月，俄羅斯的紅衣主教伊希多爾以教皇特使的名義，帶著大批僧侶和士兵的隨員行列出現在君士坦丁堡。皇帝像是歡迎一位朋友和父執，帶著尊敬的神色聆聽他的講道，在教堂的公開場合或者皇帝的禮拜堂。教士和世俗人等都用逢迎的態度在聯合法案上簽署，原因是在佛羅倫斯大公會議已經獲得批准。12月12日(1452A.D.)這天，兩個民族在聖索非亞大教堂舉行領聖體儀式的奉獻和祈禱，兩位教宗的名諱都受到大聲表揚和稱頌，那就是基督的代理人尼可拉斯五世，以及被叛亂群眾所放逐的喬治教長。

　　拉丁教士在祭壇進行聖事的服裝和語言，成爲引起反感的目標。希臘人用極度厭惡的口氣，提到他拿未發酵的麵包當作奉獻的薄餅，把冷水注入聖餐的酒杯。一位希臘歷史學家承認這種狀況實在讓他感到羞愧，對於宗教的認同和統一，他的同胞沒有一個人有絲毫的誠意，甚至皇帝自己也懷著這種心。拿未來要修改信條當作承諾來緩和倉卒和無條件的順從，最好的藉口是自認已經犯下僞證罪，這也許是最壞的託辭。但是當他們那些誠實的同教弟兄用譴責的言詞對他們形成壓力時，這些希臘人只有喃喃自語：「我們要忍耐，等待上帝將這個城市從吞吃的巨龍口裡拯救出來，到時你將了解我們是否眞要與阿茲邁特人(Azymites)和解。」但是忍耐不是宗教狂熱的主要特性，宮廷的手腕不見得適應民眾熾熱情緒的自由和暴力。居民不論性別和階層，從聖索非亞大教堂的圓頂，蜂擁前往僧人吉內狄斯(Gennadius)[25]的小室，請教有關教會未來前途的神諭。聖人不見外客，通常在沉思冥想，恍惚之中陷入神意的通靈狀態，但是在他小室的門口懸掛一塊可以寫字的木板，他們讀過這些可怕的字句以後陸續離開：

<hr>

25　他在出家前的名字是喬治・斯科拉流斯(George Scholarius)，等到他成爲僧侶或教
　　長才改名爲吉內狄斯。他在佛羅倫斯爲教會的聯合大力辯護，到了君士坦丁堡進
　　行狂暴的抨擊。所以根據阿拉久斯(Allatius, Leo, 1586-1669A.D.，意大利人，是拜
　　占庭原作的編輯)的說法，將他看成截然不同的兩個人。但是雷諾多(Renaudot)的
　　意見認爲還是同一個人，只是前後的言行不一致而已。

啊！可憐的羅馬人，你們為什麼要拋棄眞理，為什麼不信上帝而要把一切託付給意大利人？你們要是喪失信仰就會丟掉城市！請憐憫我，啊！上主，我當著你的面誠心稟告，我一生清白無辜沒有犯下任何罪孽。啊！可憐的羅馬人，要思考未來，要停止作惡，要徹底悔改。在這種重要的時刻放棄祖先的宗教而去接受邪惡的信仰，就會成為外國人的奴隸淪入萬劫不復的境地。

　　要是根據吉內狄斯的意見，純潔有如天使而高傲有如惡魔的守貞修女反對教會聯合的決議，無論是現在和未來都不願與拉丁人在所有的宗教儀式上有任何連繫。她們的榜樣受到絕大部分教士和人民的稱讚和效法。虔誠的希臘人從修道院分散到各地的酒館，飲起酒來就像教皇的奴隸那樣令人混淆不清，為了向無垢聖母的聖像致敬而不停乾杯，懇求袖大發神威抗拒穆罕默德，就像從前袖從克司洛伊斯和台吉的手裡拯救這個城市。在宗教狂熱和酗酒過度的雙重麻醉之下，他們神勇百倍的高聲喊叫：「有什麼理由需要西方的援軍、教會聯合或是拉丁人？阿茲邁特人的禮拜儀式趕快滾開！」土耳其人征戰行動的前一個冬天，這種像時疫發生的狂暴狀況使整個民族為之騷亂不已，其他的工作全部受到干擾。四旬齋的齋期和復活節的來臨，並沒有激發仁慈和博愛的氣氛，只能用來加強狂熱分子的剛愎心理，發揮更大的影響力。告解的神父對於信徒的心靈進行仔細的審查並且提出警告，任何人要是從教士的手裡接受聖體，對於教會聯合表示同意或是加以默許，都要強迫進行嚴厲的苦修和悔改。拉丁教士在祭壇奉行聖事，等於散播傳染病給參加儀式那些沉默和簡樸的觀眾。邪惡的排場只會讓他們喪失僧侶職務所具有的美德，乞求他們的祈禱和赦罪帶來幫助，根本就是不合法的行為，甚至有引起突然死亡的危險。聖索非亞大教堂剛受到拉丁奉獻儀式的污染，馬上就被教士和人民當成猶太人的會堂或異教徒的廟宇棄若敝屣，在這個巨大的圓頂下面瀰漫著一股肅殺之氣，過去這裡的香火旺盛，燈光燦爛，回響著祈禱和感恩的聲音。拉丁人是最可惡的異端分子和背離正統教義的人。大公爵是帝國的首席大臣，據說他宣稱，他

情願在君士坦丁堡看到穆罕默德的頭巾，也要比教皇的法冠或紅衣主教的角帽更爲順眼[26]。這種情懷對於基督徒或是愛國志士沒有一點價值，希臘人縈迴在心，帶來致命的後果。皇帝失去臣民的敬愛和支持，順從神意的安排和懷著奇蹟式的解救希望，使得民族的怯懦行爲變得神聖。

六、穆罕默德圍攻君士坦丁堡及兩軍的攻防作戰(1453A.D.)

君士坦丁堡的形狀成三角形，構成沿海的兩個邊敵軍很難接近，普洛潘提斯海的一邊形勢險要，靠近港口的一邊工事堅固。兩個水域之間是三角形的底部也就是陸地的一邊，有雙重城牆和深達一百呎的壕溝作爲保護[*27]。根據目擊者法蘭札的說法，鄂圖曼人的主攻指向這條六哩長的防線[28]。皇帝在最危險的部位分配兵力和律定指揮關係以後，自己負責外層城牆的守備任務。圍攻開始最初幾天，希臘士兵突入壕溝列隊出擊，但是他們立刻發現在兵力的對比上，一個基督徒要抵擋二十多個土耳其人，因此在這次大膽的先制作戰以後，採取審愼的行動用投擲武器來保護他們的防壁，這種步步爲營的作法不應指責爲怯懦的表現。希臘民族的確貪生怕死而且行事猥賤，最後的君士坦丁卻無愧於英雄的稱呼，出身高貴的志願軍隊伍受到羅馬武德的鼓舞，就連外國的協防軍都有西部騎士的風範。不斷投射的標槍和箭雨伴著前膛槍和火砲的硝煙、巨響和火焰，他們使用的小型武器同時發射，可以打出五發甚至十發核桃大小的鉛彈，根據雙方隊列接近的程度和火藥的威力，一發子彈可以穿透幾層胸甲和軀體。土耳

---

26 按照希臘原文的意思最好還是譯成紅衣主教的角帽比較得當。希臘人和拉丁人的服裝不同，更造成教會分裂的痛苦結局。

*27 [譯註]狄奧多西的陸牆一共有三層：內層高四十呎，有一百一十二個塔樓，每個高約六十呎；外層高二十五呎，也建有塔樓；最前面有一道胸牆，由護城河的內壁所構成，這個外壕有六十呎寬和十五呎深。在每道城牆之間隔有二十碼寬的空地。

28 我們不得不減低希臘哩到最小的度量，現在還保存在俄羅斯的度量衡制度之中，一般是相當於五百四十七法蘭西突阿斯(譯按：一個突阿斯等於一點九五公尺)。法蘭札所說的六哩實際上不超過四英里。

其人的進攻很快陷入壕溝之中，或是用屍體當作掩護。每天都能使基督徒增加實戰的經驗，只是儲量不足的火藥，卻在每天的作戰行動中逐漸消耗殆盡。希臘人的火器在口徑或數量上都處於劣勢，即使他們擁有一些重型火砲，也不敢放列在城牆上面，唯恐古老的結構經不起爆炸的震撼發生倒塌。像這種極具破壞性的祕密早已為穆斯林所知曉，他們拿出宗教狂熱、金錢財富和專制制度更為優越的力量加以利用。穆罕默德這門巨大的火砲已經有人特別注意，這是那個時代重要而具體的題材，可以記載在史冊上面。這個龐然大物的左右兩側，還有威力幾乎相等的大口徑火砲[29]。土耳其的砲兵火力排成一線對準城牆，十四個連的放列陣地同時向著最易進攻的位置放起轟擊。根據一個含糊不清的報導，有一個地點集中一百三十門砲，或是發射出一百三十發砲彈。然而，這位蘇丹所掌握的權勢和展開的行動，讓我們感覺到新科學已開始進入幼年期。當時有位大師已經計算出來，這門大砲每天只能裝藥和發射七次[30]。過熱的金屬發生不幸的爆炸，幾名工作人員被炸死，有位高明的工匠值得欽佩，想到在每次發射以後把油灌進砲口，可以防止發生意外和危險事件。

最初漫無目標的發射只能產生響聲沒有實際效果，在一名基督徒建議之下，教導操作人員要將砲口瞄準堡壘突出凸角的兩側。雖然還是不夠理想，但重複發射的火砲已在城牆上面留下無數的彈痕。土耳其人推進到壕溝的邊緣，想要填平這巨大的裂隙，開闢出攻擊的通路[31]。不計其數的柴束、木桶和樹枝，交互混雜的堆積起來，亂成一團的烏合之眾行動毫無章

29　按照查柯康戴爾斯和法蘭札(Franza, George，大約是十五世紀，拜占庭歷史學家)的說法，這門最大的火砲發生爆炸。杜卡斯(Ducas, Michael，大約十五世紀，拜占庭歷史學家)認為靠著技師的本領防止意外事件。顯然他們說的不是同一門火砲。

30　君士坦丁堡的圍攻過了將近一百年以後，法蘭西和英格蘭的艦隊在海峽交戰兩個鐘頭，發射三百發砲彈，感到非常驕傲。

31　我只選擇一些令人感到好奇的事蹟，沒有想要與佛托特(Vertot)神父充滿血腥和不容置喙的辯才一比高下，他對羅得島和馬爾他島的圍攻有冗長的敘述。但是被大家認同的歷史學家運用傳奇的格式，採納宗教狂熱和騎士制度的精神，好像他的寫作是為了取悅於騎士團。

法，走在前面或體力衰弱的人就被擠得一頭栽下深壕，很快被拋下的雜物所埋葬。圍攻部隊要填平壕溝是艱苦的工作，被圍人員清除這些廢棄物倒是很安全。經過一場歷時長久的血戰之後，白天辛苦織成的羅網在夜間被拆除得乾乾淨淨。穆罕默德想到第二種進攻方法是挖坑道，但是這裡的土質全是岩石，每次的企圖都被基督徒工程人員所阻絕或破壞。那種在地下坑道塞進很多火藥，可以把整座塔樓或城市轟上天的技術，當時還沒有發明出來[32]。君士坦丁堡的圍攻作戰有一個非常顯著的特點，就是古代和現代砲兵技術的再度結合。火砲與拋擲石塊和標槍的投射裝置混雜在一起，發射的砲彈和攻城鎚對準同一處城牆。火藥的發明並沒有取代希臘火的運用，這種液體產生的火焰很難撲滅。體積碩大的木製塔樓安裝輪子推著前進，這個可以移動裝滿軍火和柴束的庫房，外面包上三層牛皮以資保護，上面開著射孔可以很安全的發射成群的子彈和箭矢，在前面裝上三扇門，方便士兵和工匠的出擊和撤退之用。他們可以走樓梯到上層平台，裝著與平台同高的雲梯，使用滑輪架起一座吊橋直通對方的防壁，並且用爪鉤緊緊抓住。各種不同的技術和方法給希臘人帶來極大的困擾，有些最新的發明產生的危害最大。聖羅馬努斯門的塔樓最後還是被敵人摧毀，經過一番惡鬥之後，土耳其人從打開的缺口給趕了出去，黑夜使他們的行動受到妨害，但他們堅信天亮以後生力軍又會加入再興攻擊，可以獲得決定性的勝利。趁著戰鬥暫停要掌握希望的時刻，皇帝和查士丁尼採取積極的行動，每一分鐘都用來改善現況，整夜留在這個重要的據點，不斷督導修復保護教會和城市安全的工事。等到天亮以後，急著要發起攻擊的蘇丹看到木製塔樓燒成灰燼，感到極為驚訝而悲傷，壕溝清理完畢恢復原狀，聖羅馬努斯的塔樓又像從前那樣堅固和完整。他為計畫的失敗而哀嘆不已，口中發出瀆神的喊叫，就是三萬七千個先知的話也無法讓他相信，這些背棄真主的人竟然能在很短的時間之內完成這麼繁重的工作。

---

32 西恩納的喬治有一份1480年的抄本，上面出現運用火藥當地雷的最早理論。要到1487年才實際運用於沙札尼拉（Sarzanella），但是真正的榮譽和改進的狀況要歸功那瓦爾（Navarre）的彼得，他在1503年的意大利戰爭獲得很大的成就。

七、西部海上增援的勝利和穆罕默德的應對策略(1453A.D.)

　　基督教的君王雖然個性慷慨，但採取的行動不僅冷淡而又遲緩。君士坦丁最早考慮城市會被圍攻時，就與愛琴海各島嶼、摩里亞和西西里，談判最為重要的補給品供應問題。要不是一直颳著凜冽的北風[33]，五艘[34]滿載商品和戰爭裝備的大型船隻，早在4月初就從開俄斯島的港口開過來了。一艘船掛著帝國的旗幟，其餘四艘屬於熱那亞所有，裝滿小麥、大麥、酒類、食油和蔬菜，更為重要的是前來首都作戰的士兵和水手。經過費時冗長的耽擱之後，開始是微風拂面，到了次日變成強勁的南風，將這些船隻吹過海倫斯坡海峽和普洛潘提斯海。城市無論是從海上還是陸地都被包圍，在博斯普魯斯海峽的入口處，土耳其的艦隊在兩岸之間拉開排成新月形陣式，用來攔截或阻擋這支大膽的援軍。讀者要是能在腦海出現君士坦丁堡的地形圖，就會感受到激動的心情，讚譽極其壯觀的偉大場面。五艘基督徒的大船，在一片歡呼聲中帆槳並用，對著敵人有三百艘船隻的艦隊，全速直接衝撞過去。無論是防壁上面或營地裡面以及歐亞兩洲的海岸邊上，全都擠滿無數的觀眾，焦急等待這重大救援行動的最後結局。任何人一開始看到這種狀況根本不會產生懷疑，無論用什麼標準來衡量都是穆斯林占有優勢，只要海面風平浪靜他們憑著數量和勇氣一定穩操勝券。但是他們的水師在倉卒之間建立，存有很多的缺陷，主要出於蘇丹的意願而非人民的智慧。土耳其人處於成功的顛峰，一直認為真主將陸地交給他們，海洋留給不走正道的人，一連串的海戰失利和很快落於衰退的過程，

33　庫辛(Cousin)校長對於希臘的語言和地理，不是狂妄的藐視就是可悲的無知，他認為船隻在開俄斯受阻是起於南風，等到颳起北風才將他們吹送到君士坦丁堡。

34　希臘人對這些引人注目的船隻，數量多少有不同的說法，這倒是很奇怪的事。杜卡斯提到有五艘，法蘭札和李奧納杜斯說是四艘，查柯康戴爾斯的記載是兩艘，而且船隻的體積和大小也都不同。伏爾泰把其中一艘算成腓特烈三世的船隻，他對於東部和西部的皇帝都混淆不清。

證明這種謙虛的表白非常吻合事實。他們艦隊除了十八艘戰船具備作戰能力以外，其餘的組成部分都是沒有風帆的小船，不僅粗製濫造而且配備不全，上面擠滿部隊也沒有裝置火砲。而且，高昂的士氣取決於實力所帶來的信心，面對新的作戰環境即使最勇敢的新軍也會膽戰心驚。

五艘堅固而龐大的船隻組成基督徒的分遣支隊，船長和舵手的技術熟練，其餘人員都是意大利和希臘的資深老手，他們的作戰經驗豐富，久經海上風浪的磨練。船隻的重量可以撞沉或衝散那些微不足道的障礙；敵人企圖阻擋前進的航道，他們用砲火掃過海面；有些敵人想要靠近強行登船，他們將液體的火焰直接灑在對手的頭上。對於這群本領高強的航海者而言，愈是猛烈的風浪愈為有利。在這場激戰中，幾乎快要落敗的皇家船隻獲得熱那亞人的救援，土耳其人在遠距離的攻擊和近接戰鬥中，兩次都被擊退而且損失慘重。穆罕默德騎著馬到達岸邊，用大聲的喊叫和親臨戰場來激勵士氣，他許諾給予獎賞甚至用令人感到畏懼的懲罰，要部隊再興攻擊。無論是心靈的激情還是身體的姿勢[35]，他看起來像是在仿效戰鬥人員的動作，彷彿他成為自然的主宰，明知不能發揮作用也會毫無所懼縱馬衝進海中。他的高聲譴責和營地裡喧囂的吼叫，逼得鄂圖曼人發動第三次的攻擊，比起前面兩次更為兇狠和血腥。儘管我並不相信但仍然要重述法蘭札的證言，他從對方口裡聽來的說法：在這一天的大屠殺中土耳其的損失是一萬兩千人。他們在混亂中逃到歐洲和亞洲的海岸，基督徒的分遣支隊卻得意洋洋毫無損傷沿著博斯普魯斯海峽航行，在港口的鐵鍊之內安全下錨。他們對勝利充滿信心，吹噓土耳其人已經屈服在他們的武力之下。那位水師提督身為土耳其的高級將領，從眼睛受傷的劇痛中獲得一些好處，也就是可以把作戰的失敗歸於這樣的意外。巴爾薩·奧格利(Baltha Ogli)是保加利亞王室的叛賊，在軍事方面建立的聲譽，受到令人厭惡的貪婪惡習所污染。在君主或人民的專制政體之下，戰爭的失利足以構成犯

---

35 我承認一幅栩栩如生的圖畫在我眼前出現，雅典人在敘拉古寬闊港灣的海戰中，修昔底德斯描繪雙方在作戰時的神情和姿態。

罪的證據，穆罕默德極為不滿，剝奪他的階級和一切職務。當著君王的面這位水師提督被四名奴隸按倒在地，用金棍痛擊了一百杖[36]，原來已經判處死刑，他要感激蘇丹的寬宏大量，最後處以籍沒和流放較輕的懲罰。這批補給品的到達使希臘人恢復希望，開始指責西方盟國的按兵不動；然而過去在安納托利亞的沙漠和巴勒斯坦的山岩下面，數以百萬的十字軍人員毫無怨尤的犧牲性命。這座帝國的首都對敵人而言，形勢險要有如金城湯池，卻便於友軍的進入和支援，瀕海的城邦有合理和適當的軍備，原本可以保住殘留的羅馬名聲，能夠在鄂圖曼帝國的心腹地區維持一座基督徒的城堡。然而這些就是為解救君士坦丁堡，進行唯一一次軟弱無力的努力：相隔遙遠的國家根本不了解即將到來的危險；匈牙利也可以說是杭尼阿德斯的使臣，一直住在土耳其的營地裡面，不僅要讓蘇丹不必對他們存有戒心，還可以對他的作戰行動提供意見[37]。

　　希臘人很難洞悉土耳其國務會議所要保守的祕密，然而，他們卻有先入為主的看法，認定如此固執而出乎意料的抵抗會使穆罕默德二世無法支持。蘇丹開始考慮撤退，如果不是位居次席的大臣出於野心和嫉妒，反對卡利爾帶有賣國行為的建議，君士坦丁堡很快就會解圍，要知道這時卡利爾在暗中還是與拜占庭有書信的來往。土耳其人一定要從港口和陸地同時發動攻勢，否則不可能奪取這座城市，但是港口根本攻不進去，對方拉著一條無法穿越的鐵鏈，派出八艘大船和二十多艘小船，以及幾艘戰船和單桅船嚴密的把守。土耳其人非但不敢強攻這條防線，還唯恐對方的水師出擊，再次在開闊的海面正式開戰。才智過人的穆罕默德處於這種困境，想到一個大膽而奇特的計畫要付諸實施：他要把輕型船隻和軍用補給，從博斯普魯斯海峽經由陸地運到港口的深處。這段距離大約是十哩，地面崎嶇

36　要是依據杜卡斯原文的記載，不是過分誇大就是資料有誤，這根金棍有五百磅重，實在難以置信。波伊勞德（Bouillaud）解釋只有五百德拉克馬重也就是五磅，穆罕默德才可以拿來當作武器，痛打水師提督的背脊。

37　杜卡斯承認他對匈牙利的事務獲得錯誤的信息，他歸咎於迷信的動機，始終相信土耳其一定會征服君士坦丁堡。

不平，四處林木叢生，需要從蓋拉塔的郊區打開一條道路，能否自由通行或是全軍覆滅要看熱那亞人的選擇。這些自私的商人過於短視，只顧眼前不計長遠的後果，實在不得已撐到最後才被消滅也心甘情願。要是這次運送船隻的技術還有不周的地方，他們願意提供數以萬計的人力來支助。一條平坦的道路舖起堅硬而又結實木板製成的平台，上面塗著牛或羊的脂肪使得更爲光滑。八十艘輕型戰船和雙桅帆船，後者配備五十名或三十名划槳手，從博斯普魯斯海峽拉上岸來，按照前後次序在船底墊起滾木，用人力及滑輪拖曳前進。每艘船有兩名嚮導或舵手位於舵房或船頭，掛的帆全在風中張開，歌聲和吶喊在鼓起大家的幹勁，利用一個夜晚的時間，這支土耳其艦隊不辭辛勞爬上山岡，經過一片平疇，然後在離開希臘人吃水較深的船隻有段距離、不會受到妨害的地方，從斜坡上面直接滑下港口裡面的淺水區。這一個行動引起驚慌和產生自信，因而誇大它的重要性，不過這同樣也是人所周知和無可置疑的事實，出現在兩個民族的眼前而被記錄下來[38]。古代人曾經多次運用類似的策略[39]；鄂圖曼的戰船（我必須重申此事）應該是大型船隻，要是我們將巨大的船體和拖行的距離，將遭遇的障礙和運用的方法進行比較，像這樣一個可以吹噓的奇蹟[40]，可能只有我們的時代費盡力氣才能達成[41]。

　　等到穆罕默德用一支艦隊和軍隊占領港口的上半部地區，就在最狹窄的地段構建一座橋樑或堤壩，有五十肘尺寬和一百肘尺長，全部由大小不等的木桶組成，用鐵鉤與大筏連在一起，上面舖著很結實的木板。他在這

---

38 康提米爾從土耳其編年史記載的內容，肯定四名希臘人異口同聲的證詞，但是我希望能將十哩的距離縮小，時間延長到不只一個夜晚。

39 法蘭札提到兩個例子，同樣是在科林斯地峽從陸地將船隻運過六哩的距離：奧古斯都在阿克興（Actium）海戰的後期作爲，是一件杜撰的神話；十世紀一位希臘將領尼西塔斯（Nicetas）越過地峽，倒是確有其事。法蘭札也可以把漢尼拔極爲大膽的事蹟算進去，迦太基的船隻靠著這種方法進入塔倫滕（Tarentum）的港口。

40 坎地亞有一名希臘人曾經在威尼斯的部隊服役，曾經提出同樣的保證，很可能他就是穆罕默德的顧問和官員。

41 我特別提到我們自己從事這方面的運輸工作，1776和1777年在加拿大的大湖地區，整個業務非常辛苦，但是毫無成效可言。

個浮動砲台架起一門最大口徑的火砲，然後用八十艘戰船滿載部隊和雲梯，航向最容易靠近的一側，拉丁征服者前一次就在此處攻破城池。有人指責基督徒因循怠惰，沒有趁著工程尚未完成之前予以摧毀，但是他們的砲火爲更爲優勢的火力所壓制。基督徒何嘗不想在夜間出擊燒毀蘇丹的船隻和橋樑，但是對方提高警覺加強戒備拒止他們的接近，最前列的輕型小艇被擊沉或擄走，在蘇丹的命令之下四十名意大利和希臘最勇敢的青年慘遭屠殺。雖然實施正當而殘酷的報復行爲，將兩百六十名穆斯林戰俘的頭顱掛在城牆上面，但還是難以平息皇帝悲憤的情緒。經過四十天的圍攻以後，君士坦丁堡已經是在劫難逃，人數日益減少的守備部隊在兩面夾擊之下幾乎消耗殆盡，多少世代對抗敵人暴力的堅固工事，在各個方面都被鄂圖曼的砲火打得七零八落，很多地點出現缺口，靠近聖羅馬努斯門的四座塔樓全被夷爲平地。君士坦丁爲了發餉給戰力衰弱已有反意的部隊，逼得要拿走教堂所有的財物，答應將來要用四倍的價錢來償還債務，這樣一種褻瀆神聖的行爲，使得那些叫囂聯合的敵人，對他增添一樁譴責的罪狀。明爭暗鬥的氣氛進一步破壞基督徒殘餘的實力，熱那亞和威尼斯的協防軍都聲稱自己的服務最爲卓越。大公爵到現在還是野心勃勃，查士丁尼和他已經處於共同的危機之中，仍然相互指責對方背叛和懦弱。

八、土耳其人發起全面攻擊以及希臘皇帝的陣亡(1453A.D.)

君士坦丁堡受到圍攻期間，有時也會提到求和與投降的問題，營地和城市之間曾有幾名使者來往[42]。希臘皇帝處於逆境顯得非常謙卑，只要不悖離宗教和皇權願意接受任何條件；土耳其蘇丹希望減少士兵的犧牲，更想把拜占庭的財寶據爲己有，他爲了完成神聖的責任特別提出蓋波兒的處理方式，就是願行割禮、支付貢金或面對死亡供他們選擇。每年獲得十萬

---

42 查柯康戴爾斯和杜卡斯對於談判的時間和情節有不同的記載。忠誠的法蘭札維護君主的名譽，堅持君士坦丁沒有投降的念頭，原因是既不光榮也毫無裨益。

個達克特或許可以滿足穆罕默德的貪婪，但是他的雄心壯志卻要緊緊抓住
東部的都城，於是他願意提供希臘皇帝同樣富有的城市，對於人民可以容
忍信仰自由或讓他們安全離去。在經過毫無結果的談判之後，蘇丹最後宣
示他的決定，如果不能據有君士坦丁堡的寶座，情願將此地當成他的墳
墓。帕拉羅古斯不能將城市交到鄂圖曼人手裡，此事有關個人榮譽，擔心
受到千載罵名，所以他決心力戰到底至死不屈。蘇丹花幾天時間完成攻擊
的準備工作，運用所愛好的占星學，把帶來吉兆的重要時間定在5月29
日，可以使大家獲得一段休戰的空隙。他在27日夜晚發布最後的命令，親
自召集軍事首長開會，派出傳令官到營地的各處，宣布此一重大冒險行動
的任務和目的。專制政體的首要原則是恐懼，他用東方人的方式發出威脅
之辭，擅離職守和臨陣不先的人員，即使長著飛鳥的翅膀[43]，也難逃正義
之手給予鐵面無情的懲處。他手下大部分高級將領和新軍成員，都是基督
徒家庭的後裔，至於後來獲得尊貴的土耳其姓氏，靠著一再發生的收養關
係才永久保存下來。個人的身分逐漸發生變化，帶來身教言教和嚴格紀
律，使軍團、團隊和連隊的精神得以保持積極進取的活力。在這一場聖戰
中，穆斯林受到勸導要用祈禱和七次沐浴，來淨化他們的心靈和肉體，在
翌日結束之前一直要禁食。一群伊斯蘭托缽僧訪問各處的帳篷，灌輸士兵
宗教信念要成為殉教的烈士，保證他們會在天堂到處是河流的花園裡面，
擁抱那些黑眼睛的童女，度過永恆的青年時光。然而穆罕默德更看重塵世

---

43 提到他們插翅難逃不過是東方人的比喻，但是在《伊里妮》這齣悲劇中，穆罕默
德的激情翱翔在感覺和理性之上：
　　強勁北風高高舉起冰凍的雙翼，
　　攜帶著他凌越不可思議的雲氣；
　　放置在昴星團的黃金戰車裡面，
　　我用怒火將他拖入痛苦的深淵。
除了發出過度的狂言之外，我特別要提到：其一，風的推送作用只限於空氣的下
層區域。其二，昴星團的名稱和神話從語意學來說，完全出於希臘的語言和文
字，東方的天文學沒有類似的表達方式，可以讓穆罕默德學習。其三，黃金戰車
無論從科學或想像都是不可能存在的東西。但是我把約翰生博士把昴星團與大熊
座或御夫座弄混淆，這些都是黃道十二宮的北方星座。

可見的報酬，承諾發給勝利的部隊雙倍的薪餉。穆罕默德說道：

> 我要城市和建築物，一定將俘虜、戰利品、金銀財寶和美女，全部
> 拿來當作英勇的獎賞，使人人得到財富和快樂。我的帝國有廣大的
> 幅員和眾多行政區域，首先登上君士坦丁堡城牆的大無畏士兵，獲
> 得的酬勞是掌管最美好和最富饒的行省，我的感激所加於他的榮譽
> 和產業會遠超過他的希望。

　　強烈的刺激和動機在土耳其人的心中形成高漲的熱情，使他們不禁
躍躍欲試而且將生死置之度外，整個營地響起「阿拉是唯一的眞主」和
「穆罕默德是祂的使者」的呼叫聲[44]，在海上和陸地到處可聞，從蓋拉塔
到那七座塔樓，遍地閃爍著燃燒的篝火。

　　基督徒的狀況大不相同，他們都在哀聲嘆氣的埋怨，悔恨自己的罪孽
和即將來臨的懲罰，聖母馬利亞的聖像已經展示在巡遊的行列，但是這位
至高無上的守護神對他們的乞求充耳不聞。他們責怪皇帝固執己見未能及
早投降，念念不忘未來的處境令人不寒而慄，奢望土耳其人的奴役還能獲
得休息和安全。尊貴的希臘人和勇敢的盟軍全被召往皇宮，要在28日夜晚
完成準備，對於即將發起的全面攻擊，不畏危險善盡自己的職責。帕拉羅
古斯最後的講話等於是羅馬帝國舉行葬禮的悼辭[45]：在他心中已經破滅的
希望，即使再三提出承諾和懇求，這一切的企圖只是徒然無益。整個世界
找不到容身之地何其冷漠和陰森，對那些爲國捐軀的英雄，無論是福音書
還是教會都沒有提起任何明確的補償。只有他們的國君以身作則的榜樣以
及處於圍攻的困境之中，使得這些戰士用絕望中奮鬥的勇氣來加強作戰的

44　法蘭札埋怨穆斯林發出歡呼之聲，不是說他們推崇眞主，而是提到先知的名字。
　　伏爾泰虔誠的宗教狂熱不僅過分，甚至到達荒謬的地步。

45　我認爲這段講話是出於法蘭札的手筆，裡面充滿說教和講道的強烈意味，我甚至
　　懷疑君士坦丁是否會如此表白。李奧納杜斯指出他說了另一段話，對於拉丁人的
　　協防軍表示感激之意。

力量。歷史學家法蘭札當時參加悲傷的會議，以親身的感受描述極其慘痛
的場面。他們流卜眼淚擁抱在一起，全都將家庭和財產置之不顧，決心奉
獻自己的生命。每一位將領離開以後，立即前往負責的崗位，整夜帶著焦
慮的心情，提高警覺在防壁上面守望。皇帝和幾位忠誠的友伴走進聖索非
亞大教堂，此處再過幾個時辰就會成為一所清眞寺，他們用淚水和祈禱舉
行虔誠的領聖體儀式。他在皇宮休息片刻，四周回響著哭泣和哀嘆的聲
音，皇帝乞求那些可能受到他傷害的人給予原諒[46]，然後騎馬離開前去巡
視哨所，觀察當面敵軍的動靜。最後這位君士坦丁所蒙受的苦難和絕滅，
比起拜占庭那些長治久安的凱撒，發射出更爲耀目的光輝。

攻擊部隊可以利用暗夜的掩護得以亂中取勝，然而穆罕默德的軍事判
斷和占星學素養，要讓全面的進攻在光天化日下進行，那是1453年5月29
日令人難忘的早晨。他們的前一夜是在辛勞的工作中度過，部隊、大砲和
柴束都已運到壕溝的邊緣，在很多地點開闢平坦的通道直達防壁的裂口。
八十艘戰船的船頭和架起的雲梯，幾乎接觸到面對港口的海牆，那個部位
的防禦力量非常薄弱。土耳其士兵在處死的恐懼之下只有踟枚疾走，行動
難免要發出聲音，即使軍紀和害怕也不能違反這種自然律。每個人只有盡
量壓低聲息，摸索腳步前進，數千人的行進和動作，無可避免發出一種奇
特而混雜的噪音，傳入塔樓上面的哨兵耳中。天色剛破曉，土耳其人免去
日常規定的起床砲信號，從海上和陸地對著城市發起全面的行動[*47]。他們
的攻擊線緊密和連續的程度，被人比爲一根雙股或多股擰成的繩索[48]。最
前面的隊列是部隊的渣滓，一群零亂不堪的烏合之眾：都是一些老弱殘
兵、農夫和流浪漢，還有那些懷著盲目希望的人員，加入軍隊是爲了靠搶

---

46 這些自謙之辭基於虔誠的信仰，經常發自垂死君王的口中，請求受冤曲之人原諒
是福音教義極大的進步，比起要求下屬給予一次的寬恕，赦免別人四百九十次更
爲容易。

*47 [譯註]總攻擊發起的時間應該是5月29日清晨一點半鐘，攻擊重點偏向左翼，指向
位於萊卡斯河谷的亞得里亞門附近的城牆。

48 除了蘇丹的一萬名衛士，還要加上水手和海上作戰人員，杜卡斯認爲整個兵力包
括騎兵和步卒，一共是二十五萬土耳其人。

劫發財或是成爲殉教烈士。一致的衝動驅使他們奔向外牆，最大膽的人在
攀登的時候很快摔落下來。基督徒面對愈聚愈多的敵人，沒有浪費一根標
槍或是一顆彈丸，但是他們的精力和彈藥在防禦作戰中消耗殆盡。壕溝填
滿被殺士兵的屍體，爲他們的戰友提供可以落腳的地點，對於這些志願獻
身的先鋒部隊而言，陣亡比活著作戰更能發揮作用。

　　安納托利亞和羅馬尼亞的部隊，各自在他們的將領和頭目率領指揮之
下，陸續投入進攻的行動。他們的進展有時順利有時被迫後退，整個情勢
很難預料。經過兩小時激戰以後，希臘人不僅維持原來的局面而且處於有
利的地位，到處都可以聽到皇帝的聲音，激勵士兵盡最後的努力拯救他們
的國家。在這個關鍵時刻，土耳其的新軍重新整頓鼓起勇氣，用排山倒海
之勢衝向敵人。蘇丹騎在馬上手裡拿著一根鐵矛鎚，親自在後面視導嚴密
掌握戰場的狀況。他的四周是一萬名最精銳的御林軍，要保留到決定性的
時刻，他用獨斷的聲音和銳利的眼光操縱戰爭浪潮的起伏。大批執法人員
安置在戰線的後面督戰，用強制、督促和懲罰的手段逼著部隊進攻，對於
臨陣脫逃的人員來說，戰線的前列固然危險萬分，退後只會帶來羞辱和不
可避免的死亡。恐懼和痛苦的喊叫被鼓號齊鳴的軍樂所淹沒，根據經驗已
經獲得證明，演奏的樂曲要是節拍強烈旋律動人，就會加快血液循環振奮
精神，對人體產生的刺激作用遠勝於理性和榮譽的說教。鄂圖曼的砲兵部
隊從陣線、戰船和浮橋，發出震耳欲聾的射擊和爆炸的響聲，營地和城
市、土耳其人和希臘人全被一片硝煙彈雨所籠罩，最後只有等到羅馬帝國
的絕滅或獲救才會消散。歷史或傳說中的英雄人物一對一搏鬥，激起我們
的想像也吸引我們的情感。戰爭藝術的快速發展可以增加人類的智慧，儘
管帶來無窮的禍害，還是使一門必要的科學獲得極大的進步。全面進攻的
畫面總是大同小異令人厭惡，到處是鮮血淋漓、恐怖萬狀和混亂不堪。時
隔三個世紀相距一千哩，即使我再努力也無法詳細描繪當年的景象，何況
那種狀況不容旁觀者存在，就是當事人也無法提出任何公正準確的說法。

　　君士坦丁堡陷落的直接原因，是那發穿透約翰・查士丁尼鎧甲的子彈

或箭頭。他看到鮮血直流而且劇痛無比，使得這位軍事首長喪失勇氣[*49]，然而他的指揮才華和用兵藝術是這座城市最堅固的堡壘。他在離開自己防守的崗位下去找外科醫生時，被看成是要逃走的樣子而被不知疲勞的皇帝攔住，帕拉羅古斯驚喊道：「你的傷勢很輕！目前的情況非常危險，你要留在這裡坐鎮，況且你又能退到哪裡去呢？」這位全身戰慄的熱那亞人說道：「我要用上帝為土耳其人打開的通道撤走。」說完這句話他便穿過內牆一個缺口趕緊走掉，臨陣脫逃的怯懦行為玷污一生的武德，最後在蓋拉塔或開俄斯島也不過多活了幾天，由於良心的不安和公眾的指責而飽嘗臨終的痛苦[50]。絕大多數的拉丁協防軍都效法他的榜樣，等到敵人用加倍的勇氣再度發起攻勢，守軍的防線開始動搖。鄂圖曼人的數量超過基督徒五十倍或一百倍，雙層城牆在砲火的轟擊下成為一堆殘磚廢垣。周長數哩的城牆必然有些地方容易進攻或是守軍薄弱，如果圍攻者在某一點突破，整個城市的下場是無法挽回的陷落。新軍的哈珊（Hassan）軀體雄偉臂力驚人，有資格接受蘇丹最高獎賞，他一手握著彎刀一手持著盾牌登上外牆的碉堡，三十名新軍不肯示弱隨著進攻，其中十八名喪命在勇敢的行動中，哈珊和他的十二名戰友登上碉堡的頂端。這名巨人從防壁上被打落下來，他以一個膝蓋支撐住身體，接著被暴雨一樣的標槍和石塊所擊倒。他用果敢的攻擊證明任務可以達成，城牆和塔樓很快爬滿密密麻麻的土耳其人，現在希臘人被趕出有利的陣地，馬上被不斷增加的聲勢浩大敵軍所殲滅。

　　在這陣洶湧的人潮之中，有很長時間還可以看到的皇帝[51]，最後還是

---

*49 [譯註]查士丁尼在5月27日已經負傷一次。

50 法蘭札表達自己的感想和公眾的看法，嚴辭譴責查士丁尼的臨陣脫逃；杜卡斯為了某些私人的理由，對他更加寬恕和尊敬；但是李奧納杜斯‧契西斯的措辭，表達出強烈的氣憤之情。

51 根據杜卡斯的記載，是土耳其士兵的兩記重擊將皇帝殺死；查柯康戴爾斯說他的肩膀受傷，然後在城門遭踐踏致死；悲痛的法蘭札只說他被人背著穿著成群的敵人，避而不談死亡的情形。我們可以用德萊登（Dryden）高貴的詩句來敘述，毫無奉承的意味：

　　讓他們到戰場去尋找塞巴斯蒂安，
　　那裡屠殺和擊斃的人馬堆積如山，

蹤跡全無，他已經善盡做為一位將領和士兵的全部使命。圍繞在他身邊負
責警衛的貴族，為維護帕拉羅古斯和康塔庫齊尼的榮譽和名聲，全部戰鬥
到最後一息壯烈成仁。有人聽到他那悲憤的喊叫：「難道找不到一個基督
徒把我的頭砍下來嗎[52]？」他最後的恐懼是活著落入那些不信上帝的人手
中[53]。已經絕望的君士坦丁為審慎起見脫下他的紫袍，兩軍混戰中被無名
之輩殺死，身體埋在堆積如山的屍首之下。等到他陣亡以後無人抵抗秩序
蕩然，希臘人爭著向內城逃走，很多人在聖羅馬努斯門狹窄的通道擠得窒
息而死。戰勝的土耳其人從內牆的缺口一擁而入，等到衝進大街以後，很
快與他們的弟兄會合，這些人是從海港一側的菲納爾（Phenar）門攻入[54]。
在開始這陣狂熱的追殺中，兩千名基督徒死於刀劍之下，但是貪婪的心理
很快勝過殘酷。這些勝利者一直認為，如果不是皇帝和精選的隊伍是如此
英勇，使得他們以為首都各處都會受到類似的抵抗，那麼他們立刻就會停
止屠殺全面給予赦免。整個的情況就是如此，君士坦丁堡過去曾經打退克
司洛伊斯、台吉和幾位哈里發的進犯，現在受到五十三天的圍攻之後，情
勢無法挽回，被穆罕默德二世的武力所征服。這個城市所構成的帝國僅僅
被拉丁人占領過，它的宗教則被穆斯林征服者踩在腳下[55]。

（續）

　　派人爬上腐屍之丘向下仔細察看，
　　很快發現他的身軀何其魁梧偉岸；
　　躺在血紅的大殿面孔朝向著天堂，
　　光榮的埋身之所是自己用劍探勘。

52　斯朋達努斯希望在最後能有人幫他獲得解脫，免得皇帝犯下自殺的罪行。

53　李奧納杜斯・契西斯的說法很有道理，土耳其人要是知道他是皇帝，對於蘇丹渴
　　望到手的俘虜，一定會不惜代價來保護他的安全。

54　配置在海港入口處的基督徒船隻，不僅可以掩護側翼還能延遲土耳其軍的海上攻
　　擊。

55　查柯康戴爾斯的說法實在太荒謬，認為君士坦丁堡受到洗劫，是亞洲人要報復古
　　代特洛伊遭受的災難。十五世紀的文法學家樂於將土耳其人這個粗俗的稱呼，改
　　為突克里人（Teucri）這個更為古典的名字。

九、土耳其人攻陷君士坦丁堡及燒殺擄掠的狀況(1453A.D.)

　　長著翅膀的噩耗迅速傳布開來，只是君士坦丁堡的範圍廣大，還能延長一些幸福的時刻，不會馬上知道國破家亡的消息[56]。但是，這種處於普遍存在的恐慌之中，處於為自身或社會的焦慮之中，處於攻擊的混亂和喧囂之中，一個難以成眠的夜晚和清晨必定已經轉瞬而過。我也不相信有許多希臘婦女會被土耳其新軍，將她們從深沉而安詳的睡眠中驚醒。居民等到確知大難臨頭時，很快從所有住宅和修道院逃走一空。戰慄的居民就像一群膽怯的小動物，成堆聚集在街道上，好像眾多的弱者在一起就會產生力量，再不然懷著自我安慰的希望，認為個人躲在群體之中就會安全或是不會被人看到。從首都的每一個角落，大家擁入聖索非亞大教堂，在一個時辰之內，內殿聖所、唱詩台、中殿以及上下廊道，全都擠滿了父親和丈夫、婦女和孩童、教士和僧侶以及童貞修女，大門從裡面閂住，尋求神聖的殿堂給予保護，在不久之前他們還感到十分痛恨，將它視為瀆神和不潔的建築物。他們的信心來自一個宗教狂熱分子或騙子的預言：有一天土耳其人會進入君士坦丁堡，追殺羅馬人直到君士坦丁的石柱，位於聖索非亞大教堂前面的廣場。這裡是災禍的盡頭，一位天使會手拿寶劍從天而降，把解救帝國的責任連帶天神的武器，交給坐在石柱底下的一個窮漢。天使會說：「拿起這把寶劍為上帝的子民報仇雪恥。」大家會為振奮人心的言詞所鼓舞，土耳其人立即被打敗逃走，勝利的羅馬人會將他們驅出西部，從整個安納托利亞地區趕到波斯的邊境。就是在這種情況之下，帶著幾分幻想和許多真理的杜卡斯，對於希臘人的爭執和頑固大加指責，這位歷史學家哀嘆道：

56　當居魯士(Cyrus)利用節日的慶典期間奇襲巴比倫時，因為城市的面積廣大而且居民非常粗心，等比較遙遠的區域知道情況不利，已經喪失逃走的時機，全部成為俘虜。希羅多德和厄舍爾(Usher, James, 1581-1656A.D.，阿瑪夫(Armagh)主教、歷史學家和年代學家)引用先知耶利米(Jeremiah)有同樣含意的一段文章。

要是天使真的出現，提出的要求是教會的統一，他才幫助你們消滅
敵人，即使處在極為重要的時刻，你們也會將安全置之不顧，或者
是假裝同意來欺騙你們的上帝[57]。

就在希臘人期待天使降臨而天使遲遲不來的時候，大門已經被斧頭劈
開，土耳其人沒有遭到任何抵抗，那些不曾展開大肆殺戮的手，便用來挑
選和保有大批俘虜，年輕、美貌和看來富有的人是選擇的對象。他們之間
所有權的決定在於攫取的先後、個人的實力和長官的命令。只用一個時辰
的工夫，男性俘虜都被繩索綑綁，女性則用自己的面紗或腰帶。元老院的
議員和奴隸、高級教士和教堂的門房，全部不管身分高低拴在一起；平民
階層的年輕男子也與貴族少女綁在一堆，這些少女平常不輕易露面，就連
最親近的家屬也很少見到她們的臉。在這一大群的俘虜當中，社會的地位
沒有人理會，血親的關係全部被砍斷，兇狠無情的士兵對於父親的呻吟、
母親的哭泣和孩童的哀嚎根本無動於衷。這些俘虜之中哭聲最高的人是那
些修女，她們衣衫不整、伸展雙手、披頭散髮被從祭壇旁邊拖走。我們非
常虔誠的相信，她們之中很少人願意放棄修道去過後宮的生活。這些不幸
的希臘人就像馴服的家畜，一串一串被粗暴的動作趕過街道，征服者急著
回去抓更多的獵物，他們在鞭打和叫罵聲中只有加快蹣跚的腳步。就是在
這個時候，首都所有的教堂和修道院、所有的宮殿和住宅，都在進行類似
的搶劫活動。城市裡面再沒有一個地方，無論是多麼與世隔絕，能夠保護
希臘人的人身和財產的安全。這類虔誠的民眾大約有六萬人從城市運到營
地和艦隊，完全憑著主子的意願或利益將他們交換或出售，成為奴隸分散
到鄂圖曼帝國遙遠的行省。

我們在他們中間可以看到一些極為出眾的人物。歷史學家法蘭札是首

---

57 這段生動的描述是摘錄杜卡斯的著作，在城破兩年以後，列士波斯島的君主派遣
　他擔任使臣去覲見蘇丹。直到列士波斯島在1463年歸順，這個島嶼必定到處都是
　君士坦丁堡的流亡人員，他們喜歡一再訴說悲慘的往事，有的地方還要加油添
　醋。

席寢宮總管和御前大臣，他的家庭也遭到相同的命運。在忍受四個月艱辛的奴役生活之後，他恢復自由，翌年冬季冒險前往亞得里亞堡，從馬廄總管的手裡贖回他的妻子，但是兩個年輕貌美的孩兒被抓去侍候穆罕默德本人。法蘭札的女兒死於後宮，很可能保住貞操；那個十五歲的兒子，寧死也不願受辱，就被身為最高統治者的情人，因愛生恨親自用刀將他刺死。像這樣慘無人道的行為，不能用個別的人情或慷慨來抵消。蘇丹從菲勒福斯(Philelphus)那裡收到一首拉丁頌歌，知道這位詩人的妻子來自一個高貴的家庭，就把從那裡擄來的貴婦人和兩個女兒全部釋放[58]。穆罕默德要是抓住羅馬的使節，大可滿足他的驕傲或殘酷。機智的紅衣主教伊西多爾避過搜捕，穿著一套平民服裝從蓋拉塔逃走[59]。外港的鐵鍊和入口仍舊被意大利的商船和戰船所控制，他們在圍攻期間已經表現出過人的英勇，趁著土耳其水手分散在城市四處搶劫，他們抓住機會開始撤退。正當船上的水手升起船帆時，海灘上擠滿乞求和哀號的群眾。運輸的工具有限，威尼斯人和熱那亞人只挑選自己的同胞。雖然蘇丹提出最動聽的保證，蓋拉塔的居民還是帶著最值錢的財富，拋棄家園登船離開。

在一座大城陷落和遭到洗劫的時候，總有歷史學家重覆敘述一再發生的災禍，同樣的激情產生同樣的結果。要是說這種激情無法控制可以任意濫用，唉呀，那麼文明人和野蠻人又有多大差別呢。在偏執和憎恨的微弱叫喊聲中，土耳其人並沒有受到指責，說他們帶著惡意濫殺無辜的基督徒。但是根據他們的規則(這是古老的規則)，戰敗者喪失生存的權利，征服者合法的報酬來自男女俘虜的勞役、售價或贖金[60]。君士坦丁堡的財富

---

58 我很好奇想知道他為什麼要讚許這位不共戴天的仇敵，何況他經常辱罵穆罕默德二世是卑鄙污穢和毫無人性的暴君。

59 《庇護二世紀事》提到他很機警，把紅衣主教的角帽放在一具屍體的頭上，等到蘇丹凱旋入城就將頭顱砍下來示眾，這時教皇的使節被當成沒有身價的俘虜，出售以後獲得解救。著名的《貝爾京(Belgic)年代記》給他的逃脫加上很多冒險犯難的情節，這些狀況在他的信函中都閉口不提，以免喪失為基督受苦受難的功績和報酬。

60 布斯比奎斯(Busbequius)用歡欣和讚美的心情詳述戰爭的權利，以及在古代和土耳其人當中奴役制度的運用。

全被蘇丹賞給戰勝的軍隊，一個小時的搶劫勝過多年辛苦的工作，但是戰利品的分配沒有規定適當的辦法，每個人得到的分量並不取決於他的功績。獎勵英勇作戰的酬勞被一群營地的混混趁火打劫偷走，這些混混卻一直逃避戰場的辛勞和危險，敘述他們的搶劫行為非但讓人厭惡也不能產生教誨的作用。即使帝國已經處於非常窮困的時期，掠奪的總額約為四百萬個達克特金幣[61]，其中有一小部分是威尼斯人、熱那亞人、佛羅倫斯人和安科納（Ancona）商人的財產。這些外國人的股本在迅速和不停的流通中增值極快，希臘人的財富用來炫耀宮殿和衣飾，或是兌換成錠的金銀和古老的錢幣深藏在地下，唯恐為了保衛國家從他們的手裡拿走。

　　教堂和修道院受到褻瀆和劫掠，引起最令人痛苦的怨恨。聖索非亞大教堂極其雄偉的建築物，人間的天堂、巨大的蒼穹、天使的華蓋、上帝的寶座，多少世代的奉獻全被搜刮一空，那些金銀財富、珠寶飾物、花瓶器皿及神聖的物品用邪惡的手法供給人類使用。那些在異教徒眼裡稍有價值的東西，上面的聖像被擦掉或刮除以後，剩下的帆布或是木料便被扯碎、打爛、燒毀或踩在腳下，要不就極其惡毒的用在馬廄或廚房之中。不過，他們這種褻瀆神明的做法，完全是從君士坦丁堡的拉丁征服者那裡學來，基督、聖母和聖徒從罪孽深重的正統信徒所得到的待遇，被狂熱的穆斯林用在偶像崇拜的紀念物。或許哲學家不會隨著公眾一起喊叫，反而說在藝術趨於沒落的時代，技巧不可能比作品更有價值，而且狡猾的教士和輕信的人民很快用新供應的顯靈和奇蹟來全面加以更換。拜占庭的圖書在這場全面的變亂中被毀和失散，可能使他真正感到悲痛。據說有十二萬部手稿或抄本不知去向，一個達克特金幣可以買到十卷書，同樣低廉的價格對神學的書籍來說還嫌太高，亞里斯多德和荷馬的全部著作也受到這種待遇，

61　琉克拉維斯在查柯康戴爾斯著作的旁註中列出四百萬達卡特這個金額，但是提到其他國家的損失狀況，威尼斯五萬達卡特、熱那亞兩萬達卡特、佛羅倫斯兩萬達卡特和安科納一萬五千達卡特（譯按：一共是十萬五千達卡特），我認為這些數字可能少算一位數（譯按：應該是一百零五萬達卡特），就是經過修正，外國人的財產損失也不會超過總額的四分之一。

要知道這是古希臘最偉大的學術和文藝作品。我們或許能高興的想到，古典文化的寶庫中極大部分無價珍品安全存放在意大利，何況日耳曼有個城鎮發明一種技術，可以用來抗拒時間和蠻族的破壞。

十、穆罕默德二世的入城及希臘貴族豪門的行為(1453A.D.)

令人難忘的5月29日從第一個小時[62]開始，發生在君士坦丁堡的暴亂和搶劫，一直延續到當天第八個小時，就是蘇丹踏著凱旋的腳步通過聖羅馬努斯門的時候。穆罕默德二世在大臣、將領和衛士的簇擁之下，這些人（一位拜占庭歷史學家的說法）像海克力斯那樣強壯，像阿波羅那樣高明，每一個人能在戰場上打敗十個不堪一擊的對手。征服者用滿足而驚訝的眼光注視教堂和宮殿，雖然與東方建築的風格迥異卻顯得更為雄偉和無比的光輝。在橢圓形競技場裡，他目不轉睛看著三蛇盤繞的石柱，像是在試一試他的臂力，矛鎚或戰斧的猛擊打碎一條怪蛇的下顎，土耳其人認為這座雕像是城市崇拜的偶像或守護的神物。穆罕默德在聖索非亞大教堂的正門前下馬，走進這座有巨大穹頂的建築：他用極為珍愛的態度把這個地點當成光榮的紀念物，以致於看到一名狂熱的穆斯林在敲碎舖在地面的大理石時，就拔出彎刀大聲恫嚇：要是戰利品和俘虜都賞給士兵，所有公私建築物必須留給君王。在他的命令之下，東部教會的主座教堂被改為清真寺，宗教儀式使用的貴重器具和用品全部搬走一空，十字架被推倒，布滿圖像和鑲嵌畫的牆壁經過刮除沖洗，恢復最早那種赤裸的狀況。就在同一天或是次周的禮拜五，叫拜人登上最高的塔樓，用真主和先知的名字發出召喚的呼喊，伊瑪目講道以後，穆罕默德二世在大祭壇祈禱和感恩，最後幾任凱撒不久之前在此舉行基督教的神祕儀式[63]。蘇丹從聖索非亞大教堂前往

---

62 君士坦丁堡使用儒略曆，天數和時辰的計算從午夜開始，但是杜卡斯只知道日出為起算基點的自然時間。

63 我們只有拿康提米爾的著作當成土耳其的官方記錄，知道聖索非亞大教堂改為穆斯林清真寺的本末，法蘭札和杜卡斯對此都深痛惡絕。讓人感到有趣之處，是

神聖而陰鬱的大殿,那裡供奉著君士坦丁大帝以後一百個繼位的皇帝,也
才不過是幾個時辰而已,就被剝奪一切皇家的氣勢和威嚴。一種人事滄桑
興衰無常的傷感情緒盤據在蘇丹的心頭,他禁不住口中唸出波斯詩人高雅
的絕句:

> 蜘蛛結網昭陽殿,
> 梟鳥哀鳴子夜歌;
> 千古江山如許恨,
> 百戰英雄奈樂何![64]

　　然而,他在沒有確切知道君士坦丁的下落之前,是逃走或是被俘,還
是在戰場陣亡,心中仍舊感到不滿,好像自己並沒有獲得全面的勝利。兩
名新軍士兵聲稱擁有殺死皇帝的榮譽要求給予獎賞,在一大堆陣亡人員當
中,鞋上繡有金鷹的屍首被找到,希臘人含著眼淚認出已故皇帝的頭顱,
這血淋淋的戰利品經過公開示眾[65]之後,穆罕默德為了尊重對手,安排適
合身分的葬禮。君士坦丁逝世以後,大公爵[66]和帝國的首席大臣盧卡斯·
諾塔拉斯(Lucas Notaras)成為最重要的俘虜,當他俯伏在寶座的腳前,奉
獻個人服從和全部財產時,蘇丹氣憤的說道:「你為什麼不用這些財富來
保衛君主和國家呢?」這個奴才回答道:「這些都是您的,上帝要把這些
財富保留下來好交到您手裡。」這名專制暴君問道:「要是祂真要把這一
切保留給我,那你為什麼不馬上交到我手裡,還要徒勞無益死命抵抗

(續)
　　在伊斯蘭信徒和基督徒的眼裡,相同的物品呈現相反的意義。
64　康提米爾引用這首詩的原文能夠符合當時的情景,表達世事滄桑無可奈何之美
　　感。西庇阿(Scipio)在洗劫迦太基的時候一再朗誦荷馬著名的預言。征服者同樣有
　　氣吞牛斗之慨,他們的心靈能夠神遊於過去或未來。
65　我不相信杜卡斯的說法,他提到穆罕默德二世將希臘皇帝的頭顱,送到波斯和阿
　　拉伯各地去示眾。蘇丹對於這個戰利品已經感到滿足,應該不會那樣殘酷無情。
66　法蘭札和希臘大公爵有仇,無論他的生死或是退隱到修道院,都不會同情或寬
　　恕。杜卡斯一直讚譽這位殉教者,憐憫他不幸的遭遇。查柯康戴爾斯保持平的
　　態度,但是我們要感激他暗示當時的希臘人在策劃陰謀活動。

呢？」根據大公爵的說法，出於某些國外人士的據理力爭和土耳其大臣的
暗中包庇，使得這次極爲危險的會晤能夠平安無事，同時他還獲得免於處
分和給予保護的承諾。穆罕默德還親自去拜訪他的妻子，這位可敬的公主
受到病痛和憂傷的折磨，他用仁慈的語氣和晚輩的尊敬，對她的不幸表示
慰問之意。惻隱之心及於政府的重要官員，其中有幾位還是由他出錢贖得
自由之身，在開頭那些天他還自稱是這個被征服民族的朋友和父親。但是
情況很快發生改變，在他離開之前，那些出身高貴的俘虜在橢圓形競技場
遍灑他們的鮮血。基督徒咒罵這種不守信義的殘酷行爲，對受到處決的大
公爵和他的兩個兒子，封上殉教英雄的稱號，他的死因被說成他有大無畏
的精神，拒絕那個暴君拿他的兩個孩子去滿足獸欲。然而，一位拜占庭的
歷史學家在無意中透露出信息，提到陰謀活動、企圖逃走和意大利的援軍
等說法，這種起義行動極其光榮，勇敢的叛徒冒著生命的危險自然是死而
無憾。征服者處死不能再信任的敵人，我們也毋須過於責怪。勝利的蘇丹
在6月18日班師亞得里亞堡，面帶微笑接見基督徒君主派來的使臣，這些
低賤而無用之輩從東部帝國的喪失，看到自己即將滅亡的命運。

君士坦丁堡成爲一片赤裸的荒漠，沒有君王也沒有人民。但是作爲一
個偉大帝國的國都，那無可比擬的地理位置卻不容抹殺，天生靈秀之氣永
遠勝過時間和命運的一時損害，鄂圖曼古老的政治中樞布爾薩和亞得里亞
堡都降爲省府。穆罕默德將他自己和繼承人的居所，仍舊放在君士坦丁所
選的那塊高地上面[67]。蓋拉塔的防禦工事原來做爲拉丁人屏障，爲了審慎
起見已經全部拆除。土耳其的砲火所造成的損害很快恢復，在8月之前就
燒製大量石灰用來修理首都的城牆。現在所有的土地和建築，無論屬於公
眾或私人所有，無論是世俗或教會的產權，全部都歸於征服者的名下。他
先從三角形的頂點劃出一塊八弗隆見方的地區，用來建築他的後宮或皇

---

67 有關君士坦丁堡的恢復原狀和土耳其人的重建工作，可以參閱康提米爾、杜卡斯
的著作，以及提夫諾、圖尼福和現代旅行家的資料。從君士坦丁堡和鄂圖曼帝國
勢力強大和人口眾多的景象，我們得知在1586年時，在首都的穆斯林人數比基督
徒要少，甚至還沒有猶太人多。

居。就是在這個極其奢侈繁華的核心地點，大君(這是意大利人對他很尊敬的稱呼)好像統治整個歐洲和亞洲。但是他置身在博斯普魯斯海峽的岸邊，很難確保不受敵對水師的進犯。現在已經成為清真寺的聖索非亞大教堂，每年有豐碩的歲入，四個角建起高聳的叫拜塔，環繞著樹叢和流泉，供穆斯林前來禮拜和休息之用。皇家清真寺也模仿這種建築的格局和式樣，這是穆罕默德所建的第一所寺院，就在神聖使徒大教堂和希臘皇帝陵墓的廢墟上面。城池陷落以後第三天，在一次顯靈中發現阿布‧阿優布或約伯的墓，他是第一次圍城之戰陣亡的阿拉伯人，從此以後新任蘇丹在這位殉教烈士的墓前佩帶統治帝國的寶劍[68]。

　　君士坦丁堡與羅馬歷史學家不再有任何關係，我也用不著一一列舉民事或宗教的建築物，無論是受到土耳其主子的褻瀆還是來自新建。人口得到補充很快恢復原狀，在那年9月底之前，便有來自安納托利亞和羅馬尼亞的五千戶家庭，他們奉皇帝的命令遷往都城的新居，凡是抗命不從者一律處死。穆罕默德的寶座受到數量眾多而又忠心耿耿的穆斯林保護。他那合理的政策有助於召回殘餘的希臘人，只要確信生命財產、自由權利和宗教信仰獲得保障以後，他們很快成群結隊回來。教長的選舉和任職，恢復並且仿效拜占庭宮廷原來的儀式。他們懷著歡欣和恐懼參半的心情，看著坐在寶座上的蘇丹把權杖或牧杖交給金納狄斯，當作出任教會職位的象徵。然後他引導這位教長到達後宮的大門，贈給他一匹鞍轡華麗的駿馬，讓一些大臣和將領陪他前往指定給他居住的宮殿[69]。君士坦丁堡的教堂由兩個宗教均分，非常清楚的標示出界線，直到穆罕默德的孫子謝利姆

68　阿布‧阿優布的墓園紀念堂或稱為托貝(Turbé)，在《鄂圖曼帝國年表》(*Tableau Générale de l'Empire Ottoman*)一書中有詳盡的描述，使人印象深刻，但是整個工程大而無當，不能發揮多少功能。

69　法蘭札提到這次任職典禮，可能在希臘人相互的報導中大加宣揚一番，甚至讓拉丁人都知道這件事。伊曼紐‧瑪拉克蘇斯(Emanuel Malaxus)肯定確有此事，他在君士坦丁堡失陷後寫成《希臘教長簡史》，後來刊入克魯休斯(Crusius, Martin, 1526-1607A.D.，日耳曼的希臘學者)的《土屬希臘》一書中。即使最能容忍的讀者也無法相信，說是穆罕默德採用正統基督教的制度和形式。

(Selim)才破壞原來的規定，希臘人[70]享受平等劃分的好處達六十多年之久。有些國務會議的大臣希望逃避蘇丹的狂熱情緒，基督教的擁護者在他們的鼓勵之下，竟敢大膽宣稱此一劃分並非出於君王的慷慨，而是正義行為的要求；並非出於單方面的讓步，而是雙方協議的結果；要是這座城市的一半是被強攻所奪取，其餘的一半是為了信守神聖的條款而放下武器投降。最初批准的協定已經被大火燒掉，但是有三名年邁的新軍人員還記得處理的過程，他們的證言使喪失的權利得到彌補。就康提米爾(Cantemir)的看法，比起那個時代所有史籍一致認同的意見，這些可以收買的誓言更為可靠[71]。

十一、希臘王朝的絕滅及歐洲的悲傷和恐懼(1453-1481A.D.)

希臘王國在歐洲和亞洲剩餘的領土，我全部交給土耳其軍隊去處置，但是這兩個王朝[72]曾經都在君士坦丁堡實施統治，他們最後的滅亡也就標誌著東羅馬帝國衰亡的終結。摩里亞的藩王德米特流斯和湯瑪士，是帕拉羅古斯皇族僅存的兩兄弟，對於君士坦丁皇帝的死事和君主國的毀滅深感震驚。他們知道毫無抗拒的希望，與出身高貴和命運相同的希臘人，準備遠離鄂圖曼的魔掌，要到意大利去尋找棲身之地。勝利的蘇丹滿足於一萬

---

70 斯朋達努斯引述克魯休斯的《土屬希臘》等作品，敘述希臘教會的奴顏婢膝和內部爭執，接替吉內狄斯的教長在絕望之餘投身井中自裁。

71 康提米爾非常堅持他的見解，認為無論是古代還是現代的土耳其歷史學家，全都毫無異議贊同這個論點，那就是他們奪取城市是用武力，並不是靠著居中的調停，而且他們更不會違背事實，使整個民族喪失榮譽和尊嚴。但是，其一，康提米爾沒有引用任何一位特定的歷史學家，我對所謂的一致認同感到懷疑。琉克拉維斯的《土耳其編年史》非常肯定的提到，絲毫沒有例外，那就是穆罕默德奪取君士坦丁堡完全是「自食其力」。其二，類似的論點受到那個時代希臘人的認同，那就是他們並未忘懷光榮和有利的條約。伏爾泰如同往常一樣偏袒土耳其人而不是基督徒。

72 特里比森德的康南尼王朝有關的世系和滅亡狀況，可以參閱杜坎吉的著作。對於最後的帕拉羅古斯王朝，同樣可以求助於這位論點精闢的古物學家。蒙特費拉的帕拉羅古斯家族一直延續到下個世紀，但是已經忘記希臘的家世和親戚。

兩千個達克特金幣的貢金，他們最初的恐懼得以消除。當他的野心放在歐
洲大陸和一些島嶼搜尋獵物時，摩里亞能安然消磨七年的時光，但是這段
緩刑期卻在哀傷、爭執和痛苦中度過。地峽的防壁不斷修復又被摧毀，不
可能長期由三百名意大利弓箭手來守備。通往科林斯的鑰匙也掌握在土耳
其人手裡，他們從夏季的寇邊行動中歸來，帶回大批俘虜和戰利品，受到
傷害的希臘人發出怨言沒人理會，有人聽到還表示厭惡。四處漫遊的阿爾
巴尼亞人部族靠著放牧和搶劫為生，使得這個半島充滿掠奪和謀殺。兩位
藩王向鄰近的土耳其將領乞求危險而又羞辱的救援，當他平定叛亂以後，
教訓和斥責成為他們爾後行動的準據。無論是雙方的血緣關係還是在聖餐
禮和聖壇前反覆發出的誓言，甚至是基於需要的更強烈壓力，都無法平息
或暫停內部的爭執。他們用火和劍蹂躪對方的世襲產業，來自西方的救濟
和援助耗費在國內的敵對行動，他們的力量僅用於野蠻和任性的處決。弱
勢的對手出於悲痛和報復，求助最高統治權的主子。等到作物成熟的復仇
季節，穆罕默德宣稱自己是德米特流斯的友人，率領一支無敵的部隊進軍
摩里亞，當他據有斯巴達以後，蘇丹說道：「你的實力過於衰弱，無法控
制這個多事的行省，我準備娶你的女兒，好讓你在安全和光榮中度過餘
生。」德米特流斯在嘆息之餘只有聽命，獻出自己的女兒和城堡
（1460A.D.），跟隨他的國君和女婿前往亞得里亞堡，得到色雷斯一座城市
和附近的因布洛斯(Imbros)島、林諾斯島和沙摩斯瑞斯(Samothrace)島，
以維持自己和隨從人員的生活。

　　第二年德米特流斯有一個命運乖戾的夥伴，是康南尼家族的最後成
員，在君士坦丁堡被拉丁人攻占後，曾經在黑海之濱建立一個新帝國。穆
罕默德在征服安納托利亞的過程中，曾經用一支艦隊和軍隊包圍大衛的都
城，大衛竟敢自稱是特里比森德的皇帝[73]。蘇丹在整個談判中只提出一個

73　雖然圖尼福談到特里比森德完全是門外漢，佩松尼爾(Peyssonel, Claude Charles de,
　　1700-1757A.D.，歷史學家和人類學家)卻是近代最精確的觀察者，他發現這個城
　　市有十萬居民。兩位新軍將領之間發生黨派的傾軋，使得城市的繁榮和貿易不斷
　　受到騷擾，其中一位新軍將領很容易徵召三萬拉齊人。

簡短而專橫的問題:「你是願意交出王國來保住生命和財產?還是寧願同時喪失你的王國、財產和生命?」軟弱的康南努斯被恐懼和穆斯林鄰邦的榜樣所征服:夕諾庇的君王[74]接受類似的招降,拱手送出防衛森嚴的城市,有四百門大砲和一萬兩千名士兵在把守。特里比森德的投降按照條款忠實履行(1461A.D.),皇帝和家人搬遷到羅馬尼亞的一座城堡,但是引起蛛絲馬跡的懷疑說是與波斯國王暗中通信,大衛和整個康南尼家族全部成爲征服者猜忌或貪婪的犧牲品。岳父的身分也無法長久保護不幸的德米特流斯免於流放和籍沒的懲處,他的卑躬屈節倒是獲得蘇丹的同情和藐視,追隨的下屬人員全都遷居君士坦丁堡,獲得五萬阿斯珀年金可以紓解窮困的生活,歷經長久的歲月最後穿著僧侶的服裝過世,帕拉羅古斯終於從塵世主子的控制下得到解脫。提起德米特流斯的奴役生活和他的兄弟湯瑪士的浪跡天涯,哪種更令人感到羞辱,這倒很難說。藩王在摩里亞被敵人占領時,帶著一些身無長物的擁護者逃到科孚,然後再轉往意大利。他的頭銜身分和所受苦難,還有使徒聖安德魯的頭顱作爲奉獻的遺物,使他獲得梵蒂岡的禮遇,然而他只能從教皇和紅衣主教的手中,領取六千達克特金幣的年金,永無止境過著悲慘的生活。他的兩個兒子安德魯和馬紐爾在意大利接受教育,長子被敵人極其輕視卻讓朋友受到拖累,生活格調的低落和無法門當戶對的婚姻爲人所不齒,唯一能夠繼承的權利是頭銜,後來被他陸續賣給法蘭西和亞拉岡的國王[75]。查理八世[*76]在短暫的權勢高峰時

---

74 夕諾庇的君王伊斯瑪·貝格(Ismael Beg)的歲入是二十萬達卡特(主要來自銅礦),佩松尼爾認爲這座現代城市有六萬居民,這個數字看起來很龐大,然而我們與這個民族建立貿易關係,變得對他們的財富和人口都很熟悉。

75 一份文件上面註明的時間1494年9月6日,後來從卡庇多的檔案室轉移到巴黎的皇帝圖書館,文件提到安德魯·帕拉羅古斯藩王保留統治摩里亞的權利,並且要求獲得私人的利益做爲條件,將君士坦丁堡和特里比森德的皇帝合法轉讓給法蘭西國王查理八世。豐西瑪吉尼(Foncenagne, Etienne Laureault de, 1694-1779A.D.,法國歷史學家)對這個頭銜寫出一篇論文,特別從羅馬獲得這份文件的複本。

*76 [譯註]查理八世(1470-1498A.D.)是法蘭西國王(1483-1498A.D.),路易十一的獨子,十三歲即位初由其姊安妮攝政,1494年率軍入侵意大利,1495年加冕爲那不勒斯國王。

期，激起雄心壯志想要將東部帝國與那不勒斯王國合併，舉行盛大的典禮
穿上紫袍封自己是奧古斯都。看到法蘭西騎士的接近，希臘人眞是欣喜
若狂，鄂圖曼帝國感到膽戰心驚[77]。湯瑪士的次子馬紐爾‧帕拉羅古斯
想要重遊故國，他的回歸不會帶來危險，土耳其政府當然表示歡迎。他在
君士坦丁堡過著安全而舒適的生活，最後有基督徒和穆斯林相當體面的行
列爲他送葬。如果眞能指出一種高貴的動物，處於豢養的狀況便拒絕繁殖
後代，皇家的末代王孫應該可以歸於格調更爲低賤的品類。他接受慷慨的
蘇丹贈送兩名美女，死後留下一個兒子，無論穿著還是宗教都像土耳其人
的奴才，逐漸被人遺忘。

　　君士坦丁堡在失陷以後，重要性才被察覺及誇大，教皇尼可拉斯五世
的統治即使是和平與繁榮的盛世，東部帝國的滅亡卻帶來無法推卸的難
堪，拉丁人的悲傷和恐懼重新喚起十字軍東征的昔日狂熱情緒。在西部最
遙遠的一個國家，勃艮地的菲利浦公爵在法蘭德斯的利斯勒(Lisle)，接待
他的貴族舉行盛大的宴會，華麗的場面經過巧妙的安排能適合大家的品味
和習性。在飲宴進行之中，一個體型高大的撒拉森人牽著一頭裝扮的大象
進入大廳，象背上有一個城堡。一名穿著喪服的婦女代表宗教的象徵從城
堡裡出來，她爲自己處處受到抑制而感嘆不已，同時責怪她的捍衛鬥士行
動何其緩慢。金羊毛的首席使者進來，手裡拿著一隻活生生的雉雞，按照
騎士的禮儀獻給公爵。菲利浦是一位英明而年邁的諸侯，在接受這個極具
特色的召喚以後，要把自己的身體和力量奉獻給對抗土耳其人的戰爭，參
加宴會的貴族和騎士紛紛效法他的榜樣，他們向著上帝、聖母、在場的女
士和那隻雉雞發出誓言，響起熱烈的呼聲也獲得普遍的贊同。但是採取實
際行動要視未來和國外可能發生的事件，因而勃艮地公爵直到臨終，有十
二年的時間處於整裝待發的狀態而定，可見他不僅審愼而且可能極爲認
眞。設若每個人的胸膛全都熱血沸騰，設若基督徒不僅團結而且英勇，設

77　可以參閱科明的著作，他很高興的推算有相當數量的希臘人要揭竿起義，六十哩
　　是容易完成的海上航行，從瓦洛納(Valona)到君士坦丁堡不過是十八天的行程。
　　處於這種情況之下，威尼斯的政策救了土耳其帝國。

若從瑞典[78]到那不勒斯每個國家供應一定比例的騎兵步兵以及人力錢財，那麼君士坦丁堡確定可以得救，土耳其人也會被趕過海倫斯坡海峽甚或幼發拉底河。但是，皇帝的秘書伊涅阿斯‧西爾維斯(Aeneas Sylvius)[79]是位政治家和演說家，負責草擬皇帝的書信及參加每一次的會議，根據他本人的經驗描述基督教世界極其可厭的狀態和風氣。他說道：

> 那是一個沒有腦袋的軀體，一個缺少法律或官員的共和國。教皇和皇帝憑著崇高的頭銜和華麗的畫像顯得光彩奪目，但是他們毫無指揮的能力，也沒有人願意服從命令，每個城邦都有各不相關的君主，每個君主只關心本身的利益。對於這樣多彼此不和與相互敵視的力量，要靠什麼樣的辯才方能將他們團結在一面旗幟之下？即使他們能全副武裝集結起來，誰又能擔任主將的職位？如何維持他們的秩序？——軍隊的紀律又怎麼辦？誰能餵飽這麼龐大的一支隊伍？誰能懂得那麼多不同的言語，或是導正他們那些奇特和對立的習俗？憑著一個世俗之人，誰能有辦法使英格蘭人與法蘭西人、熱那亞人與亞拉岡人、日耳曼人與匈牙利和波希米亞的土著和好相處？如果獻身聖戰的人數過少，會受到異教徒的圍殲；要是人數過多，本身的力量和混亂的狀況會走上自我毀滅的道路。

然而就是這位伊涅阿斯用庇護二世(Pius II)[*80]的稱號榮任羅馬教皇，付出畢生的精力從事對抗土耳其人的戰爭。他在曼都亞(Mantua)的大公會議上激起宗教熱情的火花，不僅虛假而且微弱。等到教皇出現在安科納親

---

[78]主要根據實際的列舉數字，瑞典、戈特蘭和芬蘭擁有一百八十萬戰鬥人員，因此人口會遠比現在為多。

[79]斯朋達努斯從伊涅阿斯‧西爾維斯那裡，就歐洲的情勢獲得見解，並且加上他自己的觀察。這位貢獻良多的編年史家以及意大利人穆拉托里，從1453年到1481年，也就是穆罕默德的逝世和本章的結束，繼續記錄一序列的重大事件。

[*80] [譯註]庇護二世是意大利籍教皇(1458-1464A.D.)，是人文主義者、詩人和歷史學家，組織十字軍對抗土耳其光復君士坦丁堡，結果功敗垂成。

自領兵登船時，原來的承諾被各種藉口加以廢止，決定的日期盡量拖延變成無限期的推遲，已經編成的軍隊包含一些日耳曼的朝聖客，他只有運用安撫和救濟的方式將他們遣散。他的繼承人和意大利掌權者根本不理會未來的局勢，涉入當前利益和國內野心有關的圖謀和計畫。一切事物在他們的眼裡看來，完全依據距離的遠近決定外形的大小。他們的利益圖像經過放大之後，應該會教導他們對一個共同的敵人，要維持防禦性的海上戰爭形態，應該對斯坎德貝格和勇敢的阿爾巴尼亞人給予支援，以避免那不勒斯王國受到入侵的威脅。土耳其人對奧特蘭托(Otranto)的圍攻和洗劫引起普遍的恐慌，西斯篤(Sixtus)教皇準備逃過阿爾卑斯山，這場風暴卻因穆罕默德二世的亡故而消散(1481年5月3日或7月2日)。享年五十一歲[81]的蘇丹憑著雄才大略渴望征服意大利，他據有一個堅強的城市和寬廣的海港，本來可以用新羅馬和古羅馬來裝點他那輝煌的統治[82]。

---

81 除了這兩位編年史家，對於土耳其人進犯那不勒斯王國，讀者還可以就教於嘉諾內。有關穆罕默德二世的統治和征服，我偶而會引用到薩格里多(Sagredo, Giovanni, 1617-1682A.D.，意大利旅行家和作家)的著作。無論平時或戰時，威尼斯共和國對土耳其人一直不會掉以輕心，這個政府所有的公文和檔案，都會為聖馬可的代理人毫無保留的開放。薩格里多的著作無論就內容或風格都不應受到輕視，然而他過於痛恨不信上帝的異教徒，對於土耳其人的語言和習性一無所知。他的敘述用於穆罕默德的篇幅只有七十頁，從1640-1644年寫出的作品更為豐富和可信，是約翰‧薩格里多的歷史研究成果最為豐碩的時期。

82 現在我要與希臘帝國告別，應該簡略提及拜占庭諸多作者的重要文集，他們的名字和資料不斷在本書中出現。阿爾杜斯(Aldus)的希臘印刷所和意大利人，他們出版的書刊限於美好時代的古典名著，好學勤奮的日耳曼人後來才發行樸洛柯庇斯、阿果西阿斯、昔瑞努斯、諾納拉斯等人最早的粗陋版本。全套拜占庭叢書陸續由羅浮皇家印刷廠發行，獲得羅馬和來普西克(Leipsic)從旁的協助，但是威尼斯的版本(1729A.D.)雖然售價較低而且更為冗長，除了不及巴黎的版本那樣豪華，在內容的正確方面毫不遜色。法蘭西編輯具有各方面的優點，但是查理‧坎吉(Charles Cange)的歷史註釋，能夠增加安娜‧康妮娜、辛納繆斯和維爾哈杜因的著作對世人的貢獻。坎吉的研究工作主要在於歷史的補遺，還有希臘辭典的編纂，他的作品能夠發出穩定的光芒，照亮陰鬱帝國的黑暗時代。

第六十九章

十二世紀以後羅馬的狀況　教皇對俗世的統治權　城市的暴動產生政治異端思想　恢復共和國的行動　元老院議員　自傲的羅馬人　與附近城市之間的戰事　剝奪教會選舉教皇和出任的權利，迫使教皇到亞維農避難　大赦年　羅馬的貴族世系(1086-1500A.D.)

一、十二世紀羅馬的革命以及與西部諸國的關係(800-1500A.D.)

　　羅馬帝國衰亡的最初階段，我們的眼光毫無例外集中皇家的都城，它曾經爲地球大部分區域制定法律。我們一直關心它的命運，開始是讚美最後是憐憫，無時不是全神貫注。當我們的注意力從卡庇多轉向行省時，把它們看成帝國軀幹上面砍下來的分枝。第二個羅馬城建造在博斯普魯斯海峽的岸邊，逼得歷史學家追隨君士坦丁的繼承人前進，我們出於好奇心忍不住要訪問歐洲和亞洲最遙遠的國家，探索拜占庭君主國漫長衰落過程的主要原因和始作俑者。查士丁尼的征服行動使古老的城市獲得解放，使我們重新回到台伯河畔，但是那種救援是改換形式的奴役，或許是變本加厲的奴役。羅馬已經被擄走財富、神明和凱撒，哥德人的統治比起希臘的暴政不見得更爲羞辱或殘酷。基督紀元第八世紀，有關圖像崇拜的宗教爭端促使羅馬人追求獨立，他們的主教同時成爲一個自由民族世俗和信仰的父親。查理曼大帝恢復西部帝國，它的頭銜和形象仍在裝飾著政體獨特的現代德意志。羅馬的名銜到今天仍舊令人肅然起敬，氣候的狀況(不論影響

力有多大)已經大不相同[1]，純正的血統在流過千百個脈管以後變得渾雜，但是景象莊嚴的廢墟和昔日雄偉的回憶，都能重燃民族特質的火花。黑暗的中世紀展現一些場面，倒是值得我們特別加以注意。大約是土耳其人奴役君士坦丁堡的同時，羅馬正在默默接受教皇的絕對統治，我要重新回顧整個的狀況和革命的後果，否則就不會心甘情願結束本書的寫作。

公元十二世紀初葉[2]，第一次十字軍東征期間，羅馬被拉丁人尊爲世界的都城、教皇和皇帝的寶座，他們從永恆之城獲得頭銜、榮譽和掌握統治塵世的權利。有關的敘述已經中斷甚久，重覆說明一下還是有點用處，查理曼大帝與奧索皇室的繼承人從萊茵河彼岸的國民會議上選出，這些王侯在沒有越過阿爾卑斯山和亞平寧山、到台伯河岸尋找皇帝的冠冕[3]之前，抱著謙遜的態度，對於日耳曼國王和意大利國王的稱號都感到滿足。等到他們離城還有一段路程時，受到成群結隊的教士和民眾歡迎，手裡拿著棕櫚葉和十字架。飄揚的軍隊旌旗上面繪著可怕的狼和獅、龍和鷹的圖形，代表著共和國早已不見蹤跡的軍團和支隊。皇帝三次重申維護羅馬自由的誓言，分別在橋上、城門以及梵蒂岡的台階，他根據習俗發放賞金的作法，隱約有點仿效最初那些凱撒的豪邁風格。在聖彼得大教堂裡面，使徒的繼承人爲他舉行加冕大典，上帝的聲音和人民的聲音混雜在一起，「教皇吾主勝利成功萬歲！皇帝陛下勝利成功萬歲！羅馬和條頓軍隊勝利成功萬歲[4]！」的歡呼表明全民萬眾一心的歸順。凱撒和奧古斯都的稱

---

1 都博斯神父的才華不如他的繼承人孟德斯鳩，他力言而且誇大天候的影響力，是羅馬人和巴塔維亞人(Batavians)退化的主要因素，尤其對於羅馬人而言，他的看法有兩點：(1)變化只是表面，現代羅馬人對於祖先的德行，稟持非常審慎的態度加以掩飾；(2)羅馬的氣象、土壤和天候產生巨大而明顯的改變。

2 讀者要是離開羅馬有很長一段期間，可以先參閱本書第五卷第四十九章有關的資料。

3 日耳曼皇帝在羅馬的加冕典禮，特別發生在十一世紀的狀況，穆拉托里和辛尼(Cenni)的著作有詳盡的記載，這也代表最早的紀念物。我讀到後者的作品是來自施密特(Schmidt)冗長的摘錄。

4 條頓人的軍隊出現在眼前可以感受到它的威力，但是羅馬人的軍隊只不過徒有虛名，已經是明日黃花。

號、君士坦丁和查士丁尼的法律、查理曼和奧索的範例，建立皇帝最高的統治權力。他們的頭銜和圖像鐫刻在教皇的錢幣上面[5]，他們將正義之劍授與城市的郡守以表示所擁有的司法權。但是，一位蠻族主子的名字、語言和習俗，恢復羅馬原有的全部偏見。薩克森尼或法蘭哥尼亞（Franconia）的凱撒只是封建貴族政體的首領，不可能執行民政和軍事的權力去建立紀律，也只有這樣才能確保下屬的服從。雖然日耳曼人沒有能力獲得自由，但是卻無法忍耐奴役生活。每位皇帝在一生之中都有一次或許是僅此一次，率領一支由諸侯和家臣組成的軍隊越過阿爾卑斯山乘勢而下。我已經描述他們進城和加冕時匕鬯不驚的狀況，但是這種安靜和秩序總是被羅馬人的叫囂和反叛所擾亂，他們把合法的君王視為國外的入侵者：他的離開何其匆忙，大都感到羞愧難當，並且長期未能臨朝統治，他的權威受到輕侮，連名字都被人遺忘。日耳曼和意大利尋求獨立的過程破壞皇權統治的基礎，教皇的勝利卻拯救了羅馬。

二、教皇在羅馬的權威以及迷信行為的變化無常(1100-1500A.D.)

有關這兩個元首：皇帝靠著征服的權利進行根基不穩的統治；教皇的權威建立在輿論和習慣的基礎之上，看似軟弱卻更為牢固。祛除一種外國的影響力，使牧人回到羊群的身旁更受到他們的愛戴。上帝的代理人由紅衣主教團自由推選，大部分的紅衣主教都是這個城市的土著或居民，一改過去日耳曼宮廷那種專斷或賄賂的提名辦法。官員和人民的歡呼是對當選者的確認，教會權力在瑞典和不列顛受到服從，歸根結底還是來自羅馬的選票，同樣的選舉制度帶給首都一位君主和教宗。大家普遍認為君士坦丁

5　穆拉托里致力於序列教皇錢幣的研究，只發現兩種的年代早於公元800年，從李奧三世（796-816A.D.）到李奧九世（1049-1054A.D.）現存的尚有五十種錢幣，還要加上有統治權的皇帝。格列哥里七世（1073-1085A.D.）和烏爾班二世（1088-1099A.D.）沒有任何錢幣留存。就帕斯加爾二世（1099-1118A.D.）的錢幣來看，好像是要放棄這種獨立的標誌。

把羅馬的世俗統治權授與教皇,最勇敢的市民,即使那些思想偏激的懷疑
主義者都樂於爭辯,皇帝是否具備此種權利和賜與是否有效。事實的眞相
如何,他的贈送是否確鑿無虛,深植於四個世紀的無知和傳統之中,像神
話一樣的起源在產生眞實和恆久的成效以後都已完全迷失。Dominus或主
上的稱呼出現在主教的錢幣上面,效忠的歡呼和誓言承認他所擁有的頭
銜,出於日耳曼凱撒眞心或勉強的同意,他們早已對這個城市和聖彼得的
產業,行使最高或從屬的司法審判權。教皇的統治可以滿足羅馬的偏見,
倒也不會與羅馬的自由有所衝突。只要稍爲探索便會發現這些權力還有更
爲高尚的來源,那是一個民族的感激之情,就是教皇將羅馬從希臘暴君的
邪說和壓迫中解救出來。

在一個迷信的時代,皇室和教會的聯合似乎可以相互增強對方的實
力,掌握天堂的鑰匙是獲得世人的服從最可靠的保證。人的過錯會使職位
的神聖性質大爲遜色,但是格列哥里七世和他的繼承人具備嚴苛和涉險的
德行,將第十世紀的醜聞洗刷得乾乾淨淨。他們爲了維護教會的權利,進
行極具野心的鬥爭,經歷的苦難或最後的成功同樣會加強人們的崇敬。他
們有時會淪爲宗教迫害的犧牲者,在貧窮和流放中蹣跚而行,使徒的宗教
狂熱使他們願意成爲殉教的烈士,每個正統基督徒必定都會激起愛戴和同
情之心。有時他們會從梵蒂岡發出雷霆之聲,用來推舉、審判或罷黜世間
的國君。最驕傲的羅馬人也不會爲服從一位教士而感到羞辱,須知查理曼
大帝的繼承人都吻過他的腳,爲他扶過馬鐙[6]。就是基於這個城市的世俗
利益,也應該保護教皇居所的安寧和榮譽,就是經由教皇才使一個虛榮而
懶惰的民族,獲得絕大部分的生活所需和財富。教皇每年固定的收入可能
受到損失,在意大利和行省有很多古老的世襲產業,爲那些褻瀆神聖的手
所侵占。對於丕平與他的後代更爲豐碩的賜與,不可能用要求主權而非實
際據有,來彌補教會的損失。梵蒂岡和卡庇多神廟的供養,都是靠著不斷

6　這種表示敬意的方式是國王對總主教或者是家臣對領主,羅馬最高明的策略就是
　　混淆孝順聽話和封建服從的表徵。

來到和日益增多的朝聖客和許願者。基督教世界的範圍擴大，教皇和紅衣
主教爲處理教會和世俗的事務而疲於奔命，拉丁教會爲上訴的權利和法規
建立新的訴訟程序[7]，北部和西部的主教和修道院院長受到邀請或召喚，
在使徒的門口負起求情、申訴、指控或審判之責。曾經記錄一件少見的怪
事，分屬門次(Mentz)總主教和科隆總主教的兩匹馬，在越過阿爾卑斯山
以後又回去，然而滿載著金銀，因而人們很快明白，無論是朝聖客還是當
事人，要想打贏官司主要在奉獻財物的價值，並非訴訟案情的證據。這些
外鄉人經常誇耀自己的財富和虔誠，他們所花費的金錢不管是神聖的用途
還是日常的支付，都成爲羅馬人的酬庸，在各種管道中流通。

　　羅馬人民有這樣強大的動機，應該自願而虔誠的堅決服從屬靈和世俗
的父親，但是在突發狀況下無法控制的激情，經常擾亂傳統和利益的運作
過程。印第安人砍倒樹木摘取果實，以及阿拉伯人搶劫貿易的商隊，同樣
都是出於野性的衝動，只顧眼前的好處而不管未來，滿足一時的貪婪而放
棄最重要的福氣，就是那些保證可以長期據有的東西。正是這種原因，自
私的羅馬人褻瀆聖彼得的神龕，不僅搶走供品還會傷害朝聖客。他們竟然
沒有思考一下，這種不友善的行爲，可能會截斷多少的訪客和財富。甚至
就是迷信的影響也是時起時伏並不可靠，理性受到壓抑的奴隸經常爲他的
貪婪或傲慢所解救。對於教士的傳奇和神諭抱持虔誠的輕信態度，在蠻族
的心靈發揮強有力的作用，然而這種心靈不可能重視想像勝於感官，更不
會爲遙遠的動機或是不可見或理想的目標，犧牲現實世界的欲念和利益。
年輕力壯的人充滿活力，作爲總是與信念發生矛盾，直到年齡、病痛或災
禍的壓力使他驚醒才會心生畏懼，逼得他要償還虔誠和悔恨的雙重債務。
我在前面已經提過，當前這個時代最有利於教士平靜和安全的是對宗教的
冷漠態度。在迷信的統治之下，他們最大的希望在於人類的無知，然而最

7　聖伯納德的宗教熱忱和弗祿里的正確判斷，對於所有的教會向羅馬教皇上訴，都
　　抱著深痛惡絕的態度。但是這位聖徒相信盧假的教令，只是譴責濫用上訴的權
　　利；文化水準更高的歷史學家，要探討新法律體制的根源，反對所依據的原理原
　　則。

大的恐懼在於人類的暴力。財富不斷增加使他們成爲世間唯一的擁有者，實際上發生輪替的現象，那是悔罪父親的贈與被殘暴的兒子搶走。他們這些人不是接受敬拜就是遭到侵犯，就像信徒製造的偶像雖然出於同一人之手，有的供奉在祭壇上面，有的踐踏在灰塵之中。

在歐洲的封建制度，武力是顯赫的頭銜也是忠誠的標尺，等到他們之間產生動亂，很少有人注意或聽從法律和理智極爲冷靜的呼籲。叫囂的羅馬人不願接受教皇加在他們身上的枷鎖，對他的無能爲力要盡情羞辱。他所受的教育或性格，無法正當或有效運用刀劍的力量。教皇當選的動機和生命的脆弱，很清楚顯示在羅馬人的面前，過於接近就會減低尊敬之心，要知道他的名字和諭令在蠻族世界使人印象深刻。這種差異沒有逃過我們那位富於哲理的歷史學家的注意：

> 歐洲那些遙遠的國家對於教廷的名聲和權威一無所知，完全不了解教皇的性格和行爲，所以才產生敬畏之心；然而教皇在家鄉很少受到尊重，以致於與他不共戴天的仇敵包圍羅馬的城門，還控制著城市的政府。從歐洲最邊遠地區派來的使臣，要向當代最有權勢的人物表示謙恭和服從，竟然發現很難找到接近的門路去投身到教皇的腳前[8]。

三、格列哥里七世及後續諸位教皇所面臨的困境(1086-1305A.D.)

從最早時代開始，教皇的財富引起嫉妒，他的權力遭到反對，使得本人受到暴力的摧殘。教權和政權的長期敵對行爲，增加敵人的數量也燃起

8　參閱休謨的《英格蘭史》，他根據菲茲-司蒂芬(Fitz-Stephen)的說法，向我們提到亨利二世的父親喬弗雷(Geoffrey)，對教士犯下極爲奇特的暴行：「當喬弗雷還是諾曼第領主的時候，西茲(Seez)的教士團沒有得到他的同意，就選出一位主教。於是他下達命令，要把這些教士連同選出的主教全部閹割，所有的睪丸裝在盤子裡帶過來。」他們當然會抱怨不但很痛而且有生命危險，不過因爲他們都已發誓守貞，割去無用之物也是一種解脫。

激烈的情緒。奎爾夫和吉比林勢不兩立的黨派傾軋，對意大利帶來致命的後果，羅馬人根本不考慮眞理或事實，他們分別是主教和皇帝的臣民和對頭。兩個黨派都懇求他們的支持，輪替展示出聖彼得之鑰和日耳曼之鷹的旗幟。格列哥里七世以教皇國創始者的身分受到推崇或厭惡，被驅出羅馬，在流放途中死於薩勒諾(Salerno)。他的三十六位繼承人[9]直到退往亞維農爲止，始終與羅馬人進行力有未逮的鬥爭。教皇的年齡和地位經常受到冒犯和羞辱，叛變和謀殺玷污著莊嚴的宗教儀式，這些任性善變的獸行雖然沒有關連也不是預謀，卻一再重複發生[10]，不僅冗長乏味而且令人厭惡。我只要列舉十二世紀發生的一些重大事件，就能夠表現出教皇和城市的情況。

在復活節前的禮拜四，帕斯加爾二世(Paschal II)[*11]在祭壇奉行聖事時，被鼓噪的群眾打斷儀式的程序，他們提出專橫的要求爲他們寵愛的官員舉行堅信禮。教皇的沉默激起大家的狂怒，他虔誠拒絕將人和神的事務混爲一談，更是遭到眾人的威脅和詛咒，說他會成爲引起公眾暴亂的起因和證人。復活節慶典期間，主教和教士排出遊行隊伍，大家赤足前往殉教者的墳墓致敬，分別在聖安吉洛橋和卡庇多神廟前面，兩次受到暴民如雨的石塊和鏢槍的攻擊。他的追隨者連房屋都被夷爲平地，帕斯加爾逃脫困境和危險，就在聖彼得的產業所在地徵召一支軍隊，內戰的災禍在他最後的時日中帶來很大的痛苦和損失。隨著他的繼承人格拉修二世(Gelasius

---

9 從李奧九世和格列哥里七世開始，阿拉岡的紅衣主教、潘杜法斯·比薩努斯(Pandulphus Pisanus)和伯納德·基多(Bernard Guido)等人，寫出當代一序列的教皇傳記，內容詳實可信，後來全部刊入穆拉托里的《意大利的歷史學家》一書中，我經常瀏覽運用。

10 上面提到這些事件，發生的年代大有伸縮的餘地，要知道本章全部參考穆拉托里的《編年史》，這部書我經常用到，成爲我最好的指導，在我而言是心照不宣的事。穆拉托里就像一位獨斷專行的主人，可以自由運用極其著名的文集《意大利的歷史學家》，一共有二十八卷之多，才能寫成這部《編年史》。我的圖書室蒐集有關的資料，參考原作不僅是我的職責，也給我帶來莫大的樂趣。

*11 [譯註]帕斯加爾二世是意大利籍教皇(1099-1118A.D.)，贊助第一次十字軍東征，爲主教的敘任與各國君王發生爭執。

II)^{*12}的當選，仍舊在教會和城市產生更多的反感。孫修・弗朗吉帕尼
(Cencio Frangipani)是一位勢力強大和生性好鬥的貴族，帶著軍隊怒氣衝
天的闖入會場，剝去紅衣主教的衣冠加以鞭笞，將他們踐踏在腳下。他一
把扼住基督代理人的咽喉，毫無憐憫或尊敬之心。他拽著格拉修的頭髮在
地上拖曳，飽以老拳並且用馬刺踢得他遍體鱗傷，然後腳鐐手銬將他關在
野蠻的暴君家裡。人民揭竿而起來解救他們的主教，敵對的家族反對弗朗
吉帕尼的暴虐，孫修在四面楚歌之下乞求饒恕，只對插手教會事務的失敗
感到後悔，不認爲自己犯下滔天大罪。過不了多少時日，教皇再度在祭壇
受到攻擊，就在他的朋友和仇敵從事殊死搏鬥時，他穿著僧侶的服裝遁
走，這種可恥的逃命行爲激起羅馬貴婦人的同情，他的追隨者不是遭到驅
散就是被從馬背打落。在聖彼得大教堂後面的田野，他的繼承人由於連日
的畏懼和疲累，單獨被人發現時已處於奄奄一息的狀況。當他的職位受到
侮辱和生命面臨危險，「使徒」帶著傲然不屑一顧的神色拋棄這座城市，
在身不由己的自白之下洩露出神職人員的野心所產生的虛榮，那就是一個
皇帝總比二十個皇帝更易於容忍。有很多例子證明他所言非虛。

我無法忘記在同個時代的兩位教皇所遭受的苦難，他們的名字是盧修
斯二世(Lucius II)^{*13}和三世^{*14}。前者排出戰鬥隊形去仰攻卡庇多，被從神
廟投出的飛石擊中，拖了幾天才過世；後者被手下的僕從殺成重傷。在內
戰的騷亂狀況之下，他的教士有些被俘，除了保留一個當作嚮導以外，全
被毫無人性的羅馬人剜去眼睛，讓他們的頭上戴著可笑的法冠，倒騎在驢
背上面，同時逼他們立下誓言，處於這樣一種可憐的情況，就是要讓教會
的首領獲得教訓。那些人物的特性和那個時代的環境，就是希望或畏懼以
及倦怠或悔悟，有時會獲得一段和平與服從的期間。拉特朗或梵蒂岡用興

---

*12 [譯註]格拉修二世是意大利籍教皇(1118-1119A.D.)，曾爲神職任免問題下獄，兩
　　次被神聖羅馬帝國皇帝亨利五世逐出羅馬。
*13 [譯註]盧修斯二世是意大利籍教皇(1144-1145A.D.)，即任後羅馬市民發生叛變，
　　宣布脫離教皇統治建立共和國，他在鎮壓暴動中負傷而亡。
*14 [譯註]盧修斯三世是意大利籍教皇(1181-1185A.D.)，登基後羅馬建立共和政府，
　　他被迫出走，獲得神聖羅馬帝國皇帝腓特烈一世的支持，大力取締異端邪說。

高釆烈的歡呼恢復教皇的職位，先前他被威脅和暴力從這裡趕走。但是災
難的根源是如此的深遠而且永不枯竭，可以讓聖彼得的小船沉沒的暴風
雨，在發生的前後總有片刻的寧靜。羅馬繼續展現戰爭和紛歧的情勢，黨
派和家族對於教堂和宮殿加強防備的力量或是發起攻擊的行動。卡利斯都
二世(Calistus II)*15在給予歐洲和平以後，只有他有決心和力量禁止在都
會地區運用私人武裝部隊。在那些尊敬使徒寶座的民族當中，羅馬的騷動
引起普遍的氣憤。聖伯納德在致他的門生尤金紐斯三世(Eugenius III)*16的
信函 中，用機智而狂熱的尖銳筆調譴責這個叛逆民族的惡行。克雷爾富
的僧侶說道：

> 還有誰不知道羅馬人的虛榮和傲慢？這個爲暴亂、殘酷和倔強所培
> 育的民族，除非太過於虛弱以致於無力反抗，根本上對順從教會抱
> 著不屑的態度。當他們承諾要服務的時候，內心卻在渴望統治，如
> 果他們宣誓忠誠，那是要尋找叛變的機會，要是你閉門不納或是拒
> 止他們參加會議，他們會用大聲的喧囂來發洩不滿的情緒，他們只
> 會搗亂作怪，沒有學會行善的本事，褻瀆上帝的行爲引起天人共
> 憤，他們善於內鬥，對鄰國存著猜忌之心，用殘酷的手段對待外鄉
> 人，他們從不愛人也不爲人所愛。當他們想要別人對他們心生敬畏
> 之感，自己卻生活在卑賤和憂慮之中。他們不會聽命於人更不知道
> 如何管理眾人之事，他們對長官毫無誠信，對同儕絕不寬容，對恩
> 主不知感恩圖報，無論是向別人提出需求還是拒絕別人都同樣的厚
> 顏無恥，承諾得多而履行得少，他們的策略只是精通阿諛、誹謗、
> 背叛和陰謀等各種伎倆。

這種陰暗的描述非常正確,基督徒寬恕的筆調[17]並沒有言過其實。不過,這些特色雖然刺目而又醜陋,倒是表現出十二世紀羅馬人極其鮮明的風格[18]。

四、政治異端阿諾德恢復共和國的作為和下場(1140-1155A.D.)

猶太人拒絕接受基督在於袍的平民身分和性質,當袍僭用一位塵世君王的尊榮和高傲,羅馬人的辯解之辭是說猶太人對於神的代理人根本是一無所知。在十字軍這個極其忙碌的時代,西方世界重新燃起一些好奇和理性的火花。保加利亞的異端就是保羅教派的信徒,成功移植到意大利和法蘭西肥沃的土壤,諾斯替教派的觀點與福音的簡樸混合起來,教士的仇敵將他們的熱情和良知調和得水乳交融,將自由的欲念與虔誠的信仰互相調和[19]。布里西亞(Brescia)的阿諾德(Arnold)[20]最早吹響羅馬人宗教自由的號角(1140A.D.)。他的升遷在教會只限於最低的階層,穿著修道院的裝束不是因為這是服從的制服,而是因為這貧窮的標誌。他的敵手無法否認他的智慧和辯才使人印象深刻,勉強承認他的品德高尚正直純潔,把他的錯誤混合著重要和有益的事實推薦給公眾。他在神學研究過程中,師事名聲顯赫而又下場不幸的阿貝拉德(Abelard)[21],同樣涉及到異端邪說的嫌疑。

---

17 佩脫拉克身為羅馬市民,因此放肆地提到,伯納德雖然是位聖徒,同樣也是凡大俗子,他可能因憤恨而採取激烈的手段,也可能會為急躁的情緒而感到後悔。

18 巴隆紐斯在《編年史》第十二卷的索引找到一個藉口,不僅容易也很合理。他把全部人員分為兩個主要的部分,就是羅馬的正統教徒和分裂分子,有關這個城市的問題,所有的好事都歸於前者的虔誠,所有的罪惡都安在後者的頭上。

19 摩斯海姆的著作中可以找到十二世紀的異端邪說,他對布里西亞的阿諾德內心存著贊同的念頭。我曾經敘述過保羅教派的信徒,隨著他們從亞美尼亞遷移到色雷斯、保加利亞、意大利和法蘭西。

20 弗里辛根(Frisingen)的奧索主教描述布里西亞的阿諾德原始的形象。《黎古里努斯》(*Ligurinus*)第三卷錄有根特(Gunther)的一首詩也有著墨之處,公元十二世紀時,根特的作品在巴西爾附近的巴黎修道院風行一時。基利曼(Guilliman)的著作也長篇大論敘述有關阿諾德的事蹟。

21 貝爾(Bayle, Pierre, 1674-1760A.D.,哲學家和知識分子)具有極佳的才智,在《文

身爲伊洛撒(Eloisa)的愛人，具有待人柔和與善於適應的天性，他的悔改
極其謙恭，使教會的法官也受到教化不會疾言厲色。阿諾德可能從大師那
裡得知「三位一體」某些形而上的定義，違反那個時代認同的眞理。他對
受洗和聖餐的理念只受到輕微的責備，然而政治異端是他獲得名聲和災禍
的根源。他勇敢維持己見引用基督的宣示，說祂的王國不在世間，刀劍和
權杖要託付給政府官員，塵世的職位和財富要授與俗家人士，修道院院
長、主教和教皇必須放棄統治的權力，否則就會喪失救贖的天職。等到喪
失他們的歲入以後，信徒出於自願的十一稅和奉獻就足敷使用，不需要奢
侈和貪婪，而是用節儉的生活來執行宗教的工作。很短一段期間之內，傳
道師像愛國者那樣受到尊敬，布里西亞的不滿或反叛用來對付主教，成爲
他那危險的教訓最早獲得的成果。

　　人民對教士的愛戴並不像憎恨那樣耐久不退，阿諾德異端在拉特朗的
大公會議受到英諾森二世(Innocent II)*[22]的譴責，行政官員本身受到偏見
和畏懼的驅策，只有執行教會的判決。意大利不再提供庇護所，阿貝拉德
的門徒逃過阿爾卑斯山，直到在蘇黎世找到安全和友善的避難地。現在的
蘇黎世是瑞士第一個州，過去從羅馬的營站、皇家的村莊和高貴處女的禮
拜堂，蘇黎世的人口逐漸增加，成爲一個自由而繁榮的城市，米蘭人的上
訴在此地經常由皇家的委員會[23]加以審理。在一個宗教改革尚未成熟的時
代，朱因留斯(Zuinglius)的先驅人物聽到讚譽之聲，一個勇敢和純樸的民
族吸收他的信念，能長期保有所具備的特色。他有高明的手腕或過人的長

(續)—

　　學評論辭典》中用自得其樂的態度寫出阿貝拉德、福爾克(Foulques)和希洛伊斯
　　(Heloise)這些條目，批判的方式非常輕浮但是表現的內涵極爲淵博。阿貝拉德和
　　聖伯納德對學院和實質神學的爭論，摩斯海姆倒是能夠了然於心。

*22 [譯註]英諾森二世是意大利籍教皇(1130-1143A.D.)，登位後遭到敵對教皇阿那克
　　勒都斯的反對，獲得神聖羅馬帝國皇帝羅沙爾二世的支持，在宗教會議上宣布阿
　　貝拉德和布里西亞的阿諾德是異端分子。

23 基利曼簡述「虔誠」劉易斯皇帝的贈與，他把村莊、森林、牧場、湖泊、奴隸和
　　教堂這些貴重的禮物，送給他的女兒女修道院院長赫德甘笛斯(Hildegardis)。「禿
　　子」查理(Charles the Bald)給予司法的審判權，奧索一世建築城牆，他是弗里辛根
　　主教這個世系。

處，能夠拉攏康士坦斯的主教，甚至教皇的使節爲了他忘懷主子和整個教會階級的利益。聖伯納德用嚴厲的訓誡加速他們遲疑不決的宗教熱誠，教會的敵人被迫害行動所逼只有鋌而走險，面對聖彼得的繼承人在羅馬樹起他的旗幟。

阿諾德並非有勇無謀之輩，受到貴族和平民的保護，可能還有邀請，爲了促進人民的自由權利，他的辯才在羅馬七山回響著雷霆之聲。他的論述攙雜著李維和聖保羅的原文，把福音和古典這兩種宗教狂熱所形成的動機結合在一起。他特別提醒羅馬人，從教會和城市的原創時代開始，教士的惡行已經日趨墮落，他們還能容忍眞是讓人感到奇怪。阿諾德規勸大家堅持做爲一個人和基督徒有不容剝奪的權利，恢復共和國的法律和官職，尊敬名義上的皇帝，限制牧者對羊群只能行使宗教的統治，精神統治不可能逃避改革者的指責和控制。他的經驗教導下級教士要反抗紅衣主教，他們篡奪羅馬二十八個教區極其專制的支配權。革命的行動要是沒有搶劫和暴行，沒有流溢的鮮血和摧毀的房屋，就不算完成。勝利的黨派從教士和敵對的貴族獲得掠奪品而致富。布里西亞的阿諾德從他的使命享受成果，難免悲痛之感，他的統治延續十年之久(1144-1154A.D.)。其間經歷英諾森二世和阿納斯塔休斯四世(Anastasius IV)兩位教皇，他們不是在梵蒂岡過著戰慄難安的日子，就是受到放逐，漂流在鄰近的城市。

他們爲更有活力和幸運的教宗接位，亞得里安四世(Adrian IV)*24是唯一擢升到聖彼得寶座的英國人25，出身是條件很平庸的僧侶，幾乎如同乞丐。他擁有各種優點，能從聖阿爾班(St. Albans)修道院中脫穎而出。有一位紅衣主教在街上被害或受到重傷，使他深爲憤怒，對這個充滿罪惡的民族下達停止教權的處分。從耶誕節直到復活節，羅馬被剝奪宗教的禮拜活動，無法獲得眞實或想像的慰藉。羅馬人對塵世的君王抱著藐視的態

---

*24 [譯註]亞得里亞四世是唯一的英格蘭籍教皇(1154-1159A.D.)，1155年主持神聖羅馬帝國皇帝腓特烈·巴巴羅薩的加冕典禮。

25 英格蘭讀者可以參考《不列顛名人傳：亞得里安四世》，但是我們的作者對於自己的同胞，並沒有大誇耀他的名聲和功績。

度，帶著悲痛和恐懼順從精神之父的責難。他們的罪孽從懺悔獲得救贖，放逐叛逆的傳道師是他們獲得赦免所應付出的代價。報復心切的亞得里安還是沒有滿足，腓特烈‧巴巴羅薩即將來到舉行加冕典禮，對大膽的改革者帶來致命後果。改革者冒犯到教會和國家的領導人物，雖然程度不同。教皇在維特波(Viterbo)的會晤中向皇帝表示，羅馬人具有狂暴和難以治理的精神，他本人和教士經常受到侮辱、傷害和威脅，阿諾德異端產生極其有害的傾向，會顛覆政治和教會的隸屬原則。腓特烈被這些論點所說服或是為加冕稱帝的欲望所誘惑，為了滿足個人的野心，將奪去一條無辜的生命當成無足輕重的小事，為達成政治的妥協可以犧牲這個共同的敵人。

　　阿諾德離開羅馬以後，受到康帕尼亞的行政長官給予保護，凱撒施展權力將他引渡回去。城市的郡守宣布判決，自由的殉道者當著漠不關心和不知感激的民眾面前活活燒死(1154A.D.)，骨灰拋到台伯河裡以免異端分子收集起來，當成導師的遺物受到大眾的崇拜。他的逝世使教士獲得勝利，成立的教派就像骨灰一樣飄散，對他的懷念仍舊活在羅馬人的心目之中。他們從他的學校可能獲得一種新的信仰方式，都市的正統基督教會免於革出教門和停止教權的處分。這些主教宣稱他們擁有最高的審判權要超越國王和國家，特別是要運用到使徒委派的王公所據有的城市和教區。但是他們的宣講全是空話，即使是梵蒂岡的譴責有如雷霆，要是不加節制濫用，也會滅弱應有的成效。

五、重建元老院和卡庇多及隨之而來的諸般舉措(1144A.D.)

　　早在十世紀，羅馬的元老院和人民努力奮鬥，抗拒薩克遜的奧索家族時，熱愛古老的自由鼓舞一種信念，他們大聲疾呼要恢復共和政體。每年要從貴族當中選出兩名執政官，以及十或十二名平民官員重新運用護民官的名稱和職位，但是這種源遠流長的體制經不起嚴厲的批評而消失不見。中世紀的黑暗時代，有時還會發現元老院議員、執政官以及執政官之子的稱呼，來自皇帝的授與或是那些有權勢的市民僭用，表示他們的階級、地

位[26]以及純粹的貴族血統。這些都是虛有其表的頭銜,並不具備實質的政府官位和職務。只不過從基督紀元1144年起,城市的法案註明建立元老院的日期,當成一個光榮時代的開始。出自私人的野心或是公眾的熱情,很倉卒的構建一個新的制度。

　　羅馬在十二世紀時,對於古老模式的和諧與組合,不可能僅由古物學家來說明或是找出立法家來恢復。一個自由或說是全副武裝的民族舉行集會,發出響亮的歡呼和極具分量的表決。依據法令分類成爲三十五個區部、百人連的財富和數量求得極佳的平衡、針鋒相對的演說家產生的激辯、選舉和投票按部就班的作業程序、這些都很難被盲目的群眾所採用。他們對合法政府的操控毫無所知,完全不了解可能獲得的利益。阿諾德提議要恢復和遴選騎士階層,這種做法的動機或評定的尺度能在哪裡呢[27]?一個全民貧窮的時代無法用金錢來衡量騎士的資格,不需要負起民事功能的法官和租稅承包人,他們最原始的責任是服役時擔任騎兵,現在的封建領地和武士精神能夠供應出身更爲高貴的人士。共和國的法律體制不僅過時無用也不爲人知,意大利的國家和族群生活在羅馬和蠻族的法律之下,在不知不覺中結合成一大群平民。有些含糊不清的慣例或是不夠完整的條文,保留著查士丁尼法典和御法的精義。要不是羅馬人拒絕一個頭銜被意大利的城市所如此漫無章法接受,最後甚至用在非常卑微的位置,成爲外國土地上商務代理的官式名稱,他們毫無疑問會任意恢復執政官的稱呼和職務。護民官有維持正義的權力,這個代表強勢的字眼有時會妨礙到公眾的計畫,通過他卻能產生出合法的民主政體。古老的名門世家淪爲國家的臣民,現代的貴族勳爵變成當權的藩王。和平與秩序的敵人經常侮辱基督的代理人,並不會長久尊敬解除武裝和神聖不可侵犯的平民官員。

---

26 遲至十世紀時,希臘皇帝還將執政官的頭銜授與威尼斯、那不勒斯和亞馬菲(Amalphi)的公爵。查理曼大帝的繼承從不放棄在這方面的特權,但是,一般而論,執政官和元老院議員的稱呼可以在法蘭西人和日耳曼人中間出現,他們的身分不過是伯爵或領主而已。那些僧侶的作者對這個古典用語通常懷有好感。

27 騎士階級在古代羅馬沒有與元老院和人民並列,成爲共和國的第三個主要部分,等到西塞羅擔任執政官,自認推行這個制度爲國家立下大功。

　　十二世紀的變革給羅馬帶來新的生活和時代，我們可以提出一些眞正重要的事件，說明和證實在政治上獲得獨立的狀況。

　　其一，羅馬七丘之一的卡庇多山[28]大約有四百碼長和兩百碼寬，一段百餘級的石階可以通達塔皮亞斯岩的絕頂，殘破和倒塌的建築物使懸岩都已填平，就是比較陡峭的斜坡也變得更爲平緩。在羅馬建城的早期，卡庇多神殿平時是廟宇而戰時是堡壘，等到城市失去以後，神殿成爲對抗勝利高盧人的據點。在維提留斯(Vitellius)和維斯巴西安(Vespasian)的內戰期間，雙方用兵占領、展開攻擊和惡意縱火帝國的聖地，朱庇特和神族的廟宇化爲一片焦土。後來在這個地點設置修道院並且建造住宅，堅實的圍牆以及遮蔭的柱廊在時間的侵蝕下破落或毀圮。羅馬人第一個自由權利的法案是要重建卡庇多，雖然重點不是美觀，而是要用武器和計畫來落實整個地區的防務。他們經常登上這座山丘，就是最冷漠的心靈必定也會鼓起蓬勃的生氣效法祖先的事蹟。

　　其二，早期的凱撒擁有鑄造金幣和銀幣的專利，把賤金屬的銅幣放棄給元老院[29]，出於奉承的性質在錢幣上面盡量鏤刻各種紋章和銘記，君王對於頌揚自己的功績感到心安理得。戴克里先的繼承人根本瞧不起元老院的阿諛之言，他們派駐在羅馬和行省的皇室官員，負起直接督導鑄幣廠的責任。意大利的哥德國王繼承同樣的特權，後來一系列希臘、法蘭西和日耳曼的王朝都比照辦理。羅馬元老院在特權喪失八百年以後，重申這種體面而又賺錢的專利，自從帕斯加爾二世越過阿爾卑斯山另找駐錫之地以後，這個特權已經被教皇在心照不宣的狀況下放棄。十二和十三世紀有些共和國的錢幣被收藏家展示在陳列櫃中，在一個金質獎章上面，鏤刻著基督的左手拿著一本書，上面的銘文是「羅馬元老院和人民的誓言：羅馬是

28　羅馬的古代人士經過很多爭執以後，好像確定卡庇多丘的絕頂上面，是塔皮亞斯(Tarpeius)懸岩也是一個城堡，最靠近河流，另外還有阿拉昔利(Araceli)的教堂和修道院，聖法蘭西斯(St. Francis)的赤足修士據有朱庇特的神殿。

29　將金銀和賤金屬的鑄幣權分別授給皇帝和元老院，採用的分配方式不見得一定是事實，然而就最有見識的古人可能也都同意這種做法。

世界的首都」，反面是御正式服裝的聖彼得將一面旗幟授與跪著的元老院
議員，盾牌上面刻著家族的姓名和徽章。

其三，城市的郡守隨著帝國的衰微淪為市政官員，然而仍舊執行民事
和刑事審判最後上訴之權。他從奧索的繼承人手裡接過一把出鞘之劍，當
成敘任的模式和職能的象徵。出任這個崇高職位的人員限於羅馬的貴族家
庭，經由人民選出以後報請教皇核定。奉獻給羅馬、教皇和皇帝的三重效
忠誓言，等到相互對立的責任發生衝突以後，必定會使郡守感到困窘不知
所從。獨立的羅馬人對這位服務的官員，只擁有三分之一的管轄之權，就
會加以辭退，選出一位大公來擔任這個職位。但是這個頭銜連查理曼大帝
都無法加以拒絕，對於一位市民或臣民而言太過崇高。在第一次起義的狂
熱浪潮之後，他們毫不勉強同意恢復郡守的職稱。這個事件過了大約五十
年，英諾森三世是最具野心至少也是運道最好的教宗，將羅馬和自己從標
誌著外國領土的羞辱狀況下解救出來。他授與郡守一面旗幟用來代替一把
寶劍，免除他對日耳曼皇帝所有的誓言或服務的約束和責任。教皇任命一
位神職人員負責羅馬的民政，現在即使不是紅衣主教也會很快擢升到這個
階層，他的司法審判權減縮到較為狹窄的範圍，在重獲自由的年代，他從
元老院和人民得到公權力或公權力之行使。

其四，等到重新建立元老院以後，尊敬的父老(如果我能用這種表達
的方式來稱呼元老院議員)被授與立法和行政之權。然而他們所要達成的
日標很少能夠超越目前的狀況，那個時代經常受到暴力和動亂的干擾，即
使處於全盛時期，整個元老院階層或參加集會的人數不過是五十六位議
員。他們之中最顯赫的人物加上「資政」的頭銜以示推崇之意，每年要接
受人民的提名，先要選出有投票權的選舉人，原則是每個區部或教區十個
名額，為一個自由權利的制度奠定永久的基礎。教皇處於政治風暴之中抱
持寧彎勿折的態度，簽訂條約認可元老院的建立和職權，期望從時機、和
平與宗教各方面加以考量，恢復行使統治權的政府。基於公眾和私人利益
的動機，有時會使羅馬人暫時和偶而犧牲他們的權利要求，重新對聖彼得
和君士坦丁的繼承人宣誓效忠，只有這兩位才是教會和共和國合法的元首。

在一個無法律可言的城市，團結合作和朝氣蓬勃的公眾會議被強制解散。羅馬人很快採用一個強勢而又簡單的施政方式，元老院的名稱和權威濃縮爲單一的行政長官或兩位共治的同僚，等到年終或每六個月就要換人，責任的重大就用任期的短促來抵銷可能的弊病。羅馬的元老院議員在短暫的統治期間，放縱各種貪婪和野心的行爲，司法和正義爲家族和黨派的利益所敗壞，處罰的對象都是敵人，因而只有追隨者服從他們的命令。處於無政府的混亂狀況，不再有主教用宗教的慰藉來緩和嚴峻的情勢，讓羅馬人知道他們缺乏管理自己的能力，已經沒有希望從國內找到人選，只有求之於國外。出於同樣的時代和動機，大多數的意大利共和國受到鼓勵都採用類似的措施，不論從外表看來多麼讓人感到不可思議，還是能夠適合他們的情況產生最有利的效果。他們從位於外國但是友好的城市，選擇一位公正無私的官員，要求他有高貴的出身和無瑕的品格，無論是軍人或政治家，靠著祖國和名聲的推薦，他們將和平與戰爭時期最高的行政權力授與給他。管理者和被管理者之間的合約要立下誓約和簽署，有關行使權力的任期、年金和薪俸的評估、雙方權利義務的性質，都要很嚴謹而明確的規定。他們把他當成合法的上司宣誓服從，他也要立下忠誠的盟約，要從冷漠的異鄉人轉變爲熱情的愛國者。他選擇四或六位騎士或市民，出任在軍隊或司法方面的輔佐官，跟隨在身邊的是「坡德斯塔」(Podesta)，用他自己的費用維持僕從和馬匹的適當隨員行列。他的妻子、兒子和兄弟很容易受到批評，要留在幕後不能現身，他執行職務期間不允許購買土地，不可與當地人士締結婚約，甚至不能接受邀請前去拜訪市民的家庭。要是有人對他的施政提出反對意見，除非滿足他們的申訴和怨言，否則不能保持體面很光榮的離開。

六、勃蘭卡勒翁和查理的崛起以及對爾後的影響(1252-1328A.D.)

大約在十三世紀中葉，羅馬人才從波隆納將元老院議員勃蘭卡勒翁(Brancaleone)召回(1252-1258A.D.)，後來一位英國歷史學家的作品，將

他從被人遺忘的狀況，恢復應有的名聲和功績。他適當考慮到自己的聲望，非常正確的預判未來任務極其困難，盡量克制自己的欲望，拒絕他們的選擇所帶來的榮譽，於是他們暫時停用羅馬的成文法，把他的任期延長到三年。行為不檢的人指控他犯下殘酷和縱容的罪行，教士也懷疑他的行事偏頗不公；但愛好和平與秩序的友人，讚譽這位堅定和正直的行政長官，使他們能夠重新獲得原有的幸福。罪犯沒有那樣大的勢力足以反抗勃蘭卡勒翁的制裁，或是名不見經傳而能逃過他的追捕；安尼巴爾第 (Annibaldi) 家族的兩位世家子弟，被他判決執行絞刑；他運用鐵面無私的態度拆除城市和鄰近地區一百四十座塔樓，這些都是搶劫和罪惡的庇護所；主教如同一個很單純的聖職人員，被迫居住在他的教區。勃蘭卡勒翁的旗幟在原野中飄揚，能發揮極大的嚇阻作用。這個不知感恩的民族根本不配享有這種幸福，竟然辜負他那極為優異的服務。強盜蜂擁而起，他為了大家的緣故而激怒這些歹徒，使得羅馬人要罷黜和監禁他們的恩主。要不是波隆納留有一份保證安全的誓詞，他連生命都無法得到豁免。在他離開就任新職之前，謹慎的元老院議員要求交換羅馬最高貴家庭的三十員人質，等到傳來他遭到危險的信息，在他的妻子請求之下，這些人質受到嚴密的保護。波隆納在事關城市榮譽的案件中，默默承受教皇停止教權有如雷霆的譴責。像這種心胸寬大的反抗行為，使得羅馬人能平心靜氣拿過去的狀況與現在作一比較，他們擁著勃蘭卡勒翁從監獄前往卡庇多，沿途接受一個懺悔的民族對他的歡呼。他的政府所餘留的官員立場堅定而且幸運，嫉妒很快為死亡所安撫，他的頭顱封進一個貴重的甕瓶，安放在一根高聳的大理石柱上面。

理性的不足和優點的缺乏，使意大利採用更有效的選擇。羅馬人不會要一個普通的市民，他們的服從沒有拘束力完全出於自願極其不穩，因而要選具有獨立權勢的君王成為元老院議員，才能夠保護羅馬免於敵人或他本人的侵犯。安茹 (Anjou) 和普羅旺斯的查理是那個時代最具野心和黷武好戰的君王，同時從教皇和羅馬人民的手裡，分別接受那不勒斯王國和元老院議員的職位 (1265-1278A.D.)。等到他通過城市走上勝利的道路，沿

途獲得市民的效忠宣誓，暫時駐蹕在拉特朗宮，在短暫的訪問期間，能夠掩飾專橫個性所表現的冷酷外貌。甚至就是查理也感覺到這些人民的輕浮善變，他的敵手不幸的康拉丁(Conradin)經過時，他們還不是發出同樣的歡呼之聲。有一位權勢強大的報復者在卡庇多統治，驚醒教皇的畏懼和猜忌，原來及身而止的絕對統治，重新爲每三年一次的任期所取代。尼可拉斯三世的敵意使西西里國王不得不放棄對羅馬的治理。傲慢的教宗頒布的諭令是永久的法律，他對君士坦丁的捐贈重申事實的眞相、具備的效力和運作的方式，對於教會的獨立與城市的和平都同樣重要。他要建立元老院議員每年選舉的制度，正式宣布所有的皇帝、國王、公侯以及卓越和顯赫階級的個人，都不夠資格成爲候選人[30]。這項禁止條款被馬丁四世基於個人的利益而廢除(1281A.D.)，他很謙卑的請求羅馬人在選舉中投票贊同。當著人民的面前並且訴諸他們的權威，兩位選舉人將元老院議員的位階不是授與教皇，而是授與高貴而忠誠的馬丁，他可以終生擁有共和國最高的行政權[31]，讓他或是他的代理人能夠隨意使用。大約過了五十年以後，同樣的頭銜獲得允許贈與巴伐利亞的劉易士皇帝(1328A.D.)，羅馬的兩位統治者都承認這座城市的自由權利，他們接受一位市政官員，安置在首都的政府組織裡。

七、羅馬人對日耳曼皇帝的談話及所獲得的反應(1144-1155A.D.)

在叛亂剛剛發生的時刻，布里西亞的阿諾德在大家的內心點燃反對教會的火焰，羅馬人用盡心機取悅帝國獲得厚愛，爲凱撒的大業發揮長才竭誠服務。他們的使臣對康拉德三世和腓特烈一世所抱持的態度，完全是混

30　尼可拉斯三世名聲響亮的詔書，建立塵世的統治權利來自君士坦丁的捐贈，這份詔書的原本現在還存世。波尼法修八世將它刊入《教令彙編》，因此對正統教徒或者至少就羅馬天主教徒來說，這是神聖和永恆的法律。

31　我要感激弗祿里從奧德里庫斯・雷納達斯(Odericus Raynaldus)的《教會編年史》，將這個羅馬人的法案摘錄出來。

雜著奉承和自負,對自己的歷史完全無知還要講求傳統[32]。他們對康拉德
三世的沉默和忽略提出抱怨以後(1144A.D.),勸他越過阿爾卑斯山從羅馬
人的手裡接受皇帝的冠冕:

> 我們向陛下提出請求,不要藐視你的兒子和家臣的謙卑,不要聽從
> 共同敵人的指控。他們誹謗元老院說它對你的寶座帶有敵意,到處
> 散布不和的種子,希望收穫毀滅的果實。教皇和西西里人聯合起來
> 組成邪惡的同盟,要反對我們的自由權利和你的加冕典禮。承蒙上
> 帝賜給我們恩惠,靠著宗教熱誠和作戰勇氣擊敗他們的攻勢行動。
> 有關他們那些勢力強大和黨派關係的追隨者,特別是弗朗吉帕尼家
> 族,我們已經開始攻擊他們的府邸和角樓,有些被我們的部隊占
> 領,也有一些被夷為平地。他們破壞的米爾維亞(Milvian)橋經過
> 我們的修復和加強,可以供你安全通過。你的軍隊進入城市,不會
> 受到聖安吉洛城堡的妨礙和阻擋。我們所做所為全部著眼於你的榮
> 譽和成效,忠誠的期望你能很快御駕親征,伸張被教士所侵占的權
> 利,恢復帝國的崇高地位,凌越先帝的名聲和光榮。希望你會將住
> 所安置在羅馬,這個世界的首都;把法律賜給意大利及條頓王國;
> 仿效君士坦丁和查士丁尼的先例,他們因為元老院和人民的氣勢與
> 活力,才能獲得統治地球的權杖。

但是這種光輝而迷人的意願並沒有受到法蘭哥尼亞人康拉德的珍視,
他的眼光在全神注視著聖地,等他從聖地返國後很快逝世,一直沒有機會
訪問羅馬。

---

32 弗里辛根的奧索主教保存這些信件和講辭,他或許是出身最高貴的歷史學家:父
  親是奧地利的李奧波德(Leopold)侯爵,母親艾格尼斯(Agnes)是皇帝亨利四世的
  女兒,他自己是康拉德三世的同父異母的兄弟,也是腓特烈一世的叔父。他的著
  作是七卷本的《當代編年史》和兩卷《腓特烈一世的平生》,後面這部書刊入穆
  拉托里的《意大利歷史學家》第六卷。

康拉德三世的姪兒和繼承人腓特烈‧巴巴羅薩的野心遠超過皇帝的冠冕，奧索的後繼者之中沒有人像他那樣對意大利王國有不容置喙的統治權利。他在蘇特里(Sutri)的營地接受羅馬使臣的觀見(1155A.D.)，四周環繞著教會和世俗的王侯，使臣發表一篇流暢而又華麗的演說：

> 請你傾聽城市之后的心聲，用和平與友善的心靈接近羅馬地區，它已經擺脫教士的枷鎖，急著要為合法的皇帝加冕稱臣，靠著你極其幸運的影響力，希望可以恢復早期的光榮時代。請你維護永恆之城的特權，要是淪落到君主政體之下，那會成為全世界的笑柄。你並不是不知道，想當年羅馬憑著元老院的智慧、騎士階級的英勇和紀律，將勝利的軍隊向著東部和西部擴展，越過阿爾卑斯山和大洋的島嶼。我們的罪孽深重，使得君王長期離開，以致元老院這個高貴的機構淪喪到被人遺忘的程度，使得我們的謀略和實力同樣的衰退。我們已經恢復元老院和騎士階級，前者集會商討國家大事，後者組成軍隊加強訓練，願意全部奉獻給你為帝國效犬馬之勞。難道你沒有聽到這位羅馬貴婦人所表達的意見？你是貴賓，我們把你當成市民一樣的接納；你是阿爾卑斯山那邊的陌生人，我們願意推舉你成為我們的君王，要把我們自己和所有一切都奉獻給你。你最重要和最神聖的責任，是要宣誓並且簽署保證：你願意為共和國流血犧牲在所不辭；你願意維持和平與正義，那就是城市的法律和在你前面的皇帝所賜予的特許；你願意拿出五千磅白銀的獎賞，賜給忠誠的元老院議員，他們會在卡庇多宣布你的頭銜，你將獲得奧古斯都的名字和擔任他的職位。

拉丁文修辭的精義仍然沒有枯竭的跡象，但是腓特烈對於虛華不實的言辭感到不耐，就用嚴正和征服的高昂聲調打斷演說家的談話：

> 古代羅馬人的堅毅和智慧的確天下聞名，但是你的講話有違智慧的

道理，我希望你的行動能表達出堅毅的氣概。如同所有塵世的事物，羅馬同樣感受到時機和命運的興衰榮枯和變化無常，那些最高貴的世家都已遷移到東部，居住在君士坦丁的皇家城市。你們所餘留的實力和自由，長期以來為希臘人和法蘭克人耗用殆盡。你還想見到羅馬在古代的光榮、元老院的威嚴、騎士的銳氣、軍營的紀律和軍團的英勇嗎？你會在日耳曼共和國找到這些事例，羅馬已經不是帝國，只剩下赤裸和孤單，帝國的裝飾和德性同樣發生遷徙越過阿爾卑斯山，賦予一個更值得擁有這個稱呼的民族。他們可以用來對你們提供保護，但是會要求你們的絕對服從。你的藉口是我本人和從前的皇帝受到羅馬人的邀請，實在說你用錯了字眼，不是邀請而是懇求。查理曼和奧索將這個城市從國外和國內的暴君手裡拯救出來，現在他們已經長眠在自己的國家，他們獲得的疆域就是你們得救應付的代價，就是在那塊領土上面，還是讓你們的祖先生於斯、長於斯和終老於斯。我合法擁有繼承權和所有權，誰敢將你們從我的手裡奪走？難道法蘭克人[33]和日耳曼的手因年齡關係變得衰弱無力？我被人打敗了嗎？我被人俘虜了嗎？我的四周旌旗招展，難道不是圍繞著戰力強大和所向無敵的軍隊？你對你的主子強加許多條件，你要求我立下誓約：如果條件公平合理，誓約是毫無必要的廢話；要是不能達成公正的要求，這種做法等於把我看成罪犯。難道你有資格能夠懷疑我的公正？我的臣民當中最卑賤者都感受到我的大公無私。為了保衛卡庇多，誰說我不願拔出我的寶劍？我就是用那把劍將丹麥的北部王國歸還給羅馬帝國。我的賞賜如同滔滔不絕和自動自發的溪流，你竟然對我規定出數量和對象。我對耐心等待和建立功勳的人一定會慷慨解囊，對那些言辭粗魯和仗勢強求者就是一毛不拔[34]。

---

33 弗里辛根的奧索說十二世紀的法蘭克人是統治的民族，不過他又加上「條頓人」的稱號。他一定了解日耳曼的宮廷和議會所說的話。

34 對於這些最早和可信的作為，我雖然隨心所欲翻譯或刪節，然而始終忠於原文。

　　無論是皇帝或元老院都無法對領土和自由維持這樣崇高的權利要求。腓特烈與教皇聯合起來，對羅馬人抱著猜疑的心理，繼續向著梵蒂岡進軍。從卡庇多的出擊行動干擾到他的加冕典禮，如果日耳曼人的兵力和英勇在血腥的鬥爭中占有優勢，那就不會爲了安全起見紮營在這個城市的面前，而他們自稱是這個城市的統治者。過了大約十二年以後，他圍攻羅馬，將一位僞教皇安置在聖彼得的座椅上面，十二艘比薩戰船在引導之下進入台伯河，但談判的技巧和疾病的流行使元老院和人民獲得拯救，腓特烈和他的繼承人沒有再度施展敵對的行動。教皇、十字軍、倫巴底和日耳曼的獨立使他們的統治極爲辛勞，刻意尋求與羅馬人的聯盟。腓特烈二世將一面巨大的標誌奉獻給卡庇多，就是米蘭的卡羅修(Caroccio)旗。等到斯瓦比亞(Swabia)皇室絕滅以後，他們被趕過阿爾卑斯山，最後舉行的加冕典禮反而洩露出條頓凱撒的衰弱和貧窮[35]。

八、羅馬與鄰近城市的戰爭和意大利的分裂狀況(1167-1234A.D.)

　　在哈德良的統治之下，當帝國從幼發拉底河延伸到大洋，從阿特拉斯(Atlas)山擴展到格拉庇亞(Grampian)山時，一位富於幻想的歷史學家用描述早期的戰爭來娛樂羅馬人。弗洛魯斯(Florus)說道：

> 這是那個時代的戰爭：我們的避暑勝地泰布爾(Tibur)和普里尼斯特(Praeneste)成爲敵對行動的目標，要在卡庇多立下誓言發起攻擊；我們對阿里西安(Arician)樹叢的陰影產生戒心；我們奪取薩賓人和拉丁人的村莊，獲得毫無羞慚的勝利；甚至科里奧利(Corioli)提出一個頭銜，對一個獲得勝利的將領而言完全是名實相符。

---

35 對於皇家軍隊和權威在意大利的式微，穆拉托里的《編年史》記載詳實而且立論公正，讀者可以與施密特的《阿里曼尼人史》作一比較，施密特憑著這部著作能夠獲得同胞的敬仰。

　　他那些同時代的人物在對比現在與過去的狀況以後，他們的自負都能獲得滿足，也會為未來的發展感到謙卑，從預言得知一千年後羅馬的帝國被掠奪，領土縮小到初期的範圍，將重新開始類似的敵對行動，同樣的作戰地點曾經裝點他們的別墅和莊園。台伯河兩岸的鄰近地區通常被認為是聖彼得的產業，貴族會運用無法無天的獨立行為加以侵占，很多城市完全照本宣科模仿都城的叛變和爭執。羅馬人在十二和十三世紀時，費盡力氣不斷要削弱或摧毀教會和元老院那些驍悍的家臣，要是他們那種剛愎而自私的野心為教皇所利用，通常會與教會的武力結盟來鼓舞宗教的狂熱。他們的戰事如同最早期的執政官和笛克推多，放下手中的犁然後執干戈以衛社稷，帶著武器在卡庇多的山腳下面集結，從城門衝殺出去，搶割或燒毀鄰居的莊稼，大家從事一場混戰，經過十五到二十天的遠征再返回家園。他們的圍攻作戰費時冗長毫無技術可言，獲得勝利就發洩猜忌和報復極其惡劣的激情。他們並不接納英勇的敵手，反而趁著他們處於不幸的狀況盡量加以踐踏，身無長物的俘虜頸脖綁著繩索在乞求他們的寬恕，敵對城市的堡壘工事甚至建築物都遭到破壞和拆除，居民分散到鄰近的村莊。這些城市現在成為紅衣主教府邸所在的位置，像是波多(Porto)、奧斯夏(Ostia)、奧巴隆(Albanum)、塔斯庫隆(Tusculum)、普里尼斯特以及泰布爾或提弗利(Tivoli)，不斷為羅馬人狂暴的敵對行動所征服。這些城市當中，波多和奧斯夏是控制台伯河的要點，仍舊空虛無人防備而且日趨蕭條，氾濫成災和疾病叢生的河岸地區放養成群的水牛，河流已經喪失通航和貿易的功能。山丘在秋季的炎熱天氣提供陰涼的避暑場所，和平的祝福帶來滿面的笑容。夫勒斯卡提(Frescati)從塔斯庫隆的廢墟附近興起，泰布爾或提弗利重新建立城市的地位，名不見經傳的市鎮奧巴諾(Albano)和帕勒斯特里納(Palestrina)，到處裝點著羅馬紅衣主教和王侯貴族的莊園。

　　在進行各種毀滅工作時，羅馬人的野心經常為鄰近城市和他們的聯盟所阻止或擊退，第一次圍攻泰布爾時，羅馬人進入營地後還是被趕走；塔

斯庫隆會戰[36](1167A.D.)和維特波會戰[37](1234A.D.)就兩者的關係位置，可以拿最著名的戰場色拉西米尼(Thrasymene)和坎尼(Cannae)來作一比較。這些小規模戰爭的第一場會戰中，三萬羅馬人被一千名日耳曼騎兵所擊敗，腓特烈‧巴巴羅薩派遣這支騎兵部隊前來解救塔斯庫隆之圍。如果我們算出被殺有三千人而被俘是兩千人，這個資料不僅可信而且是持平之論。過了六十八年以後，他們運用城市全部兵力，進軍對付位於教皇國的維特波，這是很少見的聯盟方式，條頓人的鷹鷲和聖彼得的鑰匙這兩種旗幟混合在一起，土魯斯的伯爵和文契斯特(Winchester)的主教指揮教皇的協防軍。羅馬人受到挫折，帶來極大的羞辱和傷亡的損失，但是英吉利的高級教士表現出朝聖者的虛榮之心，如果他把數量加上幾倍說是有十萬人參戰，戰場的損失高達三萬人之鉅。要是元老院的政策和軍團的紀律隨著卡庇多一同恢復，意大利處於分崩離析的狀況，對第二次的征服將提供最佳的機會，但是現代羅馬人無論是軍隊還是戰術都遠低於鄰近那些共和國的水平，就是戰鬥的精神和勇氣也都難以為繼，發生一些非正規的突擊行動之後，全民處於冷漠狀態，軍事制度受到忽略，以及可恥而危險的運用外國傭兵部隊，使得他們那種熱烈的情緒逐漸平息下來。

九、教皇選舉制度的建立及被迫離開羅馬的始末(1179-1303A.D.)

野心是在基督的葡萄園裡早已存在而又生長迅速的莠草。在早期基督教君王的統治之下，爭奪聖彼得寶座是經由全民選舉制度的投票、收買和暴力，羅馬的聖殿為流出的鮮血所污染。從第三到十二世紀，經常發生的分裂活動給教會帶來無窮的困擾。只要最後的上訴聽從行政官員的裁決，

36　我放棄常用的方式就是只引用穆拉托里《編年史》載明日期的事件，原因是他權衡九位當代作者的說法來說明塔斯庫隆會戰。

37　這位文契斯特的主教是彼得‧德‧魯皮巴斯(Peter de Rupibus)，據有教區長達三十二年之久(1206-1238A.D.)，根據英國歷史學家的敘述，他是一位軍人和政治家。

這種災禍只是短暫的局部現象，原有的優點受到公正或偏愛的考驗，失敗的競爭者不可能長期干擾對手的勝利。等到皇帝的特權被剝奪，以及基督的代理人不受世間法庭約束的這個原則建立以後，每次神聖教區的空位期，都可能使基督教世界捲入一場爭論和戰事。紅衣主教、下級教士、貴族和人民的主張非常模糊，只會引起爭議。選擇的自由被一個城市的動亂所操控，這個城市不再有最高領導者，即使有也無人服從。在一位教皇逝世時，兩個黨派到不同的教堂進行雙重選舉，選票的數目和分量、時間的優先順序、候選人的優點長處，相互之間可能產生平衡的作用。最受尊敬的教士也會有不同的看法，相距遙遠的君王對教宗的寶座一直必恭必敬，從這些合法的偶像中無法分辨出眞假。皇帝通常是分裂活動的始作俑者，完全出於政治的動機，支持友好的教皇來對抗懷有敵意的對手。每位競爭者只有忍受他的敵人所施與的侮辱，這些敵人根本不畏懼良心的制裁；也要從他的擁護者那裡買到支持，這些擁護者完全受到野心和貪婪的驅使。

　　亞歷山大三世*38最後廢除教士和人民混亂的選舉(1179A.D.)39，把推選的權利全部移給唯一的樞機主教團40，才確立和平與持續的繼承法則。主教、教士和輔祭三個層級完全融爲一體，這是重要的特權。羅馬的教區教士在聖秩制度中列爲第一位階，他們是從基督教世界的各民族中毫無差別的選擇出來。他們擁有最富有的教區，獲得最重要的主教地位，倒是與他們的頭銜和職務非常相稱。這些如同元老院議員的正統教會元老，他們是至高無上教皇的助理和使節，身上穿著象徵殉教者或皇權的紫袍，非常自負認爲與國王處於同等的地位，接受的尊榮因成員的稀少顯得特別突

*38 [譯註]亞歷山大三世是意大利籍教皇(1159-1181A.D.)，捍衛教廷的權力，遭到神聖羅馬帝國皇帝腓特烈大帝的反對，兩度流亡法蘭西。

39 在這場競爭激烈的選舉中，亞歷山大自己幾乎成爲犧牲者，英諾森的功績使人懷疑，靠著才能和學識獲得優勢，聖伯納德發揮最大的影響力。

40 托馬森(Thomassin)運用非常巧妙的方式，對羅馬紅衣主教的起源、頭銜、權勢、衣著和聲望進行深入的討論。但是他們的紫袍現在開始褪色，樞機主教團到達七十二人的法定數目，這個數字代表著基督的門徒，受到祂的代理人的管轄。

出。直到李奧十世[*41]在位，他們的人數都很少超過二十或二十五名。這樣
一種明智的安排可以根絕一切懷疑和醜聞，徹底清除教會分裂的根源，在
六百年的期間內只有一次雙重選舉，破壞樞機主教團的精誠團結。但是同
意的票數要在三分之二以上，整個選舉常因紅衣主教的個人利益和情緒產
生議而不決的現象，使得各行其是的統治一直拖延下去，基督教世界出現
無人領導的狀況。

　　格列哥里十世當選之前，曾經出現長達三年的教皇空位期，因此他決
心要防止未來再產生類似的濫權行為。他發布的諭令排除一些阻力後，正
式成為教規，列入神聖的法典之中(1274A.D.)。有九天的時間為去世的教
皇安排葬禮，等待不在教廷的紅衣主教到達。第十天每人帶一個僕從關進
一個普通的大廳，或者稱為祕密會議室。這個廳堂沒有牆壁和布幔加以隔
間，必需的物品從一扇小窗送進去，除此以外所有的門戶全部緊鎖，由城
市的行政官員把守，不容許他們與外面世界有任何連繫。如果選舉沒有在
三天之內完成，原來豐盛的飲食減少到午餐和晚餐只有一道菜，八天以後
只供應麵包、水和酒。紅衣主教在教宗的空位期不得動用教會的歲入，除
非遇到緊急情況，不得擅自行使管理的職權。選舉人之間任何協議和承諾
都正式宣布為無效。他們的忠誠用莊嚴的誓言和正統教會的祈禱來加強，
有些不易執行或更為苛刻的條款已經逐漸放鬆，但是禁閉的原則始終嚴格
要求沒有改變。他們還受到催促要考慮個人的健康和自由，盡快加速產生
教皇的時間。使用選票或無記名投票的改進辦法，能夠用仁慈和禮貌的絲
質面紗，掩蓋祕密會議[42]的激烈競爭。

---

*41 [譯註]李奧十世是意大利籍教皇(1513-1521A.D.)，耗費巨資贊助藝術活動，保護
　　拉斐爾等藝術家，繼續興建聖彼得教堂等重大工程，發行贖罪券，對路德處以破
　　門罪。

42 才華橫溢的紅衣主教德·瑞茲(de Retz)獲得授權，可以描寫一次選舉教皇的祕密
　　會議(1655A.D.)，他是參加會議的旁觀者也是當事人。一位未具名的意大利人所
　　撰寫的歷史著作，延續到亞歷山大七世以後的統治，對於他那豐富的知識和著述
　　的權威，我不知如何感激。這部鉅著的附帶作用是對野心分子一個教訓，讓他們
　　知道有所收斂。從陰謀詭計的迷宮之中，我們對獲勝的候選人表現出敬意，但是
　　接著就要為他舉行葬禮。

在推行這些制度以後，羅馬人被排除在選舉他們的君王和主教的活動之外，他們正好處於粗野和不穩的自由所帶來的狂熱之中，對於失去珍貴無比的特權似乎沒有什麼感覺。巴伐利亞的劉易斯皇帝恢復奧索大帝的先例。在與行政官員進行協商後，羅馬人民全部聚集在聖彼得大教堂前面的廣場上，亞維農教皇若望二十二世被罷黜，繼承人選出以後，經過全民的同意和歡呼加以批准。他們自由投票通過一項新的法規，教皇在一年之中出外的時間不得超過三個月，離開羅馬的距離在兩天行程之內，要是他經過三次召喚沒有返回，這位公僕便會受到降級或免職的處分[43]。但是劉易斯忘記他的實力很虛弱以及那個時代的偏見，只要超過日耳曼營區的影響範圍，他那無能爲力的幻影不能發生任何作用。羅馬人瞧不起自己創造出來的人物，這位僭用教皇名號的人向合法的君王求饒，時機不對的攻擊使得紅衣主教獨享的權利得以牢固建立。

要是教皇的選舉始終在梵蒂岡辦理，侵犯元老院和人民的權利時就不會免於刑責。格列哥里七世的繼承人不在教廷時，神聖的原則已經被羅馬人遺忘，事實上他們自己不記得有這項規定，教皇也沒有將常用的住處安置在這個城市和教區。關懷這樣的教區遠不如管理統一的教會來得重要，教皇生活在這樣的城市中也會感到難堪：他的權威受到反對而個人處於險境。他們從皇帝的迫害和意大利的戰爭中，越過阿爾卑斯山逃到法蘭西友善的懷抱之中。在羅馬動亂時他們基於審慎的著眼，撤到阿南尼(Anagni)、珀魯加(Perugia)和維特波以及鄰近的城市，在一些更爲寧靜的地點度過餘生。當羊群因牧羊人不在而說受到凌虐或陷入赤貧時，就會用一道嚴厲的誡言將他召回，說聖彼得並沒有將他的寶座安置在偏僻的村莊，應該是在世界的都城；或者提出非常可怕的威脅：羅馬人要武裝起來進軍，去摧毀那些膽敢供應庇護所的地點和人民。怯懦的教廷只有聽命返回，沉重的債務和帳單在迎接他們，包括逃走所引起的損失，諸如住屋的

---

43 維拉尼(Villani)提及這條法規和整個處理過程，比起謹慎的穆拉托里倒是不會那樣的憤恨。任何人要是熟悉這個更爲黑暗的時代，就會談起在他們的感覺之中，迷信竟然會如此的不斷變動和前後矛盾(我的看法是這一切毫無道理可言)。

租金、食物的採購以及在宮廷服務的僕人和客卿的各項費用。經過短暫的和平或有力的統治以後，他們再度被新的動亂所驅離，然後又被元老院專橫或尊敬的邀請所召回。在這些不時出現的撤退行動之中，梵蒂岡的流亡人士和難民很少離開都城過遠或是過久。

　　但是在十四世紀初葉，使徒的寶座似乎永遠從台伯河畔搬到隆河兩岸，遷徙的原因在於波尼法修八世(Boniface VIII)*44和法蘭西國王的慘烈鬥爭45。革出教門和停止教權是教皇的精神武力，被三個政治團體的聯合和高盧教會的特權所擊退，但是教皇尚未準備好要面對世俗的武器，「老好人」菲利浦(Philip the Fair)竟然有膽加以運用。當教皇住在阿南尼時，絲毫沒有感到會有危險發生，他的宮殿和本人受到三百名騎兵的突擊，這些部隊是諾加里特(Nogaret)的威廉和夏拉‧科隆納(Sciarra Colonna)在暗中徵召人馬編成。前者是一位法蘭西的大臣，後者是羅馬高貴而懷有敵意家族的成員。紅衣主教全都逃走，阿南尼的居民背叛教皇，不再有效忠和感激之心。但是大無畏的波尼法修獨自一人沒有保護，坐在座位上就像古代的元老院議員，等待高盧人的刀劍加身。一個外國的敵對分子諾加里特願意執行主子的命令，由於科隆納要發洩國內的私憤，教皇受到言語的侮辱和毆打，在遭囚禁的三天時間裡，頑固的態度使他們大為光火，生命受到折磨和威脅。出現奇特的拖延狀況，使得教會的擁護者獲得時間也增加勇氣，把他從褻瀆神聖的暴行中拯救出來。他那傲慢的心靈受到致命的傷害，狂怒的波尼法修念念不忘報復，竟然在羅馬亡故。貪婪和驕縱這些引人注目的惡行使他死後的名聲受到玷污，空有成為殉教者的勇氣也無法讓教會的鬥士獲得聖徒的榮譽。他是一個十惡不赦的罪人(當代編年史的評論)，像狐狸一樣的篡奪，像獅子一樣的統治，像土狗一樣的死去。性格

---

*44 [譯註]波尼法修八世是意大利籍教皇(1294-1303A.D.)，鼓吹教皇權力至上論，被法蘭西國王菲利浦四世拘捕，獲釋後死於羅馬。

45 除了意大利教會和法蘭西教會那些御用歷史學家的著作以外，我們獲得一篇很有價值的論文，是陶努斯(Thuanus)一位學識淵博的朋友所作，他的編輯將這篇論文收入他的作品成為附錄。

極其溫和的本篤十一世(Benedict XI)繼承他的職位，仍然將菲利浦邪惡的
密使逐出教會，並且用令人戰慄的詛咒加諸阿南尼這個城市和居民，產生
的後果在迷信者的眼中還可以看到[46]。

十、教廷遷往法蘭西的亞維農以及大赦年的實況(1300-1350A.D.)

等到本篤十一世亡故以後，冗長的祕密會議因勢均力敵產生懸而不決
的局面，被法蘭西派的操縱手法所打破，提出外表看來似乎可行的主張，
為大家所接受，就是在四十天的期限內，他們從反對者提名的三位候選人
中選出一位。波爾多總主教列在名單上第一位，他是國王和國家勢不兩立
的敵人，但是他的野心勃勃也是昭然若揭，所謂的良知良能只服從氣運的
呼喚和恩主的命令。這位恩主從迅速前來的信使獲得通知，選擇教皇的權
力已經操在自己的手裡。條件在私下的會晤中談妥，事情的處理過程快速
又能保密，在祕密會議上一致通過克雷芒五世(Clement V)[*47]的當選[48]。
兩派的紅衣主教很快就感到驚訝，他召喚他們越過阿爾卑斯山前去隨伴在
側，他們到達以後完全明白不用再做回去的打算。克雷芒五世出於喜愛和
承諾，公開表明寧願住在法蘭西，他帶著人數龐大的教廷經過波亞圖
(Poitou)和加斯科尼(Gascogny)，沿途順路參觀城市和修道院，並且耗損
這些地方的錢財，最後終於在亞維農停留下來[49](1309A.D.)，從此這

---

46 拉巴特認為阿南尼仍舊感受到他的詛咒所產生的威力，自然界成為教皇逢迎的女
　婢，使得麥田、葡萄園和橄欖樹每年忍受無情的摧殘。我們很難知道他這番話是
　開玩笑還是很認真。

*47 [譯註]克雷芒五世是法蘭西籍教皇(1305-1314A.D.)，將教廷遷往亞維農，宣布方
　濟各會嚴守清貧的唯靈派極端分子為異端，取締聖殿騎士團，編有《克雷芒教令
　集》。

48 可以參閱喬凡尼·維拉尼(Giovanni Villani)的《年代記》，裡面提到波尼法修八世
　的囚禁和克雷芒五世的當選，就像很多傳聞軼事一樣，後面這件事產生一些問
　題，帶來很多困擾。

49 亞維農八個教皇：克雷芒五世、若望二十二世、本篤十二世、克雷芒六世、英諾
　森六世、烏爾班五世、格列哥里十一世和克雷芒七世，他們最早的傳記由司蒂
　芬·巴盧茲(Stephen Baluze)出版，加上資料繁多和精心推敲的註釋，將有關的法

裡繁榮七十多年[50]，成爲羅馬教皇的所在地和基督教世界的都城。

亞維農的位置四通八達，不僅陸海的連繫方便，還兼有隆河航運之利，法蘭西南部幾個行省比起意大利未遑多讓，建造新的宮殿供教皇和紅衣主教居住，教會的財富很快吸引爲奢華效力的藝術。他們擁有鄰近的區域，就是人口眾多和土地肥沃的維納辛(Venaissin)郡[51]。珍妮是那不勒斯第一任女王和普羅旺斯女伯爵，後來他們趁著她年輕和處境困難，用八萬弗羅林金幣的低廉價格，從她手裡買下亞維農的主權[52]。處在法蘭西君主政體的保護之下，與一群順從的人民共同生活，教皇眞正享受到尊榮和寧靜，這是長期以來久違的福分。但是意大利爲他們的離去而悲傷，羅馬處於孤寂而貧窮之中，後悔爲了無法控制的自由，竟然將聖彼得的繼承人趕出梵蒂岡。上帝之城的懊惱爲時已晚而且無濟於事，等到年長的成員過世後，樞機主教團全是法蘭西籍的紅衣主教[53]。他們對羅馬和意大利極爲厭惡和藐視，後來出現一系列法蘭西籍的教皇，甚至還有行省的人士，他們與這個國家建立最緊密的連繫。

實業的進步和發展使意大利的各個共和國得以建立和日趨富足，正處

(續)─────────────────────

案和文件另外編爲一卷。他抱著出版家和愛國者的熱誠，對於這幾位同胞的所言所行費盡力氣去辯護或開脫。

50 意大利人將亞維農的流亡比爲《聖經》上猶太人前往巴比倫，以及受到巴比倫人的拘留和奴役。這種意氣用事的隱喻，比起穆拉托里的批判更合於佩脫拉克的熱忱，巴盧茲在他的序文裡提出嚴正的駁斥，沙德神父處於敬愛佩脫拉克和他的國家之間，感到無所適從。然而他提出溫和的抗辯，說是亞維農當地有很多不便之處現在都已排除，至於詩人所叱責的無數惡行，全部是意大利的外鄉人從羅馬教廷帶進來。

51 法蘭西國王菲利浦三世在1273年繼承土魯斯的伯爵領地以後，就把維納辛郡轉讓給教皇。四十年前，雷蒙伯爵的異端邪說給教會攫取產權的藉口，他們從十一世紀在隆河地區占有土地，已經獲得尚未明確的權利要求。

52 如果擁有土地已有四個世紀還不能獲得合法的權利，只要提出異議就可以取消交易的行爲，但是要退還買主過去已付出的金額。珍妮和她的第二任丈夫願意出售的唯一誘因是可以獲得現金，沒有這筆錢她就無法再度登上那不勒斯王國的寶座。

53 克雷芒五世立即擢升十位紅衣主教，其中九位是法蘭西人，一位是英吉利人。教皇在1331年拒絕接受法蘭西國王推薦的兩位候選人。

在自由的年代也是人口、農業、製造業和商業最繁榮的時期，工匠和庶民
的勞動逐漸精純成爲高雅和智慧的藝術。但是羅馬的位置並沒有占到地形
之利，就是土地的生產也談不上豐饒，居民的習性因怠惰而自輕自賤，也
因傲慢而得意忘形，他們一廂情願沉溺於幻想之中，認爲臣民的貢金必須
永遠供養教會和帝國的都城。這種成見難免受到朝聖客的鼓舞，他們不斷
前來參拜使徒的神龕。教皇留下的最後一份遺產就是聖年制度[54]，給人民
帶來的好處不下於教士的貢獻。自從巴勒斯坦喪失以後，當成禮物賜給十
字軍的「絕對的恩典」，保留下來卻沒有運用的對象，教會最有價值的財
富與公共的通貨隔絕達八年之久。勤奮的波尼法修八世調和野心和貪婪的
罪惡，打開一個新的管道。這位教皇有足夠的學識來蒐集和恢復百年祭，
這是羅馬過去每個世紀結束時要盛大慶祝的節目。他爲了安全測試公眾的
輕信程度，適時公開發表布道演說，非常技巧散布一份報告，找出若干年
邁的見證人。在1300年1月1日那天，聖彼得大教堂擠滿信徒，要求在神聖
的時刻獲得「傳統」的恩典。教皇經過長時間的觀察，感覺到虔誠的群眾
都已焦急得無法忍耐，他像是被古老的證詞說服，承認他們的要求極其正
當。他向所有的正統基督徒宣讀一篇全面的赦罪文，任何人在這一年中或
是在每個類似的期間之內，只要誠心朝拜過聖彼得和聖保羅的使徒教堂，
都可以獲得這份恩典。

　　興高采烈的歡呼聲傳遍整個基督教世界，開始是從最近的意大利行
省，後來是從遙遠的匈牙利和不列顛王國，大批朝聖客擠滿各地的公路。
他們要在這趟無論多麼勞累和花錢的旅程中，能夠洗淨他們的罪孽，從軍
事服役的危險中獲得赦免。大家處於共同的心情之中，已經忘懷地位、性
別、年齡或體能方面的差異，然而洶湧的人潮急著去朝拜，在街道和教堂
有很多人被踩死。很難估算來到的朝聖客，更談不上精確的數據，一位有
心的教士非常清楚，榜樣有感染力量，會把數字加以誇大。然而有位明智

54　我們最早獲得的資料來自紅衣主教詹姆士・卡伊坦（James Caietan），我無法決定波
　　尼法修八世的姪兒到底是笨蛋還是無賴，叔父的角色就比較明確。

的歷史學家當時在協助有關禮儀的工作，很肯定的告訴我們，羅馬無論在任何時刻都有外鄉人來到，數量從未低於二十萬人。另外有一位明瞭實情的人認為，那年外來的總人數是兩百萬人。每個人只要拿出微不足道的奉獻，也能聚成一筆皇家的財富，兩位教士手拿耙子不分日夜站在那裡，來不及清點就把拋在聖保羅祭壇上成堆的金銀收集起來。非常幸運的是，這是一個和平與富足的年代，即使那年的飼料缺乏，旅館和客棧收費極為昂貴，由於波尼法修的政策和羅馬人貪財的好客精神，麵包、酒類、肉和魚都能源源不絕的供應。在一個沒有貿易或實業的城市，發一筆橫財很快就會消散得無影無蹤。但是下一個世代的貪婪和羨慕，看到這個世紀還有遙遠的一段時期，只有懇求克雷芒六世提前實施。和藹的教皇順從他們的心願，寧願自己遭受損失也要為羅馬提供一點小小安慰，為了使得日期的變更有充分的理由，在實施時正式命名為摩西大赦年[55]（1350A.D.）。他的呼籲獲得各方的響應，就人數、熱情和慷慨而論，都不亞於最早的節慶。但是他們遭到戰爭、瘟疫和饑饉的三重災害，很多妻子和少女在意大利的城堡受到侵犯，野蠻的羅馬人即使主教在場也不受管束，搶劫和殺害不少外鄉人。大赦年的期限會一再減縮為五十年、三十三年和二十五年，可能歸於教皇的急躁沒有耐性等待，雖說第二種期限正好和基督在世的年歲完全一致。過度的恩典、新教的反叛以及迷信的沒落，大幅減低大赦年的價值。但即使是第十九次也就是最後一次的節慶，對羅馬人而言不僅帶來歡樂也有很大的收獲。就是哲學思潮帶來的訕笑，對於教士的勝利和人民的愉悅也不會產生任何影響。

55　摩西律法有安息年（每七年一次）和大禧年（每四十九年一次），按規定在這一年之內，停止所有的工作和勞動，等於定期分配土地、豁免債務和釋放奴隸。但是在一個褻瀆神聖的共和國，要執行這種高貴的觀念非常不切實際。我很高興知道猶太民族遵行這個早已廢除的節期。

十一、羅馬的貴族豪門及他們之間發生的世仇宿怨

　　意大利在十一世紀初期受到封建暴政的摧殘,不論是君王還是人民都苦不堪言。人類天賦的權利受到爲數眾多的共和國極力辯護,很快將自由和領域從城市擴展到鄰近的鄉村。貴族的刀劍已被折斷,奴隸獲得解放,城堡全被拆除,開始接受社會和服從的習慣,野心局限於城市的榮譽,即使是威尼斯或熱那亞最自負的貴族體制,每一位貴族人士也都要受到法律的約束[56]。羅馬軟弱而失序的政府無法勝任職責去管束叛逆的兒孫,他們無論在城內城外都藐視行政官員的權威。現在不再是貴族和平民之間爲奪取政府的主權而引起鬥爭:世家豪門靠武力保護個人的獨立,府邸和城堡加強防備能力用來對付圍攻,私人的爭執仍由眾多的家臣和部從持續進行。就這些貴族的家世和感情而言,對他們的國家完全是外人[57]。如果還有眞正的羅馬人這號人物,他就會拒絕承認這些傲慢的異鄉人,因爲這些異鄉人瞧不起羅馬市民的稱號,非常狂妄自稱是統治羅馬的皇親國戚[58]。

　　經歷一連串陰暗無比的革命過程後,所有的家譜記錄都已喪失,姓氏的區別已不復存在,不同民族的血胤經由千百條渠道混雜起來。哥德人、倫巴底人、希臘人、法蘭克人、日耳曼人和諾曼人靠著皇家的賞賜或英勇的特權,擁有最豐碩的財富和產業,這種例子不勝枚舉。一位希伯來的族人擢升到元老院議員和執政官的位階,在這些悲慘的流亡者長期遭受監禁的歷史中,可以說是絕無僅有的事[59]。李奧九世[*60]統治的時代,一位家世

56 穆拉托里一直強調佛羅倫斯、帕度亞、熱那亞的編年史,其餘類似的歷史著作,弗里辛根的奧索主教提出的證詞,以及伊斯特侯爵的順服。

57 早在公元824年時,皇帝羅沙爾一世(Lothaire I)採用的權宜之計,是不斷向羅馬人民提出詢問,甚至要知道每個人的意願,他應該選用哪個民族的法律來進行統治。

58 佩脫拉克用宣言或信函大肆攻訐這些外鄉人,說他們是羅馬的暴君。這些文字充滿大膽的事實眞相以及荒謬的賣弄學問,想把古老共和國的原則和偏見運用到十四世紀的國家。

59 帕吉注意到這個猶太家族的起源和冒險事蹟,他從有關的著作中獲得這方面的資

富有而且學識淵博的猶太人皈依基督教，受洗時有幸使用教父的名字，也
就是在位的教皇。李奧的兒子彼得憑著熱情和勇氣，為格列哥里七世的事
業立下顯赫的功績。教皇把控制哈德良的陵墓或克里森久斯(Crescentius)
塔樓的工作，託付給最忠實的追隨者，這個地點現在稱為聖安吉洛城堡。
父子兩都有眾多的後裔，靠著高利貸累積的財富能與城市最高貴的家族分
享，聯姻的範圍是如此的廣泛，這位改信者的孫子靠著親戚的力量登上聖
彼得的寶座。大多數的教士和人民都支持他的作為，他在梵蒂岡統治幾年
的時間，只有聖伯納德的辯才和英諾森二世的勝利，給阿那克勒都斯
(Anacletus)戴上「偽教皇」的標誌。等到他敗北和逝世以後，李奧的後代
不再有顯赫的人物，就是現代的貴族也沒有人自誇源於猶太家族。

　　我不打算在此一一列舉羅馬的家族，無論是在不同的時期面臨衰亡的
命運，或是直到今天還保留相當的榮譽[61]。弗朗吉帕尼家族是古老的執政
官世系，獲得的名聲是在發生饑荒時與人分享麵包的慷慨行為。這種義行
比起他們與盟友科西(Corsi)家族的行動更為光榮，那就是在城市劃出很
寬敞的地區供自己使用，然後用工事將這個區域圍起來加以保護；看來薩
維利(Savelli)家族應該出於薩賓人的血統，到現在還維持著最初的尊貴地
位；已經式微的姓氏卡皮朱契(Capizucchi)，是最早把名字刻在錢幣的元
老院議員；康提(Conti)家族還保有西格尼亞(Signia)伯爵的榮譽，但是產
業已經失去；如果安尼巴爾第(Annibaldi)家族不認為自己是迦太基英雄的
後代，那麼不是過分無知就是非常謙虛。

　　但是在城市的這些貴族和王侯當中，或是位居其上的世家，我特別要
提到科隆納和烏爾西尼(Ursini)兩個敵對的家族，他們的事蹟是現代羅馬

（續）

　　　料。整個事件在某種程度而言非常可信，然而我希望用來作為譴責偽教皇的罪行
　　　之前，他們在提到時能夠保持冷靜。

　*60 [譯註]李奧九世是法蘭西籍教皇(1049-1054A.D.)，革除教士結婚和買賣聖職等弊
　　　端，堅持教皇至上原則，與諾曼人作戰，導致東西兩個教會的分裂。

　61 穆拉托里對意大利的姓名、綽號和家族提出兩篇論文(在全集中的編號是四十一和
　　　四十二)，有些貴族的榮譽來自國內的神話，可能被他那直率和適度的批評所觸
　　　怒，然而幾個盎司的純金比很多磅的青銅更有價值。

編年史的重要組成部分。

其一，科隆納的名字和紋章[62]就語意學而言是一個引起爭論的題目，演說家和古文物學家並沒有忽略圖拉眞石柱和海克力斯之柱，或是基督遭受鞭刑的柱子以及在沙漠中引導以色列人前進的光柱。這個家族首次在歷史上出現是1104年，證實這個姓氏的權勢和古老，也說明它具有簡單的意義。科隆納對卡維(Cavae)的篡奪激怒帕斯加爾二世不惜動武，但是他們在羅馬的郊區合法據有札加羅拉(Zagarola)和科隆納的世襲封地，後面這個鎮也許裝點一些高聳的石柱，是一座莊園或廟宇的遺跡[63]。他們同樣擁有鄰近城市塔斯庫隆的一半，足以使人相信他們是塔斯庫隆伯爵的後裔，這些伯爵在十世紀時是教皇轄區的暴君。根據他們自己和一般人的看法，這個家族最原始和遙遠的源頭來自萊茵河兩岸[64]，在七百年的變革中，建立顯赫的功績並且以富有知名於世，日耳曼的君主與一個高貴世系有眞實或傳聞的血緣關係，絕不會羞辱到皇室的身分[65]。大約在十三世紀末葉，家族的一個旁支最有權勢，一位叔父和六個兄弟在軍隊和教會據有高位能夠出人頭地，其中之一的彼得被選爲羅馬元老院的議員，乘著一輛凱旋式使用的戰車進入卡庇多，雖然大家用凱撒的頭銜向他歡呼，也不過徒有虛名而已。尼可拉斯四世將約翰和司蒂芬封爲安科納侯爵和羅馬納伯爵，這位恩主是如此偏愛科隆納家族，後來有一張諷刺畫中，繪出他被關在一根空心的柱子裡。等到尼可拉斯四世過世以後，他們那種極其傲慢的

---

62 科隆納不能爲顯赫的家族寫出一部完整而重要的歷史，用來造福人類，眞是令人感到惋惜。我在這方面與穆拉托里頗有同感。

63 這個家族仍舊擁有羅馬郊區大部分的土地，但是他們已經將最早的采邑讓渡給羅斯披利歐西(Rospigliosi)家族。

64 佩脱拉克提到這個家族來自萊茵河。1417年奎爾德(Guelders)和朱利爾(Juliers)的公爵承認他的家世來自馬丁五世的祖先。《布蘭登堡回憶錄》的作者身爲皇帝，特別提到手裡的權杖已與圓柱這個象徵分不清楚。科隆納家族爲了維持羅馬古老世家的名聲，運用一種非常巧妙的方式，說尼祿皇帝的一位堂兄弟從羅馬逃走，在日耳曼創建門次這個城市。

65 我不會忽略馬可‧安東尼奧‧科隆納(Marco Antonio Colonna)在羅馬舉行的凱旋式，他指揮教皇的艦隊贏得李班多(Lepanto)海戰的勝利。

舉止觸怒了最會記恨的敵人。身為紅衣主教的叔父和姪兒拒不承認波尼法修八世的當選，使得科隆納有一段時間內，同時受到他那世俗和宗教武力的壓迫[66]。教皇聲稱要組成一支十字軍對付個人的仇敵，他們的財產被籍沒，位於台伯河岸邊的城堡被聖彼得的軍隊和敵對的貴族所圍攻，等到主要的抵抗中心帕勒斯特里納或普里尼斯特被摧毀以後，整個區域用犁耕過一遍，表示永遠成為禁建之地。六個兄弟受到貶黜、放逐和迫害之後，只有隱匿身分逃避危險，浪跡歐洲各地，始終沒有放棄求援和復仇的希望。要想實現雙重的希望，法蘭西宮廷是最保險的避難所。他們推動並指導菲利浦的宏圖大業，要是對被俘暴君的不幸和勇氣懷著尊敬之心，那我應該讚揚這種胸襟寬闊的舉動了。羅馬人民廢除波尼法修八世的民政措施，恢復科隆納的榮譽和產業，亡故教皇的同謀和繼承人同意支付十萬個弗羅林金幣做為賠償，可以知道他們的總損失，從而能夠估計他們擁有的財富。所有在宗教方面對他們的譴責和貶斥都為生性謹慎的教皇所禁止[67]，這個家族的運道經過一場短暫的風暴以後變得更為穩固。夏拉·科隆納的膽識在於囚禁波尼法修，以及很久以後為巴伐利亞的劉易斯加冕，皇帝出於感激，在他們的章紋上面給石柱戴上皇冠。但是整個家族成員就名聲和功勳而論以司蒂芬占首位，佩脫拉克將他譽為當世無人相匹、放在古羅馬時代亦毫不遜色的英雄人物。迫害和流放使他向各民族展示戰爭與和平的才能，陷於極其困苦的處境不會受到憐憫反而成為備受尊敬的對象，面對危險更要以不忝所生為榮。有人向他詢問：「現在你的堡壘在哪裡？」他把手放在胸口回答說：「這裡」。他在恢復昔日的繁榮以後仍舊保有原來的美德，直到他以衰老之年壽終正寢為止，司蒂芬·科隆納的祖先、本人和

66　佩脫拉克依附科隆納家族，使得沙德神父詳述這個家族在十四世紀的狀況、對波尼法修八世的迫害行動、司蒂芬和幾個兒子的行事風格，以及他們與烏爾西尼家族的爭執。他的評論能夠修正維拉尼道聽途說的傳聞，以及現代人不夠勤奮所產生的錯誤。我知道司蒂芬這一房現在已經絕滅。

67　亞歷山大三世公開宣布科隆納效忠皇帝腓特烈一世，不夠資格保有教會的聖職，最後還受到每年逐出教門的羞辱，還是西斯篤五世洗淨他的罪孽。古老的貴族世家經常被扣上叛逆、褻瀆和放逐的罪名。

兒孫，使他在羅馬共和國以及亞維農的教廷享有極爲崇高的地位。

其二，烏爾西尼家族是從斯波列托遷移過來，在十二世紀時，他們被稱爲烏爾蘇斯的兒子，都是顯赫的人物，僅知道其中之一成爲這個家族的創始人。但是他們很快有別於羅馬的貴族，在於親戚的數量眾多而且作戰勇敢、居住的城堡非常堅固、元老院和樞機主教團享有的榮譽、以及兩位教皇切萊斯廷三世(Celestine III)*68和尼可拉斯三世來自他們的家族和血胤。他們的財富來自早期大量任用親戚所形成的族閥政治，聖彼得的產業被慷慨的切萊斯廷69轉讓到受寵愛的親人手中。尼可拉斯的野心也是爲了家族的緣故要讓那些君王結盟，要在倫巴底和托斯卡尼建立新的王國，把羅馬元老院的永久職位授與這些族人。凡是能成就科隆納家族偉大勳業的事物，同樣可以增進烏爾西尼家族的榮譽。他們保持長遠的世仇，一直是恆久而均勢的敵手，有兩百五十多年的時間不斷在擾亂這個教會國家。爭執的眞正原因是彼此嫉妒對方的名聲和權勢，只不過爲了容易區別的標誌，科隆納家族採用吉比林這個名字成爲帝國黨，烏爾西尼家族接受奎爾夫的稱號要爲教會的事業效力。他們相互敵對的旗幟上面繪著鷹和鑰匙，雖然吵鬧的起因和性質經過長久的時日已經被人遺忘70，而意大利這兩個黨派的鬥爭卻更爲激烈。等到教皇退避到亞維農以後，他們爲了爭奪這個處於空位期的共和國不惜動用武力，每年選出兩位敵對元老院議員的妥協方案，不僅令人感到可笑，而且使災禍與不和一直延續下去。這座城市和整個區域因爲他們的私仇成爲一片荒蕪，交替獲得勝利使得雙方始終處於起伏不定的平衡態勢。直到烏爾西尼家族最著名的保護者，遭到小司蒂芬・科隆納的襲擊和殺害之前，雙方還沒有人喪生於刀劍之下71。他的勝

---

*68 [譯註]切萊斯廷三世是意大利籍教皇(1191-1198A.D.)，爲日耳曼國王亨利六世加冕成爲神聖羅馬帝國的皇帝，但是亨利六世拒不歸還教廷的領地。

69 在維拉尼和穆拉托里的著作中，對於尼可拉斯三世的偏好所造成的浪費，有很突出的描述。然而烏爾西尼家族會瞧不起現代教皇的姪兒。

70 在《意大利的古代人物》文集第五十一篇論文中，穆拉托里明白交代奎爾夫和吉比林的黨派傾軋狀況。

71 佩脫拉克站在科隆納的立場來讚譽這次勝利，但是有兩位當代人物一位是佛羅倫

利受到違反協約的譴責，使人感到羞辱。他們在教堂的門口用暗殺的手段
進行下流的報復，刺死無辜的男孩和兩個僕人更是失策的行為。然而獲勝
的科隆納與該年的同僚被宣布成為任職五年的羅馬元老院議員。佩脫拉克
的繆司在他的心中激起一個期許、一個希望和一個預言：生性慷慨的年輕
人是他敬仰的英雄人物的兒子，會重建羅馬和意大利，恢復昔日的光榮，
相信他那正義之劍會殲滅狼、獅、蛇、熊之類的猛獸，它們一直想顛覆這
根大理石「柱」永恆的基礎。

（續）
　　斯人另一位是羅馬人，並不贊同他們運用武力。

馬西纳斯莊園的內部廳堂

大部分羅馬郊區已經淪落為悲慘和殘破的荒野：
　　君王和教士青蔥的產業交給家臣去耕種，
　　這群懶惰的傢伙不僅貧窮而且毫無希望；
　　有限的收成為了獲得壟斷的利益全部輸出。

Altra veduta interna della Villa di Mecenate in Tivoli
A. Taverne publiche. B. Cavi ne' quali erano le teste delle
travature de' palchi, quali servivano anticamente per uso di abitazione.
Cavalier Piranesi inc.

第七十章

佩脫拉克的性格和加冕　護民官雷齊要恢復羅馬的自主權和治理權　他的德行和缺失，被驅逐出境以及後來的死亡　教皇從亞維農返回羅馬　西歐的教會發生重大的分裂　拉丁教會的統一　羅馬人為爭自由做最後的奮鬥羅馬法　終於成為教會國家(1304-1590A.D.)

一、佩脫拉克的性格及成爲桂冠詩人在羅馬加冕(1304-1374A.D.)

　　就現代人的看法，佩脫拉克[1](1304年6月19日-1374年7月19日)是一位意大利詩人，能夠寫出有關羅拉(Laura)與愛情的作品。這位抒情詩之父運用和諧的托斯坎語音韻，受到意大利人的讚譽和崇拜，他的詩句甚或他的名字總是反覆被人背誦，表現出狂熱的理念帶著戀愛和燕好的激情。無論一個外地人具有何種個人的品味，極其淺薄的知識對於一個有高深學養的民族不應有任何意見，只有默默認同他們的鑑賞能力。然而，我卻希望或設想意大利人不要拿他那冗長而單調的十四行詩和輓歌，與幾位敘事詩的繆司邁越千古的作品來相比，像是但丁極具創意的奔放豪情、塔索(Tasso)重視美學的風格內涵以及阿里奧斯托(Ariosto)無窮無盡的華麗變

1　《法蘭斯瓦·佩脫拉克回憶錄》共三卷，是一部豐富、原創和有趣的名著，不僅是深具愛心的工作，也是深入研究佩脫拉克和當代人物所獲得的成果。但主角在那個時代的通史中失去應有的地位，作者爲裝腔作勢的禮貌和殷勤耗費太多的精力。他在第一卷的前言中，列舉並且評論二十位意大利傳記作家的作品，他們在同一題材上面大作文章。

幻。這位情思有如泉湧的詩人所具備的優點，我像是缺乏欣賞的資格，形
而上的激情也無法使我產生多麼深厚的興趣：好像歌頌的對象是一個似幻
非真的美女，她的存在與否讓人懷疑[2]。實際上她卻是一個瓜瓞　　的主
婦[3]，多情的郎君在佛克路斯(Vaucluse)泉[4]的水邊嘆息和歌詠時，她卻生
下十一個合法的孩兒[5]。但是在佩脫拉克以及更為嚴肅的同代人眼裡，他
的愛情是罪惡而意大利文的詩歌是無聊的遣興之作。那些拉丁文的作品像
是哲學、詩篇和辯辭為他贏得崇高的名聲，很快從亞維農傳遍法蘭西和意
大利，他的朋友和門生在每個城市人數倍增。要是他那些連篇累牘的作品[6]
現在已經長時期棄而不用，我們應該對他這個人發出感激的歡呼，就是出
於他的教導和榜樣，才重新恢復奧古斯都時代的精神和研究。

佩脫拉克在年紀很輕時就渴望獲得詩人的桂冠。有三個學院的最高學
府已經為詩賦之學提供皇家碩士或博士學位[7]，英格蘭宮廷出於習俗而非
虛榮所授與的桂冠詩人稱號[8]，最早是由日耳曼的凱撒創立。在古代的音

2　比喻或寓言的解釋在十五世紀非常流行，至於提到羅拉、宗教或是聖母馬利亞的
　　懿行和祝福，是否贊同這種表達方式，見識高明的評註家毫不在意。可以參閱
　　《法蘭斯瓦‧佩脫拉克回憶錄》第一卷和第二卷的前言。

3　勞爾‧德‧諾維(Laure de Noves)生於1307年，在1325年元月嫁給雨格‧德‧沙德
　　(Hugues de Sade)，他是亞維農一位出身貴族的市民，等到她去世後不過七個月又
　　娶第二位妻子，可見他的用情不專。諾維死於1348年4月6日，自從佩脫拉克見到
　　她產生愛意之後，這段期間已有二十一年之久。

4　羅拉的身體因子女繁多而虛弱不堪，沙德神父的祖先就是子息的其中之一，親屬
　　的關係在十等親之內，他是佩脫拉克的傳記作家，帶著孺慕之情和感恩之心。這
　　種家族的動機可以聯想到他從事這項工作的理念，對於影響到祖母歷史地位和個
　　性品格的每一個情節，他受到榮譽心的驅策要進行詳盡的調查。

5　佩脫拉克在作品中描述過佛克路斯，他的傳記作者了解當地狀況，英格蘭旅行家
　　也熟悉這個地方。實在說，過去有個修士在這裡隱居，要是現代人把羅拉和那位
　　幸福的愛人供在洞穴裡，那可是天大的誤會。

6　十六世紀有一個不知年份的版本，在巴西爾用字體緊密的編排方式印刷，整個篇
　　幅是一千兩百五十頁。沙德神父要為佩脫拉克的拉丁文作品找一個新版本，這樣
　　作是否能增加書商的利潤或是給公眾帶來閱讀的樂趣，我一直感到懷疑。

7　可以參考塞爾登的作品《榮譽的頭銜》，佩脫拉克之前約一百年，聖法蘭西斯曾
　　經接受一位詩人的訪問。

8　從奧古斯都到路易，執掌詩歌的繆司通常謊話連篇而且受到收買。我一直懷疑是
　　否在任何時代或宮廷，都會出現支薪的詩人諸如此類的編制，對於所屬的王朝和

樂競賽中，得勝者可以獲得獎賞，相信魏吉爾和賀拉斯曾經在卡庇多神廟接受冠冕，激起吟遊詩人一爭高下的雄心[9]。何況「桂冠」[10]的發音與他的情人名字相近而更顯得可人，這兩者都因追求的困難重重而益增其價值，要是羅拉的懿德和才情毫無可議之處[11]，更可以吹噓獲得詩歌女神的垂青。他愛慕虛榮但是並不矯情，所以才會讚揚自己心血所獲得的成就。他已經是知名之士，朋友還要廣通聲氣，有些人出於嫉妒或偏見公開或暗中加以攻訐，他只能運用忍讓的美德和巧妙的手段予以化解。佩脫拉克在三十六歲那年達成平生所企求的目標，就在同一天之內他在佛克路斯孤寂生活中，接到羅馬元老院和巴黎大學完全類似的正式邀請。一所神學院的學術地位以及一個沒落城市的粗俗無知，同樣沒有資格對這樣一位天才人物授與理想和不朽的花冠，他應該從公眾和後裔出於自發的讚譽中獲得這項殊榮。這位候選人拋開令人煩惱的考量，雖然感到欣慰還是遲疑一段時日以後，才願意接受世界之都的召喚。

　　桂冠詩人的加冕典禮[12]在卡庇多神廟舉行(1341年4月8日)，由他的朋友兼贊助人共和國的首席行政長官主持。十二名穿著紅色服裝的貴族青年排成一列，六名來自顯赫家族的代表，身穿綠袍手執花環夾雜在隊伍裡面。在一群王侯和顯要之中，元老安奎拉拉(Anguillara)伯爵是科隆納家

（續）————

　　所有重大的事件，都要寫出讚美的詩歌和韻文，至少每年兩次，還有規定的格式和長度，講究鏗鏘悅耳能在禮拜堂內吟唱，我相信還要當著君王的面來頌揚。我願意實話實說，只有君王是賢明之主而詩人有不世之才，始能棄絕這種荒謬的習氣。

9　卡庇多的賽車表演是圖密善在基督紀元86年制定，一直到四世紀還沒有廢止。如果想要依據顯赫的功績來贈與桂冠，除了斯塔久斯(Statius)以外，都是一些寫詩頌揚卡庇多賽車的文人雅士。但是生在圖密善之前的拉丁詩人，他們獲得桂冠在於公眾的意見。

10　佩脫拉克和羅馬元老院都不知道，只有德爾斐神廟能夠授與桂冠。賽車場的優勝者可以在卡庇多神殿獲得橡葉花圈的榮譽。

11　羅拉有個虔誠的孫兒，費盡力氣為她無瑕的貞潔辯護，駁斥嚴肅人士的指責和褻瀆者的嘲笑，並非沒有效果。

12　沙德神父在他的作品中，對於佩脫拉克的加冕典禮有詳盡的描述。盧多維科·蒙納德斯契(Ludovico Monaldeschi)在《羅馬人日記》的敘述也很可信，沒有摻雜桑紐修·德比尼(Sannuccio Delbene)新近杜撰的作品。

族的成員，登上他的寶座。佩脫拉克在傳令官高聲召喚之下站了起來，朗誦魏吉爾的詩篇以及宣誓三次要致力於羅馬的繁榮興旺，跪在寶座的前面接受元老的桂冠，還有金錢買不到的歡呼。大家齊聲高喊：「這是才智之士應有的獎勵：卡庇多神廟和詩人萬歲！」他呈送一首推崇和讚譽羅馬的十四行詩，顯現出天才人物的感激之情，整個隊伍在拜訪梵蒂岡之後，表彰文學的花環懸掛在聖彼得的神龕前面。在卡庇多神廟授與佩脫拉克的文件或證書，桂冠詩人的頭銜和特權中斷一千三百年之後重新恢復。從此以後他可以戴桂冠、象牙冠或花冠，穿著詩人的服裝，不論在任何地方可以就文學的題材進行講授、辯論、解說和寫作，這些是他一輩子的權利。依據元老院和人民的權責批准這項賞賜，還有市民的身分是用來回報他對羅馬的敬愛。共和國賜給榮譽，一切做法都基於公平公正的立場。他從熟讀西塞羅和李維的著作，吸收一位古代愛國者的觀點，運用充滿熱情的想像力，激發這些觀點成為可以表達的情緒，再將這些情緒轉變成主導行動的情操。羅馬七山的外貌和宏偉的廢墟更加肯定這些鮮明的印象，他已經喜愛這個慷慨大方的國家，不僅授與桂冠還願意接納他這個外鄉人。貧窮而又墮落的羅馬激起感恩的寵兒氣憤和憐憫之情，極力掩飾同胞所犯的過失，對於最後的英雄和貴婦用偏愛的態度高聲表揚，沉醉在過去的回憶和未來的希望之中，非常高興能忘記目前的苦難。

羅馬仍舊是世界合法的主子：教皇和皇帝還有那些主教和將領，放棄他們擁有的地位和身分，飽嘗羞辱後退往隆河和多瑙河。只要羅馬能恢復原有的美德，共和國可以再度辯明自由和統治的權利。羅馬人有奔放的熱情和儡人的辯才[13]，使得佩脫拉克、意大利乃至整個歐洲感到驚訝，這場革命運動在一時之間顯現出極其耀目的美景。下面的篇幅會提到護民官雷

---

13 要證明他對羅馬抱著狂熱的情緒，我只有請求讀者在有機會的時候，可以閱讀佩脫拉克或他的法蘭西傳記作家所發表的作品，後者曾經敘述詩人第一次訪問羅馬的經過。然而在這樣一個到處充滿無聊的修辭和說教的地點，佩脫拉克應該可以對這個城市和他的加冕，寫出第一手的報導，使得現在和未來的時代都能享受閱讀的樂趣。

齊(Rienzi)的崛起和敗亡[14]，這個題目非常有趣而且史料豐富，愛國的吟遊詩人[15]靈感一動的作品，對於佛羅倫斯特別是羅馬[16]的歷史學家，他們那些多產而又簡單的敘述，平添一股動人心弦的活力。

二、護民官雷齊的家世出身、行事風格和政治活動(1347A.D.)

　　羅馬城有一個區部僅僅住著工匠和猶太人，客棧老板和洗衣婦的結合生出未來的羅馬救星[17]。尼可拉斯‧雷齊‧加布里尼(Nicholas Rienzi Gabrini)從父母那裡不可能繼承到地位和財產，但是他們費盡心血讓他獲得良好的教育，卻是他後來飛黃騰達和英年早逝的原由。他研究歷史學和辯論術，熟讀西塞羅、塞尼加、李維、凱撒和華勒流斯‧麥克西繆斯(Valerius Maximus)的著作，使得這個年輕的平民能從同儕和當代人物中脫穎而出。他孜孜不倦探考古代的手卷和雕塑，喜歡用通俗的語言表達他的知識，經常會氣憤得大聲喊叫：「這些羅馬人現在到哪裡去了？他們的德行、正義和權力在何處？爲什麼我沒有生在那個幸福的時代？」等到共

14　這部分的論述出於耶穌會修士塞梭(Cerçeau)的手筆，1748年他的遺作在巴黎出版。我對塞梭很感激，他能運用約翰‧賀森繆斯(John Hocsemius)的史料和文件。約翰‧賀森繆斯是列日(Liege)的修道院修士，也是當代的歷史學家。

15　沙德神父可以隨心所欲詳述十四世紀的歷史，認爲佩脫拉克對於革命抱著心嚮往之的態度，這也是他一直在探討的主題。在佩脫拉克的著作中，沒有一個觀念或一件事實能逃過他的法眼。

16　穆拉托里在《意大利的古代人物》第三卷中，把羅馬歷史學家的斷簡殘篇擇其精華刊出，使用十四世紀羅馬或那不勒斯最早的方言。後來出現一個拉丁文譯本，是爲了方便外鄉人閱讀，包含科拉(尼可拉斯)‧德‧雷齊(Cola di Rienzi)極其特殊而又詳實可信的平生事蹟，1627年用托瑪索‧福提費卡(Tomaso Fortifiocca)的名義在布拉查諾(Bracciano)出版，在這個作品裡面僅僅提到福提費卡已經受到懲處，護民官認爲這些史料全部出於僞造。就人性而言很少有人能夠完全公正無私，更不要提像這樣已經達到愚蠢的程度。這件殘本的作者不管是誰，他的寫作適時適地，沒有事先預謀或虛僞造假，能夠描述出羅馬的風氣和護民官的個性。

17　雷齊運用護民官的身分推行改革工作，是早期最光彩奪目的政治作爲，這段期間的事蹟全部包括在殘本的第十八章，經過重新改寫以後，成爲這部歷史著作的第二卷，區分的章節篇幅較小，整個事蹟列入第三十八章或節之中。

和國派出由三個階級組成的代表團前往亞維農教廷時，雷齊的銳氣和辯才使他在十二位平民代表中占有一個名額。這位演說家有幸對著教皇克雷芒六世高談闊論，也能與佩脫拉克推心置腹。他那滿懷希望的未來受到解職和貧窮的打擊，愛國者落到只有一件外衣和接受醫院救濟的地步。獲得伯樂的垂愛使他脫離悲慘的處境，使徒的公證人這個職位每天可以獲得五個弗羅林金幣的薪俸，以及更爲體面和廣泛的社會關係，能夠在罪惡橫行的社會裡，從言語和行動上凸顯個人的正直廉潔。雷齊的辯才敏捷深具說服的能力，大多數人總是帶著嫉妒之心大肆指責。喪失一個兄弟而兇手獲得赦免使他深受刺激，不能拿公眾的災難作爲藉口或者加以渲染。建立文明社會要靠和平與正義的福祉，現在都已被驅出羅馬。猜忌的市民能夠忍受個人的冤曲或金錢的損失，最大的傷害來自妻子和女兒受到凌辱[18]。他們遭受雙重的壓迫是貴族的傲慢和官員的腐敗，卡庇多的獅子與牛鬼蛇神的唯一差別，出於濫用武力或法律。雷齊用各種不同的圖畫來表現這些寓言的象徵，拿到街道和教堂去展覽，當群眾帶著驚奇的神色觀看時，無所畏懼和早有準備的演說家，立即對他們解說畫中的含意，指出諷刺的對象，激起大家的熱情，提出在遙遠的未來獲得幸福和解救的希望。無論是在公開或私下的場合，羅馬的特權始終是他談論的主題，就是說這個城市對於君王和行省擁有永恆的主權，奴役制度的成果到他的手裡成爲自由的號召和誘因。元老院的敕令賦予維斯巴西安皇帝內容廣泛的權利，刻在銅板上面還保存在聖約翰‧拉特朗大教堂[19]唱詩班的位置。皇帝邀請大批貴族和平民前來聽他的政治演說，爲了接待他們，刻意修建一座交通方便的劇院。這位公證人穿一套華麗而又故做神祕的服裝，用譯本和註釋對銅板的銘文進行解釋[20]，熱情洋溢的描述古代光榮的事蹟，元老院和人民是一切

---

18 佩脫拉克認爲住在亞維農那些做丈夫的人，一般而言脾氣溫馴多情，要是拿來與羅馬人的嫉妒猜疑做一比較，顯得更是大不相同。

19 在格魯特(Gruter, Jean, 1560-1624A.D.，荷蘭考古學家)的《銘文彙編》中發現〈雷吉亞法〉(Lex Regia)的殘餘條文。在《厄尼斯提(Ernesti)的塔西佗(Tacitus)》一書的末尾，編者留下一些學術性的註釋。

20 雷齊犯下重大和可笑的錯誤，我並沒有遺漏。〈雷吉亞法〉授權維斯巴西安，可

合法權力的來源。怠惰而又無知的貴族根本不能理解這類演說所要表達的深意，他們有時會對這位平民改革者惡言相向甚至大打出手。但是他經常得到允許到科隆納的府邸，用一些不經之談或命理占卜來娛樂聽眾。這位現代的布魯特斯(Brutus)為了掩飾自己，不惜使用裝瘋賣傻和插科打諢的手段，在貴族率性而為表示輕視時，人民卻把他那恢復昔日美好社會架構的說法，當成極為嚮往、可能發生和即將來臨的大事。所有的市民都對這位應允的救星大聲歡呼，其中還有一些人鼓起勇氣追隨擁護。

　　一份預言貼在聖喬治教堂的門口，就像是一篇布道講詞，是他的計畫首次公諸眾人的證據。阿溫廷山一百名市民的夜間集會，是實行計畫的第一步。在宣讀保密和互助的誓詞之後，他向同謀說明冒險行動的重要而且必然成功。那些一盤散沙的貴族根本拿不出辦法，他們只會擔心虛有其表的實力。所有的力量和權利都掌握在人民的手裡，「使徒會所」的歲入可以用來解救公眾的苦難，對於他們擊敗政府和自由的共同敵人，就是教皇本人也會表示贊同之意。等到安排忠誠的隊伍保護首次的演說之後，他用號角的聲音向全城宣布，所有人員在第二天的晚上不要攜帶武器，到聖安吉洛教堂前面集合，為恢復美好的社會架構完成各項準備。為了擴大慶祝，整夜舉行三十場奉獻給聖靈的彌撒。到了第二天早晨(1347年5月20日)，雷齊全副披掛，沒戴帽子，在一百名同謀的簇擁下走出教堂。教皇的代表奧維亞托(Orvieto)僅是一名主教，同意參加這個特殊的盛典，走在他的右邊陪同前進。三面大旗高高舉起作為起義的象徵：第一面是自由之旗，羅馬坐在兩頭雄獅的上面，一手拿著棕櫚枝另一手握著地球；正義之旗上面繪著手執寶劍的聖保羅；第三面旗幟則是聖彼得手裡拿著平等與和諧的鑰匙。雷齊為眼前不計其數的人群發出的歡呼聲所鼓舞，他們雖然不了解狀況卻抱著無窮的希望，浩大的隊伍開始緩慢移動，由聖安吉洛教堂

(續)───────────────
　　以擴大城市的外圍邊界(pomoerium)，這個字每一位古物學家都很熟悉，護民官卻不清楚。結果他弄錯原意誤以為要遷移一座果園(pomarium)，拉丁翻譯家和法蘭西歷史學家也都照本宣科，真是難以原諒的無知。甚至博學有如穆拉托里也沒有提出指正。

向著卡庇多進發。勝利的喜悅受到暗中某些情緒的騷擾，他只有極力壓制下去。他在一路攀登共和國這個要塞時，沒有受到任何阻礙，使他深具信心。他在陽台對著人民滔滔不絕的演講，展開的行動和制定的法律能獲得最捧場的認同。那些貴族像是失去有力的雙臂和思考的頭腦，帶著不敢置信的驚愕神色觀看這場奇特的革命。舉事的時機選得非常正確，態度強硬的司蒂芬·科隆納剛好不在城內。他聽到最早傳出的風聲就趕回府邸，裝出對於這場平民暴亂不以為意的樣子，並且向雷齊派來的信使輕描淡寫的提到，等他哪天空閒無事，就會把這個瘋子從卡庇多神廟的窗子裡扔出去。突然之間大鐘響起警報之聲，暴亂的浪潮是如此的洶湧，巨大的危險迫在眉睫。科隆納在倉卒中逃往聖勞倫斯的郊區，經過片刻的休息之後繼續匆忙的行程，直到安全抵達帕勒斯特里納(Palestrina)的城堡，對自己的處置不當感到悔恨，沒有在釀成燎原大火之前先將它撲滅。卡庇多發出全面而專斷的命令，要求所有貴族和平撤回自己的府邸。他們聽命離去，確保羅馬自由且順從的人民得以享有安靜的生活。

然而像這樣自願順從和最早出現的狂熱情緒，很快就會消失得無影無蹤。雷齊認為一種正常的形式和一個合法的頭銜，可以使篡奪的過程合於正義的要求。按照他自己的看法，羅馬人民為了表示誠心的追隨和權威的獲得，會毫不吝嗇把元老院議員或執政官、國王或皇帝的稱號加在他的頭上。他倒是願意接受更為古老和謙恭的護民官職位，這個神聖的職務主要是保護平民。但是他們並不知道，這個職務從來不曾被賦予任何共和國的立法權和行政權。根據當時的情況以及羅馬人民的同意，這位護民官制定很多有益的法令，有助於恢復和維持美好的社會架構。第一項法令使得生性誠實和缺乏經驗的人滿足他們的意願，規定民事案件的審理期限不得超過十五天。當時經常出現的偽證危及公正的審判，因而宣布按照假證詞應該對被告所判處的量刑，對犯偽證罪的誣告者處以同等的懲罰。混亂的時代逼得立法者對殺人犯處以死刑，同時用相等的報復處罰傷害罪，但是在他廢除貴族的暴政之前，要想達成公平公正的施政要求是毫無望的事。法律明文規定，除了最高行政官員，任何人不得據有或控制國家的城門、橋

樓或塔樓；任何私人守備部隊不得進入羅馬領域之內的市鎮或城堡；無論
是在城市還是鄉村，任何人不得攜帶武器或者擅自將房屋加強成為工事；
貴族有責任維護公路的安全以及生活必需品的自由通行；窩藏罪犯和強盜
科以一千個銀馬克的罰鍰。要不是那些目無法紀的貴族對當局的制裁力量
懷有畏懼之心，一切法律規定都會成為一無是處的具文。卡庇多神廟突然
發出警報的鐘聲，仍舊可以召集兩萬名志願軍投效到他的旗幟之下，然而
要真正保住護民官和他的法令，需要一支常備的正規軍。每個港口的岸邊
整備一艘船隻，用來維護商業和貿易的安全，一支常備民兵部隊擁有三百
六十名騎兵和一千三百名步卒，已經在城市的十三區部完成徵召，發給服
裝和薪餉。從每個為國捐軀的士兵，繼承人可以得到一百個弗羅林或英鎊
的優厚撫恤來看，倒是真正能夠表現出共和國的精神。

　　雷齊為了支付國家的防務、建立糧倉以及救濟孤兒寡婦和貧窮的修
女，根本不畏懼從事褻瀆神聖的行為，竟然動用「使徒會所」的收入：主
要的三項是爐捐、鹽稅和關稅，每年每項的收入都在十萬個弗羅林[21]左
右，採用他所主張的明智辦法，不過四、五個月的工夫鹽稅可以增加三
倍，可見原來的貪瀆是何等的驚人。重建共和國的軍備和財政以後，護民
官召回處於自主狀況而又孤獨無依的貴族，要求他們親自前來卡庇多神
廟，對新政府宣誓效忠，遵守美好社會架構的法律。王侯和貴族考量本身
的安全，同時更要顧慮在拒絕以後所產生的危險，都穿著簡樸的平民服裝
返回在羅馬的住處。科隆納、烏爾西尼、薩維利（Savelli）和弗朗吉帕尼
（Frangipani）這些家族，都在一個平民的法庭前面感到不知所措。這個人
在過去像小丑那樣受到他們的嘲笑，現在則要力圖掩飾那忍不住的憤怒情
緒，看在大家的眼裡顯得更為羞辱可恥。各種不同社會階層的人士，像是
教士、鄉紳、法官、律師、商人和工匠，相繼宣讀同樣的誓詞，宣誓人的

21　我在一份手抄本讀到表示數量的solli和fiorini這兩個變體字，兩者有很重大的不同
　　之處，那就是一個弗羅林（florin）金幣的價值是十個羅馬的蘇勒達斯（solidus）銀
　　幣。根據前面的讀法用弗羅林來計算的人口數是兩萬五千人，要是用蘇勒達斯這
　　個字可以說是二十五萬戶，我怕前面那數字更符合羅馬和周邊區域的衰敗狀況。

地位逐漸向下延伸，然而表現的誠意和熱情更爲高昂激烈。他們誓與共和國和教會同生死共存亡，教皇的代表奧維亞托主教雖然只是給予名義上的協助，但經過他巧妙的運作，將他們的利益與護民官的職務緊密結合在一起。雷齊過分的吹噓，竟然說他從背叛的貴族政體拯救聖彼得的寶座和產業。克雷芒六世對於貴族的垮台極爲高興，假裝相信這位可靠僕從的說法，爲他的勝利成功大聲喝彩，認可他自封的頭銜。護民官對純眞的信念保持衷心的關懷，因而使他的言行和思想都受到鼓舞。他暗示曾經從聖靈那裡接受超自然的使命；強制信徒每年要懺悔和領聖餐否則處以高額的罰金；嚴格保衛忠誠的人民在宗教和世俗方面的福利。

三、羅馬共和國的自由繁榮以及對意大利的期許(1347A.D.)

　　護民官雷齊在羅馬進行急速而又短暫的改革，看來沒有一個人的心靈所表現的能力和成效，像他那樣令人印象深刻。一群強盜經過改造成爲守紀律的士兵或僧侶；他的法庭耐心聽取控訴，迅速補救匡失，嚴厲懲罰罪行，成爲窮人和外鄉人經常進出的場所；無論是家世、地位或教會的豁免，都無法使罪犯和同謀逍遙法外。羅馬城那些不容執法人員進入的特權家族和私人聖所，全都受到取締和廢除，把這些地方用來作爲障礙的木料和鐵器，拆除拿來建設卡庇多成爲堅固的城防工事。科隆納家族可敬的族長只能留在府邸裡面，對罪犯想給予援手而無能爲力，更是加倍感到喪失顏面。載運一簍油的騾子在卡普拉尼卡(Capranica)附近被偷走，烏爾西尼家族的領主對道路的安全疏忽守備，負責賠償損失還要處以四百弗羅林的罰鍰。貴族的人身安全比起他們的田地房產，並不是更爲神聖不可侵犯。無論是偶然或是有意的傷害行爲，對於敵對黨派的頭目一視同仁繩之於法。彼得・阿加皮特・科隆納(Peter Agapet Colonna)是羅馬元老院議員，因傷害或債務在大街被捕；馬丁・烏爾西尼(Martin Ursini)的處決雖然延

誤，還是使正義得以伸張。他在台伯河口搶劫一艘失事的船隻[22]，此外還犯下許多罪無可逭的暴行。他那顯赫的名聲、兩位任紅衣主教的伯父、新近結婚和患有重病，堅定的護民官對這些情況根本不加考慮，決心要拿他來殺一儆百。執法人員將他從府邸的新房裡抓走，審判簡捷明快令人激賞，卡庇多的鐘聲召集市民。烏爾西尼被剝去斗篷跪在地上，雙手綁在背後聽取死刑判決，經過簡短的臨終懺悔之後，就被送上絞架。有了這樣一個判決的先例，自覺有罪的人員不再存有獲得赦免的僥倖心理，於是那些歹徒惡棍、目無法紀和遊手好閒的人員趕快逃走，羅馬城和鄰近地區很快成為一片淨土。在這個時候(歷史學家的說法)人們為森林不再有強盜盤據而感到慶幸，耕牛開始犁田種地，朝聖者前來參拜聖所，道路和客棧都擠滿旅客，貿易、富足和信用重新出現在市場，就是一袋金幣丟在公路也不會有喪失的危險。臣民的生命和財產得到保障之後，勤勞的工作和報酬的支付自然會隨著恢復，羅馬仍舊是基督教世界的都城，那些在他的政府庇護之下享受到好處的外鄉人，將護民官顯赫的名聲和光榮的事蹟傳播到每個國家。

雷齊從國家獲得解救激起更為龐大或虛幻的想法，要與意大利合併成為一個聯邦共和國，羅馬自然是古老而合法的首腦，其他自由的城市和各地的諸侯是成員和同志。他的文采並不亞於他的辯才，他發出無數的信函交給快捷而可靠的信差，信差手裡執著白色的棍棒步行穿越森林和高山，即使在懷有敵意很深的城邦，也能享有使節神聖的安全保障。不論是出於討好或確有其事，他們報告說經過的大道兩旁跪著成排的群眾，懇求上天保佑他們的使命圓滿達成。要是感情能聽命於理智，個人利益能屈從公眾

---

22 我們可以從這份海難記錄，了解到那個時代很多貿易和航海的情節：(1)船隻在那不勒斯建造和裝載，再運往馬賽和亞維農的港口。(2)那不勒斯和伊納里亞(Oenaria)島的水手，論航海技術不如西西里和熱那亞。(3)從馬賽啓碇沿著海岸航行到達台伯河口，遭遇暴風可以獲得陸地的庇護，但是受到海流的影響，運氣不好很容易開上沙洲，船隻擱淺，水手只有趕快逃走。(4)被搶走的貨物包括普羅旺斯解繳給國庫的稅款，很多包胡椒和肉桂以及成細的法蘭西布匹，整個價值兩萬個弗羅林金幣，是很大一筆財富。

福祉，那麼最高護民官和意大利聯邦真可以治癒內部的爭執，用阿爾卑斯
山當成抗拒北方蠻族的屏障。但是一帆風順的季節轉瞬而過，如果威尼
斯、佛羅倫斯、西恩納(Sienna)、珀魯加(Perugia)和很多等級較低的城
市，願意為美好社會架構奉獻生命和財產，那麼倫巴底和托斯卡尼的暴
君，必然會藐視或憎恨一個創造自由體制的平民。不管怎麼說，護民官還
是從他們那裡及意大利其他地方，獲得友好和尊敬的回答，接著這些諸侯
以及共和國就派來使臣。在國外來客聚集的狀況下，無論是舉行歡宴或
商談正事的場合，出身寒微的公證人表現出大家所熟悉的王者風範[23]。
在他統治之下發生最光彩的事件，就是匈牙利的劉易斯國王向他提出訴
訟，指控那不勒斯的珍妮女王，使用謀逆的手段將自己的丈夫絞死，死者
就是他的弟弟。羅馬舉行一次正式審判來辯護她是有罪還是無辜，但是在
聽取律師的申訴以後，護民官對這個影響重大而且惹起反感的案件裁定延
期處理，接著這案件很快就被匈牙利人運用武力加以解決。在阿爾卑斯山
的北部特別是亞維農，這次革命成為大家好奇和懷疑的話題，引起普遍的
歡呼。佩脫拉克曾經是雷齊親密的友人和暗中的顧問，他的作品充滿熱愛
國家和鄉土的激情和歡樂，所有對於教皇的尊敬和科隆納的感激，全部消
失在一個羅馬市民的無上職責之中。卡庇多神廟的桂冠詩人，對於共和國
長留久治和日起有功的偉大前途，懷抱著最崇高的希望，不僅支持這位英
雄人物的行動而且要備加讚譽，同時也表達憂慮的事項和個人的看法。

四、雷齊的惡行、缺失和獲得騎士位階的盛大排場(1347A.D.)

佩脫拉克正沉醉在預言的幻想當中，羅馬的英雄已從名聲和權力的頂
峰迅速滑落。人民曾經帶著驚愕的眼光，看著這顆明亮的流星從地平面升

---

23 這種狀況發生在奧利佛‧克倫威爾(Oliver Cromwell)的老相識身上，他們記得克
倫威爾用粗俗和無禮的姿態走進下議院，因此看到攝政擺出莊嚴的姿態安坐在寶
座上面，不禁感到大為驚奇。一個人要是掌握權力自命不凡，有時就會要求自己
的言行舉止使能適合所處的地位。

起，現在開始注意到它那毫無規則的運行軌跡，以及忽明忽暗的光度變化。雷齊的辯才勝於智慧，進取而無決斷，空有不世的才華，缺乏冷靜和克制的理性加以均衡，把希望和恐懼的目標憑空放大十倍。他並非靠著謹愼的言行才登上寶座，當然不會改善這方面的缺失來鞏固既得利益。在光輝耀目的成功過程之中，他的美德不知不覺染上四周的罪惡：殘暴混入他的公正，揮霍滲進他的慷慨，幼稚和誇耀的虛榮融入他那好名的欲望。他應該非常清楚，古代的護民官在公眾的眼裡強勢而又神聖，但是個人的舉止、服裝和外表與一般平民毫無差別，他們通常是步行進城，只有一個傳令或差役協助處理職務有關的事項。格拉齊（Gracchi）兄弟要是讀到這位繼承人響亮的稱號和頭銜，就會皺著眉頭或露出無可奈何的笑容：「嚴明而仁慈的尼可拉斯，羅馬的救命恩人和意大利的捍衛勇士[24]，人類、自由、和平與正義的朋友，護民官奧古斯都。」雷齊拿戲劇性的盛大場面來爲革命作準備，竟然生活在奢侈和傲慢之中，濫用政治的原則：對群眾講話要看著他們的眼睛，更要了解他們內心的想法。他天生風度翩翩一表人才，後來因爲飲食不知節制變得過度肥胖；身爲行政官員要擺出莊重和嚴厲的神色，倒是能夠改正動輒大笑的習慣。他在公開場合的服飾都很講究，穿著一襲雜色天鵝絨或綢緞的長袍，有皮毛的襯裡和金線的繡花；手裡拿著正義的標桿，這是一根純鋼製成極爲光亮的權杖，頂上鑲一個圓球和黃金的十字架，裡面包著神聖的「眞十字架」的碎片。他排出民事和宗教的隊伍在城市裡行進，總是騎一匹象徵皇權的白色駿馬，共和國的巨大旗幟在他的頭頂飄揚，上面繪著太陽和一圈星星以及口啣橄欖枝的鴿子。大把的金幣和銀幣撒向群眾，五十名手執長戟的衛士維護在他的四周，一隊騎兵走在前面開道，他們使用的大鼓和喇叭都是用純銀製成。

　　雷齊的野心是要獲得騎士的位階[25]，等於是暴露出家世的寒微，也貶

24　我無法用英文表達有力的奉承之辭，雷齊已經得到「猜忌的意大利人」這個不雅的頭銜。

25　看來奇怪，但這種慶典並不是沒有先例。兩位貴族在1327年被羅馬人民封爲騎士，爲了求得平衡，一位是科隆納家族人士，另一位出身鳥爾西尼家族。他們用

低他的職務應有的重要性。這位騎士護民官拋棄平民而接納貴族,但貴族
和平民對他同樣感到厭惡。所有仍然留存的財富、奢侈品或藝術品,全部
在那莊嚴的一天之中消耗殆盡(1347年8月1日)。雷齊率領遊行隊伍從卡庇
多神廟前往拉特朗大教堂,冗長的路途有各種華麗的裝飾和表演的節目消
除煩悶的情緒,神職執事、文職官員和軍隊官兵都在各自的旗幟下行進,
雷齊的妻子由大群羅馬婦女陪同。意大利各地派來的使臣看到這個新奇的
熱鬧場面,不是高聲稱讚就是私下訕笑。當隊伍在晚上到達君士坦丁的教
堂和宮殿以後,他在道謝之餘便解散人數眾多的集會,邀請大家在第二天
來參加盛大的慶典。他從一位年高德劭的騎士手裡接受聖靈的騎士團勳
位,淨身和齋戒都是先期奉行的儀式。但是在雷齊的一生之中從未遭到如
此嚴重的譴責和非難,他竟然褻瀆神聖敢用那個斑岩水罐,西爾維斯特
(Sylvester)教皇[26]拿來治癒君士坦丁的麻瘋病(這是一個很愚蠢的傳說)。
護民官用同樣僭越的舉動,在洗禮所這個神聖的區域之內到處觀望並且當
作休憩之處,禮儀使用的御床垮掉,被解釋爲即將敗滅的預兆。等到開始
做禮拜時,他穿起紫色長袍佩上寶劍,腳上是閃閃發光的馬刺,表現出威
嚴的姿態會見再度聚集的群眾。但是,他的輕浮和倨傲使神聖的儀式爲之
中斷。雷齊從寶座上站起來,走近參加禮拜的會眾,高聲宣布:

> 我們要召喚克雷芒教皇到法庭來,命令他留在羅馬教區;我們也要
> 召喚神聖的樞機主教團[27]。我們要再度召喚那兩個冒充者,波希米
> 亞的查理和巴伐利亞的劉易斯,他們竟敢自稱爲皇帝;同樣還要召

(續)
　　玫瑰水沐浴,寢具採用皇家規格裝飾得富麗堂皇,在阿拉昔利(Araceli)的聖馬利
　　亞大教堂受到二十八個世家子弟的服侍,阿拉昔利位於卡庇多的範圍之內。他們
　　隨後從那不勒斯國王羅伯特手裡接受騎士的長劍。
26 基督教所有的派別都相信,君士坦丁患麻瘋病,受洗以後痊癒。雷齊向亞維農教
　　廷爲自己的行爲辯護,不僅正當而且合法:對於異教徒用過的花瓶,虔誠的基督
　　徒使用了也不能算是褻瀆。然而這種罪行載明在破門律的教諭之中。
27 羅馬歷史學家的權威之言和一份梵蒂岡的抄本,都認爲雷齊以口頭召集教皇克雷
　　芒六世;佩脫拉克的傳記作家對這件事所提出的論點雖然合理但沒有分量。亞維
　　農教廷可能不願就這個敏感的問題進行熱烈的討論。

喚日耳曼所有的選侯，讓他們告訴我們，憑什麼藉口篡竊羅馬人民不可剝奪的權力。只有羅馬人民才是帝國古老和合法的統治者[28]。

他拔出尚未沾染人血的寶劍，向著世界的三個方位揮舞三次，同時三度大言不慚的高聲喊叫：「這些很快也是我的！」教皇的代表奧維亞托主教想要阻止他這種愚蠢的舉動，過於微弱的規勸聲音被軍樂所壓制。奧維亞托主教並沒有退出會場，同意與他的護民官兄弟一起進食，坐在過去為至高無上教皇所保留的餐桌。為羅馬人準備的這一次宴會，過去只有凱撒能夠舉辦。拉特朗教堂的大廳、廊道和庭院，全部擺滿數不清的餐桌供各階層的男女使用，葡萄酒像一道溪流從君士坦丁的銅馬鼻孔中噴出來，除了飲水不夠喝以外沒有聽到其他的抱怨，群眾受到紀律和恐懼的約束倒是不敢胡作非為。接下來這一天指定為雷齊加冕的日子[29]，七頂由不同葉片或金屬製成的皇冠，由羅馬地位最顯赫的教士依次戴在他的頭上，象徵著聖靈的七項恩典，然而他現在仍舊聲稱要效法古代護民官的規範。這種極其壯觀的場面可能會矇騙或討好民眾，他們的虛榮心隨著首領的自我炫耀獲得滿足，但是他在私生活方面，很快背離節儉和克制的嚴格標準。那些曾對貴族的富麗堂皇感到驚愕的平民，現在看到同儕的奢侈腐化真是痛心疾首。他的妻子、兒子和叔父(一個如假包換的理髮匠)粗俗的舉止和皇家的揮霍形成強烈的對比，雷齊沒有獲得國王的威嚴卻感染國王的惡習。

五、羅馬貴族的畏懼和痛恨以及武力的反抗行動(1347A.D.)

一個市民帶著憐憫甚或愉悅的表情，描述羅馬的貴族所受的羞辱：「他們光著頭雙手抱胸，站在護民官的面前眼睛垂視地上，全身顫抖面無

---

28 召集兩位相互競爭的皇帝，本身就是表現自由意志和做法愚蠢的重大事件，真可以永垂千古，事情的始末在賀森繆斯的著作中有詳盡記載。

29 羅馬歷史學家竟然忽略七重冠的加冕典禮，真是令人感到奇怪，這件事有很多的內部證據，特別是賀森繆斯的證詞，甚至雷齊都直言不諱。

人色，啊！上帝！他們多害怕啊！」只要雷齊對他們採取各種限制，合乎正義而且是為了國家，即使他的傲慢和利益激起貴族的痛恨，良心還是會逼得他們尊敬這個人，然而過度的行為就會帶來藐視更為加強恨意，同時發現他已經不再受到公眾根深柢固的信賴，使他們產生可以推翻這種權力的希望。科隆納和烏爾西尼這兩個家族面臨共同的羞辱，古老的世仇宿怨只有暫停片刻，他們有一致的意願要進行聯合的行動。一名刺客被捕受到刑求供出主使的貴族，雷齊像暴君產生猜疑的心理和運用殘酷的手段，很快就要自食惡果。他在同一天假借各種藉口，邀請最重要的仇敵到卡庇多，其中烏爾西尼家族有五位成員而科隆納家族有三位。他們發現沒有召開會議或是舉行歡宴，反而成為專制或正義之劍的階下囚，無論是自覺無辜或深感有罪，同樣憂慮面臨的危險。人民在鐘聲的召喚下聚集起來，他們被控密謀活動要殺害護民官，雖然其中有幾位陷入不幸的處境會引起同情，但是沒有人伸出援手或是說句公道話，來拯救這些即將判罪的貴族。他們面臨絕望的關頭，只有表面裝出勇敢的神色，在分開囚禁的小室中度過無眠和痛苦的夜晚。德高望重的英雄人物司蒂芬·科隆納敲打著房門，要求警衛盡快將他處死，免得在可恥的奴役生活中苟殘性命。到了早晨，從聽告解的神父來訪和鐘聲響起，他們明瞭即將宣布的判決。卡庇多的大廳裝飾著紅色和白色的帷幕，血腥的場面看起來一股肅殺之氣，護民官的面容陰沉而兇狠，劊子手的長劍已經出鞘，貴族臨死前的講話被號角的聲音所打斷。在這個決定的時刻，雷齊看起來與這些犯人同樣緊張或憂慮：光輝耀目的世家門第、勢力強大的倖存親屬、輕浮易變的羅馬人民以及西方世界的無情指責，在在使他感到畏懼。這種魯莽的行動已經帶來致命的傷害，他還有這種一廂情願的想法，認為他要是能寬大為懷，也會受到同等的對待。他發表精心推敲的演說，像仁慈的基督徒和懇求者，身為人民推選出來而非常謙卑的行政首長，他乞求國家的主人要原諒這些身為貴族的罪犯，願意用忠誠和職權立下誓言，一定會讓他們悔改繼續為國服務。護民官說道：「要是羅馬人本著仁慈的精神赦免你們，難道你們還不願提出承諾用生命和財產來支持這美好的社會架構？」貴族為不可思議的寬恕

作風感到驚奇不已，全都俯首認罪，當他們虔誠的複誦忠誠誓詞時，內心可能更加堅定報仇雪恥的意念。一位教士用人民的名義宣布他們獲得赦罪，他們就與護民官一起接受領聖體儀式，舉行宴會協助招待來客，隨著遊行隊伍參加各種活動。無論是宗教或世俗方面表現出和解復交的各種跡象以後，他們帶著新的職位和頭銜像是將領、執政官和大公，安全離開回到各人的家裡[30]。

　　他們想到面對的危險而不是獲得釋放，因此拖了幾個星期沒有動手，直到最有勢力的烏爾西尼家族與科隆納家族從城中逃出，在馬里諾（Marino）升起反叛的旗幟，很快修復城堡的防禦工事，家臣都來追隨他們的領主，亡命之徒武裝起來對抗政府官員。從馬里諾到羅馬的城門，所有的牛羊、牲口、作物和葡萄園全部被搜刮一空或徹底破壞。人民指控雷齊是災禍的始作俑者，他的政府竟然教導他們要忘記有這回事。雷齊在軍營沒有像在講壇那樣能夠發揮他的才能，一直忽略反叛的貴族發展的狀況，到後來才知道他們不僅人數眾多而且城堡的守備森嚴。他並沒有從李維的著品中習得將領的本領甚或勇氣，率領一支兩萬羅馬人的軍隊圍攻馬里諾，毫無成效和榮譽就班師回朝。他的報復行動用繪出敵人垂頭喪氣的樣子就感到滿足，同時以兩條淹死的狗（至少也應該是熊）來代表烏爾西尼家族的成員。貴族認定他沒有領導統御的能力，擴大作戰的行動，何況還受到暗中擁護者的請求。他們用四千名步卒和一千六百名騎兵發起攻擊，要憑著軍隊的實力或奇襲的手段進入羅馬（1347年11月20日）。城市完成迎擊的準備，警鐘整夜響個不停，城門受到嚴密的守備，為了表示輕視敵人而打開。他們舉棋不定，最後發出撤退的信號，兩個在最前面的單位已經越過城牆，發現能夠不受阻擋的進入通路，使得在後衛的貴族不顧一切要發揮奮勇無前的精神。經過一場混戰之後，他們被羅馬群眾所擊潰，受到毫不留情的屠殺。小司蒂芬‧科隆納在此役陣亡，他的貴族風範被佩脫拉克

30　雷齊可以用親筆信函辯護他對待科隆納家族的方式，但是真正透露出來的內容，
　　使他看起來就像無賴和瘋子。

譽爲意大利維新的主導人物。先於或隨著他過世的人員，還有他的兒子約翰這個勇敢的青年，他的弟弟彼得對沒有留在教會處於安逸而崇高的地位一定會感到遺憾，一位有合法身分的姪兒和科隆納家族的兩個私生子，加上那位年邁的族長過去使家族的希望和產業能夠倖存，現在身爲哀悼的父親受到這個痛苦的打擊也隨之而去。對於這七個人，雷齊把他們稱爲奉獻給聖靈的七個冠冕。聖馬丁和教皇波尼法修的顯靈和預言，護民官拿來激勵部隊[31]，至少在追擊之中他能展現出一位英雄人物的氣勢，但他忘記古老羅馬人的原則，那就是他們痛恨在內戰獲勝以後舉行凱旋式。征服者登上卡庇多，將他的皇冠和權杖存放在祭壇上面，帶著幾分事實大肆吹噓：對於教皇或皇帝都不敢動一根寒毛的家族，他已經割下他們的一隻耳朵。他那卑劣和難以平息的報復心理，拒絕讓死者獲得體面的葬禮，甚至威脅要將科隆納成員的遺體當作十惡不赦的罪犯懸屍示眾，最後還是他們家族那些出家的修女暗中將他們埋葬[32]。人民同情他們的悲痛並且悔恨自己的狂怒，對於雷齊極不得體的歡欣感到厭惡。他帶著興高采烈的神情去巡視這些顯赫的犧牲者喪生的地點，就在這個重要的地點他將武士的勳位頒贈給自己的兒子，典禮的完成是衛隊的騎士每人給予輕微的一擊，並且在一個水池進行荒謬和殘酷的淨身，這裡仍舊爲大公流出的鮮血所污染。

六、護民官雷齊的沒落、逃亡、囚禁、復位和死亡(1347-1354A.D.)

短期間的延遲原本可能拯救科隆納家族，也不過一個月的工夫，雷齊

---

31 雷齊在上述的信函中，將聖馬丁歸於護民官這邊，戰勝還要歸功於波尼法修這個科隆納的敵人、他自己和羅馬人民。維拉尼(Villani)也說，光榮的日子來自一場正規的會戰。福提費卡的著述單純而又詳盡的描繪出混亂的衝突、羅馬人的逃走和雷齊的怯懦。

32 科隆納家族的紅衣主教興建聖西爾維斯特修道院，捐助金錢維持和加以保護，爲了要使這個家族的女兒要出家時，能有地方過修行的生活，她們的人數在1318年就有十二位。其他待婚的少女嫁給四等親的親屬，羅馬的貴族家庭數量很少，彼此已經建立關係密切的聯姻。

從凱旋落到放逐的地步。他在勝利的驕傲之中喪失還能保留的公德之心，然而並沒有獲得軍事方面卓越的名聲，城市出現自由擴展而又極其活躍的反對勢力。等到護民官在公民大會[33]提出新的稅法和制定珀魯加的政府組織時，三十九個成員投票反對他的措施，這些人擊退叛逆和貪污帶來危害的指控。在他們有力的排斥之下，他了解到目前的狀況，即使群眾繼續支持他的事業，他也已經被最受尊敬的市民所否決。教皇和樞機主教團從來沒有被他似是而非的表白所迷惑，現在正好被他那倨傲無禮的言行所觸犯。一位紅衣主教擔任派往意大利的特使，經過毫無結果的商議以及兩次當面晤談以後，用嚴辭譴責的方式發布教皇的諭令，將護民官革出教門並且罷黜他的職位，烙上叛逆、褻瀆和異端的罪名[34]。倖存在羅馬的貴族現在都很謙恭，表達出忠誠的意念，基於利益和報復使他們提出保證要為教會服務，但是過去目睹科隆納家族的下場，他們把革命的危險和光榮丟給一群普通身分的亡命之徒。約翰‧丕平(John Pepin)是米儂比諾(Minorbino)伯爵[35]，擁有的領地位於那不勒斯王國之內，為他的罪行或富有受到永久監禁的判決。佩脫拉克為了解救他，等於給自己的朋友帶來間接的毀滅。米儂比諾伯爵率領一百五十名士兵受到引導進入羅馬，設柵防守科隆納家族控制的區域，發現這個幾乎不可能的冒險行動竟能輕易達成。從發布第一次的警報開始，卡庇多的鐘聲一直響個不停。但是沒有人回應這個熟悉的信號，人民保持沉默毫無動靜，膽怯的雷齊用嘆息和眼淚哀悼他們的忘恩負義，只有放棄共和國的政權和宮殿(1347年12月15日)。

　　丕平伯爵毋須拔出他的寶劍就恢復貴族政體和教會的權勢，要選出三位負責統治的元老，教皇的特使據有最高位階，從敵對的科隆納和烏爾西

33　波利斯托(Pollistore)是當代的作家，很含糊的提到會議和反對，他還記下若干令人感到好奇和第一手的史實。

34　克雷芒六世為了對付雷齊所下達的諭令和詔書，塞梭譯自奧德里庫斯‧雷納達斯(Odericus Raynaldus)的《教會編年史》，是他從梵蒂岡的檔案裡找到這本書。

35　維拉尼提到米儂比諾伯爵，敘述他的家世、個性和死亡，同時說他的祖父是個詭計多端的公證人，從諾切拉(Nocera)的撒拉森人那裡獲得戰利品，不僅富甲一方，更能建立高貴的門第。

尼家族接受兩位同僚。護民官制定的法案全部廢除，他的頭顱受到懸賞的
公告，然而他的名聲仍舊使人畏懼，貴族還是猶豫不決達三天之久，直到
自信已經在城市站穩腳跟。雷齊留在聖安吉洛城堡一個月以上，經過一番
努力想要恢復羅馬人的擁護和勇氣完全無效以後，非常平靜從那裡撤離。
自由和帝國的美好展望已化爲烏有，在安寧和秩序的撫慰之下，他們的銳
氣已經淪喪，完全屈從於奴性。有關這點倒是很少有人提到：新上任的元
老從羅馬教廷得到他們的權限，四位紅衣主教被授與專制力量來改進共和
國模式。貴族之間相互憎惡卻又藐視平民，爆發血腥的世仇宿怨再度使羅
馬紛爭四起，那些充滿敵意的堡壘，無論是在城鎮還是鄉村，重新建立以
後又受到摧毀。佛羅倫斯的歷史學家提到愛好和平的市民，就像被劫掠的
惡狼所吞食的羊群，但是當他們的傲慢和貪婪耗盡羅馬人的耐性，聖母馬
利亞慈悲爲懷的社會就會保護共和國或者爲他們報仇雪恥。卡庇多的鐘聲
再度響起，全副武裝的貴族在手無寸鐵的群眾面前顫抖不已，提起這兩位
元老，科隆納從皇宮的窗戶逃走，烏爾西尼被石塊擊斃在祭壇的前面。護
民官這個危機四伏的職位，陸續爲色羅尼（Cerroni）和巴隆昔利
（Baroncelli）這兩個平民所據有。色羅尼的性格溫和並不適合那個時代，
經過一陣軟弱無力的奮鬥以後，帶著良好的名聲和足夠的財富退休去過舒
適的農村生活；雖然欠缺辯才或天賦，巴隆昔利出眾之處在於決斷的精
神，他說話的語氣像愛國人士，卻向著暴君的路途邁進，引起他的懷疑就
會帶來死刑的判決，殘酷的行爲使他獲得死亡的報酬。公眾面臨不斷的災
難，雷齊的過錯已被人遺忘，羅馬人渴望美好社會架構的和平與繁榮[36]。

　　在放逐七年以後，第一位解救者再度光復他的國家。他裝扮成僧侶或
朝聖客逃離聖安吉洛城堡，在那不勒斯懇求匈牙利國王伸出友誼之手，對
每一個膽大的冒險家激起他們高昂的抱負，與大赦年的朝聖客一起混雜在
羅馬，藏身於亞平寧山的隱士之中，在意大利、日耳曼和波希米亞的城市

---

36 從雷齊的離開到歸來，維拉尼和福提費卡都提到這段期間羅馬所遭遇的困難。我
　　只有盡量不理會這些二流人物，他們一直在模仿原來那位護民官的作法。

之間四處漫遊。他本人已經消失不見卻仍舊威名遠震，焦急的亞維農教廷不僅認同而且誇大他的功勳。皇帝查理四世接見一名陌生人，他坦承自己是共和國的護民官，用愛國者的口才和預言家的眼光，談起暴政的敗亡和聖靈的王國[37]，使參加會議的使臣和王侯都大感驚奇。無論他從哪裡可以獲得希望，雷齊發現自己始終還是囚犯，支持一個獨立和尊貴的人物成為唯一的選擇，那就是至高無上的教宗不可抗拒的召喚。佩脫拉克看到朋友這種毫無價值的行動，宗教的狂熱開始冷卻下來，一直等到他吃盡苦頭和再度現身以後，狂熱才又開始死灰復燃。他口不擇言抱怨那個時代的狀況，提到羅馬的救星被皇帝拯救卻送到主教的手裡。雷齊在安全的監護之下很緩慢的從布拉格轉送到亞維農，進入這個城市被當成十惡不赦的罪犯，帶著腳鐐打進監牢之中，四位紅衣主教被指派來調查異端和謀叛的罪行。他的審判和定罪會涉及一些問題，為了審慎起見還是保持機密不能讓人知曉：像是教皇在塵世的最高權力、對居留地應盡的責任、羅馬的教士和人民在民事和教會方面的特權。正在統治的羅馬教皇吻合「仁慈」的稱號，這位囚犯極其奇特的命運枯榮和寬宏大量的風度氣慨，引起他的同情和尊敬。佩脫拉克認為他尊敬這位英雄人物具有詩人的神聖氣質[38]。雷齊的監禁獲得優容，生活非常舒適，可以閱讀各種書籍，他孜孜不倦研究李維的著作和《聖經》，尋找遭遇不幸的原因，從而獲得心靈的安慰。

　　英諾森六世接任教皇，對雷齊的獲釋和復職帶來新的希望，亞維農教廷被人說服，獲得成功的叛徒可以安撫並改進都市的混亂情勢。經過莊嚴的儀式表白忠誠的誓言以後，羅馬的護民官被授與元老的頭銜派往意大

37　波利斯托是多明我修會的宗教裁判所審判官，運用宗教狂熱的心理誇大雷齊高瞻遠矚的眼光，事實上雷齊的朋友和敵人都不知道有這回事。要是護民官接受教導，承認基督為聖靈所接替，並且要剷除教皇的暴政，即使受到宣判犯下異端和叛逆的罪行，也不會觸怒羅馬的人民。

38　佩脫拉克表現出驚異甚或羨慕的神情，這就是很明顯的證據，如果說這難以置信的狀況與真相不符，至少也可以證明他的正直。沙德神父引用佩脫拉克作品第十三卷所記載的第六封書信，他所參考的資料來自皇家的手稿，不是普通的巴西爾版本。

利,但是巴隆昔利的死亡似乎廢除了他的任務,擔任特使的紅衣主教阿波諾茲(Albornoz)[39]是一位極其卓越的政治家,帶著幾分勉強同意他進行危險的試驗,並沒有在旁加以協助。他在開始獲得的歡迎符合心中的期望,進城的日子是公眾的節慶,他用辯才和權威恢復美好社會架構的法律,但這種瞬間的豔陽很快爲他的缺陷和人民的惡習所遮蓋。他在卡庇多經常爲亞維農的監獄生活感到遺憾,經過四個月的第二次統治以後,雷齊在一場羅馬貴族教唆的暴動中被殺(1354年9月8日)。在從日耳曼人和波希米亞人的交往中,據說他感染了酗酒和殘酷的習慣,常處逆境已經凍結他的熱情,並沒有強化他的理性或美德,年輕時期有遠大的抱負,提出明確的保證發誓一定要成功,在無能爲力之下漸趨冷淡,現在僅存信心的喪失和徹底的絕望。在羅馬人的選擇和他們的心目之中,護民官的統治曾經擁有絕對的主權,元老不過是外國教廷充滿奴性的行政首長,一旦受到人民的猜疑就會爲君王所拋棄。教皇的特使阿波諾茲似乎想要讓他遭到滅亡的命運,無情的拒絕給予人員和金錢的支援。對於教廷財務部門的歲入,忠誠的臣民不敢再打主意,只要提出稅收方面的構想等於發出動亂和反叛的信號。甚至就是他的司法審判也爲自私和殘忍的罪惡或譴責所玷污,羅馬德行最崇高的市民成爲嫉妒的犧牲品。處死一名公眾掠奪者以後,可以從他的錢袋獲得幫助,行政長官對於債主的義務不是完全忘懷,就是記得太清楚[40]。內戰耗盡國家的財富和城市的耐性,科隆納家族在帕勒斯特里納仍舊保持敵對的立場,他的傭兵部隊很快就藐視這位領導者,他的無知和害怕對於部將建立功勳抱著猜忌的態度。

---

39 伊吉狄斯(Aegidius)是出身高貴的西班牙人、托雷多的總主教,在意大利出任紅衣主教,擔任教皇的使節(1353-1367A.D.),運用武力和談判恢復教廷的領地。他的傳記單獨由塞樸維達(Sepulveda)寫成。但是德萊登(Dryden)的說法毫無道理,認爲他或窩爾慈(Wolsey)的名字藉著《唐‧塞巴斯蒂安》(*Don Sebastian*)一書傳到穆夫特(Mufti)的耳中。

40 塞梭從維拉尼和福提費卡的著作中,摘錄騎士蒙特婁(Montreal)的生平和死亡的情節,說他當了一生的強盜到頭來死得像個英雄。他率領一個自由行動的連隊,首先使意大利成爲一片焦土,變得極爲富有而且所向無敵,他的錢財存在各地的銀行,僅僅帕度亞一地就有六萬達卡特。

　　無論雷齊是死是活，英雄與儒夫都很奇特的混合在一起無法分辨。當卡庇多被怒火衝天的群眾所包圍，當他被政府和軍方的屬下很卑劣的拋棄，大無畏的元老高舉自由的旗幟，親自現身在陽台上，用口若懸河的辯才向激情的羅馬人發表談話，用盡力氣想要說服大家，自己的生命和共和國的大業共存共亡同榮同辱。他的演說為如雨落下的詛咒和石塊所打斷，等到一支箭射穿他的手臂，整個人淪入極其悲慘的絕望之中，他流著眼淚逃到內室，用床單從這個監獄的窗口垂吊下去，得不到幫助也毫無希望，一直被圍困到夜晚。卡庇多的大門被戰斧或縱火所摧毀，就在元老想要穿著平民的服裝逃走時，被發現並且拖到宮殿的平台上面。審判和行刑就在這個致命的地點，整整一個小時他處於半裸和半死的狀況站在群眾的中間，沒有發出任何聲音或作出一點動作。他們的狂暴因為好奇和驚訝而變得沉靜，報復和憐憫的情緒仍舊在他們的內心引起掙扎，要不是一個大膽的兇手用短刀插進他的胸膛，他們可能會因而不了了之。他在一擊之下喪失性命，敵人再施加一千個傷口也是毫無意義的報復，元老的屍體留給野狗啃食，或是讓猶太人蹂躪，再不然用火焰來吞噬。後世會評定這位不同凡響人物的功過，但在長期的混亂和奴役狀況，雷齊的名字常被當成國家的救星而受到大家的讚揚，說他是最後一位愛國的羅馬人[41]。

七、教廷從亞維農遷回羅馬的行動及產生的後果(1355-1378A.D.)

　　佩脱拉克念茲在茲的願望是恢復自由的共和國，但是當他的平民英雄受到放逐和過世以後，他就將眼光從護民官轉移到羅馬國王身上。查理四世從阿爾卑斯山下來接受意大利和帝國的皇冠(1355年1月-5月)，這時雷齊在卡庇多神廟流出的鮮血還未洗刷乾淨。他在途經米蘭時同意桂冠詩人的拜訪，用來而不往非禮也的態度相互恭維一陣。他接受一枚奧古斯都的

41　一位匿名的羅馬人詳細敘述雷齊的放逐、復位和死亡，從他的措辭來看既不是朋友也不是仇敵。佩脱拉克只敬愛那位「護民官」，對於「元老」的下場漠不關心。

獎章，板著臉孔承諾要以羅馬君主國的創始人作爲自己的榜樣。誤用古代的名字和原則成爲佩脫拉克得意或失望的根源，然而，他也不能忽略時代和性格的差異，早先那些凱撒和一位波希米亞國君之間有無法計算的距離。這位國君受到教士的青睞，被推選爲日耳曼貴族政體虛有其名的頭目。查理四世非但沒有善盡責任，恢復羅馬的光榮和所屬的行省，反而與教皇簽訂一個祕密協定，答應在他加冕那天撤離，這個可恥的退卻行動受到愛國的吟遊詩人在後面嚴辭抨擊[42]。

等到喪失自由和帝國以後，第三個較爲謙卑的願望是牧人與羊群和好如初，將羅馬主教召回古老的特定教區。佩脫拉克帶著年輕人的熱忱和老年人的權威，連續給五位教皇寫信提出規勸，用火熱的感情和流暢的文字激起口若懸河的辯才。身爲佛羅倫斯市民的兒子永遠喜愛出生的鄉土，遠勝於接受教育的地方。在他的眼裡意大利是世界的女王和花園，雖然這片國土的黨派林立，但是就藝術、科學、財富和風雅而言，毫無疑問要居於法蘭西之上。這種差異也很難支持他的說法，那就是將阿爾卑斯山以外的國家都稱爲蠻夷之地。亞維農是神祕的巴比倫，是罪惡和墮落的淵藪，是他憎恨和藐視的對象，他卻忘懷那些可恥的罪惡並非當地的產物，不論在何處都附生於教廷的權勢和奢華。佩脫拉克承認聖彼得的繼承人是世界教會的主教，但這位使徒把永恆的寶座建立在台伯河畔，並非現在的隆河岸邊。基督教世界每個城市都受到一位主教給予祈福時，只有這座孤獨的都城被人遺忘。

自從神聖的教區遷移以後，拉特朗和梵蒂岡的神聖建築連帶那些祭壇和聖徒，都淪落到貧困和衰敗的處境。羅馬經常被描繪成一個人老珠黃的主婦，好似這個年邁多病終日哭泣的妻子，憑著一幅簡陋的畫像就可召回在外浪蕩的丈夫。但是籠罩在七山的烏雲會被合法統治者的來到所驅散，不朽的令名、羅馬的繁榮和意大利的和平，都會成爲敢抱著此一偉大決心

---

42 法蘭西的傳記作家用佩脫拉克自己的話，帶著欣然的神情敘述他的希望和失意。但他受到最深和不爲人知的傷害，要算查理四世給查努比(Zanubi)舉行授與桂冠詩人的加冕典禮。

的教皇應得的報酬。佩脫拉克規勸的五位教皇之中，前面三位是若望二十二世*43、本篤十二世和克雷芒六世，他們受到膽識驚人的演說家不斷的糾纏而感到可笑，但是烏爾班五世(Urban V)*44想要進行令人難忘的改革，最後在格列哥里十一世的手裡完成。為了執行這個計畫，確實遭到巨大和難以逾越的障礙。法蘭西國王無愧於蓋世才華的盛名，不願教皇從屈居地方的從屬關係中脫離，紅衣主教大多數是他的臣民，全都依附著亞維農的語言、習俗和地域，還有那些雄偉的府邸，最重要的，還依附著勃艮地的葡萄酒。在他們的眼裡，意大利是充滿著敵意的外國地方。他們帶著勉強的態度在馬賽上船，好像被出售或放逐到撒拉森人的國土一樣。烏爾班五世在梵蒂岡度過三年安全和榮譽的時光(1367年10月16日-1370年4月17日)，神聖的地位受到一支兩千名騎兵的衛隊給予保護。塞浦路斯的國王、那不勒斯的女王、以及東部和西部的皇帝，都來到聖彼得的寶座前面，向共同的父親非常虔誠的致敬。但佩脫拉克和意大利人的歡欣很快變成悲痛和憤恨。基於某些公務或私人有關的考慮因素，或許是他本人的急躁難耐或者是紅衣主教的不斷懇求，烏爾班奉召回到法蘭西，即將來臨的選舉免於受制於羅馬人暴虐的愛國主義。天國的大能干預他們的前途和事業，瑞典的布里傑特(Bridget)是一位聖徒和朝聖者，不贊成烏爾班五世的歸去並且預言他即將亡故。

格列哥里十一世的搬遷(1377年1月17日)獲得西恩納的聖凱瑟琳大力鼓勵，她是獻身給基督的修女也是佛羅倫斯的使臣，不論是教皇本人還是有輕信通病的大師，全部聽命於這些通靈的婦女。然而這些上天的諫言獲得世間政策若干論點的支持，亞維農的府第受到敵對派系的暴力侵犯。有位英雄人物率領三萬名土匪和強盜，向基督的代理人和樞機主教團勒索贖金並且要求赦免一切罪孽。法蘭西勇士所奉行的方針是放過民眾和搶劫教

---

*43 [譯註]若望二十二世是亞維農教廷第二任法蘭西籍教皇(1316-1334A.D.)，與神聖羅馬帝國皇帝路易四世和方濟各會發生爭執，在神學上持非正統觀點。

*44 [譯註]烏爾班五世是法蘭西籍教皇(1362-1370A.D.)，整頓教廷從亞維農遷返羅馬，因為羅馬與教皇領地發生爭執，又再度搬回亞維農。

堂,這是一種新的異端邪說,具有極其危險的屬性[45]。就在教皇被驅出亞維農時,受到羅馬使出全力的邀請,元老院和人民都把他看成合法的統治者,將城門、橋樑和堡壘的鑰匙送到他的腳前,至少還要加上台伯河彼岸整個區域[46]。忠誠的奉獻附帶一項聲明,就是不再忍受他長期離朝所惹起的物議和災禍。他要是固執己見最後就會逼得他們使出撒手 ,重新恢復最早擁有選舉教皇的權利。他們派員與喀息諾(Cassino)山修道院的院長進行商議,問他是否接受教士和人民授與的三重冠[47]。這位可敬的神職人員回答道:「我是羅馬市民[48],國家的召喚是我應遵守的法律[49]。」

　　要是迷信可以解釋一個人的夭折[50],如果一個建議的優劣要從結果來判斷,那麼這個看來顯然有理和正當的行為,似乎引起上天的反感。格列哥里十一世從返回梵蒂岡到亡故不過十四個月(1378年3月27日),隨著他的崩殂,西部的大分裂接踵而至,給拉丁教會帶來的困擾長達四十年之久。當時的樞機主教團由二十二員主教組成,有六位仍舊留在亞維農,其餘是十一位法蘭西人、一位西班牙人和四位意大利人,按照規定的方式參加祕密會議,當時他們的選擇並不限於樞機主教,結果一致贊同選出巴利

45　弗羅薩德(Froissard)提及這種掠劫性遠征行動,奎斯林(Guesclin)的傳記裡也有記載。早在公元1361年,類似的流寇就越過阿爾卑斯山騷擾亞維農的教廷。

46　弗祿里根據奧德里庫斯‧雷納達斯的《編年史》,確認格列哥里十一世和羅馬人在1376年12月21日簽訂最早的條約。

47　加在教皇主教冠上面的第一頂皇冠,據稱是君士坦丁或克洛維斯(Clovis)所贈送的禮物;波尼法修八世再加上第二頂,不僅代表宗教方面的權勢,也是統治一個塵世王國的象徵。若望二十二世或本篤十二世就用三重冠表示教會的三種統治階層。

48　巴盧茲(Baluze)提出原始證據,能夠證實羅馬使臣的威脅之辭,以及喀息諾山修道院院長的辭職。

49　巴盧茲和穆拉托里在烏爾班五世和格列哥里十一世最早的傳記中,提到教皇從亞維農回到羅馬以及受到人民歡迎的狀況。在教會分裂的爭論中,教廷對每種狀況都用偏頗的心態加以嚴苛的調查,特別在最後的審判決定了卡斯提爾完全聽命從事。巴盧茲對這件事的看法,用註釋的方式全部取材於哈雷(Harley)圖書館的一卷手抄本。

50　那些相信靈魂不滅的人難道會認為一個好人的死亡會是一種懲罰?他們已經透露出在信仰方面的變遷無常。然而我只是哲學家,無法同意希臘人的看法。可以參閱希羅多德在《歷史》中,亞哥斯青年充滿說教意味而又令人讚賞的故事。

(Bari)大主教。他是那不勒斯的臣民，以熱心和博學著稱於世，用烏爾班六世做爲稱號登上聖彼得寶座(1378年4月9日)，樞機主教團的文書認定這次的選舉出於自由意志而且合乎常規，同以往一樣受到聖靈的啓示。他按照慣常的方式進行敬謁、授封和加冕，羅馬和亞維農都服從他的世俗權威，拉丁世界承認他擁有宗教的最高權力。紅衣主教在幾個禮拜裡都隨侍在新主子的左右，口口聲聲表示出忠心耿耿的態度。直到炎熱的夏季使他們有充分的理由可以逃離城市，剛剛抵達阿南尼(Anagni)和芬迪(Fundi)會合在一起，就在這個安全的地點撕下假面具，公開譴責自己的行騙作假和僞善欺世，要將羅馬的背教者和反基督革出教門，重新選舉日內瓦的羅伯特是爲克雷芒七世*51(1378年9月21日)，向所有的民族宣布這才是眞正與合法的基督代理人。他們第一次的選舉是在死亡的恐懼和羅馬人的威脅下，並非出於自願況且不合法因而作廢。

　　他們的抱怨不是沒有道理，對於可能的結果和目前的事實出現很有力的證據：法蘭西籍紅衣主教有十二名，超過法定人數的三分之二，完全控制選舉，不論他們是否帶有行省居民的嫉妒心，也不能就此認定他們願意爲一個外國的候選人犧牲自己的權力和利益，何況教皇落到外國人頭上，他們就再也沒有機會回國。在各式各樣經常矛盾的敘述中[52]，群眾的暴力不是過分渲染就是著墨不多，叛逆的羅馬人產生違法犯紀的行爲，完全出於古老特權的煽動和教廷再度遷移的危機。三千名造反分子手執武器包圍著祕密會議的議事廳，發出恫嚇的喊叫聲音，卡庇多神廟和聖彼得大教堂響起警報的鐘聲。「兩條路：死亡或是選出意大利籍教皇」成爲一致的呼號，城內每個區部的十二名方旗爵士或頭目，用仁慈的勸告方式發出同樣

---

*51　[譯註]克雷芒七世是意大利籍教皇(1523-1534A.D.)，與法蘭西結盟，反對神聖羅馬帝國皇帝查理五世，對於英格蘭的亨利八世有關婚姻和宗教問題，採取較開明的立場。

52　連芬特(Lenfant)在他的歷史鉅著第一卷中，對於烏爾班和克雷芒的擁護者，不管是意大利和日耳曼人或是法蘭西人和西班牙人，刪節並且比較他們原始的敘述。克雷芒的擁護者顯然更爲積極和好辯，在格列哥里十一世和克雷芒七世的傳記原文中，編輯巴盧茲對於每項事實和措辭，都加上詳盡的註釋。

的威脅,已經完成準備工作要燒死頑固的紅衣主教,如果他們選出山北高盧的臣民,很有可能別想活著離開梵蒂岡。同樣的限制使得他們要弄假成真,用來掩蓋羅馬人和全世界的耳目。烏爾班的驕縱和殘暴形成更難逃避的危險,他們很快發現這個暴君的真面目,六位紅衣主教在鄰近一個房間的刑架上呻吟,他在聽到的同時還可以在花園裡一邊散步,一邊背誦主禱文。他那極其剛愎的宗教狂熱,大聲譴責他們的奢侈和惡行,還可能將羅馬所屬各教區的職位和責任授與他們。要不是他在最新的教職擢升出現致命的延誤,那麼法蘭西的紅衣主教在樞機主教團將成為無所作為的少數派。完全是基於這些理由,以及希望能夠再度越過阿爾卑斯山,他們才會表現出魯莽的行為,破壞了教會的和平與團結,雙重選舉的功過現在還在天主教的學院裡爭論不休[53]。民族的虛榮心而非利益在主導法蘭西的宮廷和教士[54]。薩伏衣、西西里、塞浦路斯、亞拉岡、卡斯提爾、那瓦爾和蘇格蘭等國家,受到法蘭西的榜樣和權勢的影響,全都聽命於克雷芒七世,他逝世後,他們再聽命於本篤十三世。羅馬和意大利、日耳曼、葡萄牙、英格蘭[55]、低地國家和北方的王國,仍舊擁護先選出的烏爾班六世,他死後由波尼法修九世、英諾森七世和格列哥里十二世繼承。

八、西部的宗教分裂、聯合談判以及大公會議(1378-1418A.D.)

從台伯河和隆河的河岸,兩個敵對的教皇展開文字和武力的鬥爭,民

---

53 看來可以拿教皇稱號的序數,當成反對克雷芒七世和本篤十三世的藉口,他們被意大利人當成偽教皇而且很魯莽的加以指責,法蘭西人則感到滿意,能用權威的立場和足夠的理由,對這個案子的可疑之處和宗教的自由進行抗辯。令人感到奇特的地方,就是兩個黨派對於聖徒、幻覺和神蹟都認為是普通之事,當然,我們也可以見怪不怪。

54 巴盧茲費盡心力證明,法蘭西國王查理五世的動機不僅純潔而且虔誠。他拒絕接受烏爾班的論點。烏爾班的信徒還不是同樣聽不進克雷芒和其他人的理由?

55 用愛德華三世的名義所寫的信函或發表的宣言,展現出英語國家反對克雷芒信徒的宗教狂熱。他們的狂熱還不限於文字,諾威治(Norwich)的主教帶領六萬名盲從的信徒組成十字軍,渡過海洋前往歐洲大陸。

政和宗教的社會秩序為之動盪不安，羅馬人在這場災難中吃盡苦頭，還受到譴責說是罪魁禍首[56]。他們眼高於頂竟然以為可以恢復宗教王國的地位，依賴各民族的貢金和奉獻來解救自己的貧窮，但法蘭西和西班牙的分離使得賺錢的宗教事業改變潮流的方向，就是硬要在十年之內舉行兩次大赦年的節慶，得到的收入也無法彌補他們的損失。烏爾班六世和三位繼承人出於教會的分裂活動、外來的軍事威脅以及民眾的暴動騷亂，被逼得無法在梵蒂岡安居。科隆納和烏爾西尼兩個家族宿怨已深尋仇不斷，羅馬的方旗爵士堅持要享有並濫用共和國的特權。基督的代理人徵集一支武裝部隊，用絞架、刀劍和匕首來懲治反叛的行為。在一次為建立友好關係而召開的會議上，十一名人民代表慘遭殺害暴屍街頭。自從諾曼人羅伯特入侵以來，羅馬人一直勇於內鬥，並沒有外人干預的危險。但是，教會分裂帶來的混亂使得一位鄰人趁虛而入，那不勒斯國王拉底斯勞斯(Ladislaus)視需要交替支持或背棄教皇和人民。教皇稱他為教會的將領，人民根據他的提名選出政府的官員。他從陸路和水路來包圍羅馬，就像蠻族征服者三度進入城門，玷污聖壇，強暴少女，搶劫商賈，在聖彼得大教堂奉行聖事，並且在聖安吉洛城堡留下一支守備部隊。他的軍隊有時還是會遭到不幸，全被羅馬人殺害，他因為耽擱三天的時間才保全性命和王冠，接著還是拉底斯勞斯贏得勝利。現在只有等他不幸夭折，才能將都城和教廷國從這位野心勃勃的征服者手裡拯救出來。他已經僭用羅馬國王的頭銜，至少他擁有登上寶座的實力[57]。

我沒有意願去寫有關教會分裂的宗教史，但是最後幾章的主題是羅馬，裡面提到統治者產生爭議的繼承權問題，倒是與教會的分裂有密切的關係。巴黎大學或索邦神學院，最早就基督教世界的和平與統一問題，召

---

56 除了一般的歷史學家之外，穆拉托里編纂的文集還收錄德斐努斯·金提利斯(Delphinus Gentilis)、彼得·安東紐斯(Peter Antonius)和司蒂芬·因菲蘇拉(Stephen Infessura)的《日記》，展現出羅馬的政局和災難。

57 嘉諾內認為拉底斯勞斯稱自己是「羅馬王」(Rex Romae)，自從塔昆人(Tarquin)被驅離以後，世人已經不知道還有這個頭銜。經過最近的研究證明Rex Ramae或Rama是一個名不見經傳的王國，後來被匈牙利所併吞。

開幾場研討會，那裡的教授和博士被高盧教會尊為頂尖的神學大師[58]。他們的行事非常謹慎，對於爭論不清的起源和得失的問題，不願進行深入的探討，只是提出建議作為補救的措施：那就是等到對立派系的紅衣主教獲得資格，能夠參加合法的選舉以後，羅馬和亞維農兩位自封的教皇同時退位。要是這兩位競爭者其中任何一位把個人利益置於公眾利益之上，那麼各民族便可撤回[59]對他的服從。每當教皇出現空位期時，這些教會的治療專家力圖避免倉卒的抉擇可能造成的危害，但是祕密會議的政策和與會成員的野心，全都拒絕聽從理智和懇求的呼籲。無論作出任何承諾，紅衣主教的誓言對教皇毫無拘束的力量。在十五年這段時間之內(1392-1407A.D.)，巴黎大學謀求和平的計畫始終受到規避，那是出於敵對教皇的伎倆、雙方擁護者的疑慮或激情、以及法蘭西黨派傾軋的興衰起伏，精神錯亂的查理六世要受他們的擺布。最後還是做出行動積極的決定，一個正式使節團的成員是亞歷山卓有名無實的教長、兩位大主教、五位主教、五位修道院院長、三位騎士和二十位神學博士，派到亞維農和羅馬的教廷，用教會和國王的名義，要求兩位自封為教皇的人退位，那就是彼得·德·盧納(Peter de Luna)自稱是本篤十三世，以及安吉洛·柯拉里奧(Angelo Corrario)僭用格列哥里十二世的稱號。這些使節為了維護羅馬古老的榮譽，完成君王交付的使命，要求與城市的行政官員舉行會商，向他們很明確的宣布，身為基督徒的國王不願把神聖的教區從梵蒂岡遷走，因為這裡才是聖彼得的寶座真正應該放置的地點，這樣一來讓當地的官員感到十分滿意。有一位辯才出眾的羅馬人用元老院和人民的名義，重申他們

58　有關法蘭西人在教會分裂活動中所扮演的領導與決定性角色，虔誠的彼得在一部專史中詳細敘述，他的朋友陶努斯完成最後的善本，摘取可信的記錄刊入第七卷。

59　就這種尺度而論，有位個性倔強的博學之士約翰·吉森(John Gerson)，是這件事的始作俑者或是捍衛勇士。他的建議通常會激起巴黎大學和高盧教會採取行動，訴諸冗長的文字展現在他的神學著作之中，勒·克拉克(Le Clerc)據以寫成一本極有價值的摘要。約翰·吉森在比薩和康士坦斯的大公會議中扮演非常重要的角色。

的意願是要促成教會的統一，爲長期分裂帶來世俗和宗教的災難而感嘆不已，要求法蘭西給予保護以抗拒那不勒斯國王的武力威脅。本篤和格列哥里的答覆全都據理力爭同是滿口謊言，敵對的雙方眞是一丘之貉，對於退位問題避而不提。他們一致同意必須先行會晤，但是時間、地點和方式始終無法定奪。格列哥里的一個奴僕有這種說法：

> 如果一位前進而另一位就後退，可以說這兩位是不同類的生物，因爲前者畏懼陸地而後者害怕海洋。這樣一來，在生命和權力日益減少的狀況下，年邁的教士會危及到基督教世界的和平與救贖[60]。

　　基督教世界最後還是被他們的冥頑和欺騙所激怒，紅衣主教將這兩位教皇拋棄，然後用朋友和同事的關係聯合起來。由眾多高級教士和使節舉行的會議，支持這些紅衣主教的反叛行爲。比薩的宗教會議(1409A.D.)用同樣公正的態度，罷黜羅馬和亞維農的教皇，祕密會議一致同意選出亞歷山大五世，等到產生空缺很快推舉若望二十三世接替，這位教皇集荒淫無恥之大成倒是人類中少見。然而法蘭西和意大利過於輕舉妄動的做法，非但沒有除去教會的分裂，反而使聖彼得的寶座出現第三位覬覦者。大家爲宗教會議和祕密會議提出新的主張而爭論不休，日耳曼、匈牙利和那不勒斯這三位國王，擁護格列哥里十二世的權利要求，本篤十三世是西班牙人，獲得強大民族的虔誠信徒和愛國人士的認同。比薩會議的議程極爲草率，在康士坦斯會議(1414-1418A.D.)中獲得更正，西吉斯蒙德皇帝扮演非常顯眼的角色，成爲正統教會的擁戴者和保護人。民事和宗教的成員不僅人數眾多而且地位重要，看來可以組成統一的歐洲聯邦。

　　在這三個教皇當中，若望二十三世是第一個犧牲品，他在逃走以後被當成犯人抓回來，遭到最嚴重的控訴受到扣壓，基督的代理人僅僅被指控

---

60 李奧納杜斯·阿里提努斯(Leonardus Aretinus)是意大利一位文藝復興人士，在羅馬教廷擔任很多年的國務卿，退休以後佛羅倫斯共和國授與大法官的榮譽職位。連芬特譯出這封令人感到好奇的信函。

犯有海盜罪、謀殺罪、強暴罪、雞姦罪和亂倫罪，他在定罪書上簽字承認以後，就被送到監獄過贖罪的生活。完全是他的行事不夠謹慎，竟然相信他能在阿爾卑斯山那邊找到一個自由城市，所以才得到這種後果。格列哥里十二世等到只有里米尼狹小的地區聽命於他，開始找比較體面的下台方式，他的使臣召開會議，就在會上宣布放棄合法教皇的頭銜和權力。皇帝為了制服本篤十三世或他的擁護者頑強的抵抗，親自從康士坦斯趕往佩皮南(Perpignan)。卡斯提爾、亞拉岡、那維爾和蘇格蘭的國王達成公平和禮遇的協議，得到西班牙人的贊同，在這次的宗教會議中罷黜本篤。但是這位無辜的老人被留在一個人跡罕至的城堡，得知這些國王竟然將他的宗教事業和前途棄之若敝屣，對他們每天兩次處以革出教門的懲罰。等到把分裂教會的餘孽清除乾淨以後，康士坦斯宗教會議的議程採用緩慢而慎重的步驟，選出羅馬的君王和教會的首領。在這個極其重要的場合，由二十三位紅衣主教組成的樞機主教團，為了加強功能再增多三十名代表，由基督教世界的五個主要民族即意大利、日耳曼、法蘭西、西班牙和英吉利[61]各選派六人，一般而論他們都主張選一位意大利人或羅馬人，使得外國人的

---

61 英國使臣已經大力駁斥法國使臣的說法，我對於這種損及國格的大事不能置之不理。後者一再闡明基督教世界基本上分為四個大國，那就是意大利、日耳曼、法蘭西和西班牙，只有他們才有表決權，較小的王國(如英國、丹麥、葡萄牙等)應認清事實，同意這樣的區分，並且被劃歸入其中的一區。英吉利人明確表示他們在不列顛群島居領導地位，應該考慮讓他們成為第五個對等身分的國家，同樣擁有表決權。每一個理由不論真假，都是為了提升國家的尊嚴和榮譽。包括英格蘭、蘇格蘭、威爾斯、愛爾蘭的四個王國和奧克尼(Orkney)群島在內，不列顛群島被八頂皇冠裝飾得花團錦簇，同時可以區分為四或五種語文，就是英吉利語、威爾斯語、康瓦爾語、蘇格蘭語和愛爾蘭語。這個面積龐大的島嶼從北到南是八百哩或四十天的行程，英格蘭有三十二個郡，除了主座教堂以及學院、修道院和醫院的教堂之外，共有五萬兩千個教區教堂(非常大膽的數字！)。他們大事讚揚阿里瑪西亞(Arimathea)的聖約瑟傳教的工作、君士坦丁的出生地、兩位總主教擁有教皇使節的權力，更沒有忘記巴多羅買‧格蘭維爾(Bartholemy Glanville)的證辭(1360A.D.)，認為只有四個基督教王國：第一是羅馬；第二是君士坦丁堡；第三是愛爾蘭，已經轉移到英吉利君主國；第四是西班牙。我們的同胞在宗教會中占有優勢，但亨利五世的勝利使他的論點更有份量。羅伯特‧文菲爾德(Robert Wingfield)爵士是亨利八世派往馬克西米連(Maximilian)皇帝的使臣，可以看到他在康士坦斯大公會議提出表示反對的答辯狀，1517年在羅浮出版。

干預逐漸趨於緩和。奧索・科隆納憑著世家名聲和個人才華，成為祕密會議的成員，羅馬滿懷喜悅和順服之情接受最高貴的兒子，這個教會國家受到實力強大的家族給予保護，馬丁五世的登基開啓教皇在梵蒂岡復位和重建的新紀元[62]。

元老院行使鑄造硬幣的皇室特權幾乎有三百年之久，最早在馬丁五世[63]的手上恢復，他的肖像和稱號出現在一序列的教皇獎章上面。後面接任的兩位繼承人，尤金紐斯四世是最後一位被羅馬人民發起暴動趕走的教皇[64]，而尼可拉斯五世一直被羅馬皇帝當面不斷提出請求，以後再也沒有發生這種狀況[65]。

其一，尤金紐斯與巴西爾神父之間的衝突以及新稅制帶來的壓力或焦慮，使得羅馬人在震怒之下鋌而走險，篡奪城市的世俗統治權力。他們揭竿而起選出共和國的七位行政首長，以及卡庇多的衛兵司令，把教皇的姪兒關進監獄，在宮殿對他發起圍攻。當他穿著僧侶的服裝順著台伯河逃走，一陣箭雨落在他搭乘的小船上面，但是他仍舊據有聖安吉洛城堡，配置著忠心耿耿的守備部隊和一支砲兵序列。他們的陣地不斷發射在城市回響著隆隆的砲聲，高明的技術使得一發砲彈正好摧毀橋樑上面的防禦工事，共和國的英雄在砲兵射擊之下四散奔逃，五個月的起義行動耗盡堅定的意志。在吉布林派貴族的暴政之下，見識高明的愛國人士對於教會獲得統治權感到遺憾，他們的悔恨不僅意見一致而且發揮很大的效用。聖彼得

62　一位信奉新教的大臣連芬特從法蘭西退休到柏林以後，在可容忍的程度之內，用坦誠的態度、勤奮的工作和文雅的風格，寫成比薩、康士坦斯和巴西爾連續三次大公會議的沿革史。整部書一共是六卷四開本，巴西爾會議這部分寫得很差，康士坦斯會議的敘述有很好的水準。

63　法蘭西人穆利尼(Moulinet)和意大利人波納尼(Bonanni)是兩位僧侶，他們寫成《馬丁五世和繼承者的獎章史》，但是我很清楚，整個序列的第一部分能夠恢復原貌，完全靠著新近發現的錢幣。

64　除了尤金紐斯四世的傳記，保羅・佩特羅尼(Paul Petroni)和司蒂芬・因菲蘇拉的《日記》，都是羅馬人用叛亂對抗尤金紐斯四世的原始證據，其中保羅・佩特羅斯是使用當時當地語言的市民，對教士與民眾的暴虐同樣害怕。

65　連芬特在他的作品中描述腓特烈三世的加冕典禮，運用的史料來自伊涅阿斯・西爾維斯，他是這個宏偉場面的觀眾和演員。

的部隊再度占據卡庇多,行政官員被迫離開自己的家園,罪行嚴重的人員
面臨處決或放逐的命運,教皇的特使率領兩千步卒和四千騎兵,受到歡迎
的程度就像是城市的父親。尤金紐斯害怕或憎恨菲拉拉和佛羅倫斯的宗教
會議,盡量拖長缺席的時間,他雖然被一群順從的民眾所接受,但是教宗
從凱旋進城的歡呼聲中得知,他要確保民眾的忠誠和自己的鎮靜,必須盡
快廢止令人討厭的稅制,這件事一點都不能耽擱。

其二,羅馬在尼可拉斯五世和平統治之下,獲得修復、裝飾和教化。
在值得世人讚許的占領期間,奧地利的腓特烈三世進軍的行動使教皇提高
警覺,雖然皇家候選人的個性或實力不一定會讓他感到畏懼。等到他把軍
隊抽調到都會,用誓言[66]和條約保證可以獲得最好的安全以後,尼可拉斯
用微笑的面容接受這位教會的擁護者和家臣。那個時代的習性是如此的馴
服,奧地利人的實力是如此的軟弱,他竟然在安寧與和諧中完成盛大的加
冕典禮,但是這種毫無必要的榮譽會給一個獨立國家帶來令人難堪的羞
辱。他的繼承人藉口到梵蒂岡的朝聖極其勞累,將皇帝的頭銜交由日耳曼
選侯來抉擇。

九、羅馬的成文法和政府以及內部的叛亂和騷動(1453A.D.)

一位市民非常驕傲而高興的提到,羅馬國王對在城門迎接的紅衣主教
和高級教士,在經過時只是頷首答禮,卻特別注意元老的服裝和面貌。在
這次最後告別時,帝國和共和國的重要人士都親密的擁抱。根據羅馬的法
律,城市的首席行政官必須是法學博士,住在離開羅馬城至少有四十哩的
外地人,與居民的親屬關係不得在三等血親或姻親之內。每年辦理一次選
舉,首席行政官要嚴格審查離任元老的行為,卸任以後未滿兩年期限不能
擔任同一職位。薪俸高達三千個弗羅林金幣支付他的費用和報酬,他在公

---

66 教皇強迫皇帝宣誓效忠,事件的始末和核定的狀況記載在《克雷芒的信徒》一書
之中。伊涅阿斯・西爾維斯反對這種新的要求,看來他無法未卜先知,他會在幾
年內登上教皇的寶座,接受波尼法修八世的大政方針。

眾場合出現時代表共和國最高權威。他的長袍用金線織錦或深紅色天鵝絨
縫製，夏季穿著較薄的絲綢，他的手裡持一根象牙權杖，喇叭的聲音宣告
他的來臨，邁著莊嚴的步伐前進，至少有四名扈從校尉或隨員在前面開
道。他們執著紅色的棍棒，上面包著金色或城市制服顏色的條紋或絲帶。
首席行政官在卡庇多神廟宣誓，當眾被賦與權利和義務：遵守和維護法
律、制止傲慢的行為、保護窮人的權益、要在法律權限的範圍之內，主持
正義和推行仁政。他行使這些重要的職務，另外還有三位學識淵博的外鄉
人從旁協助，就是兩位副手和一位刑事上訴法官，他們經常在搶奪、強暴
和謀殺案的審判中依據法律出庭作證。由於法規的制定發生漏洞，使用暴
力發洩私人的怨恨和聯合武力進行相互的防衛，更為方便和容易。但是元
老的職權只限於司法部門，因而卡庇多神廟、國庫、市府及所管轄的地
區，全部委託給三位督導官負責管理，他們的人選每年要更換四次。十三
個區部的民兵組織分別集結在隊長的旗幟之下，這些首領之中最資深者，
授與總隊長的稱號和地位。民選的立法機構由羅馬人分別組成祕密會議和
全民大會，前者由現任和前一任的行政官員、一些財務和執法部門的官
員，三個階層分別派出十三人、二十六人和四十人的律師或顧問，總共約
有一百二十人組成。在全民大會中所有男性市民都有選舉權，他們會隨時
注意防止外人僭用羅馬人的家世和身份，更能提高此一特權的價值。防止
民主的暴亂要靠明智和堅持的預防措施，除了行政官員誰都不允許提出問
題進行討論，除非在公開的講壇或法庭，誰都不可以任意發表演說。所有
引起混亂的歡呼和擁護的聲音都受到取締，多數人的主張要經由祕密投票
來決定，他們的敕令用「元老院和人民」這個可敬的名義來頒布。社會秩
序的建立總是逐漸與個人自由的喪失發生密切的關係，所以很難指出一個
政治理論可以精確而持續運作的時期。但是在1580年，把古代的成文法蒐
集起來，經過有系統的整理成三冊，在教皇格列哥里十三世[67]統治之下，

67　盧卡斯·披都斯(Lucas Baetus)是一位律師和好古之士，寫出五本書對談到廢除和
　　遺棄的古代成文法加以駁斥，他被指派擔任現代的垂波尼安(Tribonian)。然而古
　　老的法典有著自由和野蠻的粗糙外殼，我對這件事感到惋惜不已。

獲得他的批准作爲現行法令推廣運用，這部民法和刑法的法典成爲這座城
市的現代法律。如果說全民集會已經廢除，那位外地來的元老和三位督導
官仍舊住在卡庇多的府邸中[68]。教皇多次將凱撒的政策重新頒布實施，羅
馬的主教假裝維護共和國的形式，實際上用絕對的權力統治這個世俗和宗
教的王國。

那個時代必須適合一些特殊的人物，這是很明顯的事實，克倫威爾
（Cromwell）或瑞茲（Retz）的才華現在都會絕滅在寒微的家世之中。政治的
熱情使雷齊擢升到最高的寶座，而他的仿效者在下個世紀就爲著這種狂熱
被送上絞台。司蒂芬·波卡羅（Stephen Porcaro）出身貴族，他的聲譽毫無
瑕疵，不僅能言善道而且博學多才，他的目標超越常人的抱負，渴望國家
的自由和不朽的名望。一個人具有無拘無束的心靈時最痛恨教士的統治，
等到整個了解君士坦丁的捐贈出於杜撰或僞造以後，所有的疑慮和顧忌全
被移走。當前的佩脫拉克在意大利成爲發出神諭的代言人。只要波卡羅的
內心浮現描述羅馬愛國志士和英雄人物的頌歌，就把自己看成想像力豐
富、能夠先知先覺的吟遊詩人。他在尤金紐斯四世的葬禮上，首先測試爲
眾人接受的感覺，他用精心推敲的講辭呼籲羅馬人武裝起來爭取自由，他
們帶著愉悅的表情在傾聽，直到波卡羅被一位嚴肅的律師提出的問題所打
斷，後者爲教會和政府大力辯護。無論哪種法律煽動的演說家都犯下謀叛
的罪行，但是新任教宗出於恩典，抱著憐憫和尊敬的觀點看待他的爲人處
事，很想用崇高的職位將這位愛國人士轉變成爲自己的朋友。個性剛直的
羅馬人不爲所動，帶著日益高漲的聲譽和狂熱從阿南尼返回，利用那佛納
（Navona）舉行競賽的良好機會，試圖引燃一場偶發狀況的爭論，從一些
學生和工匠逐漸涉及所有的民眾。雖然有人提議要取他的性命，但仁慈的
尼可拉斯仍舊堅持不願接受，就將這個叛徒從容易受到誘惑的地點送到波
隆納，爲了他的生計特別贈送一大筆津貼，他應盡的義務是每天在城市的

---

68 在我們和格羅斯利（Grosley）的時代（1765A.D.），羅馬的元老比爾克（Bielke）是一位
   出身貴族的瑞典人，成爲天主教信仰的改宗者。成文法只是暗示而沒有肯定的條
   文，說教皇有權指派羅馬的元老和政府的監督。

總督面前出現。但是波卡羅從小布魯特斯那裡獲得教誨，對於暴君毋須遵守忠誠或感恩的道理。流放者痛責專橫的判決，黨派組織和陰謀活動已經逐漸形成。他的姪兒是個奮不顧身的青年，在周圍聚集一批志願軍，一個指定的夜間在家中為招待共和國的朋友準備盛宴。他們的領袖逃離波隆納，穿著紫色和金色的長袍現身，他的聲調、神色和姿態，在在顯示出願為光榮事業犧牲奉獻的精神。在經過深思熟慮的講話中，他詳述這場革命大業的舉事動機和運作手段、羅馬的偉大名聲和自由權利、教會暴君的怠惰懶散和傲慢自大，以及他們的同胞極積贊同或消極認可。三百名士兵和四百名流亡人士，長久以來練習武器的運用或從事不法的勾當，報復的權利更加磨利他們的刀劍，勝利的酬勞是一百萬達克特銀幣。這件事非常容易（根據他的說法），次日是主顯節的假期，他們可以在聖彼得大教堂的門前或祭壇抓住教皇和紅衣主教，將他們全部腳鐐手銬帶到聖安吉洛城堡的外牆，威脅要立即處死以迫使守軍開城投降，登上無人領導的卡庇多，敲響警報的鐘聲，在全民大會中重建羅馬古老的共和國。當他意氣風發時，誰知已經被人出賣。元老率領一支實力強大的衛隊包圍聚會的住宅，波卡羅的姪兒從群眾中殺出一條血路，但是不幸的司蒂芬從藏身的木箱中被搜出來，非常悲傷的得知他的仇敵預為安排，比他的謀逆活動提早三個小時行動。查明證據確鑿和一再重犯的罪行以後，甚至就是慈悲為懷的尼可拉斯也只有保持沉默，波卡羅和九名從犯沒有領受臨終聖事的恩典就被吊死，在教廷的畏懼和抨擊聲中，羅馬人對這些為國殉難的志士不僅憐憫而且幾乎就要讚許。但是他們的推崇已經三緘其口，同情無法發揮效用，自由終於永久絕滅。要是他們在寶座的空位期或缺少糧食時揭竿而起，在最卑賤的奴役生活之中可能發生這種突發的動亂。

　　社會的動亂促成貴族的獨立，維繫平民的自由必須要使各階層能夠聯合。羅馬的貴族長期以來保持著掠奪和壓迫的特權，他們的住宅成為防守嚴密的城堡和不容侵犯的聖所，他們將土匪和罪犯當成兇惡的隨員行列，保護他們免於受到法律的制裁，為了回報這種友善的接待，這些人用長劍和短刀提供服務。教宗和他們的姪兒基於私人利益，有時會將惡徒涉入家

族的宿怨之中，在西斯篤四世(Sixtus IV)*69的統治之下，敵對家族的戰鬥和圍攻使羅馬陷入錯亂困惑的境地，首席書記科隆納的府邸發生大火，本人遭到酷刑和斬首，他那受到監禁的朋友薩維利，拒絕對勝利的烏爾西尼歡呼致敬，就在迎接的地點遭到謀殺70。但是教皇在梵蒂岡不再感到心驚膽寒，要是臣民決定要提出主權的要求，他有實力控制整個情勢使他們聽命服從。就連提到社會現象極為偏頗而又混亂的外鄉人，都會欽佩教會國家負擔很輕的賦稅和明智的施政方針。

十、教皇獲得羅馬的絕對統治權和教會政府的建立(1500-1590A.D.)

梵蒂岡靠著輿論的力量才能發出宗教的雷霆之聲，要是輿論為理性或熱情所取代，雷聲就不能發生效力，只能在天空隆隆作響，毫無依仗的教士就會受到貴族或平民對手無情的迫害。但是，在他們從亞維農歸來以後，聖彼得之鑰便受到聖保羅之劍的保護，羅馬在一座固若金湯的要塞控制之下，威力強大的火砲對暴亂的群眾是最有效的鎮壓工具。打著教皇的旗幟組成一支正規的騎兵和步兵部隊，他有金額龐大的歲入可以供應戰爭的需要，可以從範圍廣大的領地，派出一支由懷有敵意的鄰人和忠心耿耿的臣民所組成的軍隊，前去平息一個反叛的城市71。自從菲拉拉和烏比諾(Urbino)兩個公爵領地合併以後，這個教會國家的疆域便從地中海延伸到亞得里亞海，從那不勒斯的邊界擴展到波河，早在十六世紀時，這個廣袤和富饒的國家絕大部分地區，都承認羅馬教皇的合法權利和世俗統治。他

---

*69 [譯註]西斯篤四世是意大利籍教皇(1471-1484A.D.)，涉及美地奇家族的糾紛和佛羅倫斯戰爭，贊助文藝復興，大事興建多所教堂。

70 司蒂芬·因菲蘇拉和匿名的市民是兩名旁觀者，在他們的《日記》中，透露出西斯篤四世的偏袒行為，是使羅馬陷入混亂狀況的主要原因。可以參閱1484年面臨的困難問題，以及首席書記科隆納的死亡。

71 西斯篤五世的節約，使教廷國的歲入到達兩百五十萬羅馬克朗，建立一支常備軍有三千騎兵和兩萬步卒，使克雷芒八世能夠在一個月內入侵菲拉拉公國。從那個時候開始，很高興知道教皇的軍隊逐漸頹廢不振，但是賦稅的收入必定還在些微增加。

們的權利可以從黑暗時代真正或傳聞的捐贈中推算出來，在他們最後定居之前所施展的一連串步驟，會使我們深入了解意大利甚或歐洲的事務。亞歷山大六世的各種罪行、朱理烏斯二世的軍事行動、李奧十世的開明政策，這些都是那個時代最高貴的歷史學家從事著述的題目[72]。從發起攻勢的早期直到查理八世的遠征行動，教皇不斷與鄰近的君王和城邦搏鬥，無論對手的實力與他概等或是不及，他都沒有落於下風。但是等到法蘭西、日耳曼和西班牙這些君主國，用強大的武力爭奪意大利的主權，教皇開始拿出計謀彌補實力的不足，運用和戰兩手策略的迷宮，來掩飾強烈的意圖和長期的願望，那就是一心一意要把蠻族趕過阿爾卑斯山。梵蒂岡微妙的平衡經常被歐洲西部和北部的士兵所破壞，這些人在查理五世的旗幟之下團結起來。克雷芒七世的政策軟弱而多變，使得他自己和國土全部暴露在征服者的前面無所遁形，羅馬被丟給一支毫無紀律可言的軍隊達七個月之久，他們比哥德人和汪達爾人更爲貪婪殘暴[73]。

經歷如此慘痛的教訓以後，教皇幾乎已經滿足的野心有所收歛，重新扮演普通父親的角色，除了發生一次魯莽的爭執，基督的代理人武裝起來，與土耳其的蘇丹在同一時間對付那不勒斯王國[74]，此外都盡量避免任何攻擊性的敵對行動。法蘭西人和日耳曼人最後還是撤離戰場：米蘭、那

72 尤其是基西阿迪尼（Guicciardini）和馬基維利（Machiavelli, Niccolo di Bernardo, 1469-1527A.D.，佛羅倫斯的外交家和政治家，著有《君主論》），像是前者的一般歷史著作，還有後者的《佛羅倫斯史》、《君王論》以及有關政治的論述。這兩位加上極有成就的接班人像是保洛（Paolo）神父和達維拉（Davila），可以視爲運用現代語文的一流歷史學家，一直到目前這個時代，蘇格蘭堀起要與意大利爭奪這個領域的大獎。

73 在哥德人圍攻作戰的歷史中，我拿查理五世的臣民來與蠻族作一比較。就像韃靼人的征服會帶來悲慘的殺戮一樣，我沉溺於這種想法還是有點猶豫，那就是對於自己的歷史著作所獲致的結論，不見得抱著達成的希望。

74 在陶努斯和嘉諾內的作品中，可以看到卡拉發（Caraffa）教皇保祿四世的敵對行爲，有強烈的意願然而實力過於薄弱。這些正統信仰的偏執狂像是菲利浦二世以及阿爾伐（Alva）公爵，竟敢要求羅馬的君王與基督的代理人分道揚鑣。然而這位至高無上的人物原本可以將他的勝利視爲神聖的工作，最後只能在敗北以後用來保護他生命的安全。

不勒斯、西西里、薩丁尼亞以及托斯卡尼沿海地區,都被西班牙人用重兵
占領。從十六世紀中葉到十八世紀初期,意大利一直維持著和平與附屬的
狀況,幾乎沒有受到任何干擾,這倒是符合西班牙的利益。正統基督教國
王的宗教政策用來統治和保護梵蒂岡,出於偏見和利益使他在發生爭執
時,都會支持君主反對人民。自由的朋友或法律的敵人,並沒有從鄰近的
城邦獲得鼓勵、幫助和庇護,反而被放在專制的鐵圈之中從四面嚴密看
管。長期的服從和教育所養成的習性,能夠改變羅馬豪門和平民犯上作亂
的風氣。貴族忘記祖先的武力運用和黨派傾軋,在不知不覺之中成為奢華
和政府的奴僕,他們不再拿產業的收入維持一群門客和部從,而是消耗在
領主的私人花費上面,可以增加歡樂的生活也減低自己的實力[75]。為了修
飾和美化他們的府邸和禮拜堂,科隆納和烏爾西尼要相互競爭一比高下,
古老而輝煌的氣派只有教皇家族的暴發戶能夠媲美或超越。羅馬聽不到自
由和爭論的聲音,這裡不再出現奔騰的急流,光滑如鏡的湖面反映出怠惰
和奴役的景象。

教士的世俗王國會使基督徒、哲學家[76]、愛國者同樣感到憤慨。羅馬
極其崇高的地位、執政官和凱旋式的回憶,更加深受到奴役的痛苦感覺和
羞辱心理。要是我們能夠平心靜氣衡量教會政府的優點和缺失,就當前的
狀況可以讚許這個溫和、清廉和寧靜的體制,免於少數派的危局、年輕人
的衝動、奢侈的浪費和戰爭的災害。但是這些優點被經常要選出一個統治
者的做法所抵銷,這種選舉平均約七年一次,一般都會出現不足當地土著
的教皇:一位「年輕」的政治家開始治國已有六十歲,處於生命和能力的
衰退時期,短暫的統治無論花費多大的心血和努力,都沒有完成的希望,
更沒有孩子可以繼承。成功的候選人來自教會甚或修道院,教育和生活的

---

75 亞當斯密(Adam Smith, 1723-1790A.D.,英國經濟學家和倫理哲學家)樂於說明生
    活方式和消費形態的逐漸改變,他提出的證明或許過於嚴苛,那就是最有益的結
    果來自最卑下和最自私的原因。

76 休謨所下定論過於倉卒:要是政治和宗教的權力全部落在一個人的手裡,無論稱
    為君王或高級教士都只能維持很短的期間,通常是世俗的力量產生主導的作用。

方式會對理智、人性和自由產生反感。處於奴化信仰的羅網之中，他學到要相信最荒謬的東西，尊敬最可鄙的對象，對於理性的人類所推崇的一切事物都抱著憎惡的態度，要把過錯和誤失當成罪行嚴加懲治，要把苦行和禁欲當成美德賜給重賞，要把行事曆的聖徒[77]置於羅馬英雄和雅典哲人之上，要把彌撒書和十字架看成比耕犁和織機更有用的工具。履行駐外使節的職責或是列入紅衣主教的階級，總會獲得一些外在世界的知識，但是原始的瑕疵還是附著在思想和舉止上面無法擦去，他的學習和經驗會對執行聖事的神祕感到疑惑，但是做爲僧侶騙徒對自己宣導的教義總會堅持偏頗的立場。

　　西斯篤五世[*78]的天才火花是從方濟各修院的陰暗環境中迸發出來[79]，在五年的統治期間（1585-1590A.D.），他肅清罪犯和強盜，取締羅馬的邪惡聖所[80]，建立一支水師和軍事武力，修復和重建古代的紀念建築物，對於歲入能大手筆的花費和大幅度的增加，死後還在聖安吉洛城堡留下五百萬克朗。但是他的公正爲殘酷所玷污，積極的作爲受到征服野心的驅使，等到他逝世以後，浮濫腐化的風氣恢復，遺存的財富被揮霍得一乾二淨，只爲後代子孫留下三十五種新稅和聖職買賣，他的雕像也被忘恩負義或受到傷害的人民所摧毀。在這一系列的教皇當中，西斯篤五世保持粗獷的本

---

77 對於追隨聖法蘭西斯或聖多明尼克（St. Dominic），新教徒可能會藐視這種毫無價值的選擇，但是他不會輕率指責西斯篤五世的宗教狂熱或裁決。教皇將使徒聖彼得和聖保羅的雕像，放置在圖拉眞和安東尼空下來的石柱上面。

*78 ［譯註］西斯篤五世是意大利籍教皇（1585-1590A.D.），整頓教廷各級行政機構，進行宗教改革運動。

79 一名四海爲家的意大利人寫了《西斯篤五世傳》，這是一本內容豐富而有趣的著作，但是並沒有贏得我們的信任。斯朋達努斯和穆拉托里的《編年史》，對這個人的聲譽以及主要的事實，都給予大力的支持。

80 這些賦予特權的地點，像是特區（quartieri）或豁免地區（franchises），是外國的使節比照羅馬的貴族要求建立，朱理烏斯二世曾經全面取締，等到西斯篤五世登基以後再度恢復。我無法辨明路易十四的企圖，到底是出於主持正義還是好大喜功，他在1687年派遣使臣拉瓦丁（Lavardin）侯爵前往羅馬，帶著有一千名官員、衛士和家臣的軍隊，用來維護極不公正的主權要求，在首都的中樞要地侮辱教皇英諾森十一世。

來面目，巍然屹立。他們治理世俗政府的方針和成效，可以從這個教會國家的藝術、哲學、農業、貿易、財富和人口方面加以比較，從而了解到整體的作爲已經獲得肯定。就我個人的立場，希望抱著與人爲善的態度離開人世，在這最後的時刻，更不願冒犯羅馬的教皇和教士。

第七十一章

羅馬的廢墟在十五世紀時的景觀　衰敗和殘破的四點理由　以圓形競技場為例　城市的重建　本書的結論（1332-1430A.D.）

一、波吉烏斯在十五世紀對羅馬的描述(1430A.D.)

　　教皇尤金紐斯四世去世前不久，他的兩位僕從，學識淵博的波吉烏斯（Poggius）[1]和一位朋友，登上卡庇多山，徘徊在石柱和廟宇的廢墟之中，從這個制高點俯瞰面積寬廣和式樣各異的荒涼景象。這個地點和題目可以供應無盡的素材，用來感嘆命運的滄桑和世事的變遷，無論是對歷史的人物還是人類最驕傲的工程全無惻隱之心，把帝國和城市全都埋葬在同一座墳墓裡面。大家都會同意，昔日的羅馬是何等偉大，相較之下它的滅亡更為驚怖和悲憤：

　　　　羅馬在遙遠古代的原始風貌，當埃萬德(Evander)款待特洛伊陌生來客的時候[2]，魏吉爾憑著想像曾經加以描述。這時塔皮亞(Tarpeia)的山岩還是一大片蠻荒和孤獨的樹叢，處於詩人的時代這裡是一座蓋著金瓦的神廟。廟宇已被摧毀，黃金都被搶走，命運的巨輪完成

1　我已經提到波吉烏斯所處的時代、他的性格和作品。在這裡他對命運的無常表達出個人的看法，文辭優美而且發人深省，我特別注意到講這段話的年代。

2　這幅古代的圖畫，運用精美的手法完成，費盡心機加以推薦，羅馬的居民一定會深感興趣，我們開始研究時就對羅馬人的感情抱持認同的心理。

一次循環，神聖的地面再度荊棘叢生不勝淒涼。我們站在卡庇多山
丘上面，這裡原來是羅馬帝國的神經中樞，舉世無雙的金城湯池，
多少國王在此魂斷黃泉，舉行無數次盛大的凱旋式而知名於世，獲
得無數民族的戰利品和貢金而富甲天下，世界最偉大的奇觀，竟然
衰敗得一蹶不振，非僅江山已改，而且面目全非。勝利的大道湮滅
在枯藤蔓草之中，元老的座席埋沒在污土糞壤之下。試請舉目觀看
帕拉廷山，可以從巨大的斷壁殘垣中找出大理石的劇院、方形尖
碑、巨大的雕像以及尼祿皇宮的柱廊。再看一看這個城市其他的山
丘，空曠的地面斷斷續續僅有幾處殘址和菜園。羅馬人民引為自豪
的廣場，他們在這裡集會用來制定法律和選出官員，現在圍起來種
植蔬菜或是敞開任由豬牛覓食。修建起來以為可以永垂不朽的公家
和私人的大廈，如同巨人殘廢的四肢趴俯在地，這些歷經時間和命
運的磨難仍舊龐大的遺跡，到處所見都是成堆的碎瓦破磚。

波吉烏斯詳盡記錄這些遺跡，對於古代與迷信有關的紀念物，首先將
眼光從神話的傳說轉移到古典的藝術。其一，除了共和國時代一座橋樑、
一個拱門、一座墳墓和息斯久斯(Cestius)金字塔之外，他還能辨識出卡庇
多鹽局的雙排地窖，上面銘刻卡圖拉斯(Catulus)的名字和慷慨的行為。其
二，可以辨識出十一座廟宇，保存的狀況各有不同，從外形極為完美的萬
神殿，到只有三座拱門和一根石柱的和平女神廟，後者是維斯巴西安在內
戰完畢和征服猶太人之後建造。其三，他不以為意提到七個主要的公共浴
場，其中沒有一個維持完整的外貌，能夠辨別建築物各部分的規格和運用
的狀況，但是像是戴克里先浴場和安東尼‧卡拉卡拉(Antoninus
Caracalla)浴場，仍舊保有建造者的名號。在看到這些浴場的材質和規
模、各種類型的大理石，以及數量眾多和體積龐大的石柱以後，就耗費的
勞力金錢與實際的用途性質作一比較，真是使人驚訝不已。此外，君士坦
丁、亞歷山大、圖密善以及提圖斯的浴場，還可找到一些遺留的痕跡。其
四，提圖斯、塞維魯斯和君士坦丁的凱旋門，結構和銘刻都非常完整，一

塊墜落的殘石有幸錫以圖拉眞之名；弗拉米尼亞大道尙存兩座凱旋門，歸於弗斯汀娜(Faustina)和高連努斯(Gallienus)虛有其名的功勳。其五，波吉烏斯在對大競技場表示驚異之餘，忽略一座磚石建造的小競技場，很可能專供衛軍使用。馬塞拉斯劇院和龐培劇院一樣被任意占用，成爲公私不分的破落戶。至於亞哥納利斯(Agonalis)和麥克西繆斯(Maximus)這兩個賽車場，只有所在的位置和原來的形狀目前依稀可以分辨。其六，圖拉眞和安東尼的紀功柱仍舊巍然屹立，但是埃及的方形尖碑已經破裂倒塌或埋入土中。數量甚多的神明和英雄雕像都是藝術傑作，現在只剩下一座鍍金的騎士銅像和五座大理石雕像，其中最引人注目是菲迪亞斯(Phidias)和普拉克西特勒斯(Praxiteles)[*3]的兩匹馬。其七，奧古斯都和哈德良的陵廟或墳墓不可能完全消失，前者只能看成地面上的土丘；後者就是聖安吉洛城堡，無論是名稱還是外形都像一座現代化要塞。要是再加上一些孤零零叫不出名字的石柱，便構成這座古代城市的全貌。城牆的周長是十哩，儘管上面有些近代的建築，還是聳立三百七十九個塔樓，興建十三座城門通向四郊。

　　西部羅馬帝國甚或意大利的哥德王國衰亡九百多年後，描繪出這幅悲慘的圖畫。經歷長時期的苦難和混亂的局面，帝國、技藝和財富全都遷離台伯河畔，不會用來恢復或裝修這座城市。何況人類的處境必然是不進則退，每個後續時代都對古代的文物加速摧毀的作用，要想測出整體的衰敗過程，確定各個時期每幢建築的狀況，這項工作將永無止境而且意義不大。我在這裡只提出兩點看法，有助於對事物的因果關係進行簡單的研究。其一，波吉烏斯用雄辯之辭表示個人感慨之前兩百年，有位不知名的作家寫出一篇描述羅馬的文章，他用一些奇特而怪異的名字來稱呼同一事物，顯示對這方面文物的無知，然而這位蠻族出身的地誌學家耳聰目明，看見那些殘留的遺跡，也聽到古老的傳說，能夠清楚列舉七所劇院、十一

---

*3　[譯註]普拉克西特勒斯是公元前四世紀希臘雕塑家，作品以青銅像和大理石像最著名。菲迪亞斯(490-430B.C.)是希臘雕塑家，代表作以雅典衛城三座雅典娜神像，以及奧林匹克神廟的宙斯像最富盛名，無作品傳世。

個浴場、十二座凱旋門和十八處宮殿，大多數到波吉烏斯的時代已經消失無蹤。顯而易見的是，很多富麗堂皇的建築物能夠倖存到較晚時期[4]，而且十三和十四世紀出現的破壞因素，發揮與日俱增的力量和更爲強大的作用。其二，同樣的觀察也可以適用在最後三個時期。塞維魯斯建造的七角大樓，受到佩脫拉克和十六世紀古文物學家的讚美，我們再也無法見到。當羅馬的建築物處於完整無缺的狀態，即使前幾次的打擊是如此的沉重和猛烈，憑著堅固的實體和均衡的架構可以抗拒外力不致毀滅，但是等到已經搖搖欲墜，拱門和石柱只要輕輕一觸，就會倒塌成爲一堆碎片。

二、羅馬殘破和衰敗最主要的四個因素

我展開辛勤的工作進行深入的探討，發現羅馬的毀滅出於四個主要因素，在一千多年的時間內持續產生破壞的作用，分別是時間和自然界力量造成的損毀、蠻族和基督徒敵意的攻擊行動、建材的使用與濫用、羅馬人內部派系的紛爭和傾軋。

(一)時間和自然界力量造成的損毀

人類運用技藝建造的紀念物，遠比短暫的人生更要長久，然而這些紀念物如同萬物之靈，是如此的脆弱，終究會滅亡消失。相較於歲月無窮的時間之流，凡人的生命和工作同樣如白駒過隙。不管怎麼說，對於 ·座簡單而堅固的建築物，還是很難測定存在的期限。金字塔[5]是古代的奇觀，

4　馬比雍神父曾經出版九世紀一位無名朝聖客的著作，他的遊歷遍及羅馬的教堂和聖地，參觀很多建築物特別是著名的柱廊，這些古蹟在十三世紀之前都已消失不見。

5　金字塔的年代久遠，沒有知道人建造的時間，就是戴奧多魯斯·昔庫盧斯(Diodorus Siculus)也無法斷定，到底是在第一百八十次奧林匹克運動會前(譯按：奧林匹克運動會的開始時間是公元前776年，每四年一次，則第一百八十次運動會舉行是公元前56年)的一千年，還是三千四百年。馬夏姆(Marsham, John, 1602-1685A.D.，編年史家和年代學家)縮短埃及王朝的年代，把建造的時間定在基督紀元前2000年。

引起世人的好奇，如同秋天的落葉飄向極其龐大的墳墓，一百個世代已經
流逝，等到法老王、托勒密、凱撒和哈里發都已絕滅以後，金字塔仍舊巍
然聳立在尼羅河畔。複雜的物品由各種不同的部分組成，更容易受到損害
和腐蝕，寂靜流逝的時間經常爲颶風、地震、大火和洪水加快消失的速
度。空氣和大地毫無疑問曾經產生強烈的顫動，使得羅馬的高聳塔樓被連
根掀起。偉大的七山並不是位於地球的斷層之上，這座城市不像安提阿、
里斯本和利馬(Lima)所坐落的地帶，經常受到大自然抽搐帶來的浩劫，
轉瞬之間能將多少世代的成果化爲灰燼。火是關係到生存與死亡最強大的
力量，人類不論有意而爲或一時疏忽都會引發或傳播最迅速的災難，羅馬
編年史的每個時期都有回祿之災一再發生的記錄。尼祿在位時期發生一場
令人終生難忘的大火，起因可以歸於他的罪行或不幸，火勢雖然不會一直
保持在猛烈的程度，還是持續燃燒六天之久，也有人說是長達九天[6]。彎
曲的街道上面擠滿不計其數的房屋，不斷爲大火提供所需的燃料，等到全
部燒完火焰熄滅之後，全城十四個區部之中只有四個完好如初，三個區部
夷爲空無一物的平地，其餘七個區部只有大建築物留下冒煙的斷壁殘垣。
帝國正處於春秋鼎盛的時期，城市很快像浴火的鳳凰從灰燼中以嶄新的形
象出現，然而老年人回憶昔日的年華，難免要嘆息那無可挽回的損失：像
是希臘的藝術、各國的戰利品、原始或傳說的古代紀念物。

　　在那些災難頻繁和社會混亂的年代裡，每一種傷害都帶來致命的後
果，每一次破壞都是無法復原的損失，這些損毀不可能靠政府的公開關懷
加以整修，或是私人的利害關係積極重建。然而我們可以提出兩點理由，
說明火災對興旺的城市比起沒落的城市，可以產生更大的破壞作用。其
一，磚瓦、木料、金屬這些易燃的材料首先熔化或燒毀，但是火焰對於沒
有裝飾品空無一物的牆壁，以及厚重的拱門，便不能產生任何損害或作
用。其二，在平民百姓的居住區中，一粒小火花很容易釀成一場大火，等

6　博學多聞而又富於批判精神的威諾勒(Vignoles, Alphonse des, 1649-1744A.D.，歷
　　史學家和學者)，把羅馬大火的日期定在公元64年7月19日，隨之而來的基督徒迫
　　害行動起於同年的11月15日。

到一般的房屋被吞噬以後，比較大型的建築物通常能夠抗拒或是逃脫，像是很多孤獨的島嶼變得更爲安全。

　　羅馬所處的位置經常遭受洪水的災害，包括台伯河在內，沿著亞平寧山脈兩側的河流都有不規則而且距離很短的河道，炎熱的夏季成爲很淺的小溪，但是到了春季或冬季由於降雨或積雪融化，水面暴漲成爲奔騰的急湍。當水流被海上吹來的逆風阻攔，原來的河床不足以接納新增水量時，上漲的洪流便會漫過堤岸，在無法控制或人爲阻擋的狀況下，流向鄰近地區的平原和城市。就在第一次布匿克戰爭獲得勝利之後，台伯河因爲降雨異常而水勢暴漲，無論是淹水時間之長或受災面積之廣都是前所未見，洪流沖毀所有位於羅馬山丘下的建築物。所處的地面狀況雖然有很大的差異，不同的受災方式還是產生類似的損害效果。建築物可能被突如其來的激流沖走，或者長時期浸泡在洪水裡而瓦解和倒塌。奧古斯都在位期間同樣的災禍一再發生，失去控制的河流衝毀岸邊的皇宮和廟宇，皇帝費盡力氣疏浚並且加寬被倒塌房屋阻塞的河床之後，他的繼承人雖然提高警覺，還是沿用原來的計畫對付舊有的危機。台伯河河道或者一些支流改用新渠道排洪的計畫，長久以來遭到迷信人士和地方利益團體的反對[7]，可能產生的效益不足以補償所花費的勞力和金錢，何況這項工程拖延過久也無法達成盡善盡美的要求。人類在征服任性而爲的大自然極其艱困的過程中，河流受到控制是最偉大和最重要的勝利[8]。要是在大有爲政府的統治之下，台伯河還能毫無忌憚的肆虐，等到西部帝國滅亡之後，還有誰能抵擋或列舉這座城市所面臨的災害呢？最後還是災難的本身找出治療的辦

7　塔西佗曾經報導意大利不同的城鎮向元老院提出陳情書反對這項工程措施，我們還是要對理性的進步大加讚許。在類似的情況之下，毫無疑問應該考慮地區的利益，但是英吉利的下議院對於迷信的論點，抱著拒絕接受的態度：「大自然已經給河流指定應走的河道，我們不必違犯天意」。

8　可以參閱布豐(Buffon, Georges Louis Le Clerc, comte de, 1707-1788A.D.，法國自然科學家)深具說服力和富於哲理的名著《自然的時代》，他描述南美洲的圭亞那是一塊新發現的蠻荒之地，巨大的水體隨著季節的變化而漲落，根本不受人爲力量的規範。

法，垃圾和山上沖刷下來的泥土堆積，使得羅馬平原比起古代要增高十四到十五呎，現在的城市較不容易受到那條河流的侵犯[9]。

(二)蠻族和基督徒敵意的攻擊行為

每個民族都有一大堆作者把羅馬紀念物的摧毀，歸罪於哥德人和基督徒。但是這些人從來沒有去研究一下，他們到底激起多麼強烈的深仇大恨，究竟擁有哪些工具和閒暇來發洩敵意。在本書的前面幾卷，我已經敘述過蠻族和宗教的勝利，這裡我用幾句話說明一下，這些人與古代羅馬的滅亡真實或虛構的關係。我們出於幻想可能創造或接受一個人人愛聽的浪漫傳說，哥德人和汪達爾人從斯堪地那維亞出擊，滿腔熱血要為奧丁(Odin)的逃走報仇雪恥[10]，要粉碎人類身上的鎖鍊並且對壓迫者加以懲治。他們希望燒毀所有古典文獻的記錄，要在托斯坎和科林斯柱式的破碎構件上面，建造出民族風格的建築物。根據極其簡單的真實狀況，北部的征服者並非那樣的野蠻也沒有那麼高的水準，設想出毀滅和復仇極其卓越的概念。錫西厄和日耳曼的牧人曾在帝國的軍隊接受訓練，他們獲得所要求的紀律後就開始侵犯所發現的弱點，等到熟練運用拉丁語以後，學會尊重羅馬的名稱和頭銜。對於一個高等文明的藝術和學識，他們雖然缺乏爭強賭勝的能力，但傾向於崇拜而不是消滅。阿拉里克(Alaric)和堅西里克(Genseric)的士兵短暫占有富有和無力反抗的都城，一支勝利的軍隊就會激起狂熱的情緒，惡意發洩欲念或殘酷的本性，到處搜刮可以帶走的財物。但他們就是將執政官和凱撒的傑作打得粉碎，這種無利可圖的行為也不可能讓他們獲得樂趣，或者是滿足驕傲的心理。他們的時間的確很寶貴，哥德人撤離羅馬是在第六天而汪達爾人是在第十五天，雖然建造比起

9　台伯河即使在現代還是對城市造成損害，根據穆拉托里《編年史》的記載，1530、1557和1598年的洪水氾濫帶來重大的災難，使人記憶尤深。

10　我要借這個機會特此聲明，在過去的十二年中，我已經忘懷或有意不加理會，有關奧丁從亞述海逃到瑞典的傳聞，因為我從未真正相信此事。哥德人顯然是日耳曼人，但是所有在凱撒和塔西佗之前的古代日耳曼，不是一片黑暗就是僅留下神話傳說。

破壞是要困難得多，他們在倉卒狀況下發起的攻擊，只能給結實的大堆建築物帶來輕微的痕跡。

我們或許還記得阿拉里克和堅西里克都曾經表示，不得破壞羅馬城的建築物，而且在狄奧多里克(Theodoric)賢明政府的統治下，還能保持實質的強度和美麗的外貌，就是托提拉(Totila)當時怒氣沖天的情緒，也為自己的克制以及朋友和敵人的勸告所化解。譴責的對象可能從無辜的蠻族轉移到羅馬的正統基督徒，那些魔鬼的雕像、祭壇和殿堂都是他們的眼中釘。在城市完全落到絕對控制之下時，他們可能用極大的決心和熱情，努力根除祖先所崇拜的偶像。東部的神廟受到摧毀為他們列舉行動的榜樣，也為我們提供可信的證據。很可能這部分的罪行或美德要歸於羅馬新皈依的教徒。不過，他們的厭惡僅限於異教迷信的紀念物，那些用於商業或娛樂的民間建築，可能完全保留下來沒有受到破壞或引起反感。宗教的改變不是靠著民眾的暴亂才能完成，主要還是皇帝的詔書、元老院的敕令以及時間的醞釀。列名在基督教聖秩制度之中，羅馬的主教通常會謹言慎行，很少出現宗教狂熱的現象，至於拯救和改變萬神廟的莊嚴結構這種善舉，沒有人可以用理直氣壯的態度加以指責。

(三)建材的使用與濫用

任何可以滿足人類的需求和樂趣的物品，所具備的價值在於實質和形式以及材料和製做的組合，至於價格取決於需要和使用的人數、市場的規模和大小、以及最後還要依據外銷的難易，這與商品的性質、所處的位置和世界暫時的貿易情況有關。羅馬的蠻族征服者在極短時間內篡奪幾代人的成果和財富，但是，除了立即可以消耗的奢侈品，對於那些無法裝上哥德人的大車或汪達爾人的船隻向外搬運的東西，也只能毫無興趣的看看而已[11]。金和銀是他們滿足貪念的第一目標，因為在每個國家甚至最小的範

---

11 瓦卡(Vacca, Flaminius, 1538-1592A.D.，雕塑家和古物學家)和一些羅馬人認為哥德人把羅馬的財物埋藏起來，做上祕密的記號遺贈給後代子孫。他提出傳說軼聞來證明確有其事，就在他那個時代，山外高盧的朝聖客拜訪和探勘這些地點，他

圍之內，代表著對人類的勞力和財富最有力的持有。用這些貴金屬製成的
花瓶和雕像，可以引起部分蠻族酋長的虛榮心，但是數量更爲龐大的群眾
卻不理會它的外形，只看重它的材料，成錠的金銀熔化以後，很容易分割
壓製成爲帝國流通的錢幣。行動不夠積極或運道欠佳的匪徒只能搶到一些
價值更低的銅器、鉛塊、鐵器或銅幣，所有逃過哥德人和汪達爾人搶奪的
東西都被希臘的暴君洗劫一空。康士坦斯(Constans)皇帝在那次搜刮財物
的巡視中，竟然揭走萬神殿屋頂全部的銅瓦。羅馬的建築物可能被當作包
羅萬象的巨大礦藏，第一次萃取材料的工作已經做過，金屬經過提煉增加
純度重新鑄造，大理石經過切割加以打磨光亮，等到國外和國內的掠奪得
到饜足之後，要是能夠找到買主，這座城市的殘餘財物仍舊可以賣個價
錢。古代紀念物的貴重裝飾全被剝光，要是獲得利潤的希望超過勞力和外
銷的花費，羅馬人自己會動手去拆除拱門和城牆。如果查理曼大帝當年將
西部帝國的寶座安置在意大利，憑著他的才智會去重建凱撒的各項工程，
而不是盡力去摧毀破壞。但是，法蘭西國王受到政策的限制只能立國在日
耳曼的森林，他的胃口要從大肆蹂躪和任性摧殘之中獲得滿足，亞琛(Aix
la Chapelle)新建的宮殿全用拉芬納和羅馬的大理石美化得花團錦簇。查理
曼大帝逝世以後過了五百年，西西里的羅伯特國王是當代智慧最過人和行
事最開明的統治者，台伯河和海上的運輸極其便利，他從羅馬同樣獲得大
量的材料。佩脫拉克發出氣憤的哀嘆：世界古老的首都要挖出心肝去裝飾
那不勒斯怠惰的奢華。然而在黑暗時代這種掠奪和收買的例子倒是少見，
只有羅馬人在不值得羨慕的狀況下，把古代殘餘的結構任由私人或公家使
用。如果這些建築物還是保持目前的形態留在原地，對於城市和居民來說
並非完全一無是處。

　　羅馬的城牆仍舊標明古老的城區範圍，但是整個城市已從七座山丘往
下遷移到戰神教練場(Campus Martius)一帶，有些最貴重的紀念物能逃過
時間的摧殘，被留在荒郊野地遠離人類居住區之外。元老院議員的府邸已

(續)───────────────
　　們都是哥德征服者的繼承人。

經沒落，貧窮的繼承人憑著習俗和財富無法負擔豪門的生活；浴場[12]和柱廊的用途已被遺忘；在六世紀時，劇院、圓形競技場和賽車場的表演和比賽就已經中斷，有些廟宇經過奉獻用於盛行一時的禮拜儀式，但是基督徒的教堂寧可仿效十字架的神聖形狀。修道院迎合當時的風氣或出於理性的要求，按照一種奇特的模式分配個人的斗室和公用的廳堂。在教會的統治之下，虔誠信仰的建設不知增加多少倍的數量，城市裡擁塞著四十座男修道院、二十座女修道院、六十個修士和教士的分會和社團，因而對於十世紀人口衰減的狀況，不僅沒有緩和反而加劇。但是如果古代建築的類型被一個民族所忽略，非但不知它的用途更無法感受到至美，那麼豐富的建材可以隨意使用到需要的地方或迷信的行為。愛奧尼柱式和科林斯柱式最優美的石柱，佩洛斯（Paros）和努米底亞最貴重的大理石，都淪為修道院或馬廄的支撐。

土耳其人的惡行是在希臘和亞洲的城市每天不斷的摧毀，真是極其悲慘的例證；而在對羅馬紀念物逐步進行破壞的過程中，僅有西斯篤五世可能受到原諒，他拿七角大樓的石料用於聖彼得大教堂如此光榮的建築。一塊殘碑、一處廢墟，不論多麼漫漶或褻瀆，仍舊讓人看到以後引起欣慰和感嘆之情，但是大部分的大理石在拖離原有位置喪失相稱的比例以後，也就不再具備應有的性質，只有拿來燒成石灰當作黏合和填塞的材料。自從波吉烏斯抵達羅馬以後，協合宮（Concord）神廟和很多主要的建築物都在他的眼前消失。當時有種很諷刺的說法，能夠真誠表達心中的憂慮：要是長此以往，所有古代的紀念物都會絕滅殆盡，唯有數量的稀少才能阻止羅馬人的需索和踐躪。佩脫拉克在想像之中認為還存在著數量龐大的民眾，這點讓我難以相信，甚至就是在十四世紀，居民已經減少到三萬三千人這個戔戔之數。從那個時期到李奧十世在位，如果總數真是到達八萬五千人，那麼市民人數的增加對這座古城而言完全是有害無益。

---

12 然而查理曼大帝與他的一百名廷臣在亞琛洗濯和游泳，根據穆拉托里的敘述，要遲至公元814年，意大利的斯波列托（Spoleto）才建造公共浴場。

(四)羅馬內部派系的鬥爭和傾軋

我把造成破壞威力最大和作用最強的因素留到最後來說，那就是羅馬人之間內部的鬥爭和傾軋。在希臘和法蘭西的皇帝統治之下，偶然發生的反叛行為擾亂城市的安寧，當然這種狀況也並非少見。自從法蘭西皇帝的國勢衰微以後，大約是在十世紀初葉，我們注意到私鬥開始猖獗，違背法律的約束和福音書的教義卻可以不受任何懲處，無視於外國君王的權威和出現在眼前的基督代理人。在長達五百年的黑暗時期，羅馬始終處於貴族和人民、奎爾夫派和吉比林派、科隆納家族和烏爾西尼家族的血腥鬥爭之中受盡煎熬和痛苦。要是很多事件為歷史書籍所漏記，或是不值得歷史學家的注意，那麼我已經在前面兩章中詳細說明社會動亂的原因和產生的結果。在這樣一個所有紛爭都要靠武力解決的時代，誰也不會將生命和財產託付給無能為力的法律，有錢有勢的市民就會武裝起來，對於國內敵人用來保護自己的安全，或是向對方發起進犯的行動。意大利所有能夠自主的共和國除了威尼斯以外，全都處於同樣的危機和圖謀之中，貴族竊取特權可以加強住所的防衛力量，建造堅強的塔樓[13]能夠抗拒突然的攻擊。城市到處蓋滿帶著敵意的建築物，就拿盧卡(Lucca)為例，城裡有三百座塔樓，雖然法令限制高度不得超過八十呎，還是可以變通有伸展的餘地，適用富裕興旺和人口眾多的城邦。

元老院議員勃蘭卡勒翁(Brancaleone)重建和平與正義的第一步，是拆除羅馬的一百四十座塔樓(我們已經親眼目睹)。在無政府狀況和混亂的最後階段，遲至馬丁五世統治的時期，在這個劃分為十三或十四個區部的城市，其中有一個區部還矗立著四十四座塔樓。為了達成建造塔樓這種極其有害的目的，古代殘餘的建築被採用得最多，廟宇和拱門為新建的磚石結構提供寬大而堅實的基礎。那些用朱理烏斯·凱撒、提圖斯和安東尼王朝

13　羅馬和意大利所有城市與塔樓有關的事物，在穆拉托里費盡心血和引人入勝的書籍中，全都可以找到。

的凱旋門當做基礎的現代角樓，我們連名字都可以叫出來。只要經過局部
細微的改建，劇院、圓形競技場或陵墓就能變成堅強和寬大的要塞。我沒
有必要重述哈德良的陵寢已經安上聖安吉洛城堡的名稱在發揮功能；塞維
魯斯的七角大樓能夠抗拒一支皇家軍隊；米帖里(Metelli)世家的墓園深陷
在外圍工事的下面；龐培和馬塞拉斯的劇院爲薩維利和烏爾西尼家族所占
據，粗俗的堡壘逐漸改變外形成爲堂皇和典雅的意大利宮殿。甚至教堂也
被軍隊和阻絕所包圍，聖彼得大教堂的屋頂設置作戰工事，使人感覺到梵
蒂岡的恐懼，也是基督教世界的恥辱。只要設防就會受到攻擊，凡是攻擊
就可能帶來毀滅。要說羅馬人能從教皇手裡奪回聖安吉洛城堡，那是他們
決心用公眾的法規去摧毀那座奴役的紀念物。每座有人防守的建築物都會
引起圍攻，毀滅的技術和工具在圍攻之中可以大發神威。尼可拉斯四世亡
故之後，羅馬沒有君王也沒有元老院議員，整整六個月陷於瘋狂的內戰當
中，當時一位享有詩人之名的紅衣主教說道：「房屋全被投射的巨大石塊
砸得粉碎[14]，城牆在攻城錘的衝擊下出現很多大洞，塔樓被一陣火光和煙
霧所籠罩，攻擊者用盡全力想要進行掠奪和洩憤。」專橫和暴虐的法律使
破壞的工作變本加厲，意大利的黨派輪番向自己的對手從事盲目和任性的
報復，把他們的房屋和城堡全部夷爲平地[15]。

　　國外的敵對行爲是以「天數」計而國內的鬥爭傾軋是以「年代」計，
相互比較之下，我們承認後者對這座城市造成更大的破壞作用，這種看法
獲得佩脫拉克的證實，桂冠詩人說道：

　　　　請看！這就是羅馬的遺跡，昔日偉大的形象！時間和蠻族都不能誇
　　　口，造成這樣驚人的毀滅是他們的功勞。這些全是羅馬的市民，那

14　穆拉托里發現那些重達兩、三百磅的石彈並非罕見之物，在熱那亞有時得到的數
　　據是十二或十八擔，每擔重一百五十磅(譯按：這樣一來重量是一千八百磅到兩千
　　七百磅)。

15　維斯康提(Visconti)制定的法規第六條，禁止有這種惡意破壞的行爲，嚴格規定受
　　到放逐的市民要將房舍保持堪用的狀態。

些極其出色的後裔犯下滔天大罪。要知道你的祖先(他寫信給一位
名叫安尼巴爾第[Annibaldi]的貴族)用攻城錘所帶來的破壞，布匿
克戰爭的英雄用刀劍無法完成這種工作。

　　造成羅馬毀損最後兩個因素的影響力必然會相互產生作用，內戰中遭
到破壞的房屋和塔樓，總要從古代的遺跡中不斷重新供應所需的材料。

三、圓形競技場經歷的滄桑與保存的狀況(1332A.D.)

　　對於一般狀況的觀察可以單獨運用在提圖斯圓形競技場，所以得到
「大競技場」[16]這個稱呼，是來自本身的龐大無比或是尼祿的巨型雕像；
這座建築物要是任憑時間和自然的侵蝕而不是人為的破壞，幾乎可以萬古
長存。好奇的古物學家曾經計算過它的層數和座位，都認為石質台階最高
一層的上面，繞著大競技場還有幾層高起來的木製樓座，雖然多次被火燒
毀，皇帝還是加以重建。只要是貴重的物品，一切能夠拿走或是褻瀆神聖
的東西，還有那些神明和英雄的雕像和貴重飾物的浮雕，有些是用青銅鑄
造，或是包上金箔或銀箔，成為外來侵略或宗教狂熱最受注意的獵物，也
是蠻族或基督徒貪婪的目標。圓形競技場的巨大石塊上可以看到很多的孔
洞，有兩種最為可能的臆測，代表造成損毀極其意外的原因。這些石料原
來是用黃銅或鐵製的堅硬榫頭連接起來，可見掠奪者的注意力連這些價值
較低的金屬都沒有放過[17]。這塊空地曾經被改為一個市集或商場，在一項

16　馬菲(Maffei, Francesco Scipione, Marchesi, 1675-1755A.D.，意大利戲劇家、建築家
　　和學者)侯爵的《維洛納覽勝》第四部分，非常專業的敘述圓形競技場，特別是羅
　　馬和維洛納的此類建築物，有關它的規模、尺寸以及木質樓座。雄偉的結構贏得
　　「巨無霸」的名號，卡普亞(Capua)的圓形競技場不是靠著巨大的雕像獲得這個稱
　　呼。尼祿的大理石像豎立在皇宮的內廷，並沒有放置在競技場。
17　約瑟・馬利亞・斯瓦里斯(Joseph Maria Suares)是一位學識淵博的主教，也是《普
　　里尼斯特誌》的作者，他寫出一篇非常專業的論文，提到鑿出這些孔洞的七、八
　　種可能原因，沙連格里(Sallengre)的《羅馬同義辭辭典》再版時加以採用。

古老的調查報告中提到建造圓形大競技場的工匠，罅隙經過鑽孔或擴大可以插入支柱，用來撐住各種行業使用的店舖或帳篷。弗拉維亞圓形競技場剝落到只剩下赤裸的雄偉骨架，北國來的朝聖者看見以後感到敬畏與景仰，粗野的熱情迸發出一句崇高的諺語，八世紀時記載在年高德劭的比德（Bede）留存的斷簡殘篇上面：「大競技場與羅馬城命運相依生死與共，大競技場倒塌，羅馬滅亡，等到羅馬滅亡，整個世界亦不復存在[18]。」在現代作戰的準則之中，被三個山丘所控制的地點絕不會選來興建要塞。但是城牆和拱門的強度足以抗拒進攻的器械，人數眾多的守備部隊可以配置在包圍圈內，當一批人馬占領梵蒂岡和卡庇多時，另一部分在拉特朗大教堂和大競技場掘溝固守[19]。

就廢止羅馬的古代競技而論，對這個問題的認知應從多方面加以考量。特斯塔西奧（Testaceo）山和亞哥納利斯賽車場[20]的節慶體育比賽，城市的法律或習慣都有詳盡的規定[21]。主持的元老都有很高的地位和盛大的排場，能夠評定勝負和分發獎品，就是大家稱為帕利姆（pallium）[22]的金環，上面綁著布料或絲綢。猶太人的貢金拿來支付年度所需的費用[23]。徒步、騎馬或御車的競賽，改為七十二名羅馬青年的馬上衝刺和比武，顯得更為高貴。公元1332年，按照摩爾人和西班牙人的方式，在大競技場舉行

18 據說這段話出自盎格魯-薩克遜朝聖客之口，他們在公元735年之前遊歷羅馬，正是比德過世的時期，我不相信這位年高德劭的僧侶曾經越過海峽。
19 我在穆拉托里最早的《教皇傳》中沒有找到有關此事的記載，但是這段傳聞可以證明充滿敵意的瓜分行動，可能出現在十一世紀末葉或十二世紀初期。
20 雖然亞哥納利斯賽車場已經毀棄不堪使用，但仍舊保有原來的外形和名稱，內部有足夠的空間，而且非常平整可以用來賽馬。但是在由大量破碎的陶器所堆成的特斯塔西奧山，每年一次將整車的活豬從山頂投擲下去，用來娛樂平民大眾。
21 彼得・安東尼從1404年到1417年的《日記》，同樣提到納果納（Nagona）和特斯塔西奧山的田徑比賽。
22 美納吉（Menage）竟然如此愚蠢，認為帕利姆（pallium）的字源來自palmarium，事實上pallium就是披肩，這個字很容易延伸它的概念，可以從長袍或斗篷到材料，並且延伸到獎品。
23 羅馬的猶太人每年支付的費用是一千一百三十弗羅林金幣，其中的三十個金幣表示猶大將他的主子出賣給羅馬人的祖先。猶太人舉辦跑步比賽，方式就像基督徒青年一樣。

鬥牛比賽，當代有一部日記描述極為生動的景象[24]。觀眾席重新設置有座次的長椅更為方便，節目的通告一直發到里米尼和拉芬納，邀請貴族在危險的活動中一顯身手。羅馬的婦女區分為三個隊，在三個樓廊就座，9月3日這天都用紅布裝飾得花團錦簇。英俊的賈科瓦・羅維爾（Jacova Rovere）領著一批主婦從台伯河對岸過來，她們都是血統純正的當地土著，仍舊表現出古代羅馬人的五官和氣質。城市裡其餘的人員如同往常分為科隆納和烏爾西尼兩派，都為自己這派婦女的人數眾多和美貌感到驕傲。大家為薩薇拉・烏爾西尼（Savella Ursini）的傾城傾國而驚豔不已，科隆納家族為綺年玉貌的少女在「尼祿之塔」花園扭傷腳踝，未能出席感到萬分遺憾。

　　一位德高望重的市民負責比賽勇士的抽籤，然後他們進入競賽場或稱為「底池」，各人用一支長矛徒步與野牛進行決死的搏鬥。我們的編年史家從這群人中間，就他們的名字綽號、旗幟顏色和紋章題銘，選出二十位名聲響亮的騎士，其中不乏羅馬和教會國家最顯赫的人物：像是馬拉特斯塔（Malatesta）、波連塔（Polenta）、德拉-瓦勒（della-Valle）、卡法瑞洛（Cafarello）、薩維利、卡波修（Capoccio）、康提（Conti）、安尼巴爾第、阿提里（Altieri）、科西（Corsi）等人。旗幟的顏色要適合他們的品味和地位，紋章的題銘表示出希望或絕望，充滿英勇和戰鬥的大無畏精神。一名勇敢的外鄉人極具信心：「孤獨的我就像霍拉提（Horatti）最年輕的兄弟。」另外是一個鰥夫的悲泣：「大丈夫生有何歡死有何懼。」還有慎言的戀人：「我的愛死灰復燃。」現代狂熱分子曖昧的宣告：「我摯愛拉維尼亞（Lavinia），也就是盧克里提亞（Lucretia）。」穿白色制服的傢伙的座右銘：「我的信仰同樣純潔。」披著獅皮的勇士：「強壯的我難道還有對手？」殘暴之士的意願：「淹死在血泊之中將是何等的愉悅！」高傲或審慎的烏爾西尼家族衡量情勢不願進入戰場，因為戰場已經被三個有血海深仇的敵手占領，他們的銘文表現出科隆納家族的高貴和偉大：「哀傷的我

---

24 這種非常特殊在大競技場舉行的鬥牛比賽，根據盧多維科・蒙納德斯契的說法，主要來自傳統而不是回憶，《羅馬編年史》留存的殘本中記載此事。不論外表看起多麼富於幻想，表現出真實無虛和崇尚自然的特色。

何其強壯！」「我是建立豐功偉業的強人！」很像對觀眾的交代：「要是
我倒下，你也跑不掉！」暗示其他家族都是梵蒂岡的臣民，只有他們是卡
庇多神廟的支持者(當代作者的說法)。圓形競技場的搏鬥極其危險而又無
比血腥，每位勇士依次下場與一頭野牛較量，勝利通常歸於那些四足動
物，敵對一方有九人受傷十八人死亡，僅有十一人活著留在決鬥場。有些
最高貴的家庭會悲傷哀慟，但在聖約翰‧拉特朗大教堂和聖馬利亞‧瑪琴
(St. Maria Maggiore)教堂舉行盛大的葬禮，對民眾提供另一個節日。毫無
疑問，羅馬人的鮮血不應流灑在這種形式的戰鬥之中，然而在指責他們何
其魯莽的同時，我們不得不讚美他們的勇敢。這些高貴的自願者在樓座的
美女注視之下，不惜冒著生命危險來展示英雄氣概，比起那些被強行拖上
殺戮戰場的俘虜和罪犯，他們會激起更為普遍的惻隱之心。

　　圓形競技場作為比賽的場地只限於罕見或特別的節慶，建材的需求每
天繼續不斷，市民不加限制毫無遺憾的給予滿足。十四世紀時，一項極其
可恥的和解法案，使得兩派獲得同樣的特權，可以無償從大競技場這個採
石場任意挖取石料[25]，而大部分石頭都被愚蠢的羅馬人燒成石灰，更是使
得波吉烏斯為之痛心疾首。尤金紐斯四世為了阻止這種濫採的狀況，防範
有人趁著黑夜到這個寬闊而陰暗的地方從事犯罪活動，特別建造一道圍牆
把大競技場圈在裡面，同時辦理時效長久的特許狀，將整塊用地和附屬的
建築物捐給鄰近的修道院[26]。等到他逝世以後，那道圍牆有次在暴動中被
民眾推倒，要是他們真對祖先最高貴的紀念物存有尊敬之心，那麼堅決不
讓它淪為私人的產業，倒是非常正確的作法。大競技場的核心部分已經毀
損，但是到了十六世紀中葉，正是重視鑑賞和提倡學術的時代，外圍部分
尚有一千六百一十二呎仍舊完好無缺，八十座三層拱門高達一百零八呎。

25　巴多羅買神父在一部簡明而又深具價值的回憶錄中，提到十四世紀羅馬黨派對這
　　件事抱著同意的態度，他們簽訂的協議來自一份最原始的法案，仍舊保存在羅馬
　　的檔案室。

26　這件事與奧利維坦(Olivetan)的僧侶有關，蒙佛康從弗拉米紐斯‧瓦卡的歷史著作
　　中肯定確有其事。他們仍舊抱著希望，未來遇到類似的情況時，不僅要繼續這種
　　贈與的行為，還要對於合法性加以辯護。

保羅三世的幾個姪子是造成目前破壞的罪魁禍首，每個旅客只要看到法爾尼斯(Farnese)宮，就會詛咒這群爆發戶的王侯，他們犯下褻瀆神聖和奢侈貪婪的惡行。大眾對於巴貝里尼(Barberini)家族加以類似的譴責，恐怕每一代的統治者都一再對大競技場造成損害，直到最明理的本篤十四世將它置於宗教的保護之下，迫害和傳說使這個神聖的地點沾染無數基督教殉難者的鮮血。

四、歷史的回顧及羅馬城的重建和修飾(1420A.D.)

佩脫拉克帶著感激的心情觀賞偉大的紀念物，即使散落的碎塊也表現言詞無法形容的美，這時他對羅馬人極其怠惰的冷漠態度感到無比的驚異。等到佩拉克發現除了友人雷齊和科隆納家族一位成員之外，他這個來自隆河的外鄉人，竟然比起當地的貴族和土著更熟悉這個城市的古代文物，心中的感受不是興奮而是挫折。十三世紀初葉完成一份城市的古蹟調查報告，將羅馬人的無知和輕信全部展示出來。姑且不要討論名稱和位置極其顯明的錯誤，就是提到卡庇多的傳說，也忍不住讓人發出藐視和氣憤的冷笑。一個籍籍無名的作者說道：

> 卡庇多的命名源於「世界之首」的意義，過去的執政官和元老都住在此地，統治著城市和全世界。堅固和高聳的城牆上面滿布玻璃和黃金，頂蓋的屋檐有最華麗和最複雜的雕刻。城堡的下方屹立雄偉的宮殿，絕大部分建材都用黃金製成，裝飾著各種珍貴的寶石，價值相當全世界財富的三分之一。所有代表各行省的雕像都按次序排列，在頸脖上面掛著一個小鐘，出於奇特的設計或魔法的安排[27]，如果某個行省發生叛亂的行為，雕像就會轉向那個方位的天空，警

---

27 曼茲柏立的威廉介紹一名十一世紀的羅馬術士，在弗拉米紐斯·瓦卡的時代，一般庶民相信外鄉人(哥德人)請求惡魔幫助他們尋找埋藏的財寶。

鐘也會發出鳴聲，朱庇特神廟的預言家就會報告這個徵兆，元老院
對迫近的危險可以預為準備。

　　第二個例子沒有那麼出名但還是同樣荒謬，就是說兩個赤身裸體的青
年所牽的兩匹大理石馬，已經從君士坦丁浴場運到昆林納爾(Quirinal)
山。毫無根據就用菲迪亞斯和普拉克西特勒斯的名字倒是值得原諒，但是
這些希臘雕塑家在世的時間被挪後四百年，從伯里克利時代搬到提比流斯
時代。這兩位青年也不應該變成哲人或術士，用裸體作為真理和知識的象
徵，向皇帝洩露最祕密的情節。他們拒絕接受金錢的報酬，只是請求賜給
榮譽，把本身的雕像留下當成永恆的紀念物[28]。這樣看來羅馬人相信魔法
的力量，竟然對藝術的美感無動於衷。波吉烏斯所見不過是五座雕像，還
有很多在偶然或有意的情況下被埋在廢墟之中，能很幸運的保留到更為安
全和文明的時代再出土[29]。現在裝飾著梵蒂岡的尼羅河方形尖碑，是一些
工人在密涅瓦(Minerva)女神廟或修道院附近挖一個葡萄園時，探測到這
件古物。由於經常有些好奇的人前來參觀，那個性急的園主感到厭煩，就
將這個不值錢的大理石埋進原來的墓坑裡去。發現一座十呎高的龐培雕像
引起訴訟的風波，出土的地點是一道界牆的下方，公正的法官認為要將雕
像的頭部與身軀切斷，用來滿足兩位相鄰地主的要求。如果不是一位紅衣
主教的干涉和教皇的慷慨解囊，將羅馬英雄從野蠻同胞的手裡解救出來，
這項判決就要付諸執行。

　　但是蠻族的烏雲逐漸消散，馬丁五世和他的繼承人樹立和平的權威，
重建城市的各種裝飾紀念物，恢復這個教會國家的秩序。羅馬從十五世紀

28　蒙佛康正好提到，如果皇帝指的是亞歷山大，那麼這些雕像就不可能是菲迪亞斯
　　或普拉克西特勒斯的作品，因為他們在世的時間，早在征服者出生之前。
29　曼茲柏立的威廉提到帕拉斯(Pallus)雕像不可思議的發現(1046A.D.)，他是埃萬德
　　的兒子，被突努斯(Turnus)所殺。一篇墓誌銘等於一道永恆的光照著他的墳墓，
　　這位年輕巨人的屍體仍舊保持完整，在他的胸部有一個很深的傷口。如果這個神
　　話故事無法讓人相信，我們不僅同情這個軀體，就是對雕像也要加以憐惜，因為
　　他們暴露在野蠻時代的氣氛之中。

以來的進步，已經不是自由和勞動的必然結果。一座大城市首要和天生的
根基，在於四周有工作勤奮和人煙稠密的農村，提供生存、製造和外銷的
原料。但是羅馬大部分的郊區淪落成淒涼和空曠的荒野，王侯和教士那些
雜草叢生的產業，交給貧窮和無望的家臣用極其怠惰的手來經營，僅有的
少量收穫爲了專賣的利潤，不是加以限制就是逕行外銷。一個大都會的發
展次要和人爲的因素，就是成爲君王的居住地點、奢侈宮廷的花費以及所
屬行省的貢金。帝國的滅亡喪失這些行省和貢金。如果秘魯的白銀和巴西
的黃金形成的金錢潮流，有一部分還能受到梵蒂岡的吸引，那麼紅衣主教
的歲入、公職人員的薪資、朝聖客和部從的奉獻、以及教會稅收的餘款，
提供一筆可憐而又不穩的經費，無論如何還是可以維持教廷和城市過著無
所事事的生活。羅馬的人口遠低於歐洲重要首都的水平，居民的數量沒有
超過十七萬人[30]。在範圍寬廣的城牆之內，大部分是葡萄園和廢墟覆蓋著
七個山丘，這座現代城市的華美和光彩可以歸之於政府的濫權和迷信的影
響。每一代統治最顯著的特點是有新興家族迅速崛起，他們的富足是靠著
沒有兒女的教皇，所有經費由教會和國家來供應。這些幸運的傢伙都是教
皇的姪兒，居住極其闊綽的府邸是優雅和奴役的紀念物，建築、繪畫和雕
塑最完美的藝術，都是爲了金錢像賣身一樣提供服務；走廊和花園裝飾著
古代最珍貴的作品，他們的蒐集出於欣賞的品味或虛榮的心理。教皇運用
教會的歲入使正教的禮拜活動有驚人的排場，這倒是無可厚非；但是要列
舉他們虔誠修建的祭壇、禮拜堂和教堂，則大可不必。在梵蒂岡的太陽和
聖彼得大教堂的圓頂照耀之下，那些工作如同星星一樣暗淡無光，要知道
聖彼得教堂是古往今來用於宗教最光榮的建築。朱理烏斯二世、李奧十世
和西斯篤五世的名聲，有布拉曼特(Bramante)、豐塔納(Fontana)、拉斐
爾和米開朗基羅[*31]更卓越的才華相伴，使宮殿和廟宇能夠同樣展現出雄偉

---

30 在1709年時，羅馬居民的總數是138,568人(不包括八千到一萬猶太人)，1740年增
　加到146,080人，1765年不算猶太人是161,899人。我不知道以後是否繼續保持人口
　增加的狀況。

*31 [譯註]布拉曼特(1444-1514A.D.)是意大利建築師、畫家，文藝復興盛時期建築風

的氣勢，同時用對等的熱情力圖恢復或激發古代的成就。臥倒在地面的方形尖碑重新豎立起來，安置在最醒目的地點；凱撒和執政官建造的十一條供水渠道有三條修復，人工河流經過舊有或新建的長列拱橋，新鮮乾淨的清水不斷注入大理石的浴池。遊客要是感到走聖彼得大教堂的石階太吃力，抄近路就會被一根埃及花崗岩石柱擋住，這根石柱矗立在兩道終年水流不絕的噴泉之間，高達一百二十呎。古代羅馬的地圖、著作和紀念物都有古文物學家和門人弟子加以闡述[32]。英雄的足跡和帝國的古蹟，這些都不是迷信的遺物，受到新一代朝聖者虔誠的參觀，他們來自昔日蠻荒之地的遙遠北國。

最後的結論

　　對嚮往羅馬的朝聖客以及一般讀者來說，羅馬帝國的衰亡必然會吸引他們莫大的注意，這是人類歷史上最偉大而且最驚人的一幕。許多重大事

(續)————————————

　　格的代表人物，設計米蘭的聖安布羅斯教堂和聖馬利亞教堂，是教皇朱理烏斯二世的羅馬新城規劃師。豐塔納(1543-1607A.D.)是意大利建築師，設計梵蒂岡圖書館和水樂宮，將埃及方尖碑從梵蒂岡廣場移到聖彼得大教堂。拉斐爾(1483-1520A.D.)是意大利文藝復興時期最重要的畫家和建築師，主要的作品有〈西斯汀聖母〉和〈基督顯聖容〉等。米開朗基羅(1475-1564A.D.)是意大利文藝復興時期雕塑家、畫家、建築師和詩人，主要的作品有大理石像〈大衛〉〈摩西〉和壁畫〈最後的審判〉。

32 蒙佛康神父分配給自己觀察的時間是二十天，他訪問城市不同的部分應該要以周或月來計算才對。博學的本篤會修士評論古代羅馬的地誌學家，像是最早致力於此的布隆達斯(Blondus)、弗維烏斯(Fulvius)、馬提努斯(Martianus)和福納斯(Faunus)；還有孜孜不倦的皮瑞斯·利果流斯(Pyrrhus Ligorius)，如果他有高深的學識會獲得更大的成就；像是潘維紐斯(Panvinius)的著作現在已經失傳；道納都斯(Donatus)和納丁尼(Nardini)最新的作品都不夠周詳。然而蒙佛康仍舊渴望對這個古老的城市有完整的平面圖和著述，必須運用下列三種方法才能達到預定的目標：其一，要測量廢墟的空間大小和間隔距離；其二，研究碑銘以及所發現的位置；其三，調查中古時代所有的法案、特許狀和日記，其中所提到羅馬的地點或建築物。如同蒙佛康的期望，這是一件極為辛勞的工作，必須得到君王或公眾的大力贊助。諾利(Nolli)的現代地圖(1748A.D.)，對於羅馬的古代地誌提供堅實和精確的基礎。

件因果相連，互爲表裡，影響世人至巨：像是初期凱撒維持自由共和國的名稱和形象，採用極其高明的手段和策略；軍事專制的混亂和篡奪；基督教的興起和發展最後成爲國教；君士坦丁堡的奠基；東西帝國的分治和分裂；日耳曼和錫西厄蠻族的入侵和定居；民法法典的訂定；穆罕默德的性格及其宗教；教皇在塵世的統治權力；查理曼大帝神聖羅馬帝國的復興和沒落；十字軍東征和拉丁王國的建立；阿拉伯人和土耳其人的征戰；希臘帝國的覆滅；中世紀羅馬的狀況和革命等等。身爲歷史學家要爲所選擇的題目興奮不已，在感到能力有所不逮時，只有責怪史實材料之不足。此書使我付出近二十年的光陰，享受畢生最大的樂趣，想當年我在羅馬卡庇多神廟醞釀此一構想，終能完成著述，呈獻讀者諸君披閱。

洛桑

1787年6月27日

柯里的海克力斯神廟

愛好建築物以至於花費再多，

也會獲得讚許並且要極力為之辯護；

從而可以培養勤奮的風氣，

鼓勵藝術的創作，

達成公眾可以賺取工資或獲得歡樂的多重目標。

使用於道路、供水渠道和醫院，

效果不僅明顯而且實際。

Veduta del Tempio di Ercole nella Città di Cora, dieci miglia lontano da Velletri

羅馬帝國歷代皇帝年表

一、西羅馬帝國：從奧古斯都到西部帝國滅亡

B.C.27-14　　奧古斯都（Augustus）

14-37　　提比流斯（Tiberius）

37-41　　該猶斯（Gaius）即喀利古拉（Caligula）

41-54　　克勞狄斯（Claudius）

54-68　　尼祿（Nero）

68-69　　伽爾巴（Galba）

69　　奧索（Otho）

69　　維提留斯（Vitellius）

69-79　　維斯巴西安（Vespasian）

79-81　　提圖斯（Titus）

81-96　　圖密善（Domitian）

96-98　　聶爾瓦（Nerva），97-98與圖拉眞共治

98-117　　圖拉眞（Trajan）

117-138　　哈德良（Hadrian）

138-161　　安東尼・庇烏斯（Antoninus Pius）

161-180　　馬可斯・奧理流斯（Marcus Aurelius），161-169年與盧契烏斯・維魯斯（Lucius Verus）共治，177年起與其子康莫達斯共治。

180-192　　康莫達斯（Commodus）

193　　佩提納克斯（Pertinax）

193　　德第烏斯・鳩理努斯（Didius Julianus）

193-211　　塞提米烏斯・塞維魯斯（Septimius Severus），自198年與其子卡拉卡拉以及209年與其子傑達共治。

211-217　　安東尼（Antoninus）即卡拉卡拉（Caracalla），211-212年與弟傑達（Geta）共治。

217-218　　麥克林努斯（Macrinus），自218年與子笛都米尼努斯（Diadumenianus）共治。

218-222　　安東尼（Antoninus）即伊拉迦巴拉斯（Elaghabalus）

222-235　塞維魯斯‧亞歷山大(Severus Alexander)

235-238　色雷斯人馬克西明(Maximinus the Thrax)

238　　　郭笛努斯一世(Gordian I)，郭笛努斯二世(Gordian II)，帕皮努斯‧
　　　　麥克西繆斯(Pupienus Maximus)及巴比努斯(Balbinus)

238-244　郭笛努斯三世(Gordian III)

244-249　阿拉伯人菲利浦(Philip the Arab)，247-249年與其子菲利蒲共治。

249-251　狄西阿斯(Decius)

251-253　崔波尼努斯‧蓋盧斯(Trebonianus Gallus)與其子弗祿昔努斯
　　　　(Volusianus)共治。

253-260　華勒利安(Valerian)與子高連努斯共治。

260-268　高連努斯(Gallianus)

268-270　哥德人克勞狄斯二世(Claudius II Gothicus)

270-275　奧理安(Aurelian)

275-276　塔西佗(Tacitus)

276　　　弗洛里努斯(Florianus)

276-282　蒲羅布斯(Probus)

282-283　卡魯斯(Carus)

283-284　卡瑞努斯(Carinus)與其弟紐米倫(Numerian)共治。

284-305　戴克里先(Diocletian)，305年退位。

286-305　馬克西米安(Maximian)，305年退位。

305-311　蓋勒流斯(Galerius)，在不同時期與他共同統治的君主，有康士坦
　　　　久斯一世克洛盧斯(Constantius I Chlorus)、塞維魯斯二世(Severus II)
　　　　、黎西紐斯、君士坦丁一世、馬克西米努斯‧達查(Maximunus Daza)，
　　　　在309年共有六位奧古斯都。

311-324　君士坦丁一世(Constantine I)與黎西紐斯(Licinius)共治。

324-337　君士坦丁一世

337-340　君士坦丁二世(Constantine II)，康士坦久斯二世(Constantius II)，
　　　　及康士坦斯(Constans)共治。

340-350　康士坦久斯二世與康士坦斯共治。

350-361　康士坦久斯二世

361-363　朱理安(Julian)

363-364　傑維安(Jovian)

364-375　華倫提尼安一世(Valentinian I)與華倫斯(Valens)共治，自367年起

加上格里先(Gratian)。

375-378　華倫斯、格里先與華倫提尼安二世(Valentinian II)共治。

378-395　狄奧多西大帝(Theodosius the Great)於378-383年與格里先，華倫提尼安二世共同統治；於383-392年與華倫提尼安二世，阿卡狄斯(Arcadius)共同統治；從392年起至死與阿卡狄斯、霍諾流斯共同統治。

395　　帝國被劃分為東西兩部，自霍諾流斯至羅慕拉斯・奧古斯都拉斯均統治西羅馬帝國。

395-423　霍諾流斯(Honorius)

423-455　華倫提尼安三世(Valentinian III)

455　　彼特洛紐斯・麥克西繆斯(Petronius Maximus)

455-456　阿維都斯(Avitus)

456-461　馬約里安(Majorian)

461-465　利比烏斯・塞維魯斯(Libius Severus)

467-472　安塞繆斯(Anthemus)

472　　奧利布流斯(Olybrius)

473-474　格利西流斯(Glycerius)

474-475　朱理烏斯・尼波斯(Julius Nepos)

475-476　羅慕拉斯・奧古斯都拉斯(Romulus Augustulus)

二、東羅馬帝國：從狄奧多西王朝的分治到君士坦丁堡陷落

狄奧多西王朝

395-408　阿卡狄斯(Arcadius)

408-450　狄奧多西二世(Theodosius II)

450-457　馬西安(Marcian)

李奧王朝

457-474　李奧一世(Leo I)

474　　李奧二世(Leo II)

474-491　季諾(Zeno)

491-518　阿納斯塔休斯(Anastasius)

查士丁尼王朝

518-527　　賈士丁一世(Justin I)

527-565　　查士丁尼一世(Justinian I)

565-578　　賈士丁二世(Justin II)

578-582　　提比流斯二世(Tiberius II)

582-602　　莫理斯(Maurice)

602-610　　福卡斯(Phocas)

赫拉克留斯王朝

610-641　　赫拉克留斯(Heraclius)

641-668　　康士坦斯二世(Constans II)

668-685　　君士坦丁四世(Constantine IV)

685-695　　查士丁尼二世(Justinian II)(被廢)

695-698　　李奧久斯(Leontius)

698-705　　提比流斯三世(Tiberius III)

705-711　　查士丁尼二世(復辟)

711-713　　巴達尼斯(Bardanes)

713-716　　阿納斯塔休斯二世(Anastasius II)

716-717　　狄奧多西三世(Theodosius III)

艾索里亞(Isaurian)王朝

717-741　　李奧三世(Leo III)

741-775　　君士坦丁五世科普羅尼繆斯(Constantine V Copronymus)

775-780　　李奧四世(Leo IV)

780-797　　君士坦丁六世(Constantine VI)(被母后伊里妮剜目後殺害)

797-802　　伊里妮(Irene)

伊索里亞王朝終結後稱帝者

802-811　　尼西弗魯斯一世(Nicephorus I)

811　　　　斯陶拉修斯(Stauracius)

811-813　　米迦勒一世(Michael I)

813-820　　李奧五世(Leo V)

弗里基亞(Phrygian)王朝

820-829　　米迦勒二世(Michael II)

829-842　　狄奧菲盧斯(Theophilus)

842-867　　米迦勒三世(Michael III)

馬其頓（Macedonian）王朝

867-886	巴西爾一世（Basil I）
886-912	李奧六世（Leo VI）與亞歷山大（Alexander）共治。
912-959	君士坦丁七世波菲洛吉尼都斯（Constantine VII Prorphyrogenitus）
919-944	羅馬努斯一世勒卡皮努斯（Romanus I Lecapenus），與君士坦丁七世共同稱帝至944年，其子君士坦丁八世（Constantine VIII）在924年圖謀篡位。
959-963	羅馬努斯二世（Romanus II）
963	羅馬努斯寡后狄奧法諾（Theophano）為其子巴西爾二世（Basil II）和君士坦丁八世（Constantine VIII）攝政，尼西弗魯斯・福卡斯（Nicephorus Phocas）娶狄奧法諾後稱帝。
963-969	尼西弗魯斯二世（Nicephorus II）（被約翰一世所弒）
969-975	約翰一世齊米塞斯（John I Zimisces）
976-1025	巴西爾二世保加洛克托努斯（Basil II Bulgaroctonus）
1025-1028	君士坦丁八世
1028-1934	羅馬努斯三世阿吉魯斯（Romanus III Argyrus）
1034-1041	帕夫拉果尼亞人米迦勒四世（Michael IV the Paphlagonian）
1041-1042	米迦勒五世卡拉法提斯（Michael V Calaphates）
1042	佐耶（Zoe）與狄奧多拉（Theodora）兩位女皇共治，摩諾馬克斯（Monomachus）娶佐耶後稱帝。
1042-1055	君士坦丁九世（十世）摩諾馬克斯（Constantine XI（X）Monomachus）
1050	佐耶去世。
1055-1056	狄奧多拉
1056-1057	米迦勒六世斯特拉提奧提庫斯（Michael VI Stratioticus）馬其頓王朝終結

康南尼（Comnenian）王朝前期

1057-1059	艾薩克一世康奈努斯（Isaac I Comnenus）（被廢）
1059-1067	君士坦丁十世杜卡斯（Constantine X Ducas）
1067-1071	羅馬努斯四世狄奧吉尼斯（Romanus IV Diogenes）
1071-1078	米迦勒七世杜帕拉皮納西斯（Michael VII Parapinaces）
1078-1081	尼西弗魯斯三世波塔尼阿特斯（Nicephorus III Botaniates）

康南尼王朝

1081-1118	阿里克蘇斯一世康南努斯（Alexius I Comnenus）

1118-1143　　約翰二世卡洛約哈尼斯（John II Calojohannes）

1143-1180　　馬紐爾一世（Manuel I）

1180-1183　　阿里克蘇斯二世（Alexius II）

1183-1185　　安德洛尼庫斯一世（Andronicus I）

安吉利（Angeli）王朝

1185-1195　　艾薩克二世（Isaac II）（退位）

1195-1203　　阿里克蘇斯三世（Alexius III）

1203-1204　　艾薩克二世（復辟）與阿里克蘇斯四世（Alexius IV）共治。

1204　　　　阿里克蘇斯五世杜卡斯・木茲菲烏斯（Alexius V Ducas Murtzuphius）

1204　　　　第四次十字軍占領君士坦丁堡，成立拉丁王國。

東羅馬帝國在尼西亞（Nicaea）的流亡政權

1204-1222　　狄奧多魯斯一世拉斯卡里斯（Theodorus I Lascaris）

1222-1254　　約翰三世杜卡斯・瓦塔澤斯（John III Ducas Vatatzes）

1254-1258　　狄奧多魯斯二世拉斯卡里斯（Theodorus II Lascaris）

1258-1261　　約翰四世拉斯卡里斯（John IV Lascaris）

1259-1282　　米迦勒七世帕拉羅古斯（Michael VII Palaeologus）

1261　　　　收復君士坦丁堡重建東羅馬帝國

帕拉羅古斯王朝

1261-1282　　米迦勒八世帕拉羅古斯（Michael VIII Palaeologus）

1282-1328　　安德洛尼庫斯二世（Andronicus II）

1293-1320　　米迦勒九世（Michael IX），處於無政府狀態。

1328-1341　　安德洛尼庫斯三世（Andronicus III）

1341-1376　　約翰五世（John V）

1341-1354　　約翰六世康塔庫齊努斯（John VI Cantacuzenus）

1376-1379　　安德洛尼庫斯四世（Androcicus IV）

1379-1391　　約翰五世復辟

1390　　　　約翰七世（John VII）

1391-1425　　馬紐爾二世（Manuel II）

1425-1448　　約翰八世（John VIII）

1449-1453　　君士坦丁十一世德拉迦斯（Constantine XI Dragases）

1453　　　　穆罕默德二世（Mohomet II）攻占君士坦丁堡，東羅馬帝國滅亡。

英文索引簡表

說明：本簡表所列各條目之數字，前者爲章次，後者爲節次。

中文索引簡表

說明：本簡表所列各條目之數字，前者爲章次，後者爲節次。

【十四畫】

全書人名地名中譯辭彙

A

發50-16；逝世50-16；阿拉伯的征服者51-1；英勇的行為51-2；入侵敘利亞(Syria)51-4。

Abu-Caab　阿布卡布：安達魯西亞(Andalusian)阿拉伯的埃米爾52-9。

Abulfeda　阿爾爾菲達：其人其事50-1；所處的時代50-5；哈里發穆萬(Mervan)的記事52-5；哈里發摩克塔德(Moctader)的記事52-6；對貝都因人(Bedoween)的描述52-12；敘利亞戰爭的見證人59-12。

Abulpharagius　阿布法拉杰斯：《朝代》一書的作者51-5；哈里發阿爾馬蒙(Almamon)的記事52-7。

Abu-Moslem　阿布穆斯林：叛亂行動52-5。

Abundantius　阿布登久斯：被優特洛庇斯(Eutropius)放逐到皮提烏斯(Pityus)32-2。

Abu-Obeidah　阿布歐貝達：在敘利亞指揮阿拉伯軍隊51-4；攻取大馬士革(Damascus)51-4；葉木克(Yermuk)會戰51-4；圍攻耶路撒冷(Jerusalem)51-4；奪取安提阿(Antioch)和阿勒坡(Aleppo)51-4；亡故51-4。

Abu-Said　阿布賽德：喀麥什派(Carmathian)信徒52-12。

Abu Sophian　阿布蘇斐安：麥加的親王50-8；被穆罕默德擊敗50-11；指揮遠征大軍50-11；圍攻麥地那(Medina)50-11；接受穆罕默德的宗教50-12；受到穆罕默德的賞賜50-13。

Abu-Teher　阿布塔赫：喀麥什派(Carmathian)信徒52-12。

Abu-Taleb　阿布塔里布：穆罕默德的叔父52-5。

Abyssinia　阿比西尼亞：阿比西尼亞教會47-11；接受基督教信仰20-7；傳入希臘語47-11；傳入葡萄牙語47-11。

Abyssinians　阿比西尼亞人：阿比西尼亞的征服42-11；與查士丁尼(Justinian)成立聯盟42-11；一個阿拉伯的種族47-11。

Acacius　阿卡修斯：阿米達(Amida)主教，贖回被波斯俘虜的人員32-9。

Acatzires　阿卡齊爾人：阿提拉(Attila)之子埃拉克(Ellac)的統治35-7。

Accaioli　阿卡奧利：在希臘的意大利家族62-8。

Acesius　阿西休斯：諾瓦提亞派(Novatian)主教21-1。

Acheloum　阿奇隆姆：被土耳其人占領68-4。

Achilleus　阿契列烏斯：僭主13-4。

Achin　阿欽：海岬40-7。

Acholius　阿丘留斯：提薩洛尼卡(Thessalonica)主教；為狄奧多西(Theodosius)施洗27-3。

Acre　亞克：圍攻59-7；理查一世在該城的作戰59-8；路易九世在該城的作戰59-11；成為拉丁基督徒的城市59-12。

Acropolita George　喬治‧阿克洛波利塔：受到狄奧多爾‧拉斯卡里斯(Theodore Lascaris)的懲處62-1。

Ad　亞德人：一個種族50-9。

Adam　亞當：《古蘭經》所提到的一個地方50-6。

Adarman阿達曼：諾息萬(Nushirvan)的部將，征服敘利亞46-1。

Addua　阿杜阿：倫巴底(Lombardy)一條河流；阿拉里克(Alaric)渡過20-2；以此地為名的會戰39-2。

Adel　阿迪爾：薩拉丁(Saladin)蘇丹的弟弟59-8

Aderbjian　阿德比津：或稱米地亞(Media)；為突谷魯(Togrul)征服57-3。

Adhed　阿德黑德：法蒂瑪王朝最後一位哈里發59-5。

Adhemar　阿德瑪：普伊(Puy)主教58-1、58-4、58-11；被殺身亡58-13。

Adiabene　阿底比尼：朱理安(Julian)行軍經過之地24-3。

Adolphus　阿多法斯：增援阿拉里克31-6；升爲內廷伯爵31-8；繼承阿拉里克(Alaric)31-9；與喬維努斯(Jovinus)的結親31-11；在巴塞隆納(Barcelona)被害31-12。

Adorno　阿多諾：熱那亞(Gonoa)總督，陪伴阿穆拉二世(Amurath II)前往歐洲65-8。

Adrumetum　艾得魯米屯：向貝利薩流斯(Belisarius)投降的城市41-3；安塔拉斯(Antalas)將它摧毀43-1。

Adulis　阿杜利斯：海港40-7、40-11。

Adventus　亞溫都斯：禁衛軍統領6-3。

Aedesius　伊笛休斯：柏拉圖學派(Platonist)哲學家23-1；在帕加姆斯(Pergamus)23-2。

Aedui　伊杜伊人：高盧(Gaul)一個種族17-13。

Aegae　伊吉：西里西亞(Cilicia)一個城市33-5。

Aegidius　伊吉狄斯：高盧(Gaul)的主將，叛變的行動36-7；亡故36-7；在奧爾良(Oleans)擊敗里昔默(Ricimer)36-10。

Aelianus　伊連努斯：巴高迪(Bagaudae)農民叛亂的首領13-3。

Aemilianus　伊米連努斯：皇帝10-13。

Aemilianus　伊米連努斯：潘農尼亞(Pannonia)總督，叛變10-5。

Aemona　伊摩納：反抗麥克西繆斯(Maximus)的城市27-7；被狄奧多西(Theodosius)圍攻27-7；阿拉里克在該城30-8。

Aeneas Sylvius　埃涅阿斯‧西爾維斯(庇護二世)：發起對抗土耳其的行動68-11；他的雋言警句71-2。

Aestii　伊斯泰：波羅的海海岸地區的居民25-15；呈送琥珀給狄奧多西39-3。

Aethiopia　衣索匹亞：整個部落加入摩爾人(Moor)吉爾多(Gildo)的叛變29-7；葡萄牙人給予援救47-11。

Aetius　埃伊久斯：在阿拉里克的營地充當人質31-1；普拉西地婭(Placidia)的將領33-2；支持篡奪者約翰(John)33-2；與邦尼菲斯(Boniface)的戰爭33-5；饒勇善戰的行動；33-5；復職35-1；治理國家的狀況35-1；與匈奴人(Huns)和阿拉尼人(Alani)的結盟35-1；制服法蘭克人(Franks)和蘇伊威人(Suevi)35-1；擊敗克羅迪恩(Clodion)35-2；他的兒子與皇家結親35-8；被殺身亡35-8。

Africa　阿非利加：羅馬的行省1-7；貢金6-9；馬克西明(Maximin)統治期間的叛變7-3；戴克里先(Diocletian)統治期間的叛變13-4；基督教的發展15-6；馬克西明對基督徒的迫害16-17；宗教產生的混亂21-14；羅馬努斯(Romanus)伯爵在阿非利加25-12；弗爾繆斯(Firmus)的叛變25-12；狄奧多西在阿非利加25-12；對阿非利加的描述25-12；吉爾多(Gildo)的叛亂29-6；邦尼菲斯的叛變33-5；汪達爾人(Vandals)入侵33-3；道納都斯派(Donastist)的宗教迫害33-3；汪達爾人的蹂躪行動33-4；汪達爾人的宗教迫害37-7；貝利薩流斯的征戰41-3；正統教會的恢復41-6；查士丁尼的重稅43-1；斯托札(Stoza)的叛變43-1；摩爾人的叛亂43-1；國土成爲一片赤土43-1；撒拉森人(Saracens)入侵51-5；最後的征服51-6；基督教的絕滅51-8；哈里發統治時期的叛亂52-12；諾曼人(Nomans)在阿非利加的征戰行動53-10。

Agathias　阿果西阿斯：評論阿卡狄斯(Arcadius)的遺囑32-6；對法蘭克人的描述35-4；評述安塞繆斯(Anthemius)40-10；對波斯的看法42-5。

46-7；毀滅吉皮迪(Gepidae)王國45-2；入侵意大利45-3；接受阿萊亞斯派教義45-3；征服意大利大部分領土45-3；圍攻帕維亞(Pavia)45-3；被妻子蘿莎蒙德(Rosamund)謀殺45-4。

Alemani　阿里曼尼人：民族起源10-8；在高盧和意大利10-8；與高連努斯(Gallienus)結盟10-8；入侵意大利11-4；被奧理安(Arelian)擊敗11-4；摧毀蒲羅布斯(Probus)的邊牆12-5；被康士坦久斯(Constantius)擊敗13-4；在阿爾薩斯(Alsace)19-8；被朱理安(Julian)擊敗19-9；在高盧25-10、26-9；被馬喬里安(Majorian)擊敗36-4；獲得現在的稱呼38-3；被克洛維斯擊敗38-3；他們的制度38-6；受到狄奧多里克的保護39-3；入侵意大利43-8；被納爾西斯(Narses)擊敗43-8；入侵意大利被倫巴底人擊敗45-6；他們的國土受到查理曼(Charlemagne)大帝的統治49-10。

Aleppo　阿勒坡：阿勒坡的教會15-1；朱理安在阿勒坡24-2；諾息萬(Nushirvan)的圍攻42-6；柏伊安(Baian)的堅守46-4；撒拉森人圍攻51-4；它的堡壘51-4；被尼西弗魯斯(Nicephorus)奪取52-14；阿勒坡的君王被塞爾柱人(Seijuks)的敘利亞王朝所驅逐57-7；在阿塔貝克(Atabecks)的統治之下59-5；受到薩拉丁(Saladin)的攻擊59-6；受到蒙古人的蹂躪64-4；受到帖木兒(Timour)的洗劫65-3。

Alexander the Great　亞歷山大大帝：印度的征服2-1；在朱理安的《凱撒》一書中的描述24-1；他修建的要塞靠近裏海門戶40-13；與貝利薩流斯的比較41-12。

Alexander　亞歷山大：亞歷山卓(Alexandria)總主教21-3。

Alexander　亞歷山大：皇帝，君士坦丁七世(Constantine VII)的共治者48-5。

Alexander III　亞歷山大三世：教皇；支助倫巴底人49-14；接見君士坦丁堡的使臣53-10；限制教皇選舉的權力69-9；剝奪科隆納(Colonna)家族出任教皇的資格69-11。

Alexander　亞歷山大：巴西爾一世(Basil I)的兒子，皇帝48-5。

Alexander V　亞歷山大五世：教皇70-8。

Alsxander VI　亞歷山大六世：教皇70-10。

Alexandria　亞歷山卓：亞歷山卓大屠殺6-3；城市的描述10-14；在高連努斯統治時期的動亂10-14；弗爾繆斯據有11-7；戴克里先攻占13-4；穀物供應狀況13-4；亞歷山卓的教會15-6；亞歷山卓的學院21-2；猶太人在該城的狀況21-2；三位一體的爭論21-3；敘利阿努斯(Syrianus)的圍攻21-11；朱理安統治下的動亂23-8；地震26-1；塞拉皮斯(Serapis)神廟28-3；圖書館28-3；博物館40-14；被克斯洛伊斯(Chosroes)攻占46-7；阿穆洛(Amrou)的圍攻51-5；聖約翰(St. John)教堂51-5；查理曼大解救城市的貧困狀況57-9；謝拉古(Shiracouh)攻占該城59-5。

Alexandrians　亞歷山卓人：居民的特性10-14。

Alexius I　阿里克蘇斯一世：約翰康南努斯(John Conmenus)之子48-6；他的性格和特質48-6；奪取君士坦丁堡48-6；迫害保羅教派(Paulicians)54-3；要求拉丁人給予幫助56-7；在杜拉索(Durazzo)被基斯卡(Guiscard)擊敗56-7；致法蘭德斯(Flanders)伯爵的信函57-8；派到普拉森提亞(Placentia)的使臣58-1；十字軍東征轉向亞洲58-3；對十字軍所抱持的政策58-7；沒有協助十字軍圍攻安提阿58-10；被譬為仰人鼻息的胡狼59-1；對抗土耳其人獲得成功59-1。

Alexius II Comnenus　阿里克蘇斯二世康南努斯：君士坦丁堡皇帝；他的統治48-6；制定新的頭銜53-5。

Alexius IV Angelus　阿里克蘇斯四世安吉拉斯：艾薩克‧安吉拉斯(Isaac Angelus)之子，與十字軍的結盟60-6；他的戰鬥60-7；復位和加冕60-7；他與蒙特費拉(Montferrat)訪問

5；與賈絲蒂娜(Justina)的爭執27-6；與狄奧多西的友誼27-9；與狄奧多西的交往27-10；與尤金紐斯(Eugenius)的交往27-12；反對敘馬克斯(Symmachus)28-2；在意大利的處境36-15；米蘭(Milan)的主座教堂49-15。

Amelius　阿米留斯：新柏拉圖主義哲學家13-12。

Amer　阿麥：背教的阿拉伯人51-4。

Amida　阿米達：城市的位置19-7；現在的名稱19-7；被薩坡爾攻占19-7；成爲美索不達米亞(Mesopotamia)的首府24-13；被克司洛伊斯摧毀46-7；被撒拉森人占領51-4；尼西弗魯斯奪回52-14。

Amir　阿彌爾：愛奧尼亞(Ionia)的土耳其君王，從保加利亞人(Bulgarians)手裡救出伊里妮(Irene)女皇64-8；逝世64-8。

Ammatas　阿馬塔斯：傑利默(Gelimer)的弟弟；被羅馬人殺死41-4。

Ammianus Marcellinus　阿米努斯‧馬西利努斯：對優西庇烏斯(Eusebius)的諷刺19-1；對基督徒的指責21-15；敘述朱理安的仁慈寬大23-3；提及耶路撒冷的廟宇23-5；對羅馬教會的評敘25-8；沙利西斯(Salices)會戰的經過26-8；敘述羅馬人的生活方式31-4。

Ammon　阿蒙：數學家，測量羅馬的城牆31-5。

Ammonius　阿摩紐斯：新柏拉圖主義哲學家13-12；約翰‧菲洛朋努斯(John Philoponus)是他最後一位門徒51-5。

Amorium　阿摩里姆：該城被摧毀48-4；被撒拉森人占領52-2；被撒拉森人圍攻52-11。

Amphilochius　安菲羅契斯：伊科尼姆(Iconium)主教27-3。

Amrou　阿穆洛：受到暗殺的威脅50-17；承認穆阿偉亞50-17；在大馬士革51-4；出身51-5；在埃及51-5；與行政長官的會談51-5；在埃及的施政作爲51-5；在尼羅河和紅海之間修築運河51-5。

Amurath I　阿穆拉一世：蘇丹；統治和征服64-9；建立新軍64-9；懲罰索捷斯(Sauzes)64-10。

Amurath II　阿穆拉二世：蘇丹；統治的狀況65-8；奪取亞得里亞堡65-8；圍攻君士坦丁堡65-8；派遣使臣觀見約翰‧帕拉羅古斯66-7；性格作風和統治方式67-2；赦免斯坎德貝格(Scanderbeg)67-2；遜位67-2；瓦爾納(Warna)會戰67-4；進軍阿爾巴尼亞(Albania)67-6；從克洛雅(Croya)退兵67-6；接見法蘭札(Pharanza)67-9；逝世67-9。

Anacletus　阿那克勒都斯：教皇；推崇西西里首任國王羅傑(Roger)56-9；被貶爲僞教皇69-11。

Anagni　阿南尼：波尼法修八世(Boniface VIII)停留的城市69-9；樞機主教團70-7。

Anastasia　安娜斯塔西婭：皇后；提比流斯(Tiberius)的妻子45-5。

Anastasia　安娜斯塔西婭：君士坦丁的妹妹18-2。

Anastasia　安娜斯塔西婭：狄奧多拉(Theodora)女皇的姊妹40-5。

Anastasius　阿納斯塔休斯：狄奧多拉女皇的孫兒43-5。

Anastasius I　阿納斯塔休斯一世：皇帝；接位登基38-3；封狄奧多里克爲執政官38-5；娶亞歷迪妮(Ariadne)爲妻39-1；與狄奧多里克的戰爭39-3；賽車場發生宗教事件40-5；經濟問題40-8；減稅40-8；豁免各城市的稅收40-8；修築邊牆40-12；取消艾索里亞人(Isaurians)的年金40-12；波斯戰爭41-1；在賽車場向人民提出乞求47-8；與正統教會簽訂和約47-8。

Anastasius II　阿納斯塔休斯二世：登基爲帝48-2；準備對付撒拉森人52-1。

Anastasius IV　阿納斯塔休斯四世：教皇69-4。

的女兒爲妻36-8；宗教的寬容36-8；與里昔默的爭執36-12；崩殂36-12。

Anthemius　安塞繆斯：皇帝的祖父、執政官和禁衛軍統領，治理東部帝國32-6。

Anthemius　安塞繆斯：建築師40-10。

Anthimus　安昔穆斯：君士坦丁・科普羅尼繆斯(Constantine Copronymus)之子48-3。

Antioch　安提阿：東部的重要城市2-7；薩坡爾攻占10-11、11-6；安提阿會戰11-6；在該城設置軍械庫13-4；戴克里先13-5；安提阿教會15-6；君士坦丁在該城建造教堂20-8；宗教會議21-9；舉辦奧林匹克運動大會23-7；朱理安封閉主座教堂23-7；朱理安24-1；安提阿教會24-2；傑維安(Jovian)25-1；對施用魔法的迫害行動25-5；叛亂27-9；查士丁尼光復該城40-11；諾息萬焚城42-6；地震43-12；被克司洛伊斯占領46-7；被撒拉森人占領51-4；尼西弗魯斯・福卡斯(Nicephorus Phocas)奪回52-14；該城對於帝國忠心耿耿57-9；索利曼(Soliman)蘇丹占領57-9；被十字軍占領58-10；安提阿王子59-1；被朋多克達(Bondocdar)蘇丹奪取59-12。

Antiochus　安泰阿克斯：代行執政官頭銜的希臘總督30-1。

Antonina　安東妮娜：貝利薩流斯的妻子40-9；她的性情41-2；陪伴貝利薩流斯到阿非利加41-3；對於君士坦丁之死出力不少41-15；穢亂的秘史和冒險的行爲41-18；貝利薩流斯懇求回到她身旁43-5。

Antoninus　安東尼努斯：薩坡爾宮廷的流亡人士19-7。

Antoninus M. Aur.　馬可斯・奧理留斯・安東尼：戰爭1-3、1-4；性格和統治3-7；多瑙河戰役3-7；溺愛其子4-1；馬科曼尼人(Marcomannic)戰爭9-5；在朱理安的《凱撒》一書中24-1。

Antoninus　安東尼：傑達(Geta)和卡拉卡拉(Caracalla)的名號6-1。

Antoninus　Pius安東尼・庇烏斯：安東尼邊牆1-2；與哈德良(Hadrian)的比較1-2；性格和統治3-6；頒布對猶太人有利的詔書16-2。

Antoninus　安東尼努斯：代行執政官頭銜的亞細亞總督16-11。

Anulinus　亞努利努斯：戴克里先的主人13-1。

Anulinus　亞努利努斯：禁衛軍統領14-3。

Apamea　阿皮米亞：被諾息萬圍攻42-6；被阿達曼(Adarman)摧毀46-1；在該城屠殺僧侶47-11；被撒拉森人占領51-4；尼西弗魯斯奪回52-14。

Aper, Arrius　阿里烏斯・阿培爾：禁衛軍統領12-9；被戴克里先殺死12-9。

Apocaucus　阿波考庫斯：公爵；攻擊康塔庫齊尼的攝政63-4；擊敗康塔庫齊尼63-5；逝世63-5。

Apollinaris　阿波利納里斯：拉奧狄西亞(Laodicea)主教，提出耶穌神性和人性結合的理論47-1。

Apollinaris　阿波利納里斯：亞歷山卓教長47-11。

Apollinaris　阿波利納里斯：賽東紐斯(Sidonius)之子38-5。

Apollonius　阿波羅紐斯瑪：瑪西安的使臣35-1。

Apsimar　亞普西瑪(提比流斯三世)：僭用紫袍48-2；被查士丁尼處決48-2。

Apulia　阿普里亞：城市在十世紀的狀況56-1；被諾曼人征服56-2；阿普里亞伯爵56-2；馬紐爾派兵占領56-10。

Apulus, William　威廉・阿帕拉斯：在諾曼人之中56-1。

Aquileia　阿奎利亞：圍城作戰7-5；被喬維努斯(Jovinus)圍攻22-4；狄奧多西攻占該城27-7；哥德人的圍攻30-2；阿拉里克的洗劫31-1　；篡奪者約翰在該城被斬首33-1；阿提拉

37-11。

Arians　阿萊亞斯派：殘酷的行為21-14；狄奧多西的迫害行動27-4；查禁阿萊亞斯派信徒的詔書27-5；宗教寬容37-7；殘暴的阿萊亞斯派教士37-8；在賈士丁的統治之下，受到法律的制裁39-5；阿萊亞斯教士被驅離羅馬43-4；意大利和西班牙的阿萊亞斯派信徒，受到格列哥里一世的感召，與正統教會的和解45-9；君士坦丁堡的阿萊亞斯派教會極為富有47-9。

Arinthaeus　阿林蘇斯：朱理安的騎兵將領24-4、24-10；擔任使臣派往薩坡爾宮廷24-11；華倫斯的將領25-4；防衛幼發拉底河25-13。

Ariovistus　阿里奧維斯都斯：渡過萊茵河38-7。

Aristides　阿里斯泰德斯：哲學家和基督徒；《護教申辯書》15-6。

Aristotle　亞里斯多德：哲學觀念52-7；哈里發恢復對亞里斯多德哲學的學習52-7；在西部的大學61-8；狄奧多爾‧加薩（Theodore Gaza）的研究66-12。

Arius　阿萊亞斯：性格特質21-3；阿萊亞斯異端21-4；放逐21-6；召回21-6；死亡21-6。

Armenia　亞美尼亞：羅馬行省1-3；在波斯統治之下10-11；當時的狀況13-5；起義的行動13-5；再度納入羅馬的版圖13-7；全面接受基督教15-6、18-6；波斯的光復18-6；亞美尼亞的基督徒20-6；被羅馬人放棄24-11；薩坡爾的入侵25-13；阿斯帕庫拉斯（Aspacurus）和帕普（Pap）的瓜分25-13；獨立25-13；被波斯和羅馬瓜分32-9；更多的革命32-9；亞美尼亞邊疆的伯爵32-9；亞美尼亞的城鎮，查士丁尼加強防務40-12；希臘語47-11；保羅教派54-3；阿爾普‧阿斯蘭（Alp Arslan）的征戰57-4；蒙古人64-4。

Armenians　亞美尼亞人：分裂主義47-11；教長47-11；商業47-11；亞美尼亞人的態度49-1。

Armorica　阿莫里卡：獨立31-14；叛變31-14；巴高迪起義的動亂35-9；阿莫里卡共和國的描述38-3；被克洛維斯所平服38-3；不列顛人的定居38-11；阿莫里卡的不列顛人38-11；騎士制度38-11；奮勇反抗克洛維斯的統治38-3。

Army, Rome　羅馬軍隊：哈德良時代1-6；軍團的配置1-6；奧古斯都時代3-5、5-6；薪餉6-3；麥克林努斯的改革6-4；蒲羅布斯召募蠻族12-5；君士坦丁時代17-8；莫理斯統治下軍隊的狀況46-5；軍隊的不滿46-5。

Arnold of Brecia　布里西亞的阿諾德：主張的理論69-4；在蘇黎世（Zurich）69-4；在羅馬69-4；被處死69-4。

Arnulph　阿努夫：摩拉維亞（Moravia）公爵55-3。

Arragon　亞拉岡：希臘人承認亞拉岡王室62-6；亞拉岡國王買到君士坦丁堡皇帝的頭銜68-11。

Arrechis　阿里契斯：賓尼文屯（Beneventum）公爵，歸順查理曼大帝49-10。

Arsaces　阿薩息斯：阿卡狄斯在位時，他統治亞美尼亞的西部32-9。

Arsaces Tiranus　阿薩息斯‧提拉努斯：亞美尼亞國王；他的性格24-3；背叛24-7；死亡32-5。

Arsacius　阿薩修斯：君士坦丁堡大主教32-5。

Arsenius　阿森紐斯：主教21-9；陪伴阿泰納休斯（Athanasius）21-9。

Arsenius　阿森紐斯：尼斯（Nice）教長62-1；君士坦丁堡教長62-2；將米迦勒八世逐出教門62-3。

Arsenius　阿森紐斯：阿卡狄斯的家庭教師29-3。

Artaban　阿爾塔班：亞美尼亞王子在阿非利加43-1；陰謀反對查士丁尼43-5；取代利比流

丁二世給予復職21-9；第二次流放21-9；康士坦斯召回21-9；第三次被逐21-11；隱退
21-12；回到亞歷山卓23-8；受到朱理安的迫害23-9；傑維安給予復職25-1；逝世25-7；
將修道院制度推薦到羅馬37-2；阿泰納休斯信條37-8。

Athens　雅典：學生聚集之地2-1；人口的狀況2-1；被哥德人洗劫10-10；朱理安19-4；為
朱理安所喜愛22-7；阿拉里克的奪取30-1；查士丁尼修復城牆40-11；雅典的學院40-
14；哈德良圖書館40-14；婚姻法44-8；有關遺囑的法條44-9；在法蘭克人統治下的革命
行動62-8；雅典公爵62-8；城市的狀況62-8；被土耳其人奪取62-8；對雅典的環航67-
1。

Atsiz　阿特西茲：卡里斯姆人；馬立克沙王的部將57-9。

Attacotti　阿塔科提人：卡里多尼亞人（Caledonian）一個部族25-11

Attalus　阿塔盧斯：奧頓（Autun）伯爵38-8。

Attalus　阿塔盧斯：羅馬郡守；被擁立為帝31-7；統治的狀況31-7；被黜31-7；在阿多法
斯（Adolphus）的婚禮之中31-10；擔任使臣31-11；放逐31-11。

Attila　阿提拉：匈奴人國王；一般描述34-2；害死自己的弟弟布勒達（Bleda）34-2；獲得
錫西厄（Scythia）和日耳曼34-2；入侵波斯34-3；入侵東部帝國34-3；在烏都斯（Utus）、
瑪西亞諾波里斯（Marcianopolis）和色雷斯‧克森尼蘇斯（Thracian Chersonesus）等地擊敗
羅馬人34-3；蹂躪歐洲各地34-3；與狄奧多西之間的和平34-5；他派遣使臣到君士坦丁
堡34-6；羅馬人敘述他的村莊和談判的狀況34-7；接受馬克西明的晉見34-7；皇家宴會
34-7；羅馬的暗殺陰謀34-8；派遣使臣到狄奧多西的宮廷34-8；對兩個帝國的威脅35-
1；與克羅迪恩（Clodion）之子結盟35-2；入侵高盧35-3；渡過萊茵河35-3；圍攻奧爾良
（Orleans）35-3；在卡塔勞尼亞（Catalaunian）平原被擊敗35-4；入侵意大利35-5；毀滅阿
奎利亞（Aquileia）35-6；與華倫提尼安（Valentinian）講和35-7；結婚和死亡35-7；葬禮35-
8；帝國的瓜分和瓦解35-8。

Attuarii　阿陶里人：法蘭克人一個部族22-3

Audion　奧鐸因：倫巴底國王43-6、45-2。

Augustin　奧古斯丁：聖徒；在米蘭擔任修辭教師27-6；《上帝之城》31-8；把拉達蓋蘇
斯（Radagaisus）的戰敗視為神意30-5；同意對道納都斯派的迫害行動33-3；逝世33-4；著
作33-4。

Augustulus　奧古斯都拉斯（羅慕拉斯）：西部帝國的皇帝36-13；被放逐到盧庫拉斯
（Lucullus）莊園36-14。

Augustus　奧古斯都：穩健的作風1-1；遺囑1-1；政策1-3；建築物和工程2-6 ；阿克興會
戰以後一統天下3-1；元老院的改革3-1；登基稱帝3-1；大政方針3-1；經費記錄6-9；稅
務6-9；在耶路撒冷15-1；朱理安的《凱撒》24-1；自制的素養35-5；在拉芬納建港36-
4；逐漸撤消公民大會的權力44-2；謙遜的態度49-15。

Aurelian　奧理安：皇帝；接位登基11-3；出身和統治11-3；把達西亞（Dacia）割讓給哥德
人，擊敗阿里曼尼人11-4；迷信的行為11-4；修築城牆加強羅馬的防務11-5；擊敗提垂
庫斯（Tetricus）11-5；攻占帕爾麥拉（Palmyra）俘獲季諾碧亞（Zenobia）11-7；平定弗爾繆
斯的叛亂11-7；舉行凱旋式11-7；盛大的排場和敬神的迷信11-8；殘酷的鎮壓行動11-
9；被弒身亡11-9。

Aurelian　奧理安：執政官；宣判優特洛庇斯的罪行32-3。

Aureolus　奧理略留斯：皇帝10-12；入侵意大利11-1；戰敗被殺11-1。

Aurungzebe　奧倫捷布：蒙古大君；他的營地65-7。

Autharis 奧薩里斯：克勒夫(Clepho)之子45-4。

Autun 奧頓：該城受到圍攻11-5；有一所修辭學院13-12；君士坦丁的巡視14-6；是伊朴伊人(Aedui)的首府17-13；學校的狀況38-1。

Auvergne 奧文尼：行省；反對優里克36-10；割讓給西哥德人36-13；遭到優里克的鎮壓38-1；被克洛維斯之子狄奧多里克征服38-8；有關的敘述38-8；伯爵58-1。

Auxiliaries 協防軍：羅馬軍隊的協防軍1-5；君士坦丁時代的蠻族協防軍17-9；聶爾維安(Nervian)協防軍29-7；馬喬里安運用蠻族協防軍36-6；安塞繆斯召募不顧人防守高盧36-10。

Avars 阿瓦爾人：受到土耳其人的壓迫42-4；派遣使臣到查士丁尼的宮廷42-4；征戰的過程42-4；派遣使臣到賈士丁二世的宮廷42-7；與倫巴底人結盟42-8、42-9；擊敗吉皮迪人42-9；疆域46-4；與莫里斯的戰爭46-5；攻擊赫拉克留斯46-8；赫拉克留斯的和平條約46-8；攻打君士坦丁堡46-10；戰敗46-10；降服於查理曼大帝49-10。

Avicenna 阿維西納：阿拉伯最偉大的醫師52-7。

Avienus 阿佛努斯：元老院議員，擔任使臣派往阿提拉宮廷35-7。

Avignon 亞維農：甘多柏德(Gundobald)逃向此城38-4；教廷的遷移69-9；佩脫拉克(Petrarch)69-10；佩脫拉克稱之為「神祕的巴比倫」70-7；烏爾班五世(Urban V)從亞維農遷回羅馬70-7。

Avitus 阿維都斯：維也納主教，參加里昂(Lyons)的會議38-4。

Avitus 阿維都斯：元老院議員；擔任使臣前往狄奧多里克的宮廷35-4；在高盧的軍事指揮36-2；性格和統治36-2；高盧的狀況36-2；訪問狄奧多里克36-2；登基稱帝36-2；賽東紐斯的頌辭36-4；被里昔默罷黜36-4；出任普拉森提亞主教36-4；逃亡和逝世36-4；葬於布萊維斯(Brivas)。

Awsites 奧斯人：阿拉伯部族接受穆罕默德的宗教50-10。

Ayesha 阿伊夏：穆罕默德的妻子50-14；阿布貝克爾(Abubeker)的女兒50-15；與塔爾哈(Talha)和佐貝爾(Zobeir)逃走50-17；參加巴斯拉會戰50-17。

Ayub 阿烏布：薩拉丁的父親59-6。

Azan 阿札恩：保加利亞國王61-6。

Azimus 阿茲穆斯：抗拒匈奴人的城市34-5；獲得特權46-5。

Azzadin阿札丁：伊科尼姆蘇丹；逃到君士坦丁堡64-4；被韃靼人所捕獲64-6。

B

Babylas 巴比拉斯：聖徒；安提阿主教23-7。

Babylon 巴比倫：這個稱呼用在羅馬身上15-2；成為一個皇家的園林24-5。

Bactriana 巴克特里納：該城的行政長官，由克司洛伊斯指派42-5。

Bacurius 巴庫流斯：參加哈德良堡會戰26-10；為狄奧多西奮勇殺敵27-12。

Baetica 貝提卡：西班牙行省1-7；斯林吉人(Silingi)的進入31-12；海岸地區為撒拉森人據有51-7。

Bagaudae 巴高迪：農民叛亂13-3；馬喬里安的聯盟36-6。

Bagdad 巴格達：城市的建立52-6；學院52-7；土耳其衛隊的違法犯紀52-12；希臘人從該城退走52-14；突谷魯‧貝格(Torgrul Beg)57-3；馬立克沙王57-7；帖木兒用人頭堆成金字塔65-3。

Baghisian 巴吉西安：安提阿的軍事指揮官58-10。

Bahrein 巴林：地區的名稱50-1；喀麥什派(Carmathians)的進入52-12。

Baian 柏伊安：阿瓦爾人的台吉(Chagan)；有關的記載46-4；戰爭46-4；建立的帝國46-4；與莫理斯的戰爭46-5；威脅君士坦丁堡46-5。

Bajazet I 拜亞齊特一世：蘇丹64-10；征戰64-10；贏得尼柯波里斯(Nicopolis)會戰的勝利64-10；法蘭西君王成爲俘虜64-10；威脅君士坦丁堡64-11；接受貢金64-11；在君士坦丁堡興建清眞寺64-11；派遣使臣到帖木兒宮廷65-2；致帖木兒的信函65-3；在安哥拉(Angora)戰敗65-4；成爲俘虜65-4；死亡65-5。

Bajazet 拜亞齊特：穆罕默德一世的首相；成爲蘇丹65-8。

Balbinus 巴比努斯：元老院推舉成爲皇帝7-5；麥克西繆斯的共同統治7-5；被禁衛軍殺害7-6。

Balch 巴爾克：位於柯拉珊(Khorasan)的城市8-1；傳道士47-11；向穆斯林歸順50-1；成吉思汗奪取64-2。

Baldwin 鮑德溫：法蘭德斯(Flanders)伯爵；參加第四次十字軍57-6；性格61-1；東部皇帝61-1；被俘61-3；逝世61-3。

Baldwin II 鮑德溫二世：君士坦丁堡皇帝61-5；婚姻61-6；出售君士坦丁堡神聖的遺骨61-7。

Baldwin 鮑德溫：隱士；自稱是君士坦丁堡的皇帝61-3。

Baldwin I 鮑德溫一世：布容(Bouillon)的戈弗雷(Godfrey)的弟弟58-4；譴責巴黎的羅伯特(Robert)58-7；建立埃笛莎(Edessa)公國58-9；耶路撒冷國王59-6。

Baldwin II 鮑德溫二世：耶路撒冷國王59-6。

Baldwin III 鮑德溫三世：耶路撒冷國王59-6。

Baldwin IV 鮑德溫四世：那路撒冷國王59-6。

Baldwin V 鮑德溫五世：耶路撒冷國王59-6。

Baltha Ogli 巴爾薩·奧格利：穆罕默德的水師提督68-7。

Balti 巴爾提：或稱爲巴爾托(Baltha)，阿拉里克家族30-1。

Barbatio 巴貝提奧：將領19-3；進軍對抗阿里曼尼人19-10。

Barcelona 巴塞隆納：阿多法斯占領31-12；法蘭西總督的駐地49-10；撒拉森人進入51-7。

Bardanes 巴達尼斯：名號是菲利浦庫斯(Philippicus)，登基稱帝48-2；恢復「一志論」教義48-2。

Bardas, Sclerus 希勒魯斯·巴爾達斯：將領；亞洲的戰役48-5

Bardas Phocas 福卡斯·巴爾達斯：將領；亞洲的戰役48-5。

Bardas 巴爾達斯：米迦勒三世的叔父48-5。

Bargus 巴古斯：受到提馬休斯(Timasius)重用的下屬32-2。

Bari 巴利：撒拉森人的殖民區56-1；被皇帝劉易斯二世(Lewis II)占領56-1；希臘人獲得勝利56-1；羅伯特·基斯卡的封鎖56-4；帕拉古斯的圍攻56-10。

Barlaam 巴喇姆：卡拉布里亞(Calabria)僧侶63-6；擔任使臣66-1；淵博的學識66-11；成爲卡拉布里亞主教66-11。

Basil I 巴西爾一世：馬其頓人的統治48-5；家族48-5；貪婪的個性53-4；擊敗克里索契爾(Chrysocheir)54-2；劉易斯二世的結盟56-1；伊格納久斯(Ignatius)教長的復職60-1。

Basil II 巴西爾二世：君士坦丁堡皇帝48-5；統治的狀況48-5；征服保加利亞人48-5；逝世48-5；被稱爲「保加利亞屠夫」55-1。

Benedict XIV　本篤十四世：教皇，保存大競技場71-4。

Beneventum　賓尼文屯：卡列多尼亞(Calydonian)野豬的獠牙41-11；君王45-6；公爵45-7；公國49-10；君王56-1；成爲希臘皇帝的屬地56-1；被撒拉森人圍攻56-1；在羅關馬教廷統治之下56-4；會戰62-5。

Bengal　孟加拉：被蒙古人征服的王國64-3。

Benjamin　班傑明：科普特(Copts)教長；逃亡47-11、51-5。

Berenice　貝麗奈西：提圖斯(Titus)的侍妾42-2。

Bergamo　柏加摩：被阿提拉毀滅的城市35-6。

Beric　貝里克：參加阿提拉宴會的酋長34-7。

Bernard　伯納德：聖徒；反對西西里的羅傑56-9；宣揚十字軍的東征59-4；對羅馬人的描述69-3；敘述教皇的塵世統治69-4；支持教皇英諾森二世(Innocent II)69-11。

Berry　柏利：反對優里克的城市36-10。

Bertezena　伯特杰納：土耳其人的領導人物42-3。

Bertha　柏莎：意大利國王雨果(Hugo)的母親53-7。

Bertha　柏莎：雨果的女兒53-7。

Berytus　貝萊都斯：該城的法律學院17-7；製造業40-7、40-14；被地震摧毀43-12；安德洛尼庫斯成爲領主48-6；撒拉森人據有該城51-4；法蘭克人失守59-12。

Berzem　柏捷姆：該城的總督抗拒阿爾普‧阿斯蘭57-6。

Besancon　貝桑松：朱理安到該城22-3；被撒拉森攻占52-3。

Bessarion　貝薩里翁：尼斯的主教66-7；參加佛羅倫斯的宗教會議66-8；成爲紅衣主教66-8；贊助學術的成就66-12。

Bessas　貝薩斯：查士丁尼的部將42-9；羅馬的守備43-3；貪婪的行爲43-3、43-4。

Bethlehem　伯利恆：聖傑羅姆(St. Jerome)的居所31-8；十字軍在該城58-12。

Bezabde　比查布德：被薩坡爾占領19-7；君士坦丁的圍攻19-8。

Bigerra　比格拉：狄奧德米爾(Theodemir)將該城獻給撒拉森人51-9。

Bindoes　賓杜斯：薩珊王朝(Sassaniam)的王子，迫霍爾木茲(Hormouz)退位46-2；謀殺霍爾木茲46-3。

Bineses　拜尼西斯：波斯使臣24-12。

Bithynia　俾西尼亞：羅馬行省11-7；樸洛柯庇斯(Procopius)的征服25-4；狄奧多拉的訪問40-4；奧爾漢的占領64-8。

Bizon　比松：土耳其人占領68-4。

Bleda　布勒達：阿提拉的弟弟；與狄奧多西的使臣舉行會談34-1`；被阿提拉處死34-2；他的孀婦接待羅馬使臣34-6。

Bochara　不花剌：馬里克沙王的征服57-7；撒拉森人的鎮壓行動51-3；成吉思汗的占領64-1。

Boethius　波伊昔烏斯：狄奧多里克的大臣39-3、39-5；他的記事39-6；他的著作39-6；被控叛國39-6；下獄39-6；處死39-6；墓地39-6；他的後裔，恢復繼承的權利41-9。

Boethius　波伊昔烏斯：禁衛軍統領，被殺害的狀況35-8。

Bohemia　波希米亞：查理曼的征服行動49-10。

Bohemond波赫蒙德：羅伯特‧基斯卡之子56-6；在杜拉索指揮作戰56-6；抗拒希臘人56-8；參加第一次十字軍58-4；在君士坦丁堡58-6；攻占安提阿58-10；在撒拉森人中名聲響亮58-12；成爲安提阿的君王58-13；戰敗被俘59-1。

Brundusium　布朗杜西：海港；基斯卡的艦隊在該地56-8。

Brunechild　布魯契爾德：茵艮迪斯(Ingundis)的母親37-10。

Brutus　布魯特斯：創立執政官制度40-14；他的判斷能力44-11。

Bucelin　布西林：阿拉曼尼公爵，侵略意大利43-8；被納爾西斯擊敗43-8；死亡43-8。

Bucharia　布加里亞：拜火教徒在該地的禮拜儀式51-3。

Buda　布達：城市的狀況19-6；拉底斯勞斯(Ladislaus)在該城67-3。

Bugia　布吉亞：被撒拉森人奪取的城市51-6。

Bulgaria　保加利亞：王國的位置55-1；首度建國55-1；保加利亞的希臘行政長官，參加第一次十字軍東征58-3；與尼可拉斯一世(Nicholas I)的關係60-1；加入希臘教會60-1；第二個王國的建立60-2；狄奧多爾‧拉斯卡里斯(Theodore Lascaris)的入侵62-1；受到蒙古人的蹂躪64-4。

Bulgarians　保加利亞人：種族的起源42-2；威脅君士坦丁堡42-2；在希臘的搶掠42-2；與查士丁尼二世圍攻君士坦丁堡48-2；王國被巴西爾滅亡48-5；協助皇帝李奧對抗撒拉森人52-2；稱呼54-3；遷移55-1；與尼西弗魯斯的戰爭55-1；被巴西爾二世擊敗55-2；與羅馬尼亞帝國的戰爭61-4。

Burgundians　勃艮地人：蒲羅布斯的征服12-5；易北河地區25-10；阿里曼尼人成為世仇25-10；入侵意大利30-5；入侵高盧開始定居31-13；阿提拉征服萊茵河地區34-2；入侵比利時35-2；入侵貝爾京地區各行省，在薩伏衣定居35-2；加入狄奧多里克陣營對抗匈奴人35-4；皈依基督教37-6；在利曼(Leman)湖畔38-2；國境38-3；被法蘭克人征服38-4；法律38-6；格鬥審判38-6。

Burgundy　勃艮地：勃艮地公爵反對拜亞齊特蘇丹64-10；付贖金給拜亞齊特64-10。

Burgundy　勃艮地：公爵；查理六世的叔父66-3；參加菲拉拉(Ferrara)的宗教會議66-8。

Burgundy　勃艮地：兩個行省31-13；克洛維斯在勃艮地的戰爭38-4；最後被法蘭克人據有38-4；三個羅馬人在該地區的指揮權責38-8；上勃艮地38-8；家臣稱為「省民」58-4；出產美酒70-7。

Busbequius　布斯比奎斯：派往索利曼宮廷的使臣65-5。

Buzurg　柏組格：波斯哲學家46-2。

Byrrhus　拜爾福斯：元老院議員4-2。

Byzantium　拜占庭：塞維魯斯的圍攻5-5；馬克西明的占領14-9；君士坦丁的據有14-12；位置17-1；漁業17-1。

C

Cabades or Kobad　卡貝德斯或柯巴德：波斯國王；與羅馬的戰爭42-13；復位和死亡42-4、42-5；統治的狀況42-4。

Cadesia　卡迪西亞：會戰51-3；會戰的時期51-3。

Cadijah　卡蒂嘉：穆罕默德的妻子50-5；接受穆罕默德的宗教50-9；穆罕默德對她的情意50-15。

Caecillian　昔西利安：阿非利加主教21-1。

Caelestian　昔勒斯提安：迦太基的元老院議員33-5。

Caesarea　凱撒里亞：卡帕多西亞的首府；受到圍攻10-11；漢尼拔連努斯(Hannibalianus)的居處18-3；命運女神廟23-9；設置醫院25-7；被克司洛伊斯洗劫一空46-7；突谷魯在

人的圍攻56-1；被羅傑據有56-9。

Caput Vada　卡普特‧法達：貝利薩流斯的進駐41-3。

Caracalla　卡拉卡拉：統治的狀況6-2；有關自由人的詔書6-9；羅馬市民的稅賦6-10；浴場31-5；有關公民權的詔書53-10。

Caramania　卡拉瑪尼亞：埃米爾和配置的軍事力量64-8；被拜亞齊特征服64-10；與鄂圖曼土耳其人的戰爭67-3。

Carashar Nevian　卡拉夏‧尼維安：帖木兒的祖先65-1。

Carduchians　卡都齊亞人：被圖拉眞征服1-2、13-6。

Carinus　卡瑞努斯：凱撒12-7；皇帝12-7；個性12-7；羅馬的慶典12-8；死亡12-9。

Carizme　卡里斯姆：被撒拉森人奪取的城市51-4；馬立克沙王的征服57-7；蒙古人入侵的行省64-2；被蒙古人攻占的城市64-2；帖木兒的奪取65-7。

Carizmians　卡里斯姆人：入侵敘利亞59-10。

Carloman　卡洛曼：查理曼大帝的兄弟49-9。

Carmath　喀麥什：一位阿拉伯傳道士52-12。

Carmathians　喀麥什派：阿拉伯教派之一；崛起和發展52-12。

Carpilio　卡皮利奧：埃伊久斯(Aetius)之子；在阿提拉的營地接受教育35-1。

Carrhae　卡爾希：月神廟6-3；薩坡爾的奪取10-11。

Carthage　迦太基：卡皮連努斯(Capelianus)的據有7-4；馬克森久斯(Maxentius)的蹂躪14-6；堅西里克的攻占33-5；維納斯(Venus)神廟28-3；公眾會議33-3；對該城的描述33-5；主教會議37-8；亨尼里克(Hunneric)恢復主座教堂37-8；查士丁尼的建設40-11；貝利薩流斯41-4；加強防務41-4；宗教會議41-6；貝利薩流斯的救援41-10；對付所羅門的陰謀行動43-1；大公51-6；哈珊(Hassan)的奪取51-6；焚城51-6；十一世紀的主教57-9；貧窮的狀況，受到查理曼的救濟57-9。

Carthagena　迦太基納：銀礦6-9；被汪達爾人據有33-3；馬喬里安的艦隊被堅西里克摧毀36-6。

Carus　卡魯斯：蒲羅布斯的部將12-4；皇帝12-6；統治12-6；東方的遠征行動12-7；崩殂12-7。

Casbin　卡斯賓：赫拉克留斯進駐的城市46-9。

Cassiodorus　卡西多魯斯：哥德人歷史10-2；夏隆會戰35-5；信函39-2；狄奧多里克的大臣39-3；向元老院宣布狄奧達都斯(Theodatus)和阿瑪拉桑夏(Amalasontha)的繼位41-9。

Castinus　卡斯提努斯：主將；進軍對抗汪達爾人33-3。

Catalans　加泰蘭人：希臘帝國的效命和戰爭62-6；每年的津貼62-7；希臘的征戰行動62-8；與威尼斯人聯盟對抗熱那亞人63-7。

Catherine　凱瑟琳：鮑爾溫二世的孫女；嫁給瓦羅亞的查理(Charles of Valois)61-7。

Catibah　卡提巴：瓦立德(Walid)的部將51-3；征戰行動51-3。

Cato　加圖：監察官；法律的研究44-4；〈家庭法〉的條文44-9。

Cato the Younger　小加圖：向迦太基的進軍36-10。

Cava　卡瓦：朱理安伯爵的女兒51-6。

Cayem　開儼：哈里發；爲突谷魯所救57-3。

Cazan　喀桑：波斯大汗；逝世和性格64-6。

Cazan　喀桑：王國；受到蒙古人的侵略64-4。

Ceaulin　索林：塞爾迪克(Cerdic)之孫38-11。

Chersonites　克森尼蘇斯人：與君士坦丁聯盟對付哥德人18-4；免除應盡的責任18-4。

Childebert　契爾德伯特：企圖征服奧文尼(Auvergne)38-8；入侵意大利45-6。

Childeric　旭爾德里克：放逐36-7；娶巴西娜(Basina)為妻38-2。

Childeric　旭爾德里克：最後一位墨羅溫王朝國王；退位49-5。

China　中國：公元288年第三世紀的狀況26-3；拓跋氏(Topa)的入侵30-4；絲綢40-7；貿易40-7；突厥人42-3；基督教47-11；與阿拉伯人的友誼51-3；造紙51-3；成吉思汗入侵64-1；北部和南部的帝國64-3。

Chionites　開俄奈特人：在薩坡爾的軍隊中效力19-7。

Chios　開俄斯：土耳其人從該島驅離59-1；開向君士坦丁堡的艦隊68-6。

Chlienes　克連尼斯：亞美尼亞國君48-5。

Chnodomar　開諾多瑪：阿里曼尼國王19-10；被朱理安俘虜19-10。

Chosroes I , Nushirvan　諾息萬‧克司洛伊斯一世：波斯國王；七位哲學家在他的宮廷10-11；賈士丁接納他的建議42-4；性格42-4；指派四位大臣42-5；與羅馬建立長久的和平42-5；與羅馬人的戰爭42-5；入侵敘利亞42-6；安提阿成為廢墟42-6；與查士丁尼的談判42-10；帝國42-10；皇宮51-3。

Chosroes II　克司洛伊斯二世：霍爾木茲(Hormouz)之子；登基46-3；逃亡到羅馬46-3；納爾西斯協助復位46-3；入侵羅馬帝國46-7；征服敘利亞46-7；威脅君士坦丁堡46-9；在赫拉克留斯的面前退卻46-9；逃走46-11；被謀殺46-12。

Chosroes　克司洛伊斯：亞美尼亞國王8-4、10-11。

Chosroes　克司洛伊斯：提里德特斯(Tiridates)之子18-6。

Chosroes　克司洛伊斯：波斯的諸侯，統治亞美尼亞東部32-9。

Chozars　卓查人：要與赫拉克留斯建立關係46-11；查士丁尼二世向他尋找庇護48-2。

Christ　基督：奇蹟的畫像46-2；墓地被變毀46-7；人性和神性47-1；雕像49-1；與阿布加魯斯(Abgarus)的通信49-1；有關的描述47-1；穆罕默德表示關切50-6。

Christopher　克里斯多夫：君士坦丁五世科普羅尼繆斯之子48-3。

Christopher　克里斯多夫：羅馬努斯一世之子；登基稱帝48-5。

Chrysaphius　克里桑菲斯：狄奧多西二世的寵臣34-8；阿提拉的寬恕34-8；支持優提契烏斯(Eutychius)47-6；逝世47-7。

Chrysocheir　克里索契爾：保羅教派信徒48-5；勝利54-2；死亡54-2。

Chrysoloras, Manuel　馬紐爾‧克里索洛拉斯：參加佛羅倫斯會議的希臘教授66-11；死亡66-11；比較羅馬和君士坦丁堡67-1。

Chrysopolis　克里索波里斯：會戰14-12、17-1；哈龍‧拉須德(Harun al Rashid)進駐52-8；蘇利曼蘇丹心儀此城57-8。

Chrysostom, John　約翰‧克里索斯托：在安提阿教會15-6；辯才20-8；耶路撒冷的地震23-5；敘述君士坦丁堡的奢侈生活32-1；保護優特洛庇斯32-3；選舉和所具備的優點32-4；教會的行政管理32-4；擴展教會在君士坦丁堡的審判權32-5；受到優多克西婭的迫害32-5；放逐32-5；死亡32-6；骨骸送到君士坦丁堡32-6；反對阿波利納里斯47-1。

Cicero　西塞羅：《論自然》2-1；對宗教的態度3-8；靈魂不滅15-2；十二銅表法44-1。

Cilicia　西里西亞：行省；塞維魯斯和佩西紐斯‧奈傑(Pescennius Niger)的戰爭5-5；波斯的征服10-11；阿拉尼人(Alani)入侵12-3；西里西亞的門戶46-9；尼西弗魯斯的征戰52-14。

Circesium　色西昔姆：位置；戴克里先加強防務13-6；朱理安在該城24-3；克司洛伊斯46-

斯(Alexius Strategopaulus)的統率之下61-7；貝拉(Bela)國王接受四萬戶的歸順64-4。

Comito　柯美托：狄奧多拉女皇的姊妹40-3。

Commentiolus　康門提奧拉斯：莫理斯皇帝的部將46-5。

Commodus　康莫達斯：分享皇帝的權力4-1；統治的狀況4-1；保護基督徒16-13。

Comum　科木姆：阿提拉的城鎮35-6；一個湖泊的名稱39-4。

Concordia　康科第亞：阿拉里克的掠奪31-1；此城爲阿提拉所毀35-6。

Conrad　康拉德：法蘭哥尼亞(Franconians)公爵；死亡55-3。

Conrad III　康拉德三世：皇帝58-1；參加第二次十字軍59-2；與希臘皇帝的協商59-3；向小亞細亞的進軍59-3；元老邀請到羅馬59-4。

Conrad of Montferrat　蒙特費拉的康拉德：參加第三次十字軍59-7；死亡59-8；是狄奧多拉・安吉拉(Theodora Angela)的丈夫60-6；防守泰爾(Tyre)60-6。

Conradin of Swabia　斯瓦比亞的康拉丁：入侵法蘭西62-6；在羅馬69-6。

Consentia　康森提亞：地峽；奧薩里斯(Autharis)的陸標45-6；被羅伯特・基斯卡征服56-4。

Constance　康士坦斯：安提阿的女繼承人59-4。

Constance　康士坦斯：在此城簽訂條約49-14；公元1095年的宗教會議66-6、70-8。

Constans I　康士坦斯一世：君士坦丁之子18-2；治理意大利和阿非利加18-3；授與奧古斯都18-5；統治18-5；與君士坦丁二世的戰爭18-7；在海倫娜被殺18-7；保護阿泰納休斯21-9；異教徒的寬容21-15；訪問不列顛25-11。

Constans II　康士坦斯二世：君士坦丁三世之子；風格47-10；皇帝48-2；將他的弟弟狄奧多西置於死地48-2；在希臘和意大利48-2；在西西里的謀殺48-2；死亡49-3；他的夢想51-4；訪問羅馬53-10；拿走萬神殿屋頂的銅瓦71-2。

Constans　康士坦斯：篡奪者君士坦丁之子；在維也納(Vienna)被處死31-11。

Constantia　康士坦霞：君士坦丁大帝之妹14-9、14-12、18-2。

Constantia　康士坦霞：西西里的羅傑之妹56-11。

Constantia　康士坦霞：格里先(Gratian)之妻25-4；逃到色米姆(Sirmium)26-3。

Constantina　康士坦提娜：君士坦丁大帝之女；爲維崔尼奧(Vetranio)加冕18-8；嫁給蓋盧斯(Gallus)19-1；個性19-1；死亡19-3。

Constantina　康士坦提娜：莫理斯皇帝的寡后46-6；死亡46-6。

Constantine I　君士坦丁一世：大帝11-2；出身和家世14-2；教育14-2；逃離和前往不列顛14-2；擢升14-2；娶福絲妲(Fausta)爲妻14-3；成爲名義上的奧古斯都14-3；圍攻亞耳14-5；在高盧14-9；與馬克森久斯的戰爭14-7；越過阿爾卑斯山14-7；杜林(Turin)和維洛納(Verona)的會戰14-7；在羅馬近郊的勝利14-7；在羅馬受到歡迎14-8；元老院議員的納稅14-8；與黎西紐斯(Licinius)結盟14-9；與黎西紐斯的內戰14-10；和平協定14-10；法律14-11；對基督徒的仁慈15-3；選擇拜占庭作爲君士坦丁堡建城的位置17-1；君士坦丁堡的建城計畫17-1；奢侈和揮霍17-3；性格與作風18-1；家庭狀況18-2；發布詔書鼓勵檢舉和告密18-2；訪問羅馬18-2；處死克里斯帕斯(Crispus)18-2；處罰福絲妲18-3；他的子姪都界以高位18-3；哥德戰爭18-4；與克森尼蘇斯人(Chersonites)的結盟18-4；崩殂18-5；信奉基督教20-1；對教會和基督徒的指導18-5；異教的迷信20-1；保護高盧的基督徒20-1；米蘭詔書20-2；神聖之夜20-3；對抗黎西紐斯的宗教戰爭20-3；夢境20-4；他的皈依20-4；神聖的奉獻20-5；受洗20-5；在尼斯的大公會議，反對阿萊亞斯派21-6；正統教義21-6；他的宗教信仰處於搖擺不定的狀況21-7；對異教徒的寬容21-8；朱理安的《凱撒》22-7；捐贈49-7；不切實際的法律53-7；治療麻瘋病70-4。

師15-5；有關的記載16-10 ；書信16-10；逃走16-10；在庫魯比斯(Curubis)16-10；殉教16-10；節慶41-10。

Cyrene 塞林：成為廢墟20-8；希臘殖民地被克司洛伊斯所根絕46-7。

Cyriades 賽里阿德斯：僭主10-11、10-13。

Cyril of Alexandria 亞歷山卓的西里爾：有關記載47-2；成為大公47-2；暴政47-2；海帕蒂婭(Hypatia)的謀殺47-2；以弗所第一次大公會議47-4；被東方的主教所貶47-4；與安提阿的約翰講和47-4。

Cyril of Jerusalem 耶路撒冷的西里爾：性格23-5。

Cyrila 昔里拉：阿萊亞斯派主教；迦太基的主教會議37-8。

Cyrus 居魯士：所羅門的姪兒43-1。

Cyrus 居魯士：禁衛軍統領；罷黜32-8。

Cyzicus 西茲庫斯：異端分子的屠殺21-14；歸順樸洛柯庇斯25-4；卡帕多西亞的約翰在該城40-9；阿拉伯人的艦隊52-1。

D

Dacia 達西亞：圖拉真的征戰1-2；有關的敘述1-7；哥德人入寇8-8、10-4；奧理安讓給哥德人11-3；克里斯帕斯的侵略14-11；割讓給東部帝國26-12；降服於吉皮迪國王阿達里克(Ardaric)35-8；一片荒蕪39-2。

Dacians 達西亞人：薩瑪提亞人(Sarmatians)將他們從上匈牙利趕走18-4。

Dagalaiphus 達迦萊法斯：朱理安的官員22-3；在波斯24-4；在毛蓋瑪恰(Maogamalcha)24-5；朱理安死後形成黨派24-10；對華倫提尼安一世發表的談話25-2。

Dagisteus 達吉斯特烏斯：查士丁尼的部將；在黑海指揮部隊對抗波斯人42-8；指揮匈奴人對抗托提拉43-6。

Daimbert 戴姆伯特：比薩大主教；成為耶路撒冷教長58-13。

Dalmatia 達瑪提亞：有關敘述1-7；被羅馬人降服5-3；康斯坦久斯的戰勝18-10；馬塞利努斯(Marcellinus)的據有36-7；鐵礦39-4；十字軍58-6。

Dalmatius 達瑪久斯：君士坦丁的姪兒18-2；授與凱撒18-3；遭到謀殺18-5。

Damascus 大馬士革：安德洛尼庫斯逃到該城48-6；市集50-1；哈里發50-19；撒拉森人的圍攻51-4；陷落51-4；放逐之後的追擊和殺戮51-4；凱山門51-4；成為撒拉森人的首都51-5；齊米塞斯的奪取52-14；君王被塞爾柱人趕走61-4；阿特西茲(Atsiz)的據有57-9；康拉德三世(Conrad III)的圍攻59-3；與阿勒坡的聯合59-5；薩拉丁的攻擊59-6；薩拉丁的退走59-7；帖木兒在該城65-3。

Damasus 達瑪蘇斯：羅馬主教25-8；有關的記載25-8、27-3。

Damietta 達米埃塔：被十字軍占領59-9。

Damophilus 達摩菲盧斯：君士坦丁堡大主教；放逐27-4。

Dandolo, Henry 亨利·丹多羅：威尼斯元首；有關記載60-5；圍攻君士坦丁堡60-7；拒絕接受拉丁帝國61-1；羅馬尼亞的藩王61-1；逝世61-4。

Danielis 丹妮麗斯：佩特拉斯(Patras)的貴婦人48-5；送給巴西爾皇帝的禮物53-3；家財萬貫53-4。

Danube 多瑙河：馬可斯·安東尼的勝利1-4；行省1-7；冰凍9-1；舟橋25-4；華倫斯和阿薩納里克的會談25-14；接運哥德人26-7；查士丁尼統治時期冬天的凍結狀況43-9；查里

(Salona)13-11；羅馬的浴場14-3；基督徒的待遇16-15；鎮壓基督徒的第一道詔書16-17；第二道詔書16-17；第三和第四道詔書16-17。

Diocletianopolis　戴克里先諾波里斯：阿瓦爾人圍攻46-4。

Diogenes　戴奧吉尼斯：克森尼蘇斯人的領袖18-4。

Dion Cassius　笛翁‧卡修斯：德第烏斯‧鳩理努斯(Didius Julianus)的仇敵5-5、5-6；亞歷山大‧塞維魯斯(Alexander Severus) 在位的執政官6-8。

Dionysius　戴奧尼休斯：米蘭主教；遭到放逐21-10。

Dioscorus　戴奧斯柯魯斯：亞歷山卓教長；支持優提克斯(Eutyches)47-6；罷黜47-7；去職和放逐47-7。

Dioscurias　戴奧斯庫里斯：市鎮42-7；加強工事42-8。

Disabul　迪薩布爾：土耳其人可汗42-4；接見羅馬的使臣42-4。

Dispargum　第斯帕岡：法蘭克國王克羅迪恩的都城35-2。

Dniester　聶斯特河：哥德人的艦隊11-2；西哥德人的營地在河畔26-2。

Donona　多多納：哥德人在該城43-6。

Domitain　圖密善：皇帝1-2、3-5；半身像43-11；與自殺有關的法律44-13。

Domitian　圖密善：東部的統領19-2。

Domitilla　多米蒂拉：圖密善的姪女16-7。

Domninus of Syria　敘利亞的多尼努斯：華倫提尼安的使臣27-7。

Donatus　多納都斯：阿非利加主教21-1。

Dongola　敦古拉：廢墟47-11。

Doria　多里亞：熱那亞水師提督63-7。

Dorotheus　多羅修斯：宗教狂熱分子60-1。

Dorotheus　多羅修斯：作品選入查士丁尼的《法學初步》44-7。

Dorotheus　多羅修斯：宦官；保護基督徒16-15。

Dorylaeum　多里利姆：狄奧菲盧斯在該城52-11；會戰58-9；現在的名稱是艾斯基瑟希(Eskishehr)58-9。

Drenco　德倫可河：阿提拉在河畔接見狄奧多西的使臣34-8。

Drogo　德羅哥：阿普里亞的威廉(William of　Apulia)的兄弟；死亡56-3。

Ducas　杜卡斯：記述土耳其人史實的希臘歷史學家；君士坦丁堡的教會分裂68-9；土耳其人攻擊威尼斯的船隻68-2。

Dumatians　杜瑪提安人：部族50-4。

Dunaan　杜南安：荷美萊特人(Homerites)君王42-11。

Dura　杜拉：位於底格里斯河(Tigris)畔24-10；在此城簽訂條約24-11；被諾息萬奪取42-6。

Durazzo　杜拉索：圍攻56-6；會戰56-7；被羅伯特‧基斯卡占領56-7；波赫蒙德(Bohemond)在此城59-1；拉丁人在此地登陸60-6；米迦勒‧安吉拉斯61-2。

Durham　德罕：主教轄區38-11。

Dyrrachium　狄瑞奇恩：加強防務30-5；阿瑪拉桑夏的金庫在此城41-9；倫巴底人42-1；貝利薩流斯43-3。

E

Epiphanius　伊壁費紐斯：帕維亞主教；擔任里昔默的使臣派往安塞繆斯的宮廷36-12；代為帕維亞的人民求情39-5。

Epirus　伊庇魯斯：歸順阿拉里克30-1；行省割讓給保加利亞55-1；島嶼和市鎮被羅伯特・基斯卡攻占56-6；藩王61-2。

Equitius　伊基久斯：伊里利孔的主將25-14。

Eslaw　伊斯勞：阿提拉的使臣34-1；當著狄奧多西的面宣布阿提拉的譴責之辭34-8。

Esthonia　愛沙尼亞：行省25-14。

Eucherius　優契流斯：斯提利柯之子30-9；宗教信仰30-10。

Euchrocia　優克洛西婭：波爾多(Bordeaux)的貴婦人；被處死27-5。

Eudes　優德斯：阿奎丹(Aquitain)公爵；驅除撒拉森人52-3；將他的女兒嫁給穆紐札(Munuza)52-3；向「鐵鎚」查理尋求援助52-4。

Eudocia, Athenais　阿典娜斯・優多西婭：狄奧多西二世的配偶；性格和相戀的情節32-8；她對《舊約》的意譯32-8；前往耶路撒冷朝聖32-8；失寵和放逐32-8；死亡32-8。

Eudocia　優多西婭：華倫提尼安三世的女兒；嫁與汪達爾人亨尼里克為妻36-7。

Eudocia　or Epiphania優多西婭或伊庇法尼婭：赫拉克留斯之女46-11。

Eudocia　優多西婭：君士坦丁九世(八世)之女48-5。

Eudocia　優多西婭：君士坦丁十世的寡后48-6；研究哲學48-6；博學多才53-11；阿爾普・阿斯蘭的攻擊57-5；嫁給羅馬努斯・戴奧吉尼斯(Romanus Diogenes)57-5。

Eudocia　優多西婭：馬紐爾・康南努斯(Manuel Comnenus)的姪女48-6。

Eudoxia　優多克西婭：阿卡狄斯之妻；保托(Bauto)的女兒29-2；指控優特洛庇斯32-3。

Eudoxia　優多克西婭：小狄奧多西的女兒；嫁給華倫提尼安三世33-2、35-8；被迫嫁給佩特洛紐斯・麥克西繆斯(Petronius Maximus)36-1；懇求堅西里克的援助36-1；當成俘虜帶到迦太基36-2；堅西里克將她送回36-7。

Eudoxia　優多克西婭(優多西婭)：赫拉克留斯之妻46-7。

Eudoxus　優多克蘇斯：君士坦丁堡的阿萊亞斯派主教25-7。

Eudoxus　優多克蘇斯：君士坦丁・科普羅尼繆斯之子48-3。

Eugenius　尤金紐斯：寢宮總管35-3。

Eugenius III　尤金紐斯三世：教皇69-3。

Eugenius IV　尤金紐斯四世：教皇66-6；受到康士坦斯大公會議的反對66-6；被巴西爾大公會議罷黜66-9；接見東部的使臣66-9；結成反抗土耳其的同盟67-3；被逐70-8；葬禮70-9；環繞大競技場建一道高牆加以保護71-3。

Eugenius　尤金紐斯：修辭學家；被阿波加斯特斯(Arbogastes)擁立為帝27-11；異教信仰27-12；戰敗被殺27-12。

Eulalia　尤雷利亞：美里達(Merida)的聖徒36-3。

Eulalius　尤拉留斯：內廷伯爵；遺囑40-8。

Eulalius　尤拉留斯：哲學家40-14。

Eulogia　優洛基婭：米迦勒・帕拉羅古斯的姊姊62-2；謀害身為皇帝的弟弟62-4。

Eulogius　優洛吉斯：亞歷山卓教長；有關的記載47-11。

Eunomius　優諾繆斯：庇護樸洛柯庇斯27-3。

Euphemia　優菲米婭：卡帕多西亞的約翰之女40-9。

Euphemia　優菲米婭：馬西安之女；嫁給安塞繆斯36-8。

Euphemia　優菲米婭：聖徒；在聖優菲米婭教堂召開宗教會議47-7。

F

Faesulae　腓蘇利：要點30-5；被貝利薩流斯占領41-15。

Falcandus, Hugo　雨果‧法坎達斯：在西西里56-11。

Fatima　法蒂瑪：阿里之女50-18。

Fatima　法蒂瑪：穆罕默德之女；嫁給阿里50-16；逝世50-16。

Fatimids　法蒂瑪王朝：在埃及和敘利亞50-18；哈里發，在開羅的統治52-5；篡奪阿非利加的行省52-9；繼承伊克謝德王朝(Ikhshidids)52-13；在聖地57-9；失去埃及59-5。

Fausta　福絲姐：馬克西米安之女14-3；奉養馬克西米安14-5；她的子女18-2；羞辱和死亡18-3。

Faustina　弗斯汀娜：安東尼‧庇烏斯(Antoninus Pius)之女3-6、4-1。

Faustina　弗斯汀娜：康士坦久斯二世的寡后；支持樸洛柯庇斯25-4。

Fava or Feletheus　法瓦或菲勒蘇斯：魯吉亞(Rugians)國王；被奧多瑟征服36-15。

Felix　菲利克斯：一位阿非利加主教；遭到處決16-17。

Felix II　菲利克斯二世：偽教皇；放逐21-13。

Felix IV　菲利克斯四世：教皇；格列哥里的祖父45-9。

Felix V　菲利克斯五世：教皇66-8；退隱到里帕勒(Ripaille)66-9。

Felix　菲利克斯：聖徒；在諾拉(Nola)的墳墓31-9。

Ferrara　菲拉拉：約翰‧帕拉羅古斯在該城66-8；大公會議66-8；與烏比諾(Urbino)合併成為公國70-10。

Fez　非茲：建立伊迪里(Edrisite)王國52-13。

Firmus　弗爾繆斯：叛亂11-7。

Firmus the Moor　摩爾人弗爾繆斯：叛亂25-12；死亡25-12。

Firuz　費魯茲：耶茲傑德(Yezdegerd)之子51-4。

Flaccilla　弗拉西拉：狄奧多西大帝之妻27-3。

Flavian　弗拉維安：安提阿主教27-9。

Flavian　弗拉維安：君士坦丁堡教長；反對優提克斯47-6；以弗所第二次大公會議受到迫害47-7；死亡47-7。

Flavius Asellus　弗拉維烏斯‧亞塞拉斯：神聖賞賜伯爵或稱內務大臣36-11。

Florence　佛羅倫斯：拉達蓋蘇斯的圍攻30-5；該城保有的《民法彙編》44-7；大公會議66-8；希臘學術的復興66-12。

Florentius　佛羅倫久斯：高盧禁衛軍統領19-12；性格22-1；逃走22-2、22-3；定罪22-6。

Florianus　弗洛里努斯：塔西佗之弟12-2；篡奪和死亡12-3。

Florus　弗洛魯斯：君王61-8。

Florus　弗洛魯斯：羅馬歷史學家69-8。

Fontana　豐塔納：建築師71-4。

France　法蘭西：在人口方面與高盧的比較17-12；名稱38-8；查理曼統治之下49-10；阿拉伯人入侵52-2；匈牙利人的遷入55-3；十一世紀的國王58-1；查康戴爾的描述66-4；國王的頭銜繼承君士坦丁堡帝國68-11。

Franks or Freemen　法蘭克人或「自由」人：源起10-7；入侵高盧、西班牙和阿非利加10-7；蒲臘布斯將他們驅離高盧12-5；在地中海12-5；在君士坦丁之子的統治下，他們所獲得的權力17-9；侵入高盧19-8；在巴塔維亞(Batavia)和托克森山卓(Toxandria)19-8；歸順朱理安19-10；成為斯提利柯的盟友30-6；征服汪達爾人30-6；在第二日耳曼行省或下日耳曼31-13；在高盧受到墨羅溫王朝的統治35-2；被埃伊久斯擊敗35-2；推選伊吉狄

Galilee　加利利：公國58 –14。

Galla　蓋拉：華倫提尼安二世的姊姊，嫁給狄奧多西27-7。

Gallicanus　加利卡努斯：擔任過執政官的元老院議員7-6。

Gallicia　格里西亞：生產黃金6-9；蘇伊威人和汪達爾人的瓜分31-12；被蘇伊威人控制36-10。

Gallienus　高連努斯：統治的狀況10-12；逝世的情景11-1；篡位的陰謀11-1；愛護基督徒16-13。

Gallipoli　加利波利：加強工事和防守的能力38-4；加泰蘭人的占領62-7；索利曼的重建64-8。

Gallus　蓋盧斯：推選為帝10-5；與哥德人的和平10-5；被殺10-5。

Gallus　蓋盧斯：君士坦丁的姪兒18-2；教育的狀況23-1；東部的總督19-2；殘酷的行為19-2；罷黜和處死19-3；移走聖巴比拉斯(St. Babylas)的遺體23-7。

Gannys　甘尼斯：宦官6-5。

Ganzaca　甘札卡：赫拉克留斯破壞的廟宇46-9。

Garibald　蓋里巴德：巴伐利亞國王；與奧薩里斯的結盟45-7。

Gascony　加斯科尼：阿拉伯人的攻占52-3。

Gassan　迦山：阿拉伯部族24-4、42-6；在敘利亞的版圖之內50-2；被卡立德擊潰51-4。

Gaudentius　高登久斯：伯爵；封閉異教的廟宇28-3。

Gaudentius　高登久斯：埃伊久斯的父親35-1。

Gaudentius　高登久斯：埃伊久斯之子；他與優多克西婭的婚約35-8。

Gaul　高盧：行省1-7；奧古斯都的劃分1-7；有限的宗教寬容政策2-1；貢金6-9；篡奪者11-5；黎吉人(Lygians)的入侵12-5；農人的叛亂13-2；基督教的傳入15-6；人頭稅17-13；日耳曼人入侵19-8；阿里曼尼人入侵19-10；朱理安的入主22-1；成為化外之區22-3；薩克遜人(Saxons)入侵25-10；蘇伊威人、汪達爾人和勃艮地人的入侵30-6；阿拉尼人的遷入35-1；西哥德人的遷入35-2、36-10；蠻族的遷入，高盧皈依阿萊亞斯派教義37-10；改革的過程38-1；土地所有權38-7。

Gayeta　加艾它：撒拉森人圍攻52-9；解圍52-10；城市的濱海狀況52-10。

Gaza　加薩：撒拉森人占領51-4；會戰59-11。

Gazna　加茲納：城市和行省57-1。

Geber　吉伯：阿拉伯醫生52-7。

Geberic　吉布里克：哥德國王18-4。

Gedda　吉達：阿拉伯海港50-1。

Geisa　蓋薩：匈牙利國王55-3。

Gelaleddin　札蘭丁：被成吉思汗擊敗64-2；積極的行動64-7；死亡64-7。

Gelasius I　格拉修一世：教皇；廢除牧神節的慶典36-9；悲悼意大利的狀況36-15。

Gelasius II　格拉修二世：教皇69-3。

Gelimer　傑利默：汪達爾國王；在阿非利加37-7；罷黜赫德里克41-1；被貝利薩流斯擊敗41-4；孤注一擲的行動41-5；逃亡41-5；被俘41-6；與貝利薩流斯的會談41-6；在君士坦丁堡41-7；退隱到蓋拉提亞(Galatia)41-7。

Genevieve　熱納維埃芙：巴黎的主保聖徒35-3。

Gennadius　金納狄斯：君士坦丁堡的僧侶和教長68-5、68-10。

Gennerid　金尼里德：達瑪提亞(Dalmatia)的主將；加強伊里利孔邊區的守備力量31-6。

戰爭29-7；戰敗和死亡29-07。

Gilimer　基利默：哥德人領袖36-12。

Gisulf　吉蘇夫：阿波因的姪兒；夫里阿利(Friuli)公爵45-7。

Giustiniani, John　約翰‧查士丁尼：率領熱那亞連隊增援君士坦丁堡68-4；與威尼斯公爵的爭執68-7；逃走和死亡68-8。

Glycerius　格利西流斯：西部的皇帝36-13；薩洛納的主教36-13；殺害尼波斯(Nepos)36-13；米蘭大主教36-13。

Gnapheus, Peter　彼得‧格納菲烏斯：主張「基督一性論」的主教47-8。

Goar　哥亞爾：阿拉尼國王31-11。

Godas　哥達斯：薩丁尼亞(Sardinia)總督41-1。

Godegesil　戈德吉塞爾：甘多柏德(Gundobald)的兄弟；日內瓦(Geneva)的統治者38-4；加入克洛維斯的陣營38-4；被甘多柏德所殺38-4。

Godfrey of Bouillon　布容的戈弗雷：第一次十字軍的領導人物58-4；在匈牙利58-6；威脅君士坦丁堡58-6；被阿里蘇克斯收爲養子58-7；被一隻熊抓傷58-9；在安提阿58-10；同情心58-10；耶路撒冷的圍攻58-12；聖墓的守護者58-12；死亡58-13；制定〈耶路撒冷條例〉58-14。

Godigisclus　戈迪吉斯克拉斯：汪達爾國王30-6。

Goisvintha　戈文珊：李奧維吉德(Leovegild)之妻37-10。

Goletta　哥勒塔：突尼斯(Tunis)的礁湖入口41-1；西班牙人建在此地的要塞56-6。

Gonderic　貢德里克：汪達爾人君王33-3。

Gontran　貢特朗：勃艮地國王；入侵塞提瑪尼亞(Septimania)38-8。

Gordian　郭迪安：格列哥里一世之父45-9。

Gordianus I　郭笛努斯一世：代行執政官頭銜的阿非利加總督7-3；擁戴和情勢7-3；與其子的統治7-4；戰敗和逝世7-5。

Gordianus II　郭笛努斯二世；郭笛努斯一世之子；戰敗身亡7-5。

Gordianus III　郭笛努斯三世：授與凱撒7-5；登基稱帝7-6；波斯戰爭7-7；被害7-7。

Gorgonius　戈哥紐斯：宦官；保護基督徒16-15。

Goths　哥德人：與狄西阿斯的戰爭10-1、10-4；源起、宗教和制度10-2；遷徙10-3；入侵羅馬行省10-4；得到蓋盧斯的貢金10-5；三世紀的征服10-9；奪取提薩洛尼卡的企圖11-2；入侵伊里利孔14-11；入侵瑪西亞18-4；支持樸洛柯庇斯的叛亂25-14；與華倫斯的戰爭25-14；被匈奴人趕回西部行省26-1；懇求華倫斯的保護26-6；定居在色雷斯26-7；皈依基督教37-6；在克里米亞(Crimea)的落戶40-12。東哥德人：名稱10-2；與匈奴人的戰爭26-6；被格里先擊敗26-13；在特里比吉德統率之下蹂躪小亞細亞32-3；阿提拉的征服34-2；反叛匈奴人35-8；定居在潘農尼亞35-8；接受基督教37-6；侵入伊里利孔和色雷斯39-1；進軍意大利39-2；意大利的狀況39-3；受到貝利薩流斯的威脅41-8；阿瑪拉桑夏統治下的衝突41-8；圍攻羅馬41-12；解圍41-15；從潘農尼亞傾巢而出42-1；在意大利的叛亂43-2；圍攻羅馬43-3；攻進羅馬43-4；失去羅馬43-5；再度奪取羅馬43-5；哥德王國被納爾西斯摧毀43-8。西哥德人：名稱10-2；赫曼里克的征服25-14；與匈奴人的戰爭26-5；在瑪西亞的叛變26-7；贏得哈德良堡會戰26-11；在君士坦丁堡26-11；行省的蹂躪26-11；在亞洲遭到屠殺26-11；分裂、戰敗和降服26-13；狄奧多西一世去世後的反叛30-1；大掠希臘30-1；入侵意大利30-2；加入拉達蓋蘇斯的陣營30-5；圍攻羅馬31-6；第二次圍攻31-7；第三次圍攻和洗劫31-8；民族特性31-8；占有意大利31-9；進軍高

H

Heraclius　赫拉克留斯：華倫提尼安的寵臣35-8；被殺35-9。

Heraclius I　赫拉克留斯一世：皇帝；反對福卡斯的叛徒46-6；被擁立爲帝46-7；災難46-8；對抗波斯的戰役46-9；馬龍派信徒47-11；娶瑪蒂娜爲妻48-2；逝世的日期48-2；接見穆罕默德的使者50-13；與穆罕默德的戰爭50-13；女兒成爲撒拉森人的俘虜51-4；逃走51-4；崩殂51-5。

Heraclius II or Heracleonas　赫拉克留斯二世或赫拉克利納斯：赫拉克留斯一世之子48-2。

Heraclius　赫拉克留斯：康士坦斯二世之子；反對他的兄長君士坦丁四世，成爲叛徒48-2。

Heraclius　赫拉克留斯：君士坦丁四世之子48-2。

Heraclius　赫拉克留斯：統領；在阿非利加對抗汪達爾人的戰役36-10；戰敗36-10。

Herat　赫拉特：在柯拉珊地區的城市；被成吉思汗毀滅34-4；降服於穆斯林51-3；拜火教徒51-8；蒙古人的奪取64-2。

Hercules　海克力斯：海克力斯之柱1-7；康莫達斯的頭銜4-3。

Herculians　海克留：戴克里先的衛隊13-7；朱里安的衛隊24-7。

Hermanric　赫曼里克：東哥德國王；征戰25-14；與匈奴人的戰爭26-6。

Hermanric　赫曼里克：西班牙的蘇伊威國王33-3。

Hermenegild　赫門尼吉德：西班牙國王李奧維吉德之子；叛亂37-10；死亡37-10。

Hermias　赫米阿斯：哲學家40-14。

Herminianus, Claudius　克勞狄斯・赫米尼努斯：對待基督徒非常嚴苛16-9。

Hermogenes　赫摩吉尼斯：騎兵將領21-13。

Herod　赫羅德：奧登納蘇斯之子11-6。

Herodes, Atticus　阿提卡斯・赫羅德斯：家族2-6；教育2-6；公共紀念物2-6。

Herodian　希羅底安：查士丁尼的官員；在斯波列托(Spoleto)43-5。

Heruli　赫魯利人：他們的體魄10-2；在羅馬軍隊服役10-10；高盧的軍團22-1；不列顛25-11；臣服於哥德人25-14；夏隆會戰35-4；與狄奧多里克的結盟39-3；在君士坦丁堡敉平「尼卡」暴亂40-6；加入貝利薩流斯對阿非利加的遠征41-2；被倫巴底人擊敗42-1；在納爾西斯麾下服務43-8。

Hierapolis　海拉波里斯：敘利亞的城市；康士坦久斯在該城22-4；穀倉24-2；朱理安24-2；諾息萬的圍攻42-6；克司洛伊斯46-3；撒拉森的奪取51-4；光復52-14。

Hilarius　希拉流斯：安提阿的元老院議員27-9；成爲巴勒斯坦的總督27-9。

Hilary　奚拉里：波瓦提耶(Poitiers)主教21-5；「本體相類」21-5；放逐21-5；墳墓被撒拉森人破壞52-3。

Hilary　奚拉里：教皇；譴責安塞繆斯的宗教寬容36-9。

Hilderic　赫德里克：阿非利加的汪達爾國王；宗教寬容39-1；查士丁尼教養他的女兒41-7。

Hilderic　赫德里克：汪達爾君王；宗教寬容39-1；遭到傑利默的罷黜41-1。

Hildibald　希底巴德：哥德人在意大利的軍事領袖43-2；死亡43-2。

Hindostan　印度斯坦：被蒙古人征服64-4、65-2。

Hippo Regius　希波・里吉烏斯：殖民地33-3；圍攻33-5；貝利薩流斯在該城41-5；被西西里的羅傑所征服56-9。

Hira　希拉：一個城市42-6、50-2；卡立德的攻占51-3。

Holagou　旭烈兀：大汗；成吉思汗之孫64-4。

Honoratus　霍諾拉都斯：米蘭主教45-3。

I

Iberia　伊比利亞：皈依基督教15-6；受到薩坡爾的攻擊25-13。

Ibrahim　伊布拉希姆：阿拔斯家族酋長52-5；死亡52-5。

Ibrahim　伊布拉希姆：老伊巴(Eba the Elder)之孫51-7。

Ibrahim　伊布拉希姆：穆罕默德夭折之幼子50-15。

Ibrahim　伊布拉希姆：昔萬(Shirwan)或阿爾巴尼亞的君王；臣服於帖木兒65-2。

Ibrahim　伊布拉希姆：阿格拉布(Aglab)之子52-13。

Ibrahim　伊布拉希姆：穆拉德二世的首相65-2。

Iceni　艾昔尼：不列顛部族1-7。

Ichthyophagi　伊克錫法吉人：居住在波斯灣海岸50-1。

Iconium or Cogni　伊科尼姆或柯尼：十字軍在該地58-9；塞爾柱人首都59-1；腓特烈・巴巴羅薩的奪取59-3。

Igilium　伊吉利姆：抗拒哥德人的島嶼31-8。

Igmazen　伊格瑪森：伊沙弗倫西斯(Isaflenses)國王25-12。

Ignatius　伊格納久斯：君士坦丁堡教長；復位60-1。

Ignatius　伊格納久斯：聖徒；殉教16-10。

Igor　伊戈：魯里克(Ruric)之子55-5。

Igours　伊果人：維果人(Vigours)或歐尼果人(Onigors)；韃靼種族之一26-4；毀滅匈奴王國35-8；具備書寫的能力64-1。

Ikshidids　伊克謝德：撒拉森人建立的王朝52-13。

Ildico　伊笛可：阿提拉之妻35-7。

Illiberis　伊利貝里斯：宗教會議15-5；有關聖像的問題49-1。

Illyricum　伊里利孔：位置1-7；朱理安在該地22-3；設置統領用來分散權力26-12；被阿卡狄斯和霍諾流斯瓜分29-1；西伊里利孔割讓給君士坦丁堡33-2；七個行省40-11；從羅馬分離的教區49-8。

India　印度：羅馬的貿易2-10；派往君士坦丁宮廷的使臣18-5；聖湯瑪士的基督徒47-11。

Ingenuus　因吉努烏斯：納邦市民31-10。

Ingenuus　因吉努烏斯：僭主10-14。

Ingulphus　英古法斯：「征服者」威廉(William the Conqueror)的秘書57-9。

Ingundis　茵艮迪斯：赫門尼吉德(Hermenegild)之妻；受到婆婆戈文珊(Goisvintha)的虐待37-10。

Innocent I　英諾森一世：羅馬主教；贊同迷信的行為31-6。

Innocent II　英諾森二世：教皇；選舉56-9、69-3、69-4；譴責阿諾德(Arnold)69-4；對抗阿那克勒都斯(Anacletus)獲得勝利69-11。

Innocent III　英諾森三世：教皇；鎮壓阿爾比(Albigeois)異端54-3；推動第四和第五次十字軍東征59-3；與保加利亞人的談判60-2；宣布第四次十字軍60-2；君士坦丁堡遭到掠奪的記載60-10；信函61-1；恢復統領的職位69-5。

Innocent VI　英諾森六世：教皇；與約翰・帕拉羅古斯簽訂的條約66-2；教皇的職權70-6。

Innocent VII　英諾森七世：教皇70-8。

Intiline　印提林尼：行省；割讓給帝國13-6。

Iona　愛奧納：建有修道院的島嶼37-2。

Iphicles　伊菲克里斯：伊庇魯斯的代表25-15。

Irak　伊拉克：被撒拉森人征服51-3。

Ithacius 伊薩修斯：正統基督教會的長老27-5。

J

Jaafar 賈法：穆罕默德的親戚；死亡50-13。

Jabalan 賈巴拉：信奉基督教的阿拉伯酋長51-4；放逐逃到拜占庭51-4。

Jacob 雅各：萊什(Leith)之子52-13。

Jacobites or Monophysites 雅各比派或一性論信徒：在埃及歸順於撒拉森人51-5；與撒拉森人的友誼51-9。

Jaffa 雅法：市鎮；被十字軍奪取59-8；遭到薩拉丁的奇襲59-8；法蘭克人的失守59-12。

James of Sarug 薩魯格的詹姆斯：敘利亞主教33-6。

James 詹姆斯：聖徒；在西班牙的傳奇15-6。

Jane 珍妮：鮑爾溫皇帝的女兒64-3；那不勒斯王后；出售亞維農70-3；勒死自己的丈夫70-3。

Jason 傑生：在阿拉里克的營地充當人質31-1。

Jazyges 賈柴吉斯人：薩瑪提亞部族10-3、18-4。

Jerom 傑羅姆：聖徒；描述哥德人燒殺擄掠的狀況26-11。

Jerusalem 耶路撒冷：王國58-13；衰敗59-6；被薩拉丁占領 59-6。

Jerusalem 耶路撒冷：神廟被大火焚毀16-6；基督徒教會20-8；朱理安的意圖是要重建神廟23-5；無垢聖母大教堂40-11；有關城市的描述23-5；神廟的戰利品，在羅馬被搶以後帶到迦太基36-2；被克司洛伊斯占領46-7；「一性論者」動亂47-8；撒拉森人的據有51-4；奧瑪的清眞寺51-4；土耳其人的征服57-7、57-9；聖墓受到褻瀆57-9；聖墓發出不可思議的火焰57-9；阿菲達爾(Aphdal)的圍攻58-12；十字軍的圍攻58-12；在聖司蒂芬門58-12；條例58-13；該城的基督徒被薩拉丁的掠奪59-6；薩拉丁的攻占59-6；奧瑪清眞寺59-6；理查一世接近該城59-8。

Jews 猶太人：性格特質15-1；宗教狂熱15-1；在亞斯摩尼亞王朝(Asmonaean)君主的統治之下15-2；殘酷的行為16-2；在尼祿統治之下16-6；亞歷山卓21-2；朱理安的信函23-4；卡林奈孔(Callinicum)的猶太會堂遭到摧毀27-10；在西班牙的宗教迫害37-11；意大利的迫害行動29-5；赫拉克留斯46-13；相信永生47-1；亞歷山卓的西里爾的迫害行動47-2；查士丁尼的宗教迫害47-9；在阿拉伯的狀況50-4；在西班牙協助撒拉森人51-7；第一次十字軍的大屠殺58-3。

Joan 瓊安：英格蘭的理查一世的姊妹59-8。

Joannina 喬妮娜：貝利薩流斯和安東妮娜(Antonina)的女兒43-5。

Joasaph 佐薩夫：阿索斯(Athos)山的僧侶63-5。

John 約翰：安提阿主教；參加以弗所第一次宗教會議47-4；與西里爾講和47-5。

John Comnenus or Calo-Johannes 約翰‧康南努斯或卡洛-約哈尼斯：君士坦丁堡的皇帝48-6。

John 約翰：伯爵；優多克西婭的愛人32-6。

John 約翰：內末爾(Nevers)伯爵；他的十字軍對抗土耳其人64-4；成為俘虜64-10；贖回64-10、66-3。

John d'Ibelin 約翰‧第貝林：草擬〈耶路撒冷條例〉58-14。

John 約翰：約翰‧瓦塔西斯(John Vataces)之孫61-7；未成年62-1；尚未加冕62-2；被剜

Jovinus　喬維努斯：朱理安的將領22-3；圍攻阿奎利亞22-4、22-6；擊敗阿里曼尼人25-
　　10；執政官25-10。

Jovinus　喬維努斯：僭主；在門次(Mentz)稱帝31-11；被殺31-11。

Jovius　賈維烏斯：朱理安的財務官22-3。

Jovius　賈維烏斯：霍諾流斯統治下的禁衛軍統領；被宦官擁立爲帝31-6；與阿拉里克簽
　　訂和約31-6；背棄霍諾流斯31-7。

Jovius　賈維烏斯：受到狄奧多西的派遣去封閉異教的廟宇28-3。

Jude　猶大：聖徒；他的孫兒16-7。

Julia Domna　茱麗亞‧唐娜：塞維魯斯之妻5-5、6-1、6-2；自殺身亡6-5。

Julian　朱理安：紅衣主教；佛羅倫斯的大公會議66-8；教皇使節67-3；有關記載67-4；死
　　於瓦爾納會戰67-4。

Julian　朱理安：伯爵；哥德人將領；在阿非利加51-7；邀請摩爾人和阿拉伯人到西班牙
　　51-7；城堡和市鎮51-7；向撒拉森人提出的建議51-7；款待穆薩51-7；死亡51-7。

Julian of Halicarnassus　哈里卡納蘇斯的朱理安：使亞美尼亞人皈依基督教47-11。

Julian　朱理安：皇帝；康士坦久斯沒有斬草除根19-1；教育19-1；奉派到米蘭19-4；到雅
　　典19-4；召回19-4；授與凱撒19-5；在高盧19-8；打敗阿里曼尼人19-10；法蘭克人的臣
　　服19-10；三渡萊茵河19-11；施政工作19-12；冬季在巴黎19-12；高盧的軍團奉命派往
　　東方22-1；稱帝22-2；夢境22-2；派遣使臣觀見康士坦久斯22-2；渡過萊茵河22-3；戰
　　爭的準備22-3；進軍伊里利孔22-3；色米姆的開城22-3；信函22-3；圍攻阿奎利亞22-
　　4；進入君士坦丁堡22-4；民政工作22-5；作品22-5；宮廷的改革22-5；特別法庭22-6；
　　仁慈的行爲22-6；保護希臘的城市22-7；身爲演說家和法官22-7；性格和作風22-7；異
　　教思想23-1；教育23-1；宗教狂熱23-2；普遍的宗教自由23-3；用寫作反對基督教23-
　　3；恢復異教信仰23-3；頒布反對基督教的詔書23-6；嚴辭要求基督徒修復遭到破壞的
　　異教廟宇23-6；向幼發拉底河進軍24-3；波斯戰役24-5；侵入亞述24-5；奪取佩里薩波
　　(Perisabor)24-5；攻占毛蓋瑪恰24-5；渡過底格里斯河24-6；拒絕與薩坡爾簽訂和約24-
　　7；焚毀艦隊24-7；退卻24-8；陣亡24-9；葬禮24-13。

Julian, Salvius　薩爾維斯‧朱理安：羅馬律師44-2、44-5。

Julian　朱理安：奧文尼的主保聖徒；聖所36-4；在布利烏德(Brioude)的墳墓38-8。

Julianus, Didius　德第烏斯‧鳩理努斯：用錢買到帝國5-1；統治5-1；災難5-3、5-4；被殺
　　5-4。

Julius II　朱理烏斯二世：教皇70-10；慷慨的行爲71-4。

Julius　朱理烏斯：主將；在亞洲屠殺哥德人26-12。

Justin I　賈士丁一世：擢陞40-1；爲姪兒查士丁尼加冕40-1；崩殂40-1。

Justin II　賈士丁二世：查士丁尼的姪兒；擢升到帝國的高位45-1；擔任執政官45-1；接見
　　阿瓦爾人使臣45-1；軟弱的個性45-4；與提比流斯的共治45-5；演說45-5；統治45-1、
　　45-5；崩殂45-5；與波斯的戰爭46-1。

Justin Martyr　「殉教者」賈士丁：對話15-2；提到基督教的傳播15-6；希臘的哲學15-6；
　　伊比翁派(Ebonites)的謬誤21-2。

Justina　賈絲蒂娜：華倫提尼安一世之妻25-15；阿萊亞斯派信徒27-6；召喚安布羅斯參加
　　宗教會議27-6；頒布有利阿萊亞斯教派的詔書27-6；逃到阿奎利亞27-7；崩殂27-11。

Justinian I　查士丁尼一世：皇帝；提帕沙(Tipasa)的神蹟37-9；承認法蘭西君主國的建立
　　38-5；出身和教育40-1；登基稱帝40-1；娶狄奧多拉爲妻40-3；支持藍黨40-3；元旦的

（Segedin）簽訂和平協定67-3；在瓦爾納會戰中陣亡67-4。

Laeta　莉塔：普蘿芭之女31-8。

Laeta　莉塔：格里先皇帝的寡后；後裔在羅馬過著貧窮的生活31-6。

Laetus　里屠斯：康莫達斯的禁衛軍統領4-4、5-1。

Lagodius　拉格狄斯：反對篡奪者君士坦丁30-7。

Lahor　拉合爾：城市；被加茲納的蘇丹占領57-1。

Lampadius　朗帕狄斯：羅馬元老院議員30-9。

Laodicea　拉奧狄西亞：位於小亞細亞；腓特烈・巴巴羅薩在該城59-3。

Laodicea　拉奧狄西亞：位於敘利亞；隸屬於安提阿27-9；撒拉森人在該城51-4；被撒拉森人奪取51-4；索利曼蘇丹的占領57-8；法蘭克人的失守59-12。

Larissa　拉立沙：波赫蒙德的圍攻56-7。

Lascaris, Janus　耶努斯・拉斯卡里斯：希臘文法學家66-12；從東部帶各種抄本給羅倫佐・美第奇（Lorenzo de Medicis）66-13。

Lazi　拉齊人：一個部族42-8；懇求克司洛伊斯的友誼42-8；與查士丁尼首度結盟42-8；波斯戰爭42-9；拉齊克國王之死42-9。

Lazica　拉齊卡：繼承之戰42-7。

Leander　黎安德：塞維爾大主教；說服赫門尼吉德皈依基督教37-10；前往拜占庭37-10。

Lebanon　黎巴嫩：該地的杉木，建造耶路撒冷教堂40-11。

Lebedias　黎貝迪阿斯：拒絕匈牙利的王位55-2。

Lemnos　連諾斯：島嶼；領主是德米特流斯・帕拉羅古斯68-11。

Leo　李奧：提薩洛尼卡大主教53-11。

Leo　李奧：約翰・齊米塞斯的兄弟48-5。

Leo　李奧：優特洛庇斯的將領；反對特里比吉德32-3。

Leo I of Thrace　「色雷斯人」李奧一世：皇帝36-8；反對阿斯帕（Aspar）36-8；選擇安塞繆斯為西部皇帝36-8；派遣水師對付汪達爾人36-10；軍備的費用36-10；默認奧利布流斯的推選為帝36-12；謀殺阿斯帕39-1。

Leo III, the Isaurian　「艾索里亞人」李奧三世：皇帝48-2；家世和出生地48-3；驍勇善戰48-3；禁止聖像崇拜49-2；與教皇格列哥里的爭執49-3；意大利的反叛49-3；防守君士坦丁堡對抗撒拉森人51-7。

Leo IV　李奧四世：皇帝48-3；有關宗教的見解49-7。

Leo V, the Armenian　「亞美尼亞人」李奧五世：皇帝；對預言的關切48-3；統治48-3；崩殂48-3；反對聖像崇拜49-7；迫害保羅教派54-2。

Leo VI, the Philosopher　「哲學家」李奧六世：皇帝48-5；婚姻48-5；《戰術論》53-1、53-9；提倡學術53-11。

Leo I, the Great　「偉大的教皇」李奧一世：羅馬主教；派往阿提拉的使臣35-7；對堅西里克的調停36-2；卡爾西頓的大公會議47-6；書信47-6；大公會議的批准47-7。

Leo III　李奧三世：教皇；選舉49-8；被刺和下獄49-8；在聖彼得教堂為查理曼加冕49-8；有關教義的問題60-1。

Leo IV　李奧四世：教皇；選舉52-10；勝利和統治52-10；在羅馬興建「李奧之城」52-10。

Leo IX　李奧九世：教皇；與兩個帝國建立同盟56-3；對付諾曼人的遠征56-3。

Leo X　李奧十世：教皇70-10；慷慨的行為71-4。

大利45-3；建立王國45-4；有關的敘述45-4；穿著和婚姻45-7；將狩獵引進意大利45-7；政府和法律45-7；攻擊羅馬49-4；在阿斯托法斯(Astolphus)統率之下擊敗對手49-4。

Lombardy 倫巴底：在阿波因的統治之下，王國受到阿提拉的蹂躪45-2；滅亡在查理曼之手49-10；成為希臘的行省49-10、56-1。

Longinus 隆柴努斯：拉芬納太守45-3；蘿莎蒙德的愛人45-4。

Longinus 隆柴努斯：季諾碧亞的導師2-11、11-6；被殺11-7。

Lorca 洛卡：狄奧德米爾向撒拉森人獻城投降51-7。

Lothaire 羅沙爾：阿里曼尼公爵；入侵意大利43-8；死亡43-8。

Lothaire I 羅沙爾一世：皇帝；帝國的共治49-11；王國49-11。

Lothaire II 羅沙爾二世：皇帝53-7；反對西西里的羅傑56-9。

Louis 路易：布耳瓦(Blois)和沙爾特(Chartres)伯爵60-3。

Louis VII 路易七世：西西里的喬治給予援手56-9；主導第二次十字軍59-2；行軍通過安納托利亞59-3。

Louis IX 路易九世：十字軍東征59-11；奪取達米埃塔59-11；被俘59-11；死亡59-11；後裔61-6；從鮑德溫處買到神聖的遺物61-6；最後的十字軍62-5。

Lublin 盧布林：蒙古人摧毀的城市64-4。

Lucania 盧卡尼亞：森林31-5；托提拉進入該地43-5；貝利薩流斯抵達43-5。

Lucca 盧卡：圍攻43-8；絲綢貿易的壟斷28-6；此城有三百座塔樓71-2。

Lucian 盧西安：東方伯爵；被魯方努斯處死29-3。

Lucian 盧西安：宦官；保護基督徒16-15。

Lucian 盧西安：耶路撒冷的長老；挖出聖徒的遺體28-6。

Lucian 盧西安：諷刺詩詩人；描述本都的基督徒15-6。

Lucilla 盧西拉：康莫達斯的姊姊4-2。

Lucillianus 盧西連努斯：伯爵18-6；伊里利孔的騎兵將領22-3，成為俘虜22-3；被害25-1。

Lucius 盧契烏斯：亞歷山卓主教25-7。

Lucius II 盧修斯二世：教皇69-2。

Lucius III 盧修斯三世：教皇69-2。

Lucullus 盧克拉斯：莊園36-14；奧古斯都拉斯(Augustulus)放逐到盧克拉斯的城堡36-14。

Ludolph 盧道夫：薩克森尼(Saxony)公爵49-11。

Luke 路加：聖徒；遺體移到君士坦丁堡28-5。

Lupicinus 盧庇西努斯：將領22-1；下獄22-2；趕往救援華倫斯25-4；色雷斯總督26-7；鎮壓哥德人26-7；被哥德人擊敗26-8。

Lupus 盧帕斯：聖徒；特洛瓦(Troyes)的拯救35-3。

Lusitania 露西塔尼亞：西班牙行省1-7；黃金6-9；阿拉尼人進入該地31-12。

Lychnidus 黎克尼杜斯：該城又稱阿克賴達(Achrida)55-1；阿里克蘇斯逃到該地56-7。

Lycia 呂西亞：行省；被魯方努斯撤除原有的位階29-2。

Lyons 里昂：塞維魯斯在此擊敗阿比努斯(Albinus)5-5；被奧理安奪取11-5；馬格南久斯18-10；主教會議38-4；克洛維的據有38-4；撒拉森人的攻占52-3。

M

Mainfroy　緬弗洛伊：那不勒斯和西西里的國王56-11；受到教皇的擯棄62-4。

Majo　馬約：水師提督；陰謀反對西西里的威廉一世56-11。

Majorca and neighboring isles　馬約卡和鄰近島嶼：汪達爾人進入33-3；隸屬於查士丁尼41-6。

Majorian　馬喬里安：皇帝；家世36-4；賽東紐斯(Sidonius)的頌辭36-4；受到里昔默的擁立36-4；致元老院的信函36-4；立法的精神36-5；保護羅馬的公共建築物36-5；有關婚姻的法律36-5；擊敗狄奧多里克36-6；建造一支艦隊36-6；艦隊被堅西里克摧毀36-6；退位和逝世36-6。

Majorinus　馬喬里努斯：阿非利加主教21-1。

Malaga　馬拉加：被阿布迪拉茲(Abdelaziz)占領51-7；在阿拉伯人統治之下成為學術中心52-7。

Malazkerd　馬拉茲克德：圍攻57-7；會戰57-7。

Malek Rodosaces　馬立克‧洛多薩息斯：迦山部族的埃米爾24-4。

Malek Shah　馬王克沙王：阿爾普‧阿斯蘭蘇丹之子57-4；征服的行動57-7；到麥加的朝聖57-7；逝世57-7。

Malta　馬爾他：被西西里的羅傑占領56-9；在該島的醫院騎士團58-13。

Mamaea　瑪米婭：亞歷山大‧塞維魯斯之母6-5；攝政6-6；貪婪6-9；被害7-2；召見奧利金(Origen)的談話16-13。

Mamalukes　馬木祿克：兩個王朝59-11；從色卡西亞(Circassia)獲得人員的補充63-7；擊敗蒙古人64-4；與可汗的結盟64-6。

Mamas　瑪馬斯：聖徒；在凱撒里亞的念紀碑23-1。

Mamertinus　馬墨提努斯：執政官22-6、22-7。

Mandracium　曼德拉辛姆：迦太基的郊區；羅馬官員的洗劫41-4；貝利薩流斯的重建41-4。

Manes　摩尼：摩尼教義的盛行47-10；保羅教派的駁斥54-1。

Maniaces, George　喬治‧馬奈阿斯：征服西西里56-2；拜占庭宮廷42-4。

Maniach　馬尼阿克：粟特(Sogdoites)國君42-4。

Manichaeans　摩尼教派：源起15-1、21-1；狄奧多西制定法律加以取締27-5；亨尼里克的宗教迫害37-8；各行省的迫害行動37-11；提到基督的性質47-9；在阿拉伯的狀況50-4；拋棄阿里克蘇斯‧康南努斯的旗幟54-3。

Mansur　門蘇爾：發爾斯(Fars)君王；抗拒帖木兒65-2。

Manuel Comnenus　馬紐爾‧康南努斯：君士坦丁堡皇帝48-6；戰爭48-6；性格48-6；驅逐諾曼人56-9；雄心壯志56-10；與諾曼人保持和平的狀態56-10；在位時期的第二次和第三次十字軍59-2；背叛的指控59-3；他的妻室60-1。

Manuel Comnenus　馬紐爾‧康南努斯：康南尼家族的創始者48-6。

Manuel Comnenus　馬紐爾‧康南努斯：安德洛尼庫斯之子48-6。

Manuel Comnenus　馬紐爾‧康南努斯：阿里克蘇斯一世之弟48-6。

Manuel Palaeologus　馬紐爾‧帕拉羅古斯：皇帝64-11；監禁和逃脫64-11；在拜亞齊特麾下服務64-11；訪問法蘭西宮廷64-11；返回君士坦丁堡65-9；與穆罕默德簽訂和平條約65-9；崩殂65-9、66-5；談判66-5。

Manuel Palaeologus　馬紐爾‧帕拉羅古斯：老安德洛尼庫斯之子63-2。

Manuel　馬紐爾：公元634年之羅馬將領51-4。

Martin　馬丁：帶領斯拉夫人和匈奴人去圍攻羅馬41-14。

Martin I　馬丁一世：教皇；主持拉特朗(Lateran)大公會議47-10；放逐49-3。

Martin IV　馬丁四世：教皇；拒絕米迦勒八世加入拉丁教會62-4；法蘭西籍教皇62-5；為羅馬選擇一位執政的元老69-6。

Martin V　馬丁五世：教皇66-5；選舉70-8；獎章70-8；羅馬的建設71-4。

Martin　馬丁：聖徒；人道精神27-5；神奇的禮物27-6；摧毀異教的廟宇28-3；在高盧建立修院制度37-2；不可思議的神龕37-10、38-3。

Martin　馬丁：不列顛的副行政長官18-10。

Martina　瑪提娜：赫拉克留斯之妻46-8；登上帝座48-2；罷黜和放逐48-2。

Martinianus　馬提尼努斯：被黎西紐斯授與凱撒14-12。

Martyropolis　瑪提羅波里斯：圍攻40-13；重建46-3。

Maru　馬魯：柯拉珊的城市；被成吉思汗毀滅34-4；阿爾普‧阿斯蘭的墳墓57-6。

Mary　瑪麗：一個埃及女奴51-15。

Mary　瑪麗：蒙特菲拉的康拉德之女61-6。

Mary　瑪麗：保加利亞王后62-4。

Masceze　馬西查爾：吉爾多之弟；指揮軍隊攻打吉爾多29-7；勝利29-7；死亡29-7。

Massagetae　馬撒杰提人：入侵波斯18-7；航向阿非利加41-2。

Massoud　馬索德：加茲納王朝的馬合木之子57-2。

Maternus　瑪特努斯：康莫達斯統治下到處作亂的強盜4-2。

Mathilda　瑪蒂爾達：伯爵夫人58-1。

Matthew of Montmorency　蒙特摩倫西的馬太：博斯普魯斯海峽的通道60-6；觀見皇帝的使臣60-8。

Maurice　莫理斯：皇帝；指揮聯軍部隊45-6；統治45-6；波斯戰爭45-6；接見克司洛伊斯的使臣46-3；對抗阿瓦爾人的戰爭46-5；逃亡46-5；被殺46-5；冒充的兒子46-7。

Mauritania Caesariensis and Tingitana　茅利塔尼亞‧凱撒尼西斯和廷吉塔納：位於阿非利加1-7；堅西里克的進入33-3；放棄給堅西里克的帝國33-5；堅西里克的破壞行動36-6；廷吉塔納被阿克巴(Akbah)征服51-6。

Maxentius　馬克森久斯：馬克西米安之子；反叛14-1；在羅馬稱帝14-3；與蓋勒流斯在意大利的對陣14-4；成為六位皇帝之一14-5；暴政14-6；與君士坦丁的內戰14-6；離開羅馬去迎戰14-7；被君士坦丁擊敗14-7；陣亡14-7；保護基督徒16-17。

Maximian　馬克西米安：與戴克里先的共治12-4、13-1；皇帝13-2；治理的行省13-2；敉平巴高迪叛亂13-3；戰爭13-3；凱旋13-7；在米蘭退位13-11；重登帝位14-5；奪取亞耳14-5；遭到處決14-5。

Maximin　馬克西明：君士坦丁堡的廷臣；派往阿提拉的使臣34-6；與阿提拉的大臣之間的交談34-6；返回君士坦丁堡34-7。

Maximin　馬克西明：皇帝；出身和統治7-2；性格7-3；進軍意大利7-5；被殺7-5；容貌7-5。

Maximin　馬克西明(達查)：凱撒14-1；皇帝14-5；與黎西流斯瓜分帝國14-5；馬克森久斯的結盟14-5；奪取拜占庭14-9；死亡14-9；對待華倫麗婭(Valeria)的行為14-9；基督徒受到迫害16-18。

Maximin　馬克西明：高盧的統領25-5；暴政25-14。

Maximus　麥克西繆斯：修道院院長；反對「一神教」的論點47-10。

Maximus　麥克西繆斯：與巴比努斯同時稱帝7-5；統治7-5；被害7-6。

Merovingian Kings of the Franks　墨羅溫王朝的法蘭克國王：鑄幣38-5；法律38-6；領域
　　38-7；位置38-7；在阿奎丹的殘存狀況49-10 最後幾位國王52-3。
Mervan　穆萬：奧米亞王朝最後一位哈里發52-5；亡故在布昔里斯(Busiris)52-5。
Mesembria　美森布里亞：被土耳其人奪取68-4。
Mesopotamia　美索不達米亞：圖拉真的征服1-3；哈德良的放棄1-3；卡魯斯的破壞12-7；
　　蓋勒流斯的敗北13-5；割讓給帝國13-6；薩坡爾的入侵18-6；朱理安的進軍24-4；查士
　　丁尼加強市鎮的防備力量40-12。
Messalla　美撒拉：潘農尼亞總督；拯救康士坦霞25-10。
Messalla Valerius　美撒拉‧華勒流斯：羅馬第一任郡守17-6。
Messina　美西納：海峽31-9；諾曼人攻占市鎮56-2；諾曼人羅傑在該城56-5。
Mesua　米蘇亞：阿拉伯醫生52-7。
Metrodorus　梅特羅多魯斯：文法學家40-10。
Metrophanes　梅特羅法尼斯：君士坦丁堡教長67-1。
Metz　美次：被阿提拉摧毀35-3。
Michael I　米迦勒一世(安吉拉斯)：伊庇魯斯的藩王61-2。
Michael I Rhangabe　米迦勒一世朗加比：皇帝；推選48-3；統治48-3；迷信49-7；迫害保
　　羅教派54-2。
Nichael II　米迦勒二世：皇帝；對李奧的反叛行動48-3；統治48-4；失去克里特和西西里
　　52-9。
Michael III　米迦勒三世：皇帝48-4；對付保羅教派的戰役54-2。
Michael IV the Paphlagonian　「帕夫拉果尼亞人」米迦勒四世：皇帝48-5。
Michael V, Calaphates　米迦勒五世卡拉法提斯：皇帝48-5。
Michael VI, Stratioticus　米迦勒六世斯特拉提奧提庫斯：皇帝48-5。
Michael VII, Parapinaces　米迦勒七世帕拉皮納西斯：皇帝48-6。
Michael VIII, Palaeologus　米迦勒八世帕拉羅古斯：統治61-7；光復君士坦丁堡61-7；家
　　庭和性格62-1；登基稱帝62-2；君士坦丁堡的入城62-2；弄瞎約翰‧拉斯卡里斯62-3；
　　被阿森紐斯革出教門62-3；約瑟的赦免62-3；與拉丁教會的聯合62-3；派使節參加里昂
　　的大公會議62-4；迫害希臘人62-4；重建水師63-7；受到韃靼人的奇襲64-6。
Michael IX　米迦勒九世：被加泰隆人擊敗62-7；帝國的共治63-2；崩殂63-2。
Michael　米迦勒：冒充者；受到羅伯特‧基斯卡的承認56-6；在杜拉索56-7。
Milan　米蘭：公爵；反對尤金紐斯四世66-6；他的部隊出現在菲拉拉66-8。
Milan　米蘭：圍攻11-1；馬克西明的駐地13-2；〈米蘭詔書〉20-2、20-8；米蘭大公會議
　　21-10；西部皇帝的都城25-3；混亂的狀況27-6；被阿提拉奪取35-6；被哥德人攻占41-
　　16；全城被毀41-16；阿波因的據有45-3；腓特烈的占領49-14；馬紐爾的重建56-10。
Misenum　麥西儂：水師基地1-7；馬喬里安的重建36-6；海岬36-14。
Misitheus　麥西修斯：郭笛努斯三世的大臣7-7。
Mistrianus　米斯特林努斯：黎西紐斯的使臣14-10。
Mithridates　米塞瑞達笛斯：屠殺羅馬人2-2；征服柯爾克斯(Colchos)42-8。
Moawiya　穆阿偉亞：哈里發；征服波斯和葉門(Yemen)50-17；性命受到威脅50-17；統
　　治50-17；派遣軍隊到阿非利加51-6；與皇帝和平共存52-1。
Moctadi　摩克塔迪：哈里發；娶馬立克沙王的女兒為妻57-7。
Moctador　摩克塔德：哈里發52-6；被卡麥什教派信徒擊敗52-12。

54-2；塞爾柱人的征服57-8；十字軍在該城58-8；整個地區遭到鄂斯曼的侵略64-7。

Nicopolis 尼柯波里斯：圍攻10-4；朱理安的收復22-7；寶拉(Paula)的產業31-1；哥德人在該城43-5；土耳其人和歐洲聯軍在此地的會戰64-10。

Nile 尼羅河：航運12-6；每年的洪水51-5。

Nishabur 尼沙布爾：塞爾柱人的都城57-3；皇宮57-3；被成吉思汗攻占64-2。

Nisibis 尼昔比斯：薩坡爾的攻略10-11；兩位君主在此會面13-6；薩坡爾的圍攻18-6；傑維安的割讓24-11；齊米塞斯的奪取52-14。

Nizam 尼札姆：首相57-7；罪行和免職57-7。

Noga 那海：蒙古酋長64-6。

Nola 諾拉：保利努斯(Paulinus)退隱之地31-9；被阿拉里克摧毀31-9。

Nomius 諾米烏斯：狄奧多西派往阿提拉宮廷的使臣34-8。

Nonnosus 農諾蘇斯：與尼古斯(Negus)的會面42-11。

Normans 諾曼人：或稱北人55-4；侵入意大利56-2；在西西里56-2；在阿奎利亞56-2；意大利的征戰56-4；西西里的征服56-5；滅亡56-11；在羅馬努斯的麾下服務57-5。

Noureddin 努爾丁：阿勒坡蘇丹48-6；與基督徒的戰爭59-5；埃及的征服59-5；死亡59-6。

Novatians 諾瓦提亞派：遭到迫害21-1；免於懲處21-1；在君士坦丁堡21-14。

Novogorod 諾夫哥羅：俄羅斯首都55-5；別兒哥汗(Borga Khan)在該城64-6。

Numerian 紐米倫：卡魯斯之子12-7；授與凱撒12-7；登基12-7；性格12-8；死亡12-9。

Numidia 努米底亞：在該城召開主教會議21-1；撒拉森人的攻擊51-6。

O

Obeidollah 歐比多拉：庫發(Cufa)總督50-18；侮辱胡笙(Hosein)的屍體50-18。

Octai 窩闊台：成吉思汗之子；蒙古大汗64-2；征服行動64-4。

Octavianus 屋大維：奧古斯都的名字3-1

Odenathus 奧登納蘇斯：帕爾麥拉(Palmyra)的君主10-12、10-13；波斯戰爭的勝利11-6；被害11-6。

Odo, Frangipani 弗蘭吉帕尼‧奧多：娶馬紐爾皇帝的姪女為妻56-10。

Odoacer 奧多瑟：艾迪康(Edecon)之子；負責意大利的軍事指揮36-14；統治36-14；拋棄西羅馬帝國的頭銜36-14；個性36-15；在他統治之下意大利的悲慘狀況36-15；被狄奧多里克擊敗39-2；投降和死亡39-2。

Ogors 奧哥爾：被土耳其人征服42-4。

Olga 奧加：俄羅斯公主；受洗55-7。

Olybrius 奧利布流斯：羅馬大公43-4。

Olybrius 奧利布流斯：元老院議員；被里昔默(Ricimer)擁立為西部皇帝36-12；崩殂36-12。

Olympias 奧林匹婭斯：阿薩息斯‧提拉努斯(Arsaces Tiranus)之妻25-13

Olympius 奧林庇斯：哲學家；為異教辯護28-3。

Olympius 奧林庇斯：霍諾流斯在位的宮廷官員；陰謀對付斯提利柯(Stilicho)30-9；遣返阿拉里克的使臣31-6；死亡31-6。

Oman 阿曼：阿拉伯半島一個區域50-1。

洲建立基地64-8；拜亞齊特的征服行動64-10；威脅君士坦丁堡64-11；攻擊君士坦丁堡65-9；阿穆拉二世圍攻君士坦丁堡65-9；繼承制度65-9；教育和訓練65-10；鄂圖曼法律的原則，蘇丹可以不受條約的限制68-1。

P

Perozes　佩羅捷斯：波斯國王26-4；逝世40-13；聶斯托利派教義47-11。

Persarmenia　帕薩美尼亞：位置32-9；該地的叛亂46-1。

Persia　波斯：薩珊王朝的建立8-1；宗教8-1；人口和疆域8-3；軍隊實力8-4；內戰13-5；薩坡爾和康士坦久斯的戰爭18-6；波斯的基督徒受到君士坦丁的保護20-6；朱理安的侵略24-3；狄奧多西的和平32-9；柯巴德(Kobad)或卡貝德斯(Cabades)的統治42-5；克司洛伊斯的接位42-5；行省42-5；羅馬的永久和平42-6；羅馬的戰爭46-1；克司洛伊斯過世後的混亂狀態46-2；基督教的傳入47-11；什葉派的分裂50-17；撒拉森人的征服51-3；塞爾柱人的進入57-7；桑吉爾(Sangiar)的統治59-5；卡里斯姆人穆罕默德的統治64-2；旭烈兀的征服64-4；蒙古大汗的式微64-7；帖木兒的征服65-2。

Pertinax　佩提納克斯：皇帝；統治4-4；被害4-5；葬禮和頌辭5-4。

Perugia　珀魯加：貝利薩流斯的奪取43-5；托提拉的圍攻43-5；教皇避難的城市69-9。

Pescennius Niger　佩西紐斯·奈傑：敘利亞總督5-3；與塞維魯斯的戰爭5-5；戰敗被殺5-5。

Peter　彼得：亞拉岡國王；接受安茹的查理所擁有的領地62-6；宣布自己是西西里國王62-6。

Peter Bartholomy　彼得·巴多羅買：找到聖矛的僧侶58-11。

Peter　彼得：亞歷山卓主教27-3。

Peter of Bulgaria　保加利亞的彼得：第二次建立保加利亞王國60-2。

Peter of Courtenay　柯特尼的彼得：君士坦丁堡皇帝61-5；監禁和死亡61-5。

Peter the Great　彼得大帝：俄羅斯沙皇18-2。

Peter the Hermit　隱士彼得：宣布第一次十字軍58-1；領導進軍的隊伍58-3；逃走58-3；規避齋戒58-10。

Peter　彼得：莫理斯皇帝的兄弟46-5。

Peter the Patrician　彼得大公：派往意大利的使臣41-10。

Peter the Reader　「讀經師」彼得：謀殺海帕蒂婭47-2。

Peter　彼得：聖徒；訪問羅馬15-5；羅馬的殉教28-5；對阿提拉的顯靈35-5；保羅教派拒絕接受他的信函47-3；他在羅馬的教堂受到哥德人的保護31-8。

Petra　佩特拉：阿拉伯城鎮42-8；受到圍攻43-9。

Petrarch　佩脫拉克：對查理四世的評論49-15；給威尼斯元首的信函63-7；意大利的文藝復興66-11；學習希臘語66-11；性格和桂冠詩人的加冕70-1；與雷齊的關係70-2、70-4；用詩人的立場關切雷齊70-6；對查理四世的邀請70-7；勸教皇從亞維農回到羅馬70-7；對波卡羅(Porcaro)的影響力70-9；羅馬建築物受到破壞和摧毀71-2；羅馬的人口71-2；羅馬人對古蹟漠不關心71-4。

Petronius　彼特洛紐斯：華倫斯的岳父25-4。

Phanagoria　法納果里亞：城市；查士丁尼在該城48-2。

Pharas　發拉斯：赫魯利酋長41-2；給傑利默的信函41-6。

Pharezdak　法里達克：詩人51-5。

Phrasis　費西斯河：位置10-9、12-3；加強防備的力量42-7；希臘殖民地42-9；赫拉克留斯在該地區46-11。

Philadelphia　菲拉德菲亞：位於小亞細亞；受到圍攻獲得羅傑·德·弗洛爾(Roger de Flor)的救援62-7；鄂圖曼的攻占64-8；腓特烈·巴巴羅薩在該城59-3。

Philadelphia　菲拉德菲亞：位於敘利亞；加強守備的力量51-4。

42-8。

Placentia　普拉森提亞：會戰11-4；阿維都斯（Avitus）出任該城的主教36-4；宗教會議58-1。

Placidia　普拉西地婭：霍諾流斯的姊姊；離奇的經歷31-10；嫁給阿多法斯31-10；嫁給康士坦久斯33-1；逃到君士坦丁堡33-1；施政工作33-2；放逐霍諾里婭（Honoria）35-3；逝世35-8。

Placidia　普拉西地婭：華倫提尼安的幼女；堅西里克送她返國36-7；嫁給奧利布流斯（Olybrius）爲妻36-12。

Plato　柏拉圖：靈魂不滅15-2；《共和國》15-5；基督之前的柏拉圖體系21-2；《對話錄》譯成波斯文42-5；意大利恢復對柏拉圖的研究66-12。

Plautianus　普勞提努斯：塞維魯斯的大臣5-6。

Plinthas　普林薩斯：派往匈奴人宮廷的使臣34-1。

Pliny, the Elder　老普里尼：《自然史》13-4；絲綢的運用37-8；阿拉伯的描述50-3。

Pliny, the Younger　小普里尼：在俾西尼亞的基督徒15-4；致圖拉眞的信函15-6；基督徒的審判程序16-8。

Plotina　波洛蒂娜：皇后3-6。

Plotinus　普洛提努斯：哲學家10-12、13-12、23-1。

Poggius　波吉烏斯：《對話錄》述及命運的變化和世事的滄桑65-5；在卡庇多的談話70-10、71-3。

Pol　波爾：伯爵；參加第四次十字軍60-6、60-7；德摩提卡的領主61-1。

Pola　波拉：貝利薩流斯在該地43-3。

Poland　波蘭：受到蒙古人的蹂躪64-4。

Polemo　波勒摩：柯爾克斯（Colchos）國王42-8。

Pollentia　波連提亞：會戰的的日期30-3；狄奧多里克的洗劫36-3。

Pompeianus　龐培努斯：羅馬郡守；迷信的行爲31-6。

Pompeianus　龐培努斯：維洛納守城的主將14-7；陣亡14-7。

Pompey the Great　大將龐培：在裏海的作戰行動46-1。

Pompey　龐培：安納斯塔休斯的姪兒40-6；逝世40-6。

Pomponius, Mela　米拉‧龐坡紐斯：在茅利塔尼亞（Mauritania）的作爲51-6。

Pontus　本都：阿拉尼人進入本都王國12-3；基督教15-6；保羅教派66-12。

Poppaea　波貝婭：尼祿的愛妻；爲猶太人講情16-6。

Porcaro, Stephen　司蒂芬‧波卡羅：在羅馬的陰謀活動70-9；死亡70-9。

Porphyry　波菲利：新柏拉圖學派哲學家13-12。

Porto　波多：城市41-14；哥德人撤離41-14；李奧四世將人口遷入成爲科西嘉人殖民地52-1；十二世紀的狀況69-8。

Posthumus　波斯吐穆斯：高連努斯的將領10-7；僭主10-13；被殺11-5。

Potamius　波塔繆斯：財務大臣；在哥德人營地31-7。

Potidaea　波提狄亞：被保加利亞人摧毀42-2。

Praejecta　浦麗杰克塔：查士丁尼的姪女43-5。

Praetextatus　普里提克塔都斯：亞該亞（Achaia）的總督25-6、25-8。

Praxiteles　普拉克西特勒斯：他的雕塑作品10-10；術士的搬運法71-4。

Prisca　普麗斯卡：戴克里先之妻14-9；信奉基督教16-15。

Q

Quadi 夸地人：與康莫達斯的戰爭4-1；接納投奔的薩瑪提亞人18-4；臣服於康士坦久斯19-4；受到馬塞利努斯(Marcellinus)欺壓25-14；入侵潘農尼亞25-14；懇求華倫提尼安25-15。

Quintianus 奎提阿努斯：羅德茲(Rodez)主教38-5；傳記38-5。

Quintillius 昆提留斯：克勞狄斯之弟11-2。

R

Radagaisus 拉達蓋蘇斯：入侵意大利30-5；圍攻佛羅倫斯30-5；威脅羅馬30-5；被斯提利柯擊敗30-5；死亡30-5。

Radiger 拉迪吉：瓦尼(Varni)國王38-11。

Rainulf 寧努夫：伯爵；諾曼人領袖56-2。

Rando 倫多：阿里曼尼人酋長；進入門次(Mentz)25-10。

Ratiaria 瑞塔里亞：設置軍械庫30-2；被匈奴人摧毀34-3。

Ravenna 拉芬納：水師的基地1-6；馬克西米安的圍攻14-3；有關的記載30-4；斯提利柯在此城被殺30-9；阿達布流斯和阿斯帕的入城33-1；馬喬里安重建該城的軍械庫36-6；東哥德人狄奧多里克的圍城39-2；貝利薩流斯的攻占41-14；納爾西斯在該地43-6；太守45-6；聖像崇拜引起的叛亂49-3；希臘人被驅離49-3；阿斯托法斯(Astolphus)的征服49-4；查理曼的馬賽克鑲嵌畫49-6；將該城的大理石拆除送到亞琛71-2。

Raymond 雷蒙：土魯斯伯爵48-6；參與第一次十字軍58-1、58-4；行軍到君士坦丁堡58-5；與法蘭西國王的關係58-7；多里利姆(Dorylaeum)會戰58-9；患病58-9；在安提阿58-10；聖矛的護衛58-11；敘利亞的遠征行動58-12；圍攻耶路撒冷58-12；赦免城防部隊58-13；逝世58-13。

Raymond 雷蒙：的黎波里(Tripoli)伯爵；背叛59-6。

Recared 雷卡瑞德：李奧維吉德(Leovigild)之子和繼承人；皈依基督教37-10、38-9。

Rechiarius 雷契阿流斯：西班牙的蘇伊威國王；對狄奧多里克的挑戰36-3；被狄奧多里克擊敗36-3。

Reggio 雷久：羅伯特‧基斯卡的征服56-4。

Regilianus 理傑連努斯：僭主10-13。

Remigius 雷米吉烏斯：理姆斯(Rheims)主教38-3；信函38-3

Remigius 雷米吉烏斯：御前大臣25-12。

Rennes 雷恩：降服於阿莫里卡的不列顛人38-11。

Restitutus 瑞斯提圖都斯：副輔祭；被割去舌頭還能講話37-9。

Rhaetia 雷蒂提亞：位置1-7、12-4；哥德人入侵30-3。

Rhazates 拉札特斯：克司洛伊斯二世的將領46-11。

Rhegium 雷朱姆：托提拉的奪取43-5；海峽的門戶45-6。

Rheims 理姆斯：日耳曼人的占領30-6；克洛維斯在此城受洗38-3。

Rhine 萊茵河：冬季凍結的狀況9-1；朱理安在沿河設置七個據點19-11；華倫提尼安一世加強工事施設25-10；蘇伊威人、汪達爾人、阿拉尼人和勃艮地人的渡河30-6。

馬克西明和黎西紐斯的統治14-5；君士坦丁和馬克西久斯的戰爭14-7；君士坦丁和黎西紐斯的瓜分14-10；瑪迪亞會戰後的和平條約14-10；君士坦丁大帝的統一14-12；劃分為116個行省17-7；君士坦丁諸子的分治18-5；基督教成為國教20-6；華倫提尼安的統治下劃分為東部和西部25-2；華倫斯在位後國勢陵夷26-1；格里先將達西亞和馬其頓劃給東部帝國26-12；軍隊紀律日益鬆弛，不願使用冑甲27-13；阿卡狄斯和霍諾流斯的分治29-1；東部和西部在法律上的分離33-2；東部帝國放棄給匈奴人34-5；女性繼承的權利35-3；亡國的預言35-9；西部帝國衰敗的徵候35-9；西部帝國的絕滅36-14；滅亡的見證38-12；查士丁尼統治下的虛弱狀況40-3；正常的實力42-1；帝國的沒落43-1；東部和西部帝國的交涉49-11；愚昧時期53-10；希臘文藝的復興53-11；天才的喪失53-12；欠缺民族的競爭心53-12。

Romans　羅馬人：布匿克戰爭時的人口數31-2；在高盧受到墨羅溫王朝的統治38-8；語文28-8；賽車場的黨派40-5；與希臘人的交往44-1；羅馬人在君士坦丁帝國的姓名53-10。

Romanus I Lecapenus　羅馬努斯一世勒卡皮努斯：指揮艦隊48-5；統治48-5；其子的叛變48-5。

Romanus II　羅馬努斯二世：皇帝48-5；子女的狀況48-5。

Romanus III Argyros　羅馬努斯三世阿吉努斯：皇帝48-5。

Romanus IV Diogenes　羅馬努斯四世戴奧吉尼斯：娶優多西婭為妻48-6；退位48-6；對抗土耳其人的戰爭57-7；被阿爾普·阿斯蘭擊敗57-5；被俘和釋回57-6。

Romanus　羅馬努斯：君士坦丁·波菲洛吉尼都斯之子53-7。

Romanus　羅馬努斯；伯爵；在阿非利加25-12。

Romanus　羅馬努斯：波斯拉總督51-4。

Rome　羅馬：教會的建立15-5；三世紀的統計資料15-6；君士坦丁的統治之下21-13；華倫提尼安的惡行25-8；聖像崇拜49-3；與希臘教會在紀律要求上的差異60-1；與希臘教會的爭執60-1；腐化的狀況66-5；最後的分裂70-8。

Rome　羅馬：偉大的羅馬2-1；外來的宗教信條2-1；市民的數量2-2；自由的權利2-2；紀念物2-6；阿里曼尼人的威脅10-8；高連努斯在位的瘟疫流行10-14；奧理安加強防禦的力量11-5；奧理安統治下的叛亂11-9；戴克里先和馬克西米安，最早沒有居在羅馬的皇帝13-7；戴克里先訪問羅馬13-7；馬克森久斯居於此城14-6；早期基督徒口裡的巴比倫15-2；預言要遭到毀滅15-2；尼祿的大火16-6；郡守17-7；康士坦久斯的訪問19-6；大公會議21-1；廟宇21-15；取締術士和魔法25-5；皈依基督教28-2；狄奧多西時代的繁榮景象31-3；有關的敘述31-4；人口的狀況31-5；房屋的租賃31-5；阿拉里克的圍攻31-6；第二次圍攻31-7；第三次圍攻31-8；搶劫和縱火31-8；查理五世的部隊大肆洗劫31-8；制定法律用來休養生息31-11；城市的重建31-11；堅西里克的掠劫36-2；馬喬里安保護建築物免於遭到破壞36-5；里昔默的洗劫36-12；寺院制度的傳入37-2；狄奧多里克大帝的統治39-4；市民請求貝利薩流斯前來解救41-12；維提吉斯的圍攻41-12；圍城期間的悲慘景象41-14；托提拉的圍攻43-3；饑饉43-3；托提拉的奪取43-4；貝利薩流斯的光復43-4；再度被托提拉攻占43-5；納爾西斯的據有43-7；市民派遣使節觀見提比流斯和莫理斯45-6；公國45-6；臣屬於太守的管轄45-6；人口45-8；保存使徒的遺物45-9；廟宇遭到格列哥里一世的破壞45-9；共和國的形態45-9；公國的疆域45-9；恢復「羅馬元老院和人民」的稱呼49-4；倫巴底人的攻擊49-4；丕平的救援49-4；與東部帝國的分離49-8；阿拉伯人的搶劫52-10；康士坦斯二世企圖恢復羅馬成為帝國的政治中樞53-10；日耳曼的亨利三世的圍攻56-8；羅伯特·基斯卡治下在羅馬的撒拉森人56-8；與君士坦

吉拉斯的使臣60-2。

Salban　薩爾班：赫拉克留斯的攻取46-9。

Salerno　薩勒諾：學院52-7；臣服於希臘帝國56-1；撒拉森人的圍攻56-1；諾曼人的圍攻56-4；醫藥學校56-4；格列哥里七世在該城69-3。

Sallust　薩祿斯特：對摩爾人的敘述41-8。

Sallust　薩祿斯特：朱理安的官員19-9、22-1；高盧的統領22-3。

Sallust　薩祿斯特：羅馬的皇宮；被哥德人焚毀31-8。

Sallust　薩祿斯特：東部的統領；卡爾西頓的審判22-6；對朱理安的進言24-6；拒絕接受帝位24-10；擔任使臣前往薩坡爾二世的營地24-11；第二次擔任東部統領，敉平樸洛柯庇斯的叛亂25-4。

Salona　薩洛納：戴克里先退隱之地13-11；有關的描述13-11；該地的宮殿13-11；貝利薩流斯的艦隊43-2；納爾西斯在該城43-6。

Salonius　薩洛紐斯：高連努斯之子10-7。

Samanids　薩曼王朝：撒拉森人建立的王朝52-13；滅亡57-1。

Samara　薩瑪拉：位於底格里斯河畔24-10；摩塔辛的居所52-11；該地的皇宮52-11。

Samarcand　撒馬爾罕：位置42-3；傳教47-11；撒拉森人的征服51-4；塞爾柱人進入該地57-3；被馬立克沙王占領57-7；成吉思汗的攻取64-2；帖木兒在該城65-2；帖木兒班師回朝65-6。

Samosata　薩摩薩塔：對異端分子的屠殺21-14；齊米塞斯的攻占52-14；保羅教派在此城的興起54-1。

Sangiar　桑吉爾：波斯的塞爾柱蘇丹59-5。

Sangiban　桑吉班：阿拉尼國王；要將奧爾良出賣給阿提拉35-3；夏隆會戰35-4。

Sapor I　薩坡爾一世：阿塔澤克西茲之子；繼位8-4；羅馬戰爭10-11；死亡11-7。

Sapor II　薩坡爾二世：霍爾木茲之子，波斯國王；出生的狀況18-6；圍攻尼昔比斯18-6；擊敗克司洛伊斯18-6；擊敗康士坦久斯18-6；尼昔比斯的解圍18-6；遠征美索不達米亞19-7；圍攻阿米達19-7；辛格拉(Singara)和比查布德(Bezabde)19-7；威爾撒人(Virtha)的攻擊19-7；傳給霍爾米斯達斯(Hormisdas)的信息24-7；與傑維安的和平協定24-10；入侵亞美尼亞25-13；逝世25-13。

Sapor　薩坡爾：狄奧多西的部將27-4。

Saracens　撒拉森人：拉丁人和希臘人用於阿拉伯人的稱呼24-3。

Saragossa　薩拉戈薩：被優里克奪取的城市36-10；當地的埃米爾請求查理曼給予保護49-10；清眞寺51-7。

Sarbaraza　沙巴拉札：波斯將領；被赫拉克留斯擊敗46-9；在卡爾西頓46-10。

Sardica　撒迪卡(蘇非亞)：康士坦久斯和維崔尼奧在該城18-8；狄奧多西的宰臣和阿提拉在此城相遇34-8；查士丁尼的出生地40-1。

Sardinia　薩丁尼亞：受到汪達爾人的蹂躪36-7；特拉斯蒙德(Thrasimund)將主教放逐到此島37-7；同科西嘉一起向查士丁尼的部將投降41-6；公爵41-6；阿拉伯人和摩爾人在該地52-10。

Sarmatians　薩瑪提亞人：臣服於蒲羅布斯12-4；歸順於卡魯斯皇帝12-7；哥德人的結盟14-11；一般狀況14-11；定居在多瑙河18-4；哥德戰爭18-4；夸地人的聯盟18-5；羅馬行省的殖民區18-5；渡過多瑙河19-4；康士坦久斯同意他們建立王國19-6；與夸地人聯合對抗華倫提尼安25-14。

Seifeddowlat　塞菲多拉特：哈里發52-14。

Seleucia　塞琉西亞：位置8-3；卡魯斯的攻占12-7；朱理安在該地24-6。

Seleucia　塞琉西亞：在西里西亞；艾索里亞的圍攻19-4。

Seleucia　塞琉西亞：在艾索里亞；在該城召開主教會議21-7。

Selgae　塞爾吉：特里比吉德在該地的會戰敗北32-3。

Selim I　謝利姆一世：蘇丹；征服埃及59-12；希臘教會受到的待遇68-10。

Selina　塞利納：該地的鹽礦67-6。

Seljuk　塞爾柱：塞爾柱王朝的創始人57-2。

Selsey　塞爾西：位於契赤斯特（Chichester）附近；贈與薩塞克斯的威爾弗里德（Wilfrid）38-11。

Selymbria　西利布里亞：安德洛尼庫斯和約翰‧帕拉羅古斯的居留地64-11；被土耳其人圍攻64-10。

Sens　森斯：笛森久斯在該城18-10；朱理安在該城19-9；阿布德拉姆在該城52-3。

Septem or Ccuta　塞浦特姆或久塔：羅馬護民官據有該城41-6；西哥德人的圍攻41-8；撒拉森人的攻擊51-7。

Septimania　塞提瑪尼亞：西哥德人繼續保有38-5；貢特朗（Gontran）入侵38-8；撒拉森人入侵51-7。

Sequani　塞昆奈：土地爲日耳曼人據有38-7。

Serai　薩萊：城市和皇宮64-4。

Serapion　塞拉皮恩：克里索斯托的輔祭32-5。

Serapion　塞拉皮恩：尼特里亞（Nitria）沙漠的聖徒47-1；教導亞歷山卓的西里爾47-2。

Serena　塞妮娜：狄奧多西的姪女；嫁給斯提利柯29-4；爲阿拉里克的問題出面講情30-8；異教徒的行爲30-10。

Sergius and Bacchus　色吉烏斯和巴克斯：聖徒和殉教者46-3。

Sergius　色吉烏斯：宦官所羅門的姪兒43-1。

Sergius　色吉烏斯：保羅教派信徒；朝聖54-2。

Seronatus　塞洛納都斯：高盧統領；受到判罪的處分36-11。

Servatius　塞維久斯：通格里（Tongres)的主保聖徒35-3。

Servia　塞爾維亞：康塔庫齊尼的遠征目標63-5。

Severa　塞維拉：華倫提尼安的妻子25-15。

Severinus　塞維里努斯：聖徒；對奧多瑟充滿預言的談話36-14；他的遺骨存放在麥西儂（Misenum)修道院36-14。

Severus, Alexander　亞歷山大‧塞維魯斯：授與凱撒6-6；統治6-7；個性6-9；遭到謀害7-2；對阿塔澤克西茲的勝利8-4；對待基督徒極爲仁慈16-13；融合各種宗教的信仰行爲16-13。

Severus, Libius　利比烏斯‧塞維魯斯：里昔默推舉爲帝36-7；被害身亡36-7。

Severus　塞維魯斯：朱理安麾下騎兵將領19-9。

Severus　塞維魯斯：蓋勒流斯的僚屬；授與凱撒14-1；成爲奧古斯都14-2；戰敗和被殺14-3。

Severus　塞維魯斯：安提阿教長；基督一性論者43-1。

Severus, Septimius　塞提米烏斯‧塞維魯斯：潘農尼亞的軍事首長5-3；舉兵稱帝5-3；進軍羅馬5-4；進展神速5-4；禁衛軍的下場極爲羞辱5-4；登基爲帝5-4；擊敗奈傑和阿比努斯5-5；統治5-5；遠征不列顛6-1；崩殂6-1；拔擢馬克西明7-2；嚴苛對待基督徒16-

13。

Singidunum　辛吉都儂：爲匈奴人所毀34-3。

Sinope　夕諾庇：土耳其人的奪取68-11。

Sira or Schirin　西拉或斯奇琳：克司洛伊斯之妻46-3；逃亡46-12。

Sirmium　色米姆：位置11-2、12-6；皇帝的行宮13-11；朱理安進入該城22-3；阿萊亞斯
教派25-7；美撒拉據有該城對抗夸地人25-14；華倫提尼安的入城25-15；宮廷26-12 ；匈
奴人的摧毀34-3；狄奧多里克的征服39-3；阿瓦爾人的圍攻46-4。

Siroes　昔羅伊斯：克司洛伊斯和西拉之子46-12；派往羅馬的使臣46-13。

Siscia　昔西亞：被馬格南久斯奪取的市鎮18-9。

Sisebut　西昔布特：西班牙的哥德國王；迫害猶太人37-11。

Sisinnius　西辛紐斯：君士坦丁堡主教47-3。

Sitifi　昔提芬：位於阿非利加；狄奧多西在該城25-12；查士丁尼派所羅門率軍征服41-
8。

Sixtus IV　西斯篤四世：教皇；土耳其人入侵阿普利亞使他提高警覺68-11；羅馬在他統
治下的混亂狀況70-9。

Sixtus V　西斯篤五世：教皇；性格70-10；七角大樓的運用71-2；大興土木71-4。

Slavonians　斯拉夫人：起源42-2；寇邊42-2；在伊里利孔和色雷斯42-2、43-9；查理曼的
統治之下49-10；在希臘53-3；斯拉夫人的稱呼55-1。

Smyrna　西麥那：位置2-8；重新納入帝國的版圖59-1；土耳其人的圍攻和羅得島騎士的
防守64-8；蒙古人的攻占65-4。

Soaemias　蘇米婭絲：伊拉珈巴拉斯的母親6-5、6-7。

Sogdiana　粟特：中國的西域地方13-5；平原26-5、40-7。

Soissons　蘇瓦松：塞阿格流斯(Syagrius)統治的城市和教區38-2；克洛維斯的奪取38-2；
軍械庫38-2；十字軍的大會60-5。

Soliman　索利曼：哈里發卡立德的兄弟；圍攻君士坦丁堡52-2；死亡52-2。

Soliman　索利曼：卡里斯姆的沙王；死亡64-7。

Soliman　索利曼：拜亞齊特之子65-4；臣服於帖木兒65-6；性格和死亡65-8。

Soliman　索利曼：卡塔米什(Cutulmish)之子；征服小亞細亞57-8；羅姆(Roum)王國57-
8；威脅君士坦丁堡57-8；攻取耶路撒冷57-8；誘使十字軍進入尼斯平原58-3；王國受到
十字軍的侵略58-8；稱號爲克利格·阿斯蘭(Kilidge Arslan)。

Soliman　索利曼：奧爾漢之子64-8；死亡64-8。

Solomon　所羅門：猶太國王；〈所羅門王的智慧〉21-2；奉獻犧牲祭神23-5。

Solomon　所羅門：宦官；負責阿非利加的軍事指揮41-8；征服摩爾人41-8；反叛的陰謀
43-1；死亡43-1。

Sophia　蘇菲婭：皇后；免除君士坦丁堡市民的債務45-1；召回納爾西斯45-3；提比流斯
對她的態度45-5。

Sophronius　索弗洛紐斯：耶路撒冷教長；接待奧瑪51-4。

Sozopetra　索佐佩特拉：受到狄奧多盧斯皇帝的圍攻52-11。

Spain　西班牙：行省1-7；奧古斯都的劃分1-7；財富6-9；康士坦久斯的統治13-2、14-2；
基督教的傳入15-6；君士坦丁的截定20-7；前四個世紀的有關記載31-12；城市的狀況
31-12；蠻族的進入31-12；哥德人31-12；哥德人的征服和重建31-12；汪達爾人和蘇伊
威人被趕到格里西亞31-12；西哥德人的遷入和放棄阿萊亞斯教派改奉正統信仰37-10；
省民大會38-9；內戰41-8；查理曼的統治49-10；阿拉伯人進入51-7；農業51-7；宗教的

12。

Theodore Lascaris I 　狄奧多爾‧拉斯卡里斯一世：尼斯的皇帝61-2；性格62-1。

Theodore Lascaris II 　狄奧多爾‧拉斯卡里斯二世：統治62-1。

Theodoret 　狄奧多里特：賽拉斯(Cyrrhus)主教；復職47-9。

Theodoric I 　狄奧多里克一世：阿拉里克之子；西哥德國王35-2；圍攻亞耳35-2；一般記述35-2；他的女兒嫁給蘇伊威人和汪達爾人的國王35-2；與羅馬人的結盟35-4；作戰陣亡35-5。

Theodoric II 　狄奧多里克二世：西哥德國王35-5；獲得邦納36-10。

Theodoric 　狄奧多里克：克洛維斯之子；征服奧文尼38-8。

Theodoric 　狄奧多里克：特里阿流斯(Triarius)之子；攻擊狄奧多里克39-1。

Theodoric the Ostrogoth 　東哥德人狄奧多里克：賽東紐斯(Sidonius)對他的描述36-3；遠征西班牙36-3；擊敗蘇伊威人36-3；洗劫波連提亞和阿斯托加36-3；被馬喬里安擊敗36-6；與羅馬結盟36-6；娶克洛維斯的姊妹爲妻38-2；執政官38-5；家世和教育39-1；薩瑪提亞人的臣服39-1；爲季諾效力39-1；受到特里阿流斯之子狄奧多里克的攻擊39-1；在君士坦丁堡39-2；進軍意大利39-2；疆域39-2；統治39-2；外交政策39-3；守勢作戰39-3；民事政府39-3；訪問羅馬39-4；在拉芬納的行宮39-4；維洛納39-4；宗教自由39-5；統治的莠政39-5；迫害正統教派信徒39-5；派教皇約翰到君士坦丁堡39-5；波伊昔烏斯的下獄39-6；波伊昔烏斯和敘馬克斯的處死39-7；過世的狀況39-7；豐功偉業39-7；制定的法律受到查士丁尼的認同43-8；在位期間羅馬的建築物71-2。

Theodorus 　狄奧多魯斯：赫拉克留斯的弟弟46-11。

Theodosius I 　狄奧多西一世：擊敗薩瑪提亞人25-14；東部帝國的皇帝26-12；家世和性格26-12；擔任瑪西亞公爵受到不公的對待26-12；指揮哥德戰爭26-13；患病26-13；款待阿薩納里克26-13；麥克西繆斯27-3；受洗和對宗教的觀念27-3；君士坦丁堡的班師27-4；宗教政策27-5；禁止異端的詔書27-5；訪問提薩洛尼卡27-7；娶蓋拉(Galla)爲妻27-7；凱旋進入羅馬27-7；德行27-8；過失27-8；他的雕像在安提阿被毀27-9；赦免安提阿人27-9；提薩洛尼卡大屠殺27-9；華倫提尼安的復位27-10；被阿波加斯特斯(Arbogastes)擊敗27-12；將帝國分授給阿卡狄斯和霍諾流斯兩個兒子27-12；對異教信仰的態度28-3；遺留的珠寶29-5；在西班牙的家族30-7；在君士坦丁堡的後裔36-12；紀功圓柱被查士丁尼移走43-11。

Theodosius II 　狄奧多西二世：迎接克里索斯托的遺骸32-6；授與凱撒和奧古斯都32-6；教育32-6；個性32-8；娶優多西婭爲妻32-8；波斯戰役32-9；在意大利33-2；將西部帝國授與華倫提尼安三世33-2；與匈奴人的談判34-5；與阿提拉簽訂條約34-8；崩殂34-8；參加聶斯托利派的爭論37-8；發布處分聶斯托利的詔書37-9。

Theodosius III 　狄奧多西三世：君士坦丁堡皇帝48-2；退隱52-2。

Theodosius the deacon 　輔祭狄奧多西：康士坦斯二世的弟弟48-2。

Theodosius 　狄奧多西：狄奧多西一世的父親；在不列顛25-11；在阿非利加25-12；被處死25-12。

Theodosius 　狄奧多西：敘拉古的輔祭52-9。

Theodosius 　狄奧多西：安東妮娜的愛人41-18；逃走41-18；隱退到以弗所41-18；返回和死亡41-19。

Theodosius 　狄奧多西：亞歷山卓教長47-11；堅持正統教義47-11。

Theodosius 　狄奧多西：莫理斯皇帝之子46-5；前往波斯46-5；被殺46-6。

56-7。

Thuringia　圖林基亞：阿提拉的統治34-2。

Thuringians　圖林基亞人：夏隆會戰35-4；對法蘭克人的殘酷行爲35-5。

Tiberias　提比里阿斯：猶太長老居住的城市23-5；穆薩在該城51-7；圍攻和會戰59-6。

Tiberius I　提比流斯一世：奧古斯都的收養2-1；個性3-5；在羅馬設置禁衛軍營地5-1；頒布善待基督徒的詔書16-13。

Tiberius II　提比流斯二世：對土耳其人派遣使臣42-4；統治45-5；德行45-5；選擇莫理斯接位45-5；解救羅馬45-6；與波斯的休戰協定46-1。

Tiberius　提比流斯：君士坦丁・波戈納都斯(Constantine Pogonatus)的兄弟；授與奧古斯都48-2。

Tiberius　提比流斯：查士丁尼二世之子48-2。

Tibur　泰布爾：又稱提弗利(Tivoli)11-8；托提拉在該城43-2；臣屬於羅馬69-8。

Ticinum or Pavia　提塞隆或帕維亞：斯提利柯在該城30-5；阿波因的圍攻45-4。

Timasius　提馬休斯：軍團的改革27-12；在帖撒利擊敗哥德人32-2；性格32-2；放逐和死亡32-2。

Timothy　提摩泰：聖徒；遺骸送到君士坦丁堡28-5。

Timothy the Cat　「貓人」提摩泰：一位僧侶；成爲亞歷山卓的教長47-8。

Timour or Tamerlane　帖木兒或泰摩蘭：有關的歷史記載65-1；統治和戰爭65-2；征服波斯65-2；征服土耳其斯坦65-2；入侵敘利亞65-3；洗劫阿勒坡65-3；入侵安納托利亞65-4；征戰的進展65-6；進軍中國65-6；逝世65-6；性格65-6；制度65-8。

Tiranus　提拉努斯：亞美尼亞國王；被薩坡爾囚禁25-13。

Tiridates　提里德特斯：克司洛伊斯之子；亞美尼亞國王13-5；在羅馬接受教育13-5；入侵亞述13-5；被納爾西斯擊敗13-5；復位13-6；改信基督教18-6；逝世18-6。

Tobolskoi　托波斯克：蒙古大汗的行宮64-4。

Toctamish　托克塔米什：哥薩克汗王；逃走和死亡65-2。

Togrul Beg　突魯谷・貝格：土庫曼國王57-3；統治與作風57-3。

Toledo　托雷多：宗教會議37-10；第八次大公會議37-11；塔里克在該城51-7。

Tongres　通格里：毀於日耳曼人之手19-8；朱理安在該城19-10；匈奴人的洗劫35-3；臣屬於克洛維斯38-2。

Topirus　托披魯斯：斯拉夫人的圍攻42-2。

Torismund　托里斯蒙德：西哥德國王35-4；夏隆會戰35-4；登基爲王35-5；被他的弟弟狄奧多里克殺害36-3。

Tortona　托托納：該地的羅馬軍營發生叛變36-6。

Totila　托提拉：意大利的哥德國王43-2；據有那不勒斯43-2；性格43-2；圍攻羅馬43-3；奪取羅馬43-4；演說43-4；貝利薩流斯的光復43-5；再次進入羅馬43-5；在西西里43-5；攻擊希臘海岸地區43-5；塔吉那會戰43-7；死亡43-7；從未破壞羅馬的建築物71-2。

Toucush　托庫什：蘇丹馬立克沙王的兄弟57-9。

Toulouse　土魯斯：哥德國王的都城31-13；受到利托流斯的攻擊35-2；撒拉森人在該城52-3。

Touran Shah　圖朗沙王：埃及蘇丹59-11。

Touran　圖朗：土耳其王國42-5。

Tournay　土爾內：日耳曼人的奪取30-6；法蘭克人的奪取35-2。

Tyana　台納：圍攻11-6、12-3；傑維安在該城25-1；撒拉森人的奪取52-2。
Tyre　泰爾：大公會議21-9；阿菲達爾(Aphdal)的光復58-12；該城的埃米爾協助十字軍58-12；法蘭克人的奪取58-13；理查一世的圍攻59-7；法蘭克人的失守59-12。

U

Ukraine　烏克蘭：哥德人進入該地區10-9。
Uldin　烏爾丁：匈奴國王；擊敗哥德人蓋納斯32-3；他的後衛全部被殲32-6。
Ulphilas　烏爾菲拉斯：哥德人皈依基督教的使徒；有關記載37-6。
Ulphilas　烏爾菲拉斯：康士坦久斯的部將31-11。
Ulpian　烏爾平：主持瑪米婭成立的國務會議5-6、6-7；有關代行執政官頭銜的總督的職責17-7、44-2；法學家44-4；著作等身44-4。
Uraias　烏萊阿斯：維提吉斯的姪兒41-15、43-2。
Uranius　優瑞紐斯：詭辯家；在諾息萬的宮廷42-5。
Urban II　烏爾班二世：教皇58-1；普拉森提亞大公會議58-1。
Urban IV　烏爾班四世：教皇；庇護柯特尼的鮑德溫62-4。
Urban V　烏爾班五世：教皇；佩脫拉克的勸告70-7；教廷遷回羅馬70-7。
Urban VI　烏爾班六世：教皇70-7；受到羅馬、英格蘭等地的支持70-8；殘酷的行為70-8。
Urban or Orban　烏爾班：匈牙利人；為穆罕默德製造大砲68-3。
Urbicus　烏比庫斯河：狄奧多里克在該地區的會戰中擊敗雷契阿流斯(Rechiarius)36-3。
Urbino　烏比諾：貝利薩流斯的奪取41-15；與菲拉拉合併成為公國70-10。
Ursacius　烏爾薩修斯：伊里利孔主教；公開宣布信仰阿萊亞斯教義21-5。
Ursacius　烏爾薩修斯：御前大臣25-10。
Ursel　烏爾舍：率領諾曼人在羅馬努斯麾下服役57-5。
Ursicinus　烏西辛努斯：在高盧19-5；在美索不達米亞19-7；免職19-7。
Ursini　烏爾西尼：羅馬世家69-11；權傾一時70-10、71-3。
Ursini, Martin　馬丁·烏爾西尼：判處死刑70-3。
Ursinus　烏昔努斯：與達瑪蘇斯(Damasus)爭奪主教職位25-8。
Ursulus　烏蘇拉斯：財務大臣；處死22-6。

V

Vacasora　瓦卡索拉：撒拉森人的征服51-7。
Vadomair　瓦多邁爾：阿里曼尼君王22-3；致康士坦久斯的信函22-3；其子遭到謀殺25-10；與圖拉真伯爵在亞美尼亞共同指揮25-13。
Valdrada　瓦德拉達：羅沙爾二世的妻子53-7。
Valencia　瓦倫西亞：禁止基督教的禮拜儀式51-9。
Valens　華倫斯：墨薩的阿萊亞斯派主教；影響康士坦久斯21-7。
Valens　華倫斯：奧古斯都25-2；東部皇帝25-2；個性25-5；行政25-5；接納阿萊亞斯派異端25-7；援助伊比利亞25-13；哥德戰爭25-14；安提阿的行宮26-6；將西哥德人安置在色雷斯26-6；在君士坦丁堡26-9；哈德良堡會戰的敗北26-10；陣亡26-10。
Valens　華倫斯：伊里利孔主教；公開宣布信奉阿萊亞斯派教義21-5。

Veccus　維庫斯：君士坦丁堡教長62-4。

Velleda　維利達：日耳曼女預言家9-3。

Venantius　溫南久斯：執政官47-8。

Venedi　維尼第人：被赫曼里克征服25-14。

Venetians　威尼斯人：光復拉芬納49-4；與阿里克蘇斯‧康南努斯結盟56-8；與馬紐爾皇帝的戰爭56-10；商業60-4；政府60-4；與十字軍簽訂條約60-5；占領君士坦丁堡之後的疆域61-1；定居在君士坦丁堡61-1；與熱那亞人的戰爭63-7；與康塔庫齊尼的協約63-7；敗北63-7；火藥的使用65-10。

Venice　威尼斯：共和國的建立35-6；早期的疆域45-6；與倫巴底人的結盟49-14；有關的史實60-4；約翰‧帕拉羅古斯的訪問66-8；避開意大利的黨派傾軋71-2。

Venusia　維奴西亞：位於盧卡尼亞(Lucania)16-17；羅伯特‧基斯卡葬於該城56-8。

Verdun　凡爾登：猶太人在該城遭到屠殺58-3。

Verina　維里娜：李奧的寡后36-13；宣稱擁有統治帝國的權力39-1。

Verona　維洛納：圓形競技場2-6；昔日的繁華2-7；圍攻14-7；擊敗接近的哥德人30-3；被阿提拉摧毀35-6；會戰39-2；狄奧多里克的皇宮39-4；聖司蒂芬禮拜堂毀於狄奧多里克之手39-5；台亞斯(Teias)在該城43-6；倫巴底人在該城45-3。

Verres　維理斯：西西里的暴君44-11。

Vertae　威爾提：一個來歷不明的民族；加入薩坡爾的軍隊19-7。

Vetranio　維崔尼奧：伊里利孔總督；被擁立為帝18-7；受到康士坦久斯的罷黜和放逐18-8。

Vicenza　維辰札：被阿提拉摧毀35-6。

Victor　維克托：阿非利加主教；寫出《阿非利加宗教迫害史》37-9。

Victor the Sarmatian　薩瑪提亞人維克托：朱理安的步兵將領24-4；在毛蓋瑪恰24-5；受傷24-6；華倫斯的將領與哥德人的對陣25-14；與阿林蘇斯(Arintheus)獲得授權與哥德人議和25-14；在哈德良堡的退走26-10。

Victoria　維多利亞：維多里努斯的母親10-13；11-5。

Victorinus　維多里努斯：波斯吐穆斯(Posthumus)的共治10-13；逝世11-5。

Vicus Helena　維庫斯‧海倫娜：克羅迪恩被埃伊久斯擊敗的市鎮35-2。

Vienna　維也納：朱理安在該城22-1；華倫提尼安二世在該城27-11；君士坦丁在該城被圍30-7；克洛維斯奪取該城38-4。

Vigilantia　維吉蘭提婭：查士丁尼的母親40-3。

Vigilantius　維吉蘭久斯：霍諾流斯的將領31-1。

Vigilius　維吉留斯：輔祭；成為教皇41-14；運送西西里的糧食到羅馬43-3；叛教變節47-9。

Vigilius　維吉留斯：隨同使節前往阿提拉宮廷的通譯34-6；與阿提拉的交談34-7；對付阿提拉的陰謀活動34-7。

Villehardouin　維爾哈杜因：參加第四次十字軍60-3；與尼西塔斯相比60-10；羅馬尼亞元帥61-1；撤離的行動61-3。

Villehardouin, William　威廉‧維爾哈杜因：亞該亞君王；囚禁61-7。

Viminacium　維米尼康姆：被匈奴人摧毀34-3。

Vindonissa　溫多尼薩：會戰13-4；破壞不堪38-2。

Virgil　魏吉爾：第四首〈牧歌〉20-5；第九首〈牧歌〉31-13；提到絲綢40-7；談及自殺

X

Xenaias 捷納阿斯：馬布格(Mabug)主教；放逐和死亡47-11。

Xiphilin 希菲林：君士坦丁堡教長48-6

Y

Yeletz 葉勒茲：帖木兒的攻占65-2。

Yemanah 雅曼納：阿拉伯的城市和行省51-1。

Yemen 葉門：或稱阿拉伯‧菲力克斯1-1；諾息萬的征服46-1；王國50-1；城市50-1；分別臣屬於阿比西尼亞人、波斯人、埃及人和土耳其人50-2；穆阿偉亞的征服50-17；薩拉丁的征服59-6。

Yezdegerd III 耶茲傑德三世：波斯的末代國王51-3；在加祿拉(Jalula)被阿拉伯人擊敗51-3；法加納君王給予庇護51-3；被土耳其人殺害51-3。

Yezid I 葉茲德一世：哈里發；穆阿偉亞之子50-18；赦免阿里家族50-18；圍攻君士坦丁堡52-1。

Yolande 約蘭德：鮑德溫和亨利的姊妹；柯特尼的彼得之妻61-5。

Youkinna 尤肯納：阿勒坡酋長51-4。

Z

Zabatus 札巴都斯河：或稱大札布(Great Zab) 河；赫拉克留斯在該地46-11；哈里發穆萬(Mervan)在河岸被擊潰52-5。

Zabdas 查布達斯：季諾碧亞的將領11-7。

Zabdicene 查底昔尼：行省；割讓給帝國13-6。

Zabergan 札伯根：保加利亞騎兵部隊的首領43-8；威脅君士坦丁堡43-9；撤離43-9。

Zablestan 札布勒斯坦：諾息萬的征服42-10。

Zachariah 撒迦利亞：耶路撒冷教長；被克司洛伊斯俘虜送到波斯46-7。

Zagarola 札加羅拉：科隆納的封邑69-11。

Zagatai 察合台：成吉思汗之子64-2。

Zampea 香帕婭：安妮女皇的女官66-2。

Zani 札尼人：部族40-12；查士丁尼用來對付波斯人42-8。

Zano 札諾：傑利默的弟弟41-5；陣亡41-6。

Zante 占特：堅西里克在此地的屠殺36-7。

Zehra 捷拉：靠近多哥華的城市52-6。

Zeid 柴伊德：穆罕默德的奴隸50-9；穆塔(Muta)會戰的掌旗手50-13。

Zeineddin 塞尼丁：宗教法官59-5。

Zenghi 珍吉：阿勒坡總督59-5。

Zenobia 季諾碧亞：帕爾美拉的皇后10-13；11-2；被奧理安擊敗11-3；個性和統治11-6；庇護薩摩薩塔(Samosata)的保羅16-14。

Zeno 季諾：皇帝；復位36-14；亞歷迪妮(Ariadne)的丈夫39-1。

聯經經典

羅馬帝國衰亡史 第六卷

2006年11月初版　　　　　　　　　　　　　　定價：新臺幣650元
2016年8月初版第四刷
有著作權・翻印必究
Printed in Taiwan.

著　　　者	Edward Gibbon	
譯　　　者	席　代　岳	
總　編　輯	胡　金　倫	
總　經　理	羅　國　俊	
發　行　人	林　載　爵	

出　版　者	聯經出版事業股份有限公司	叢書主編　莊　惠　薰
地　　　址	台北市基隆路一段180號4樓	校　　對　張　瀞　文
台北聯經書房	台北市新生南路三段94號	李　隆　生
電　　話	（02）23620308	封面設計　蔡　婕　岑
台中分公司	台中市北區崇德路一段198號	
暨門市電話	（04）22312023	
郵政劃撥帳戶	第0100559-3號	
郵撥電話	（02）23620308	
印　刷　者	世和印製企業有限公司	
總　經　銷	聯合發行股份有限公司	
發　行　所	新北市新店區寶橋路235巷6弄6號2F	
電　　話	（02）29178022	

行政院新聞局出版事業登記證局版臺業字第0130號

本書如有缺頁，破損，倒裝請寄回台北聯經書房更換。　ISBN　978-957-08-3085-9 (精裝)
聯經網址 http://www.linkingbooks.com.tw
電子信箱 e-mail:linking@udngroup.com

國家圖書館出版品預行編目資料

羅馬帝國衰亡史　第六卷／
Edward Gibbon著．席代岳譯．--初版．
--臺北市：聯經，2006年
712面；17×23公分．（聯經經典）
ISBN　978-957-08-3085-9（精裝）
[2016年8月初版第四刷]

1.羅馬帝國-歷史-公元前31-公元476年
2.羅馬帝國-歷史-中古(476-1453)

740.222　　　　　　　　　　　93017874